"神话学文库"编委会

主　编

叶舒宪

编　委

（以姓氏笔画为序）

马昌仪　王孝廉　王明珂　王宪昭

户晓辉　邓　微　田兆元　冯晓立

吕　微　刘东风　齐　红　纪　盛

苏永前　李永平　李继凯　杨庆存

杨利慧　陈岗龙　陈建宪　顾　锋

徐新建　高有鹏　高莉芬　唐启翠

萧　兵　彭兆荣　朝戈金　谭　佳

"神话学文库"学术支持

上海交通大学文学人类学研究中心

上海市社会科学创新研究基地——上海交通大学神话学研究院

中国社会科学院比较文学研究中心

国家出版基金项目
NATIONAL PUBLICATION FOUNDATION

"十四五"国家重点出版物出版规划项目

神话学文库
叶舒宪 主编

王仁湘 著

追踪信仰
艺术考古中的动物图像（上）

TRACES OF FAITH
ANIMAL IMAGES
IN ART ARCHAEOLOGY

陕西师范大学出版总社　西安

图书代号　SK25N0844

图书在版编目（CIP）数据

追踪信仰：艺术考古中的动物图像：上、中、下 / 王仁湘著. -- 西安：陕西师范大学出版总社有限公司，2025.5. --（神话学文库 / 叶舒宪主编）. -- ISBN 978-7-5695-5083-2

Ⅰ．K879.04

中国国家版本馆 CIP 数据核字第 2025UY5189 号

追踪信仰：艺术考古中的动物图像（上、中、下）
ZHUIZONG XINYANG：YISHU KAOGU ZHONG DE DONGWU TUXIANG

王仁湘　著

出 版 人	刘东风
责任编辑	王丽敏　王娟娟
责任校对	庄婧卿　王文翠
出版发行	陕西师范大学出版总社
	（西安市长安南路199号　邮编710062）
网　　址	http：//www.snupg.com
印　　刷	中煤地西安地图制印有限公司
开　　本	720 mm×1020 mm　1/16
印　　张	64.5
插　　页	6
字　　数	1118千
图　　幅	1686
版　　次	2025年5月第1版
印　　次	2025年5月第1次印刷
书　　号	ISBN 978-7-5695-5083-2
审 图 号	国审陕字（2025）第61号
定　　价	198.00元

读者购书、书店添货或发现印刷装订问题，请与本公司营销部联系、调换。
电话：（029）85307864　85303629　传真：（029）85303879

"神话学文库"总序

叶舒宪

神话是文学和文化的源头，也是人类群体的梦。

神话学是研究神话的新兴边缘学科，近一个世纪以来，获得了长足发展，并与哲学、文学、美学、民俗学、文化人类学、宗教学、心理学、精神分析、文化创意产业等领域形成了密切的互动关系。当代思想家中精研神话学知识的学者，如詹姆斯·乔治·弗雷泽、爱德华·泰勒、西格蒙德·弗洛伊德、卡尔·古斯塔夫·荣格、恩斯特·卡西尔、克劳德·列维－斯特劳斯、罗兰·巴特、约瑟夫·坎贝尔等，都对20世纪以来的世界人文学术产生了巨大影响，其研究著述给现代读者带来了深刻的启迪。

进入21世纪，自然资源逐渐枯竭，环境危机日益加剧，人类生活和思想正面临前所未有的大转型。在全球知识精英寻求转变发展方式的探索中，对文化资本的认识和开发正在形成一种国际新潮流。作为文化资本的神话思维和神话题材，成为当今的学术研究和文化产业共同关注的热点。经过《指环王》《哈利·波特》《达·芬奇密码》《纳尼亚传奇》《阿凡达》等一系列新神话作品的"洗礼"，越来越多的当代作家、编剧和导演意识到神话原型的巨大文化号召力和影响力。我们从学术上给这一方兴未艾的创作潮流起名叫"新神话主义"，将其思想背景概括为全球"文化寻根运动"。目前，"新神话主义"和"文化寻根运动"已经成为当代生活中不可缺少的内容，影响到文学艺术、影视、动漫、网络游戏、主题公园、品牌策划、物语营销等各个方面。现代人终于重新发现：在前现代乃至原始时代所产生的神话，原来就是人类生存不可或缺的文化之根和精神本源，是人之所以为人的独特遗产。

可以预期的是，神话在未来社会中还将发挥日益明显的积极作用。大体上讲，在学术价值之外，神话有两大方面的社会作用：

一是让精神紧张、心灵困顿的现代人重新体验灵性的召唤和幻想飞扬的奇妙乐趣；二是为符号经济时代的到来提供深层的文化资本矿藏。

前一方面的作用，可由约瑟夫·坎贝尔一部书的名字精辟概括——"我们赖以生存的神话"（Myths to live by）；后一方面的作用，可以套用布迪厄的一个书名，称为"文化炼金术"。

在21世纪迎接神话复兴大潮，首先需要了解世界范围神话学的发展及优秀成果，参悟神话资源在新的知识经济浪潮中所起到的重要符号催化剂作用。在这方面，现行的教育体制和教学内容并没有提供及时的系统知识。本着建设和发展中国神话学的初衷，以及引进神话学著述，拓展中国神话研究视野和领域，传承学术精品，积累丰富的文化成果之目标，上海交通大学文学人类学研究中心、中国社会科学院比较文学研究中心、中国民间文艺家协会神话学专业委员会（简称"中国神话学会"）、中国比较文学学会，与陕西师范大学出版总社达成合作意向，共同编辑出版"神话学文库"。

本文库内容包括：译介国际著名神话学研究成果（包括修订再版者）；推出中国神话学研究的新成果。尤其注重具有跨学科视角的前沿性神话学探索，希望给过去一个世纪中大体局限在民间文学范畴的中国神话研究带来变革和拓展，鼓励将神话作为思想资源和文化的原型编码，促进研究格局的转变，即从寻找和界定"中国神话"，到重新认识和解读"神话中国"的学术范式转变。同时让文献记载之外的材料，如考古文物的图像叙事和民间活态神话传承等，发挥重要作用。

本文库的编辑出版得到编委会同人的鼎力协助，也得到上述机构的大力支持，谨在此鸣谢。

是为序。

看远古如何造出神模样（代序）

神是什么样子？也许这话问得过于笼统，因为有各种各样的神，应当不会是同一个样子。不论是什么神灵，都是先人次第造出来的，而且大多是以人自己为模特造出来的，所以常常是半人半兽的样子。同理，鬼的模样也是以人为模特造出来的，半人半魔的样子。相比而言，神的模样更狰狞，鬼的模样更恐怖。

"看你那鬼样子！"这是说不像平常样，鬼样子什么样，不知道。网络上说某摄影师拍摄到鬼的样子，一看还是人的模样，恐怖一些而已，也别信以为真。

"瞧他那么神叨叨的！"这也是说不像正常人样，神又如何叨叨，也不知道。很多人心中都驻着神，这神那神，究竟都是什么模样，也并不明白。

人造出的神与鬼，不论多么狰狞，也不论多么恐怖，本质大都是人模人样。

在史前艺术中，有一些半人半兽的艺术形象，不论是彩陶上或是刻画纹样上，这样的形象都被我们认作神面，是神灵人格化的偶像。这样的神面，表现有特别的恐怖感，你觉得它像人，但并非人。神面的狰狞模样，在史前艺术的表现上大约是一个通例。圆瞪的大眼，龇出的獠牙，恐怖之态令人惶惑。这样的神面，是史前人制作的神灵的简化图形，它并不只是表示一个头面，而且是以头以面代表神灵的本体，头面是神灵完形的一个象征，是一个简约的造型。

研究者比较关注的有像良渚文化玉器上雕刻的那些神面，神面装饰在一些玉牌、玉钺和玉琮等礼器上，神面刻有向上与向下龇出的獠牙，显出庄重与威严之感。从良渚人制作的神面看，有的神面是有体有面的完形，而大多都是简化得只有嘴与眼的脸面。大量的神面都是这样简化的结果，而最经典的简化，就是最后只留下了神的一双眼睛。玉琮上许多神面，只有眼或嘴的刻画，或者连嘴也不见了。这样看来，对于良渚人来说，神的眼睛应当是最受他们关注的。

若干件收藏在各地博物馆的传世品玉神面，是研究者经常提到的，如美国哈佛艺术博物馆收藏的一件、旧金山亚洲艺术博物馆收藏的一件，也都有龇牙

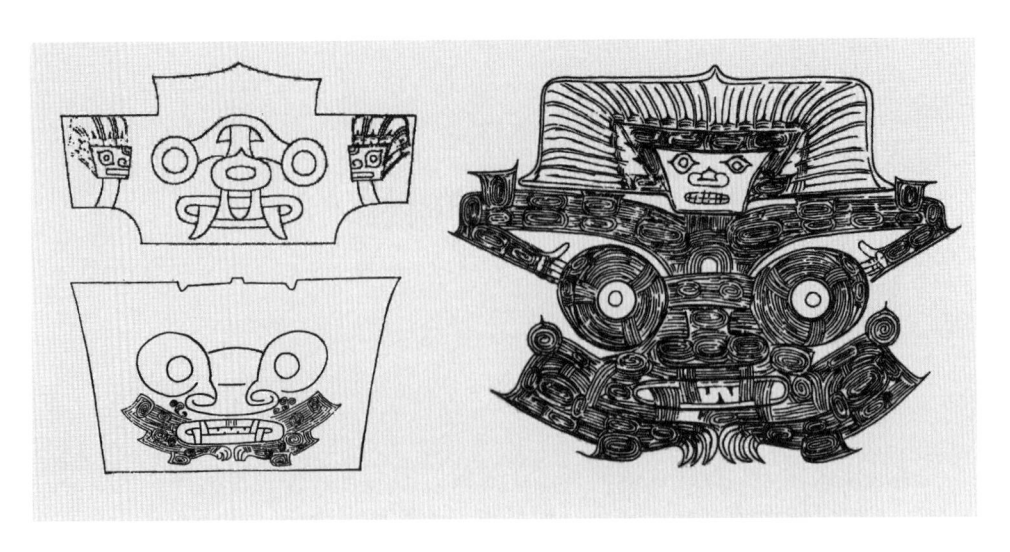

良渚文化玉器上的神面纹（良渚博物院、浙江省文物考古研究所）

瞪眼的模样。这些收藏品的年代并不容易确定，有的可以早到新石器时代，有的可能晚到商周之际。商周遗址出土的同类玉器往往被归入新石器时代。

最值得关注的是近年在山西曲沃羊舌村西周晋侯墓中出土的一件神面玉饰。玉神面扁形平，正面阳刻狰狞兽面，臣字形大眼，上下均有一对獠牙龇出。这样的一些玉神面，虽然多数都有冠饰，有的甚至还有包括珥饰在内的细致刻画，但都只是一个头像，也都合于以头代体的神灵图像制作传统。

当然，更早的发现是湖南黔阳高庙遗址陶器上刻画的神面。那神面的构图已非常完整，且已经是很固定的形态，都显露着龇出的獠牙，狰狞之态跃然眼前。这样的神面年代早到距今7000多年前，这是中国史前陶器上见到的年代最早的神面刻画。同样的神面已经相当简化，简化到只留下一张龇着獠牙的嘴，这与后来的良渚文化显得不同，良渚人简化的神眼已经没有了狰狞的模样，而高庙人简化的神面因为獠牙尚存，依然还显现着狞厉的神态。

史前狰狞的神面，也偶尔出现在彩陶上。半坡文化的彩陶上见过这样的神面，不过以往研究者似乎不大在意这个发现。在临潼马陵遗址出土的一件陶瓶上绘有一戴着尖顶帽的神面，一双圆圆的大眼，宽大的嘴角向上龇出一对大獠牙。神面的左右，还绘有一对倒立的大鱼。

不用太仔细地观察，我们就能做出一个明确的判断，半坡文化彩陶上的神面纹，与高庙下层文化以及良渚与龙山文化中的神面纹，并没有什么明显的不同，

史前陶器上刻画的神面（湖南洪江高庙遗址）

偌大的獠牙是共同的特征。不同之处是那两条附加的鱼纹，这是一个很重要的提示，它告诉我们，半坡文化这样的神面，一定与鱼有着密切的关系。也就是说，它与鱼崇拜有关，这是鱼之神。

说到彩陶，说到半坡文化，又说到神面，就一定要说说半坡彩陶上的人面鱼纹。

半坡文化的人面鱼纹，令许多研究者百思不得其解，也令大众迷惑。它究竟表示着什么意义，最主流的解释是怎样的？现在所知足有二十多种解释，很难说何种说法算是主流，也无法确定哪种解释更正确。比如有的说人面鱼纹是半坡人的图腾，有的又认为鱼纹象征女阴，这是用图腾与生殖崇拜所做的解释。

不过有一点值得注意，这样的人面鱼纹彩陶在半坡文化居址内没有发现，却毫无例外的是儿童瓮棺上的葬具。所以我曾以为，这样的纹饰一定有特别的意义，不属于生活中纯粹的艺术品。

在西安半坡和临潼姜寨等遗址都见到过人面鱼纹盆，人面戴着尖顶的鱼形冠，嘴角两侧用鱼纹做装饰，有时冠两侧也有两鱼做装饰，一副非常怪异的神态，一看就觉得这不应当是半坡人平常的装束。有时在这样的人面鱼纹之间，还绘出写实的鱼纹来。

其实，这人面鱼纹中的人面，所表示的也许还是鱼头，或者说是人格化的鱼头。在西安半坡和芮城东庄遗址也都发现过人头鱼身纹，侧视的双身鱼前绘着一个人面。而这人面的局部特点，是与上述鱼纹中的人面接近的，如线形的眼，在半坡见到的一例就几乎是一样的。在半坡遗址，更见到一例将鱼头绘作人面的彩陶图案，将人与鱼融作一体，我们觉得这绝不会是一般的艺术作品。

将动植物人格化，这是史前人造神的固定方式。一种动物图像，在安上一个人面之后，便有了神格，半人半兽，也就成了神形的固定格式。这样说来，人面鱼纹还真可能是半坡人心中的神灵形象，是什么神格，会不会是水神，或是其他？

有说是上帝造了人，或者亚当、女娲造人，是按自己的形象造人，所以人与神们是一般模样。《创世记》就说神是按照他的形象而造出了人，其实神像都是人创作的作品，是以人做模特，于是才有了人神同样而又有些区别的结果。

目　录

上　册

日神：獠牙与旋目 / 001

野猪入画图：4万多年前的岩画艺术 / 003

高庙白陶：獠牙神面 / 008

高庙白陶：獠牙神面的唇口样式 / 019

高庙白陶：极简版獠牙神面观察 / 024

高庙白陶：长着双翅的獠牙神面 / 027

高庙白陶：飞翔的獠牙 / 034

高庙白陶：T符的含义 / 042

高庙白陶：从写实到极简太阳象征符号 / 058

高庙人七八千年前创造的太阳神话艺术体系 / 062

武装到牙齿的南北獠牙神 / 068

大钺獠牙如花 / 097

古蜀时代的象牙之谜 / 111

三星堆：青铜神坛上发现獠牙太阳神 / 117

彩陶旋纹：关于史前中国一个认知体系的猜想 / 123

中国史前旋目神面图像认读 / 157

良渚之旋溯源 / 172

良渚旋眼神 / 183

旋目与獠牙：认识玛雅太阳神 / 193

日鸟：太阳鸟 / 199

一只石化的艺术鸟 / 201

高庙白陶：日鸟展翅 / 205

高庙白陶：侧飞的日鸟 / 224

日鸟倒飞为哪般 / 226

阳鸟与神祖 / 234

彩陶：一群东飞西去的鸟 / 238

史前艺术中的鸮形主题 / 256

凤凰于飞 / 277

玉中对鸟 / 283

青铜之翼 / 297

楚凤翩翩 / 303

古蜀日鸟 / 311

太阳神鸟金箔：古蜀人留给今人的艺术遗产 / 315

日鸟图谱 / 324

中　册

虎与龙凤崇拜 / 331

神龙诞生 / 333

龙虎子龙鼎 / 337

凤诞石家河 / 346

龙飞凤舞 / 353

三星堆凤头龙尾巫者法器复原猜想 / 372

虎变：石峁石雕杂论 / 381

二里头偶言：绿松石龙虎之辨 / 391

考古快评：龙与凤3000年前相遇在古蜀 / 413

方圆阴阳：商周龙虎纹另类解读 / 415

商代雌雄龙钮印 / 444

另眼观饕餮 / 447

虎符香囊帝王事：央视《国家宝藏》琐评 / 460

月神蟾蜍 / 469

彩陶：一只幻出幻入的蟾 / 471

搜蟾小记 / 476

与人同行 / 483

倾听神的声音：龟甲占卜的由来 / 485

龟甲与骨筒随葬 / 489

龟影朦胧 / 497

鱼鸟之象 / 503

交弧纹：仰韶另类鱼纹彩陶的来源 / 519

庙底沟文化鱼纹彩陶 / 523

鱼纹认同：一统中国的文化基础 / 564

蝉的复生 / 572

古蜀金沙蝉玉觅踪 / 599

射猴与射鸟 / 608

冷暖猴情说千年 / 623

人气与牛气 / 630

牦牛遗踪 / 638

三星堆：合体顶尊青铜神坛 / 645

人和老鼠 / 649

招风知雨说鸣鸢 / 663

羊大则美 / 667

下　册

造神灵感 / 679

仰韶：与神同在 / 681

彩陶：鱼鸟向右看齐 / 693

　　良渚文化神兽与神祖像 / 704

　　良渚阳纹微刻图像 / 711

　　两面神与双神柱 / 734

　　方菱额花：神性标识 / 742

　　史前造神运动中的三次艺术浪潮 / 772

图符象征 / 779

　　发现两面神 / 781

　　孙家岗玉两面神 / 788

　　石峁逆射图 / 793

　　良渚神像"羽冠"的疑问 / 797

　　追问青铜：鼻子的故事 / 802

　　耳饰：石峁石雕杂论 / 831

　　巴蜀徽识研究 / 835

　　彩陶：史前人的心灵之约 / 861

　　合欢同心结 / 872

众神之像：人面蛇身 / 895

　　创世神话中蛇身共享主题图考 / 897

　　汉画：谁在伏羲女娲之间 / 934

四神体系之变 / 951

　　四神：良渚文化新体系猜想 / 953

　　海昏四灵 / 961

　　说海昏四神之玄鹤 / 978

　　丝路神影 / 985

　　游离南北：四神中的鱼角色 / 989

　　四神之车 / 995

符号、信仰与前文明时代（代跋） / 1004

日神：獠牙与旋目

獠牙，是很多动物具有的特征。当人像如动物一般，也在口中龇出一副獠牙来，那即是一类神灵，史前人创作出了这样的神灵图像。

当太阳也龇着尖利的獠牙出现在史前艺术中，那是神化的太阳，是日神的模样。通过借用动物獠牙的形式，让太阳成为神化的主角，这样的艺术创意在中国出现在约8000年前的白陶文化中，这使得太阳崇拜极易成为流行风尚。

除了獠牙，太阳在彩陶时代又呈现为一双旋动的眼目，那是日神之眼，象征着旋转的太阳。旋目图像是史前太阳崇拜的另一种形式，它由彩陶时代兴起，后来又在玉器艺术中得到进一步传承。

野猪入画图：4万多年前的岩画艺术

中新网据法新社2021年1月14日报道，"考古学家近日在印度尼西亚苏拉威西（Sulawesi）发现了一幅已知世界上最古老的洞穴壁画，至少可以追溯至45500年前。该发现13日发表在《科学进展》杂志上"。

这是一幅大型岩画，是一位博士生巴斯兰·布尔汉于2017年发现的，绘在印度尼西亚苏拉威西岛的一座岩洞里。画面绘出了一头野猪，涂上了深红赭色颜料。经测定这幅画上方形成的方解石矿床有45500年的历史，表明这幅画至少绘制于这个年代之前。这个年代数据非常重要，它被认为是印度尼西亚发现的已知世界最古老洞穴岩画的新证据。

在印度尼西亚苏拉威西岛南部马洛斯（Maros）附近的七座石灰岩洞穴里，考古学家于20世纪50年代就发现了岩画，画面上除了见到包括野猪在内的大型动物图像，也有大量的人手图形，作画的时间推定在35000年到40000年间。而这次的新发现认定的年代更早，也许会更正以往发现的那些岩画的年代。

这个发现之所以引起我特别的关注，是因为早在20多年前我就亲赴苏拉威西，现场考察了岛上的几座洞穴中的岩画。那是联合国教科文组织的一次世界岩画考察与研究培训班，我被聘为教员，为学员讲述了中国西部发现的牦牛岩画。

苏拉威西岩画绘在高大的洞穴中，大幅的画面、奇特的动物造型、重叠的手印、赭红的颜色具有很强的穿透力。绘出这样的画面很不容易，能完好地保存下来也不容易。发现岩画后，洞穴附近一带就修建了遗址公园，考古遗产得到了很好的保护。

此后，考古学家在印度尼西亚苏拉威西岛上又陆续发现了几处绘有岩画的石灰岩岩洞。苏拉威西岛上发现的岩画扩大了最早的岩石艺术的地理分布范围，传统认知是其最早出现在欧洲。有考古学家如马克西姆·奥伯特（Maxime Aubert）认为：欧洲和苏拉威西都有危险的大型哺乳动物的图像，它们可能在这些人的信仰系统中扮演了重要角色。他预测苏拉威西岛上还会发现比这更早的洞穴艺术。

苏拉威西新发现的岩画野猪

岩画特别摄影

004 | 追踪信仰：艺术考古中的动物图像

苏拉威西先前发现的手印岩画

苏拉威西岩画

日神：獠牙与旋目 | 005

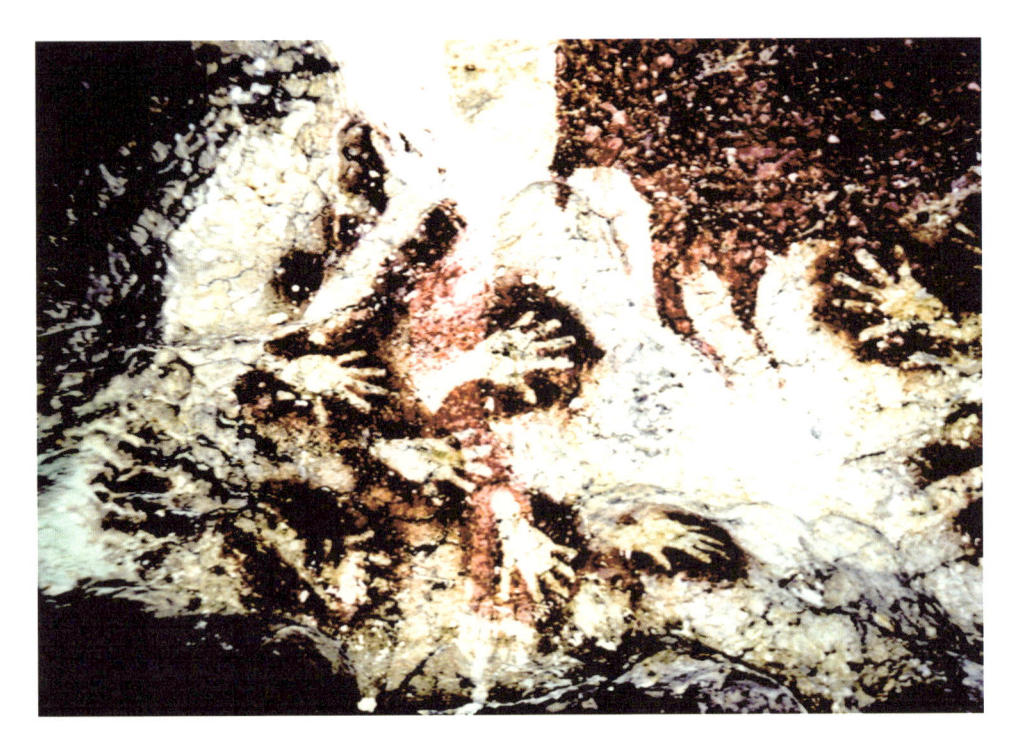

苏拉威西旧石器时代洞穴中的手形岩画（自摄于1997年）

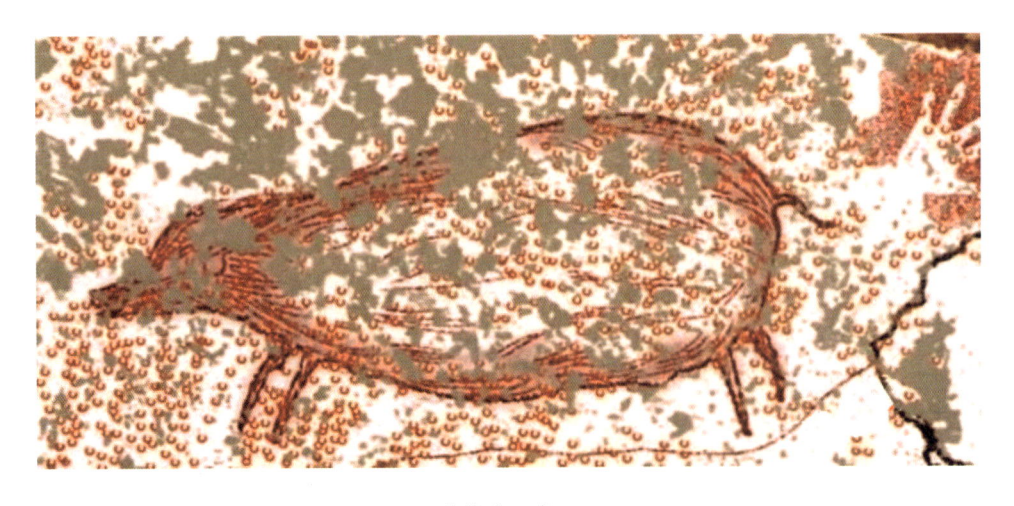

苏拉威西岩画

自20世纪50年代起，苏拉威西岛上的洞穴内发现了数以百计的手印和动物图像，开始的推测虽认为年代在史前时代，但至多只有12000年的历史，也就是狩猎者迁徙到岛上的时候。

通过查证七座洞穴里的矿物层，发现有些覆盖在图画上，有些是将绘画夹在中间。利用这些矿物层中含有的微量的放射铀，测出这些沉积物的年代，从

006 | 追踪信仰：艺术考古中的动物图像

而可以精确地找出绘画的创作时间。用这个方法测出洞穴中最古老手印的年代，应在 39900 年前。

值得注意的是，一座洞穴岩画的内容是狩猎图，绘制出八个半人半兽的猎人形象，有的长有鸟嘴，有的长有尾巴，正用长矛和绳索猎杀两头野猪和四头矮水牛。有学者认为，这些神奇的兽人形象是智人采用艺术形式传达抽象思维的第一个例证。格利菲斯大学布拉姆博士说：岩画上的兽人形象算是一个最早的证据，"证明人类创造自然界不存在的事物的能力"。

我倒觉得不一定是如此，画面更可能是狩猎情景的再现，表现的是猎人模仿动物的扮相，是猎人为迷惑动物设计的伪装。我们还可以进而推测早期半人半兽神像的出现，应当也与这些猎人的扮相有关，人类借动物迷惑动物的时候，也迷惑着自己。

野猪频繁出现在岩画上，也是值得注意的。野猪是苏拉威西岛冰河时期岩石艺术中最常被描绘的动物，它们无疑是岛上史前居民狩猎的对象。野猪剽悍凶猛，自然也会成为崇拜的对象。这种野猪被认定为疣猪，独居或成群穴居，以青草、苔草及块茎植物等为食；生存能力很强，适应高温和干旱环境，可连续数月不饮水；繁殖力很强，好斗，也会给人类造成威胁。凶猛的动物更容易进入人类的崇拜范围，给人类以精神慰藉。

动物崇拜，有时就这样表现为力量的崇拜。与人类生活发生过频繁交集的动物们，尤其是那些打动人类情感、传递给人类力量的动物，最有机会进入人类的崇拜领域，也最有机会成为史前画师描绘的对象。野猪，不正是如此吗？

高庙白陶：獠牙神面[①]

高庙文化白陶上的獠牙神面令人非常惊讶，值得仔细观察研究。这里想揭示的是一个初步观察印象，重点关注的是其形态变化。

首先要提到的是神面上獠牙的数目，最常见的是正面视图，显示为四牙组合，二上二下，上牙在内侧，下牙在外侧，而且大多绘出示意的口腔形状。其次还有二牙组合，一上一下，表现的是侧视画面，可以想象还有二牙在另一侧。另外还有一牙呈现的画面，虽然看不到神面构图，却可以推导出它是一个简略的画面。

獠牙神面，有正面构图，也有侧面构图。獠牙神面常常出现在鸟翅位置，有时又见于鸟体中心位置，多数情况下是正常的横列样式，也有个别竖列样式。可将獠牙神面粗分为a—g七式，分别罗列于下。

a式：画面为正面四牙，构图比较规整，左右对称。獠牙轮廓线流畅，透出一种锋利的感觉。外围有明确的口腔图形，口腔转角或方或弧。

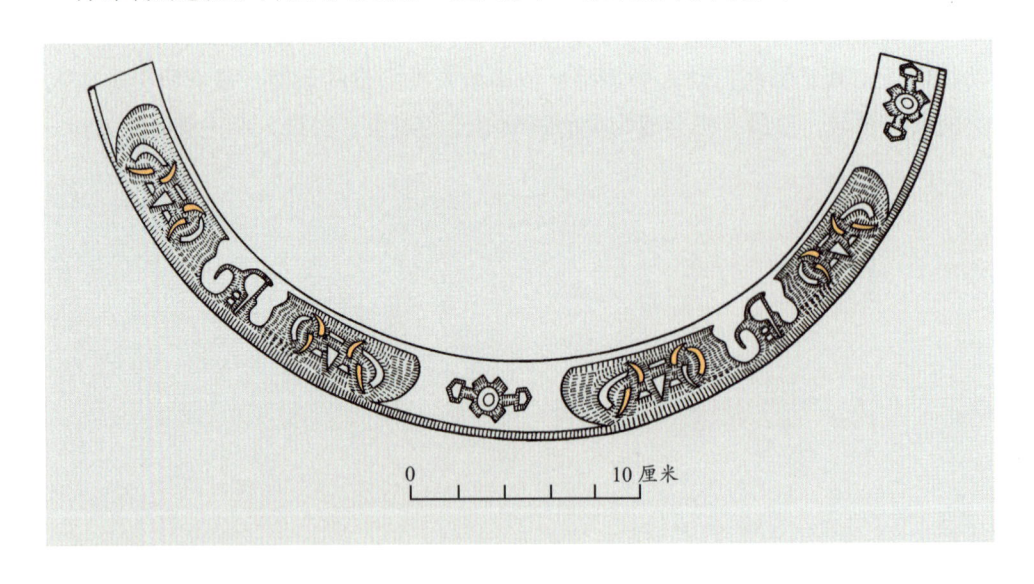

[①] 本部分插图中的白陶资料出自湖南省文物考古研究所编著：《凤舞潇湘——桂阳千家坪出土陶器》，故宫出版社，2020年。需要说明的是，为更直观地论述清楚不同的主题需要，个别篇章图片有重复，不再一一标注。

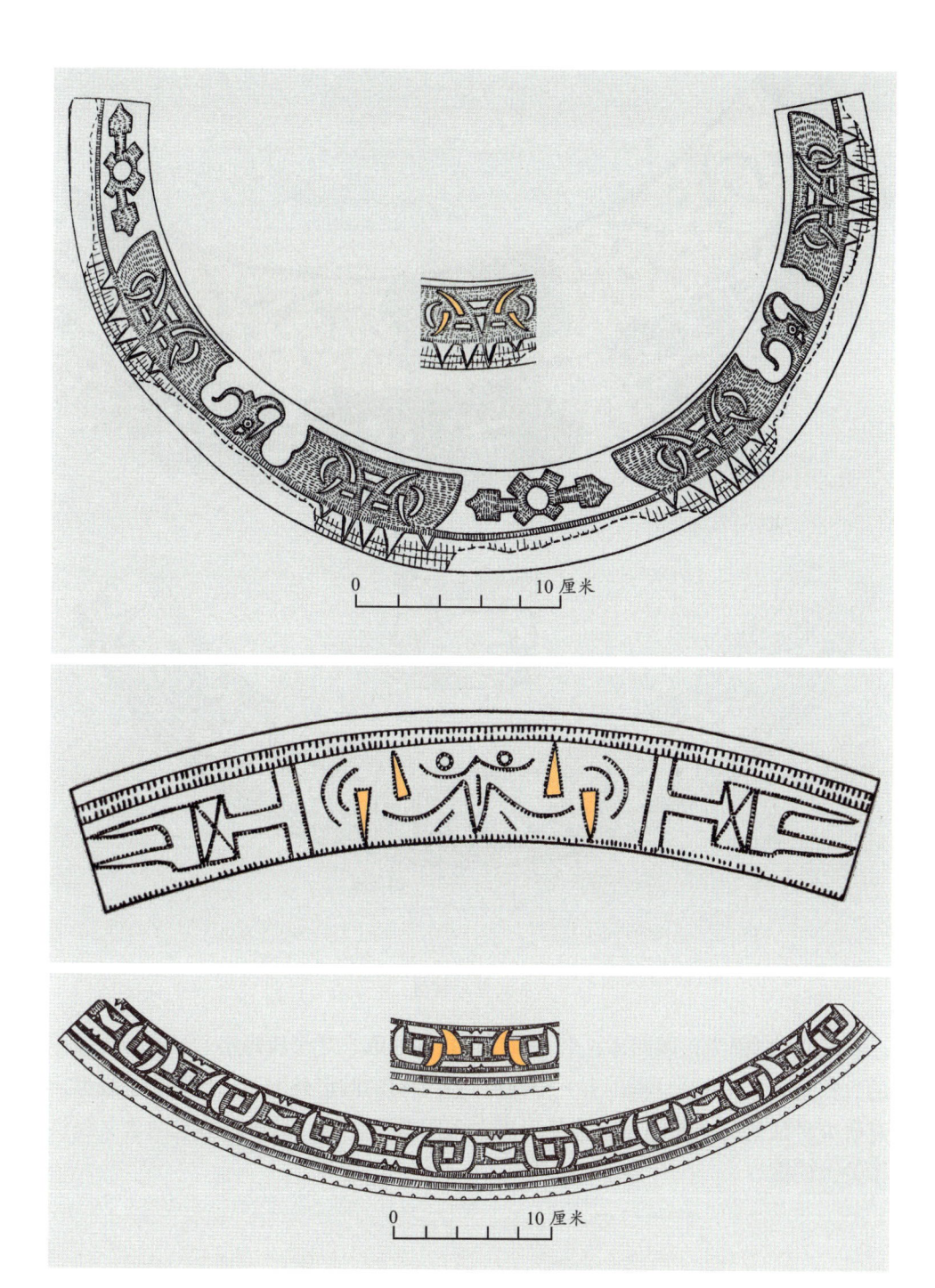

日神：獠牙与旋目 | 009

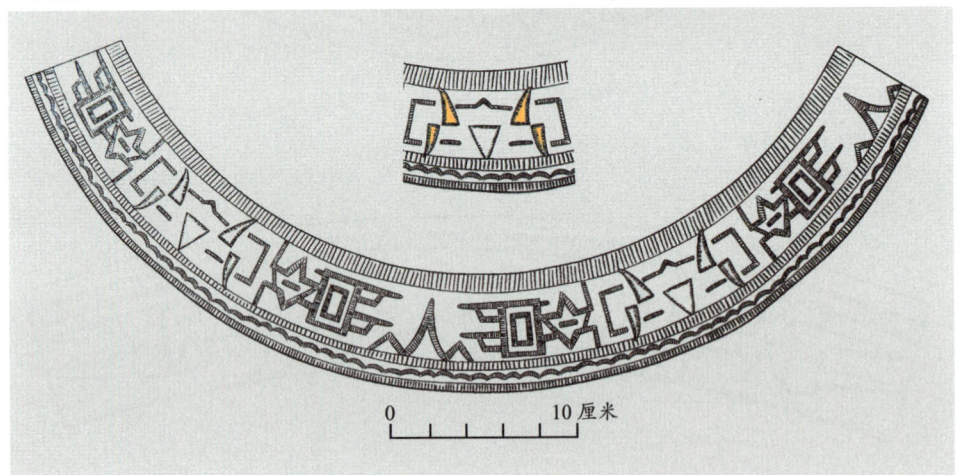

a式獠牙神面

b式：画面为正面四牙，上下獠牙连接在一起，牙形较短小。没有a式那样的口腔轮廓，但有的外框围有一个圆形图案，有的圆形外围还出现有光芒线形，有研究者认定为太阳图形。獠牙出现在太阳图形之内，对于了解它的含义提供了关键证据。

0　　　　10 厘米

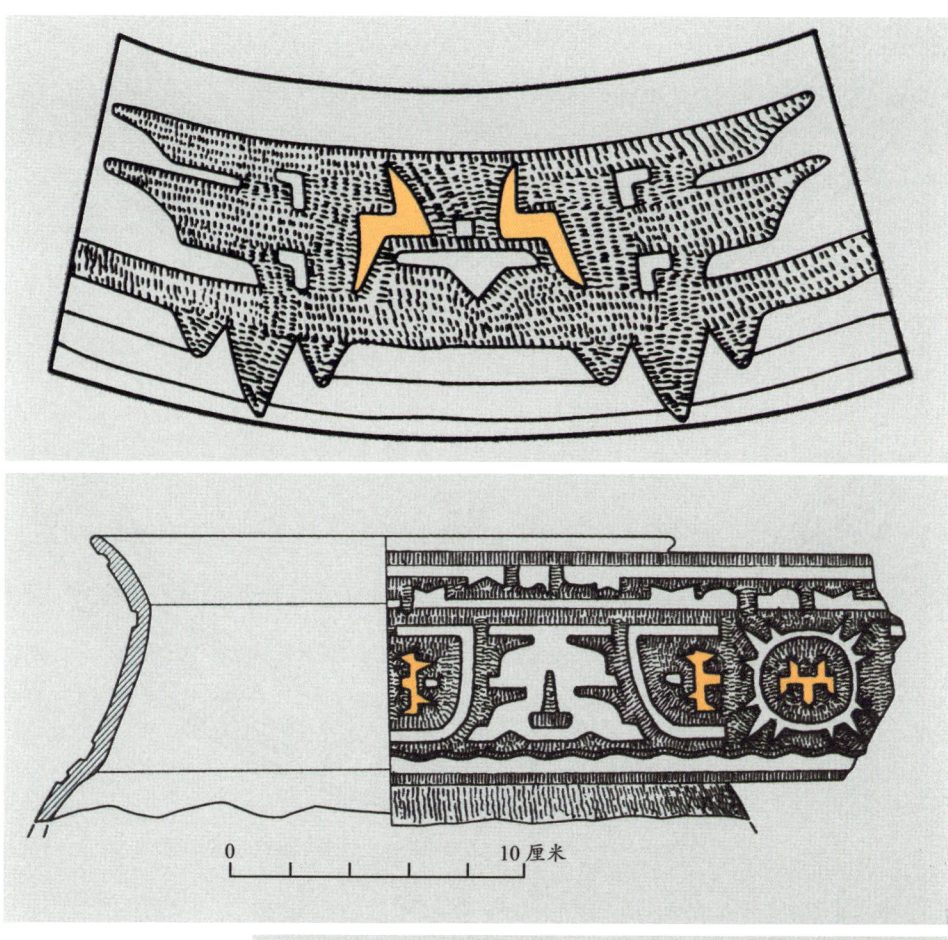

日神：獠牙与旋目 | 011

b 式獠牙神面

c式：画面为正面四牙，牙体一般比较短，但向外侈出有明显的弧度。又可分有无口腔轮廓的不同，带口腔轮廓又分为方形与圆弧形两种。中心位置还见到方圆不一的图形，与另外一些被视为太阳的图形类同。

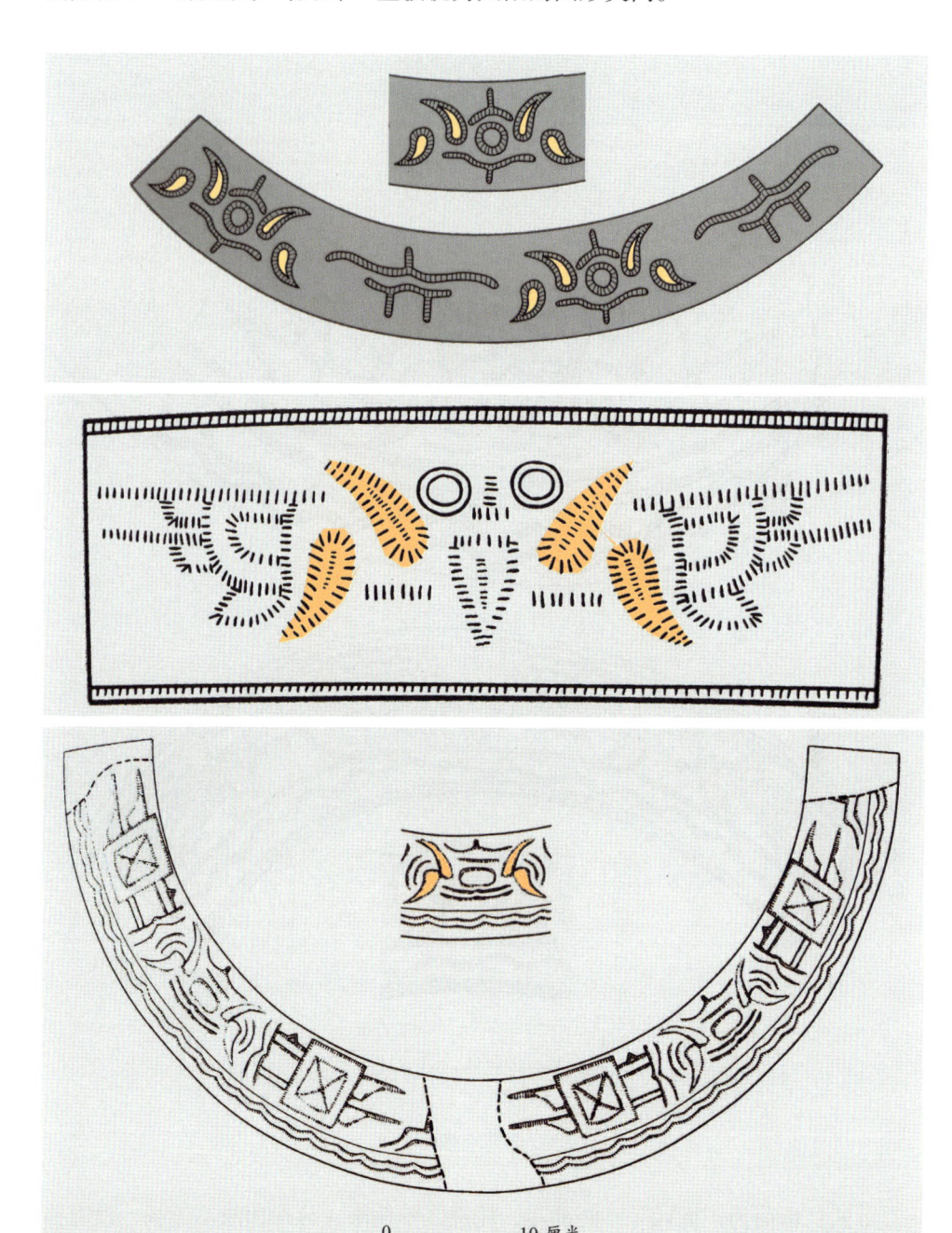

0　　　5厘米

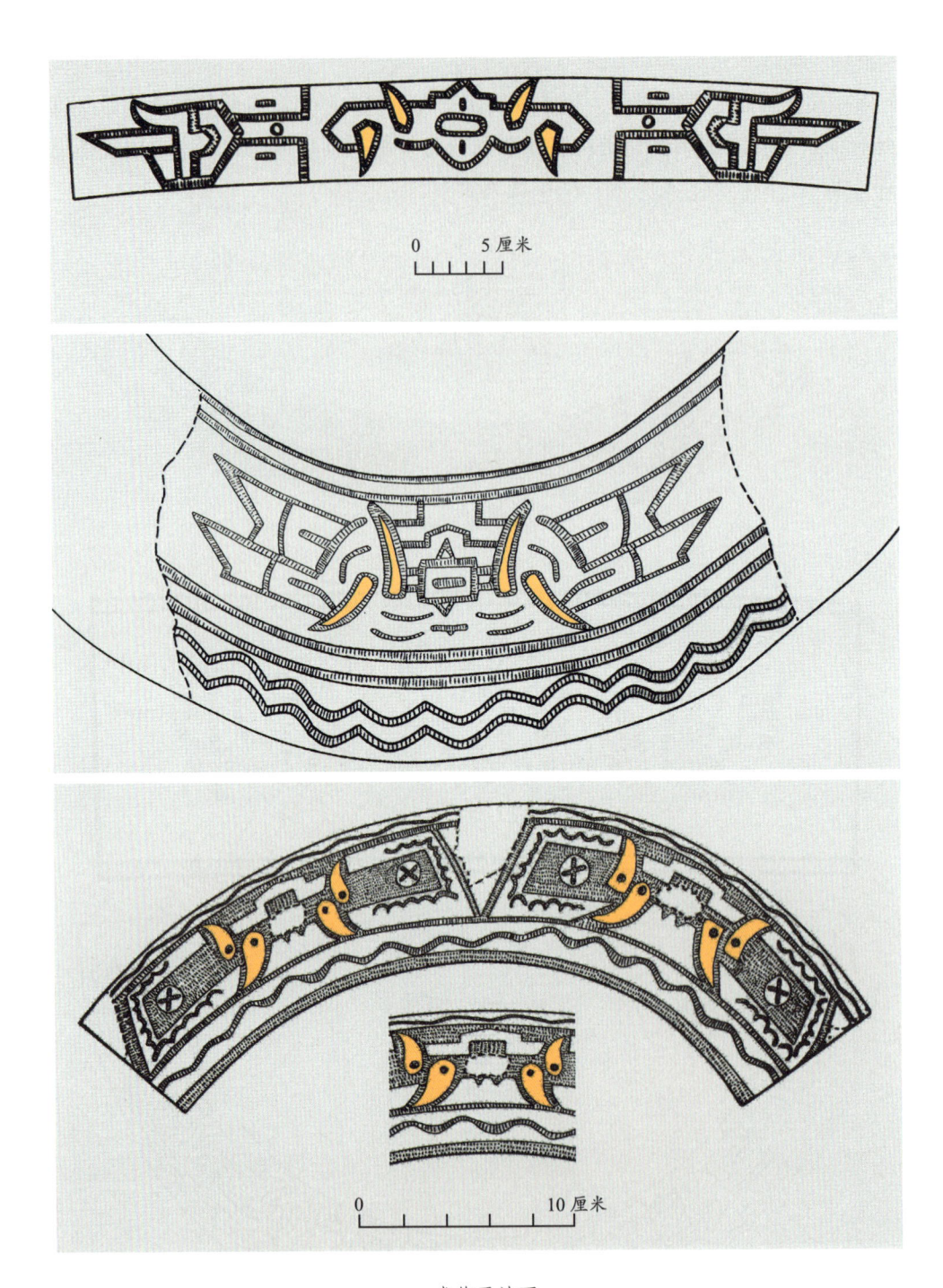

C式獠牙神面

d式：画面为正面四牙，画面小，轮廓线不明晰，牙形边缘不流畅，没有锋利的感觉。

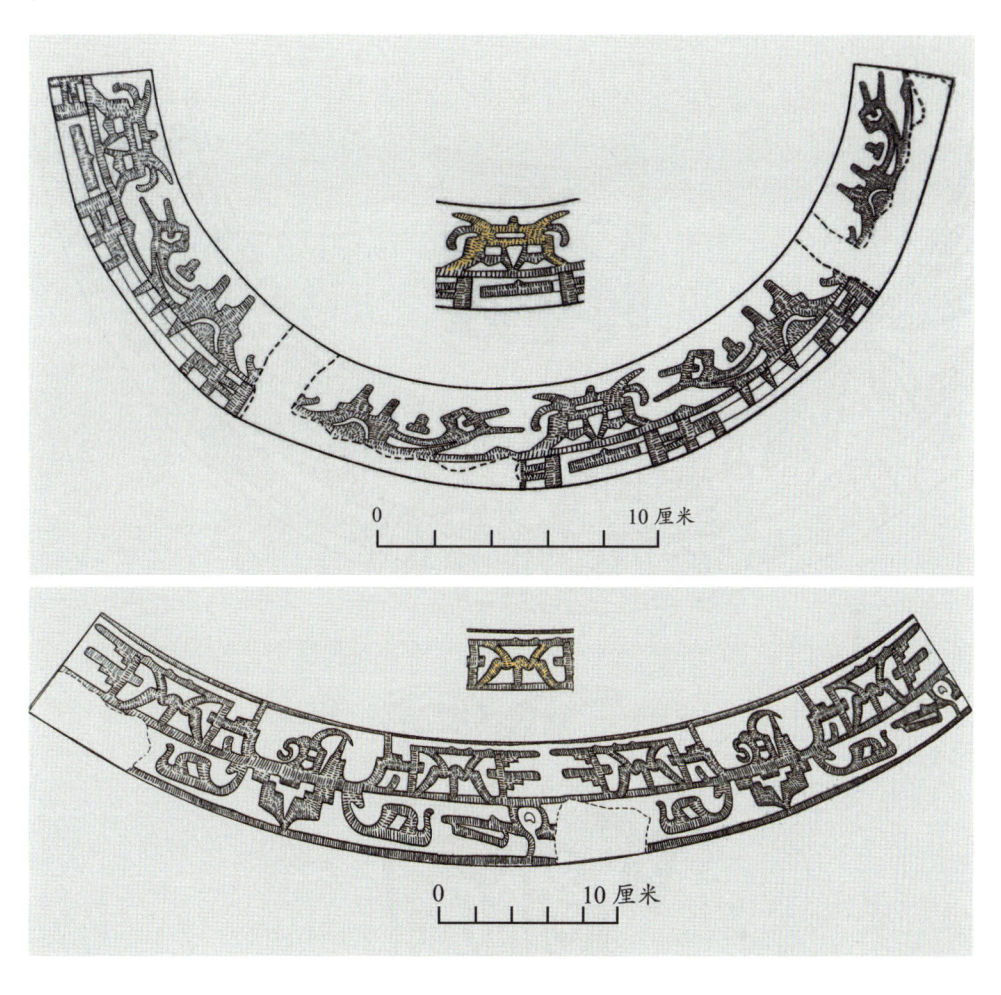

d 式獠牙神面

e 式：画面为侧面二牙，出现在鸟首，獠牙一上一下。带獠牙的飞鸟图形虽然发现很少，但却显得非常重要，应当是赋予鸟特别意义的艺术表现，容日后再作讨论。

日神：獠牙与旋目 | 015

e式獠牙神面

f式：画面为侧面二牙，出现在鸟翅中心，左右对称布局。鸟翅带獠牙，与鸟首带獠牙有同样寓意，而且见到不止一例鸟首、鸟翅同时绘出獠牙的器物。

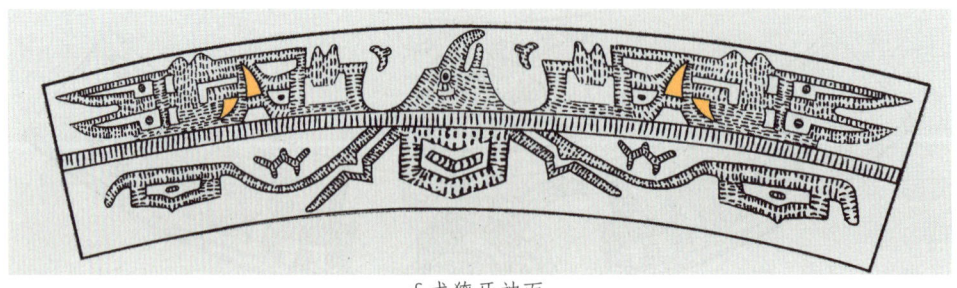

f式獠牙神面

g式：画面为正面四牙，构图接近 b 式，上下獠牙连接在一起，牙体较短。几例都是见于左右鸟翅，而且布局是垂直于鸟翅，不易辨识。

g式獠牙神面

根据上面的观察分析，将这些不同的獠牙神面罗列在一起，它们之间的异同可以一目了然。这就是高庙人的艺术创造，是他们共通的信仰在艺术上的表达。

神面上的獠牙变化不定，细部表现有些不同，但是都可以确定为獠牙之属，这样就让我们确认獠牙也是高庙人认同的一个重要符号。这里仅限于獠牙神面的分类观察，并没有准备就獠牙之来处与去处展开讨论。不过可以判断高庙人所绘獠牙神面即是太阳神面，獠牙神面信仰体现的是太阳崇拜，我们对此坚信不疑。

日神：獠牙与旋目 | 017

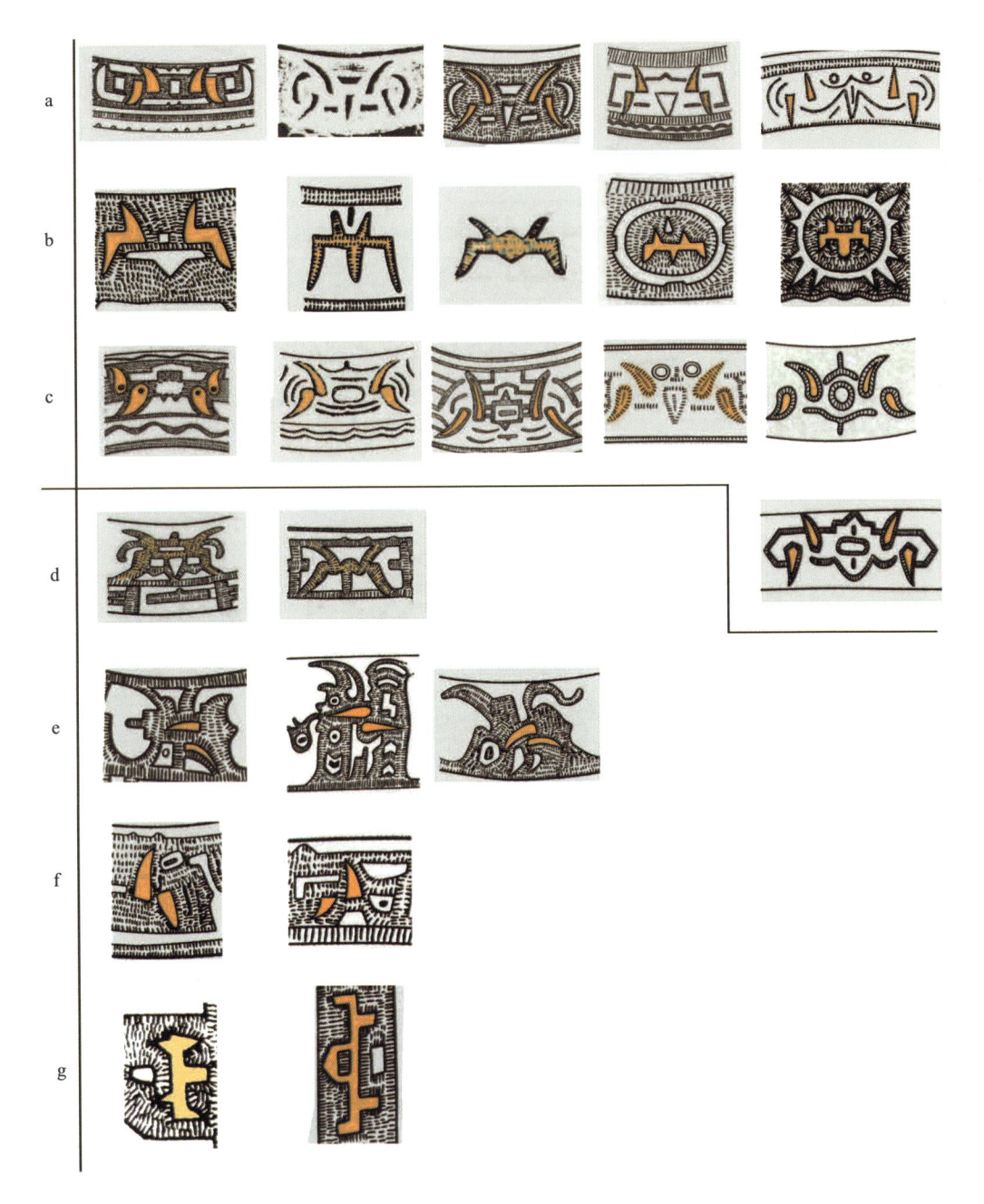

白陶獠牙神面的分类

高庙白陶：獠牙神面的唇口样式
——读《洪江高庙》考古报告

在《洪江高庙》考古报告中的陶器纹样，獠牙神面是最重要的主题。虽然有许多神面简略到只表现出四颗獠牙，但全形的神面却是有唇口的，只是唇口的形状并不全同，表现有一些变化。

獠牙神面的唇口，轮廓一般都作扁长形，转角处或方或圆。唇口整体显得较紧致，獠牙外侈比较夸张，艺匠追求的可能就是这样的效果。按照轮廓形状，唇口可分为圆、方和多边形三种。

第一种神面的唇口为扁圆形，唇边转折处呈圆弧状。这样的形状多出现在独立的神面上，在带翅膀的神面上也可见到。

第二种神面的唇口为扁方形，见到的例证较多，是主流形态。方唇多见正框之形，转折之处比较明显。獠牙多见尖长形，唇口显得比较窄小。

獠牙神面的扁圆唇口

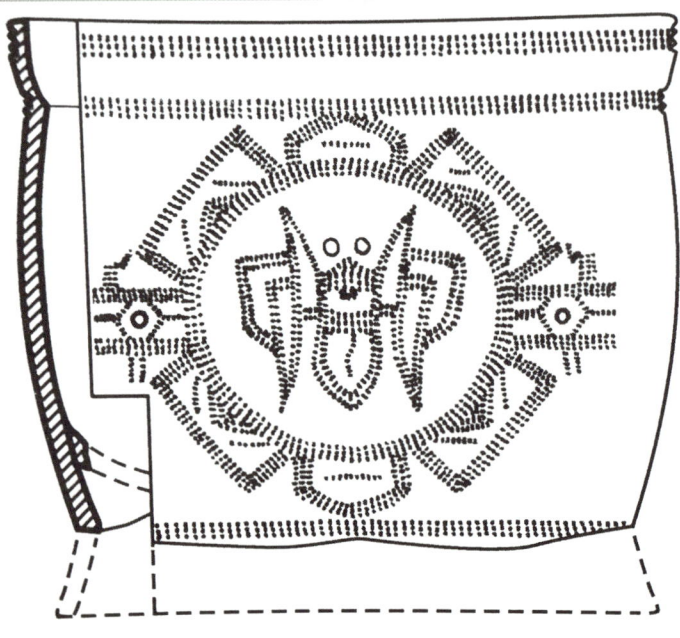

020 | 追踪信仰：艺术考古中的动物图像

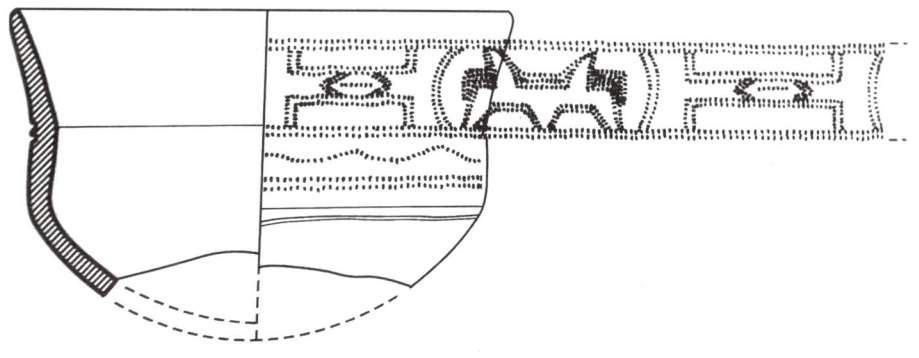

獠牙神面的扁方唇口

第三种神面的唇口为多边形，构图似以六边形较为精致。这一类唇形较为别致，不明白构图设计由何得到启发。

日神：獠牙与旋目 | 021

022 | 追踪信仰：艺术考古中的动物图像

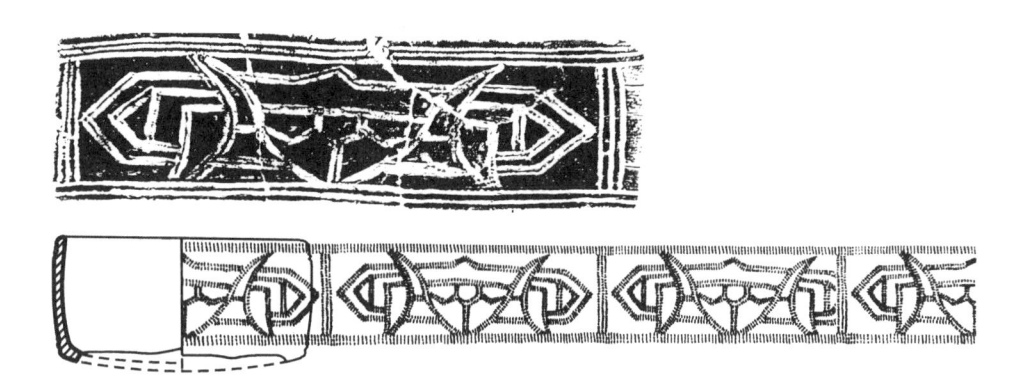

獠牙神面的多边形唇口

圆形、方形和多边形，高庙獠牙神面的唇口，为何有形状上的这些细微区别，我们并不明了。也许这背后并没有什么特别的原因，只是陶工自己的随性发挥而已。但既然表现有区别，我们也须保留一点思考，留待后来者解析。这几类唇形，在桂阳千家坪遗址所见神面上也能见到，应当没有地域区别问题。

獠牙神面，对于高庙人而言，就是日神之像，所以其中的一些细节，多注意观察也有必要。

高庙白陶：极简版獠牙神面观察
——读《洪江高庙》考古报告

在高庙人的心里，日神的模样，就是长有四颗獠牙的神面，可以称作獠牙神面。獠牙神面的构图，有的比较复杂，有的比较简略，当然也见到一种极简版的獠牙神面。

高庙人造出的獠牙神面，在陶器上表现时有一步步简化的趋势。神面上獠牙的模样，一般常见的是带有或方或圆的唇口，呈现空心构图样式。而简省的第一步是去掉唇口，仅刻画出四颗獠牙。正面视图的獠牙，显示为四牙组合，二上二下，上牙在外侧，下牙在内侧。

在艺术创造中，神面上獠牙的简省还有进一步的变化，向着更简单的符号变化。简化的结果，就是用箆点单线刻画出獠牙组合，四颗牙的排列位置还是按照固有的次序，没有改变；或者偶尔用同样的箆点单线条，刻画出唇口的示意轮廓，能看到神面明确的模样来。

这样简单的四根箆点线条，就构成了一个极简版的神面，这是高庙人的杰作。神面上的獠牙变化不定，细部表现不同，但是都可以确定为獠牙之属。可繁可简的獠牙神面是高庙人认同的一个重要符号。我们讨论高庙人所绘獠牙神面即是太阳神面，獠牙神面信仰体现的是太阳崇拜，对此我们愈发坚信不疑。

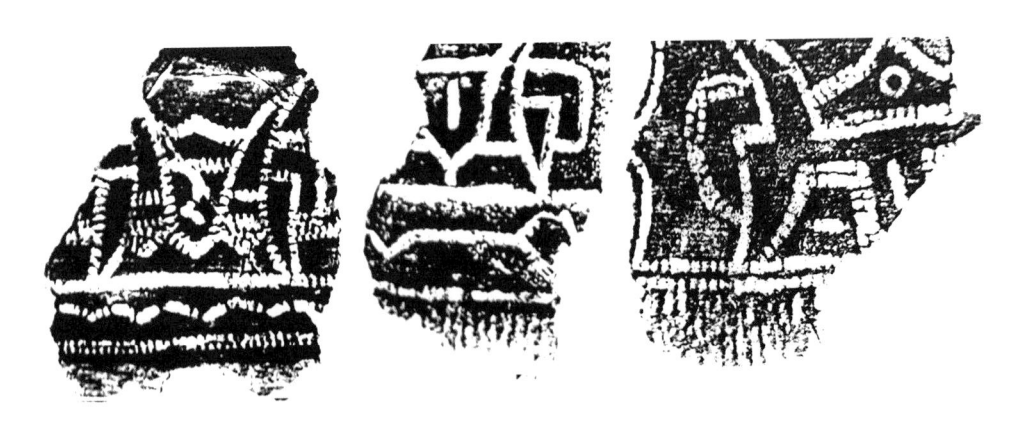

獠牙神面空心獠牙

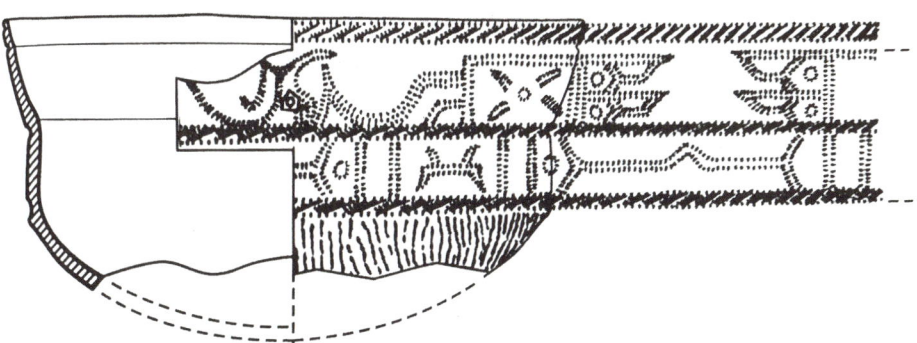

獠牙神面无唇口

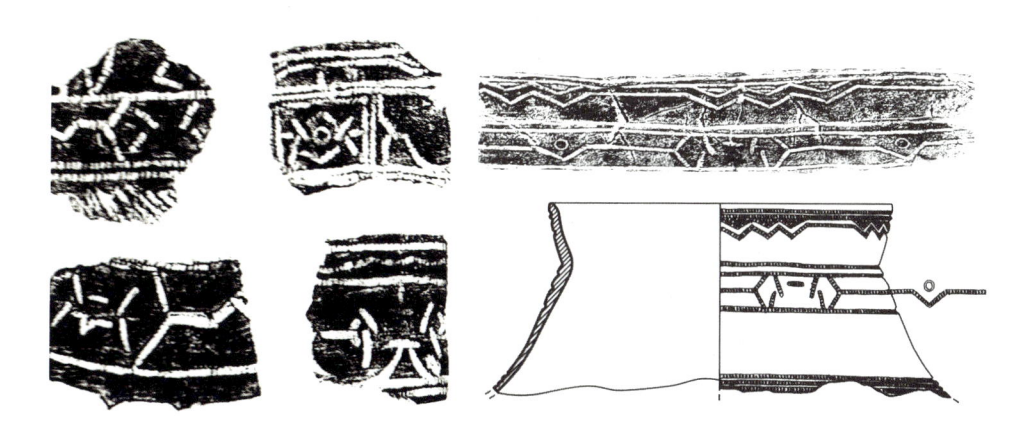

獠牙神面篦点单线刻画带唇口獠牙

日神：獠牙与旋目 | 025

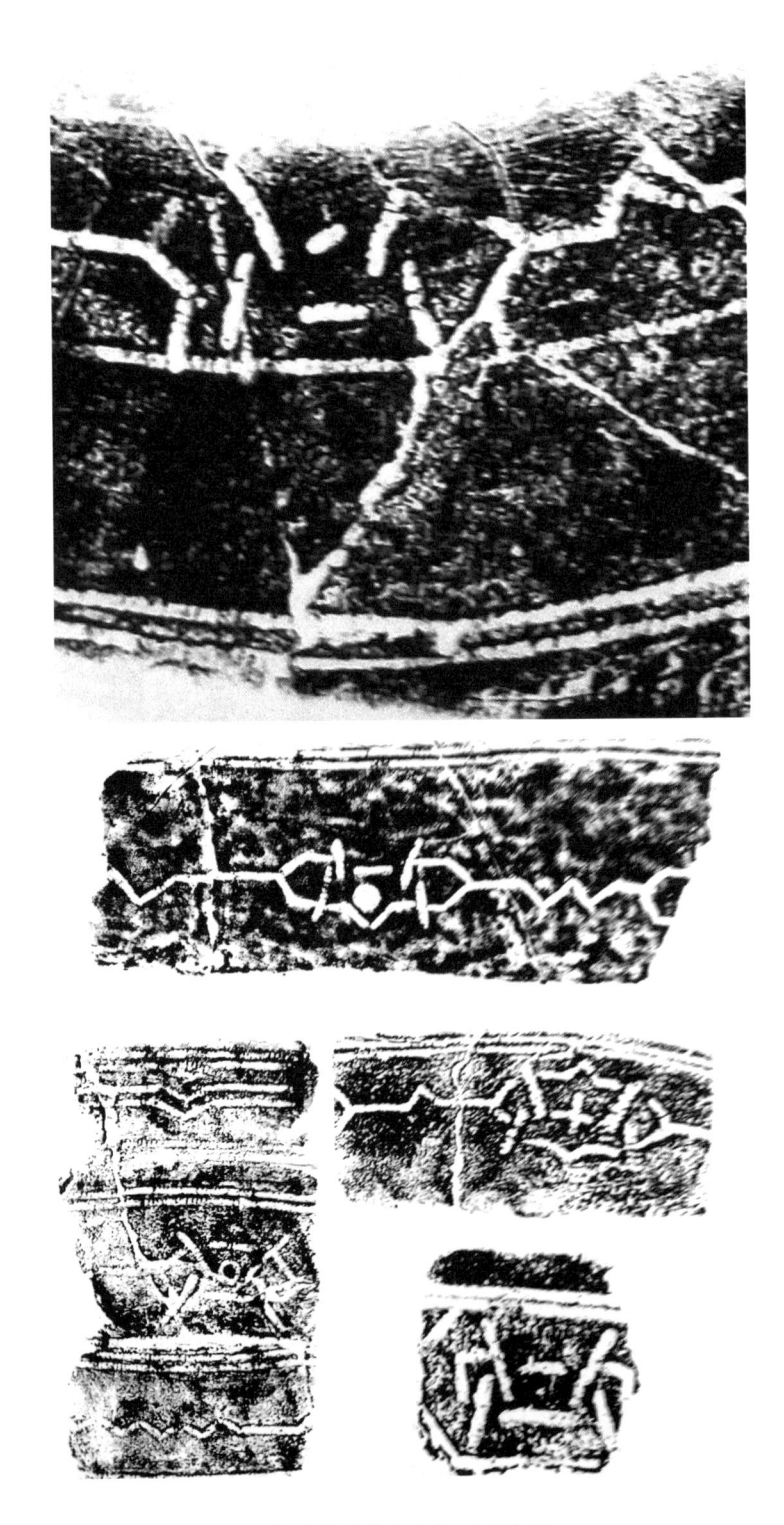

獠牙神面箆点单线刻画獠牙

高庙白陶：长着双翅的獠牙神面
—— 读《洪江高庙》考古报告有感

在《洪江高庙》考古报告中，我们在出土的高庙文化陶器纹饰上看到大量的獠牙神面。这些獠牙神面有的独立出现，有的与日鸟同在，特别引人注目的是有的还长着双翅在飞翔。

张开双翅飞翔的獠牙神面，在高庙下层陶器纹饰中见到不少。一件纹饰繁复的陶罐上，左右耸立着高高的塔台，中间纹饰中有四颗尖利的獠牙龇出唇口，外围环绕的是伸展的双翅，场景非常壮观。

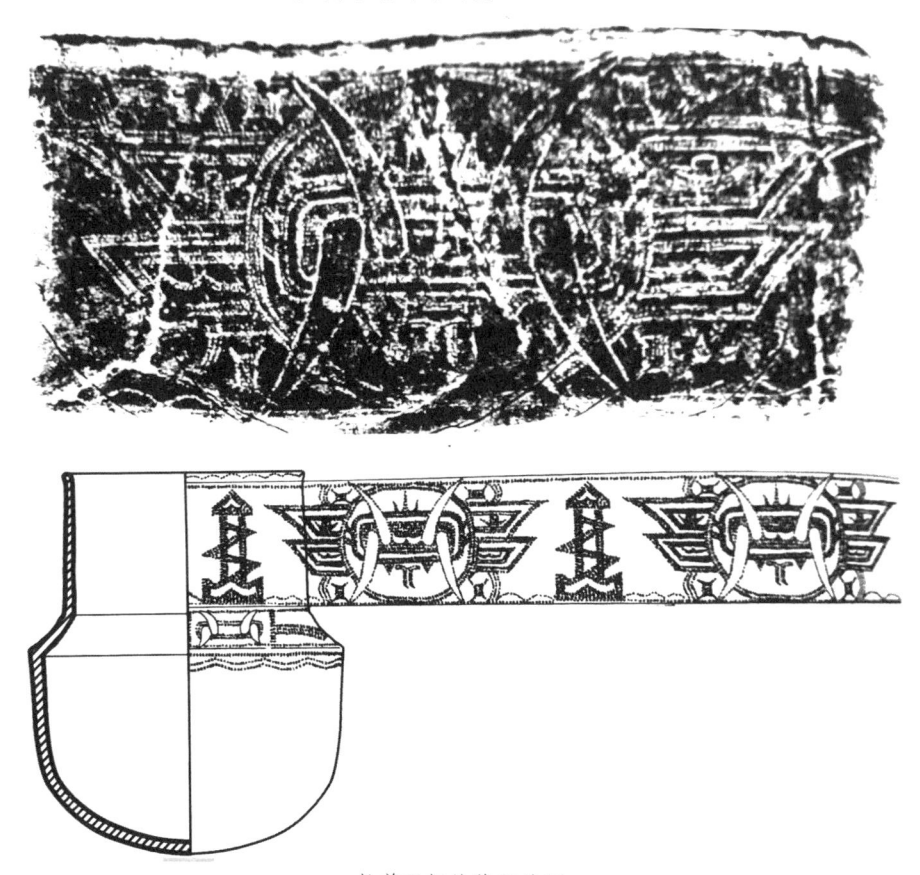

长着双翅的獠牙神面

神面上的獠牙也有细微变化，有时没有那么尖利，也有宽扁的样式。一件陶器上的神面正是这种宽扁的獠牙，牙尖呈斜面龇出扁方形唇口，显得也很锋利。左右伸展的双翅较为窄小，显得比较轻巧。

还有一种带飞翅的獠牙神面，獠牙直接刻画在翅膀上，四牙与双翅线条都很简略，是一种简装的飞翔神面。

带翅膀的獠牙神面，翅膀的形状也有诸多变化，其中有一种外形轮廓呈梯形，类似迎风招展的旗帜，这样的例证还比较多。神面的翅膀多变，獠牙也有变化，但主题意境并无改变。

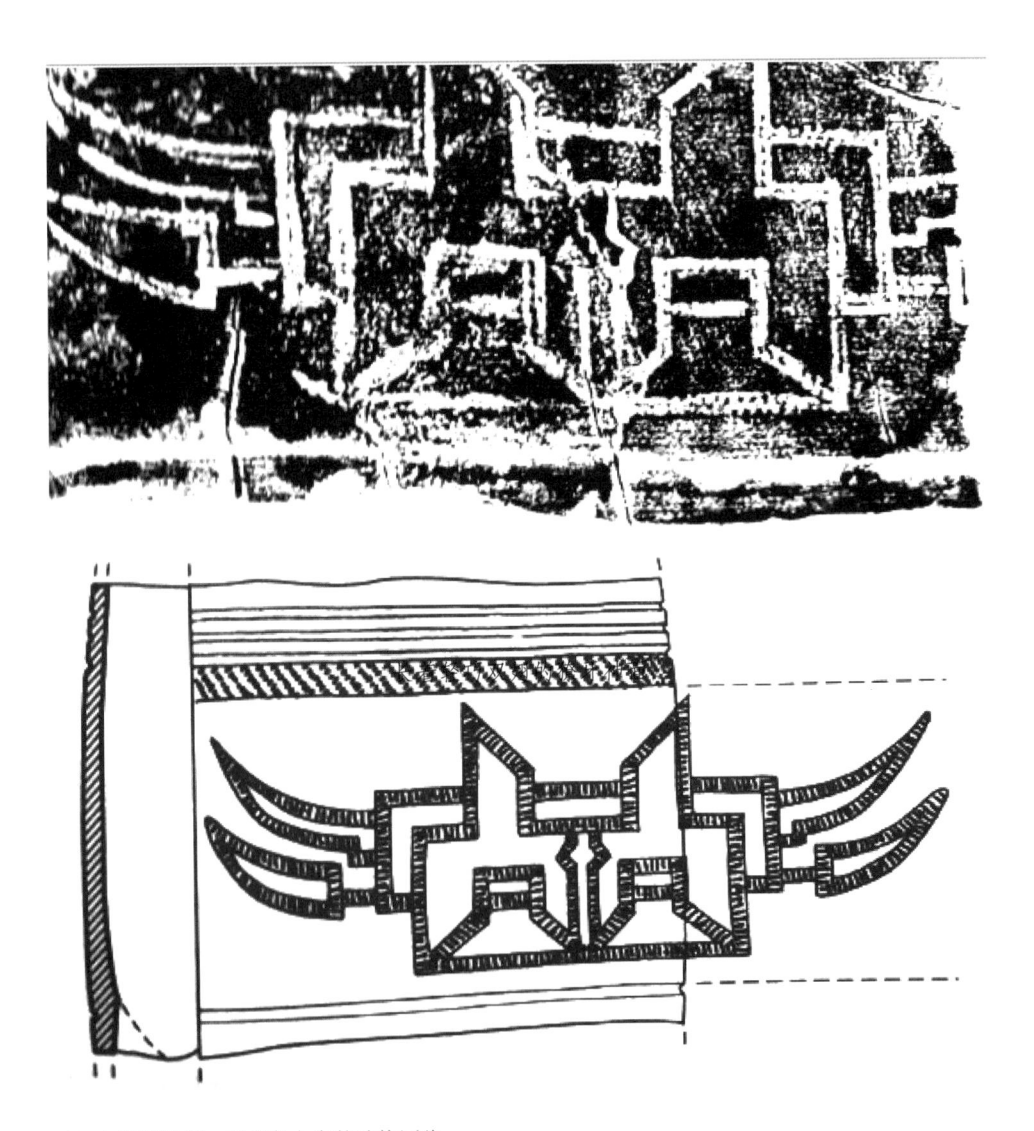

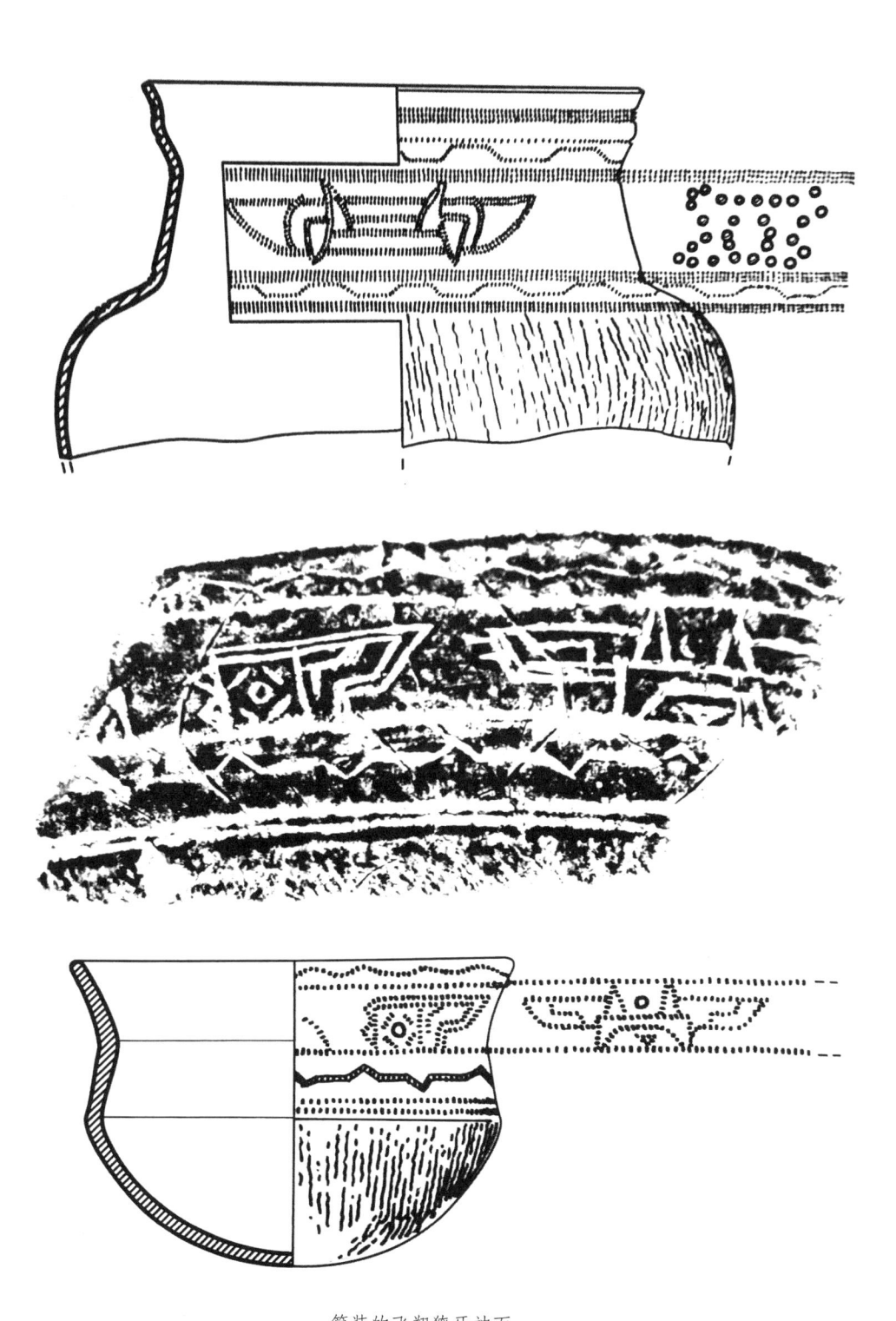

简装的飞翔獠牙神面

日神：獠牙与旋目 | 029

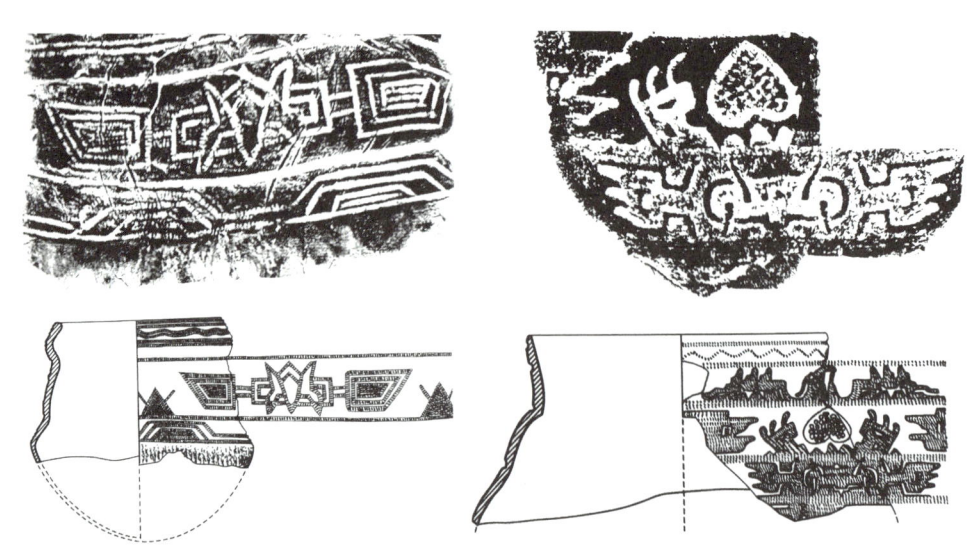

带旗形翅膀的獠牙神面

飞翔的獠牙神面，有时也出现在器盖顶面的装饰上，獠牙比较夸张，但翅膀比较小巧，显得很不起眼，不注意很容易忽略它的存在。

在一件陶盆上，日乌与獠牙神面共存，双双伸展着翅膀，有比翼飞翔的意境。这个例证也许能告知观者，会飞的獠牙神面与日乌之间，有着非常紧密的联系。

带小翅膀的獠牙神面

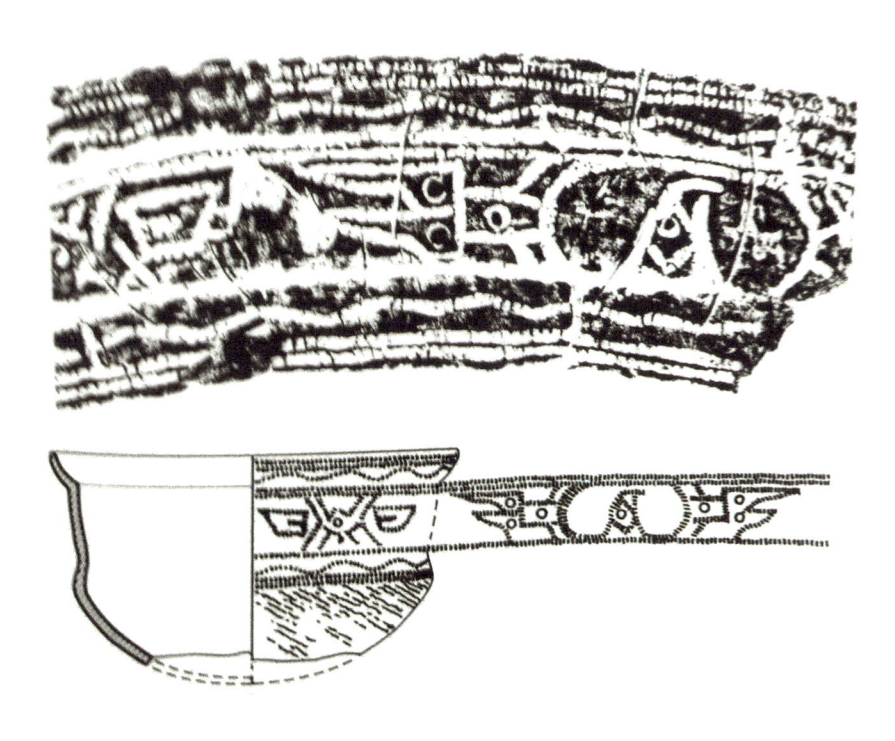

日乌与獠牙神面齐飞

日神：獠牙与旋目 | 031

另外还有一件圈足盘，腹面出现带翅膀的獠牙神面，獠牙为倒置的模样。它其实应当属于器盖，倒过来看便是很正常的图案了。

这般飞翔的獠牙神面，在桂阳千家坪遗址的陶器纹饰中也有许多发现。獠牙神面与鸟翅同组，在本为鸟体的位置用獠牙神面替代，形成獠牙展翅飞翔的构图。（详见"高庙白陶：飞翔的獠牙"部分）

高庙文化白陶艺术的核心主题是獠牙神面，还有飞鸟与太阳，是为主题三要素。这三要素是互为关联的，需联系起来观察。

颠倒的盘与盖上的獠牙神面

展翅的獠牙神面

032 | 追踪信仰：艺术考古中的动物图像

我们注意到在太阳图形中，有时出现了獠牙神面，可以判断獠牙神面应当是太阳的灵魂所在，它就是当时公认的太阳标识。太阳以獠牙为标志，日乌也以獠牙为标志，或者它就是太阳的化身。光芒万丈的太阳，被高庙人描绘成口吐獠牙的模样。这獠牙神面又与鸟同飞，或是自己长出一双翅膀飞翔。

高庙文化白陶上刻画的日乌和獠牙神面，就是一曲太阳颂歌。日乌载着太阳，在高庙文化中创造出了迄今所知最早的绘本神话。

长翅膀的獠牙神面

高庙白陶：飞翔的獠牙[①]

前面重点讨论白陶上的獠牙神面，虽然抓住了重点，但却没有兼顾到相关纹饰的探讨，所以也就没有最终确定的结论。其实白陶上的獠牙，一般只是表现出一张嘴与四颗獠牙而已，并没有见到过完整的神面。我们指称的神面，不过是一张神嘴或是一组神牙。当然我们还是会使用神面这个名称，只当是神面一个简略的构图吧。

白陶上獠牙神面出现频繁，虽然偶尔会有单纯的獠牙出现，但它一般并非孤立的存在，而是常常与其他纹饰形成组合。让我们来看看都有什么样的组合形式，先做这一番观察很有必要。

一是獠牙神面与飞鸟同组。神面在鸟的左近，或者就在两只鸟之间的位置，表示神面与鸟齐飞的意境。

二是獠牙神面与飞鸟双翅同组。左右翅中心都出现獠牙神面，表示鸟带着神面在飞翔。神面多为正面构图，也有侧面形态。这一类构图比较固定，发现的数量也最多。

三是獠牙神面与鸟体同组。侧面飞翔的鸟体中部带有獠牙神面，或者带着一个圆形象征图形，表示鸟驮着神面在飞翔。

四是獠牙神面与鸟翅同组。在本为鸟体的位置用獠牙神面替代，形成獠牙展翅飞翔的构图。

五是鸟翅间和翅上都有神面，有正视的全神面，也有侧视的半神面，前者为二上二下的四牙构图，后者出露一上一下的两颗牙。

六是双侧飞鸟之间有獠牙神面，鸟颈上方有T字形符号（也称"T符"）。这种T符除了在鸟体附近出现，有时也出现在鸟翅中央位置，显然它具有神面的意义，应当是一种简化的神面符号。

七是曲边四方形图案出现在左右鸟翅上，四方形中有时还套绘一个圆形，而且在四方形图案的中间加绘变化不定的十字形，十字形或者穿透四方形，或

[①] 本部分插图中的白陶资料出自湖南省文物考古研究所编著：《凤舞潇湘——桂阳千家坪出土陶器》，故宫出版社，2020年。

者装饰在四方形的外围。有时四方形就直接绘成一个空十字形，虽然变化较多，但总体看描绘的是同一类客体。

八是獠牙神面处在带芒体的圆形图案之中，左右是展开的鸟翅，象征放光的獠牙神面在飞翔。双翅上也有獠牙神面，獠牙呈竖立式。这种图式虽然发现不多，却非常重要，对我们理解獠牙神面的意义至关重要。

对于如此丰富而又变化多端的白陶图案，想理出一些头绪来并不容易。首先是抓住一个重点，也就是鸟形和与它相关的那些图形之间的联系。关于鸟的意义，我们可以另作考虑，先来看看与它相关的那些图形。

与鸟形相关的图形，最多的就是那些带有十字形的四方形图案，四方形图案又与圆形常常套叠在一起，发掘者认定它们表现的就是太阳，十字形则是表示方位或方向。我们非常赞同这个判断，那就是太阳，是所有相关图案的核心所在。在这样的方形与圆形叠加的图案中，我们还发现有八角星图形，又有象征光芒的构图，更加坚信了这是太阳的认知。

更让人惊讶的是，这样的太阳图形中，有时还出现了獠牙神面。这样一来，我们就获得了一个关键的认知，獠牙神面应当是太阳的灵魂所在，它就是当时公认的太阳标识。而那些附着在鸟体的圆形，还有替代獠牙神面和太阳图形出现的T字形图案，也一定就是太阳的象征。对此我会考虑另文做专门讨论。

一些画面上飞鸟双翅上有獠牙神面，翅间有太阳图形，表达的一定是太阳运行的景象。那么这些鸟与鸟翅所扮演的是什么角色，也是不言自明了，它们就是神话传说中的日鸟，是日鸟载着太阳在天空飞翔。高庙文化白陶的发现也让我们确信，日鸟神话在8000年前就已经形成了。

太阳以獠牙为标志，日鸟也以獠牙为标志。日鸟有时就刻画出獠牙，或者它就是太阳的化身。光芒万丈的太阳，被高庙人描绘成口吐獠牙的模样。这獠牙神面又与鸟同飞，或是自己长出一双翅膀飞翔。獠牙在太阳里面，獠牙在日鸟身上，高庙文化无器不獠牙，可以想象獠牙神面在高庙文化中无所不在。

高庙白陶艺术表达的中心意境是太阳崇拜。只是这太阳艺术，无论是日鸟的刻画，还是獠牙象征，都显得过于狞厉，到底表示的是炫目的阳光还是热辣的温度，抑或是二者兼有，我们作为观者可能很难有一致的理解。

虽然有些费解，在太阳与獠牙之间，我们很难找到二者之间的联系，但对于光线的联想，将日光提炼为獠牙之形，又似乎并不难理解。在网络上搜一搜，有某一款电子游戏出现"长着獠牙的太阳"的说辞，还有"太阳之牙"一类的主题作品，现代人可以如此脑洞大开，对于高庙人来说，他们神游太空而想象出太阳的獠牙来，我们也就不觉得有什么奇怪的了。

　　我们知道在史前中国南北都曾有以獠牙神面崇拜为主题的艺术，但还不能确定全都与太阳崇拜有关联。

獠牙神面与日鸟齐飞

日鸟双翅上都有獠牙

飞翔的日鸟双翅和嘴里都有獠牙

0   10厘米

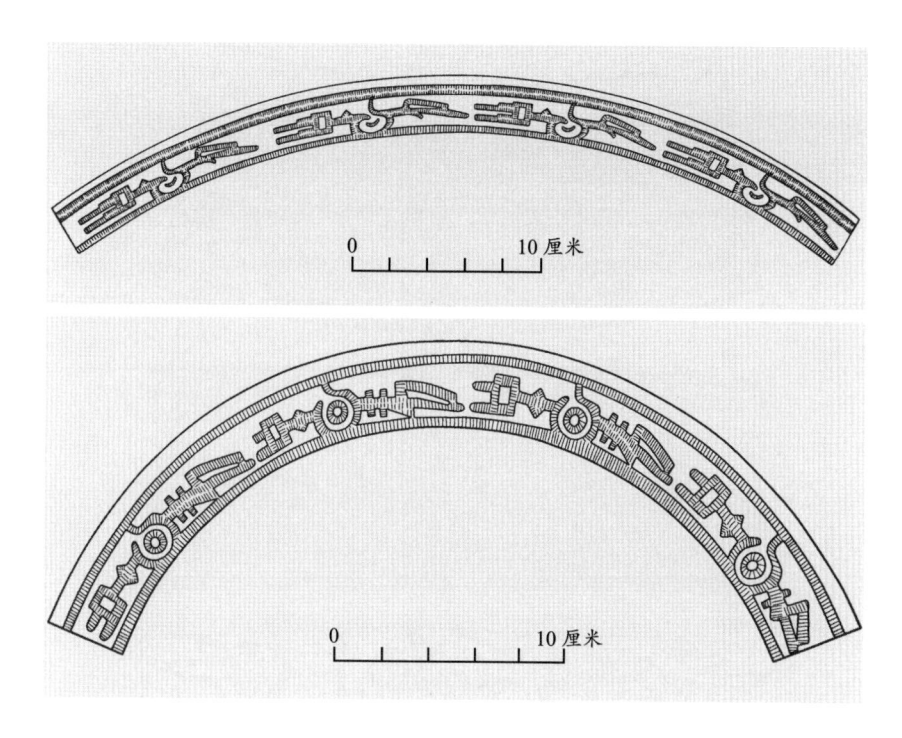

0   10厘米

侧飞的日乌

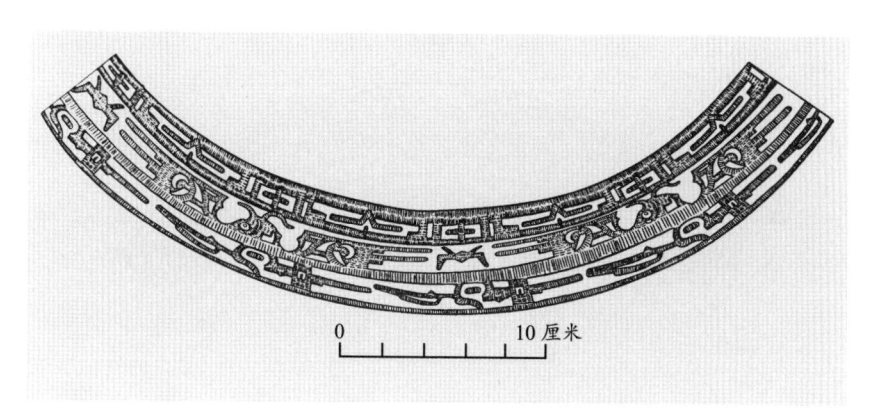

0   10厘米

正飞与侧飞的日乌

日神：獠牙与旋目 | 037

0 5厘米

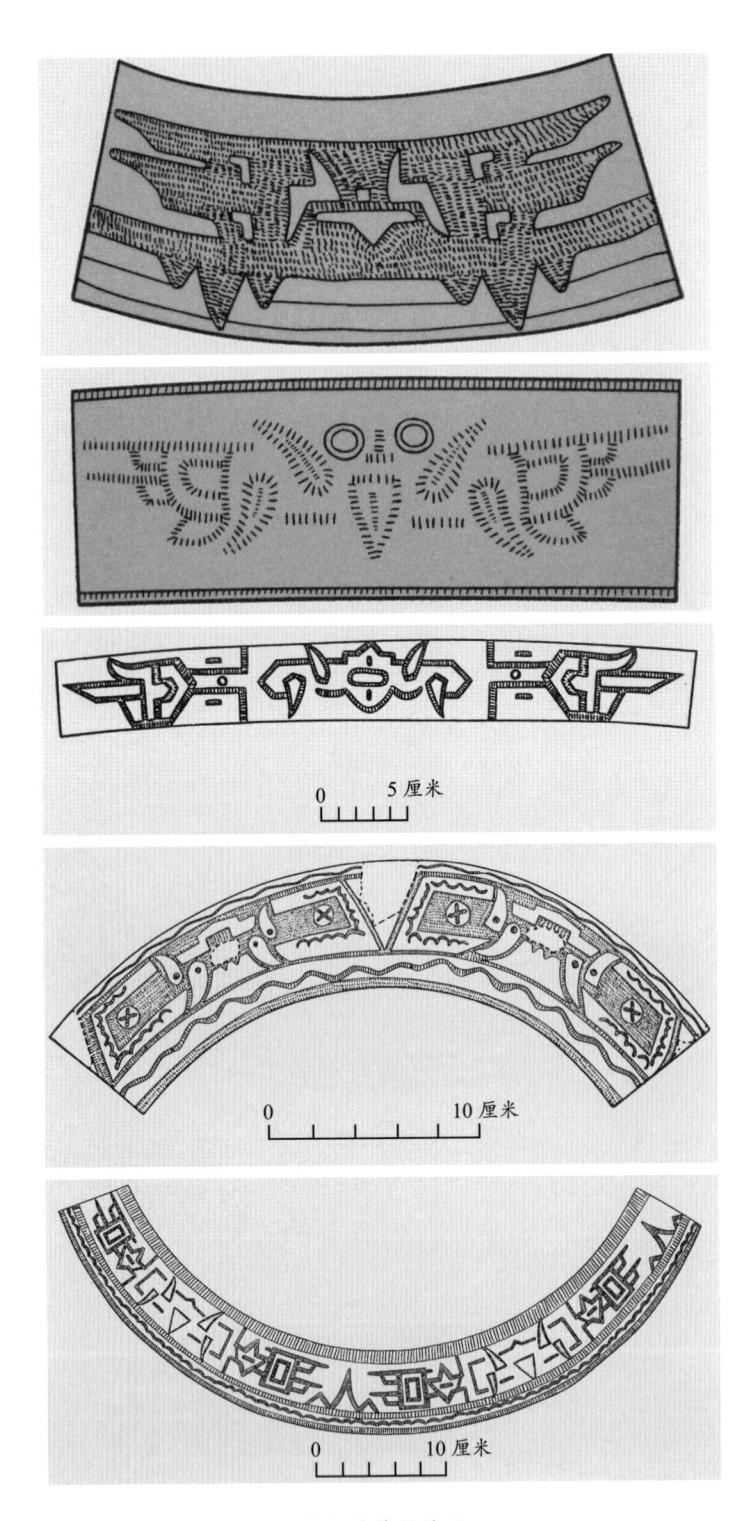

0 10厘米

0 10厘米

展翅的獠牙神面

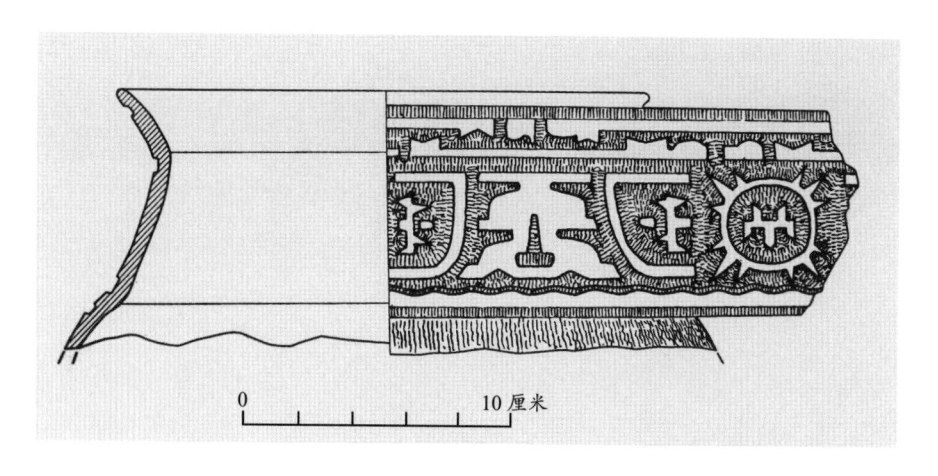

獠牙神面翅上也有獠牙

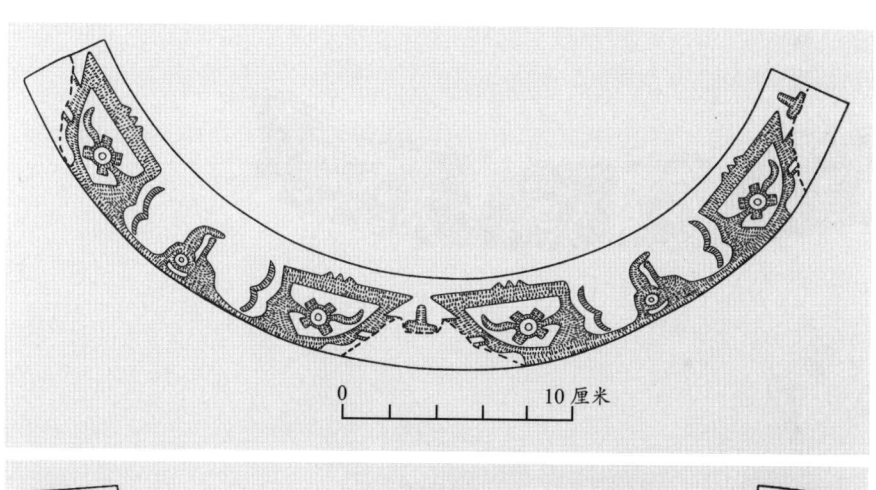

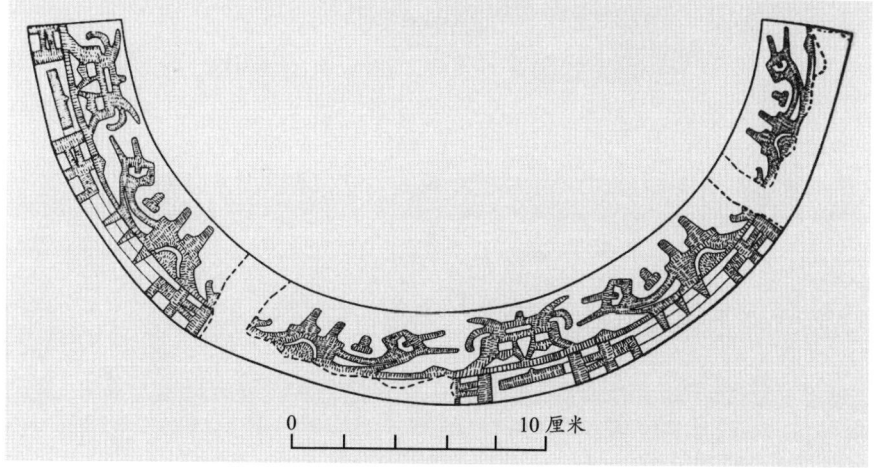

翅间出现T符的日乌

日神：獠牙与旋目 | 039

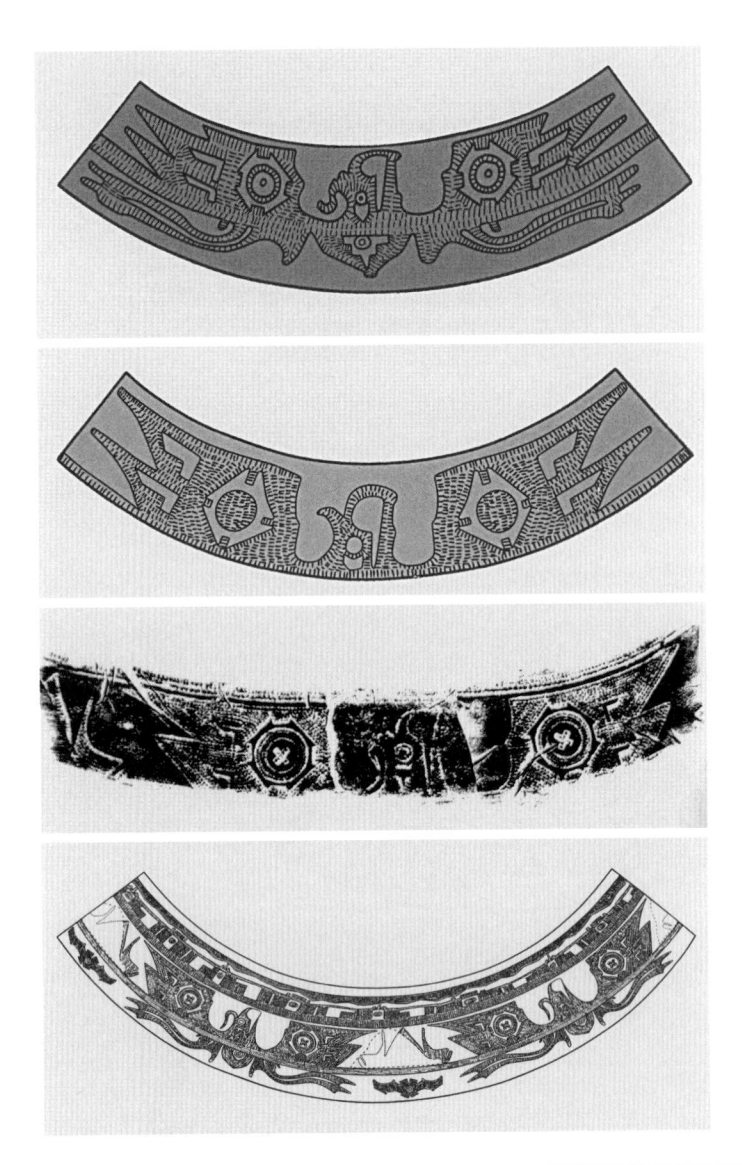

日乌翅上的方圆组合

獠牙神面展开带獠牙的双翅

八角星图案

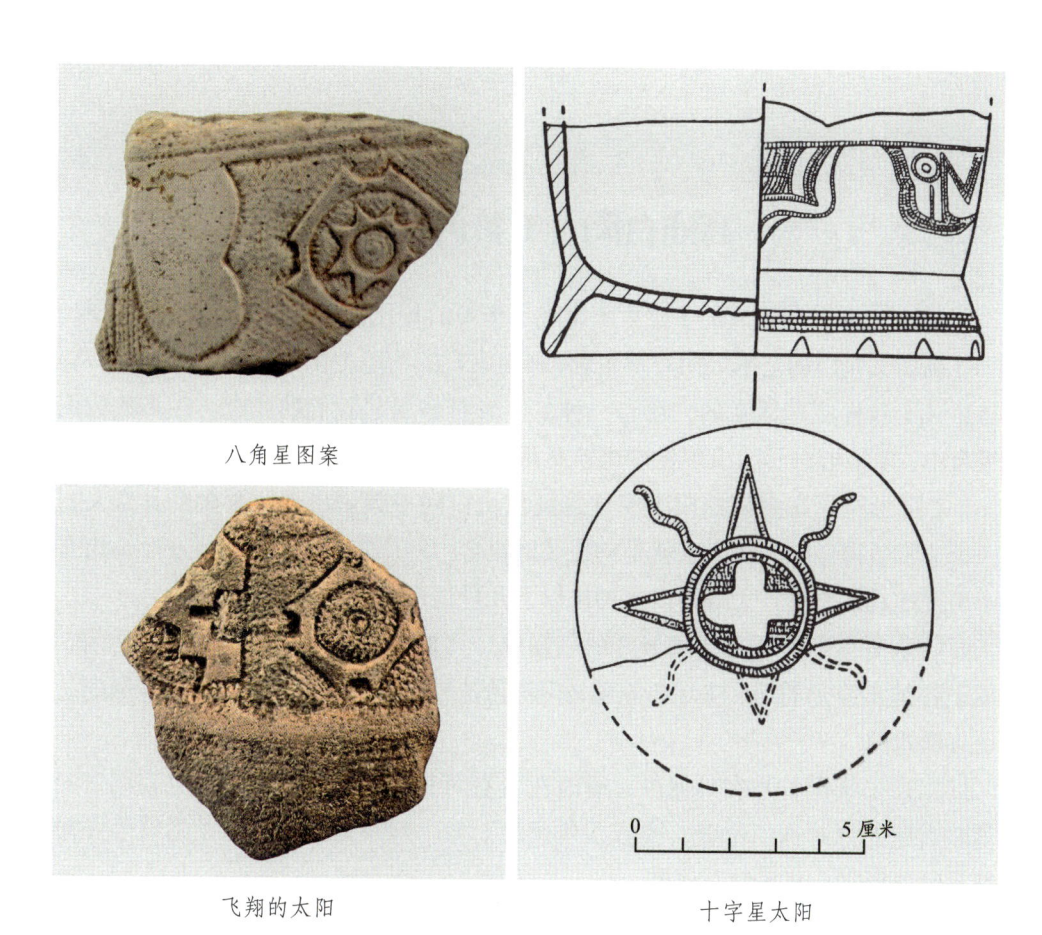

飞翔的太阳

十字星太阳

双翅带獠牙的日乌

日神：獠牙与旋目 | 041

高庙白陶：T符的含义 [①]

8000年前，高庙人的手绘太阳出现了极简的替代符号，这便是T字形符号。

高庙文化白陶艺术太阳崇拜主题，画面表现的构图主体是獠牙、太阳与阳鸟。与这几个纹样主题同在的，还有一种T字形符号引起我们的注意。在多数构图组合中，T字形符号的出现显得比较突兀，一时让人难以理解它的意义。

T字形符号在湖南桂阳千家坪遗址出土白陶中频繁出现，要解释其意义，一个非常值得考虑的切入点就是它在纹饰组合中的位置。T字形符号在纹饰组合中出现的具体位置，大致可以梳理出以下几种情形。

一是T字形符号在飞鸟展开的鸟翅内。鸟翅上专设一个方圆不定的空间，用于容纳T字形符号。T字形符号在不同的器物上方向不同，有正的、倒的，也有横式的。

二是T字形符号在鸟翅外，有时在左右两只鸟的翅膀之间，有时在同一只鸟左右翅上方对称的位置，或者在鸟颈的上方。这一类组合的T字形符号一般都是倒置形态，几乎没有例外。

三是T字形符号在侧飞的鸟体中，表示鸟驮着它在飞翔。

四是T字形符号在侧飞的鸟体外，也是表示它跟着鸟一起飞翔。

五是T字形符号与獠牙神面同在，它在獠牙上相当于鼻部的位置，似乎就是鼻子的象征。有的图形显示它似乎是在神面的下方，其实那是画面被倒置了，还应当是在神面上方。

六是T字形符号在单独的空间，并没有与鸟形明确在一起。当然有些标本因为破碎细小，虽然上面T字形符号似乎与其他纹饰没有明确关系，但也可以看到鸟翅的痕迹。

毋庸置疑，T字形符号是个象征，它象征什么，我在前面已经提及，它是太阳符号。现在重点是要举证讨论。我已经提到过，T字形符号出现在图案中的位置，如上面举出的例子，在鸟体附近，在鸟翅之中，都是在太阳图形和獠

[①] 本部分插图中的白陶资料出自湖南省文物考古研究所编著：《凤舞潇湘——桂阳千家坪出土陶器》，故宫出版社，2020年。

牙神面出现过的位置，也即是说，它是可以替代太阳图形的符号，也就是太阳的象征。

用T字形符号象征太阳，我们可能不容易接受，但高庙人却是认同的。见到几例四个T字形符号环绕着一个圆圈形的图案，构成一个带圆圈的十字形图案，无疑这表示的是一轮太阳。四个T字形符号围成太阳，只取一个T出来，一样可以作为太阳的象征。这是史前时代的思维，体现了令人惊叹的思维方式。

再进一步来说，还有一个重要的关联材料一定要提到，在一些带双翅的獠牙神面相当于鼻部的位置，出现了T字形符号。这并不只是个案，前面我已经提到过几个例证。也许它并不是表示鼻头，而是可以象征獠牙神面本身，也就是象征太阳。

我们偶尔也能见到呈獠牙状的尖头T字形符号，而且有一例它是在鸟的翅中位置。这样看来，T字形符号就是獠牙神面的简化形式，也就是太阳神面的简化形式了。

在史前艺术中，应当还能发现类似的T字形符号，只是一时还不能完成大范围的资料检索。仰韶文化中有类似的发现，如在陕南出土的一件神面骨雕筒上，有喜怒哀三种表情的三个神面，其中泪眼哀情之神的额头上出现了一个很大的T字形符号，显然这是用于表示鼻子的，这与高庙白陶的刻画有异曲同工之妙。可见史前人的思维有着一些传统定式，只是不容易为现代人所理解罢了。更让人奇怪的是，也恰恰是在这件神面骨雕筒上，我们也看到了狰狞的獠牙刻画。

太阳是圆形的。让一个幼儿来画太阳，正常的画面是个圆形，还带着四射的光芒。可是在史前，太阳在艺术中出现了诸多变化，T字形符号的出现超出我们的想象。这让我们觉得獠牙神面好生神奇，太阳崇拜就是这么神奇，信仰艺术也是一样神奇。

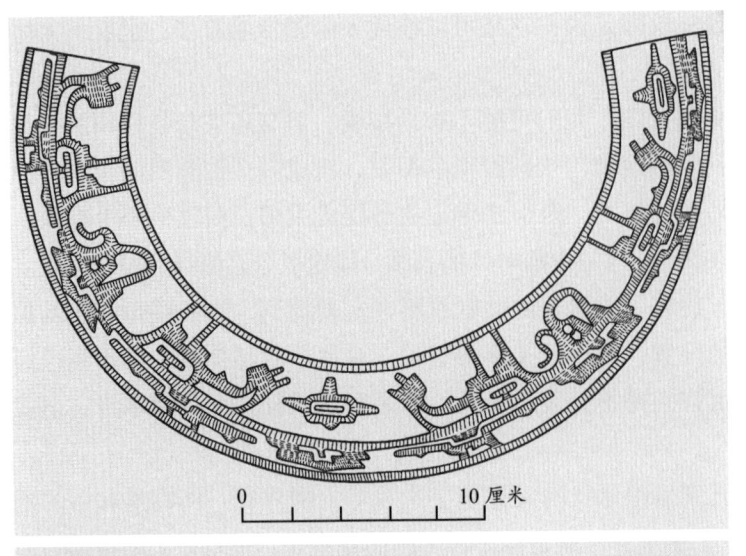

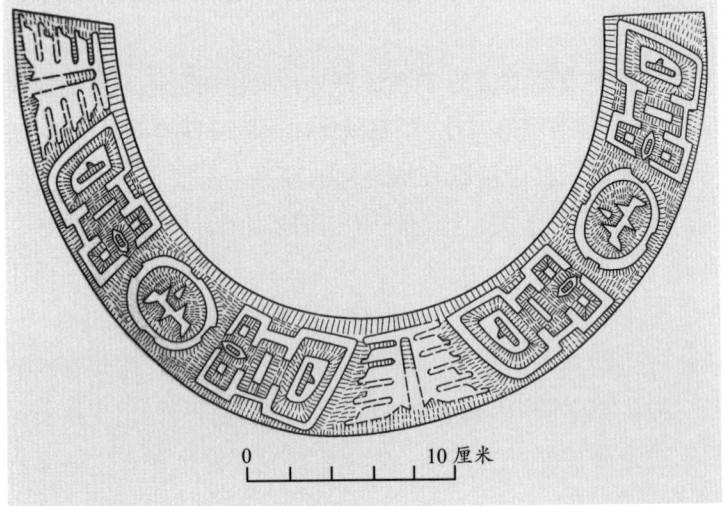

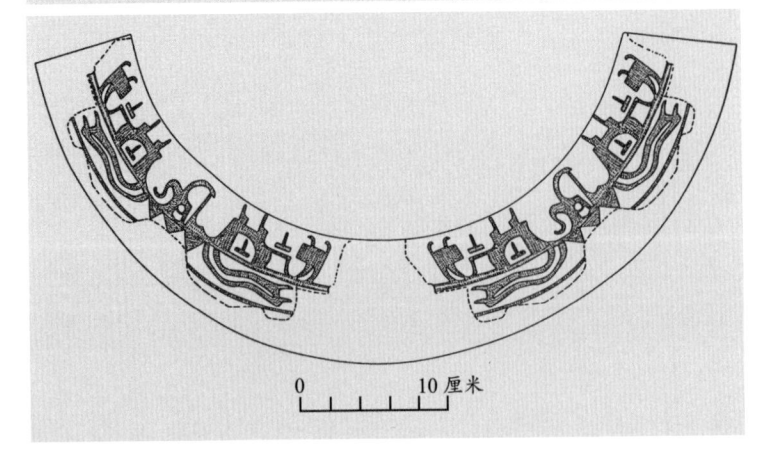

T 符在鸟翅内

044 | 追踪信仰：艺术考古中的动物图像

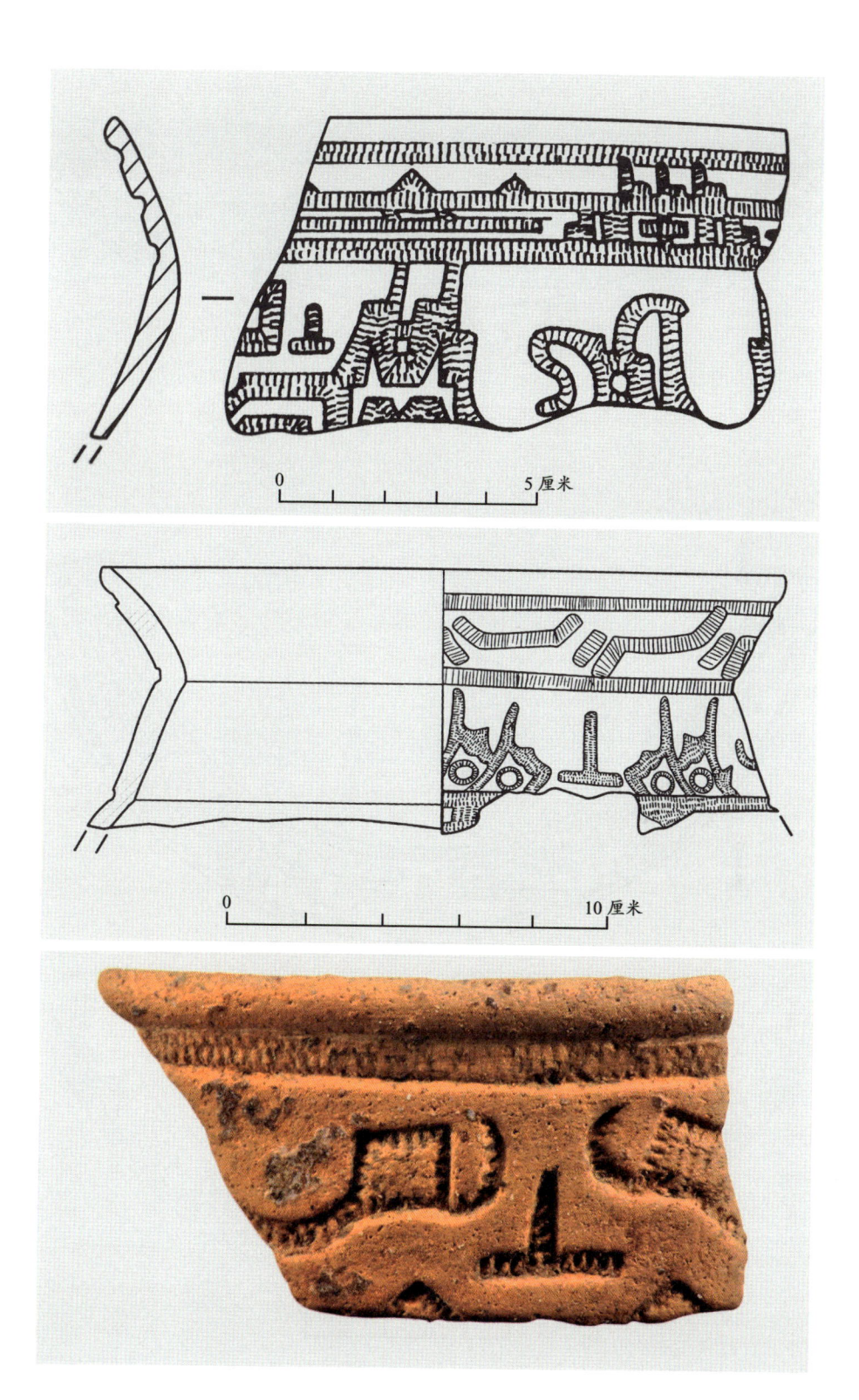

日神：獠牙与旋目 | 045

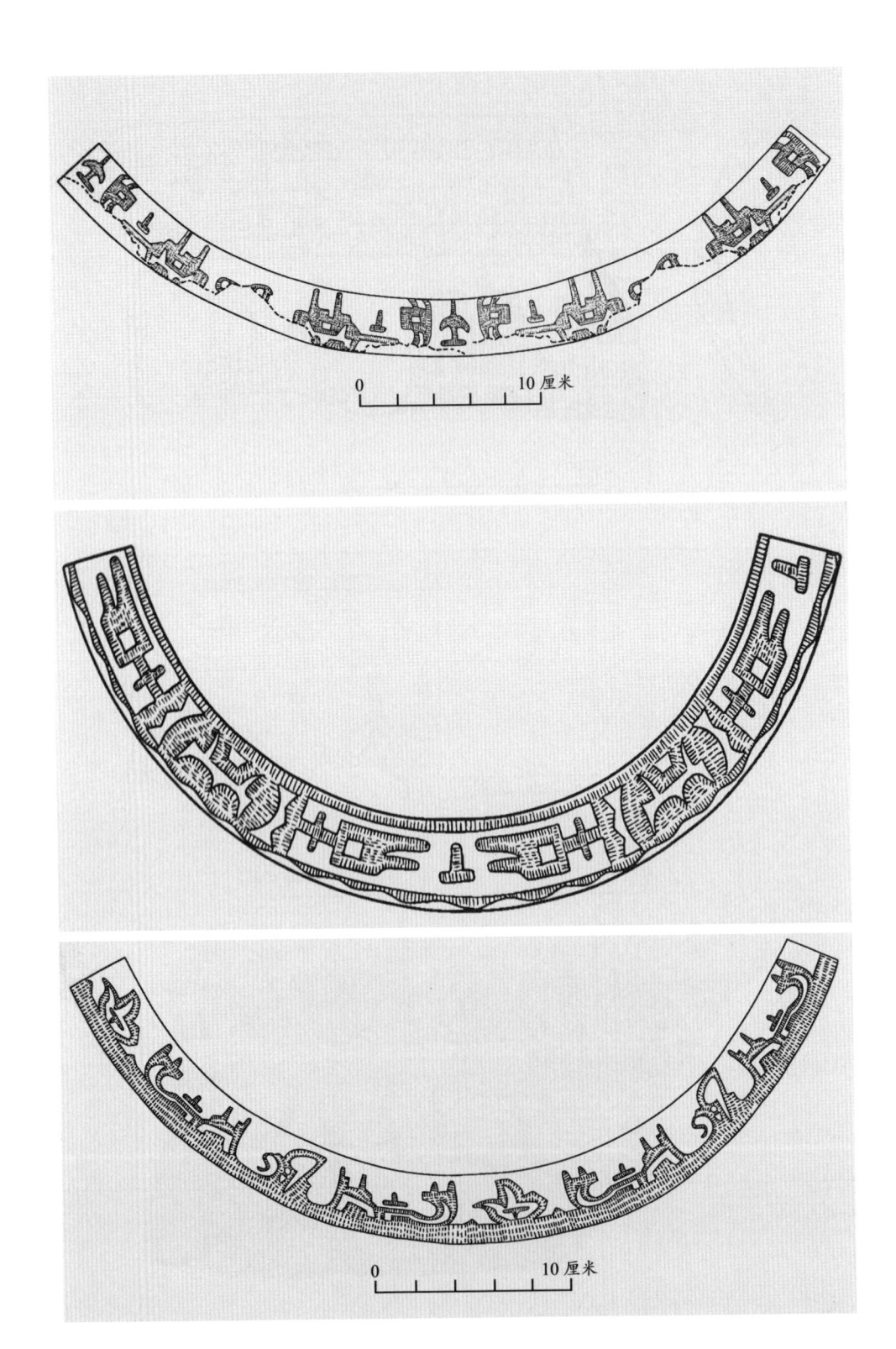

046 | 追踪信仰：艺术考古中的动物图像

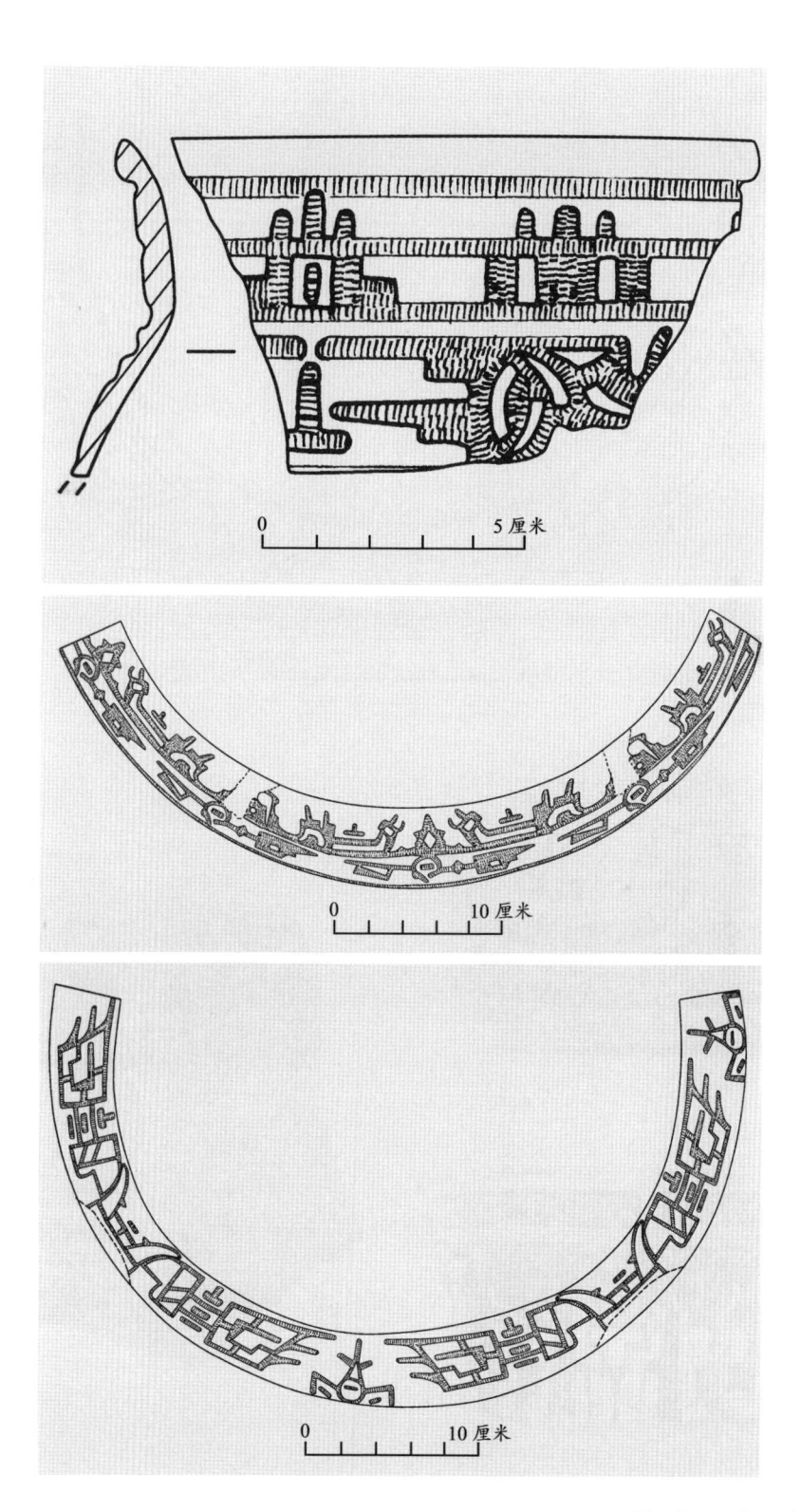

日神：獠牙与旋目 | 047

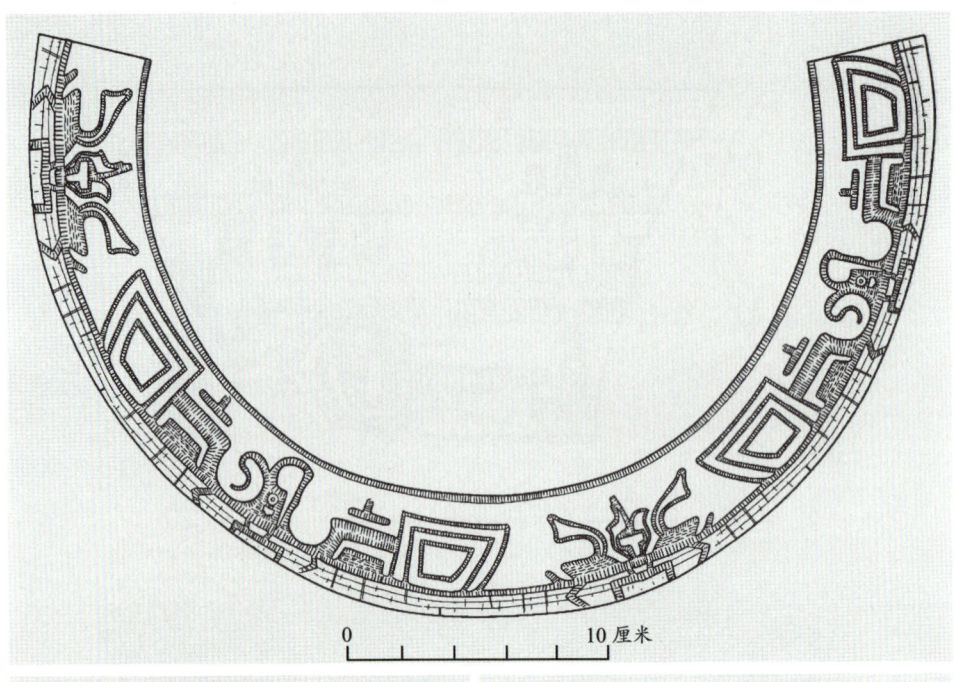

048 | 追踪信仰：艺术考古中的动物图像

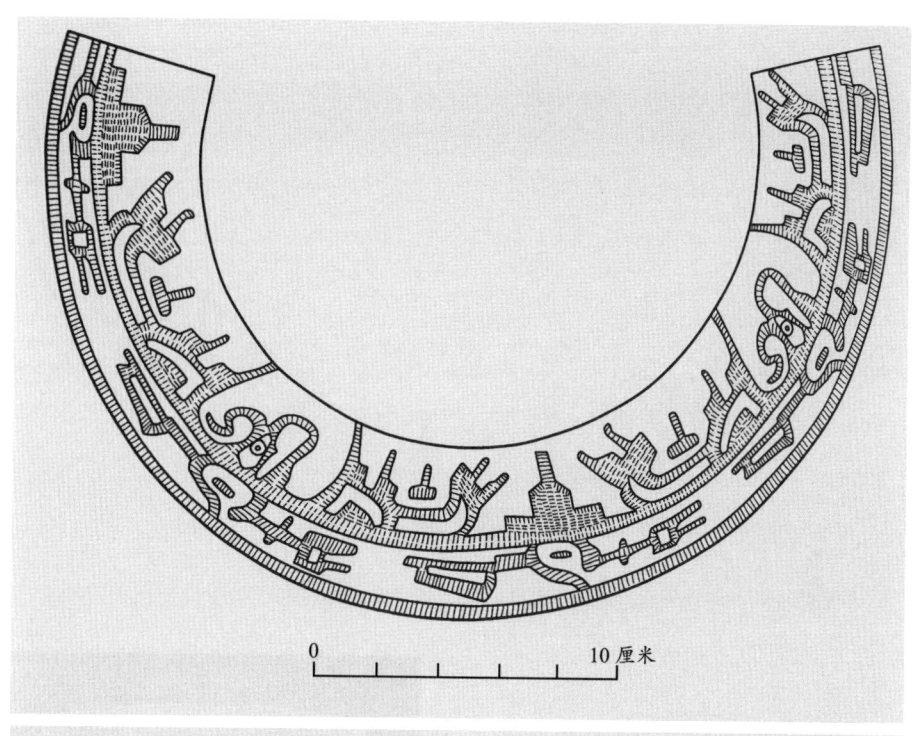

0　　　　　10厘米

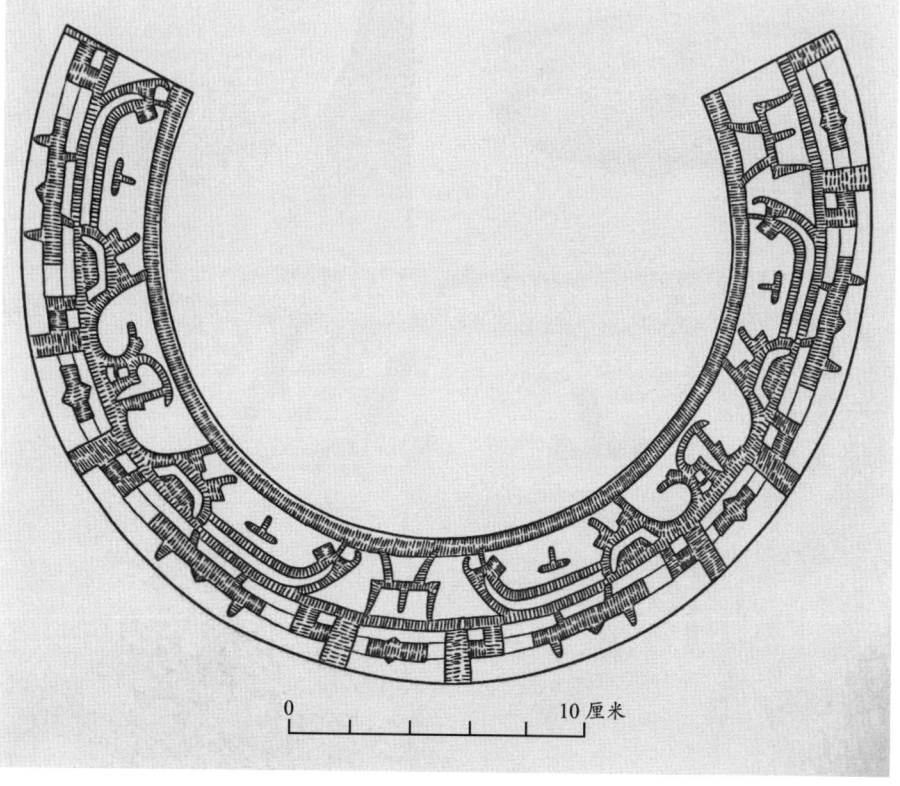

0　　　　　10厘米

日神：獠牙与旋目 | 049

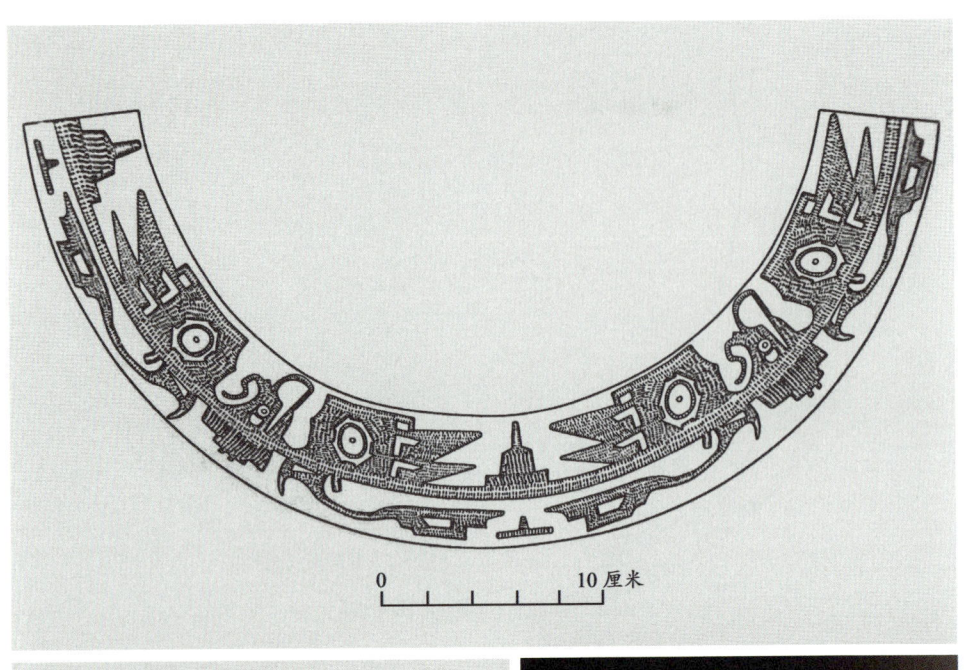

050 | 追踪信仰：艺术考古中的动物图像

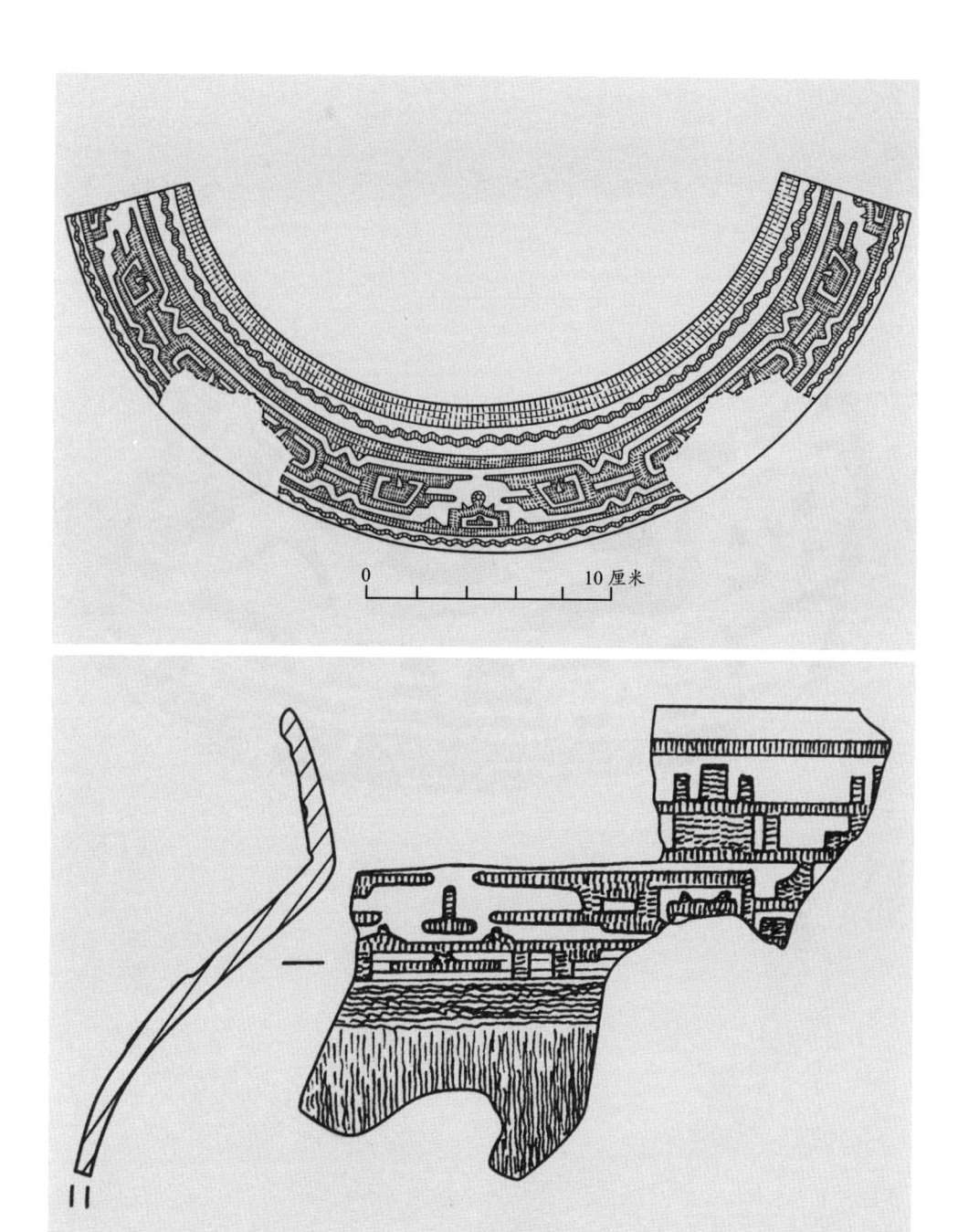

T 符在鸟翅外

T 符在侧飞的鸟体中

0   5厘米

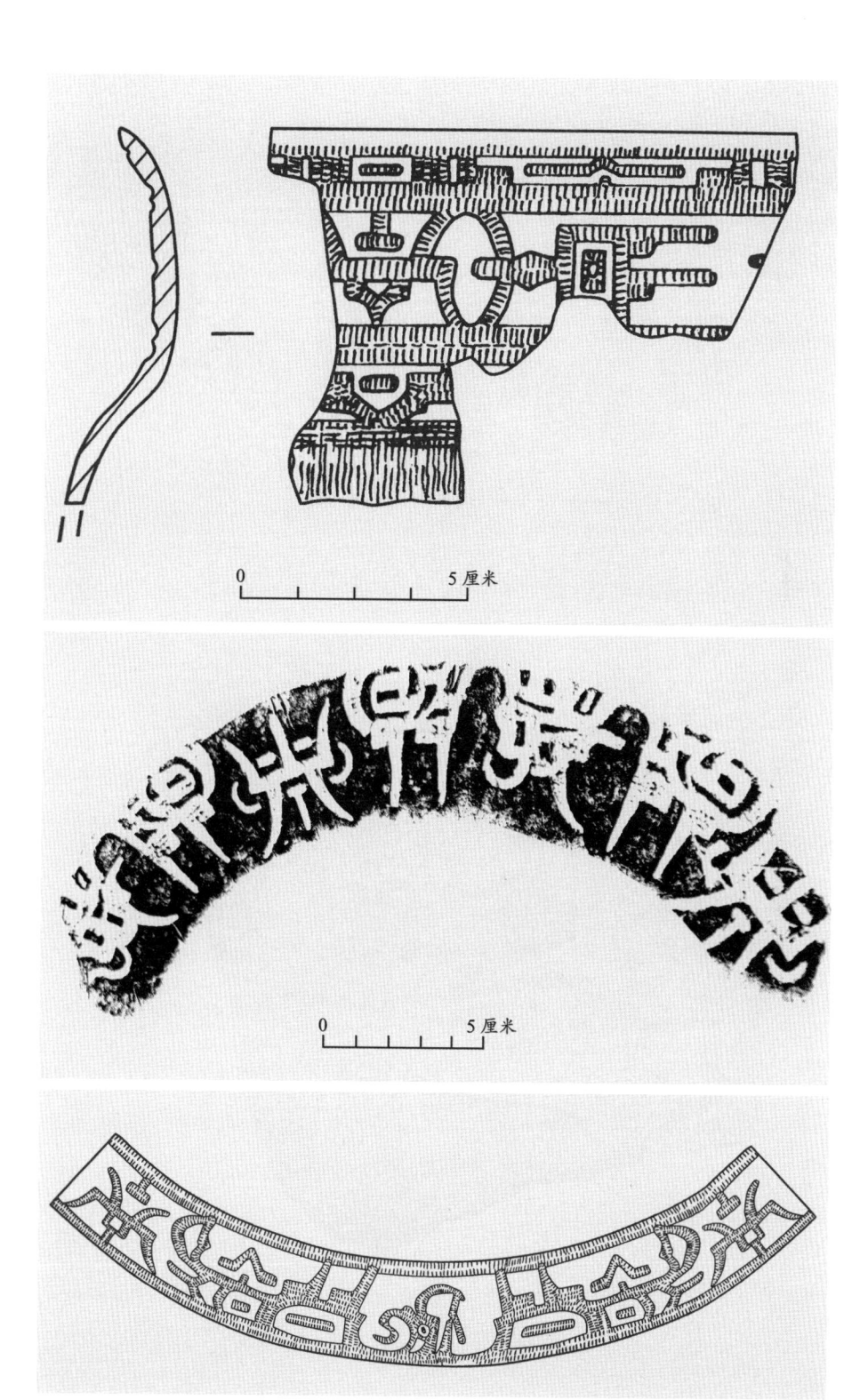

0   5厘米

日神：獠牙与旋目 | 053

0　　　　　　　　　10厘米

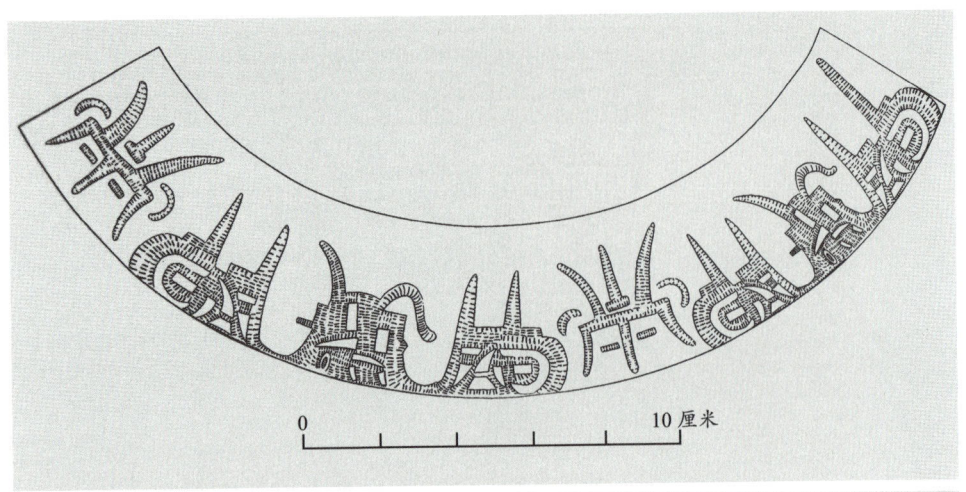

T符与獠牙神面同在

单独的 T 符

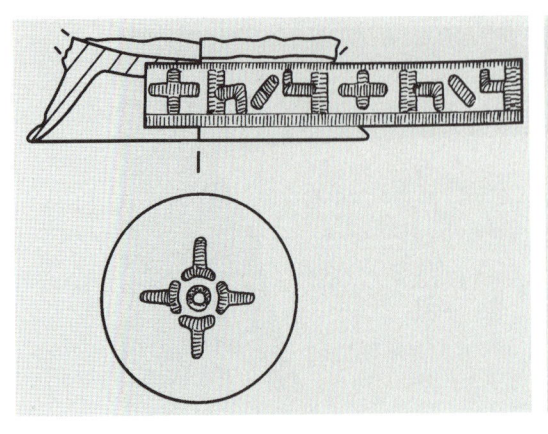

T符合围的太阳符号　　　　　　　　　尖头T符

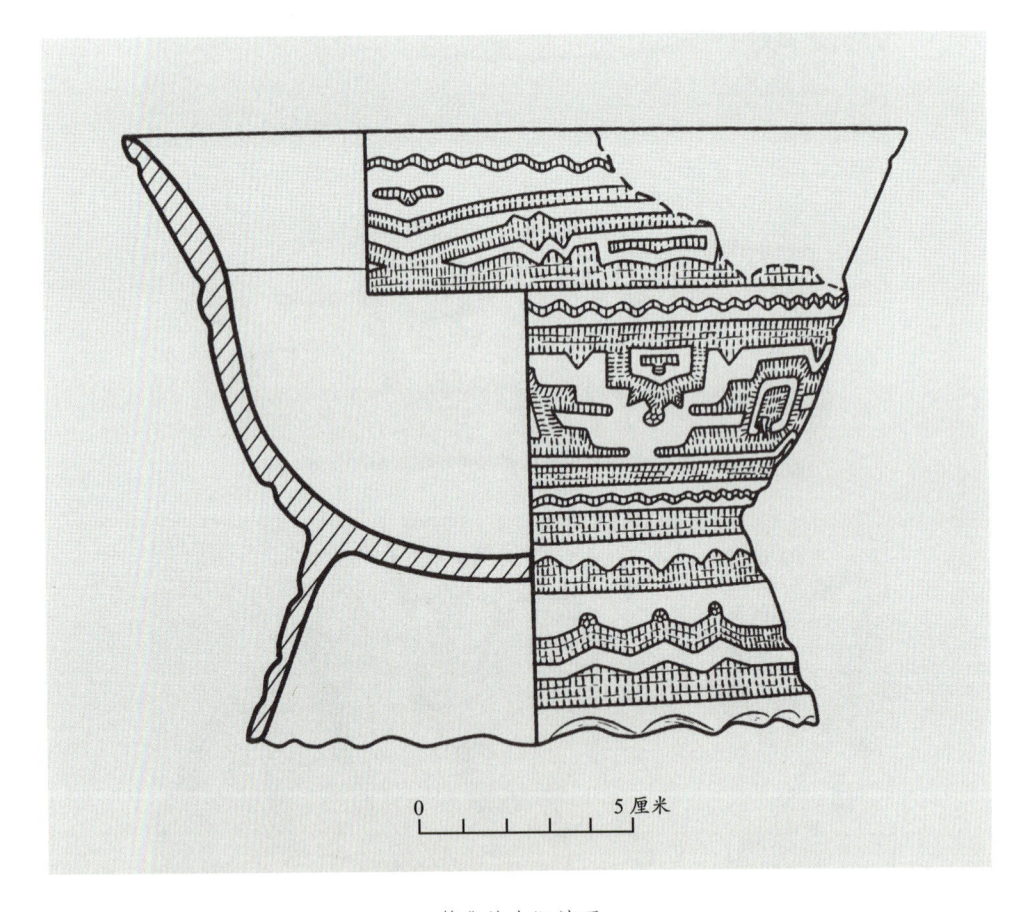

简化的太阳神面

白陶上的 T 符

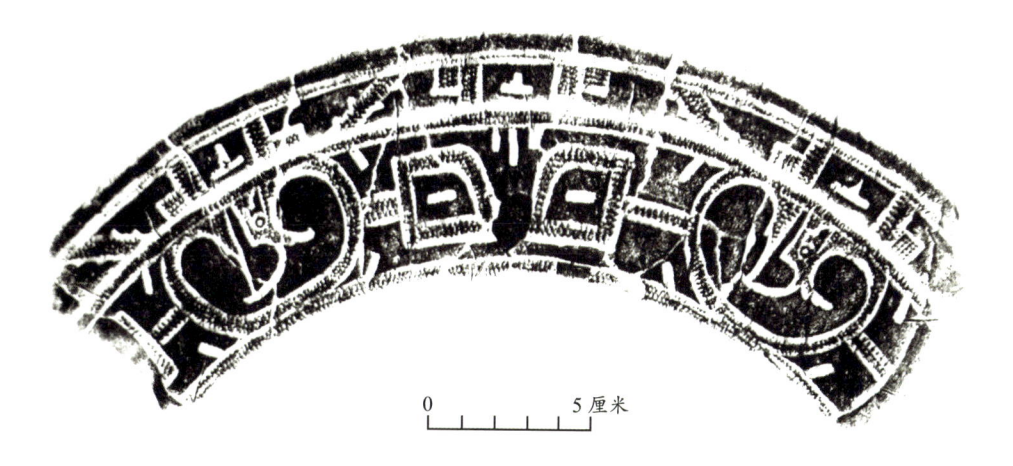

庙底沟文化神面骨雕线描图（陕西西乡何家湾遗址）

高庙白陶：从写实到极简太阳象征符号
——读《洪江高庙》考古报告

太阳，一个眼见的明亮天体，圆圆的，很直观，用画作来表现并不难。画一个圆圈，周边点缀上四射的光芒线条，没有艺术训练功夫的老少都能画出来这样的图形，而且不容易误解。这虽简单，却是属于写实的绘画。

这样的写实太阳图形，在古代一些文物图像上也是可以见到的，可是并不被经常采用。更多的情形是，古人创造出一些特别的图形甚至符号表示太阳，我们在高庙文化陶器上不仅看到常规光芒四射的太阳图形，也见到不易理解的太阳符号。

高庙的一件圈足盘上刻画着张开双翅的日鸟，左右翅膀上出现有太阳图像。这两个太阳图像有些区别，一个绘有四射的光芒，另一个则在太阳周围绘出的是连珠纹。在高庙文化陶器上还见到彩绘连珠纹太阳，这也是考古中见到的最早的这类图像。连珠纹与光芒线不同，它是绘一周小太阳象征明亮的阳光，这一种特别的太阳象征符号可以看作高庙人最初的艺术创造。

高庙人创作的太阳符号，除偏于写实的以外，更多见到的是一些更简略的符号。其中有数例是用四个 T 字形符号环绕在一个小圆圈周围，象征四射的光芒。这种四 T 太阳符号，还出现在飞翔的日鸟双翅上。这样四放光芒的太阳，T 字形合围的表示方式非常特别。

对于高庙人来说，太阳符号还有更简略的表达方式。T 字形还可以简省成 I 字形，四个 I 字形成为太阳的四根芒线。这样的固定图式在高庙陶器上也有若干发现，是又一种太阳符号。

用 T 字形合围的太阳象征符号，在桂阳千家坪遗址也发现若干例证。正因为有用 T 字形合围的太阳符号，所以一个单独的 T 字形也可以出现在纹饰中，可以作为太阳符号组合在图案里。

高庙文化白陶艺术的主要意象是太阳崇拜，日鸟、獠牙神面和太阳图形是三个艺术要素。獠牙神面作为太阳的艺术表现图式，就是高庙人的独特创意。这里进一步揭示的是陶器上出现的另外一些太阳图式，这些创意也特别精彩。

高庙人心中太阳的样子可以有如此不同，可用简单的符号象征太阳，象征太阳的光芒。

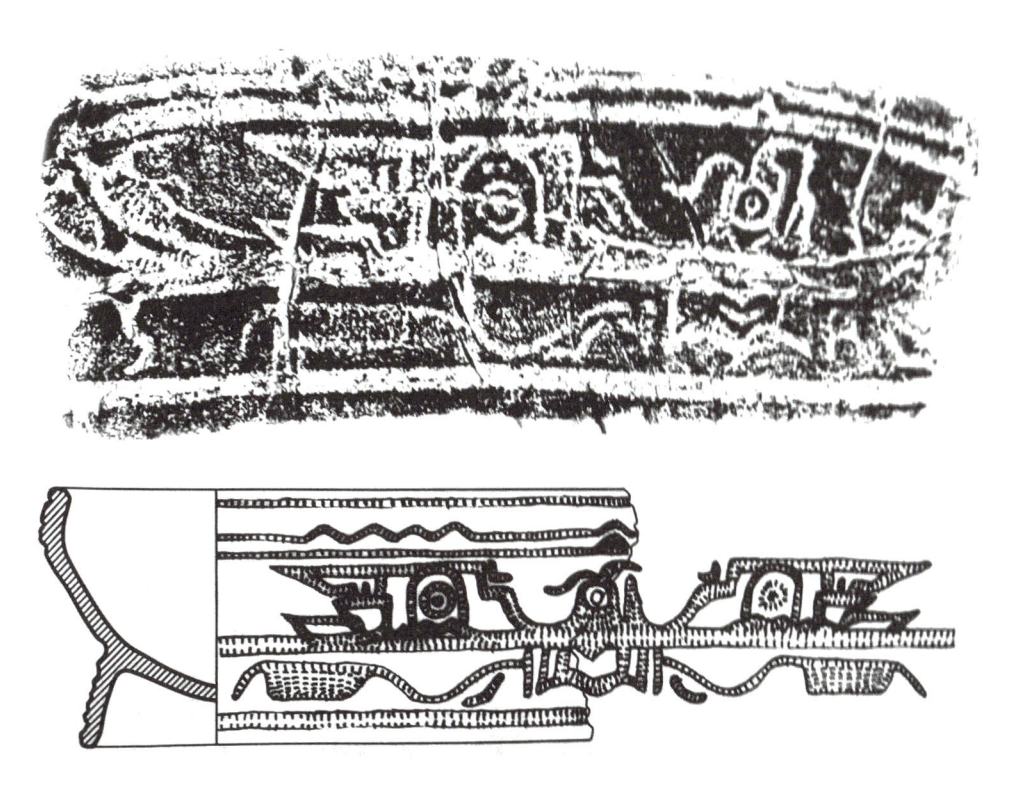

日乌与连珠纹太阳

写实连珠纹太阳

日神：獠牙与旋目 | 059

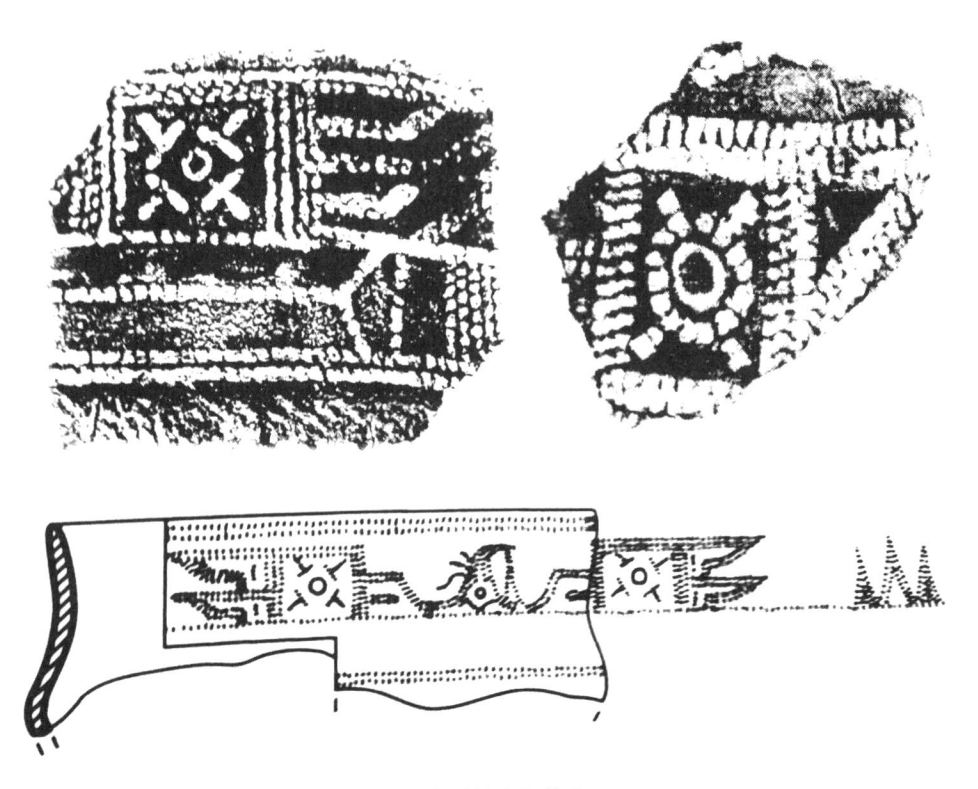

四 T 合围的太阳符号

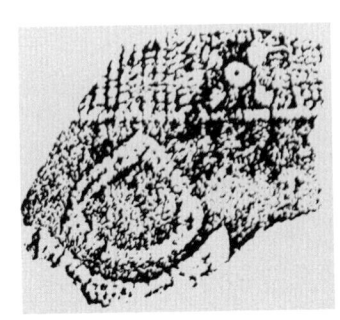

四芒太阳符号

T 字形合围的太阳符号（湖南桂阳千家坪遗址）

高庙文化四芒太阳符号（湖南洪江高庙遗址）

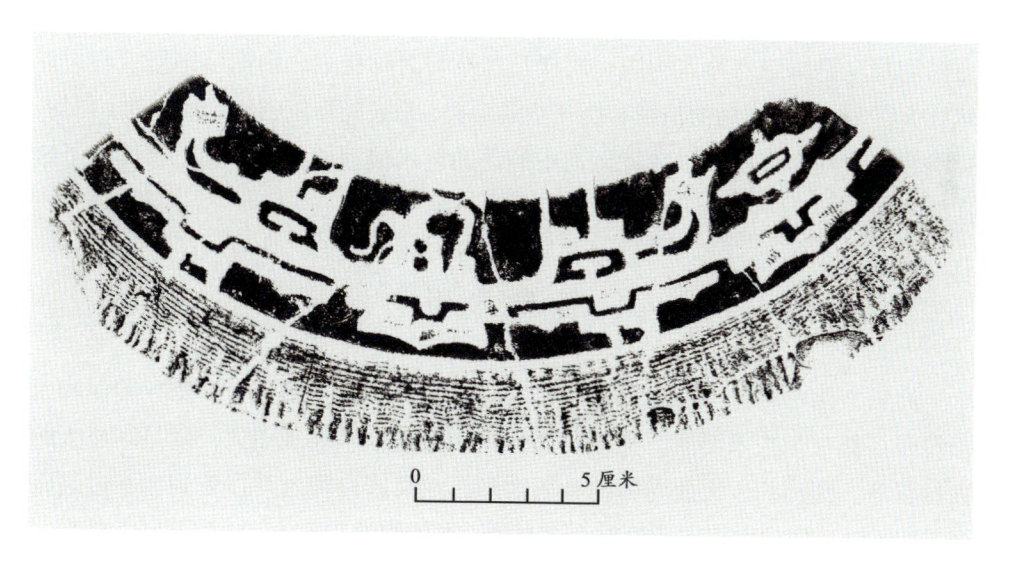

0　　　5厘米

日乌翅上的T符（湖南桂阳千家坪遗址）

日神：獠牙与旋目 | 061

高庙人七八千年前创造的太阳神话艺术体系

考古报告《洪江高庙》，是继《凤舞潇湘——桂阳千家坪出土陶器》之后高庙文化考古的又一重头报告。报告全面报道了高庙遗址的发掘收获，是学界盼望已久的一部考古报告。

高庙遗址的发掘，是湖南史前考古的重大收获。引人注目的是，遗址下层出土的陶器——主要是白陶上刻画的纹饰，不仅前所未见，而且令人感到神秘莫测。纹饰之多样，构图之奇异，不仅改写了史前艺术史，而且揭示了古代信仰形成的一个重要源头。

高庙文化的陶器纹样，是考古发现的史前艺术奇迹。考古报告中精美的纹饰插图与照片，让人难以相信这样的奇迹出现在七八千年以前，而且是在我们以往不大关注的南岭地区一带。

不能确认一个陶工完成一件白陶上的繁复纹饰所耗费的时间，它当然不能和玉器的雕琢相比，但功夫明显超越彩陶的绘制。彩陶用点、线、面成画，高庙白陶却全是用细密篦点构图，同样是连续与对称格局，白陶装饰所费心力显然要大得多。艺术作品的精细和所花费的功夫，是最能体现创作者情怀的，白陶、彩陶和玉器同为史前中国造神运动中涌动的艺术浪潮的代表，就一再体现了这样的情怀。

符 号 太 阳

高庙文化白陶艺术的主要意象是太阳崇拜，日乌（阳乌）、獠牙神面和太阳符号是其三个艺术要素。獠牙神面作为太阳的艺术表现图式，就是高庙人的独特创意。圆圆的、大放光明的太阳图形，在高庙白陶上可以见到。不过高庙陶工似乎对这样的太阳图形没有太多兴趣，在他们的艺术中，太阳圆圆的外形，内涵是温暖与光明。我们在白陶上看到了高庙人对太阳的理解与情感抒发的特别之处。

高庙文化白陶上出现的太阳图形，更多的是以一种十字架构为基调，构图有诸多变化。与獠牙神面同在，出现在日乌之翅上面，或是自己展翅飞行，这

高庙白陶八角星符号

四T合围的太阳符号

日神：獠牙与旋目 | 063

样的十字图形是太阳的象征，是太阳符号。宽宽的凹角十字，又与八角星纹同在，与獠牙神面同在，这样的十字图形同样是太阳的象征。以十字形为基调的太阳符号，在许多民族中都得到认同，只有高庙人才会将太阳描绘得这样多姿多彩。不论四角形还是八角星形，都牵连着那个十字形符号。

在考古报告《洪江高庙》中的陶器纹饰上，我们见到了年代最早的八角星纹刻画。高庙陶器上环带状纹饰中有独立出现的八角星纹，在复杂的纹饰中也有处在中心位置的八角星纹，在展翅飞翔的日乌左右翅膀上也出现有八角星纹。桂阳千家坪遗址出土的刻画八角星纹的陶器上的构图与高庙发现的相同。

高庙文化的艺术传统，延续到汤家岗文化时期（大溪文化早期）。湖南安乡汤家岗遗址出土几件八角星纹白陶，八角星画幅更大，构图更加美观细腻。像汤家岗文化中一样的八角星纹，在安徽含山凌家滩遗址出土的玉版上有更加精致的刻画。

高庙发现的八角星纹饰，是迄今所见年代最早的，这是太阳的一个标志性符号。虽然现在还不能确定这就是高庙人的原创发明，但暂且作为高庙人首创的太阳象征符号，学界应当是能够接受的。

獠 牙 神 面

高庙文化白陶上刻画的獠牙神面数量很多，构图出奇地一致，令人非常惊讶。神面上的獠牙，最常见的是正面视图，显示为四牙组合，二上二下，上牙在外侧，下牙在内侧，而且很多绘出示意的唇口形状，一般都不见眼目。

獠牙神面，有正面构图，也有侧面构图。獠牙神面常常出现在鸟翅位置，有时又见于鸟体中心位置，或是直接生出双翅飞翔。獠牙神面有时出现在带芒体的圆形图案之中，左右是展开的鸟翅，象征放光的獠牙神面在飞翔。当然更奇巧的是，将獠牙神面排列成密集的二方连续样式，在器物上构成一个独立的纹饰带，现在辨认起来也不那么容易。

神面上的獠牙形状变化不定，长短钝利细部表现有些不同，但是都可以确定为獠牙之属，这样就让我们确认獠牙也是高庙人认同的一个重要符号。高庙人所绘獠牙神面即是太阳神面，獠牙神面信仰体现的是太阳崇拜。

高庙人手绘太阳出现了极简的替代符号，这便是T字形符号。在多数构图组合中，T字形出现显得比较突兀，一时让人难以理解它的意义。T字形符号在陶器纹饰中频繁出现，显然它是个象征，是简略的太阳符号。T字形符号出现在

极简獠牙神面

图案中的位置，如在鸟体附近，在鸟翅之中，都是太阳图形和獠牙神面出现过的位置，也即是说，它是可以替代太阳图形的符号，就是太阳的象征。

用T字形符号象征太阳，高庙人是认同的。见到几例四个T字形符号环绕着一个圆圈形的图案，构成一个带圆圈的十字形图案，无疑表示的是一轮太阳。四个T字形符号围成太阳，只取一个T出来，一样可以作为太阳的象征。这是史前时代的思维，体现了令人惊叹的思维方式。T字形符号就是獠牙神面的简化形式，也就是太阳神面的简化形式。

獠牙神面之外，高庙陶器上出现最多的纹饰是飞鸟，即日鸟。与飞鸟相关的图形，最多的就是那些带有十字形的四方形图案，四方形图案又与圆形常常套叠在一起，发掘者认定它们表现的就是太阳，是所有相关图案的核心所在。

在这样的方形与圆形叠加的图案中，我们还发现有八角星图形，又有象征

日神：獠牙与旋目 | 065

光芒的构图，更加坚信了这是太阳的认知。更让人惊讶的是，这样的太阳图形中还出现了獠牙神面。这让我们获得一个关键性认知，即獠牙神面应当是太阳的灵魂所在，它就是当时公认的太阳标识。而那些附着在鸟体上的圆形，还有替代獠牙神面和太阳图形出现的T字形图案，它们也一定就是太阳的象征。

高庙陶器上刻画的神面，构图已是非常完整，也已经是固定的形态，都显露着龇出的獠牙，以表现獠牙为主。神面大都已经相当简化，只留下一张龇着上下两对獠牙的嘴，獠牙既尖且长，狰狞之态跃然眼前。

展翅日鸟

高庙文化的陶器艺术中，最引人关注的是日鸟。日鸟也许可以看作白陶艺术的灵魂，在洪江高庙和桂阳千家坪出土的陶器上，几乎是无器不日鸟。仔细观察那些陶片，鸟首、鸟翅的刻画随处可见，可想高庙人对日鸟心怀多么虔诚的信仰。

观察中初见白陶上的日鸟图像，似乎是千篇一律，小眼，大头长喙，左右伸展着宽大的翅膀，一般只有半个鸟身，无下半身，见首不见尾。平展双翅，翅上有包括獠牙神面在内的各类图形符号，或有双翅但无鸟体，中部替以獠牙神面，象征双翅带着神面飞翔。这一类图像对于阐释白陶纹饰的意义有非常重要的作用。

各式日鸟多数头向右侧，说明陶工保持着一种传统的思维定式，鲜有改变。

当然更要强调的是，展翅飞翔中的日鸟，并非孤独的旅行者，图像中的它们无一例外的都是与太阳图形同在，是名副其实的日鸟。其实在古代，日鸟与太阳之间，是可以画等号的，日鸟就是太阳的另一个符号。

太阳以獠牙为标志，日鸟也以獠牙为标志。日鸟有时就刻画出獠牙，或者它就是太阳的化身。光芒万丈的太阳，被高庙人描绘成口吐獠牙的模样。这獠牙神面又与鸟同飞，或是自己长出一双翅膀飞翔。獠牙在太阳里面，獠牙在日乌身上，高庙文化无器不獠牙，可以想象獠牙神面在高庙文化中是无所不在的。这些白陶上表现的日鸟都被塑造成威猛强壮的模样，都是展翅高飞的造型，威猛雄壮的身姿也许是神话中日鸟的本色所在。

高庙白陶艺术表达的中心意境是太阳崇拜。高庙白陶的艺术主题，以表现太阳崇拜为中心，为我们呈现了约8000年前湖湘先民的精神世界。（详见"高庙白陶：日鸟展翅"部分）

信仰认同

高庙文化时代的传统在延续，在更大范围的认同中传播。仰韶文化彩陶上也绘有獠牙神面，良渚文化玉器上微刻的神面普遍都有上下各一对獠牙，石家河文化玉神面是以长长尖利的獠牙为特征的。白陶的压刻、玉石的雕琢、彩陶的描绘，这三次艺术浪潮掀起的造神运动，留下了类同的神形，按照相同的密码造势。这已经不只是艺术层面上传统的延续，而且是信仰体系层面上的认同。史前中国艺术创意中的獠牙神面，流行年代大约为距今8000—4000年，风格一脉相承。獠牙神面在史前有大范围长时段的认同，这可以确定是崇拜与信仰的认同。

高庙文化日鸟的象征图形，一直传承到汉唐。而汉唐流行的柿蒂纹和连珠纹，也都在高庙文化中能寻找到源头，与八角星纹饰共存的四瓣式四叶方花和连珠纹太阳，在高庙文化早期就已经成为定式，装饰在陶器上。

关于太阳崇拜信仰的确立、太阳神话艺术的创造，我们现在所能找到的最早证据，是高庙人，是高庙文化，年代早到距今近8000年前。这个起点还会不会刷新呢？也许会，我们拭目以待，不过现在我们相信这是最早的纪录。近8000年前的兽面神像构图能够简略到如此这般，应当是经历了一个很长的演变过程，先民不大可能一下子就创作出这样的图像定式。在文字没有出现的时代，符号已经形成体系，高庙人创造了前文明时代的符号艺术体系。

武装到牙齿的南北獠牙神

史前人类有过多次造神运动。我们在各类史前艺术品上，看到了当初造出的众神模样。面对这样的艺术品，我们要发问：造神的艺术原则是什么？我们又如何去发现那些重要的神性密码呢？

2015年，我在《光明日报》开设的《寻踪》专栏中，发表了一篇小文，叫作《看远古如何造出神模样》。在随后的几年里，该文被选为一些地区高考语文理解试题或模拟考试试题里的阅读理解题，练习提问重点关注的是史前神像的獠牙。其实这獠牙，就是当初在文中透露出的一个重要的史前神性密码。

考题的设问正合吾意，只是觉得有些尴尬的是，即使是我也并不能确定自己每一题都能给出正确的答案。一年年的高考过去了，这个梗却还躲在我的心头，希望它能早些消散。现在，我是想就远古神像獠牙问题展开更宽泛一点的讨论，这是一个有意思的话题，需要用考古发现的一系列例证进一步说明。

现在所说的主题是"众神的武装"，是说众神武装到了牙齿，这个武装就是獠牙。只有人类才会使用武器，众神的武器只有其身体，也许除角之外，最重要的武器就是牙齿了，那些不长角的神更是如此。武装起来的牙齿，就是长长的獠牙，在大量远古艺术品中，我们发现许多的神都是以獠牙为武装的。

獠牙，是史前众神认同的武装，也是人类给予神像最狞厉的威严。

一

在我那篇如何造神的小文中，开篇有这样的文字：

在史前艺术中，有一些半人半兽的艺术形象，不论是绘在彩陶上的或是刻画在器物上的，这样的形象都被我们认作神面，是神灵人格化的偶像。这样的神面，表现有特别的恐怖感，你觉得它像人，但并非是人。神面的狰狞模样，在史前艺术的表现上大约是一个通例。圆瞪的大眼，龇出的獠牙，恐怖之态令人惶惑。

这样的神面，是史前人制作的神灵的简化图形，它并不只是表示一个头面，而是以头以面代表神灵的本体，头面是神灵完形的一个象征，是一个简约的造型。

下面根据文中已有的叙述，再补充一些资料，力求将远古众神的武装更清晰地展现出来。

本来我想先由良渚文化的玉雕神像说起，但最终决定将这些精致的艺术品放到后面去讨论，所以就按照时代早晚顺序，先由7000—8000年前的艺术神像说起。

在那样古老的年代里，造神运动就曾经掀起过一次浪潮。

二

我们首先要关注的是南方的高庙文化。湖南发现的高庙文化以独特的白陶为重要特征之一，数处遗址的许多白陶上刻画压印有凤鸟、八角星和兽面神像等图案，年代可早到距今约7800年。

高庙文化白陶上的兽面神像，一般都只是表现有一张或方形或圆弧形的嘴，龇出长长尖尖的上下獠牙。这样的神面有时出现在器腹，有时出现在器颈或器底。

在这样的神面像外围，有时还会加上一个圆形外框，有时又或加上的是方形外框，或再围绕方形外框饰上开瓣的装饰纹样。为何会有这样的区别，还有待进一步分析。

日神：獠牙与旋目 | 069

高庙文化陶器刻画神面纹（湖南洪江高庙遗址）

更有意思的是，在神面的方形或圆形外框之外，有时又再加绘两对或三对翅膀形装饰。这自然有特别的含义，是象征神面在飞翔，还是表示神面的特别装束，有待进一步研究。

高庙文化白陶上的神面之獠牙，通常是上下各一对，也有只见一对上牙或下牙的，有四颗和两颗的不同。獠牙也有粗细长短的区别，以尖长形多见。

近8000年前的兽面神像构图能够简略到如此这般，应当是经历了一个很长的演变过程，先民不大可能一下子就创作出这样的图像定式。

070 | 追踪信仰：艺术考古中的动物图像

高庙文化陶器刻画神面纹（湖南泸溪下湾遗址）

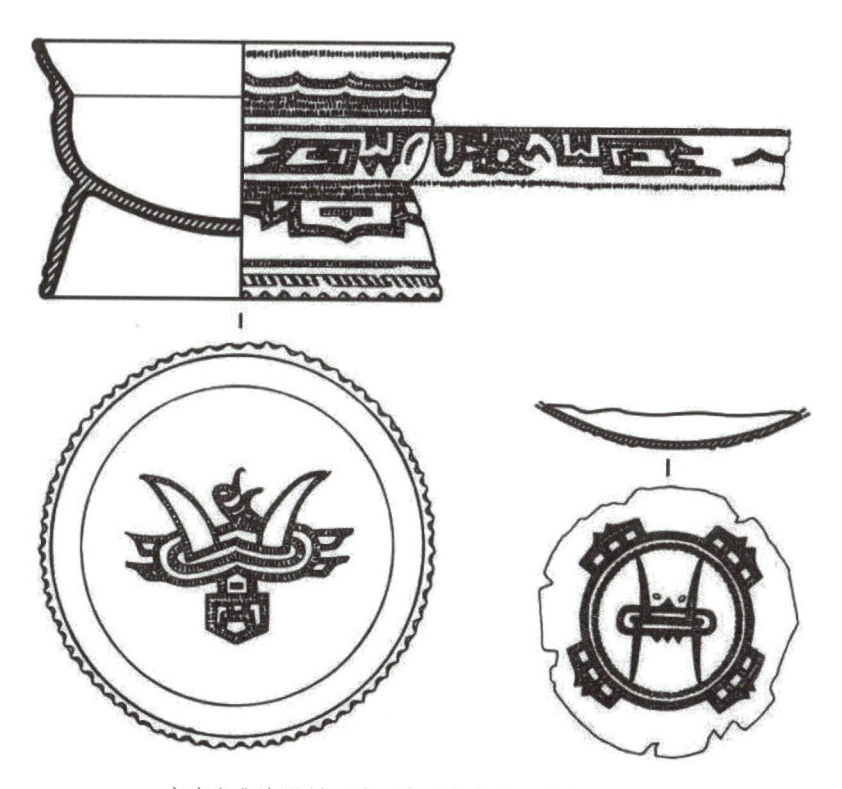

高庙文化陶器刻画神面像（湖南洪江高庙遗址）

日神：獠牙与旋目 | 071

高庙文化白陶上的神像虽然多只见到一张嘴和一对或两对獠牙，但偶尔还是能见到比较完整的神面刻画，如湖南桂阳千家坪的一件陶簋上，圈足上是并不十分显眼的獠牙嘴，器腹上则有方形的双目和眼眶，头顶上应当刻画了冠面。这应当是比较完整的神面。大量见到的只有獠牙和嘴形的神面，是最简略的表现形式。

三

北方大约与此同时或是稍早，约8000年前辽河地区分布着兴隆洼文化。在这一支考古学文化中也发现了带獠牙的神面雕刻，目前所见有几件玉石制品。

首先要提到的是一件玉神面，出土自内蒙古林西白音长汗遗址。玉神面为椭圆外形，表面磨光，上方琢有弧状凹槽形双目，中下部磨有一道横向凹槽，嵌入长条形蚌壳应是表示牙齿，嘴形两侧又各琢出两道上下对称的凹槽，嵌入尖三角形蚌壳表示两对獠牙，下獠牙在内侧，上獠牙在外侧。这是很重要的发现，不过原来的文本描述为人面，那显然不准确，应是神面无疑。

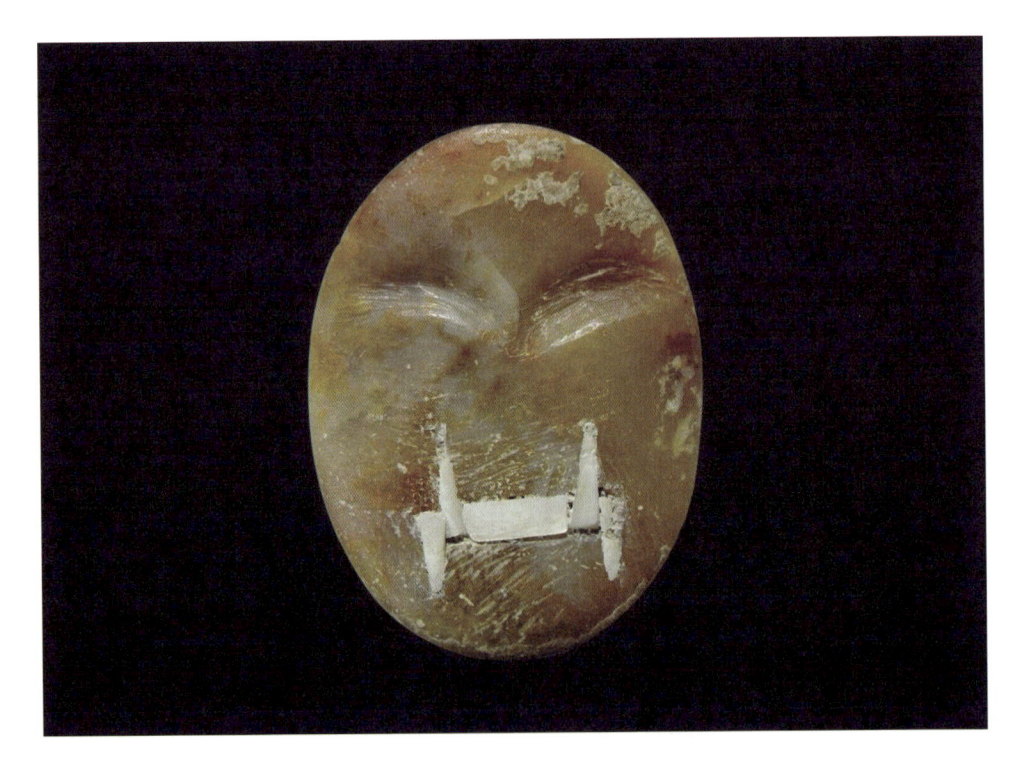

兴隆洼文化玉神面（内蒙古林西白音长汗遗址）

新发掘的属于兴隆洼文化的辽宁阜新他尺遗址，出土了一件长方形神面石雕，巴掌大小的磨光石面一端刻画有整齐的菱形纹，这一端的中间位置雕刻着一个神面，有一对圆眼，有山字形鼻梁，咧开的大嘴中龇出两对獠牙。也是下獠牙在内侧，上獠牙在外侧，尖尖的牙形显得非常锋利。

另外在内蒙古巴林右旗收藏有征集的一件神面石雕，传出自阜新查海遗址，也应当属于兴隆洼文化。这件神面石雕与他尺遗址所见形状大小相若，也琢出圆形双眼，带明确的鼻孔，咧开的大嘴中刻画有上下两排牙齿，两边是并不很明确的獠牙，牙尖并没有龇出口腔。

这两件神面石雕为郭大顺先生所示，并允准在此引论，特致谢意。

兴隆洼文化的这几例神面非常重要，与南方高庙文化白陶上的神面有所不同，后者只是表现了神嘴神牙，一般连眼目都省略了，而前者是比较齐全的神面，有嘴牙眼鼻。这是史前中国发现的早期神面艺术，南北方都非常强调獠牙的细节，暗示着已经存在艺术交流与信仰认同。

兴隆洼文化石雕神面像（辽宁阜新他尺遗址）　　兴隆洼文化石雕神面像（传出土于辽宁阜新查海遗址）

日神：獠牙与旋目 | 073

四

红山文化没有发现明确的带獠牙的神面神像,但在玉龙中见到我们感兴趣的线索。所见多数红山玉猪龙,并没有琢刻出獠牙,但在辽宁省建平县采集到一件有明确上下獠牙的玉猪龙,上牙在内侧,下牙在外侧。

在红山文化中,我相信带有獠牙的玉龙不会只此一件,期待有更多的发现。

红山文化玉猪龙
(辽宁省博物馆藏)

五

在大仰韶文化中，很少见到类似确定的神面艺术品，想象在彩陶上应当能寻到踪影。

说到彩陶，说到半坡文化，又说到神面，就一定要说说半坡彩陶上的人面鱼纹。西安半坡和临潼姜寨等遗址，都出土有人面鱼纹盆，人面戴着尖顶的鱼形冠，嘴角两侧用鱼纹做装饰，有时冠两侧也有两鱼做装饰，一副非常怪异的神态，一看就知这不应当是半坡人平常的装束。有时在这样的人面鱼纹之间，还绘出写实的鱼纹来。

半坡等遗址出土的彩陶上的鱼纹人面，没有表现出明确的獠牙。但是一件彩陶上绘有獠牙神面。

史前狰狞的神面，也偶尔出现在彩陶上。个别半坡文化的彩陶上有这样的神面，不过以往研究者似乎不大在意这个发现。在临潼马陵遗址出土的一件陶瓶上，绘有一个戴着尖顶帽的神面，一双圆圆的大眼，宽大的嘴角向上龇出一对大獠牙。神面的左右，还绘有一对倒立的大鱼。这个獠牙神面，只有下獠牙，没有上獠牙。

不用太仔细地观察，我们就能做出一个明确的判断：这个属于半坡文化的彩陶上所绘神面纹，与高庙下层文化以及良渚与龙山文化中的神面纹，并没有

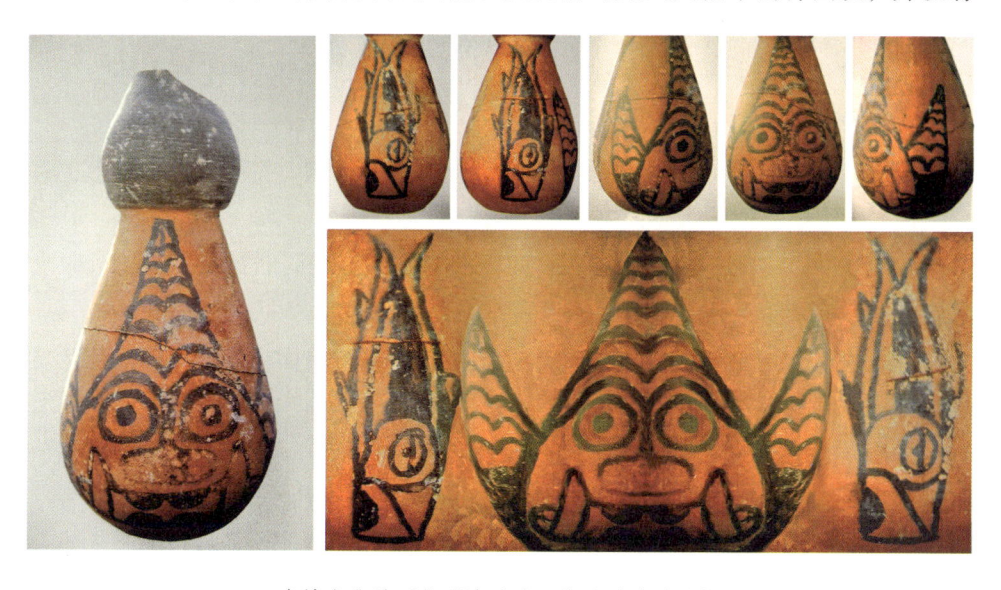

半坡文化神面纹彩陶（陕西临潼马陵遗址）

什么明显的不同，偌大的獠牙是其共同的特征。不同之处是附加的两条鱼纹，这是一个很重要的提示——它告诉我们，半坡文化这样的神面，一定与鱼有着密切的关系。也就是说，它与鱼崇拜有关，这也许是鱼之神。

半坡之后的庙底沟文化中，发现一件喜怒哀神面骨雕筒，出自陕西西乡何家湾遗址。这是一件指头大小的骨雕筒，环骨筒雕出喜怒哀三个不同的神面形，喜与怒两个神面似乎表现有獠牙，上下牙都有。如果是如此，那骨雕表现的应当是神面像，而且是表情不同的神面像，是非常难得的发现。

六

关于良渚文化玉器上雕刻的那些神面，考古发现了非常丰富的图像资料，这可以让我们一目了然。良渚神面与神像装饰在一些玉牌、玉钺和玉琮等礼器上，神面刻有向上与向下龇出的獠牙，显出庄重与威严之感。从良渚人制作的神面看，有的神面是有体有面的完形，而大多都是简化得只有嘴与眼的脸面。

我们在此选择举出一些例子来说明。最引人注目的是浙江余杭反山 M12 出土的玉琮王神人像，神像有上下獠牙各一对，上牙排在下牙外侧，獠牙都龇出嘴外。

余杭瑶山 M9 出土的一件玉三叉形器，全器满雕神兽面像，大眼大嘴，上下两对獠牙龇出嘴外，下牙在内，上牙在外，均平齐无牙尖。

瑶山 M10 出土的一件玉三叉形器，较前件三叉形器肥硕，也是满雕神兽面像，同样是大眼大嘴，上下两对獠牙龇出嘴外，下牙在内，上牙在外，牙尖均平齐。

瑶山 M10 出土的一件玉牌饰，全器满刻神人神兽像，兽面带獠牙，上下獠牙表现不大清晰，似乎带有牙尖。

瑶山 M9 出土的一件镯式玉琮，四面的射部刻有相同的神兽面像，大眼大鼻大嘴，上下两对獠牙龇出嘴外，均平齐无尖。

反山 M17 出土的一件玉冠状器，微刻大眼大嘴神兽面像，上下两对獠牙龇出嘴外，獠牙均平齐无尖。

瑶山 M7 出土的一件玉三叉形器，满器刻神像神兽面像，神兽大眼大嘴，上下两对獠牙龇出嘴外较远，下牙在内，上牙在外，均平齐无尖。

反山 M12 出土的一件玉权杖瑁，满器微刻神像神兽面像，神兽大眼大嘴，上下两对獠牙龇出嘴外，上牙在内，下牙在外，下牙带尖，上牙平齐无尖。

玉琮王神人像（反山M12：98）

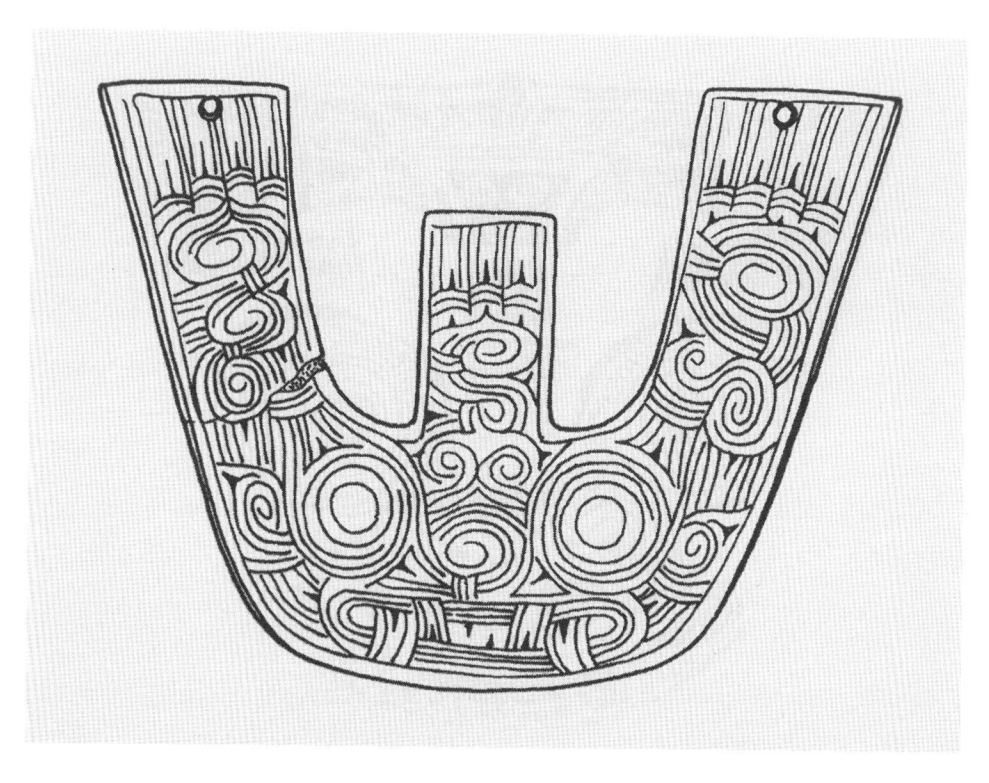

玉三叉形器线描图（瑶山M9：2）

日神：獠牙与旋目 | 077

玉三叉形器线描图（瑶山M10：6）

玉牌饰纹饰（瑶山M10：20）

玉琮线描图（瑶山M9：4）

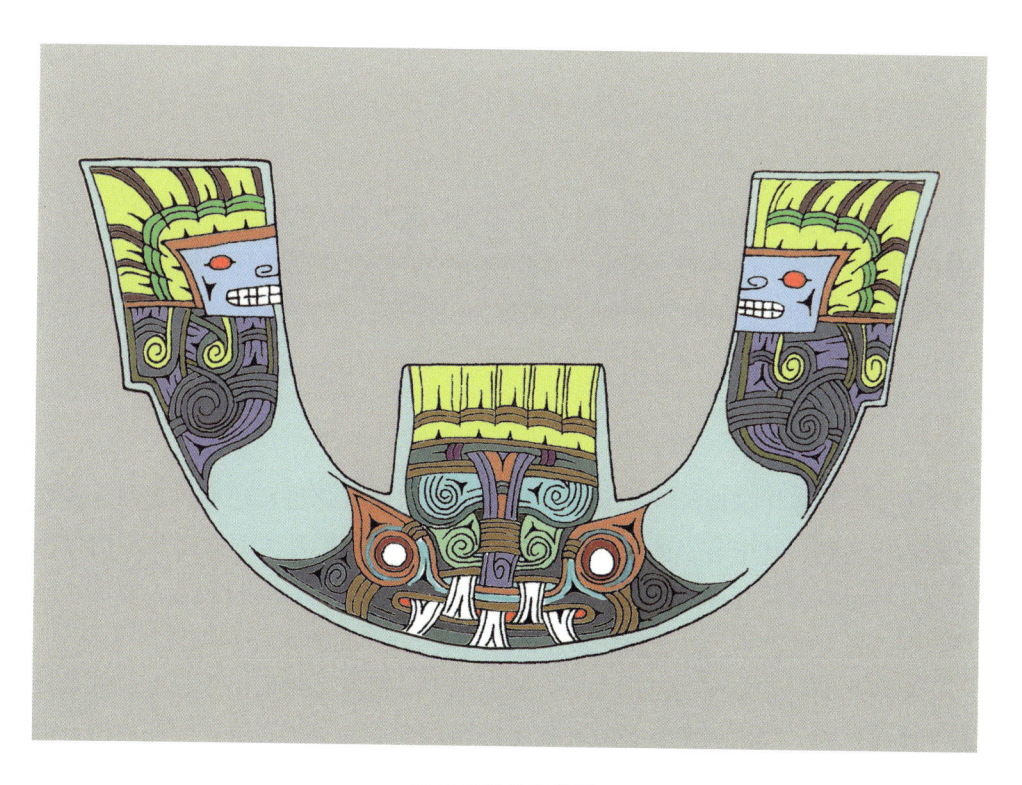

玉三叉形器点染图

日神：獠牙与旋目 | 079

玉权杖瑁（反山M12∶103）

检索良渚这些微刻的神兽面像，几乎无一例外都有龇出嘴外的上下獠牙，下牙在内侧，上牙在外侧，牙尖大多隐没不见，极少表现有锐利的尖锋。这样的艺术效果，实际上淡化了神像的恐怖感，也许背后另有深意。

七

主要分布在江汉地区的石家河文化与后石家河文化也发现不少玉器，多数玉器小巧精致，其中有一些人面像和神面像。区别它们是人面像还是神面像，主要就是看有无獠牙和鸟形冠饰，那些没有獠牙和鸟形冠饰的就是人面像，应当表现的是人祖崇拜，对于这一部分石家河文化玉人面在此不拟细述。

在湖北天门石家河遗址的先后几次发掘中，都有玉神面出土。有一件玉神面头戴鸟形冠，隆准大眼，带有长而尖的两对上下大獠牙，下獠牙在内侧，上獠牙在外侧。

在石家河遗址发现的另一件玉神面，也是鸟形冠饰，带一上一下两对大獠牙。

2018年在湖南澧县孙家岗遗址的发掘中，也发现了一件典型的石家河文化玉神面。神面有左右伸出的鸟形冠饰，两对獠牙尖锐而长大，采用阳刻技法雕琢，非常精致。

若干件收藏在国外各地博物馆的传世品玉神面，是研究者经常提到的藏品，如美国哈佛艺术博物馆收藏的一件、美国旧金山亚洲艺术博物馆收藏的一件、大英博物馆收藏的一件，都有鸟形冠獠牙瞪眼的模样。这些收藏品的年代并不容易确定，有的可以早到新石器时代，有的可能晚到商周之际。以下几件玉神面，制作精工，应当是属于石家河文化遗物。

大英博物馆藏一件石家河文化玉神面，造型非常周正，鸟形冠饰，大眼隆准，上下有两对长长的獠牙。

美国哈佛艺术博物馆藏一件石家河文化玉神面，鸟形冠饰，饰有耳环，两对长长的上下獠牙显得非常狰狞。

美国国家博物馆藏一件双面雕玉神面，高冠鸟形饰，两面神像略同，细部小有区别，最明显的不同是一面有上下两对獠牙，而另一面没有獠牙。这一区别也许透露了獠牙神的某些重要信息，值得关注。

在国外其他博物馆见到的几件石家河文化风格的玉神面，一般也都饰有鸟形冠，上下各有一对长长的獠牙，獠牙也都显得非常尖锐。

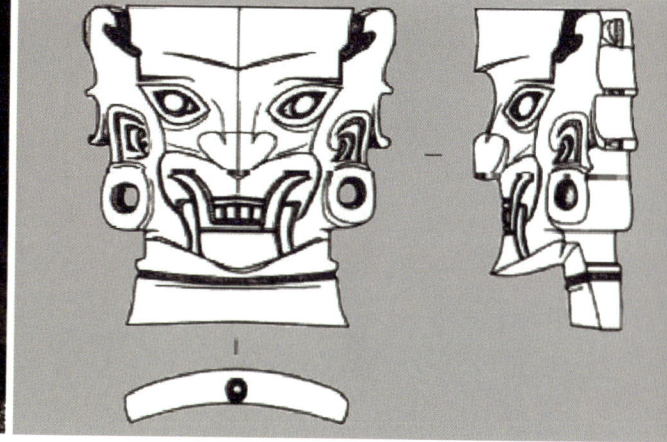

石家河文化玉神面（湖北天门石家河遗址）

日神：獠牙与旋目 | 081

石家河文化玉神面（湖南澧县孙家岗遗址）

石家河文化玉神面（大英博物馆藏）

石家河文化玉神面（美国哈佛艺术博物馆藏）

日神：獠牙与旋目 | 083

双面雕玉神面（美国国家博物馆藏）

084 | 追踪信仰：艺术考古中的动物图像

国外收藏石家河文化玉神面

日神：獠牙与旋目 | 085

八

玉雕神面在三代遗存中也有发现，特别是在商周时期的墓葬中偶有出土。许多研究者认为这些玉神面都与石家河文化有关，并非三代时期所制作，这样的认识大体已经成为共识。

山东济南大辛庄遗址商代墓葬中发现的一件玉神面，是少见的侧面构型，如果将它还原为正面像，就是很典型的石家河文化鸟形冠神面了。神面也有上下两对獠牙，獠牙很尖很长。

| 美国哈佛艺术博物馆藏 | 台北故宫博物院藏 | 山西曲沃羊舌墓地 | 美国旧金山亚洲艺术博物馆藏 |

三代玉雕神面

玉神面（山东济南大辛庄遗址） 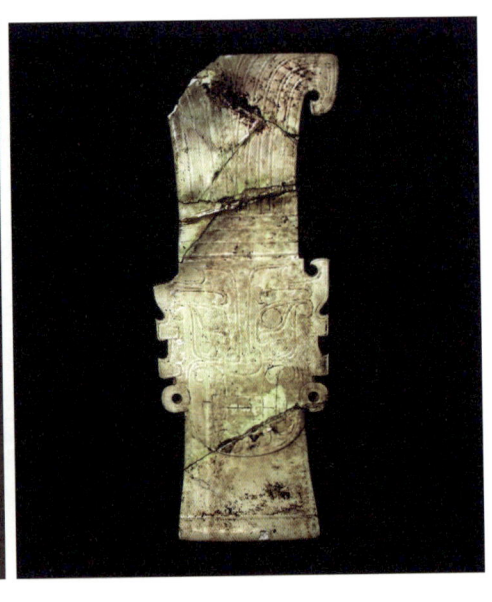　　玉神面（江西新干大洋洲商墓）

玉神面（山西曲沃羊舌墓地）

江西新干大洋洲商代墓葬出土的玉神面，是典型的石家河高冠神面风格，也带有上下两对长长的獠牙。

最值得关注的是山西曲沃羊舌村西周晋侯墓出土的一件神面玉饰，玉神面扁平形，双面雕刻神面。正面阳刻狰狞兽面，臣字形大眼，上下均有一对长长的獠牙龇出。这样的玉神面戴有鸟形冠饰，也属于石家河文化风格。

九

近年陕西神木石峁遗址发现的石雕神面像引起极大关注。在披露的石雕神面中，并没有发现明确的獠牙刻画，这让人觉得有些意外。

我们知道，石家河文化有一部分人面像是没有獠牙的，前面将这样的雕像归入祖先神之列。石峁遗址的石雕像是否也是这样的性质，还不便很快得出结论。

如果依然将这些雕像认作神像，也可以理解为是一种过渡，是动物神向人神的过渡。这个过渡是让獠牙构图退出神像造型，我们由商周艺术中基本不见獠牙人面或神面便能体会到这个变化。

举例如殷墟妇好墓出土的偶方彝，上面的大兽面没有普通牙齿，也没有獠牙。

日神：獠牙与旋目 | 087

石雕神面像（陕西神木石峁遗址）

商代偶方彝纹饰（河南安阳妇好墓）

还有西周早期兽面纹甗，上面的兽面纹倒是显示有上下獠牙，但这只是纯粹的兽，而不是史前那样带獠牙的人面神。这是商周神兽造型的通例，一般没有带獠牙的人面出现。这类例证有许多，不再一一列举了。

商周神兽带有大獠牙的最典型的例证，在一些大型青铜钺上可以看到。妇好墓和河北藁城出土的大钺上，在中心部位铸成张口虎首，大张的口中露着上下獠牙。

三代再无人面獠牙神像，但也有个别特例不能忽视，如江西新干大洋洲商代墓葬出土的商代青铜双面神像，中空扁体，两面对称，铸作神人首形。有描

西周早期兽面纹甗（河南新乡市博物馆藏）

商代青铜双面神像
（江西新干大洋洲商墓）

日神：獠牙与旋目

述称头像面容神秘诡异,威严恐惧,为半人半神之像。仔细观察,这个神像是带有獠牙的,只表现了一对下獠牙,而且这獠牙的尖是蜷曲的,有意将那种威慑隐藏起来了。

剩下了一对下獠牙,而且还蜷曲着牙尖,这与史前的神像风格迥异,也让我们找到了神面獠牙已经不如先前那样重要的证据。

当然也不是说神面的獠牙从此就完全消失,在汉画中偶尔还能见到,如陕北的铺首雕刻神面还带有獠牙,不过只剩下一对上獠牙了。

汉画铺首图(陕北)

十

史前中国制作有獠牙神面艺术品，在接近 8000 年前的南北方都有发现，南方高庙文化的白陶和北方兴隆洼文化的石刻都见到有獠牙神面。

高庙文化陶器上刻画的神面，构图已非常完整，也已经是很固定的形态，都显露着龇出的獠牙，以表现獠牙为主。神面大都已经相当简化，只留下一张龇着上下两对獠牙的嘴，獠牙既尖且长，狰狞之态跃然眼前。

仰韶文化彩陶上也绘有獠牙神面，只见到一对下獠牙，是很生动的人面形象。

良渚文化玉器上微刻的神面，普遍都有獠牙，也是上下各一对，只是獠牙一般比较平齐，一般没有牙尖。这些神面一般被认作兽面形，属于何种动物并没有公允的结论。

石家河文化玉神面以长长尖利的獠牙为特征，獠牙上下各有一对，神面几乎都是人面形。

如前所述，白陶的压刻、玉石的雕琢、彩陶的描绘，这三次艺术浪潮掀起的造神运动，留下了类同的神形，按照相同的密码造势。这已经不只是艺术层面上传统的延续，而且是信仰体系层面上的认同，这两方面都值得进一步研究。

三代人面形的獠牙神消失，也罕见兽面类的正视獠牙神。三代青铜与玉器之正视神兽面，没有史前那样的獠牙，多数是双身合体构图，有双下颌，上下獠牙都呈横向态势，这与史前明显不同。

对史前中国艺术创意中的獠牙神面，大体可以得出这样几点印象：流行年代大约为距今 8000—4000 年，在南北地区大范围流行；獠牙构图基本类似，上下各一对，下牙居内，上牙居外，风格一脉相承。

这样看来，獠牙神在史前有大范围长时段的认同，这可以确定是崇拜与信仰的认同。

十一

如何解读獠牙这个不同地区不同时段众神共享的密码？众神共享的密码又为何是獠牙？这样一种史前认同的信仰与崇拜的内涵又是什么？

这些问题都需要回答，但又未必都很容易找到确定的答案。

将动植物人格化，这是史前人造神的固定方式。一种动物图像，在给它安

高庙文化

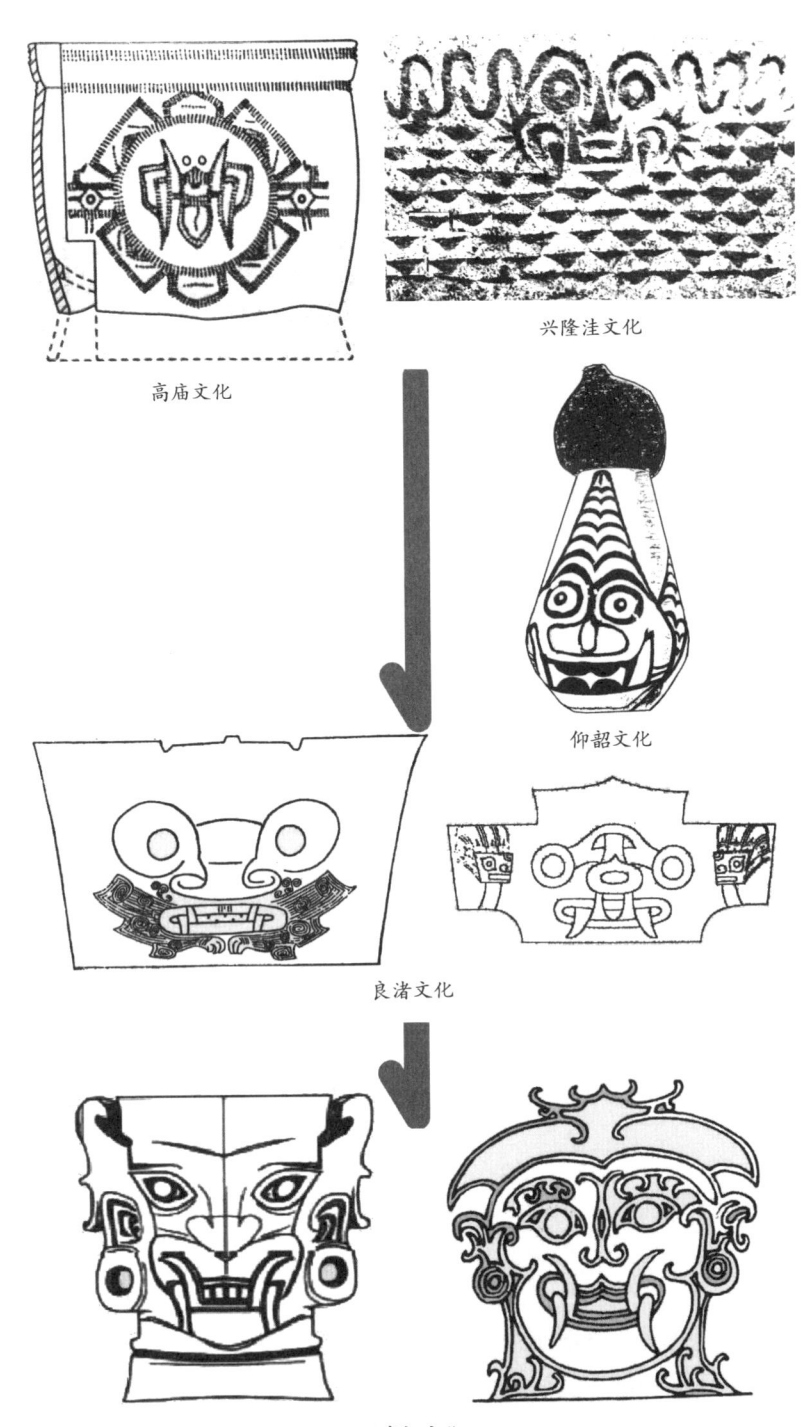

兴隆洼文化

仰韶文化

良渚文化

石家河文化

不同时期獠牙神面与神像比较

上一个人面之后，它便有了神格，半人半兽，也就成了神形的固定格式。史前的獠牙神面像，正是在人面上加饰了动物獠牙创作而成的。猛兽的威风，都表现在头面上，有三要素最是唬人，即角、眼和牙。猛兽拥有神格，往往也是以这三要素为资格，并非缺一不可，可三可二，至少得有一个要素。在此专论獠牙，是不可忽略的众神密码。

人本来有相当于獠牙的犬齿，但一般都不长，很少有伸出嘴唇外面的。一些猛兽有明显的獠牙，在人面上配上这样的动物獠牙，半人半兽，便有了神性。这样的神既具有人的亲和力，又具有兽的威慑力。

神面上的獠牙可能选自某种确定的动物，取自野猪或家猪的可能性较大。由考古发现看，史前人的艺术品常有取材于猪的，有野猪，也有家猪。野猪和家猪常见，造神时借野猪的牙齿一用，也很自然。

红山文化中发现有带獠牙的玉猪龙，红山文化之前的赵宝沟文化中已经隐约有这样的猪龙，只不过它是刻画在陶器上的，带长长獠牙的猪与鹿和鸟在一起，我们不怀疑当时的先民已经将神性赋予了它们。

引人关注的安徽省含山县凌家滩遗址一座墓葬中出土了一件大型玉猪。玉猪虽然随玉石之形只是雕琢出大致轮廓，但它嘴边的獠牙却有明确表现。

史前带獠牙的猪形艺术品，又有江苏常州新岗遗址出土的一件崧泽文化陶猪。猪体不仅刻画有花带状纹饰，嘴边的獠牙也有明确刻画。

野猪与家猪有别，不必细分这些艺术品表现的是什么猪，只要认定是比较厉害的猪就可以了。

赵宝沟文化陶器动物刻纹

玉猪（安徽含山凌家滩遗址）

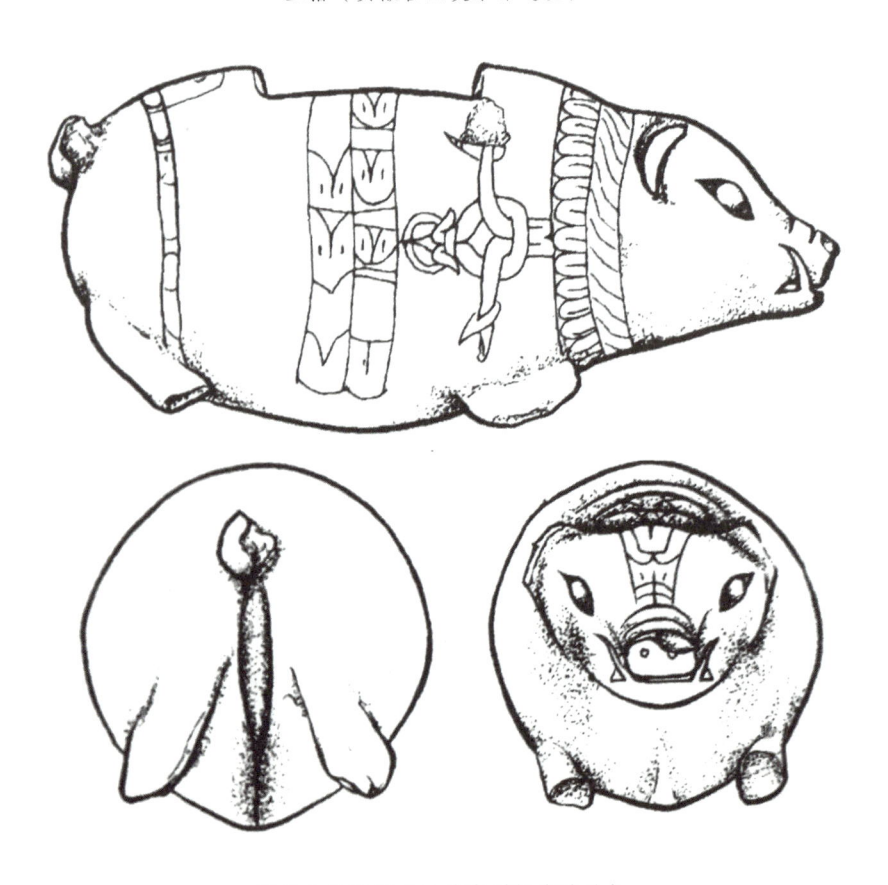

崧泽文化陶猪（江苏常州新岗遗址）

十二

为着造神，借着猪的模样，取猪的獠牙，将神威武装到牙齿。

獠牙是一些哺乳动物上颌骨或下颌骨上长出来的发育非常强壮的不断生长的牙齿，会远远伸出动物的颌部。雌雄性动物獠牙长短不同，一般雄性獠牙长出体外。

家猪的獠牙很短，而且生出来时是要剪掉的，不然仔猪吃奶时会咬伤母猪乳头。野猪原本没剪过牙，雄性野猪有两对不断生长的露出嘴外的獠牙，用作武器或掘食工具，雌性野猪的獠牙较短，一般不露出嘴外。野猪獠牙比虎牙更加张扬，显得更加恐怖。

我们由史前神面观察，上獠牙靠外侧，下獠牙居内侧，南北早晚风格一致。这样的特点也恰与野猪吻合，所以可以初步判断神面之牙，应当就是野猪獠牙的象征。

带野猪獠牙的神面，作为一种艺术创意，也应当与流行的野猪崇拜有关。由凶猛野猪而产生的这种崇拜，在上古世界各地曾广泛流行，中国远古自然也不例外。关于中国远古的野猪崇拜，有许多学者进行过探讨，郭静云教授在《天神与天地之道——巫觋信仰与传统思想渊源》论及于此，她解释说上古野猪崇拜的消失，是狩猎社会消逝之后，野猪作为王权和勇武的象征，逐渐被虎崇拜整合的结果。

《易·大畜》云："豮豕之牙，吉。"注者或解豮为"除其牙也"，又《释文》说："豕去势曰豮"。不论怎么理解，这里讲的一定是獠牙。这猪的獠牙向来被认定是吉物，好东西，以利制害，驱邪得吉。

野猪獠牙　　　　　　　　　　野猪

野猪獠牙

还要提到郭静云一次名为"商代礼器人面寻钥"的演讲，搜集商周时期的人面造型，分为四种类型。她明确指出高庙文化的獠牙是野猪獠牙，他们当时是对野猪崇拜的。她列举各地崇拜野猪的遗迹，注意到野猪獠牙在一些考古学文化中的发现。她说北方兴隆洼文化中期是崇拜野猪的猎民文化，渭河流域半坡文化对野猪崇拜是只有男性随葬野猪獠牙，这些男性可能是巫师，野猪獠牙是巫师联络神的法器。

郭静云特别注意到，殷末时期獠牙的意义已经逐渐消失，因为狩猎文化有野猪的崇拜，狩猎文化消失，野猪崇拜也就被忘记了，野猪獠牙也就不再与神面产生直接联系了。这个判断大体符合实际，獠牙意义的消失应当是在三代之初，或者更明确地说是在相当于石峁文化的时代。

大钺獠牙如花

商代青铜大钺上，为何有朵花的图案？

原来是兽面獠牙，如花一样斑斓。

对于青铜时代的大钺，对文物知识略有了解的人并不生疏，它是王权与军权的象征。《说文解字》曰："大者称钺，小者称斧。"又说："戉，大斧也。"钺之形状，较之斧更为宽大扁平。最有威势的青铜重器大钺在商代考古中多有发现，形体硕大，纹饰也很神秘。

妇好墓中出土两柄大钺，人们看其过重而担心妇好如何掌握自如时，也注意到其上铸出的特别纹饰。其中一柄铜钺，高39.5厘米，刃宽37.3厘米，重达9千克。钺上铸出了"二虎食人头"的画面，这个画面与殷墟发现的后母戊鼎（曾称"司母戊鼎"）上的纹饰类似，所以很受关注。现在要讨论的并不是这个画面，而是画面下方的另一个构图。许多研究者常常忽略了这个构图，或是视而不见，或是见而不解。

初次见到青铜大钺上的这个图案，觉得很像一朵美丽的花。又找来一些大钺图片观察，也能见到类似的花朵。不禁好奇：气势汹汹的大钺上怎么会装饰花朵呢？

那当然不会是花朵，只是有点像而已。很快就找到了确定的答案，那花朵其实是猛兽类动物的口腔，是獠牙与内牙的轮廓构成花朵似的外形了。之前做过史前獠牙神像的研究，又有过去解构兽面纹的印象，认读起这大钺上的大獠牙来并不那么费神。

其实，大钺上这样的大嘴大牙，过去已有一些发现，但还没有引起研究者足够的注意。很多研究者很容易忽略大獠牙，或者没有辨认出来。研究者中也有注意大钺上的大牙图形的，不过公开发表的讨论并不多见。有人倒是提出了别致的认识，说那是嘴里吐出的舌头，它象征两条腿。这说法离题太远了，它真的是两颗大牙，与两腿并不相干。

商代青铜大钺，钺刃一般为圆弧形，有人或者形容为月牙形，弯弯的形状，一看就有锋利的感觉。月牙刃的大钺，还隐隐地带上一副牙口，尖锐的獠牙，似乎是寓意砍下一个头颅，有神在张口龇牙等着要吃将下去。但未必就是这样

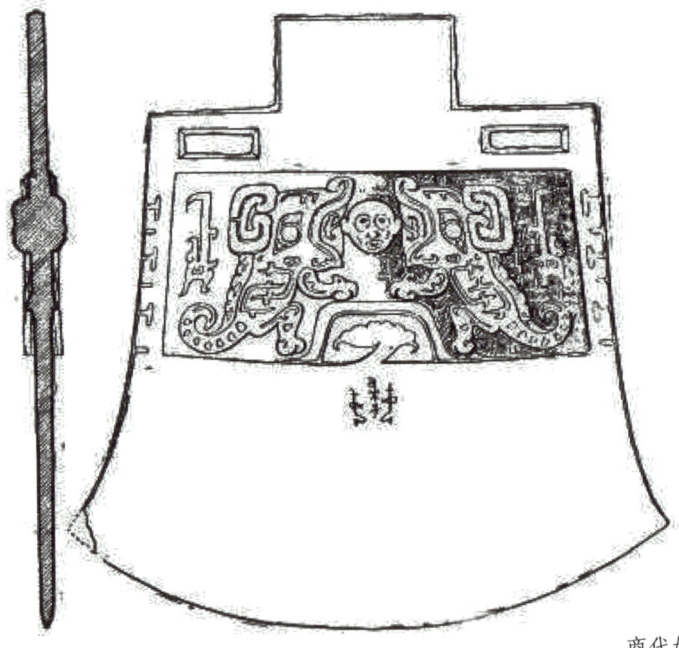

商代妇好钺（河南安阳妇好墓）

商代妇好钺上的虎牙

商代妇好钺局部

的含义,还是让我们来看看其他若干大钺的发现吧。

粗略检索一下,就发现了不少的类似大钺。先要提到的,是亚长青铜钺。此钺2000年在河南安阳花园庄东地54号墓出土。这一座墓中共随葬青铜钺7件,是出土青铜钺最多的殷墟墓葬。青铜钺大多铸造精良,纹饰非常精美,有6件铸有"亚长"二字铭,表明青铜钺为亚长本人所拥有。

日神:獠牙与旋目 | 099

亚长当初定是一位显赫的人物,已经有人讨论过他的身份,这里不准备介入这个讨论,我们就单单说一下他的大钺。最大的那件亚长钺长40.5厘米,刃宽29.8厘米,重近6千克。钺面正反均铸纹饰,纹饰构图繁复,对称分布着八鸟八龙八小龙。比较特别的是,"钺身中部饰一向下张开的巨大龙口,口中饰一夔龙纹"[1]。这"巨大龙口"可信,应当不是虎口,口中有一小龙,寓意不明。但是发掘者没有说明龙口中的两枚特大的獠牙。两枚獠牙非常尖锐,但造型又很艺术,如半片花瓣一般。在獠牙之间,连接着一列小牙,口腔的牙表现得很清晰。

上述两件出自殷墟的大钺显示出宽窄不同,但都有值得关注的兽形大口和大獠牙。而且那兽形大口其实不带兽面,只是一个大嘴的轮廓。

接着提到的出自郑州的商代两钺,也是有宽窄两式。郑州人民公园出土一件宽体铜钺,钺面铸侧视虎头纹,而且是用左右两侧面拼合而成,不只是表现出一张大嘴的轮廓,两枚大獠牙显得比较粗壮。横看大钺纹饰会更清楚,虎面并不是纯粹的侧视图,是左右两个侧面的合成图,不同于常见的正视兽面构图。

另一件郑州博物馆收藏的窄体铜钺,也是铸有类似双侧面拼合成的虎头纹,张开的大嘴里有两枚大獠牙。

河南浚县发现的一件铁刃铜钺,也铸有双侧面拼合成的虎头纹,大嘴里不仅有上下大獠牙,还有一个大圆形穿孔。

河北藁城也发现过铁刃铜钺,同时有一件铸有双侧面拼合成的虎头纹铜钺,镂空的嘴形显得很大,大獠牙和排齿形成的轮廓更像一朵成形的花的样子。

陕西历史博物馆收藏的一件窄体铜钺,铸纹稍显粗劣,但构图仍为双侧面拼合成的虎头纹,嘴形显得并不宽大,但两枚獠牙很张扬。

上海博物馆收藏的一件铜钺也是窄体形,内顶有精致的绿松石镶嵌兽面纹,双兽面合成的大嘴里也出现了两颗大獠牙。

爱立信旧藏中有一件商代窄体铜钺,也带有精致的绿松石兽面纹,钺面大嘴里有獠牙,更有一条小龙,与前述殷墟亚长钺类似。

美国大都会博物馆收藏的一件窄体铜钺,纹饰初看是常见的正视兽面纹,细审其实有两张嘴,共有四枚獠牙,显然也是左右虎头拼合而成。

---

[1] 沈融编著:《中国古兵器集成》,上海辞书出版社,2015年,第91页。

亚长钺（河南安阳花园庄东地54号墓亚长墓）　　　　　　亚长钺背面

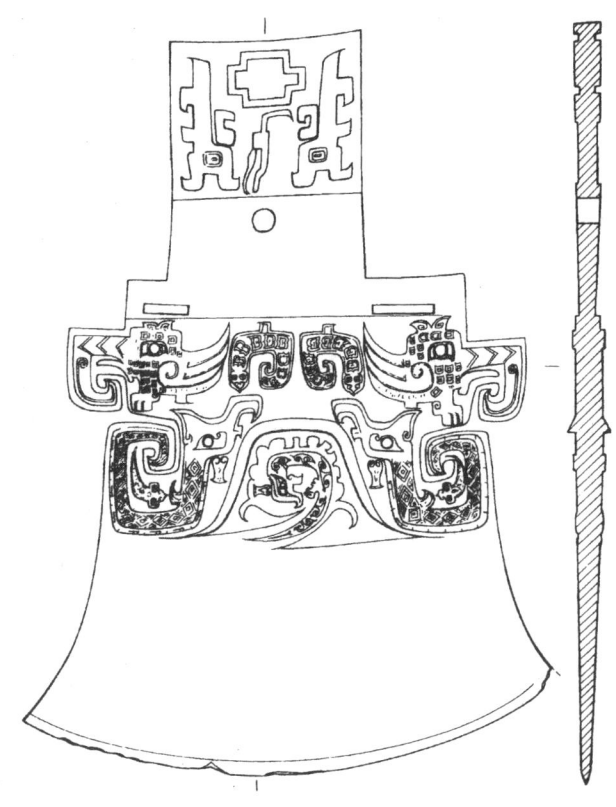

亚长钺线描图

日神：獠牙与旋目 | 101

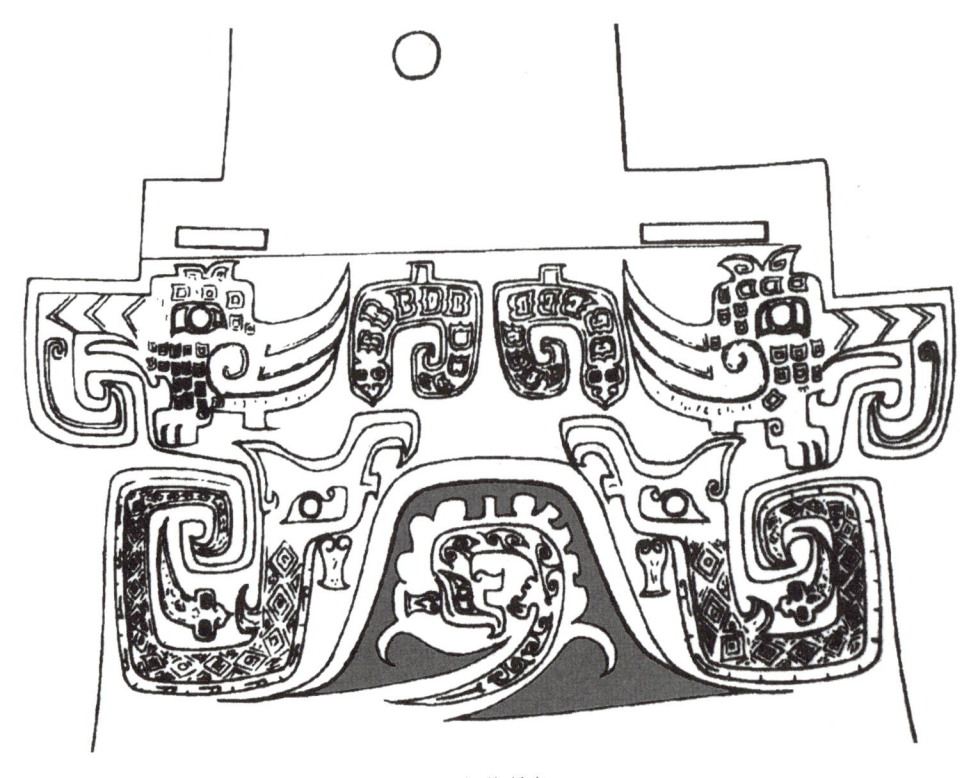

亚长钺局部

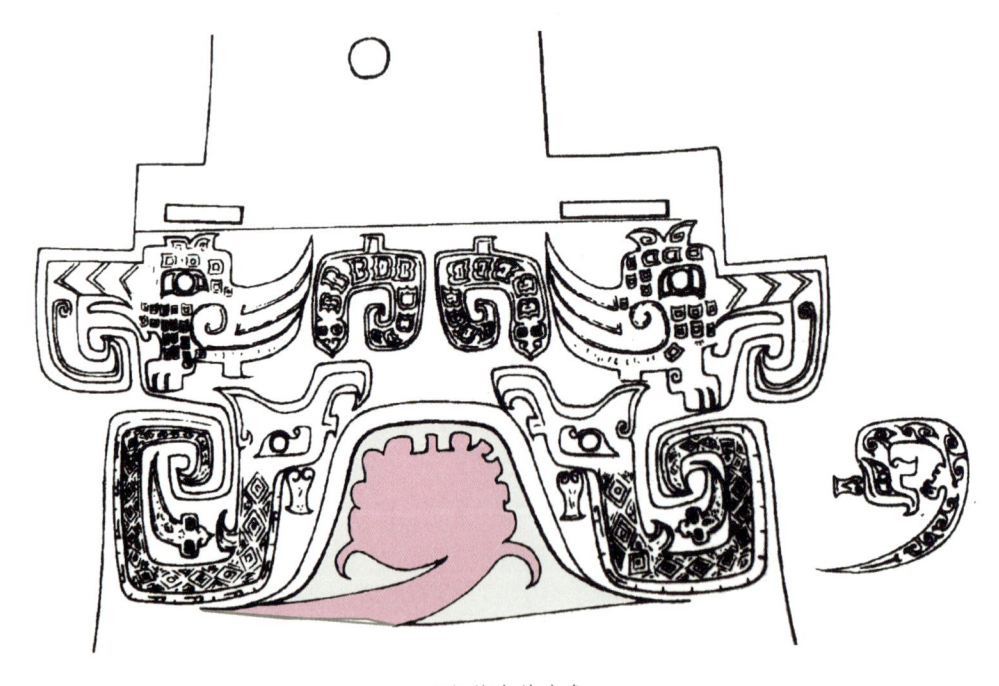

亚长钺上的小龙

102 | 追踪信仰：艺术考古中的动物图像

商代铜钺（河南郑州人民公园）

商代铜钺（郑州博物馆藏）

商代铜钺（河南浚县）

商代铜钺（河北藁城）

商代铜钺（陕西历史博物馆藏）

商代铜钺（上海博物馆藏）

商代铜钺绿松石兽面纹（上海博物馆藏）

商代铜钺（爱立信旧藏）

商代铜钺局部

商代铜钺绿松石兽面纹（爱立信旧藏）

商代铜钺（美国大都会博物馆藏）

日神：獠牙与旋目 | 107

这让我们想到河南新郑望京楼遗址出土的一件铜钺,钺刃长38.3厘米,高33.4厘米,规格仅次于妇好钺。钺身铸大兽面,兽面左右对称,其实也是由左右两侧视兽面拼合而成,所以也有两个口腔,各有一套牙齿,包括两对獠牙。

商代铜钺上的铸纹,偶尔也能见到单体侧视的龙虎纹,如陕西绥德的一件钺上就是一个全形虎纹,大嘴和大牙都有表现。类似铜钺他地也有发现,也饰有全形的虎纹,大獠牙也有明确表现。

铜器上单体侧视的龙虎纹饰,是比较容易看明白的。那些正视的兽面,其实分单体和双体两式不同的构图,而且多是双体拼合而成。在铜钺上见到的大嘴大獠牙的画面,无论是繁是简,多数都是双兽侧面拼合的构图,并非一个自然兽面。爱立信旧藏中有一件商代玉梳,梳面上有正视的阳刻大虎面,但它带有两个口腔,有两对大獠牙,正是一例这样的双体拼合图形。

观察安阳大司空村遗址出土的一件窄体兽面纹青铜钺,可以清晰地看到双虎形合体构成大嘴的图形,大獠牙也表现得非常艺术。

商代铜钺(河南新郑望京楼遗址)

商代铜钺（陕西绥德）

商代玉梳（爱立信旧藏）　　商代兽面纹青铜钺（河南安阳大司空村遗址）

日神：獠牙与旋目 | 109

这种构图创意的内在含义何在，还有待进一步研究。

大嘴大獠牙的兽面，在商代铜钺上是一种特有的纹饰，宽钺和窄钺上的风格一致。不用说，这大嘴、大獠牙强化了大钺的威慑力。

当然还有待解释的是，大钺那大嘴大牙中含着一条龙，又是什么呢？

大钺上特有的这类纹饰，当然并非为大钺所专有。值得提到的是四川三星堆2号坑出土的一件铜铃，铃面饰有动物纹，称为兽面纹铜铃。兽面有一双吊角眼，铃面外形其实是大张的兽嘴，装饰有满口大牙，重要的是有一对特别大的上下獠牙。这个构型其实就是借用了大钺上的创意，当然也揭示了铜铃的用途，应当是警醒之铃，听到铃声的人也许感受到的不是悦耳之音，更多的应当是一种警示之音吧。

商代铜铃（四川广汉三星堆遗址）

古蜀时代的象牙之谜

三星堆与金沙象牙出土知多少？

金沙遗址发掘到许多象牙，而且大都保存较好，这着实让人觉得有些意外。

金沙发现的象牙有的是零星出土，有的是层层堆积，有时能见到堆积八层的象牙。有的象牙被截成小段，很多都是整根的象牙，最长的约有1.6米。以往古代象牙与象牙制品在国内外考古中也有出土，但是罕见完整象牙，更没有见到成堆的完整的象牙。

先前在三星堆考古中就发现过象牙，而且数量不少，统计有80多根。这个发现在当时就让人非常诧异，不知道这么多的象牙来自哪里，古蜀人要它们有什么用处，又为什么将它们与大量铜器和玉器埋藏在一起。有的学者看到与象牙同时出土的商青铜立人像那握成环形的左右手，推测很可能握的就是象牙，更加引起人们对出土象牙的关注。

三星堆出土80多根象牙，新发现的几座器物坑中又出土100多根，这个数字已经不少了。可金沙出土的象牙，远远超出了这个数字，超过了1000根！1000根象牙是什么概念，是500头大象的贡献！

这可是绝无仅有的发现，被视为古蜀文明的一大奇观，也是一道别样的风景。

三星堆见到的象牙集中出土于两个祭祀坑，1号坑出土13根，2号坑出土60余根，象牙纵横交错地摆放在坑内上层。

金沙出土象牙有的集中码放埋藏，有的散落周围，都是在祭祀区发现的。

古蜀人为什么对象牙如此感兴趣？他们又是如何得到如此多成年大象的象牙呢？他们用这些象牙做什么呢？

古蜀象牙来自何方？

看到金沙成堆的象牙，我们会生出很多疑问，一个重大的疑问是：3000年前这么多的象牙是从哪里来的呢？

象牙（四川成都金沙遗址）

关于金沙象牙的来源，研究者有两个推测：一说来自西亚、中亚，是古蜀人由贸易得来；一说来自当时生活在成都附近的象群，是古蜀人狩猎所得。

成都附近那时真是大象出没的地方吗？

金沙和三星堆出土的象牙，鉴定为亚洲象的。我们知道现代象有亚洲象与非洲象两种，而亚洲象只有雄象有一对长牙，非洲象是雌雄都有长牙。相比而言，亚洲象的象牙更显珍贵。现代亚洲象主要分布在南亚和东南亚地区，中国只在西双版纳一带还有野象生存。

根据《山海经·中山经》的说法，成都附近以前有象，说是岷江的水从岷山流出，那里有犀牛，有大象。《山海经·海内南经》还说巴国有一种大蛇，可以吞下一头大象，所谓"巴蛇食象"也。《楚辞·天问》中"灵蛇吞象，厥大何如"的发问，显然说的也是巴蛇食象的事。

蜀地人常璩所作《华阳国志》也说，古蜀国物产丰富，宝物有美玉、犀牛和大象。与蜀近邻的楚国也有象，《左传》僖公二十三年、定公四年提到楚地有象。

有学者说到"想象"这个词的来由，好像与大象的迁徙有关。殷商时期河南一带气候温暖，适合象群的生存，后来随着气候变冷，象群逐渐向南方迁徙。古人为象群的远去而生出想念之意，于是造出了"想象"这个词。

如此看来，三星堆与金沙遗址出土的象牙，有可能是古蜀人在自己的祖居地狩猎得来的。

也有一些学者认为这些象牙是舶来品。古蜀国与西亚、中亚地区的古国有贸易往来，远国的商队带来了象牙和海贝等，换回了古蜀国的蜀锦和蜀布等。他们不相信《华阳国志·蜀志》说岷山有犀、象，岷山为高山峡谷的干寒地区，并不适应大象生存。三星堆和金沙的大批象牙不是原产于当地。

金沙和三星堆发现的古蜀国的大量象牙，究竟是本土所产还是由外域引进，我们现在依然没有准确的结论。

古蜀人用大量象牙做什么？

三星堆出土过一尊高2米多的商青铜立人像，双手抬起作握物状。遗憾的是，立人手中空空，原来所执何物，我们已经无从知晓。有人推测青铜立人手执的是玉琮，也有人说是象牙。如果是象牙，有人进一步推测只有蜀王才有权力执整支象牙进行祭祀。

这样多的象牙，许多学者都认为是一种祭祀用品，象牙真的是祭品吗？

为印证这个推测，人们列举三星堆2号坑出土的一件玉璋上的图案，图案中的两座山形外侧，各插立着一件粗大的弯形尖状物，有人认定那就是象牙，说明象牙在当时可能是祭祀山川的礼器。当然也有人说图像描绘的并不是象牙，而是玉璋。金沙一件玉璋上的图案也值得注意，上面刻画着两个跪坐的扛物人，所扛之物一端尖一端粗，似乎就是象牙。这扛象牙的人应当是出现在某种仪礼场面上的样子，也许又是一个古蜀人用象牙祭祀的写照。

出土象牙现场（四川广汉三星堆遗址）

这样看来，我们似乎可以相信，金沙与三星堆的大量象牙都是祭典过后埋藏的祭品，是献给神们的礼物之一。至于一次祭典要用多少象牙，1000多根象牙又是多少次祭典积攒起来的，那就不得而知了。

象牙用作随葬，用作牺牲，当然也不是古蜀人的专利。处在长江三峡中的巫山大溪文化墓葬中，就见到用作随葬的象牙，一个死者的头部枕着一根大象牙，这是6000年前的例证。在安阳殷墟先后发现过两座象坑，一座坑内埋有一头幼象与一个象奴，另一座坑内埋有一头幼象和一只猪。用象作牺牲，在商王朝并不普遍，也是一种非常之举。

古蜀人用象牙作祭器，也用象牙制作饰品。三星堆2号坑就出土象牙珠120颗和象牙器残片4件，象牙器残片上雕刻着兽面纹和云雷纹等。金沙出土有饼形象牙片，可能是加工饰品的半成品。

当然也有人不大同意古蜀用象牙祭祀的说法，认为古蜀国曾有象军建制，那些整齐堆放深埋于地下的象牙，是在象阵大战中牺牲的象军遗骸。

我们知道殷商时代有象军，《吕氏春秋·古乐》中有"商人服象，为虐于东夷"的记述，说商人驾驭大象作战。

因为殷商有象军，人们推测古蜀也应当有象军，说不准商人还是从古蜀引进的象军呢。因为古蜀有象军，金沙出土大量象牙，很可能是大战牺牲的大象的遗骸。这个推测很有意思，当然只是推测，我们还需要寻找更多的证据。

古蜀国真的有象军吗？

因为在金沙和三星堆出土了许多大象牙，这引起了一些人的猜测。有人提出一种推论，认定古蜀国应当建立过象军队伍。

古蜀国真的有象军吗？

据文献记述，在长江中游的荆楚地区，似乎出现过象军作战的战例。《左传·定公四年》说："针尹固与王同舟，王使执燧象以奔吴师。"一些研究者认为，这是中国古史上记录的象战实例之一。

这里所说的"燧象"，也许是当年一个特有的词，现代人并不容易理解。杜预注说："烧火燧系象尾，使赴吴师，惊却之。"是说楚昭王与吴王阖闾对阵失利，为着逃避吴军追击，昭王让针尹固用火炬系在象尾，这便是"燧象"，受惊吓的大象狂奔进追兵大队中，阻止了吴军的追击，昭王因象军而脱险。从这个故事里，学者们认定楚国驯养有战象，应当有象军建制。唐代孔绍安《结客少年场行》中有诗句说到此事："吴师惊燧象，燕将警奔牛。"象也好，牛也罢，都是在尾巴上系火而受惊才去陷阵的，相似的历史战例，很让人回味。

传说古蜀王开明氏来自荆楚，楚既然有象军，有人认为他应当有用象军作战的经验，很可能在古蜀组建过象军。甚至还有人这样猜测，是首领鳖灵带领象军打败了杜宇，取得了古蜀国的王位，建立了开明王朝。

古蜀人有没有过象军还真的不好说，不过在世界战争史上，倒确有象军作战实例。训练有素的象只，战时能冲锋陷阵，有很大的杀伤力。大象虽不如战马灵活，但它却是有生命的"坦克"。

古蜀人是否建立过这样的"坦克"部队，仅依现有的发现看，我们还不能得出准确的结论来。不过那些成堆的象牙，确实很能让人做出如此想象，古蜀人的象军也许真的有一定的规模，也许真的就在古蜀大地往来驰骋过。

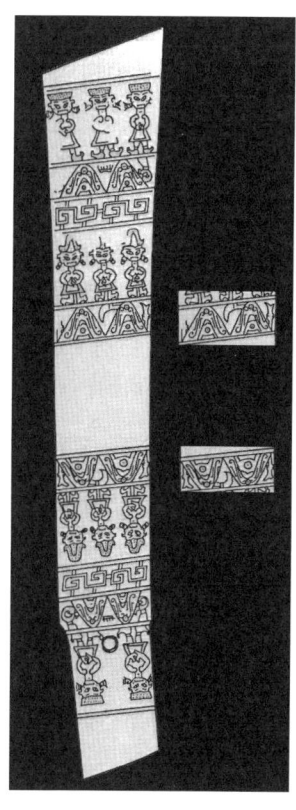

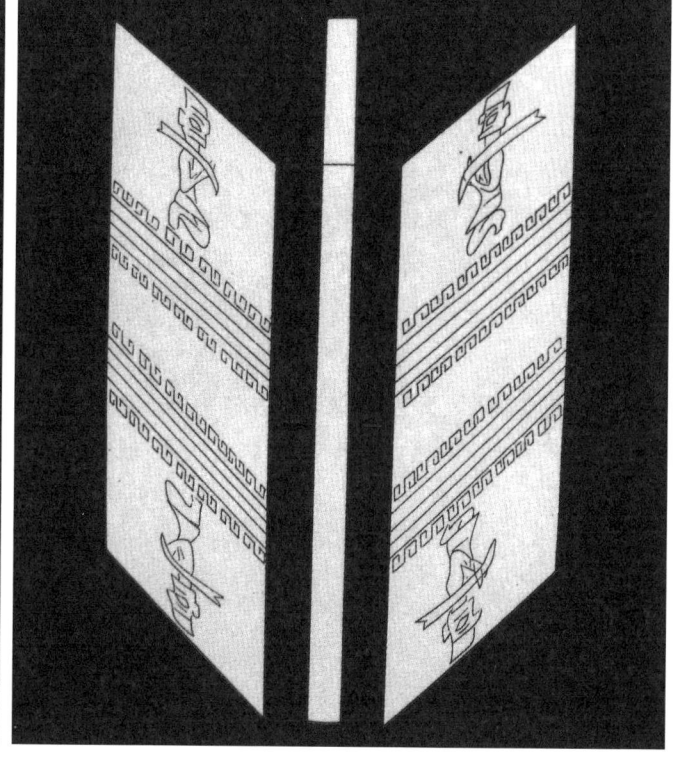

刻纹玉璋（四川广汉三星堆遗址）　　刻纹玉璋（四川成都金沙遗址）

日神：獠牙与旋目 | 115

世界上最古老的象军出现在哪里？

在公元前4世纪，战象开始在南亚驰骋疆场。马其顿王亚历山大远征印度时，印度波鲁斯就曾率领象军出击。当时象背上还没有象舆，是由两个战士骑着作战。亚历山大为纪念这次战事，在发行的铸币和奖章上，铸有骑着战马的亚历山大和乘坐战象的波鲁斯对阵的图像。

印度孔雀王朝的陆上部队有车兵也有象军，阿育王征集步兵60万、骑兵3万和战象9000头，完成了基本统一印度次大陆的作战。

希腊人在远征印度中学会了使用战象，皮洛斯在意大利战场上使用过战象同罗马人作战。皮洛斯是亚历山大的远亲，他的大军中有20头战象，作战时每头象除有一个象奴驾驭外，象背上还有几个手持长矛的士兵。

古印度的象军，在中国的史籍中也有记载。《史记·大宛列传》说："身毒……其人民乘象以战。"《后汉书·西域传》说："天竺国一名身毒，……其国临大水。乘象而战。"不少南亚和东南亚国家因大象资源丰富，所以训练有战象，军队中有象军。战象背上设象舆，军士坐舆中，大象前后有驭象手，两旁有刀盾手护卫。最著名的一次象战发生在1584年，暹罗王纳黎萱率领数百头战象队伍对缅甸王国开战，结束了暹罗对缅甸的依附关系。

这些象军的历史，没有楚国的古老，更没有殷商的古老。《吕氏春秋·古乐》中有"商人服象，为虐于东夷。周公遂以师逐之，至于江南"的记述。通常认为这里说的"服象"，就是驾驭大象作战。殷墟出土甲骨文中屡见"获象""来象"之文，大象对于殷人来说并非稀见之物。

大象在殷商是仅次于马匹的重要畜力，甲骨文记商人用大象载物，用大象耕田，还有雄象组成的象阵。用于作战的象只披挂着犀牛皮、牛皮和硬木护甲，象军是最精锐的部队。商王武丁曾经出动数万大军远征羌人，大军中就有象军。商纣王远征东夷时的联军中，也有冲锋陷阵的象军。商王朝的象军，有可能是历史上最古老的象军。

三星堆：青铜神坛上发现獠牙太阳神
——对8号坑青铜神坛的再观察

三星堆8号坑出土的一座青铜神坛，前此有过观察讨论。最近对神坛又做了进一步观察，有了新的发现。神坛的底座是四方坛，坛上置有八个云台。云台有大小之分，四角方向放大云台，大云台上跪立着四位力士。大云台之间是四座小云台，小云台上置有几案形坐具，分别各端坐着一人。

抬杠的四位力士，面朝同一方向。四力士之间分坐四小铜人，小铜人分别面向四方。小铜人开始引起我们关注的是坐姿，是垂足端坐小几上，对手五指并拢放在双膝上，圆睁大眼，咧嘴龇牙，神色略显恐怖。观察注意到小铜人口中露出上下牙齿，这是三星堆所见雕像中少见的表情；头戴五梁冠，又似五绺发式，有些许张扬；身穿对襟无纹紧身衣，腰中束带；脚上是翘头靴，双脚左右分开，踏在云台上。

前此推断：小铜人在神坛上的角色，暂时还无法判明。神坛场景中突然现出坐姿，让人深感惊诧。所见的坐具，高度与小腿长度接近，与几案区别不大，应当是专用之物。当初认为这个现象非常重要，表明古蜀时代的起居方式有了超前的改变。我们知道，中原的传统坐姿是跽坐，席地而坐，是将臀部落坐在足跟上，而垂足坐姿的流行起于北方文化带来的改变，这个改变出现在南北朝时期，到唐宋时才成为正统的起居规范。由于有了三星堆神坛的发现，以往的结论可以考虑做些修正：垂足坐姿的出现，在古蜀时代即已成定式。

更值得关注的新发现，是这四位端坐者居然长着龇出唇外的獠牙！这让人觉得非常意外，也为我们推断端坐者的身份乃至神坛的意义提供了重要证据。

这一座方坛，是一座静止的坛，坛上的一众铜人不是跪着就是坐着，没有明确的动势。这原本应当就是一个摆设，为的是营造一种虚空的神秘气氛。古蜀人制作神坛的意义，就是想创造出虚拟的世界，有了这样的虚拟世界，人们的思想就有了更大的活动空间，这是心的世界，比天地宽，比宇宙大，可以任由驰骋，任由飞舞。三星堆发现的几座青铜神坛，以表现献祭或祭拜神灵活动为主，而且以太阳崇拜为主，是古蜀时代精致诡谲的艺术品。三星堆由艺术创

8号坑青铜神坛

神坛镂空的底座

小铜人的坐具放置在小云台上

端坐铜人的坐姿

獠牙坐姿神人

端坐铜人的面像

日神：獠牙与旋目 | 119

设的虚拟世界，属于古蜀，也属于古华夏。这是古蜀人的灵魂居所，也是古华夏人安放灵魂的地方。

出现在这座神坛上的獠牙人像，应当就是神人像。这让我们想到三星堆8号坑还发现有另一座特别的青铜神坛，神坛高大巍峨，主体是一个人首蛇身、凸目獠牙、戴有牛角面具的铜神像，它的双手撑在一个带方座的青铜罍上，头上还顶着一个朱砂彩绘瓠形尊。专家通过研究，找到了先前2号坑出土的下半身，原先称它作"青铜鸟脚人像"，现在明白它是獠牙神像的下半体。青铜鸟脚人像穿着云雷纹紧身短裙，两腿健壮，双足似鸟爪突出，又踩在两只怪鸟头上。合体后的这尊造像，本是人形，双足又是鸟爪，鸟爪式足踩在双飞鸟的头部，我曾称之为"鸟人"。鸟身人面，神鸟之属。三星堆以往在2号坑中出土的一座神坛，它的四面都有人面鸟身像，这种人面鸟身像还出现在青铜神树上，体现的是古蜀人非常重要的信仰。

又一次在神坛上见到獠牙神像，让我们越发相信这是古蜀人认定的一种信仰传统。这应当是日乌，是太阳鸟，是太阳神坛上的主角。

在古代神话传说中，我们可以找到许多人面鸟身的神人。不过这尊人面有獠牙，是非常明确的人面或神面獠牙，这在三星堆是非常重要的发现。我曾研究这样的形象都是神面，是神灵人格化的偶像。这样的神面，表现有特别的恐怖感，你觉得它像人，但并非人。神面的狰狞模样，在史前艺术的表现上大约是一个通例。

这个发现让我们又一次想到了高庙文化。湖南发现的高庙文化以独特的白陶为重要特征之一，数处遗址的许多白陶上刻画压印有凤鸟、八角星和兽面神像等图案，年代可早到距今约7800年。高庙文化白陶上的兽面神像，一般都只是表现有一张或方形或圆弧形的嘴，龇出长长尖尖的上下獠牙，象征神面在飞翔。北方大约与此同时或是稍早，距今约8000年前辽河地区分布着兴隆洼文化，在这一支考古学文化中也发现了带獠牙的神面雕刻，目前所见有几例玉石制品。兴隆洼文化的这几例神面非常重要，都是比较齐全的神面，有嘴牙眼鼻。这是史前中国发现的早期神面艺术，南北方都非常强调獠牙的细节，显示已经存在艺术交流与信仰认同。时代晚近的良渚文化玉器上雕刻的神面与神像装饰在一些玉牌、玉钺和玉琮等礼器上，神面刻有向上与向下龇出的獠牙。检索良渚这些微刻的神兽面像，几乎无一例外都有龇出嘴外的上下獠牙。江汉地区的石家河文化与后石家河文化也发现有一些神人像和神面像，玉神面带有长而尖的两对大獠牙。

8号坑鸟人青铜神坛侧视　　　　　　　8号坑鸟人青铜神坛正视

鸟人面相　　　　　　　人面鸟身神像

日神：獠牙与旋目 | 121

对史前中国艺术创意中的獠牙神面，大体可以得出这样几点印象：流行年代大约为距今8000—4000年，在南北地区大范围流行；獠牙构图基本类似，上下各一对，下牙居内，上牙居外，风格一脉相承。这样看来，獠牙神在史前有大范围长时段的认同，这可以确定是崇拜与信仰的认同。

三星堆神坛上发现的"鸟人"，除了尖尖的獠牙，还有圆圆的纵目，这就是古蜀人为传说中的古老太阳神的艺术塑型。当然这类鸟人艺术的首创者大概率是高庙人，鸟人艺术在早于三星堆人4000多年前就已经登上了史前的艺术舞台。

彩陶旋纹：关于史前中国一个认知体系的猜想

在中国新石器时代彩陶上，有一些特别的纹饰，由于流布的范围很广，引起研究者普遍的关注。现要论及的庙底沟文化①中被称作花卉的彩陶纹饰，就属于这样的一类，许多研究者为它的华美发出了由衷赞叹，为诠释它倾注了自己的热情。

关于彩陶，再明确的图案，都需要认真解读，否则我们便无缘领受它的真谛，对于那些繁复的纹饰当更是如此。许多学者反复的研究，还有激烈的争辩，会使我们一步步接近真理的边缘，会让我们最终揣摩到史前陶工的匠心。但是也不能否认，对后来者而言，前人的研究有时可能并没有完全解决问题，没有解决问题的研究还会有一定的负面影响，也许还不知不觉地布下了雾阵，让后来者得不到破解的要领。彩陶上的花卉类纹饰，是庙底沟文化时期非常流行的一种，对于它的解读，我们面对的正是这样的雾阵。对这层叠的雾阵，一直以来似乎没有太多的人疑惑它，也没有人想着要穿透它。

关于庙底沟文化的这类花卉彩陶，也许有人觉得没有再研究的必要，我一直也这样认为。我反复读过它，反复在相关著述中提到过它，赞美过它，并没有产生过什么疑问。但是就在不久前，当反复眯缝着双眼，由彩纹间空出的地纹亦即阴纹再一次读到这些彩陶时，我面前映出了与以往全然不同的画面，满目是律动的旋纹，过去看到的花朵形构图全然消失。于是连续数日，我找来许多同类纹饰一一认读，它们让我如入迷途，一时间无法割舍。有了这认读方法上的改变，再去判读其他新石器文化彩陶上的相似纹样，就非常容易地观看到同一种新纹样，都是旋纹，图案不论是简约的还是繁复的，全都一目了然。这里将我的感受和新的解读结果报告给读者，不知是否真的穿透了浓雾，期望能引起讨论。

---

① 在与仰韶文化相关的一些课题的研究中，我将仰韶文化分解为半坡、庙底沟和西王村三个相对独立的文化，代表大仰韶文化的早、中、晚三个时期。对于过去划入仰韶范畴内的其他类型，则分列出去且独立命名，称为后岗文化、大司空文化、大河村文化、下王岗文化等。

明辨"阴阳"

庙底沟文化彩陶上由弧边三角、圆点、勾叶组成的"花卉"图形，或简或繁，曲回勾连，是中国彩陶上最具特点的图案之一，也是最富魅力的图案之一。同样风格构图的彩陶，在大河村文化和大汶口文化中也相当流行，这种构图的影响还波及范围更为广大的其他新石器文化，这使它成为许多晚期新石器文化一种共有的图案结构模式。

对于这类彩陶纹饰的研究，自20世纪20年代安特生发现河南渑池仰韶村遗址之后就开始了。安特生当初虽由仰韶村的彩陶提出了"彩陶文化"的概念，但是因为当时只见到这种纹饰的碎片，没有完整器形，所以并没有引起特别的注意。阿尔纳1925年发表《河南石器时代之着色陶器》，将仰韶村等遗址出土的这类彩陶纹饰命名为"真螺旋纹"。[①] 不久以后在山西夏县西阴村发现了更多的相关彩陶资料，李济先生1927年在报告《西阴村史前的遗存》中，对于这类纹饰没有做进一步分析，几乎没有对纹饰的组合进行任何认定。[②] 梁思永先生在研究西阴村的这批彩陶标本后，在1930年发表的论文中称这纹饰为"流动的曲线带"，说它的"形状最近似螺旋纹"，又说"西阴陶器上没有发现真正的螺旋纹"。[③]

20世纪50年代以后，由于田野考古资料越来越丰富，仰韶文化彩陶纹饰的研究受到空前重视。尤其是河南庙底沟遗址的发掘资料公布以后，彩陶研究向前推进了一大步。安志敏先生1959年在《庙底沟与三里桥的文化性质及年代》中说，庙底沟遗址的彩陶"图案比较复杂而富于变化，基本上是用条纹、涡纹、三角涡纹、圆点纹及方格纹等所组成，但在结构上缺乏固定的规律。花纹虽可以分成许多不同的单元，但这些单元很少固定不变，而互有增减，比较难于把它们固定的母题分析出来"[④]。他的这个说法，到20世纪80年代还有影响，巩

[①] 阿尔纳:《河南石器时代之着色陶器》(《古生物志》丁种第1号第2册)，农商部地质调查所，1925年。

[②] 李济:《西阴村史前的遗存》，清华学校研究院，1927年。

[③] 梁思永:《山西西阴村史前遗址的新石器时代的陶器》，见中国科学院考古研究所编辑:《梁思永考古论文集》，科学出版社，1959年，第22页。

[④] 安志敏:《庙底沟与三里桥的文化性质及年代》，见安志敏:《中国新石器时代论集》，文物出版社，1982年，第132页。

启明先生论仰韶文化，基本上接受了这些说法。① 不过后来安志敏先生本人对这类纹饰的定名有了明显的改变，1979年他在《裴李岗、磁山和仰韶》一文中改用了当时已比较流行的"圆点、钩叶、弧线三角和曲线等构成繁复连续的带状花纹"这样的说法。②

面对庙底沟遗址的彩陶资料，有不少研究者产生了兴趣，纷纷著文研究。当然研究者当时最关注的还是根据彩陶纹饰进行文化的分期研究，至于对纹饰本身的研究却并没有很快深入下去。如吴力先生的《略论庙底沟仰韶文化彩陶纹饰的分析与分期》就没有具体讨论这类纹饰。③ 杨建芳先生在《庙底沟仰韶遗址彩陶纹饰的分析》一文中，采用分解纹饰的方式命名为钩叶、弧形三角、圆点，但没有提出一个整体名称。④ 张忠培先生等在有关论文中虽然没有对这类彩陶展开讨论，但却提出过一个名称，概略地称为"弧线三角纹"⑤。

石兴邦先生1962年发表了《有关马家窑文化的一些问题》一文，在讨论马家窑文化的过程中，也详论了庙底沟文化的彩陶纹饰，他对庙底沟文化时期的这种主体纹饰的定名是"圆点、钩叶和凹边三角等曲线花纹所配成的纹饰"⑥。他后来在为《中国大百科全书·考古学》撰写的"仰韶文化"的条目中，对这名称又略有改变，称为"圆点、钩叶、弧边三角及曲线组成的带状纹饰"。

1965年，苏秉琦先生在《关于仰韶文化的若干问题》中，依据陕西华州泉护村出土的标本，首次仔细研究了庙底沟文化时期的这类彩陶。他以阳纹和阴纹混观的方法，辨认出这类彩陶所描绘的是菊科和蔷薇科的两种植物花卉图案，而且花瓣、茎蔓、花叶齐全。⑦ 从此以后，在30多年的时间里，他不断坚持并发展着这种认识，将彩陶上的这种花卉纹饰升格，与红山等文化的龙形图案相提并论。⑧ 在对庙底沟文化彩陶众多的解释中，以苏秉琦先生"花卉"说的影响最大，也最受学术界重视。

也是在1965年，严文明先生发表了《论庙底沟仰韶文化的分期》，他对庙底沟遗址的彩陶纹饰进行了分类分期研究，将庙底沟几何纹彩陶图案划分为

---

① 巩启明：《试论仰韶文化》，载《史前研究》1983年第1期。
② 安志敏：《裴李岗、磁山和仰韶》，见安志敏：《中国新石器时代论集》，文物出版社，1982年，第41—42页。
③ 吴力：《略论庙底沟仰韶文化彩陶纹饰的分析与分期》，载《考古》1973年第5期。
④ 杨建芳：《庙底沟仰韶遗址彩陶纹饰的分析》，载《考古》1961年第5期。
⑤ 张忠培、严文明：《三里桥仰韶遗存的文化性质与年代》，载《考古》1964年第6期。
⑥ 石兴邦：《有关马家窑文化的一些问题》，载《考古》1962年第6期。
⑦ 苏秉琦：《关于仰韶文化的若干问题》，载《考古学报》1965年第1期。
⑧ 苏秉琦：《华人·龙的传人·中国人——考古寻根记》，载《中国建设》1987年第9期。

十一种，其中定名为"回旋钩连纹"的一种，就是我们现在要讨论的对象。他对这种图案的描述是："其基本母题为一个圆圈和一对互相钩连的挂钩，圆圈中每被横线分割为二，而挂钩中则实以圆点。这种纹饰的每一单元与其它单元之间往往相互连接，不易分割，形成连续不断的花纹带。"[①]1963年，严文明先生在《西阴村史前遗存分析》一文中就已提出了"回旋钩连纹"的命名。[②]我们注意到严文明先生在多篇论文中，对这类纹饰的命名一直都没有变更，只是将构图有变化的那些纹饰改称为"变体回旋钩连纹"，如1963年讨论洛阳王湾遗址的分期，对构图略简练的同类纹饰即有"变体"之说。[③]这个定名在近些年来还有一定影响，段宏振先生1991年有专文探讨庙底沟文化彩陶的传播，就采用了"回旋勾连纹"的命名。[④]

在大河村文化和大汶口文化中发现大量与庙底沟文化相类似的彩陶以后，研究者的视野又明显扩展了。不过材料虽然增加了不少，但研究的深度没有明显提高。廖永民先生两次撰文讨论大河村文化的彩陶，他将大部分与庙底沟文化相似的纹饰称为勾叶纹，对一些另样的纹饰则称为月亮纹。[⑤]1984年吴家哲先生等讨论大汶口文化的同类彩陶，也称为勾叶纹。[⑥]栾丰实先生出版的《海岱地区考古研究》，内有《海岱地区彩陶艺术初探》一文，他非常仔细地将与庙底沟文化相似的大汶口文化的这类彩陶纹饰进行了分类，显然也接受了严文明先生的命名，他总称之为"回旋勾连图案"，分解为圆点、勾叶、弧边三角、花叶、短线、对弧等若干母题，它们的组合又可细分为六类，有"对勾"，如二月拱日；有"单勾"，一只勾叶环抱圆点；有"变形对勾"，如人面或兽面等。[⑦]

张朋川先生在1983年编成、1990年出版的《中国彩陶图谱》中，将同见于庙底沟文化和大汶口文化中的同类纹饰定名为"钩羽圆点纹"，并且推测它是由写实的鸟纹演变而来。他说，庙底沟文化晚期"彩陶盆上的图案摆脱了早期的对称格式，多作活泼自如的不对称的动态图案结构。用行云般的钩曲形纹和

[①] 严文明：《论庙底沟仰韶文化的分期》，见严文明：《仰韶文化研究》，文物出版社，1989年，第54页。
[②] 严文明：《西阴村史前遗存分析》，见严文明：《仰韶文化研究》，文物出版社，1989年，第22页。
[③] 严文明：《从王湾看仰韶村》，见严文明：《仰韶文化研究》，文物出版社，1989年，第2页。
[④] 段宏振：《试论庙底沟类型彩陶的传播》，载《文物春秋》1991年第1期。
[⑤] 廖永民：《大河村新石器时代的彩陶艺术》，载《中原文物》1984年第4期；廖华：《再谈大河村新石器时代的彩陶艺术》，见河南省考古学会、渑池县文物保护管理委员会编：《论仰韶文化》，1986年。
[⑥] 吴家哲、李秀治、何德亮等：《大汶口——龙山文化原始艺术初探》，载《史前研究》1984年第4期。
[⑦] 栾丰实：《海岱地区彩陶艺术初探》，见栾丰实：《海岱地区考古研究》，山东大学出版社，1997年，第159页。

弧线纹,组成翻回交错的纹饰,以旋风般的律动,舒展出变幻多端的长卷式图案。鸟纹已完全变成几何纹,由正面鸟纹简缩为圆点弧边三角纹,由侧面鸟纹简缩为钩羽形纹"[1]。还有些艺术工作者将这类纹饰定名为"自由曲线纹",认为它比起那些几何曲线,更加富于活力和运动感。[2]

此外,我们还注意到马宝光先生等有论文《庙底沟类型彩陶纹饰新探》,作者在经过了多年的反复比较和研究后,得出了一种新的认识,认为一般研究者所说的庙底沟文化时期的花卉彩陶纹饰,并不是植物纹,而是由半坡类型的鱼纹演化而成的"组合鱼纹或变体鱼纹"。[3]这个说法没有引起太多的注意,不过非常明确地否认它为植物纹饰这一点,还是不多见的。

从对现在讨论的这类彩陶纹饰历来的定名情形看,研究者主要采用的是一种直观的认读方法,一般只读阳纹,所以比较流行的名称为"圆点、勾叶、弧边三角",合称为"圆点勾叶纹",其次"回旋钩连纹"的名称也有较多的研究者接受。现将历来一些研究者的认读结果罗列在下表中,可以看出其中最有代表性的观点也有三四种,可见明显存在分歧(表1)。

表1 新石器文化彩陶旋纹历年定名表

序号	定名者	定名时间	名称	认读方式
1	阿尔纳	1925	真螺旋纹	阳纹
2	梁思永	1930	流动的曲线带	阳纹
3	安志敏	1959	涡纹、三角涡纹、圆点纹	阳纹
4	石兴邦	1962	圆点、钩叶和凹边三角等曲线花纹所配成的纹饰	阳纹
5	严文明	1963	回旋钩连纹	阳纹
6	张忠培等	1964	弧线三角纹	阳纹
7	苏秉琦	1965	菊科和蔷薇科花卉纹	阳纹+阴纹
8	安志敏	1979	圆点、钩叶、弧线三角和曲线等构成繁复连续的带状花纹	阳纹
9	巩启明	1983	涡纹、三角涡纹、圆点纹及方格纹等所组成	阳纹
10	石兴邦	1984	圆点、钩叶、弧边三角及曲线组成的带状纹饰	阳纹
11	廖永民	1984	月亮纹;勾叶纹	阳纹
12	吴家哲等	1984	勾叶纹	阳纹
13	马宝光等	1988	组合鱼纹或变体鱼纹	阳纹
14	张朋川	1990	钩羽圆点纹	阳纹
15	段宏振	1991	回旋勾连纹	阳纹

---

[1] 张朋川:《中国彩陶图谱》,文物出版社,1990年,第89—90页。
[2] 贾荣建、刘凤琴编著:《中国彩陶图案的艺术形式探寻》,河北美术出版社,1994年。
[3] 马宝光、马自强:《庙底沟类型彩陶纹饰新探》,载《中原文物》1988年第3期。

续表

序号	定名者	定名时间	名称	认读方式
16	贾荣建等	1994	自由曲线纹	阳纹
17	张居中	1994	圆点钩叶弧三角构成的装饰性植物花卉纹	阳纹
18	栾丰实	1997	回旋勾连图案	阳纹
19	王仁湘	1998	旋纹：单旋纹、双旋纹、重旋纹、杂旋纹	阴纹

注：本表所列主要是对庙底沟文化彩陶"旋纹"历年的定名，也包括少数研究者对大河村和大汶口文化同类纹饰的定名。

过去在进行彩陶研究时，人们已经注意到对庙底沟文化某些彩陶的解读要采取阴纹读法，但一般只对那些构图整齐均衡的花瓣式彩陶才用这种读法。对我们要讨论的这类由圆点、勾叶和弧边三角组成的纹饰，多数研究者采用的是阳纹读法，个别时候也有局部采用阴纹读法的。实际上，这类纹饰在整体上主要应该认读的是阴纹，而不应当是阳纹，只是在偶尔的情形下才可以对某些单元采用阳纹读法。采用阴纹读法的结果与采用阳纹读法的大异其趣，就像我在开篇所写的那样，我在一种顿悟的状态中获得这种感受，自以为真正感受到了这类彩陶原本包容的内涵。

由阴纹方式反视，这种图案的中心部分，也就是纹饰结构的主体，都是一种相同的旋纹。阳纹的勾叶、弧边三角及不规则的弧边形，都无一例外是衬底图形。它们衬托出来的阴纹，有圆形的旋心，有曲回的旋臂，构图谨严缜密。过去研究者认为这类图案的组合没有固定的章法，甚至无法将它分割为独立的单元，如果采用反视阴纹的方法，这个问题就完全不存在了，我们发现它的章法不仅十分严谨，而且纹饰清丽秀美异常。对庙底沟文化彩陶如此解读，我的感觉可以用四个字概括：豁然开朗。采用了这个读法，多数原来感觉布局杂乱没有规律的图案，特别是那些无从读起的图案，我们都会一目了然，会感到一种从未有过的明白清晰。过去由于认读方法存在缺陷，没能将这类旋纹辨认出来，所以整体结构没有理清，这是相应的研究工作出现明显偏移的主要原因。

要将这类彩陶纹饰理出头绪来，确实要首先明辨"阴阳"，只有采用反视阴纹的方式观察，才能获得准确的认识，否则一切就无从说起。

分　　类

采用反视方式观看阴纹所看到的彩陶上的旋纹，多数虽然有较为一致的构图，都有旋心和旋臂，不过细作分析，也存在明显区别。区别集中表现在旋纹的旋臂上，根据旋臂的特点与数量，还有旋纹的组合方式，可以将旋纹划分为五种，即单旋、双旋、叠旋、杂旋和混旋。

1. 单旋

单股旋臂，或上旋或下旋，旋臂方向不一，以顺时针旋转的数量较多，少有反旋发现。旋心一般较大，有的中间绘一圆点。

单旋纹彩陶在庙底沟文化中发现数量较多，陇东、关中、晋南和豫西都有出土。如甘肃秦安大地湾遗址的一件单旋纹彩陶，旋心、旋臂都很大，旋心无圆点。（图谱 T.76）①大地湾还见到正反旋组合及与多旋组合的单旋纹彩陶，有的旋心绘有圆点，整器纹饰构图较为繁复。（图谱 T.77、T.78）天水李家湾遗址也有非常典型的单旋纹彩陶，只是旋心未见圆点。（图谱 P.49）陕西华州泉护村遗址大量旋纹彩陶中也包含这种大单旋图案标本，旋心绘一圆点，有一长长的旋臂。②山西夏县西阴村1994年第二次发掘，发现一件单旋纹彩陶盆，旋心大，旋臂也很宽。③近年发掘的山西翼城县北橄遗址，也见到两例大单旋纹彩陶片。④河南渑池仰韶村遗址的第三次发掘，见到了该遗址过去没有发现的典型单旋纹彩陶片。⑤洛阳涧滨遗址见到的双排正反向的单旋纹组合很有特色，旋臂带有不多见的分叉，构图严密。（图谱 T.1672）

在有的彩陶上，单旋纹的旋心绘得极大，旋心加绘有飞翔的太阳鸟。如甘肃秦安大地湾，陕西华阴西关堡，山西夏县、洪洞，河南三门峡等处，彩陶上都见到这种阳鸟图案（图谱 T.53、T.56、T.1587、T.1599、T.1602、T.1670），其实就是太阳的象征。

2. 双旋

旋心在中间，有两股旋臂，双臂一般以上下方式排列，也有以左右方式排列的，有时臂尾延伸很长。庙底沟文化双旋纹的旋心一般不大，旋心多绘有圆点；在大河村文化双旋纹彩陶上见到大旋心，旋心有无圆点不定。彩陶上的各式旋纹，

---

①省称"图谱 T.×""图谱 P.×"分别指张朋川著《中国彩陶图谱》（文物出版社，1990年）第×图、第×页。

②苏秉琦：《关于仰韶文化的若干问题》图七，载《考古学报》1965年第1期。

③山西省考古研究所：《西阴村史前遗存第二次发掘》，见山西省考古研究所、山西省考古学会编：《三晋考古》（第2辑），山西人民出版社，1996年，第33页。

④山西省考古研究所：《山西翼城北橄遗址发掘报告》，载《文物季刊》1993年第4期。

⑤河南省文物研究所、渑池县文化馆：《渑池仰韶遗址1980—1981年发掘报告》，载《史前研究》1985年第3期。

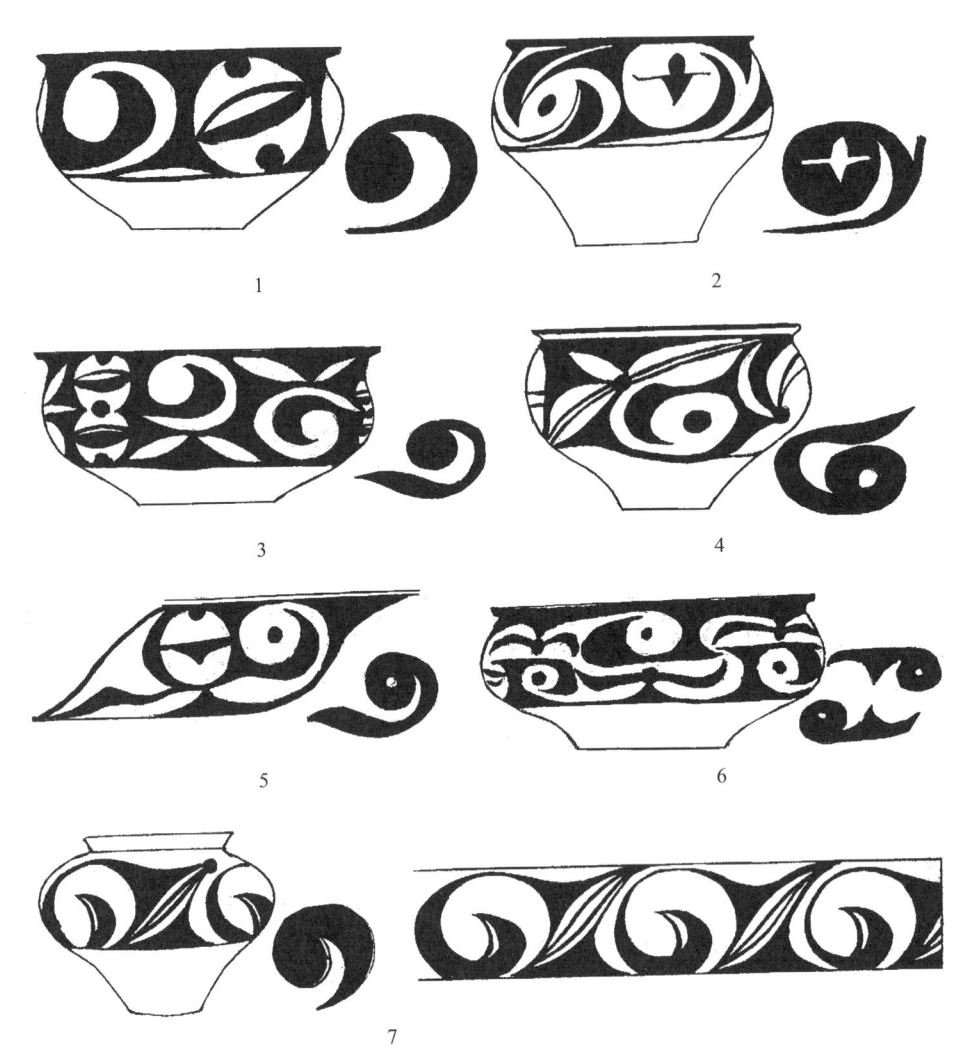

1、3.甘肃秦安大地湾　2.山西洪洞　4.山西万荣荆村
5.陕西华州泉护村　6.河南洛阳涧滨　7.河南陕州庙底沟

庙底沟文化和大河村文化单旋纹彩陶
（每器一侧的小图为旋纹单元反视图，以下各图同例）

1. 甘肃宁县王庄王嘴　2. 河南郑州后庄王　3、4. 河南郑州大河村
5. 山西垣曲县下马村　6. 河南陕州庙底沟

庙底沟文化和大河村文化双旋纹彩陶

日神：獠牙与旋目 | 131

以双旋纹最为常见，发现数量最多。

庙底沟文化的双旋纹，在陇、陕、豫、晋的许多遗址中都有发现。多数双旋纹的旋心都不大，旋心有时绘有圆点，旋臂有长有短。如陕西长安蝎子岭、华州泉护村，山西洪洞县、芮城县、河津固镇①，河南陕州庙底沟等遗址（图谱T.1561、T.1599、T.1602、T.1603、T.1643、T.1646），都有双旋纹彩陶出土。

庙底沟文化中也见到不多的大画面的单体双旋纹，如陕西彬州下孟村遗址的一件深腹罐上，就有这样的大画面双旋纹，构图简洁，没有附加纹饰。（图谱T.1557）甘肃宁县王庄王嘴遗址也出土一件大双旋纹彩陶，旋臂较长，旋心有圆点。（图谱T.84）西阴村遗址也有双旋纹彩陶盆出土，大旋心中绘有圆点。②

大河村文化的双旋纹也非常典型，旋心、旋臂都较大，占据画面中心位置，都是单独存在的单元，彼此旋臂互不连接，两旋纹之间常有简单的附加纹饰。郑州后庄王和大河村遗址有几件彩陶上的旋纹为单体，构图简洁明了：中间为一圆点，左右相对的两个月牙明晰地衬出顺时针旋转的上下旋臂，两侧再以弧边三角形衬出旋臂的外轮廓，使上旋臂尾部旋至下方，而下旋臂则对称地旋至上方。（图谱T.1694、T.1695、T.1698、T.1701）

在多数情况下，庙底沟和大河村文化的双旋纹装饰在大口曲腹的彩陶盆上，也有的出现在其他器类上，如山西垣曲上马村出土的一件尖底瓶的上腹部位，就绘有简略的双旋图形。（图谱T.1592）

彩陶上的双旋纹一般都不单独出现，较大的旋纹也有两个或两个以上构成一组，多以平行方式排列，左右旋之间互不连接。但也有例外，在庙底沟文化彩陶上，发现了一种单体旋纹组成的二方连续图案，上下旋臂分别向左右延伸很长，前一旋纹的上旋臂延展至后一旋纹而变为下旋臂，构成二方连续图案，庙底沟遗址就出土过不止一件典型的二方连续旋纹彩陶盆。（图谱T.1646）

3. 叠旋

在旋心周围有多股旋臂，有的为两个主旋臂，另有两个以上重叠的副旋臂，有的旋臂则没有明显的主副区别。多股旋臂层叠回旋，故以名之为叠旋。

叠旋纹彩陶多见于庙底沟文化，大地湾、泉护村、固镇、西阴村和庙底沟等遗址都有发现，旋臂一般绘得并不对称。（图谱T.78、T.1629）一部分结构松

---

① 山西省考古研究所：《山西河津固镇遗址发掘报告》，见山西省考古研究所、山西省考古学会编：《三晋考古》（第2辑），山西人民出版社，1996年。
② 山西省考古研究所：《西阴村史前遗存第二次发掘》，见山西省考古研究所、山西省考古学会编：《三晋考古》（第2辑），山西人民出版社，1996年。

1. 甘肃秦安大地湾　2、3. 河南陕州庙底沟

庙底沟文化叠旋纹彩陶

散的旋纹，有时旋臂游离出本来的位置，旋心也不明显，让人不易认定，这就是苏秉琦先生根据泉护村的发现划定的"菊科"图案。它其实是一种松散的多旋臂旋纹，可将它归入叠旋纹。

在双旋纹较为流行的时期，彩陶上能见到叠旋纹的机会并不太多。后来在有些地区较为流行具有叠旋纹特点的彩陶，一般都归入涡纹之列，由于涉及材料非常丰富，在此就不多列举了。

4. 杂旋

规则的连续旋纹和不规则变体旋纹，还有一些类似涡纹的图案多可以归入这一类，它们一般构成比较规整的二方连续图案。这类纹饰出现的时代较晚，可明显看出是由旋纹逐渐演变而成的。

庙底沟文化的杂旋纹彩陶发现不多，只在庙底沟遗址见到一件残片，绘二方连续式的简化旋纹，不仅旋心不明显了，左右旋臂也连为一体了（参见表5"杂旋纹"栏）。相似的杂旋纹彩陶在大汶口和红山文化中也有发现，后文还将提及。

5. 混旋

混旋指单旋与双旋及叠旋的混组纹样，以单旋与双旋的混组发现较多，而

日神：獠牙与旋目 | 133

1、3.河南陕州庙底沟 2.河南郑州大河村

庙底沟文化混旋纹彩陶

且单双旋常常是以一对一混组。

庙底沟文化的许多遗址都发现有混旋纹彩陶。陕西渭南北刘遗址出土的彩陶盆上，有多旋臂的旋纹，也有大旋心的单旋纹。河南庙底沟遗址见到多件单旋和双旋混组的彩陶标本，其中双旋占据图案带的主要部位。（图谱 T.1565、T.1643、T.1646）陕西长安蝎子岭和山西芮城某遗址的单旋与双旋混组彩陶，旋纹绘得较为纤巧。（图谱 T.1561、T.1603）类似单旋与双旋纹混组彩陶也见于大河村文化，郑州大河村遗址就发现有一件，构图与蝎子岭和芮城某遗址所见非常接近。[1]

除了上列的五类旋纹彩陶，我们还发现有些标本彩绘较为草率，观察时还得费点工夫，才能判定它们是否为旋纹图案，这些可称为"草旋"。如甘肃正宁宫家川的一件彩陶盆，为排列不大整齐的二方连续旋纹图案，旋心并不明显，只有一个圆点，上下两条旋臂都很粗壮。（图谱 T.83）在河南庙底沟遗址也发

---

[1] 李绍翰编绘：《河南古代图案》，河南美术出版社，1986年，第5页。

现几件草绘旋纹彩陶，旋纹不很规则，有时旋臂没与旋心衔接上。由于这种反转式图案做法需要有较高的技巧，可能并不是当时一般陶工都能胜任的，我们在有些彩陶上看到了比较草率的画面，应是一些徒工所为，虽然潦草，不过基本的构图程式却没有明显改变。当然也不排除这样一种可能，后来有的陶工也许并不知道他们所绘纹饰的意义何在，所以有时也会信手涂来，对传统就不那

1—3.河南陕州庙底沟 4.甘肃正宁宫家川

庙底沟文化草绘旋纹彩陶

么恪守了。他们如此行为的结果，就留下了天书，让我们百思不得其解。

各类旋纹图案彩陶，尽管在构图上表现了明显的繁简区别，但有一定数量的标本都呈现出二方连续图案的特性，图案单元并不难于辨认。过去一些研究者感叹这类纹饰没有固定的结构，无法区分图案单元，我们现在做了这样的分类研究以后，这些问题便都不存在了，而且我们还能得出完全相反的认识：这类彩陶纹饰结构一般都较为严谨，布局有序，只有少数绘制粗率的不在此列。

我们有了现在这样的认识，回过头去再翻检一遍相关的彩陶，可能就觉得眉目清楚多了。如在河南庙底沟遗址，从报告所附十种旋纹图案分析，有四种组合形式：单旋、双旋、叠旋、单旋与双旋组合的混旋。又如苏秉琦先生在《关于仰韶文化的若干问题》中列举的出自泉护村的"蔷薇科"六式彩陶图案，按新的读法分析，结果一目了然，它们原本都是旋纹。其中Ⅰ式为单旋，Ⅱ式和Ⅳ式为双旋，Ⅲ式为一双旋加两个方向相反的单旋，Ⅴ式为一双旋加一单旋，所有的双旋均为左旋形式。苏秉琦先生原先指定的单瓣花朵实为单旋旋纹，而

1. Ⅰ式单旋纹　2. Ⅱ式双旋纹　3. Ⅲ式两单夹一双混选纹　4. Ⅳ式双旋纹　5. Ⅴ式一单一双混旋纹

陕西华州泉护村5式旋纹彩陶反视图

双瓣花朵则是双旋旋纹，他指定的覆瓦状花瓣正是反衬双旋的阳纹图案。

由上所述，我们讨论的庙底沟文化（包括大河村文化）最具代表性的这类彩陶纹饰，并不能通过正观阳纹来认定其为圆点勾叶纹或回旋勾连纹，亦不能认定其为菊科和蔷薇科的花瓣纹等，而是通过反视明确其为各式旋纹，最常见最典型的是双旋纹。这些旋纹隐现于规则与不规则的各类阳纹中，它很容易使我们的判断力失去作用，只在改变传统认读方式的时候，它的本来面目才清晰地呈现在我们眼前。对中国彩陶深入研究过的张朋川先生在他的巨著《中国彩陶图谱》中说："在中国彩陶和各种动的格式中，旋式是一种主要的图案格式。……彩陶图案中各种样式的旋纹，以反复不休循环不已的旋动，突破固定空间的限制而持久地律动。旋式纹样在中国传统图案中一直被延用发展着，成为传统图案的主要格式之一。"可惜的是，他动情地写下这些话的时候，列举的例证主要只是马家窑文化和屈家岭文化的，他虽然摹绘了数以千计的彩陶，但却没能解读庙底沟文化、大河村文化和大汶口文化等大量存在的旋纹，没有将这些体现有高度艺术水准的旋纹包括在旋式图案结构内，这不能不说是一个遗憾。

流　传

在史前时代，许多相同的文化成就有可能是不同的原始部族独立取得的，不一定是文化交流传播的结果。但是在分布地域邻近的部族中出现的相同文化现象，却十之八九应当归结为文化的传播，在彩陶方面我们可以找到一些明显的例证，这在旋纹图案的流传上表现得非常明显。我们从现有资料分析，旋纹彩陶应当是在黄河流域某一新石器文化中最先出现，然后向附近的文化中流传。其流传的范围之大、速度之快，给我们提出了非常重要的研究课题。

据不完全统计，最典型的旋纹彩陶流行于庙底沟文化、大河村文化和大汶口文化中，而这三个文化几乎在大体相当的时期内占据着整个黄河流域中下游和部分上游地区，而且还扩展到这个范围以外的一些地区。从年代上看，这几个文化中的旋纹彩陶都是在距今 6000 年以后出现的，旋纹从此流行开来。我们在上面主要根据庙底沟文化的彩陶资料，对旋纹做了一个大体的分类研究，由于大河村文化和庙底沟文化关系非常密切，所以将两者的资料进行了合并处理。现在再来看看大汶口文化和其他文化中的发现，由此梳理一下旋纹彩陶的流传途径。（表2）

表2 仰韶文化系统及大汶口文化旋纹彩陶统计表

序号	地点	文化类型	Ⅰ：单旋	Ⅱ：双旋	Ⅲ：叠旋	Ⅳ：杂旋	Ⅴ：混旋
1	甘肃正宁宫家川	庙底沟文化		*			
2	甘肃宁县王庄王嘴	庙底沟文化		*			
3	甘肃秦安大地湾	庙底沟文化	*	?	*		*
4	甘肃天水李家湾	庙底沟文化	*				
5	甘肃秦安高家庙	西王村文化			*		
6	甘肃秦安焦家沟	西王村文化			*		
7	甘肃天水师赵村	西王村文化	*		*		
8	甘肃天水寨子	西王村文化			*		
9	甘肃武山雷家沟	西王村文化					*
10	甘肃天水籍河	西王村文化			*		
11	陕西宝鸡福临堡	西王村文化					*
12	陕西汉阴阮家坝	庙底沟文化		*			
13	陕西彬州下孟村	庙底沟文化	*	*			
14	陕西长安蝎子岭	庙底沟文化	*	*			
15	陕西南郑龙岗寺	庙底沟文化	*				
16	陕西渭南北刘	庙底沟文化			*	*	
17	陕西华阴西关堡	庙底沟文化	*	*			*
18	陕西华州泉护村	庙底沟文化	*	*	*	*	
19	陕西岐山王家嘴	庙底沟文化	*	*			*
20	陕西华阴南城子	庙底沟文化	*	*			
21	陕西鄠邑五楼	庙底沟文化	*				
22	山西翼城北橄	庙底沟文化					
23	山西夏县××	庙底沟文化	*	*			*
24	山西夏县西阴村	庙底沟文化	*	*	*		*
25	山西洪洞××	庙底沟文化	*	*			*
26	山西洪洞耿壁	庙底沟文化		*			
27	山西万荣荆村	庙底沟文化	*				
28	山西芮城××	庙底沟文化	*	*			*
29	山西河津固镇	庙底沟文化	*	*	*		*
30	山西芮城牛皋村	庙底沟文化	*				
31	山西垣曲下马村	庙底沟文化		*			
32	河南陕州庙底沟	庙底沟文化	*	*	*		*
33	河南三门峡	庙底沟文化					
34	河南灵宝南万村	庙底沟文化	*	*			*

续表

序号	地点	文化类型	Ⅰ：单旋	Ⅱ：双旋	Ⅲ：叠旋	Ⅳ：杂旋	Ⅴ：混旋
35	河南渑池仰韶村	庙底沟文化	*				
36	河南洛阳涧滨	大河村文化	*				
37	河南洛阳王湾	大河村文化		*			
38	河南郑州大河村	大河村文化		*			*
39	河南郑州后庄王	大河村文化		*			
40	山东泰安大汶口	大汶口文化		*	*	*	
41	山东曲阜西夏侯	大汶口文化	*				
42	山东兖州王因	大汶口文化		*			
43	山东邹城野店	大汶口文化	*	*			
44	山东章丘董东	大汶口文化		*			
45	山东广饶伍村	大汶口文化				*	
46	山东广饶傅家	大汶口文化				*	
47	山东胶州三里河	大汶口文化		*			
48	山东章丘	大汶口文化					
49	江苏邳州刘林	大汶口文化					
50	江苏邳州大墩子	大汶口文化		*		*	

注：1.本表主要资料取自张朋川《中国彩陶图谱》（文物出版社，1990年），少数取自有关考古学报刊。2.西北地区后仰韶文化彩陶变体旋纹数量很大，本表没有统计。3.表中有"*"符号者表示有，没有"*"符号者表示没有。"?"表示存疑。

大汶口文化中的旋纹彩陶发现也不少。山东泰安大汶口遗址采集到一件彩陶片，完全是庙底沟文化风格，纹样的构图是明显的单体双旋纹。① 大汶口文化旋纹彩陶最集中的发现地是在江苏邳州大墩子遗址，这里出土的彩陶色彩更为亮丽，构图非常规整。

大墩子遗址见到数例单体双旋纹组成的二方连续图案彩陶，虽然构图发生了一些变化，但母题为旋纹则是可以肯定的。较为特别的是，由于复彩的运用，作为旋纹衬底的阳纹采用不同色彩绘成，通常一边为黑彩，另一边为褐彩。有一件构图较为特别，有一垂直的旋臂通过带圆点的旋心，旋臂两端再分向左右回旋，整个旋纹的外廓成为一个较规整的圆形。（图谱T.1860）大汶口文化大量见到的还是双旋纹彩陶，不仅在大墩子，在江苏邳州刘林、山东曲阜西夏侯

---

① 山东省文物管理处、济南市博物馆编：《大汶口——新石器时代墓葬发掘报告》，文物出版社，1974年。

1—5. 江苏邳州大墩子

大汶口文化旋纹彩陶

等遗址也有发现。① 大汶口文化的双旋纹，除构图简单的大画面单体式以外，还有数量更多、组合较为复杂的二方连续式，一般没有太多的附加纹饰。（图谱 T.1864、T.1867、T.1868、T.1873—1875、T.1878）大汶口文化单旋纹彩陶发现较少，山

---

① 南京博物院：《江苏邳州四户镇大墩子遗址探掘报告》，载《考古学报》1964年第2期；南京博物院：《江苏邳州大墩子遗址第二次发掘》，见《考古》编辑部编辑：《考古学集刊》（第1集），中国社会科学出版社，1981年；江苏省文物工作队：《江苏邳州刘林新石器时代遗址第一次发掘》，载《考古学报》1962年第1期；南京博物院：《江苏邳州刘林新石器时代遗址第二次发掘》，载《考古学报》1965年第2期；中国科学院考古研究所山东队：《山东曲阜西夏侯遗址第一次发掘报告》，载《考古学报》1964年第2期；中国社会科学院考古所山东工作队：《西夏侯遗址第二次发掘报告》，载《考古学报》1986年第3期。

东邹城野店遗址以单旋纹为单元的彩陶非常典型，绘法与庙底沟文化的相同。[①]

在大墩子遗址还发现一种纹饰相当繁复的彩陶，过去一些研究者认为很难分解观察，可如果采用反视法读它的阴纹，问题就简单多了。我们发现它不过是由八对正背相对的单体旋纹错落有致地排列而成的，母题仍不过是单体的旋纹，是目前所知构图最为繁复的双旋组合。这类旋纹组合在山东兖州王因遗址也有发现，向相反方向旋转的双旋纹两两相对，构成兽面模样，致使有的研究者将它认读为兽面纹。（图谱 T.1847、T.1895）

大汶口文化彩陶上的旋纹既有单体连续式和复杂组合式，也有正旋式和反旋式，到了晚期还有叠旋和杂旋式。叠旋纹多为比较规则的多股旋臂，一般为单体形式，左右两个旋纹旋臂彼此不相连接，如泰安大汶口遗址的一件背壶肩部就绘有六旋臂的叠旋图案。（图谱 T.1830）杂旋一般为双旋纹或叠旋纹的二方连续形式，左右旋纹的旋臂连为一体，构成涡纹式图案，这类彩陶标本在泰安大汶口和邳州大墩子遗址都有发现。（图谱 T.1825、T.1826、T.1885、T.1886）大汶口文化的叠旋纹彩陶对辽东半岛也有影响，长海小珠山遗址和旅顺郭家村遗址都见到典型的二方连续式旋纹彩陶。[②]

在红山文化彩陶上，除了见到少量与庙底沟文化大致相同的旋纹（图谱 P.110），也有一些表现有自身特点的旋纹，有重列的单旋纹，还有旋心不大明确的双旋纹和二方连续式杂旋纹。在内蒙古赤峰红山后等遗址，有一种重行排列的卷勾样纹饰，有的研究者称之为"三角勾连涡纹"[③]。这种图案呈现规整的二方连续结构形式，常常以重行排列的方式出现，有时平行排列多达六行。（图谱 T.1778—T.1780、T.1790）采用阴纹方式反视这些图案，它们实际上是非常严谨的单旋纹，三角和弯钩状阳纹都是衬底纹饰。

红山文化中还有一种平行排列的二方连续图案，基本单元为一个旋心不很明显的双旋纹，左右旋纹的旋臂彼此不相连接。有的时候左右旋臂连为一体，构成标准的二方连续图案。当然，我们观察到的旋纹无一例外都是以阴纹方式表现的，如果观察阳纹，那也只是一些按正倒不同方向排列的弧边三角纹而已。在辽宁凌源牛河梁遗址出土的一件完整的带盖彩陶罐上，就绘有这样的二方连续式旋纹，图案呈三行排列，都是以黑彩弯头弧边三角形为衬底，旋式阴纹构

[①] 山东省博物馆、山东省文物考古研究所：《邹县野店》，文物出版社，1985年。
[②] 许玉林：《概述大连地区彩绘陶》，载《史前研究》1987年第2期。
[③] 郭大顺、马沙：《以辽河流域为中心的新石器文化》，载《考古学报》1985年第4期。

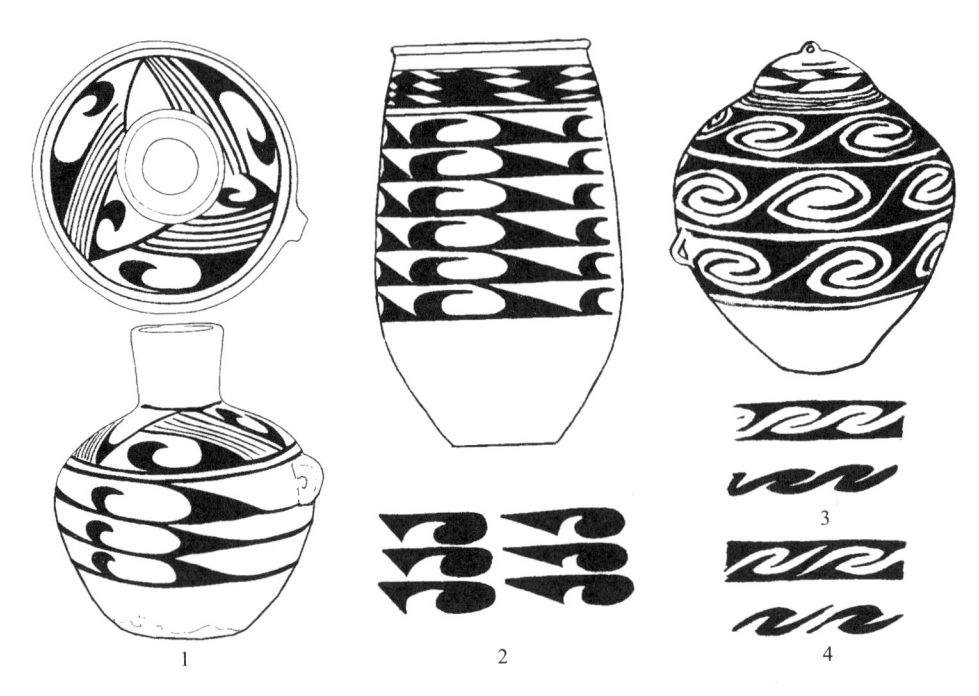

1、2.红山文化单旋纹（内蒙古赤峰红山后） 3、4.红山文化双旋纹（辽宁凌源牛河梁）

红山文化单旋和双旋纹彩陶

图非常严谨，它是红山文化最精美的典型旋纹彩陶之一。①

我们还注意到，红山文化一些遗址发现的一种"勾云形玉佩"，佩心部位都有单旋或双旋，这正是人们将它命名为"勾云"的根据，其实完全可以正名为"旋式玉佩"，它所具有的含义与旋纹彩陶当不致有太大区别。

在内蒙古中南部，有一支相当于仰韶文化晚期的文化，以托克托县的海生不浪遗存为代表，命名为海生不浪文化。在海生不浪遗址，出土了几件双旋纹彩陶，就结构形式看，与红山文化的二方连续式杂旋纹相同。②清水河白泥窑子遗址，不仅发现了单旋纹彩陶（图谱P.106），而且还出土了从器形到纹饰都与庙底沟文化没有区别的叠旋式纹饰彩陶。③

庙底沟文化的后继者是西王村文化。主要分布在豫、陕、晋一带的西王村文化并不以彩陶为显著特征，相反彩陶明显衰落下去，在这一时期多数遗址几

---

① 辽宁省文物考古研究所编：《牛河梁红山文化遗址与玉器精粹》，文物出版社，1997年。
② 北京大学考古系、内蒙古自治区文物考古研究所、呼和浩特市文物事业管理处：《内蒙古托克托县海生不浪遗址发掘报告》，见北京大学考古系编：《考古学研究》（3），科学出版社，1997年。
③ 崔璿、斯琴：《内蒙古清水河白泥窑子C、J点发掘简报》，载《考古》1988年第2期。

乎见不到有彩陶出土。少数遗址发现的数量有限的彩陶片，上面一般仅绘有十分简单的几何线条。不过我们注意到，分布有陇东一带的与西王村文化年代相当、内涵相近的晚期仰韶文化，彩陶却仍然非常流行，它为探查庙底沟文化彩陶的去向保存了重要的线索。

以甘肃秦安大地湾第四期文化为代表的仰韶文化晚期遗存，有的研究者归入马家窑文化的石岭下类型，有的则归入仰韶文化的西王村类型，或直接称为西王村文化。它的彩陶数量也不少，纹饰中最有代表性的就是旋纹。同类遗址发现的彩陶旋纹有时体现有鸟形的图案特点，有的研究径直将它归入鸟纹之列，实际上与其他旋纹并无二致，由此看来，它受庙底沟文化彩陶表现方式的影响是相当深刻的。（图谱T.98、T.99、T.102—T.104、T.106、T.117）宝鸡福临堡第三期文化为西王村文化，与大地湾遗址四期文化接近，几件尖底瓶上的白彩旋纹，就是由庙底沟文化的旋纹发展而来的。[①]变化较大的是，福临堡所见的旋纹是直接以白彩绘成，上旋与下旋已非常明确地连为一体，左上旋延长至右方变为下旋，后来它就成了马家窑涡纹的主要构图形式。因为用的是白彩，对尖底瓶上的旋纹可以直接认读阳纹，这是少有的例外。

马家窑文化中大量称为涡纹的彩陶，也与庙底沟文化的旋纹具有明显的渊源关系。这些涡纹其实都可归入旋纹之列，很多都是以弧边三角做衬底构成，有明确的旋心，一般都是双旋式的二方连续结构形式。（图谱T.123、T.127—T.129、T.133、T.161、T.172、T.189）马家窑文化彩陶上也见有单旋纹，甘肃东乡林家遗址的一件彩陶壶，在腹部的一组弧线内，以顶端带小弧边三角的单股线条绘出一个单臂旋纹，非常简练。（图谱T.186）马家窑文化彩陶上也有单体双旋纹（图谱T.169、T.170、T.182、T.183）和平行的叠旋纹（图谱T.253、T.264）及竖行的叠旋纹（图谱T.197），它们同庙底沟文化的明显区别是，很多已直接采用阳纹方式表现。在半山类型文化中也有不少典型的旋纹彩陶，多为二方连续图案，构图较为严谨。（图谱T.332、T.357、T.359、T.371、T.382、T.393、T.399、T.412—T.414、T.463、T.465、T.472、T.473、T.483—T.488、T.515—T.520）马厂类型文化中典型的旋纹彩陶（图谱T.828、T.853）已不多见，但许多十字纹或变体十字纹，其实都是旋纹的变体，是旋臂图案化的结果。[②]

让我们感兴趣的是，旋纹图案的阴纹表现方式在西北地区时代较晚的辛店

[①] 宝鸡市考古工作队、陕西省考古研究所宝鸡工作站：《宝鸡福临堡——新石器时代遗址发掘报告》，文物出版社，1993年。

[②] 刘溥编：《青海彩陶纹饰》，青海人民出版社，1989年。

文化唐汪式陶器上还有上乘表现，也是以弧边三角作为衬底，以阴纹表现旋纹，旋纹多为二方连续形式。（图谱 T.1442、T.1443、T.1445—T.1448、T.1450—T.1453、T.1455、T.1456、T.1460—1465）旋式彩陶在甘青地区最受重视，材料非常丰富，在此不能一一提及，也不拟列表附图。

在新疆，旋纹彩陶也有发现，木垒四道沟见到的彩陶片上就有阴纹单旋图案（图谱 P.133），在吐鲁番艾丁湖、乌鲁木齐鱼儿沟也出土了单旋和双旋纹彩陶（图谱 T.1994、T.1996、T.1997、T.2003、T.2004）。

我们再把视线转向南部的新石器文化。（表3）

表3　黄河地区以外旋纹彩陶统计表

序号	地点	文化类型	Ⅰ：单旋	Ⅱ：双旋	Ⅲ：叠旋	Ⅳ：杂旋	Ⅴ：混旋
1	内蒙古托克托海生不浪	海生不浪文化				*	
2	内蒙古清水河白泥窑子	海生不浪文化	*		*		
3	内蒙古赤峰西水泉	红山文化	*				
4	内蒙古赤峰红山后	红山文化	*				
5	辽宁凌源牛河梁	红山文化	*	*			
6	辽宁凌源三官甸子	红山文化	*				
7	河北蔚县三关	?	*				
8	河南淅川黄楝树	屈家岭文化				*	
9	重庆巫山大溪	大溪文化				*	
10	湖北枝江关庙山	大溪文化			*		
11	湖北松滋桂花树	大溪文化				*	
12	湖北黄冈螺蛳山	?	*		*		*
13	湖北京山屈家岭	屈家岭文化				*	
14	湖南华容车轱山	屈家岭文化		*			
15	湖北天门石家河	石家河文化	*	*	*		

注：表中有"*"符号者表示有，没有"*"符号者表示没有。"?"表示存疑。

大溪文化彩陶也以旋纹作为一个重要题材。湖北枝江关庙山遗址见到与陇东地区非常接近的叠旋纹彩陶片，松滋桂花树遗址则发现了二方连续式旋纹彩陶片（图谱 P.127）。巫山大溪遗址和松滋桂花树遗址发现有单体双旋纹，旋臂表现出较强的装饰意味。（图谱 T.1953、T.1967）大溪遗址还出土一件图案较为复杂的朱绘黑陶，绘二方连续式叠旋纹。（图谱 T.1952）。在一些遗址彩陶上较多见到的绞索纹，其实也是旋纹的变体。（图谱 T.1954、T.1961、T.1968、T.1994—T.1996）

屈家岭文化也有一定数量的旋纹彩陶，有双旋纹，也有叠旋纹。湖北京山屈家岭、湖南澧县梦溪遗址，都见到一些旋纹彩陶。（图谱 P.128、P.131）湖南华容车轱山遗址的一件彩陶壶肩部，绘一周二方连续式双旋纹。[①]屈家岭遗址还有一件彩陶器盖，绘 10 个双旋纹，都有一条较直的旋臂指向盖钮。（图谱 T.1974）河南淅川黄楝树遗址的一件彩陶壶，壶腹和壶颈绘两排叠旋纹，旋臂数量不等，两旋纹之间的旋臂互不连接，旋心不显。（图谱 T.1940）引人注意的是，湖北黄冈螺蛳山遗址的一件彩陶罐，纹饰风格与庙底沟文化非常接近，图案为混旋组合，有带旋心的单旋纹，也有形似双旋的叠旋纹，叠旋的主旋臂与副旋臂区分得很清楚。（图谱 T.1939）

1. 河南淅川黄楝树　2. 湖北京山屈家岭　3. 湖北黄冈螺蛳山
屈家岭文化旋纹彩陶

[①] 湖南省岳阳地区文物工作队：《华容车轱山新石器时代遗址第一次发掘简报》，见湖南省博物馆、湖南省考古学会合编：《湖南考古学辑刊》（第 3 集），岳麓书社，1986 年。

在石家河文化的彩陶纺轮上，有构图简练的单旋纹、双旋纹和叠旋纹，这些纺轮引起过许多研究者的关注。（图谱 P.130，T.1982—T.1984）

东南一带发现彩陶不多，崧泽文化黑陶罐上有朱绘旋纹，为二方连续样式。（图谱 T.1915）在崧泽和其他年代相当的文化中流行陶器镂孔工艺，其中旋纹就是主题之一，常用圆形和三角形镂孔作为衬底，保留部位就形成了旋纹纹饰带。过去研究者只注意观察镂孔的形状，而忽略了未镂部位显示的纹样，犯了与彩陶解读只读阳纹相似的错误。

昙石山文化彩陶上的回纹，表现有单旋纹的特点，可以看作一种变体旋纹。（图谱 P.121）台湾高雄凤鼻头文化遗址出土的一件彩陶罐，由颈部至腹部满绘单旋纹，虽然排列欠整齐，但旋心与旋臂却描绘得比较清楚，也是以阴纹方式表现旋式结构的。（图谱 P.123）

将各地发现的旋纹彩陶大致罗列出来以后，我们对它的流传过程已经有了一个初步的印象。其实关于新石器时代旋纹彩陶的传播，过去已有研究者进行过探讨。苏秉琦先生1985年在山西侯马晋文化研究会的发言，讲到庙底沟文化时期花卉图案彩陶的传播，他说："仰韶文化的主要文化特征是两种小口尖底瓶（壶罐口、双唇口），两种花卉图案彩陶（玫瑰花、菊花），两种动物图案彩陶（鱼、鸟），是两类六种。其中生命力最强的是双唇口尖底瓶和玫瑰花图案彩陶。……玫瑰花的完整图案是包括花、蕾、叶俱全的'一枝花'，向东去，洛阳郑州间仰韶文化中的玫瑰花是'一朵花'，而不是'一枝花'。向东北方向，经过山西省境，到达河北省西北部张家口地区蔚县西合营一带（属仰韶文化传布范围）的玫瑰花则是'一枝花'。……而'一朵玫瑰花'图案彩陶更远达辽宁朝阳、阜新地区大凌河流域红山文化范围，并有一个相当时间的发展序列，始终保存着玫瑰花'覆瓦状'花冠图案基本特征"[1]。他在根据这个发言改写的另一篇文章中，依然表达了这样的认识："源于陕西关中西部的仰韶文化，约当距今六千年前分化出一个支系（宝鸡北首岭上层为代表），在华山脚下形成以成熟型的双唇小口尖底瓶与玫瑰花枝图案彩陶组合为其基本特征的'庙底沟类型'，这是中华远古文化中以较发达的原始农业为基础的、最具中华民族文化特色的'火花'（花朵），其影响面最广、最为深远，大致波及中国远古时代所谓'中国'全境，从某种意义上讲，影响了当时中华历史的全

---

[1] 苏秉琦：《晋文化问题——在晋文化研究会上的发言（要点）》，见苏秉琦：《华人·龙的传人·中国人——考古寻根记》，辽宁大学出版社，1994年，第17—18页。

过程。"[1]

这里所说的花卉纹，自然就是我们所说的旋纹。苏秉琦先生对花卉纹传播途径的推论和含义的评说，我们可以看作就是对旋纹彩陶而言的。当然就旋纹而言，它所涉及的地域更为广泛，涉及的文化类型也更为众多。我们对张朋川先生在《中国彩陶图谱》中所列2000余件彩陶进行了粗略统计，发现有300件以上绘有旋纹或与旋纹有关的纹饰，占1/7强，数量不能不算多。发现有各式旋纹的新石器文化类型有10多个，它们主要分布在黄河流域，不过也有的则分布在长江流域或更远的地区。（表4）

表4 旋纹彩陶在中国新石器文化中分布的统计

序号	文化类型	Ⅰ：单旋	Ⅱ：双旋	Ⅲ：叠旋	Ⅳ：杂旋	Ⅴ：混旋	主要分布地区
1	庙底沟文化	*	*	*		*	河南、山西、陕西、甘肃
2	西王村文化			*	*		河南、山西、陕西、甘肃
3	马家窑文化	*	*	*	*	*	甘肃、青海
4	半山文化		*	*	*	*	甘肃、青海
5	马厂文化				*		甘肃、青海
6	辛店文化	*			*		甘肃、青海
7	大河村文化	*	*	*		*	河南
8	大汶口文化	*	*	*	*	*	山东、江苏
9	红山文化	*					辽宁、内蒙古
10	大溪文化				*		湖南、湖北、四川
11	屈家岭文化		*	*			湖南、湖北
12	石家河文化	*	*				湖北
13	崧泽文化				*		太湖流域
14	昙石山文化	*					闽江流域
15	凤鼻头文化	*					台湾

注：表中有"*"符号者表示有，没有"*"符号者表示没有。

---

[1] 苏秉琦：《谈"晋文化"考古》，见苏秉琦：《华人·龙的传人·中国人——考古寻根记》，辽宁大学出版社，1994年，第27页。

在不同文化中见到的彩陶旋纹，有的联系密切，有的又较为疏远。从总体情形看，在时代大致相近的庙底沟文化、大河村文化、大汶口文化和红山文化中，相似性表现得更为明显一些。它们之间的比较，用反视方式绘出各种旋纹排列在一起，可以获得明晰的印象（表5），在此不备细说。

表5　各式旋纹彩陶在不同文化类型中的分布

文化类型	单旋纹	双旋纹	叠旋纹	杂旋纹
庙底沟文化				
大河村文化				
大汶口文化				
红山文化				

在此还要提到的是，旋纹装饰在史前并不仅仅出现在中国范围内，在中国以外的地区也有发现。这些发现之间所体现的关系，还有待深入研究。

由　来

旋纹彩陶流传的范围如此之大，对于它的传播途径考察起来是比较困难的。我们推测它的传播方式可能是放射性的，是由一地起源后，向周围递进传播。寻找到旋纹彩陶的起源地，就等于寻找到了这个放射源。

在以往的彩陶研究中，研究者曾就仰韶文化几类主要几何形纹饰的由来，进行过非常有意义的探讨，在一定程度上厘清了其发展演变脉络。当然这种探讨在资料有限的情况下，不可避免地会带有明显的主观色彩，部分认识还有待完善，但人们还是比较乐于接受这些尚欠完备的结论。我们在这里要追索中国新石器时代彩陶上旋纹的起源，面对的也将是这样一种局面，尽管目前还不能获得完满的解释，可又不能不做一次尝试，这是旋纹研究不能回避的一个重要问题。

探究彩陶旋纹来源的努力，过去侧重于由写实向抽象演变轨迹的寻找上，所以就有了钩羽纹来自鸟纹，旋花纹来自鱼纹，花卉纹来自玫瑰等说法。的确有不少几何形图案是动植物形图案夸张变形的结果，但旋纹是否如此，还需要仔细研究。现有的旋纹出自鸟、鱼和玫瑰的说法，本来都是可以自圆其说的，可是对于同一个问题做出这样三个完全不同的解释,我们无法判断其中哪一个正确或比较正确,感到还应当从另外的途径进行思考。

我们先就旋纹的表现形式着手,探求它的由来。现在讨论的旋纹彩陶,在彩绘方法上,主要是以阴纹来表现的,这种阴纹绘法,在半坡文化的彩陶上已开始采用。从整体上观察,这种艺术表现手法,在半坡文化彩陶上的运用不是很普遍,多是盆类器口用黑彩飞白的方式绘出连续图案,如姜寨遗址和龙岗寺遗址见到的这样的彩陶。半坡文化时期也见到少数整器采用阴纹方式表现的彩陶,具体的例证在下面还要提到。在庙底沟文化时期,以阴纹方式表现的彩陶纹饰并不仅限于旋纹一种,大量的花瓣纹等采用的都是阴纹方式,这就是一些研究者所说的"阴阳纹"。

再由纹样的结构观察。我们已经知道,在大量的旋纹彩陶上,见到不多的大画面的单体双旋纹,它在庙底沟文化、大河村文化、大汶口文化中都有发现。如彬州下孟村、夏县西阴村、郑州大河村、泰安大汶口、邳州大墩子都有这样的双旋纹。我们虽然不能论证类似单体双旋纹的时代在所有旋纹中是最早的,但可以做出一种判断,它们应当是叠旋和杂旋等复体旋纹出现的基础。旋纹最早出现的形态,可能是单体形式,虽然单体旋纹与复体旋纹一直相始终,但我们不能否认由简单到复杂的发展脉络。严文明先生在讨论庙底沟遗址彩陶各式回旋勾连纹的早晚时,根据地层关系提供的证据,也是以结构简单的单体双旋纹为早出的形式。①

现在的问题是,这种单体双旋纹是如何出现的。与单体双旋纹共存的还有一种单旋的单臂旋纹,它是双旋纹的半体形式,因为它很明显是构成双旋纹的基本单元,所以称它为单旋纹。这种单旋纹在庙底沟文化和大河村文化中都有发现,只是在数量上没有双旋纹多,在大汶口文化中也有不多的单旋纹。

我们知道,半坡文化彩陶的基本构成方式主要是直线和折线,而庙底沟文化彩陶则以弧形线为主要表现方式。旋纹又是纯以弧线表现的纹样,所以寻求弧线的出现与变化,也许能够找到一些关键线索。半坡文化晚期,出现了一定数量的以弧形线条构成的纹样,如姜寨遗址二期的大型尖底罐上,已见到用弧边三角衬出的花瓣纹图案,而且以阴纹为表现方式。另有一件器盖上见到多瓣式花瓣纹,构图均衡对称,也是阴纹表现方式,与庙底沟文化彩陶没有区别。②

---

① 严文明:《论庙底沟仰韶文化的分期》,见严文明:《仰韶文化研究》,文物出版社,1989年,第54页。
② 西安半坡博物馆、陕西省考古研究所、临潼县博物馆:《姜寨——新石器时代遗址发掘报告》,文物出版社,1988年,第25页。

又如南郑龙岗寺半坡文化晚期9号瓮棺葬具,有一件直径达43.2厘米的大型彩陶盆,为细泥红陶质,器身内外并无纹饰,但在宽平的口沿部用阴纹表现方式绘有一周纹饰,阳纹有弧形块、弧边三角等,阴纹则显现有桥形、花叶纹等。[1]弧边三角纹在彩陶上的运用,可以肯定开始于半坡文化晚期。大地湾半坡文化彩陶上鱼纹的头部,已出现了弧边三角纹(图谱T.43、T.44),弧边三角还离开鱼体,与鱼纹共见一器(图谱T.47)。同样的例子也见于关中地区,武功游凤遗址见到一例,弧边三角纹与鱼纹共见于一件彩陶盆上。(图谱T.1560)又如陕西合阳吴家营遗址,见到一些以弧边三角为构图的纹样,在编号为T5M5:1的葫芦瓶上,满绘着弧线组成的纹样,中心为一圆点,上下都有弧线图案,已出露旋纹的端倪。[2]特别值得注意的是,姜寨遗址二期编号为ZHT5M76:8的彩陶尖底罐,绘有卷曲的变体鱼纹,鱼身已简化为一条弧线,鱼头则化为圈中带点的图形,在整个图形的外围圈绘着一条弧线,呈明显的单旋状。[3]只由此一例,当然不能确定旋纹是由鱼纹演变而成的,但这件彩陶确实是一个重要的线索。我们至少可以获得这样一个认识,旋纹彩陶的出现在半坡文化晚期已奠定了基础。有研究者注意到在半坡文化晚期,彩陶上弧线、曲线、椭圆、圆点、凹边三角已占有相当大的比例[4],这就是旋纹出现的基础。

在这个基础上,我们可以暂时做出保守一点的估计:标准旋纹的出现最早应当是在关中或与它邻近的地区,很有可能是在陇东一带,那里不仅有旋纹演变的完整序列,而且旋纹作为彩陶的传统主题,一直使用到相当晚的时代。旋纹形成的最早时代,当为庙底沟文化早期,年代在距今6000年上下。当然早期阶段的旋纹彩陶标本,现在能确认的还不多,还要等待新的发现。

演 化

彩陶旋纹图案的绘制有一定的法则,由于陶工在运笔上彩时要体现的图案全都在那些无彩之处,所以不仅要有统观全局的头脑,而且每下一笔都要心中有数,否则一画之差就可能面目全非。可以体验一下,我们在没有经验的时候,

---

[1] 陕西省考古研究所:《龙岗寺——新石器时代遗址发掘报告》,文物出版社,1990年,第117页。
[2] 陕西省考古研究所配合基建考古队:《陕西合阳吴家营仰韶文化遗址清理简报》,载《考古与文物》1990年第6期。
[3] 西安半坡博物馆、陕西省考古研究所、临潼县博物馆:《姜寨——新石器时代遗址发掘报告》,文物出版社,1988年,第257页。
[4] 王志俊:《试论姜寨二期遗存的文化性质》,载《史前研究》1985年第3期。

即便是在一页平展的纸张上画出哪怕是一个单元的双旋纹饰，也不是一件轻松的事。当然熟练之后又是另一回事了，虽然不一定画得很美，但基本结构不会出现问题。由此可以推测，史前能够熟练绘制出旋纹的陶工，当时一定具有较高的艺术素养。在前文归入草绘旋纹的那些例子，在有些标本上，我们还可以明显看出笔法没有到位的现象，可能就是不熟练陶工的作品。

就整体感觉而言，大汶口文化的双旋纹和红山文化的单旋与双旋纹绘制最是精工，大河村文化也还不错，只是在庙底沟文化中，除有许多精品外，也有一定数量的绘制较为草率的旋纹彩陶，用笔没有到位，有时甚至令我们一时不易准确地辨认出来。

在庙底沟文化、大河村文化、大汶口文化彩陶上见到的旋纹，不论从艺术表现手法上看，还是从布局结构上看，都是一种相当成熟的图案。旋纹在彩陶上的出现，似乎较为突然，它的演化脉络也不很清晰。彩陶上各类旋纹出现的时限，根据现有的材料，还不能完全考究明白，不过大致的线索还是可以寻找得到的，我们可以由这个途径探讨旋纹变化的轨迹。

我们在上面已将彩陶上的旋纹粗略划分为单旋、双旋、叠旋、杂旋和混旋几种型式，它们出现的先后大体是单旋—双旋—混旋—叠旋—杂旋，单旋和双旋为基本型式，其他均为派生纹样，以时代而论，当然是基本型为早，而派生型为晚。单旋和双旋在后来出现频率也很高，但已与早期的纹样有了一些区别。在单旋与双旋之间，哪个出现更早一些，依现有的材料还不能做出准确的判断，从理论上考虑应当是先有单旋，而后才有双旋，但我们还没有找到确切的地层证据来证明。我们主要根据庙底沟文化的彩陶并参照其他文化的资料进行排比，得到了这些初步的认识。

按照排列形式分析，旋纹还表现有"三行"样式的区别，即平行、竖行、圜行。具体排列特点如下：

（1）平行。平行排列的旋纹，一器上绘两个以上的旋纹，纹样的大小和所在的水平高度相同。平行绘出的旋纹还可以细分为连续与不连续两种样式。不连续的旋纹彼此是独立的，中间往往有其他的附加纹饰做间隔；连续的旋纹左旋的上臂延至右旋为下臂，或左旋的下臂延至右旋为上臂，构成比较标准的二方连续图案。

（2）竖行。旋纹彼此互不直接联系，中间也不一定绘有其他的间隔纹样，但排列成类似的二方连续图案。

（3）圜行。数旋纹呈圜状排列，一般绘制在具备较大圆形环境的浅腹的器内或器盖上，旋臂一般彼此连接，也有互不连接的。

单旋纹和双旋纹都有"三行"排列形式，多数构图较为简练。杂旋的"三行"样式则复杂多变，出现的时代也晚一些。

旋纹的"三行"样式，以平行样式最为常见，以竖行样式少见，以圜行样式出现最晚。

庙底沟文化双旋纹的双股旋臂，一般以上下方式排列，有时旋臂延伸很长，前一旋纹的上旋臂延展至后一旋纹而变为下旋臂，这样的旋纹实际上已具备标准二方连续图案特征，它是庙底沟文化较为晚出的一类旋纹。这种演变趋势，在大汶口文化彩陶上同样可以看到。大汶口文化晚期不仅见到早期的单体排列的类似二方连续图案的旋纹，而且出现了标准的二方连续式旋纹。红山文化中的二方连续式旋纹，时代也较晚。

在发现有旋纹彩陶的一些新石器文化中，旋纹还以其他艺术形式出现在陶器上。善于在陶器圈足部位做镂孔的大汶口人，常用三角和圆孔组成的装饰带，其实多为二方连续旋纹图案，借用的是彩陶旋纹的表现意境。

张朋川先生已注意到仰韶文化的旋纹与陶寺文化旋纹存在着明显的关系，都是以弧边三角为基本结构形式（图谱 P.213），说明旋纹在龙山时代还在继续运用。这种图案模式在后来还明显影响到青铜时代的铜器装饰，也影响到后来更为晚近的时代。作为一种图案而言，旋纹的影响十分深远，史前陶工所创造的这种图案模式，不仅影响了古代中国人后来数千年的艺术生活，而且也继续为现代中国人的艺术生活注入活力。我们只要稍稍留心一点，在周围的生活中总可以发现旋纹结构模式存在的证据。这涉及的是纯艺术的范畴，我不准备展开讨论。过去读过一部雷圭元的《中国图案作法初探》[①]，书中详尽研究了古代艺术中的旋纹（他称之为"太极图形"）图案，有兴趣的读者可以一读。

伴 生 图 案

在庙底沟文化中，除那些比较纯粹的旋纹外，在很多情况下与旋纹伴生的还有一些其他图案，主要有呈对生状态的叶片纹和附圆点、弧边三角的圆球状纹，还有平行线纹等。在大汶口文化中，与旋纹伴生的纹饰和庙底沟文化的有一些相似，但也存在明显的区别。大汶口文化彩陶虽然见有与庙底沟文化相似的带

[①] 雷圭元：《中国图案作法初探》，上海人民美术出版社，1979年。

1.陕西华阴西关堡　2、5.河南陕州庙底沟　3.山西夏县　4.山西芮城大禹渡村

附加太阳鸟图案的庙底沟文化旋纹彩陶

有圆点、弧边三角的圆球状纹，可一般并不同旋纹一起出现。

有些彩陶上的旋纹附加图案并不全以阴纹方式出现，也有以阳纹方式出现的，认读并不困难。如我们在图案上看到的双斜线，就是以阳纹线条表现的。过去一些研究者认为这些双斜线是图案单元的分界线，并且用它来分割图案，其实它并不是图案的分界线，我们由夏县西阴村和河津固镇遗址的发现看得非常清楚，它们叠绘在旋纹阴纹上，没有分割图案的意义。[①]如果我们用这种斜线作为一个界线，就明显地把一个完整的图案分割开了。这种斜画线一般都只是

---

① 山西省考古研究所：《西阴村史前遗存第二次发掘》，图四五，1，《山西河津固镇遗址发掘报告》，图七，1、2，见山西省考古研究所、山西省考古学会编：《三晋考古》（第2辑），山西人民出版社，1996年，第33、68页。

压在阴纹花瓣和旋线上，在其他遗址的发现大多也是如此。

这些与旋纹伴生的图案，在庙底沟文化时期虽然并不是旋纹必定的附加部分，却包含有相当重要的内容。因为它的重要，除在下面论及旋纹的象征意义时要有所涉及外，我拟另作一文来研究，在这里就此打住。

象　　征

现在还有一个重要问题需要解答：为什么这种彩陶纹饰在新石器时代流传的范围如此之广，维系它的生命力的能量是什么？

作为一种艺术图案的纹样，它的生命力主要依靠它的象征性维系，而象征性本身，就应当包容着某种特定的认知体系。我认为，在中国新石器时代，旋纹一定具有表现着普遍存在的这样一种认知体系的功能，不然史前居民不可能对它表现出如此浓厚的兴趣，也不会如此普遍地接受它。

如果我们将旋纹只当作一种单纯的艺术表现形式来理解，问题可能比较简单。但是过去的研究并没有如此地简单化，人们论证旋纹来自鸟、鱼或花，以为它与鸟崇拜、鱼崇拜或花卉崇拜有关。现在看来，旋纹并不能认定是这三种自然物的抽象符号，所以将它归纳为某种自然崇拜观念的认识就有了重新定位的必要。要重新对旋纹的象征性进行定位，不是一件容易的事，我们现在无法确知它形成的真实社会与文化背景，所以相关的讨论只是初步的，或者只能算是一些推论而已。

首先我们思考的是，史前人生活的环境中有没有直接表现为旋纹图案的客体。过去一些研究者，包括我自己在内，试图用水的漩涡来解释彩陶上的波纹。我们知道螺壳上的旋形纹理也体现有旋动的特点，不过同水的旋动一样，这些自然状态的旋纹与我们讨论的旋纹毕竟距离太大，我们还得由另外的途径寻找答案。

从旋纹的特点看，它最有可能表现的是一种运动方式，不是直线运动，也不是波形运动，而是旋形运动。在史前人类的生活中，对这类旋形运动的观察机会并不缺乏，如纺轮的旋转、陶轮盘的旋转、舞蹈者的旋转等。如果是这一般的旋动，有没有可能激起陶工反复在陶器上进行描述的兴趣呢？好像不大可能。

旋纹应当有它另外的象征意义之所在。还有更大的处于运动状态的物体，它们是包括地球在内的天体。人类对天体运行的观察，应当是在史前时代就开始了，《春秋纬·元命苞》说"天左旋，地右动"，未必就没有包纳史前的认识成果。中国古代天文学关于天体运行方式的描述，有左旋说和右旋说的分歧，以地球为静止状态的观察，所观察到的天体运行为"视运行"[①]。视运行就是直观的体验，不论体验到左旋还是右旋，天体的旋动是无疑的，我同样也以为这种体验最早未必不是出现在史前的。

那么，我们不妨做出这样一个假设：彩陶上的旋纹，是用于描述某天体运行方式的。对这类天体运行方式的描述，一方面来自直接的观测体验，另一方面则来自大脑的加工创造。最值得描述的天体，首选是太阳，这对于农耕文化居民来说是确定无疑的。旋纹可能表达的就是太阳运行的方式，或者还有它运行的轨迹，甚至还表达有某些特别的天象。这样说，还有很重要的旁证，如在有些彩陶上单旋纹的旋心部位，绘有太阳鸟；与双旋纹一起出现的圆形图案内，也有类似太阳鸟的图形。中国新石器文化中普遍见到的旋纹，很可能是太阳（或者偶尔还包括其他天体[②]）崇拜的衍生图案形式。只有太阳崇拜，才是一个可以令史前不同部族都能接受的观念，也只有这样的宇宙观才能成为广泛接受的认知体系。它不可能是某一文化共同体独自拥有的，这同一的认知模式、同一的表现方式，在黄河流域可能是一个共同的起源，它在关中或是陇东起源，然后向外部传播，对中国史前文化的发展产生了深远的影响。

看到新石器时代那些大画面的单体旋纹彩陶，我想到有些研究者将时代晚得多的石家河文化彩陶纺轮上的单体旋纹，看作后世太极图的源头。虽然我暂时还无意像有些研究者那样，将太极图形的出现追溯到如此久远的年代，但却相信古代中国人类似的形象宇宙观在仰韶文化时代一定是已经形成了。[③]我们现在熟悉的太极图，最早只能追溯到宋代，我们无法在这隔离了数千年的事物之间画上一个完全的等号。不过，冯时先生讨论太极图的原始时，确实是追溯到

[①] 郑文光：《中国天文学源流》，科学出版社，1979年，第216页。
[②] 天文学家将大量星系划分为若干类型，有椭圆星系和不规则星系，还有一种旋涡星系。旋涡星系又分正常旋涡星系和棒旋星系，整体形状有双旋也有多旋，旋臂的形状与彩陶上的旋纹非常相像。其实整个银河系的结构，也是带有旋臂的旋涡状，它有三条叠旋的旋臂。这样说，并不是为了在旋纹彩陶与旋涡星系之间简单地画上一个等号，我们很清楚，对于星系和银河系的科学观察，是在望远镜特别是射电天文望远镜发明以后，这在远古自然是不可想象的事。不过这种相似，虽然可以看作风马牛不相及，但却又是那样的不可思议，我们不能完全不加以理会，希望有研究者对此进行解释。
[③] 过去将古代中国太极图的出现追溯到石家河文化的彩陶纺轮的研究者，可能会向前跨出一大步，将我们讨论的在6000年前出现，而后盛行于各新石器文化的彩陶旋纹作为这个太极图形的雏样，不过论证还有很大的难度。

了史前时代,而且也是将它作为一种宇宙观体系理解的[①],这就启发我们应当重新认识原始天文学的发展水平。

从艺术表现形式上考虑,彩陶上的多数旋纹都是反衬式图案,陶工们在这一阶段并没有直接绘出旋纹图案,而是采用阴纹来表现,其中是否包含有特别的意义,现在还无从谈起。

我们对新石器时代的彩陶进行了重新解读,认定了过去没有确认的旋纹,并且通过初步研究,认为旋纹涉及中国史前时代已经形成的一个传布极广的认知体系,这很可能是一个宇宙认识体系,或者可能直称为宇宙观体系。对于这个体系的内涵目前还不能完全确定,目前的研究尚处在猜想阶段。论证这个猜想,或者否定这个猜想,相信都不会没有用处。更有意义的是,旋纹装饰并非为史前中国所独有,对于它的研究还有从更大范围考虑的可能。

结　语

在很多新石器文化中,尤其是在庙底沟文化、大河村文化、大汶口文化和红山文化中,彩陶上的旋纹常以阴纹形式出现,它迷惑了许多考古学家和艺术史学家,过去人们习惯于按阳纹认读彩陶上的纹饰,对旋纹来说,认读一直是失败的。现在由阴纹模式解读,所有疑问迎刃而解,我们在它出土数十年后刚刚发现它结构非常严谨,是史前陶工最富韵味的创作。这种图案结构影响了整个古代中国的艺术生活,还在继续影响着现代人的艺术生活。

旋纹不是普通的装饰纹样,也不是某一个文化独有的纹样,它的生命力应当来自我们尚不能确知的它的象征性。它不是简单的写实性的象生图案,也不像是由客体直接抽象出来的一般几何形图案。旋纹图案可能隐含着中国新石器文化一个共有的认知体系,是一个目前还不能完全破解的认知体系,我们暂时可以将它假设或猜想为原始宇宙观体系,还有待更深入的论证。旋纹从一时一地形成,在完成起源的过程后,迅速向周围传播,以不变的方式或变化的方式流传,几乎覆盖了中国史前文化较为发达的全部地区。这不单单是一种艺术形式的传播,而且是一种认知体系的传播。正是由旋纹图案的传播,我们看到了中国史前时代在距今 6000 年前后拥有了一个共同的认知体系。

---

① 冯时:《星汉流年——中国天文考古录》,四川教育出版社,1996 年。

中国史前旋目神面图像认读

中国史前艺术品中有一些刻绘图像特别引人注意，有的图形不易认读，有的含义一时很难解说。在龙山文化玉器上见到一种十分特殊的旋目图像，就是让人难得其解的这一类刻绘。所谓"旋目"，是指史前玉器上见到的一种附带旋线的眼目图像，它同样还出现在彩陶和后来的铜器装饰纹样中。现在要在这里认读并论证其源流的旋目图像，并非新出土的资料，实际上是旧题新作，是对中国玉器、彩陶及铜器纹饰旧资料的一点新认识。

这个新认识的形成纯属偶然。1998年清明时节，我有幸前往陕西参加公祭黄帝陵的盛大典礼，同时参与黄帝陵基金会在西安举行的一个传统文化学术研讨会。与会者除有不少大陆考古学家，还有一些来自台湾的同行，学者们提交的论文有很多都属于考古学方面的内容。在中国古代玉器研究方面卓有成就的台北故宫博物院邓淑苹女士，这次在大会上发表的是一篇讨论中国"玉器时代"的论文。[①]她在论文提要中有这样一段话："虽然东夷集团的玉器，在器类上呈现较独特的面貌，但在花纹上，却与苗蛮集团玉器颇有相似之处。例如：围绕多层圆圈纹的大眼、具象与抽象的鹰鸟、戴介形冠帽的神祖像等。"她在会上放映了许多幻灯片，其中就有几张良渚和龙山文化刻有"神祖"图像的玉器。由于银幕上的画面很大，我注意到那些神祖像的眼睛并不全是"围绕多层圆圈纹的大眼"，也有梭形凤眼，更有旋形眼。旋目神面的圆形眼目外，伸展出一二条弧形旋线，构成旋式眼形。印象中刻有旋目神面图像的几件标本，既有属于山东龙山文化的出土品，也有归属并不十分明确的传世品。

这些资料多数过去虽然都比较熟悉，许多学者在论著中都曾引论，但是因为没有放大到这么大的画面观察，所以现在看起来又觉得非常陌生。特别是看到玉器上的旋目神面图像时，甚至让人觉得有些惊讶，立时被这些奇怪的眼目吸引，认为这不会是普通的眼形。过去已有许多研究者在他们的论著中，对这些可能是属于神灵的图像进行过研究，但一般都没有涉及眼形异常的问题。这

[①] 邓淑苹：《黄帝之时，以玉为兵——我对"玉器时代"一说的看法》，"黄帝与中国传统文化学术讨论会"论文。

种旋目是一个比较完整的神面的组成部分，如果为这神灵做一个临时的命名，可以名之为"旋目神"。邓淑苹女士以"神祖"为这图像做过笼统指称，也可以附和她的说法，名之为"旋目神祖"。当时我为考证这"旋目"的来历写下了一个提纲，准备在进一步查阅资料的基础上，将这些旧资料做出新的论证。最近又读到几篇相关论文，获得了一些新的启示，知道很多研究者对这些资料都非常关注，认识有了越来越多的共同点。

龙山时代的旋目神面

翻检相关资料，发现刻绘着旋目神面图像的标本，以属于龙山文化的几件玉圭和玉饰最为典型，它们上面刻镂的纹饰都比较接近。其他新石器文化中带有旋目神面的标本也有一些，但多少有些区别。以下先对这些典型标本做初步观察。

（1）山东日照两城镇遗址出土龙山文化玉圭。1963年由当地农民在遗址上采集所得，最初报道称为石锛，实为玉质，后来定名为玉圭。报道仅十分简单地提到在玉圭的"正反两面均刻有类似兽面的纹饰，两面彼此不相同"，同时发表了线图和兽面纹的原大拓本。[①]玉圭上的兽面后来被认作饕餮纹或神面，采用阴线刻成，正背神面有一定区别，但双眼皆为旋目，圆形眼球外面是一上一下向两个方向伸展的旋形眼线。正背神面旋目的不同，表现在旋形眼线一为双线，一为单线；双线者的上旋向下收缩，单线者的上旋向上翘起；前者眼瞳较大，后者眼瞳较小。从整体风格观察，两个神面属于同一类型，这是龙山文化中发现的最典型的一件旋目神面图像标本。

（2）山东临朐朱封村墓葬出土龙山文化玉饰。1989年发掘的202号大墓中出土一件精美的玉笄，笄首嵌一块雕玉牌饰，牌饰上以椭圆形和卷云形等形状的镂孔镂出眼、眉、鼻、口齐全的兽面。[②]细细一看，兽面的眼形正是旋形，而且兽面的整个外轮廓形状与两城镇玉圭完全相同。两者之间也有一些区别，朱封村雕玉牌饰上的旋目不是双旋而为单旋，环绕眼目的旋臂只有一条，构成了一个封闭的眼眶。对这一件玉饰上的神面眼形，注意的人并不多，因为从线图上不易辨识清楚。不过邵望平女士在一篇论文中已有明识，而且她认为朱封村

[①] 刘敦愿：《记两城镇遗址发现的两件石器》，载《考古》1972年第4期。
[②] 中国社会科学院考古研究所山东工作队：《山东临朐朱封龙山文化墓葬》，载《考古》1990年第7期。

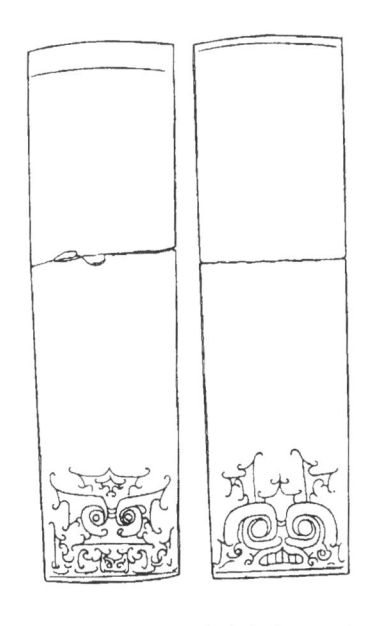

龙山文化玉器上的旋目图像（山东日照两城镇遗址）

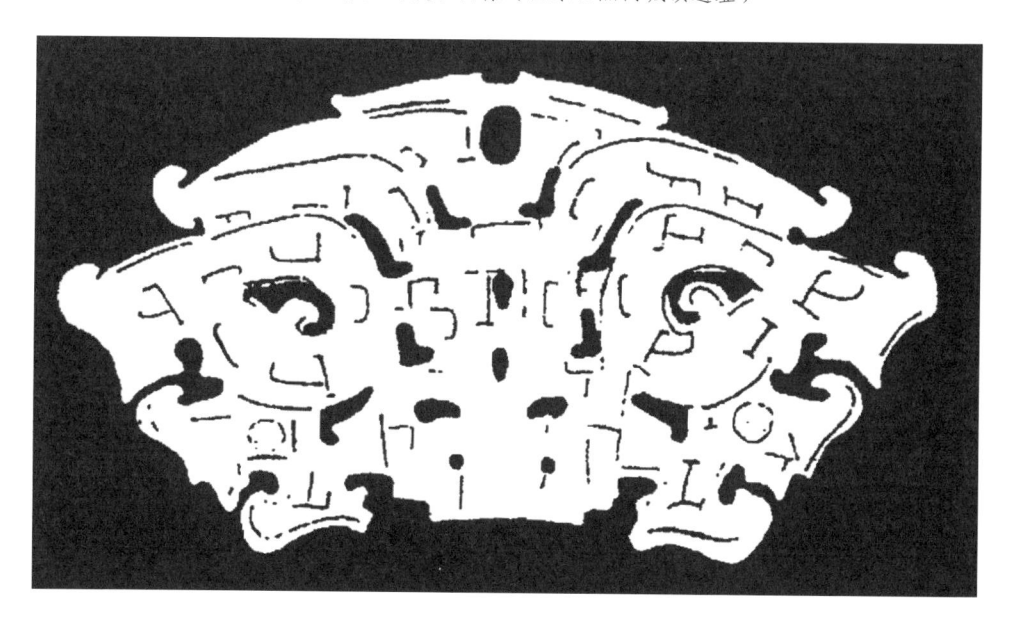

龙山文化玉器上的旋目图像（山东临朐朱封村墓葬）

雕玉牌饰还与下面要提及的台北故宫博物院收藏的一件玉圭上的兽面图案相似，应属同一时代。[①] 据一些研究者的复原研究，朱封村雕玉牌饰上的图像确为旋目

[①] 邵望平：《海岱系古玉略说》，见中国社会科学院考古研究所编著：《中国考古学论丛》，科学出版社，1993年，第131—141页。

无疑。①

（3）台北故宫博物院藏龙山文化玉圭。资料最初公布时称为人面纹圭，正面主体纹饰为神面形象，神面有獠牙，梭形眼，耳部有坠饰。背面也刻有神面，"有两只大圆圈眼睛，下面是一个大鼻子，仿佛没有嘴，面上配着用云纹组成的纹饰"。背面这神面与两城镇玉圭完全相同，都是标准的旋目，圆眼外有一上一下两条旋线。②此圭虽为传世品，时代确定为龙山文化时期，当不会有太大问题。

（4）台北故宫博物院藏龙山文化玉圭。资料公布时称为鸟纹圭，正面刻有抬首展翅利趾的鹰纹，鹰为梭形眼。背面刻的是一只鸟的正面形象，眼为圆形，眼外环一上一下的旋线两条。那志良先生特别注意到这一件的鸟纹和上一件的神面纹，"眼纹都是当中一个圆圈，由这个圈抛出一些弧线条"③，这正是旋眼的特征所在。值得注意的是，后来许多学者都指出这件玉圭上所刻鸟纹的腹部，还有一个人面图形，而且这人面的眼形也是旋式，不同之处是它表现有单旋的特征。

（5）上海博物馆藏龙山文化石刀。刀身有三孔，两面均刻神面。正面一端有半边脸神面，靠近另一端有完整神面。背面也有一整一半的神面，只是完整神面的位置靠近刀的中部。正背两个完整神面的双目均具双旋特征，与两城镇玉圭相同，但神面上下都刻有介字形冠，似乎可以正视，也可以倒视。④

（6）天津博物馆藏龙山文化玉饰。玉饰为透雕作品，上面是一只与台北故宫博物院所藏玉圭相同的立鸟图形，也是昂首展翅，圆目利趾。下面是一富于装饰意味的台座形，中间部位是一神面，神面双目为旋形，作单旋式。与台北那件鸟纹圭相比，神面一在鹰腹，一在鹰尾之下，有异曲同工之妙。⑤这是少见的一件透雕旋目神面玉饰，是一件珍贵的龙山文化艺术品。

国内外一些博物馆和私家还收藏有类似旋目图像刻画的玉圭等玉器多件，特征与龙山玉圭大体相同，不再细述。⑥

良渚文化许多玉器上都刻有兽形神面，所见神眼多刻画为圆形，有一部分

---

① 王青：《西朱封龙山文化大墓神徽饰纹的复原研究》，见山东大学考古学系编：《刘敦愿先生纪念文集》，山东大学出版社，1998年，第171—181页。
② 那志良：《两件玉圭的时代》，载《故宫文物月刊》1986年第40期。
③ 那志良：《两件玉圭的时代》，载《故宫文物月刊》1986年第40期。
④ 东京国立博物馆编：《上海博物馆展》，中日新闻社，1993年。
⑤ 天津市艺术博物馆编：《天津市艺术博物馆》，文物出版社，1984年。
⑥ 邓淑苹：《雕有神祖面纹与相关纹饰的有刃玉器》，见山东大学考古系编：《刘敦愿先生纪念文集》，山东大学出版社，1998年，第134—163页。文中列举的相关玉器达26件，多数为传世品或流散器。

龙山文化玉圭上的旋目图像（台北故宫博物院藏）

日神：獠牙与旋目 | 161

神眼有单旋特征，也发现了一些双旋眼目，不过整体风格与龙山文化旋目图像有一些差别。良渚旋目神面玉器出土数量较多，这里仅列举双旋目和单旋目神面图像各一例略做对比。

（7）浙江余杭反山墓地出土良渚文化半圆形玉饰。1986年在12号墓中发现，编号为M12∶85。玉饰一面刻有巨目神面，兽面以夸张的目、鼻、嘴为主要结构单元，双目为圆圈形，目下各自在同一起点刻出两条旋线，一条环眼一周至鼻根处会合，另一条环内旋线半周至额头会合。值得特别注意的是，在神面的双目之间另外还刻有一条单旋线。① 这是良渚文化玉器上发现的为数不多的双旋目图像，它与龙山文化的双旋目并不完全相同，不容易辨别出来，可称为假性双旋目。

（8）浙江余杭瑶山墓地出土良渚文化玉牌饰。1987年在10号墓中发现，编号为M10∶20。牌饰上部刻有戴冠的人面，下部刻巨目阔鼻宽嘴的兽面，为一简化的人兽复合图像。图像中的兽目最为显眼，为重圆圈形，外面环以椭圆

龙山文化玉饰上的旋目图像
（天津博物馆藏）

良渚文化玉饰上的旋目图像
（浙江余杭反山墓地）

良渚文化玉饰上的旋目图像
（浙江余杭瑶山墓地）

① 浙江省文物考古研究所反山考古队：《浙江余杭反山良渚墓地发掘简报》，载《文物》1988年第1期。

形眼眶，眼眶并未封闭，为一条完整的旋线构成，始自两目下面靠鼻梁的部位，绕眼约一周，在鼻梁处连接在一起。①这是一例典型的单旋目神面图像，我们同样注意到在双目之间也另外刻有一条旋线。

近年来一些学者对良渚神像进行研究，从收集的全部图像看，并无龙山文化那样标准的双旋目。牟永抗先生曾撰文详细描述过良渚文化玉器上的神面图形。②虽然有少数神面的眼眶表现有单旋的特点，但是并不能确定是标准的旋目。郑振香先生亦曾注意到两城镇龙山玉圭上的神面在构图上与良渚文化"有所不同"，以为良渚玉器上神面双目上不见眉毛，而两城镇玉圭神面双目上的纹饰近似眉毛，两者风格不同。③孙机先生在一篇论文中讨论了龙山与良渚神面"旋涡眼"的异同，他说形成良渚旋涡眼的沟槽是从外眼角向内卷绕的，而龙山神眼的线条却是从内眼角向外卷绕的，方向明显不同。④

不论是单旋目还是双旋目神面图形，良渚文化都不同于龙山文化。良渚神面左右旋目的旋线在绕过圆目后，最终都能在神面的鼻梁和额头合为一体，而龙山文化神面左右旋目的旋线却是互不连接的。从现有材料进行的整体考察表明，山东龙山文化与良渚文化的旋目神面图像，并不属于一个体系，但是又似乎表现有一定的联系，说两者之间毫无干系，还不能遽下结论。从现有的资料判断，龙山与良渚文化的这类神祇可能不是一个系统。

旋目神面图像来源蠡测

我们注意到旋目神面标准的图像，只见于山东龙山文化，为了考察它的起源，可以将龙山文化时期假设为旋目神形象的定型期。同样也发现旋目神面图像的良渚文化，与山东龙山文化有一段在年代上的重合发展时期，我们可以再做一个假设，即这两个文化中的旋目神面图像在年代上大体同时。这样，我们就可以由这两个文化向上追溯，去寻找旋目神面图像的最初来源。

在良渚文化分布区更早时代的新石器文化中，还没有见到与旋目神面图像

---

① 浙江省文物考古研究所：《余杭瑶山良渚文化祭坛遗址发掘简报》，载《文物》1988年第1期。
② 牟永抗：《良渚玉器上神崇拜的探索》，见《庆祝苏秉琦考古五十五年论文集》编辑组：《庆祝苏秉琦考古五十五年论文集》，文物出版社，1989年，第184—197页。
③ 郑振香：《殷墟玉器探源》，见《庆祝苏秉琦考古五十五年论文集》编辑组：《庆祝苏秉琦考古五十五年论文集》，文物出版社，1989年，第315—325页。
④ 孙机：《龙山玉鸷》，见《远望集——陕西省考古研究所华诞四十周年纪念文集》，陕西人民美术出版社，1998年，第164—176页。

大汶口文化彩陶上的旋目图像（山东兖州王因遗址）

大汶口文化彩陶上的旋目图像（江苏邳州大墩子遗址）

庙底沟文化旋目纹彩陶罐（河南三门峡庙底沟遗址）

相关的材料，目前还无法判断良渚玉器上的旋目神面图像是否承自当地更早的传统。

在山东龙山文化分布区内的大汶口文化中，发现了一些重要线索。山东兖州王因遗址①和江苏邳州大墩子遗址②，都发现一种纹饰相当繁复的旋纹彩陶。王因遗址发现一件彩陶，图案是向相反方向旋转的两两相对的双旋纹，构成兽面模样。大墩子遗址的发现也与此相类似，一件彩陶壶上有八对正背相向错落有致排列的双旋纹图案。有的研究者认为这种彩纹"似为正倒相间的人面或兽面"③，其实它们正是旋目神面彩陶。让人感兴趣的是，大汶口文化有的彩陶上所绘的旋目神面多到四个或八个，而且彼此互相勾连，以双旋纹为基本构图，绘成了繁复的神面图像。这与龙山文化的玉圭双旋目神像，有明显的一脉相承的传统，发展演变关系非常清楚。

如果再将视野放宽一些，我们发现在庙底沟文化的彩陶上就已经有了典型的旋目神面图像。河南庙底沟遗址出土一件旋纹彩陶罐④，上腹绘一周由四个双

---

①中国社会科学院考古研究所山东工作队、济宁地区文化局：《山东兖州王因新石器时代遗址发掘简报》，载《考古》1979年第1期。
②南京博物院：《江苏邳州四户镇大墩子遗址探掘报告》，载《考古学报》1964年第2期。
③栾丰实：《海岱地区彩陶艺术初探》，见栾丰实：《海岱地区考古研究》，山东大学出版社，1997年，第159页。
④中国科学院考古研究所编著：《庙底沟与三里桥》，科学出版社，1959年。

旋纹组成的图案，如果只观察其中的一个图形单元，那就是一个双旋纹，两个对称的背向旋纹就组成了一个典型的神面图形，四个旋纹正好构成两个神面。

不仅在大汶口文化和庙底沟文化的彩陶上出现了旋目神面，北方的红山文化玉器上也有旋目神面。众说纷纭的"勾云形玉佩"，其实就是旋目神面繁简不一的造型。勾云形玉佩发掘品和传世品都不少，有各种不同的样式，已有学者进行了系统分类研究①，它们作为红山文化的特征性器物，还将受到研究者更多的关注。我们这里选择几件勾云形玉器，来看看它的旋目特征。首先看台北故宫博物院藏勾云形玉佩，外形为T形，下方有三齿，中心有简略的神面，只刻出双眼，眼外以一单旋线构成眼形，表现的是单旋目神面。②另一件勾云形玉佩属于标准的长圆形，下方有五齿，中心神面亦仅刻双目，是与前件标本相似的单旋目。③天津市艺术博物馆收藏的一件勾云形玉佩，略为方形，下方有七齿，中心双目几乎占据整个佩饰表面，双目外既有下旋线，又有上旋线，表现出双旋特征，为同类玉器上不多见的双旋目，是与龙山玉圭神面最为接近的一例。④红山文化中还见到大量无睛式旋目玉佩，只见旋线而无眼目，是一种简略形式，有时双目旋线的方向并不一致。⑤这种玉佩最简略的形式是单目单旋式，整体为一旋转的涡形，通常无睛，为独目式旋眼神面。

尤仁德先生在讨论红山文化勾云形玉器时，提及它与龙山玉圭存在密切的联系，但他只注意到两者都具有的"勾"状外形，并没解说旋形眼目的相似。⑥在此之前，李缙云先生曾将红山双目勾云玉饰与后来铜器上的饕餮相提并论，而且以为单体的勾云玉饰有可能是双目勾云玉饰的简化形式。⑦认识是可取的，应作如是观。前引孙机先生一文论及龙山文化神面旋目与良渚文化不同，却与红山文化玉器神面上的眼形一致，他指的正是勾云形玉佩，说两者的眼形如出一辙："其旋涡眼系由两颊下部琢出的沟槽沿抛物线向额前延伸，再从内眼角

---

① 杜金鹏：《红山文化"勾云形"类玉器探讨》，载《考古》1998年第5期。
② 邓淑苹：《带齿动物面纹玉饰》，载《故宫文物月刊》1993年第119期。
③ 邓淑苹：《蓝田山房藏玉百选》，财团法人年喜文教基金会，1995年。
④ 天津市艺术博物馆编：《天津市艺术博物馆藏玉》，文物出版社，1993年。
⑤ 方殿春、刘葆华：《辽宁阜新县胡头沟红山文化玉器墓的发现》，载《文物》1984年第6期；香港大利公司藏红山文化玉佩，参见《中国文物世界》1994年第102期；辽宁省文物考古研究所编：《牛河梁红山文化遗址与玉器精粹》，文物出版社，1997年；杜金鹏：《红山文化"勾云形"类玉器探讨》，载《考古》1998年第5期。
⑥ 尤仁德：《勾云形佩及相关器物探研》，载《故宫文物月刊》1995年第143期。
⑦ 李缙云：《谈红山文化玉佩饰》，载《中国文物报》1993年4月25日第3版。

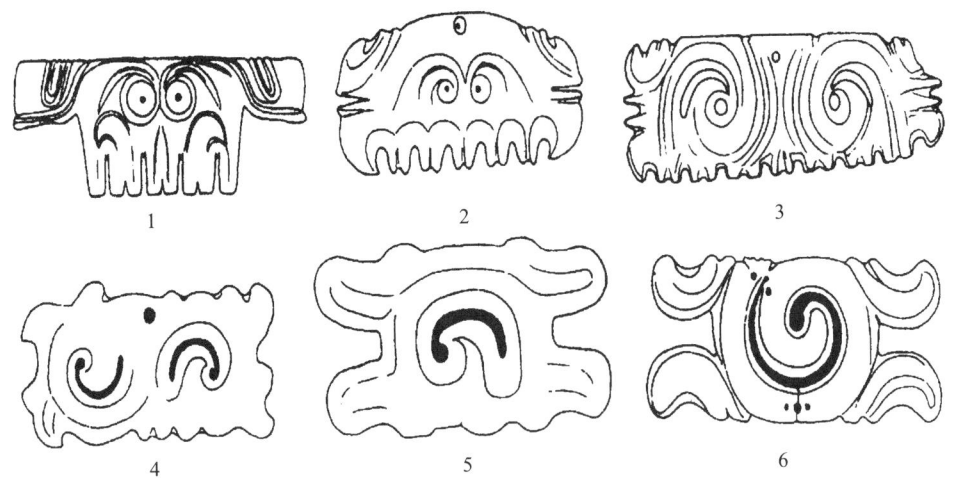

1.单旋目（台北故宫博物院藏） 2.单旋目（蓝田山房藏） 3.双旋目（天津艺术博物馆藏）
4.无睛式旋目（香港大利公司藏） 5.无睛式单体旋目（辽宁凌源三官甸子遗址） 6.无睛式半体旋目（辽宁凌源牛河梁第二地点14号墓）

红山文化勾云形玉器上的旋目图像

向外卷绕，围住缕成圆孔的目睛"。① 孙先生并由此认定龙山玉圭旋目神面同时兼有红山和良渚文化玉器的传统。现在看来，所谓勾云形玉佩应当就是各种样式的旋目神面，它卷云式的构图其实就是旋式眼目的象征。

红山文化各类带双眼的勾云形玉佩，是非常明白的旋目神面造像。那种发现数量很多的半体勾云形玉佩，实际上可能是旋目神面的一只眼。这种单眼的勾云形玉佩在夏家店下层文化中还能见到，内蒙古敖汉旗大甸子墓葬中就出土过两件②。郭大顺先生有一种解释，认为勾云形玉佩只作为红山文化大型墓葬中的随葬品，并非为通常理解的佩饰，而是一种类似斧钺或权杖的神器，是神权与王权结合的一种体现。③ 现在我们进一步指明它是一种以旋目为特征表现的神面，对于理解这种神器的意义应当会更有帮助。

根据现有的资料可以看出，早于龙山文化时期的若干新石器文化中，已经出现了标准的旋目神面。旋目神面图像最早可追溯到大汶口文化、庙底沟文化

---

① 孙机：《龙山玉鸷》，见《远望集——陕西省考古研究所华诞四十周年纪念文集》，陕西人民美术出版社，1998年。
② 中国社会科学院考古研究所编著：《大甸子——夏家店下层文化遗址与墓地发掘报告》，科学出版社，1996年。
③ 郭大顺：《中华五千年文明的象征——牛河梁红山文化坛庙冢》，见辽宁省文物考古研究所编：《牛河梁红山文化遗址与玉器精粹》，文物出版社，1997年。

及红山文化时期,在龙山文化以前它已经出现在彩陶和玉器的装饰纹样上了,这表明对这类神灵的崇拜不仅很早就有了,而且传播范围很广。

再说新石器时代旋纹彩陶

我曾就新石器时代一种圆点弧边三角的花卉纹彩陶进行了新的解读,以反观阴纹(地纹)的视角认定它们是一种很有规律的旋纹图案。[1] 当时结论性的认识是:由庙底沟文化的花卉纹彩陶入手判读确认,中国史前彩陶上存在一个主流题材——旋纹,旋纹广泛见于庙底沟、大河村、大汶口、红山、大溪、马家窑、凤鼻头等文化的彩陶上。旋纹结构非常严谨,是史前陶工最富韵味的创作。这种图案结构影响了整个古代中国的艺术生活,还在继续影响着现代人的艺术生活。旋纹不是普通的装饰纹样,也不是某一个文化独有的纹样,它从一时一地形成,在完成起源的过程后,迅速向周围传播,以不变或变化的方式传播,几乎覆盖了中国史前文化较为发达的全部地区。这不单单是一种艺术形式的传播,而是一种认知体系的传播。正是由旋纹图案的传播,我们看到了中国史前时代

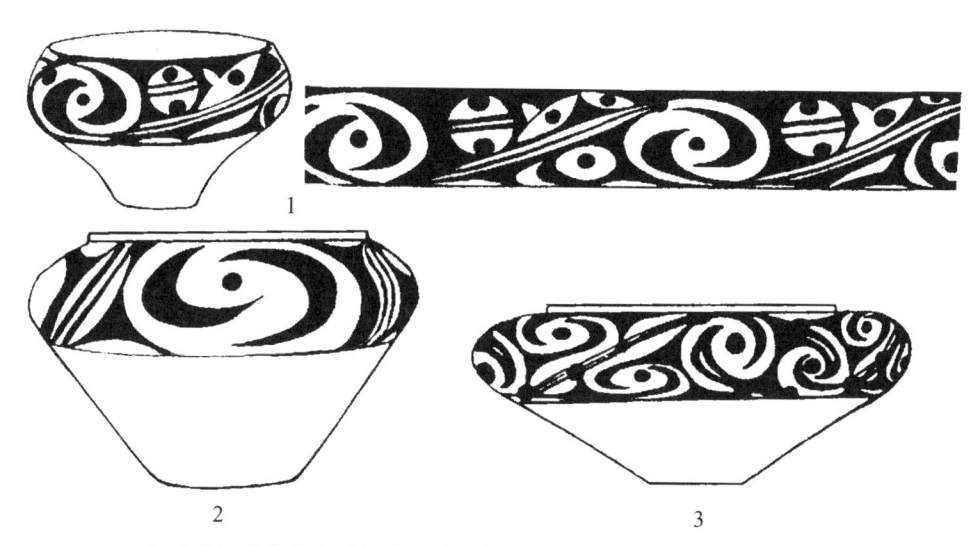

1. 庙底沟文化旋纹(河南陕州庙底沟) 2. 大河村文化旋纹(河南郑州大河村) 3. 大汶口文化旋纹(江苏邳州大墩子)

新石器时代彩陶上的旋纹图案

---

[1] 王仁湘:《关于史前中国一个认知体系的猜想——彩陶解读之一》,载《华夏考古》1999年第4期。

在距今 6000 年以后拥有了一个共有的认知体系。

虽然这个说法对很多考古学家和艺术史家来说,可能是不易接受的,但我相信学术界最终一定会根据这个解读修订传统认识的。现在有了旋目神面图像的重新认读,更加坚定了对旋纹彩陶的新解说,相信两者之间存在互证关系,而且它们内在的联系非常紧密。彩陶上所见的旋目与旋纹,时代一致,特点相似,旋纹可能就是旋目神面的图案化或最初形式,它有时以圆点为目,有时又省略了目形。庙底沟文化、大河村文化、大汶口文化的双旋纹彩陶特征相同,都与旋目神面接近,或许它就是旋目神的一种变体。我们可以进一步推测,广布于中国新石器文化中的彩陶旋纹,本身已经具有神格。

旋形是表现力很强且极具魅力的一种图案形式。我们看到现代的广告画,将太阳画成了一个带有光芒的螺旋形,而这样的螺旋形太阳图案早在史前陶器上就能见到,台湾台南六甲顶大湖文化遗址就发现了螺旋式太阳纹陶片[①]。我们也看到魏晋时代彩绘画像砖上的女娲手举的月亮中绘一蟾蜍,蟾蜍四足双眼的身体为一非常简略的螺旋形。[②] 我们还发现大量商周青铜器上的饕餮,都以各式旋线(回纹)为地纹。彩陶之旋、神面之旋、日月之旋,在这些旋动的节律中,我们对这古今一脉相传的认知方式有了更多的了解。

商周铜器纹饰中的旋目神面踪迹

从庙底沟文化和大汶口文化时期开始出现的旋目神面像,似乎经过龙山时代的精雕细刻以后,就没有什么踪迹了。至少我们由大量见于商周铜器上的饕餮纹看,基本上没有见到旋目特征,饕餮的双眼一般都是固定的臣形眼或梭形眼,很难发现确定的旋目形状,似乎可以判定这种神面在龙山文化之后已经消失了。

不过在进一步细细翻检商周铜器纹饰时,我们注意到一种常见的目雷纹,从图形结构上看,它完全是仰韶文化彩陶旋纹的翻版,很耐人寻味。其实商代铜器上和一些玉器上习见的目雷纹,可能就是史前旋纹图案的变体。围绕圆形目纹的雷纹,都是由上下向左右伸展出的两条长臂,明显呈现出彩陶旋纹旋臂的特点。目雷纹的目形,就是旋纹旋心的圆点。铜器上的这种纹饰不会是突然出现的,因为在二里头文化的陶器上就出现了同类的目雷纹,河南偃师二里头

[①] 国分直一、金关丈夫:《台湾考古志》,谭继山译,武陵出版有限公司,1990 年。
[②] 张掖地区文物管理办公室、高台县博物馆:《甘肃高台骆驼城画像砖墓调查》,载《文物》1997 年第 12 期。

遗址出土的花纹陶片上就见到了结构雷同的纹饰，目形上下的旋臂左右勾连，又被称作"云目纹"，属二里头文化时期。①这种目雷纹，其实可能就是旋目图像进一步图案化的结果。这种明确的源流关系，既体现了商周文化传统的悠久深厚，也表现了中国文化一以贯之的传统，值得探究。

更进一步说，铜器上的饕餮纹也并非全然不见旋目图形。如从郑州小双桥遗址出土商代建筑构件上的饕餮纹观察，虽为臣形眼目，但眉却为旋形，颊部也有比眼目还大的旋形，这都与史前的旋目相似，区别是旋形并不在眼睛的位置上。②类似的例证还可以举出一些。其实，旋目神面在三代铜器上并非毫无踪影。河南偃师二里头遗址出土的几件嵌绿松石铜牌饰，一般都有以兽面为主体的图案，兽面的眼目有的为梭形，有的为臣形，有的就是旋形。如1981年出自一座墓葬的牌饰，所饰兽面即是旋目，且具有双旋特点，年代上在二里头文化中也是属于最早的。③李学勤先生曾著文对这些牌饰进行讨论，他注意到了兽面眼形的不同，认为两种兽面都属于饕餮，而且明确指出铜牌上的旋目与两城镇龙山玉圭属同一类型。④

此外，我们还注意到江西新干商代大墓出土铜器上不仅见到目雷纹，在一件合瓦式铜铙上还发现了典型旋目装饰。铙体铸有大小两组旋目兽面，大兽面的双目为"螺旋纹式的椭圆形巨目"。鼓部以弧旋线条构成一简略的小兽面，双眼纯由旋线组成，不见明确的双睛。同墓另一件铜铙的鼓部，也铸有相同的旋目小兽面。⑤这种情形并不仅仅只见于新干大墓，1963年在浙江余杭县徐家畈出土的铜铙上也有饕餮纹，"饕餮的两目作旋涡纹"⑥。1974年江苏江宁县塘东村出土一件大铜铙，也铸有大小兽面各一，小兽面亦在鼓部，纹样构成与新干铙相同。这件铙上的大兽面亦与新干铙类同，只是突出的双目上铸有正背相对的双旋纹。⑦湖南宁乡老粮仓出土一批铜铙，有几件钲部均饰变形兽面，双目以两条粗壮的螺旋线构成，不见明确的双睛。这样的旋目兽面铙在宁乡月山铺也

---

① 中国社会科学院考古研究所编著：《二里头陶器集粹》，图四四七，中国社会科学出版社，1995年。
② 河南省文物研究所编：《河南考古四十年》，河南人民出版社，1994年，第120页。
③ 中国社会科学院考古研究所二里头工作队：《1981年河南偃师二里头墓葬发掘简报》，载《考古》1984年第1期。
④ 李学勤：《论二里头文化的饕餮纹铜饰》，载《中国文物报》1991年第20期。
⑤ 江西省博物馆、江西省文物考古研究所、新干县博物馆：《新干商代大墓》，文物出版社，1997年，第80—87页。
⑥ 王士伦：《记浙江发现的铜铙、釉陶钟和越王石矛》，载《考古》1965年第5期。
⑦ 南波：《介绍一件青铜铙》，载《文物》1975年第8期。

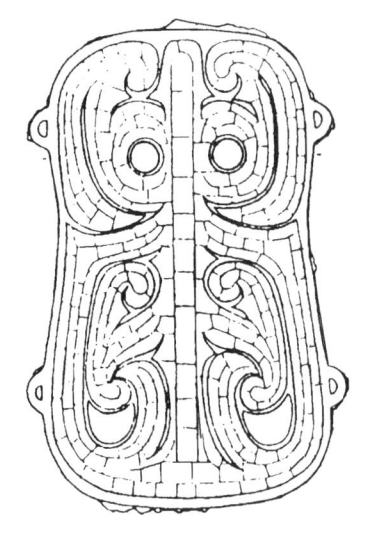

二里头文化嵌绿松石铜牌饰上的　　商代青铜铙的旋目图像（江西新干商代大墓）
旋目图像（河南偃师二里头遗址）

出土一件，器形较大，为同类器之最。① 从这些发现看，商周铜铙所铸兽面多以旋目为特征，这也许有助于我们将来进一步诠释旋目神。据高至喜先生对古代铜铙的专门研究，以云纹构成兽面装饰的商周铜铙在江南出土不少，这确实是一个值得重视的现象。②

令我们感兴趣的是，年代更晚的东周铜器上也发现有旋目雕塑，如曾侯乙墓的若干铜器上就有旋目龙和旋目兽附饰，有的眼眶外的旋线明显是上下两条，这种双旋目与史前玉器有异曲同工之妙；有的眼形为立体雕塑，旋转内收为尖尾螺壳状，这又与商周铜铙上的兽面雷同，特点非常突出。③

秦汉时代以后，器物装饰纹样中常见的旋式图案，应当与史前旋目图案和铜器上的目雷纹具有渊源关系，但这些纹样多重在体现旋形结构而省却了目形，所以就不能笼统归入旋目之列了。

---

① 中国青铜器全集编辑委员会编：《中国青铜器全集》（第11册），文物出版社，1997年，第131、133—136、140页。
② 高至喜：《中国南方出土商周铜铙概论》，见湖南省博物馆、湖南省考古学会合编：《湖南考古辑刊》（第2集），岳麓书社，1984年，第128—135页。
③ 湖北省博物馆编著：《曾侯乙墓文物艺术》，湖北美术出版社，1992年。

旋目神的神格

通过这样的认读，大体可以确定以旋目为特征的神灵，在史前时代已由陶工在彩陶上描绘出来，继而又被雕刻在玉器上，在夏商周三代又铸刻在铜器上，这是一方占据先民心灵不下 3000 年之久的神灵。旋目神似乎已为历史所忘却，考古学家们将它混同于一般的饕餮，还没有来得及辨认清楚它有什么特别之处。

自人类开始塑造神灵偶像开始，在表现神灵的眼睛时，可能有过许多方面的考虑。一般的神面都有如同人类一样的双眼，有的还被表现成多眼的模样。神眼的形状，有大有小，有圆有方，有梭形眼有圜眼，其原型大体都应当来自动物和人本身。但赋予某神为旋形眼，却不知是何用意，让人一时也不大容易弄清楚这种神眼的由来。我们不大容易说清旋目图形取自动物界中的哪一属，由直观印象中很难获得确定的答案。

前引孙机先生《龙山玉鸷》一文，将旋目神理解为东夷祖神，而鸷则为始祖神，"二者共同组成复合神徽"，这种解释可备一说。在玉器上见到的旋目神面与鸷鸟确实有着不可分割的联系，许多玉圭图案上有鸟必有旋目神面，或是二者合而为一。但是更早时代的情形，却并不明确，而且旋目神崇拜的人群也大大超出了东夷人的范围。史前时代这种旋目神的真正神格，我们还不能说了解得十分清楚了。现在能够确定的是，远古时代对旋目神崇拜的人们分布范围很广，遍及黄河与长江中下游地区和北方地区。早期旋目神形象的造作，可能是居住在黄河中下游地区的庙底沟和大汶口文化居民完成的。但是我们不知道这神灵形象的模特是什么，也就一时还无法对它的神化背景有更准确的把握。

史前中国可能会有许多人所不知的神灵，现在我们又由彩陶和玉器图案得知存在一种旋目神。由夏商时代的零星考古资料考察，旋目神崇拜延续到了历史时期。这以旋形眼为特征的陌生的神灵，与其他神灵形象明显不同。"旋目神"是我们暂定的一个形象的代称，它本来应当具有自己的神名，只是我们现在一时还不能确知而已。至于它所具有的神格，它在神界的具体职掌为何，究竟是日月星辰之主，或是风云雷电之象，要做出明确的判断还有待知者，有待来日。

良渚之旋溯源

彩陶上的旋纹，是用地纹表现的一种特别的纹饰，以独立的双旋或连续的双旋为主要范式，它在庙底沟文化中非常流行，也传播到邻近的一些新石器文化中。探讨了庙底沟之旋，现在又要说起良渚之旋，良渚文化也有旋纹吗？它与庙底沟文化有明显的时空距离，难道二者之间也有过交集？话题由一条微博说起。

浙江海宁小兜里遗址出土有一件典型的良渚文化黑陶贯耳壶，这个遗址的考古发掘报告已经出版，不过我未及读到，一天忽然见到浙江省文物考古研究所方向明先生在微博中晒出此图，它竟然惊着了我。第一感觉是惊诧：那成排的独立双旋纹刻画，明明白白出现在良渚文化黑陶上，这怎么可能？

这个它就真的出现了，良渚与庙底沟之间，会有这样的亲密关系？

查阅考古报告，海宁小兜里的这件良渚文化黑陶上真就刻画着两排双旋纹，而且也是采用地纹方式，有图，有照片，千真万确。

细刻纹展开示意图

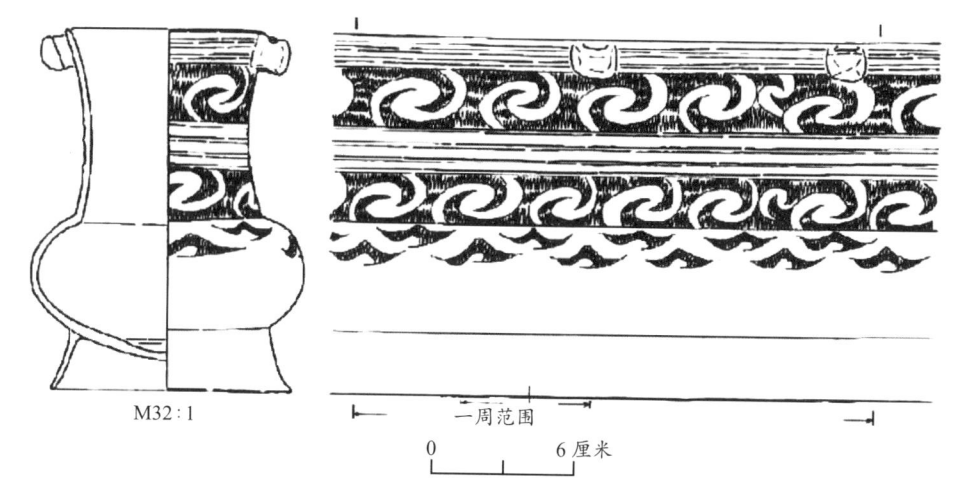

良渚文化黑陶贯耳壶纹饰（浙江海宁小兜里遗址）

其实在海宁小兜里，旋纹不仅有刻画，还有彩绘，有独立的双旋纹，也有这些左右连接的双旋纹，常见于器盖、器腹和器口部位。

这里出土的彩绘陶豆，豆盖上绘有四元连续双旋纹，豆足部又绘有六元连续双旋纹。另有一件陶器器盖上彩绘有六元组合双旋纹。还有一件出土陶豆的柄部与圈足内也有连续双旋纹装饰，不过是五元双层组合，倒是不多见的标本。

良渚之旋，在海宁小兜里不是孤证。

浙江良渚庙前遗址出土的黑陶双耳罐，腹面刻画繁复的纹饰，构图中心仍然是双旋纹结构，旋臂很长，环绕旋心位置两周，是最精致的双旋纹构图之一。该遗址出土的残器上也刻有连续双旋纹刻画，只是构图显得略微潦草一些。

江苏昆山赵陵山遗址出土的器錾上，刻画着典型的连续双旋纹。可见这双旋纹在良渚文化陶器上，并不是偶尔出现，也不是只在某一个遗址出现。

再往前追溯，崧泽文化中也见到双旋纹，浙江海盐仙坛庙遗址出土的陶胎朱绘漆壶，上绘连续双旋纹，与良渚文化中所见雷同，可以判断良渚文化的同类纹饰是由此承续而来的。

海盐仙坛庙遗址还出土一件崧泽文化陶胎漆双腹豆，盖上绘一周连续双旋纹，腹外绘两周连续双旋纹，与良渚文化的构图相同，风格一致。仙坛庙遗址的发现，可以确认良渚之旋是来自崧泽文化，而不是直接由庙底沟文化输入。那么崧泽文化的双旋纹，是来自庙底沟文化吗？

日神：獠牙与旋目 | 173

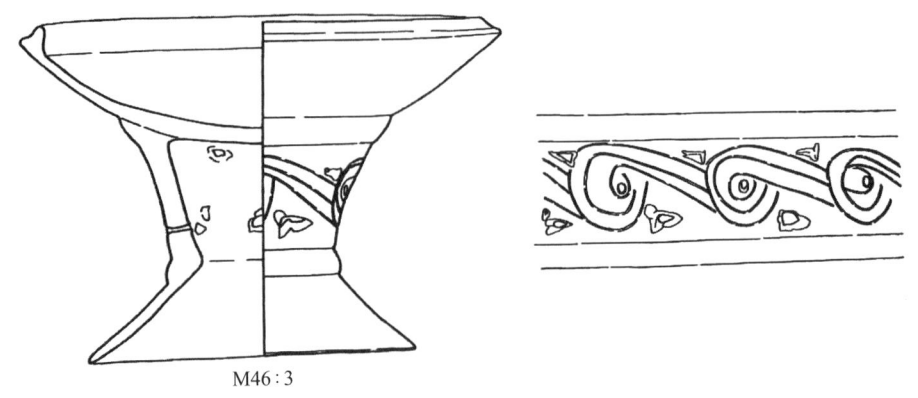

陶豆刻画旋纹（浙江海宁小兜里遗址）

豆柄纹饰展开示意

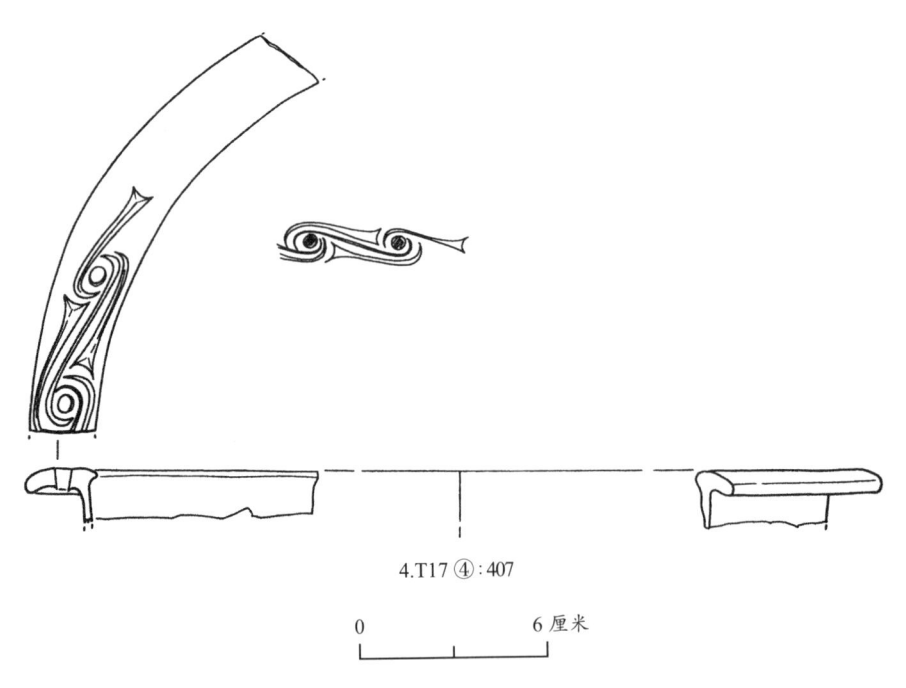

良渚文化陶器刻画双旋纹（浙江海宁小兜里遗址）

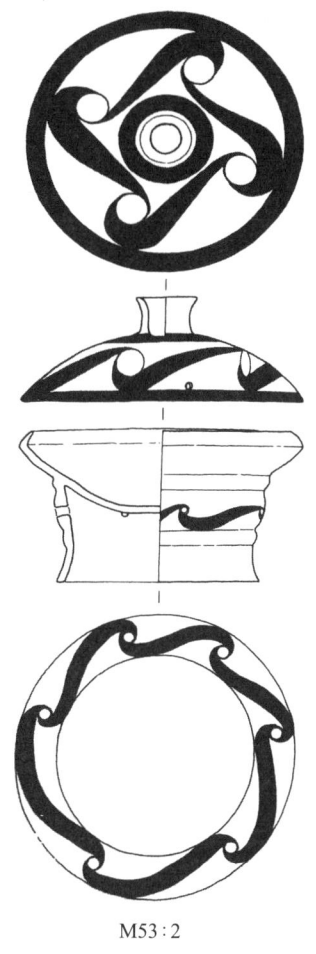

M53:2

M44:1

彩绘陶豆刻画旋纹（浙江海宁小兜里遗址）

彩绘器盖刻画的六元组合旋纹（浙江海宁小兜里遗址）

良渚文化陶豆刻画五元双层旋纹（浙江海宁小兜里遗址）

日神：獠牙与旋目 | 175

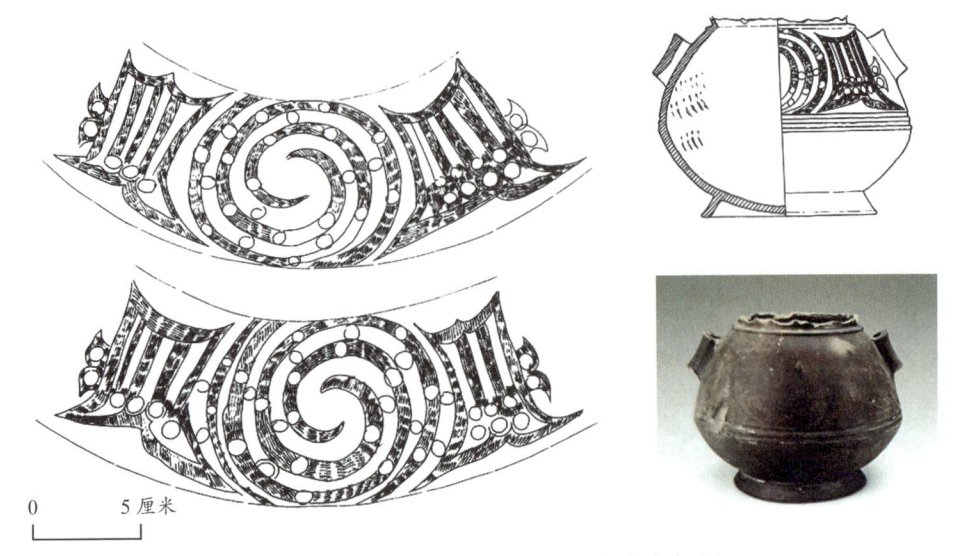

良渚文化双耳罐及刻画旋纹（浙江良渚庙前遗址）

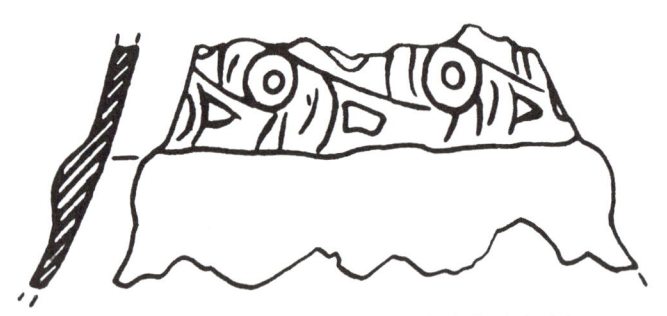

良渚文化陶器刻画旋纹（浙江良渚庙前遗址）

良渚文化陶器器鋬上的双旋纹（江苏昆山赵陵山遗址）

崧泽文化陶胎朱绘漆壶（浙江海盐仙坛庙遗址）

176 | 追踪信仰：艺术考古中的动物图像

双旋纹的源头在哪里？

双旋纹出现在庙底沟文化彩陶上，是非常流行的彩陶纹饰。它向外传播，东至大汶口文化，东北至红山文化，南至大溪文化。难道它也传播到了东南？或者东南的双旋纹是自成体系，崧泽—良渚文化与庙底沟文化互不相干？不过现在的资料显示，双旋纹在良渚文化和崧泽文化中并不十分流行，体现有次生特点，不像是原生纹饰。那么源头在哪里，会是庙底沟文化吗？

在西北甘肃和青海地区，庙底沟文化彩陶上流行双旋纹，至石岭下文化（仰韶晚期）成为主流纹饰之一。到马家窑文化时期，连续的双旋纹仍然是彩陶主流纹饰之一，旋心明显放大，旋线也多有变化。马家窑文化彩陶偶尔也见到多旋臂的旋纹，也是双旋纹的变体。

马家窑文化彩陶有一种四元组合连续双旋纹，似乎与崧泽文化和良渚文化的双旋纹比较接近，有很强的可比性。半山文化中的双旋纹彩陶，虽然看起来比较繁复，但基本结构还是很清楚的。

在浙江嘉兴博物馆见到一件崧泽文化陶杯，下面刻画一周连续的双旋纹。如果将它与甘肃秦安大地湾四期文化成熟的双旋纹彩陶比较，我们会觉得它们的距离并不明显。

其实与彩陶同工的刻画双旋纹，在东南可以上溯到河姆渡文化，这一点是我们过去不曾注意的。出土于浙江余姚河姆渡遗址的一件陶纺轮上，有连续的四元双旋纹刻画，它的年代比较早，最晚也应当相当于马家浜文化晚期至崧泽文化早期。

比较仰韶文化晚期及马家窑文化早期的双旋纹，总觉得西北与东南之间有剪不断的联系。这种联系的中介，有可能是大汶口文化，鲁南和苏北地区出土过一些很典型的双旋纹彩陶。大汶口文化的双旋纹彩陶，可以确认是承自庙底

崧泽文化陶胎漆绘双腹豆刻画旋纹（浙江海盐仙坛庙遗址）

日神：獠牙与旋目 | 177

崧泽文化陶杯（浙江嘉兴博物馆藏）

甘肃秦安大地湾四期文化彩陶上的双旋纹

河姆渡文化陶纺轮上的双旋纹

178 | 追踪信仰：艺术考古中的动物图像

沟文化，它的彩陶是次生的，主体纹饰也是次生的。大汶口文化的双旋纹虽然有一些特别的组合形式，但双旋结构不变。

双叶片组合在仰韶文化彩陶上很常见，河姆渡文化陶器刻画也有类似构图，有无关系也在探讨中。河姆渡一期文化所见刻画叶片纹，与仰韶彩陶同类纹饰异曲同工。

难道真有从西北到东南的传播脉络？海盐仙坛庙出土的一件彩陶钵，属崧泽文化，却有仰韶文化风姿，这样的器物口沿装饰风格非常接近仰韶文化。

回望方向明先生带来的海宁小兜里的发现，地纹风格让人忘不了庙底沟文化彩陶上的双旋纹，也忘不了马家窑文化彩陶上的双旋纹。它们仅仅是相似，还是内涵也相同？

邳州大墩子

邳州大墩子

大汶口文化彩陶上的双旋纹

崧泽文化彩陶钵（浙江海盐仙坛庙遗址）

再看看这件精美的出自浙江平湖戴墓墩的刻画双旋纹的带盖宽把陶杯，我们相信良渚人接受双旋纹一定不会只是觉得它好看而已。

同是出土于平湖戴墓墩的这件陶钵，钵底部刻画着一个简单的双旋图形，它也是个双旋纹。也正是因为图形简单，越发引起我们的注意，认为它真的并不简单。关于双旋纹彩陶，我们其实还缺乏足够的认识，有过许多误解。

由史前彩陶双旋纹在各地的分布，可以认为这广大地域内的人们认同的不仅仅只是这种艺术形式，更重要的是认同了这形式里面的内涵。旋纹，是庙底沟文化、大河村文化和大汶口文化彩陶最富特征的纹饰。它是智慧的艺术作品，类似构图在现代艺术中依然鲜活，它象征着什么呢？

内敛的双旋，独立而严谨，散发着律动的美。外向的双旋，具有放浪的视野、放纵的眼神、开阔的胸怀。单体旋动的大双旋，包容着小旋，伸展着长长的双臂，弧边的三角，衬托起一个谜团，深邃而张扬。连续的双旋，像是克隆自我，心与心相映，手与手牵引，无限扩展，无限情怀。

单体双旋，有独来独往的性格。连续双旋，旋外旋与圆外旋的旋臂左右联动，互为终始。庙底沟文化晚期彩陶单体双旋左右延伸，已经有了连续双旋的模样。庙底沟文化彩陶上的旋外旋，完成单体双旋的扩展，成为连续双旋。

180 | 追踪信仰：艺术考古中的动物图像

我们要问，这种双旋的意义何在？那就来看看石家河文化的发现，一件出土自天门石家河遗址的陶器上，画有一位执钺王者，王者冠顶的双旋纹装饰就给我们提供了一个思考的线索。它说明，这双旋一定不是无意义的图形。

再看看良渚文化玉雕神像，构图频繁出现单旋和双旋，含义更是值得探讨。

双旋从何来？旋表现的是一种运动方式。水有旋，风也有旋。天体之旋，"天左旋，地右动"，银河系就是这么旋着，太阳和地球也都这么旋着。

一个值得探索的问题是：在史前人那里，旋一定有特别的内涵，有大范围的人群认同的内涵，这个内涵需要深入探索，也许就与观察中的天体运行有关。

良渚文化陶杯刻画旋纹（浙江平湖戴墓墩遗址）

日神：獠牙与旋目 | 181

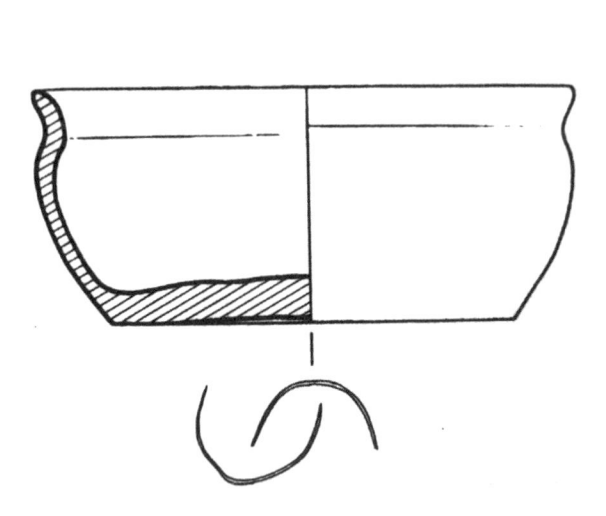

良渚文化陶钵刻画旋纹（浙江平湖戴墓墩遗址）　　　　石家河文化陶器刻画执钺人
（湖北天门石家河遗址）

良渚旋眼神

　　以前由彩陶和玉器纹饰探讨旋眼神图像，觉得那是史前造神运动中冒出的一个奇观。后来检视良渚文化玉器微刻纹饰，发现了一些新线索。

　　这次选择10件良渚文化玉器图像标本，由兽面神像可以看出旋眼刻画的风格之所在。当然需要为未及读到旧文的诸君先解说一下，所谓旋眼，就是在圆眼的外围，向外延伸出弧形旋臂，有双旋，也有单旋，常见为双旋眼图像。

　　让我们先来看几件玉三叉形器刻画的旋眼。这种玉器用途的讨论，过去多有涉及，也还没有确定的结论，但对于上面的纹饰却没有给予应有的关注。

1.玉三叉形器（瑶山M10:6）

　　这件出自瑶山10号墓的玉三叉形器，较其他同类器显得肥硕一些，琢刻的大神兽面占满了全器。从刊布的线描图上，隐约可以看到圆眼外的旋线刻画。从拓本和反转后做点染的图像上，可以清晰看到两只眼睛外围对称的双旋臂。这是比较标准的旋眼神面，旋线以双阴夹阳的技法刻成，由眼圈边旋出。

2.玉三叉形器（瑶山M7:26）

　　这件出自瑶山7号墓的玉三叉形器，在中部和两侧都微刻有纹饰，有神人像，也有神兽面图。中部主体位置是神兽面，两端是侧视的神人像，左右对称。

　　神兽面刻画虽然显得比较草率，但构图并不失严谨，兽面的眼形可以看出是旋眼。取线描图用色彩循阳纹点染，神兽面的双旋眼呈现更为清晰。

3.玉三叉形器（瑶山M9:2）

　　这件出自瑶山9号墓的玉三叉形器，正背通体刻画构图相同的神兽面。正背的神兽面均为双旋眼，旋臂较长。类似的双面雕并不多见，所以这一件显得非常重要。

4.玉冠状器（瑶山M2:1）

　　这件出自瑶山2号墓的玉冠状器，玉质和制作技术一般，唯刻纹清晰，便于观察。中部刻画简略的神人像，两侧是对称的眼形"鸟纹"。

　　神人像雕刻线条较为粗率，下面的神兽面眼睛一只为圆眼，一只为旋眼，大眼旁的小眼均为旋眼。将两只大眼刻画成两种形式，这样的做法并不多见。

　　冠状器两侧对称刻着一对神兽大眼，线条比较简略，一些研究者称之为"鸟

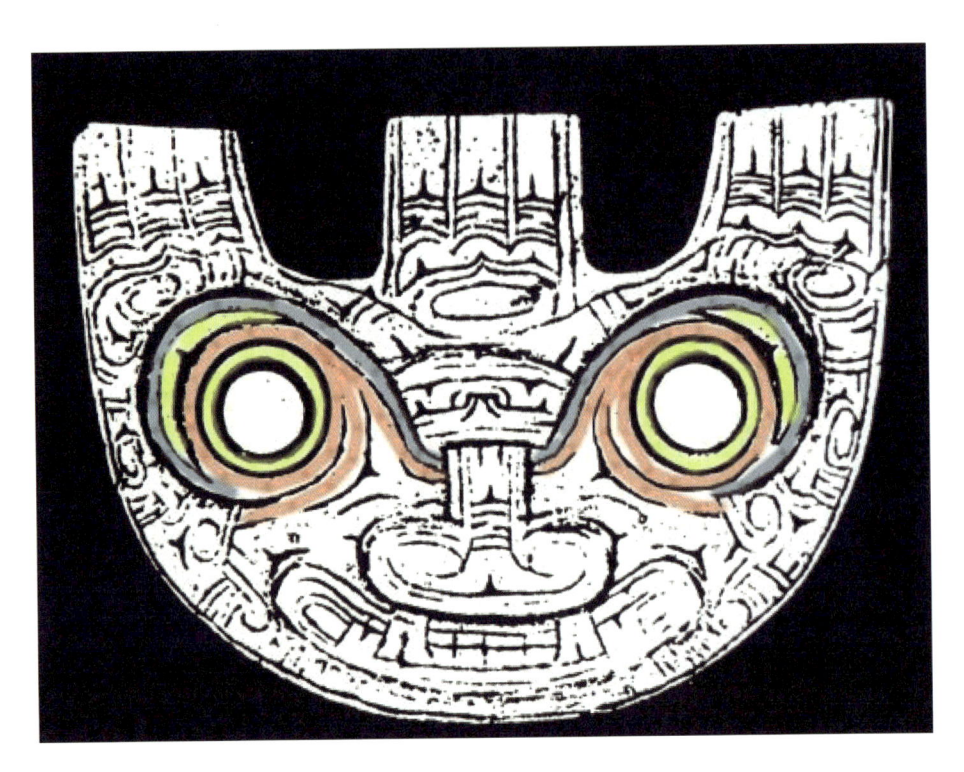

玉三叉形器点染图（瑶山M10：6）

玉三叉形器（瑶山M7：26）

184 | 追踪信仰：艺术考古中的动物图像

玉三叉形器
中部纹饰（瑶山
M7:26）

玉三叉形器纹饰（瑶山M9:2）

玉冠状器（瑶山M2:1） 　　玉冠状器中部纹饰点染图（瑶山M2:1）

日神：獠牙与旋目 | 185

纹"。将"鸟纹"循阳纹点染，发现这是一对大旋眼，一左旋，一右旋。大眼的旁边是一对小旋眼，也是一左旋一右旋。

5. 玉冠状器（反山 M16∶4）

这件出自反山 16 号墓的玉冠状器，透雕成形，中间镂雕大神兽面形，两侧有两神人作结伴起舞状，充满喜感。

观察大神兽面的双眼，是对称的旋眼，而且是双旋眼。点染后观察，可看到旋眼的双旋臂延伸很长。

6. 玉牌饰（瑶山 M10∶20）

这件出自瑶山 10 号墓的玉牌饰，是少见的一种器形，刻纹满器，饰带有神兽的神人像。神兽面为旋形眼，大眼一侧也有小旋眼。

7. 玉琮（瑶山 M9∶4）

这件出自瑶山 9 号墓的玉琮，环器刻有四个相同的神兽面像。神兽面没有表现肢体，是神兽图的简化样式。神兽眼睛表现的也是旋眼，一左旋，一右旋。左右的旋纹也观照了方向上的对应，呈对称旋动样式。

前此在讨论良渚文化微刻时，用功夫循阳纹点染了神兽面，觉得神性的感觉完全呈现出来了。相信良渚人一定画出过彩色的神像，当然不会是在玉器上，也许是在飘扬的旗帜上。

8. 玉镯（瑶山 M10∶15）

这件出自瑶山 10 号墓的玉镯，环器刻有并列的四个神兽面，构图相同。从反差较小的照片和单色线描图上看，旋眼的结构还不很清晰。将图片略做处理并点染之后，旋眼的结构便突显出来了，长长的旋臂，显得比较飘逸。在大旋眼的旁边，分别有一对小眼，也是旋眼。

9. 玉琮（反山 M12∶97）

这件出自反山 12 号墓的玉琮，从纹饰观察，只是一组半纹饰，它是我过去甄别出的双子琮之一[①]。

玉琮下射低矮且有残损，中间为复杂神兽面纹，上下为简化兽面纹，中上一简一繁为一组，下面简化兽面纹为半组。很明显这是一套双子琮中的上琮，下琮失落。下琮应有一组半纹饰，兽面纹为两繁一简，与上琮合并为三组纹饰。

---

① 王仁湘：《史前玉器中的"双子琮"——兼说良渚文化玉器上的兽面冠饰》，见王仁湘：《中国史前考古论集续集》，文物出版社，2017 年，第 435—450 页。

玉冠状器两侧纹饰（瑶山M2:1）

玉冠状器（反山M16:4）

玉冠状器中部纹饰点染图（反山M16:4） 　　玉牌饰纹饰（瑶山M10:20）

玉琮四面中部的四个大兽面纹，是明确的双旋眼，大眼旁边也有另一对小旋眼。

这个玉琮风格与反山出土的其他琮不同，怀疑它是外来品，应当不是反山

日神：獠牙与旋目 | 187

玉琮（瑶山M9:4）

玉琮中部纹饰点染图
（瑶山M9:4）

188 | 追踪信仰：艺术考古中的动物图像

玉镯（瑶山M10∶15）

玉镯中部纹饰点染图（瑶山M10∶15）

日神：獠牙与旋目 | 189

玉琮（反山M12：97）

玉琮中部纹饰点染图（反山M12：97）

人的作品。

10. 玉琮（反山M12:98）

这件出自反山12号墓的玉琮，雕刻之精细，在良渚玉器中首屈一指。

玉琮每面刻有神人像2个，共8个。每一面都有4个鸟纹，共刻画出16个鸟纹。四角又有神兽面共4个，这4个神兽面可以隐约看出刻画的是旋眼，但没有前述旋眼那么张扬。

类似的旋眼神面在反山还见到一例，刻在20号墓的一件玉琮上，因为图像太小，旋线不够清晰，所以没有单独列出介绍。

玉琮（反山M12:98）

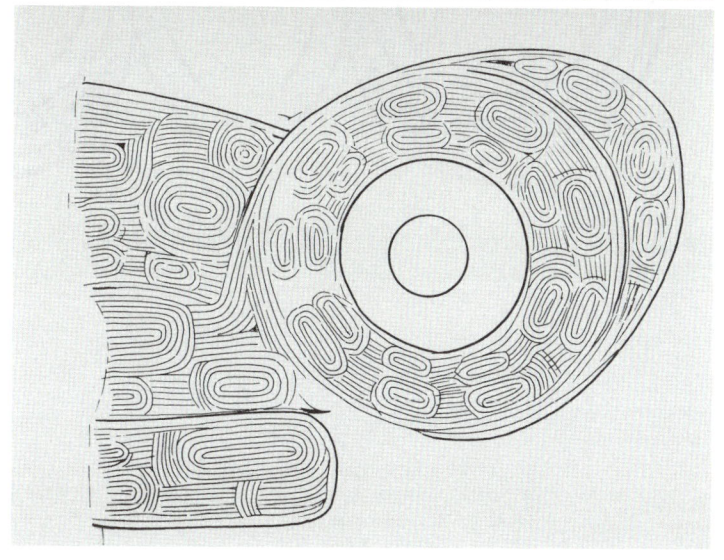

玉琮纹饰（反山M12:98）

日神：獠牙与旋目 | 191

从以上罗列的标本可以看出，玉器上明确的旋眼神兽面在瑶山发现较多，而在反山只有个别标本，这个现象值得引起注意。它至少说明两地的神像与神兽刻画具有明显的风格差异，或者它表现的就是信仰上的细微差别也未可知。这个问题值得进一步探讨，在此不再赘述。

良渚文化玉器上出现的旋眼神面像，以双旋眼为多，大大的眼目外环绕有两条旋臂。在大眼的一旁，还出现一对小旋眼。这是良渚文化玉器旋眼神像标准的构图，少有例外。

良渚文化玉器旋眼神面之意义，可与大量见到的旋纹合并考察，旋纹与旋眼一定具有关联性。确认良渚文化的旋眼神，反过来又可对庙底沟文化、大河村文化和大汶口文化彩陶上的旋眼与旋纹，还有红山文化被称作勾云佩的旋眼神面玉饰，做一番综合考察，忽然间会觉得如此大范围流行的旋眼神崇拜，一定是非同寻常的事件。

对于旋眼神的神格属性，还需要深入探讨。对于这样一次大范围的信仰认同过程，也需要进行深入探讨。

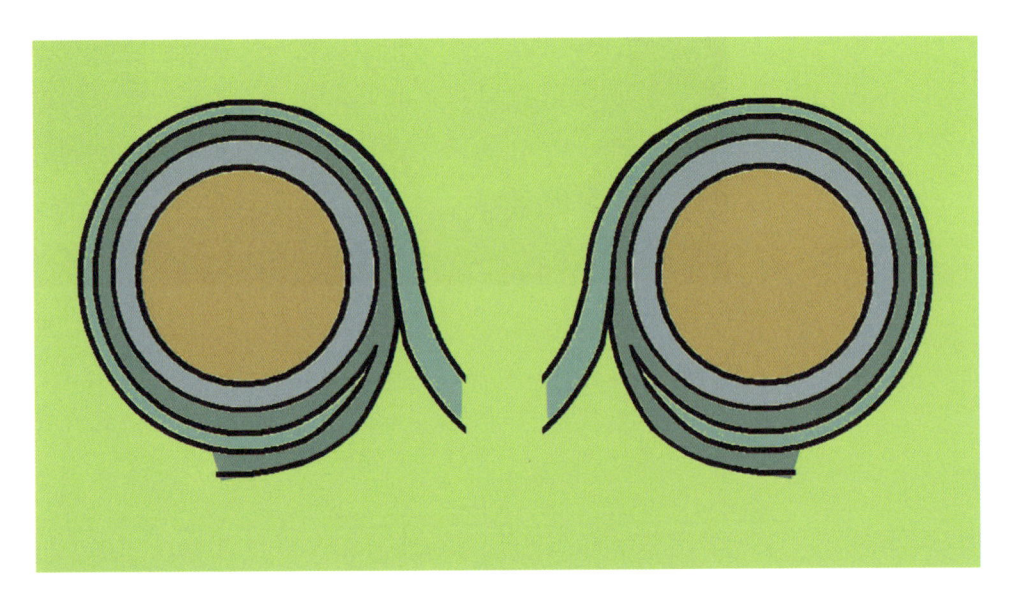

旋目图示意

旋目与獠牙：认识玛雅太阳神

众神之像，是我近些年在研究中比较关注的题目。我反复思索过的重点是，先人在造神中所选择元素的来历有些特别之处，如神面为何取旋目形状，又为何长有獠牙。

关于旋目神面，我在中国史前彩陶和玉雕上都找到了。而关于獠牙的发现，在白陶、彩陶和玉雕三次艺术浪潮中，都见到了獠牙神面的证据。由高庙文化白陶的发现，可以认定獠牙神面就是太阳神面。而彩陶和玉雕艺术中见到的旋目神面，也初步判断与太阳崇拜有关。

以往在研究中已经注意到，远处美洲的玛雅太阳神面也以旋目为特点，对比中国史前彩陶和玉雕，有异曲同工之妙。让人感到奇特的是，玛雅艺术中见到的太阳鸟，也常常是旋目模样。这大概都是象征着运转中的太阳，人们想象太阳是在旋转中东升西落。

在高庙文化陶器纹饰的研究中，比较玛雅文化的太阳神面造型异同时，又有了一个意想不到的发现。玛雅太阳神面的造型，居然也有獠牙出现，这着实让人觉得有些意外。在一些玛雅太阳神面壁画和雕像上，我们看到了唇口中有两颗长长的獠牙，有的牙尖还有分叉。

在玛雅另一些太阳神面上，我们虽然看到似乎也有獠牙出现，不过牙根却并不在唇口中，成了一种纯粹的装饰。

玛雅神话中的太阳神，有时被塑造为长羽毛的蛇的样子，是以眼镜蛇和火烈鸟合体的形象出现的。也有学者分析太阳神的造型基础是鬣蜥，也有淡水鳄鱼的外貌特征。太阳神是昼夜的主宰，也被认为是玛雅文字的发明者，是历法和编年法的发明者。主宰昼夜的太阳神，被玛雅人描绘成无体头像或是端坐的形象。玛雅的许多统治者都自比太阳神，有的雕像不大容易分出是人还是神。

在玛雅人的信仰中，太阳神的地位至高无上，在陵寝旁的神庙墙壁上塑造着太阳神形象。有的神殿两侧装饰有大型太阳神面像，有学者观察玛雅文化中的太阳神面描绘很像鲨鱼。表现中午的太阳是用一种古代生物的形象，面目恐怖狰狞。也有的太阳神面似美洲豹，象征傍晚的太阳。

玛雅太阳神取形的原型，大约包括美洲豹和美洲黑豹在内，选择的元素就是獠牙。但是美洲豹有上下四颗獠牙，太阳神面却只表现出两颗上獠牙，更像是美洲刃齿虎长长的上獠牙。当然在玛雅时代，距今万年前美洲刃齿虎已经灭绝，也许只是存留在传说中的印象而已。

之前往三星堆参会，遇到玛雅研究专家李新伟博士，他让我读了他在"玉米王国 Maiza Land"微信公众号上写的一篇介绍玛雅太阳神艺术的文章——《玛雅升起光芒万丈的太阳——玛雅展解读系列（十七）》，他说介绍玛雅太阳神的，都说嘴边像獠牙的是鱼须，那是黎明太阳神的标志。太阳从海里升起，神像刻画有鲨鱼特征。文章中插入的科潘石刻太阳神，唇外有须状装饰，也许象征着鲨鱼须。但我们看到的一些太阳神像，那"须"是从嘴里伸出来的，仍然高度怀疑它是獠牙。

玛雅人还认为太阳神生就为对眼，或者称为斗眼，其实就是旋目。而太阳神的牙齿为三角形，许多雕像正是仿自鲨鱼的三角形牙。有意思的是玛雅人还会用工具将自己的牙齿锉成三角形，表示与神很亲近。不过太阳神还有獠牙装饰，这在以往似乎还没有注意到。

生活在旧大陆近 8000 年前的高庙人，生活在新大陆公元前后的玛雅人，都曾经信仰长着獠牙的太阳神，他们之间会不会存在什么我们还不知道的联系呢？

玛雅太阳神面像（危地马拉）

追踪信仰：艺术考古中的动物图像

玛雅太阳神香炉（危地马拉）

獠牙神面像（墨西哥）　　　　　泥塑太阳神面像（墨西哥）

玛雅旋目獠牙太阳神面像（墨西哥）

玛雅旋目神鸟纹盘（墨西哥）

玛雅太阳神雕塑（危地马拉）

玛雅旋目獠牙太阳神面壁画（墨西哥）

玛雅太阳神面像（墨西哥）

美洲黑豹

灭绝的美洲刃齿虎

玛雅石刻太阳神面线描图（科潘）

日鸟：太阳鸟

古代神话有日乌,亦即太阳鸟,古称三足乌,也指称太阳,它是太阳的化身。

高庙文化白陶艺术中,日乌图像频繁地出现在日用陶器上,几乎所有陶器上都有。那种大头、獠牙、带太阳符号的双翅,是日乌最初的形象塑造。成熟的艺术采用简洁的符号定型,便于频繁复制与广远传播。

日乌在仰韶文化到龙山文化艺术中一直飞翔。到了古蜀文化中,日乌有了青铜雕像,有了人面鸟身的造型,还见到了金箔艺术雕刻。日乌在中国神话和艺术中飞过了6000多年的时光,是弘扬古代宇宙观的一个最好理解的生动符号。

一只石化的艺术鸟

许昌人创造了真正不朽的艺术。

有一只古老的鸟,近日又由我们的眼中和心头飞起。说是"又",是因为这是一个10多年前的考古发现,当时就引起了广泛关注,而这次是因为被美国考古学会评选为2020年度世界十大考古新发现之一,又一次引起了更大而且是全球范围的关注,更是了不得。

这个评选结果由美国考古学会主办的面向公众的《考古》(Archaeology)杂志公布,排在第7位的是"中国最早的雕刻艺术在河南被发现",称"2020年3月,河南许昌人遗址出土的一座微型鸟雕像,距今13500年,是中国最古老的雕塑,将中国艺术中鸟类的表现提前了8000多年"。

这指的许昌人遗址出土的那件鸟形雕刻化石,不过发现的年代叙述并不准确,不是2020年3月,而是2009年3月,是在10多年前完成的一次科学与艺术考古的重大发现,当初就引起过轰动。

当时的报道说,河南许昌人遗址出土一件用鹿角雕刻的微型鸟,是中国迄今发现最早的立体雕刻鸟化石。雕刻鸟身长2.1厘米,高1.2厘米,厚0.6厘米,保存十分完整,颜色呈灰褐色,表面光滑,局部显示清晰的雕刻痕迹,已经形成化石,有很强的吸水性。它以均匀烧烤过的鹿角为材料,用细石器中的雕刻器精致雕刻而成。

鸟身线条简洁流畅,形态完美,静中富有动感。翅膀部位刻线寓意羽毛,非常细致,栩栩如生。足部前后两端刻有对称的凹槽,形成很平的底座。如果将鸟放置于平整的面上,可以平稳站立且能转动,说明当时人类已熟练掌握了重心平衡的原理。

上面这些评述也为这次评选公告所引用,肯定了这件文物的年代及艺术史意义。以往考古中曾发现过一些旧石器时代晚期的立体雕刻艺术品,有表现动物的,也有表现人体的,而这一时段艺术品中鸟形的出现,这是第一次见到。

发掘者考古学家李占扬说,在中国民间,鸟是吉祥的象征,雕刻鸟的出现,可能寓意古代居民祈盼像鸟儿一样展翅高飞,无忧无虑地生活,同时可能是古人类图腾崇拜观念的反映。他还曾建议,将这件新发现的中国最早的雕刻鸟化石依发现地取名为"灵井瑞鸟",简称"灵鸟"。

动物世界中许多的动物,不论是走兽还是飞鸟、游鱼,都曾经给人类带来慰藉。其中也许只有鸟类,带给人类的不仅有赏心悦目,还应当在很早就有飞天的梦想。人们崇拜鸟,甚至将它神化为太阳使者,将太阳与鸟合并一体作为至尊信仰。

在距今 8000 年前后的高庙文化白陶上,就创造了迄今所见最早的太阳鸟神话图景,我们有理由相信这样的神话一定出现在更早的年代,早到 10000 年前并非没有可能,再早到许昌人的年代也不是凭空的推想。许昌人的化石鸟透露的信息,带给我们许多遐想,这化石级的不朽艺术作品,一定会开始引领艺术潮的行进方向。

太阳与阳鸟崇拜自古便深入人心,也不仅仅是阳鸟崇拜才带来了诸多艺术创作灵感,在中国古代各类艺术品中,不经意间都可以见到那些可爱的鸟形鸟影。这鸟形艺术创作的源头,因为许昌人遗址的考古发现而得以清晰起来,还引起全球考古界这样大的反响,真是一件幸事。

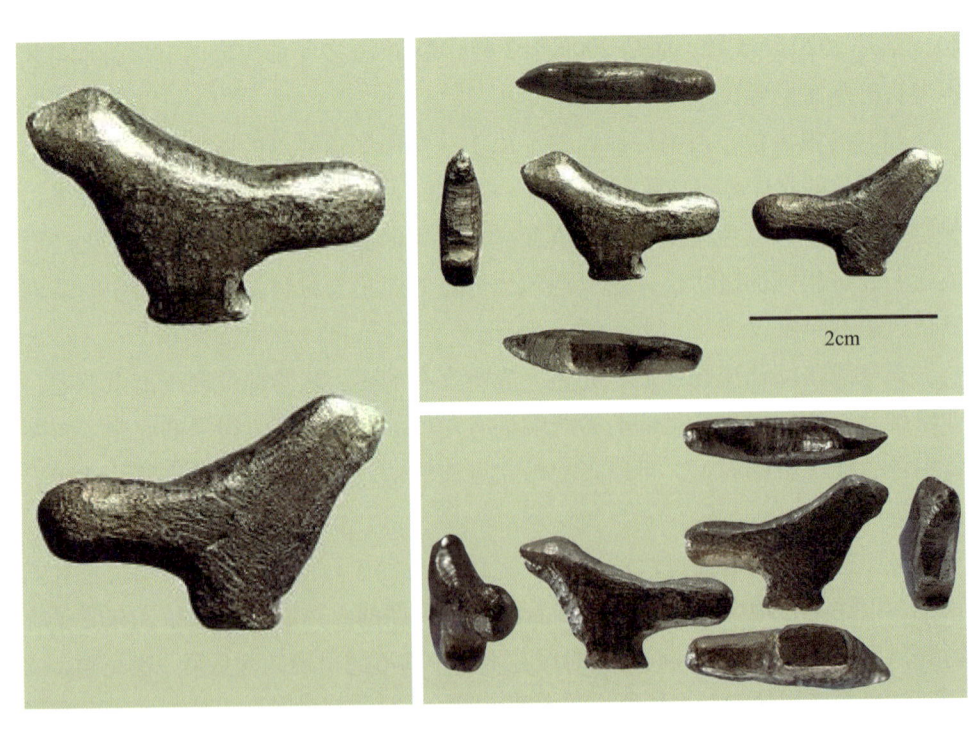

鹿角雕刻鸟化石(河南灵井许昌人遗址)

202 | 追踪信仰:艺术考古中的动物图像

铜猪尊（湖南博物院藏）

立鸟铜盆（湖北省博物馆藏）

青铜神树上的神鸟（三星堆博物馆藏）

日鸟：太阳鸟 | 203

多种铜立鸟

高庙白陶：日乌展翅[①]

关于高庙文化的白陶艺术，我们粗略梳理了包括獠牙神面在内的太阳图像，现在要重点关注的是日乌。日乌也许可以看作白陶艺术的灵魂，在桂阳千家坪出土的白陶上，几乎是无器不日乌。仔细观察那些陶片，鸟首、鸟翅的刻画随处可见，可想高庙人对日乌心怀多么虔诚的信仰。

观察中初见白陶上的日乌图像，似乎千篇一律，小眼，大头长嘴，伸展着大翅膀，却只有半个鸟身，无下半身，见首不见尾。仔细排比过后，我们就有了一个初步分类的方案，大体可以区分为以下七个类型，分别称为a式、b式、c式、d式、e式、f式、g式。

（1）a式：日乌侧首，全身带尾，平展双翅。有的下半体并不明显，但鸟尾还是明确的，虽然都是短尾。这一类日乌图像的读取，足以改变我们起初的认知，白陶上的日乌并非全为半体形象。

（2）b式：日乌侧首，半身无尾。平展双翅，翅稍略回翘，显得很有力量的样子。在陶器有限的表面上要绘出宏大的影响很困难，为表现日乌的力量，高庙陶工显然做了大胆的取舍，最终绘出了无尾大鸟。

（3）c式：日乌侧首，半身无尾。平展双翅，翅形宽短，显得壮实有力。

（4）d式：日乌侧身，构型简略，勉强能区分出头尾，表达的只是意象，细部忽略。

（5）e式：日乌侧首，鸟体无尾，鸟首现獠牙装饰，有的翅半翘起。

（6）f式：日乌正面，有双翅但无鸟形，中部替以獠牙神面，象征双翅带着神面飞翔。这一类图像对于阐释白陶纹饰的意义，具有非常重要的作用。

（7）g式：日乌全身，合翅，中体饰太阳象征图形。类似图形少有发现，不能辨明是在歇息或是正蓄势待发的日乌。

各式日乌多数头向右侧，包括那个少见的全形日乌也是如此。这说明陶工保持着一种传统的思维定式，鲜有改变。

[①] 本部分插图中的白陶资料来自湖南省文物考古研究所编著：《凤舞潇湘——桂阳千家坪出土陶器》，故宫出版社，2020年。

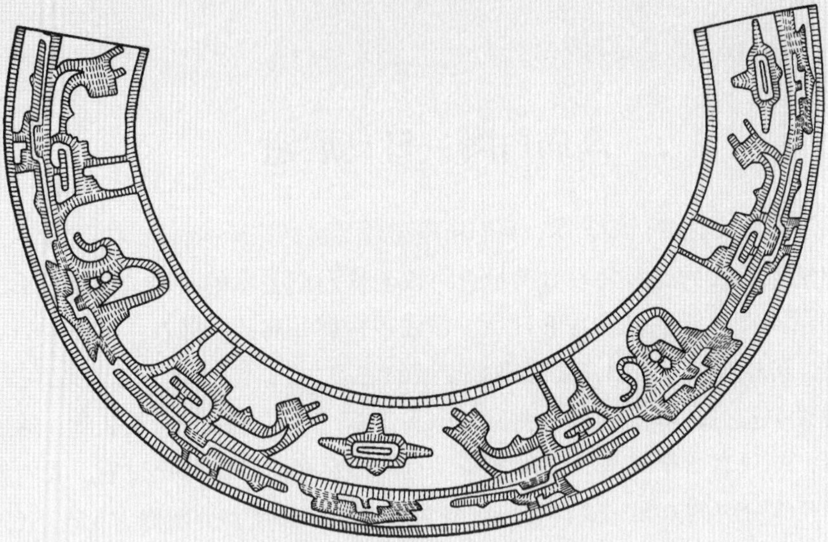

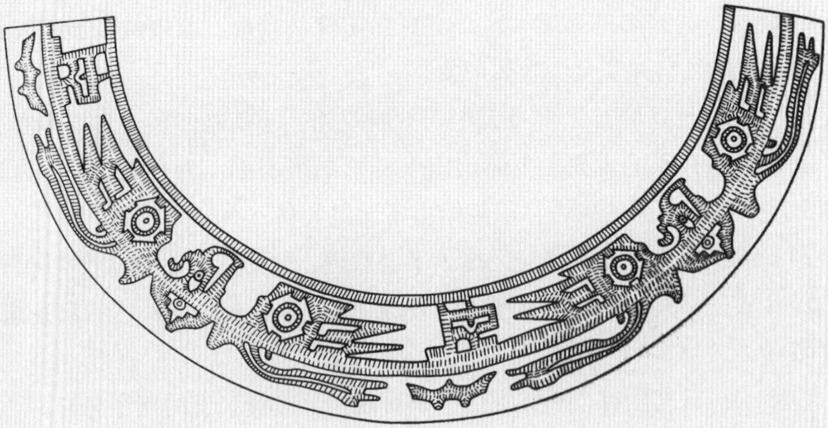

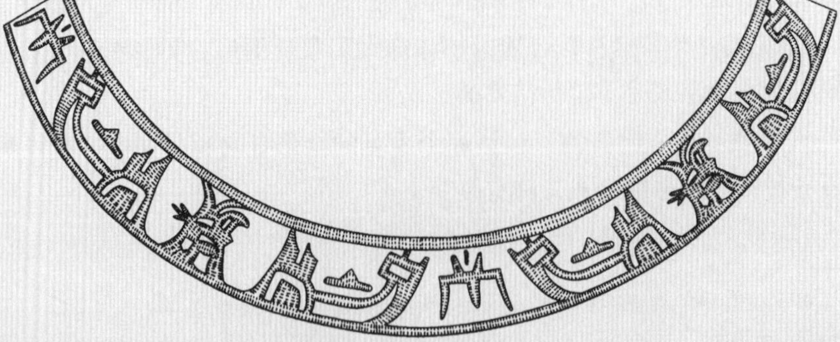

a式日鸟

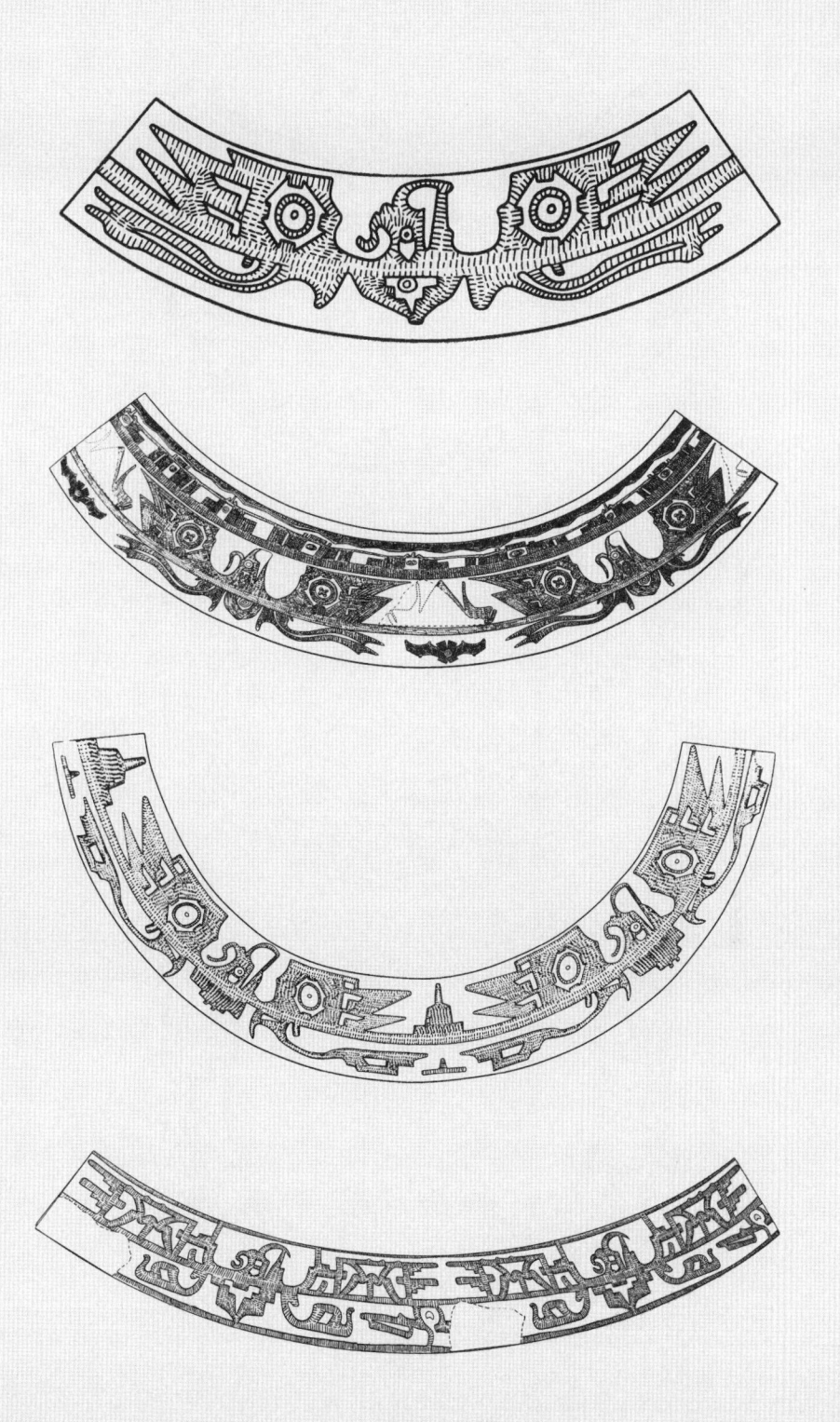

b 式日鸟

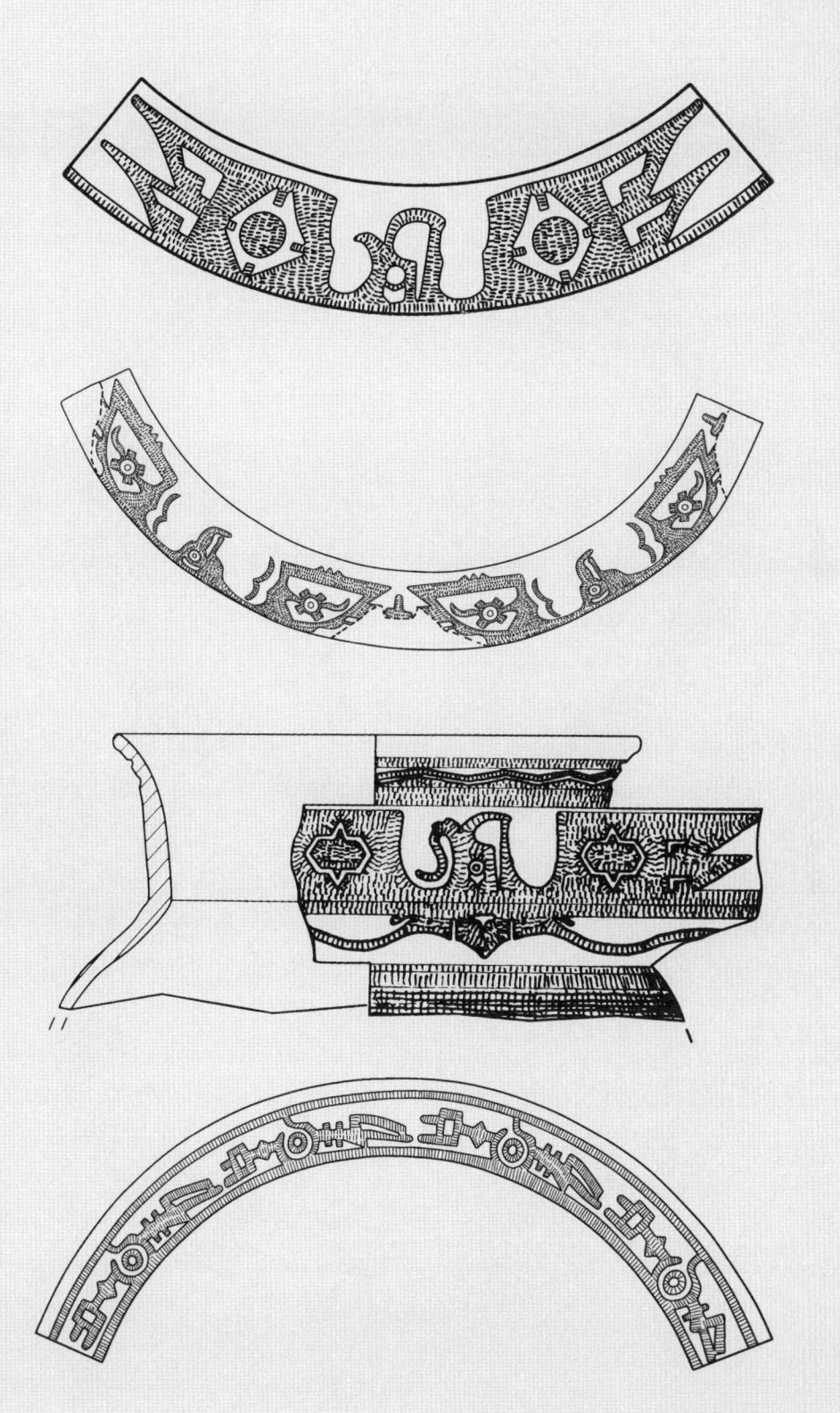

日乌：太阳鸟 | 209

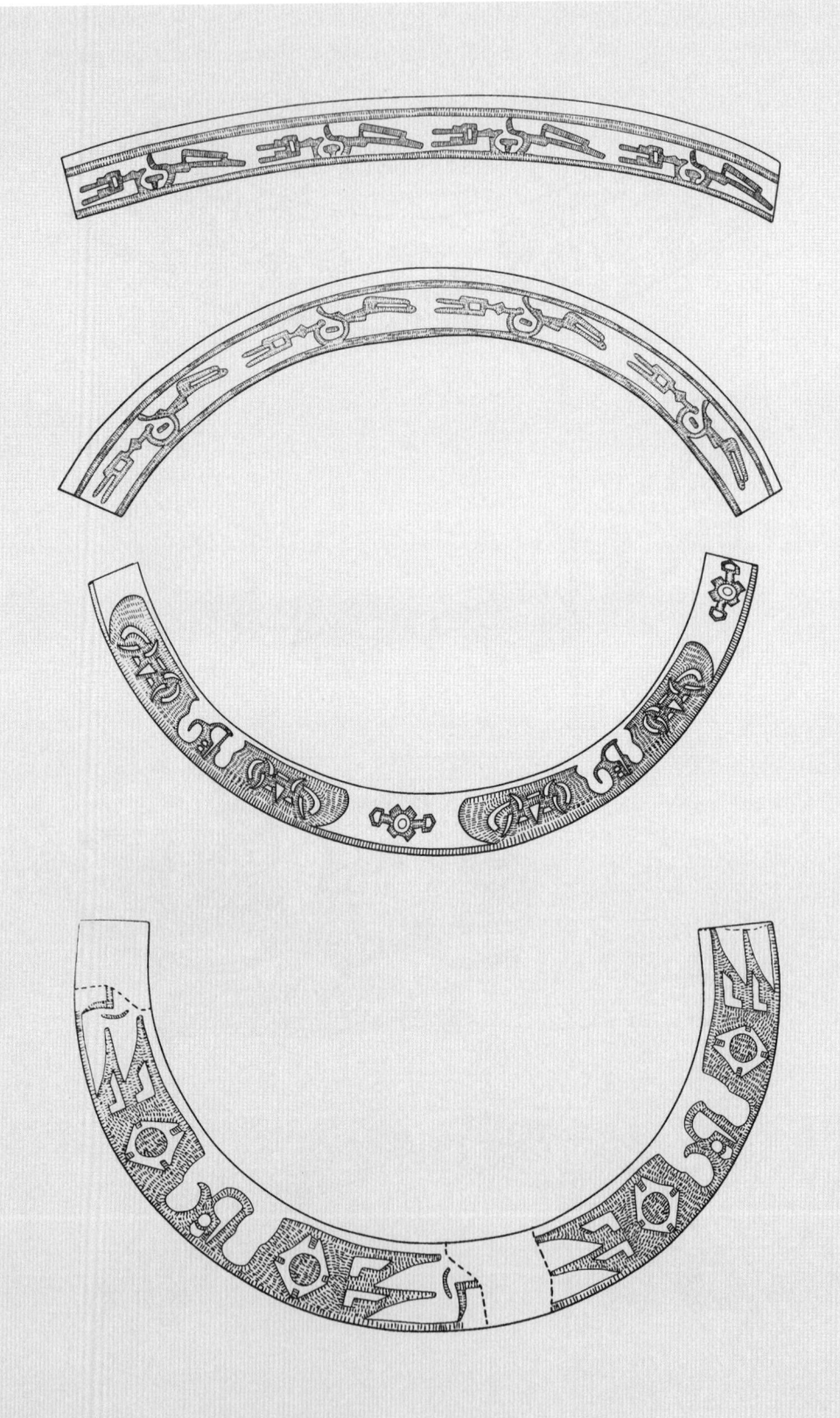

210 | 追踪信仰：艺术考古中的动物图像

C 式日乌

d 式日鸟

e 式日鸟

f 式日鸟

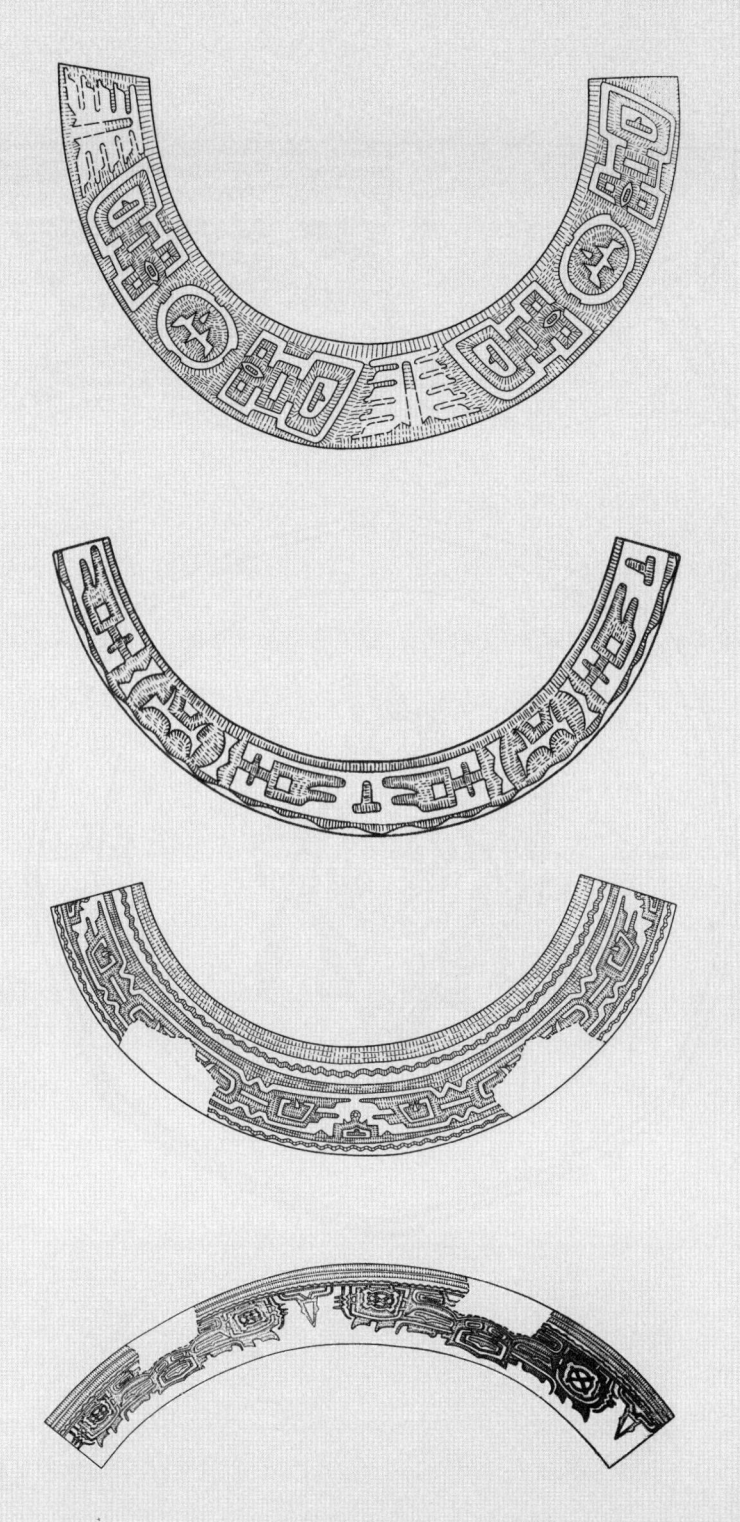

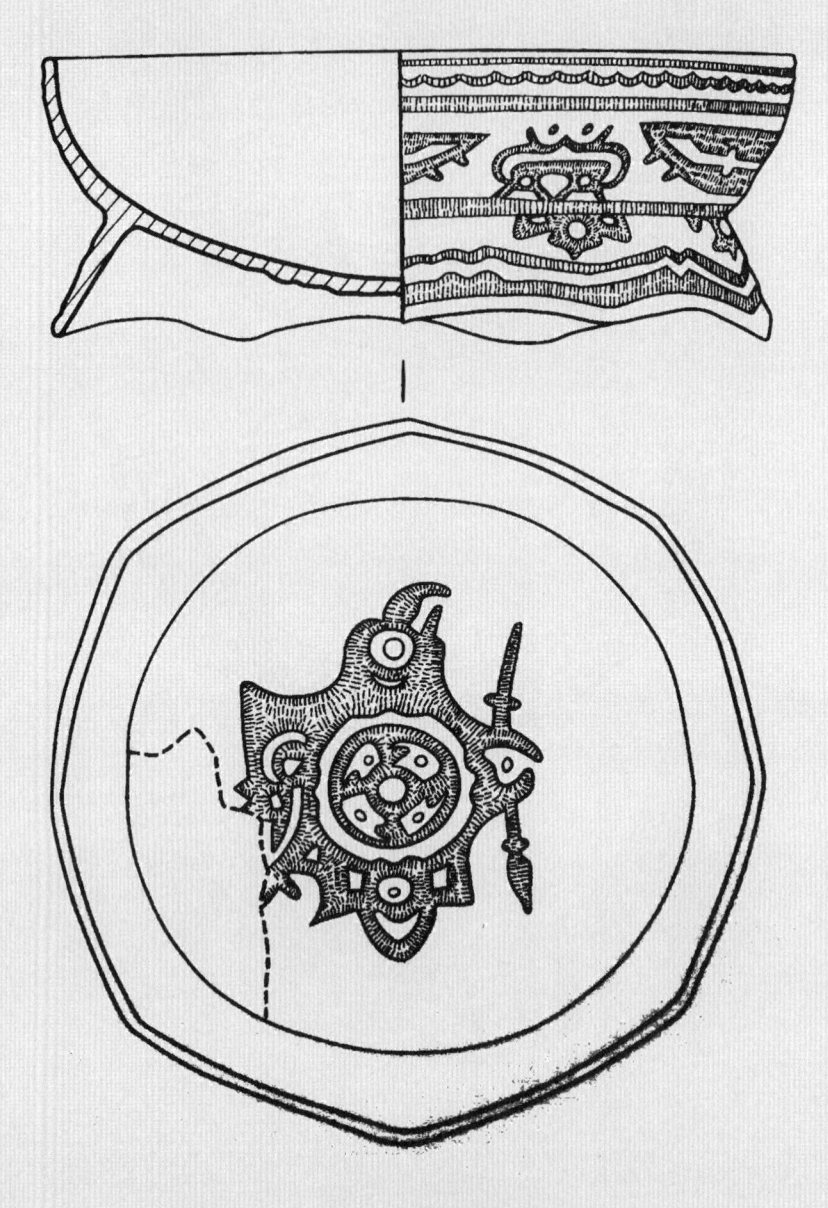

g 式日乌

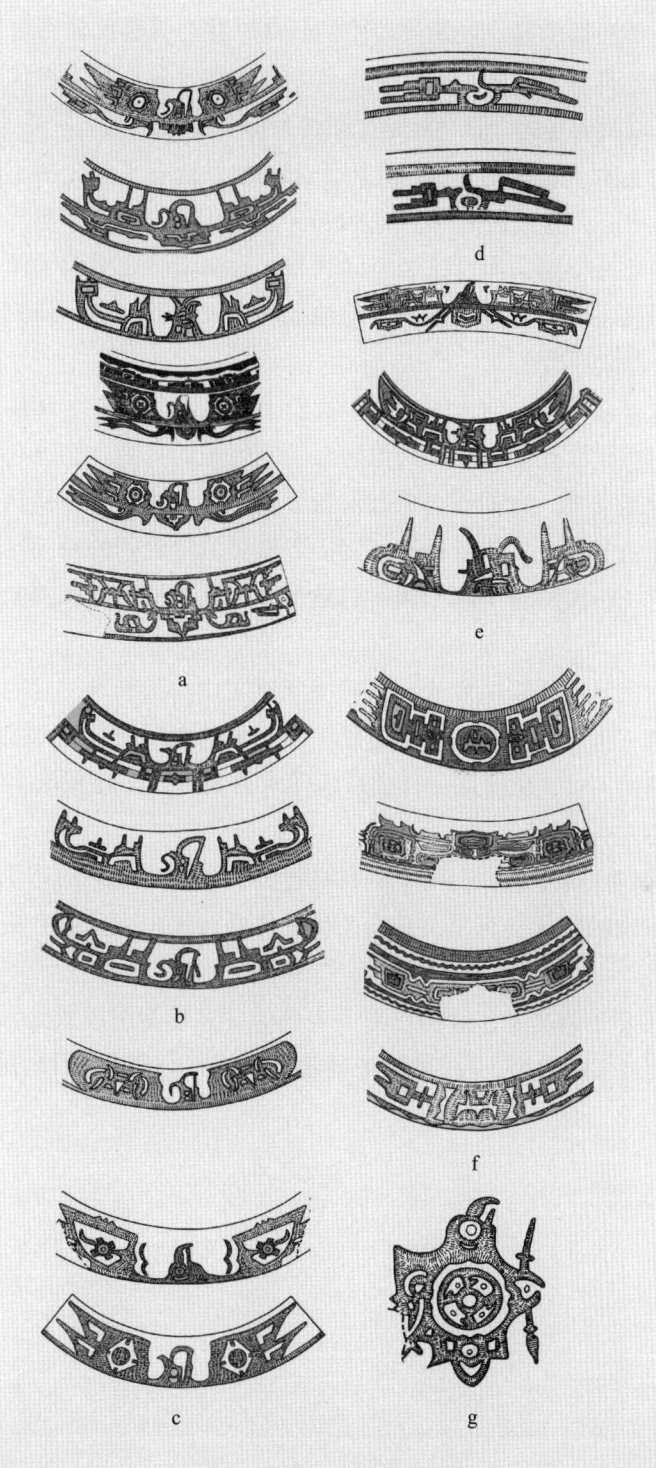

高庙文化白陶日鸟形态分类

当然更要强调的是，展翅飞翔中的日乌，并非孤独的旅行者，图像中的它们无一例外地都与太阳图形同在，是名副其实的日乌。其实古代在日乌与太阳之间，是可以画等号的，日乌就是太阳的另一个符号。

白陶的艺术主题，我们通过桂阳千家坪的发现有了充分的了解，它以表现太阳崇拜为中心，为我们呈现了约8000年前湖湘先民的精神世界。由于千家坪的考古资料非常丰富，而且已经全面刊布，为初步研究提供了便利条件，所以这个白陶研究系列没有过多涉及其他地点的发现。在今后的研究中，如有新的心得，还会继续写出来。

说罢以日乌为中心的太阳崇拜，我们会想到长沙马王堆汉墓T形帛画上的日乌，也会想到汉代画像石和画像砖上频繁闪耀的日乌，知道它的传承有着非常久远的根基支撑。我们更会想起仰韶文化彩陶上被作为日乌认知的鸟纹，当初还对如此古老的日乌崇拜持有怀疑。当然更值得提到的是凌家滩文化中出现的鸟体熊首（一说猪首）翅玉佩，它是带着以八角星为标志的太阳展翅飞翔的日乌。

有了白陶日乌图形的发现，再看凌家滩文化的玉日乌，觉得其他所有的解读都属多余，玉日乌与白陶日乌，是一脉相承的太阳崇拜艺术主题佳作。那一样伸展双翅的大鸟，驮着那一样的八角图式的太阳，自近8000年前就已经飞过先民心灵的天空。

当然我们也得承认，白陶上的日乌已经有了相当成熟的艺术造型，我相信日乌神话出现的年代会更早，日乌图像的作品将来也一定会有更早年代的证据问世。

另外还要强调的是，这些白陶上表现的日乌都塑造成威猛强壮的模样，都是那样展翅高飞的造型，我们要问：难道威猛雄壮的身姿是日乌的本色所在吗？

鸟体熊首（一说猪首）翅玉佩（安徽含山凌家滩遗址）

218 | 追踪信仰：艺术考古中的动物图像

日鸟展翅

日鸟：太阳鸟

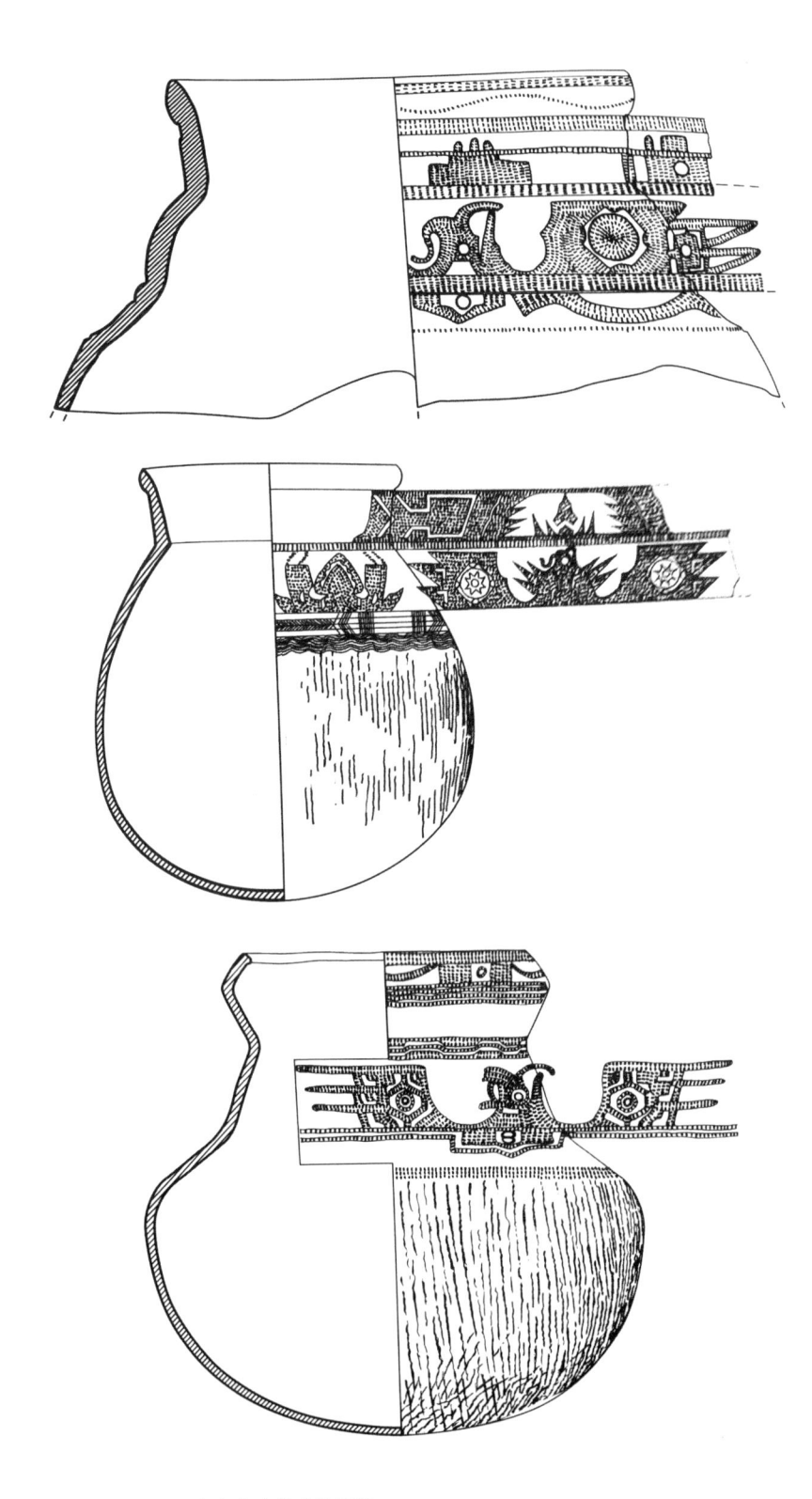

220 | 追踪信仰：艺术考古中的动物图像

载着太阳符号的日鸟

222 | 追踪信仰：艺术考古中的动物图像

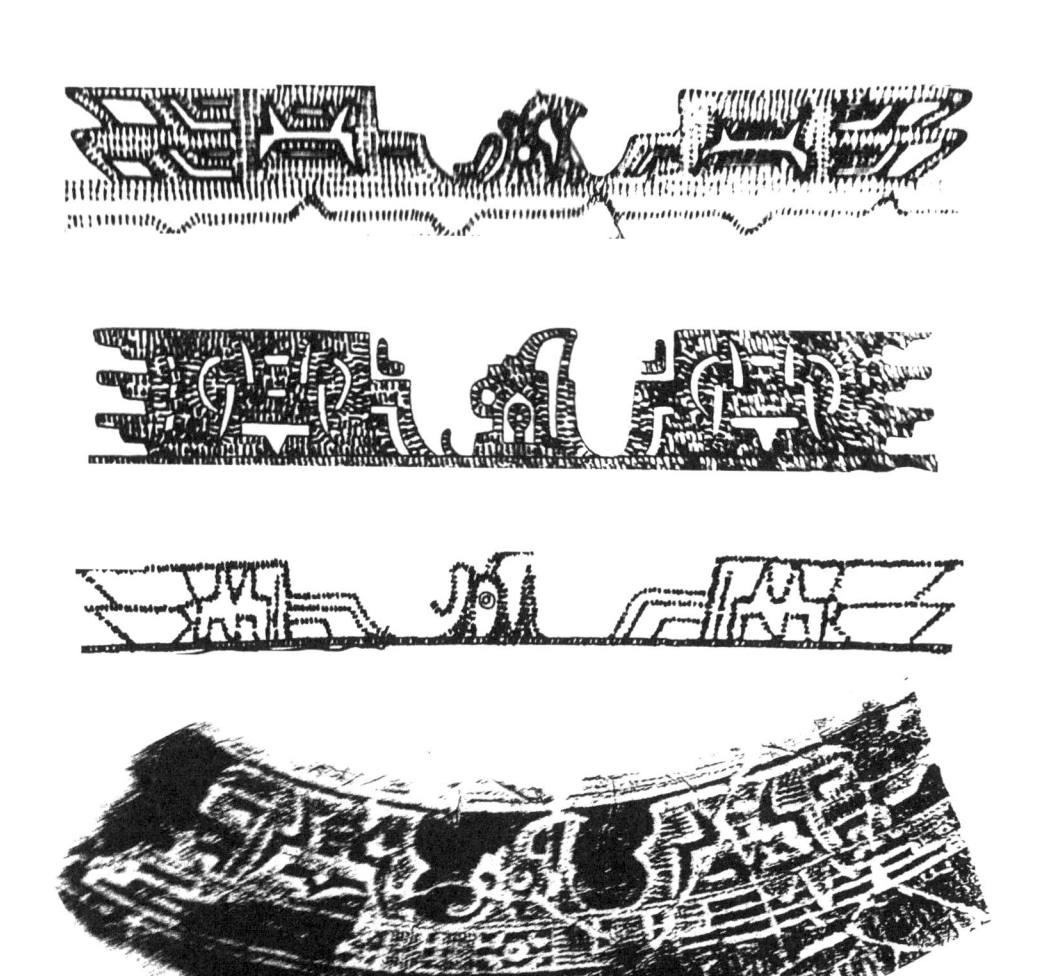

载着獠牙神面的日乌

高庙白陶：侧飞的日鸟
——读《洪江高庙》考古报告

在《洪江高庙》考古报告中，许多陶器都刻画有飞翔的日鸟图形。大部分的日鸟，虽然鸟首为侧视，但整个鸟身却是正视构图，左右翅膀对称展开，呈向上高飞之势。但也发现有个别日鸟为侧身之形，显得比较特别。

高庙遗址发现一件侧影日鸟圈足盘，是非常少见的例证。日鸟大头圆眼尖喙，头顶有飘逸的冠翎。很特别的是，在长长的脖颈和尾羽中部却出现了獠牙神面，而且是省略的半个神面，一个神面上只有两颗獠牙。

更特别的是，在这个日鸟的身体上，出现了一个正观的神面，圆圆的双眼，微张的口唇，唇边左右似带有横飘的须髯。特别引人注目的是，神面头顶上还戴有双层翘沿冠。这应当是高庙文化陶器上少见的一个神面，但嘴里没有见到獠牙。不过在神面左右的鸟体上见到半开的獠牙，未必它表现的就是神面的獠牙。如果真是如此，这样的表现方式又是一个特例。

侧影的日鸟，而且是与獠牙共体的图像，在高庙遗址下层陶器上发现很少。但类似侧视的日鸟图形，在桂阳千家坪遗址的陶器上发现有多例。当然千家坪陶器上的图像，较之高庙的这一例，构图更为简略，只是一个轮廓而已。

日鸟也是日神的一种模样，是高庙人造神中的作品，是一种艺术创造。这样的艺术创造将日鸟形体进一步符号化，也可能会有更加简略的造型构图，这还有待研究辨识。

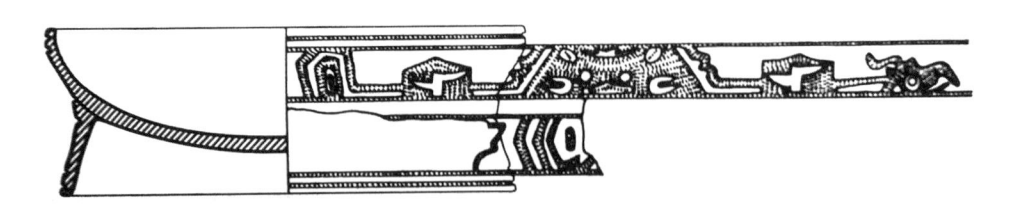

白陶上侧飞的日鸟，颈部和尾部见獠牙（湖南洪江高庙遗址）

白陶上侧飞的日鸟（湖南洪江高庙遗址）

白陶上正视的日鸟（湖南洪江高庙遗址）

日乌倒飞为哪般

——读《洪江高庙》考古报告

湖南洪江高庙遗址的发掘，为8000年后的我们带来许多重要信息。保留在陶器上的那些图像，揭示了高庙人精神生活中最重要的内容，那就是太阳崇拜。在陶器上表现太阳符号，表现太阳神，成为当时流行的艺术创作。

在高庙人大量表现太阳崇拜的艺术作品中，日乌，即我们现在所说的阳乌，是出现最多的体裁。日乌形态虽然有诸多变化，但是大头长喙宽翅却是流行风格。此外，瞠目昂首向上，翼展左右对称，也是常见的构图。

但是在阅读考古报告时，我们发现了姿态例外的图像标本。这种例外，是构图中日乌向下俯视，似有从天而降的姿态。据不完全统计，这样的例外图像有10多件。有意思的是，发现有俯飞日乌图像的陶器形制也都很接近，几乎都属于带圈足的小型盘状器和簋类器。日乌图像一般布置在中腹位置，器口位置则见到简单的几何图形。其中有一例没有见到日乌完整的图形，但有带翅膀的獠牙神面，这个神面也是倒置的。

如果将这些陶器标本倒过来观察，将被认作圈足的部位朝上，日乌图像就变成了正常向上的姿态，展开翅膀昂首高飞。

依此例又检视了桂阳千家坪遗址的资料，发现了几例类似标本，都是反置器物倒观纹饰，所以看到的也是倒飞的日乌图像，底面上也刻画有纹饰。它们也都是器盖之类，反转来观察问题就解决了。

其实这样的器物，可能一开始就被误读了，它们都不是盘状器或簋类器，而是器盖之类。正因为是器盖，所以盖面上都绘制有流行的獠牙神面之类的图案。如果理解为盘类器，图案都被掩藏在器底，不便于观赏，那就不合常理了。翻转来看，盖面的纹饰出露了，倒飞的日乌也昂首高飞了。

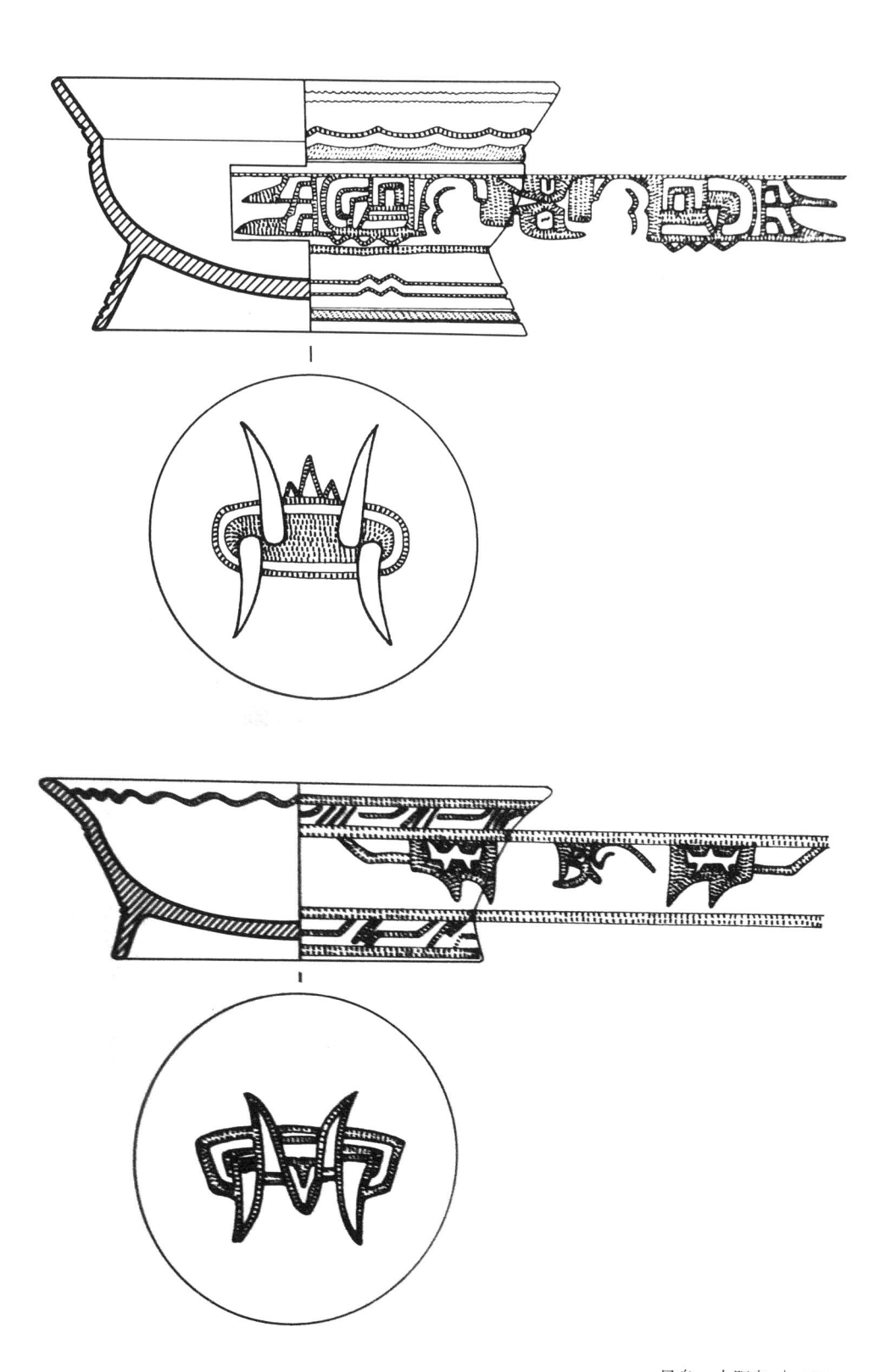

日乌：太阳鸟 | 227

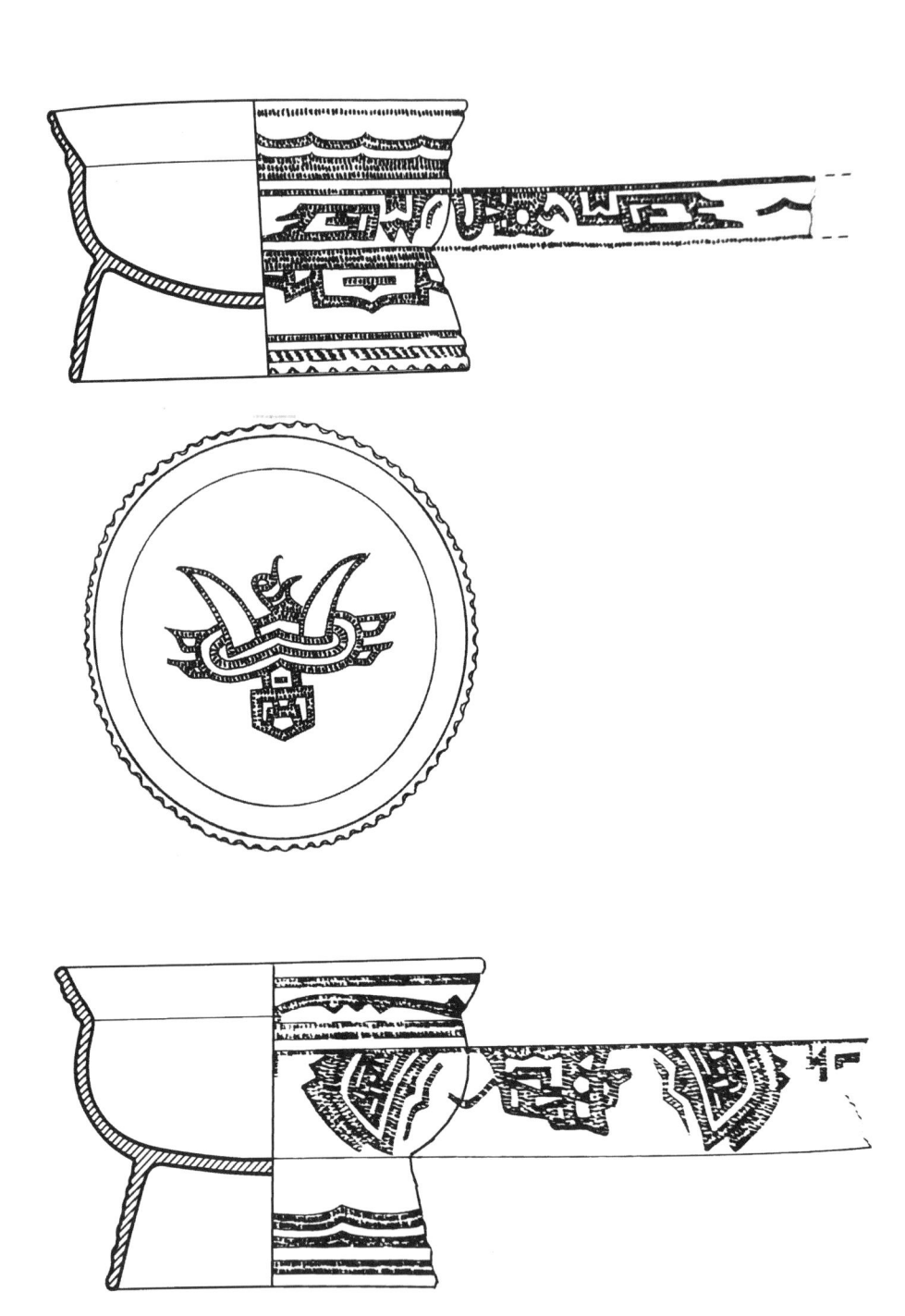

228 | 追踪信仰：艺术考古中的动物图像

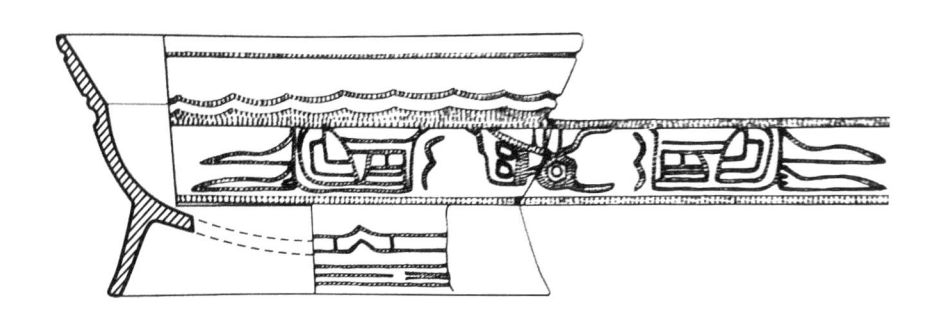

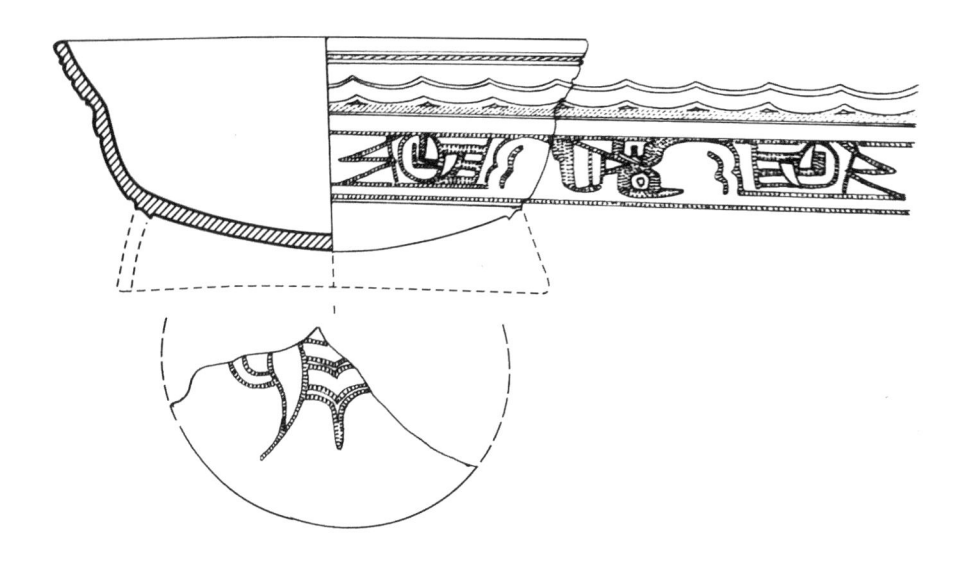

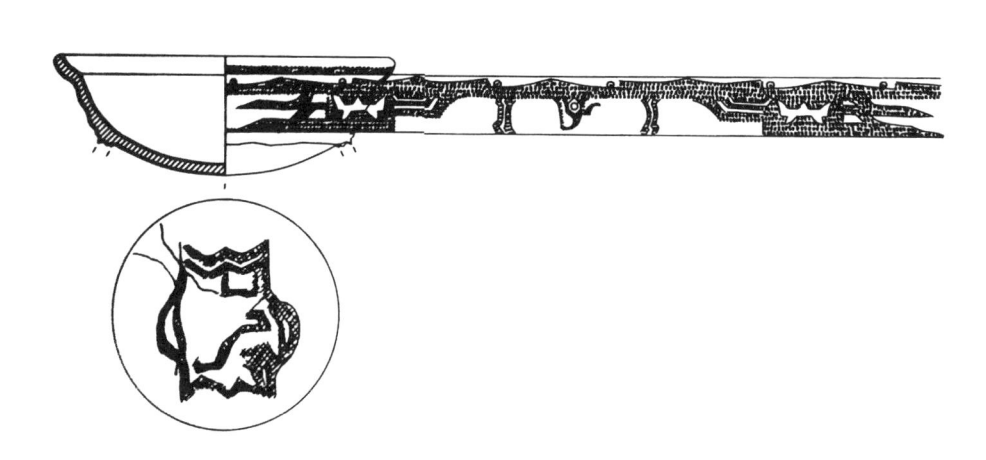

白陶上倒飞的日鸟（湖南洪江高庙遗址）

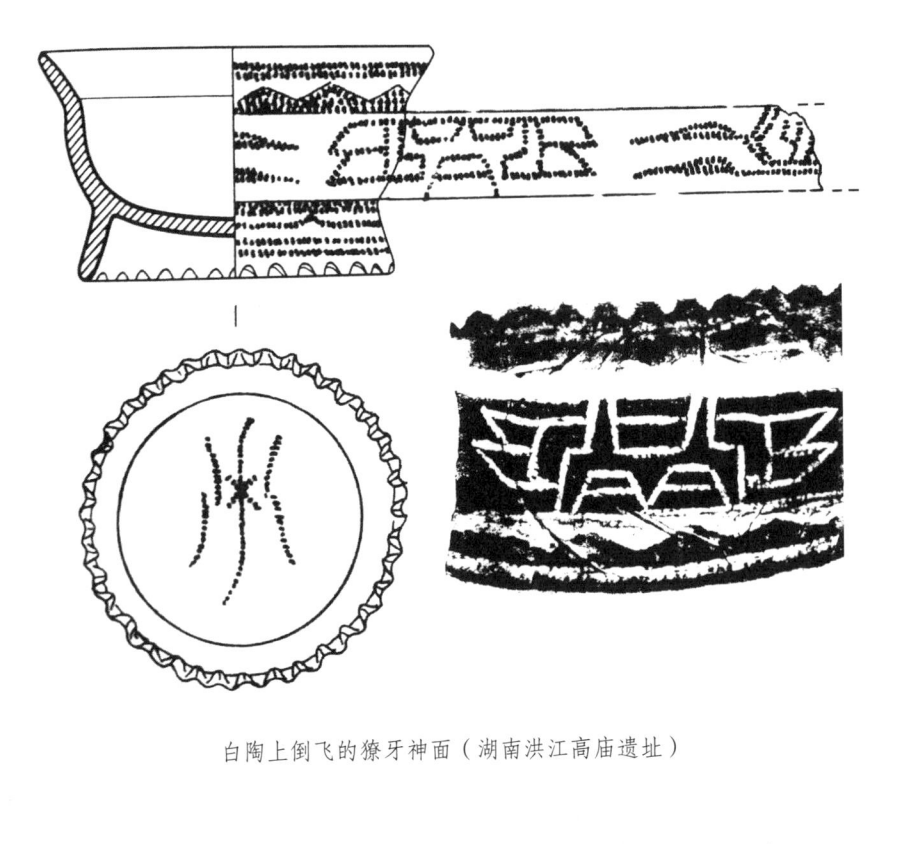

白陶上倒飞的獠牙神面（湖南洪江高庙遗址）

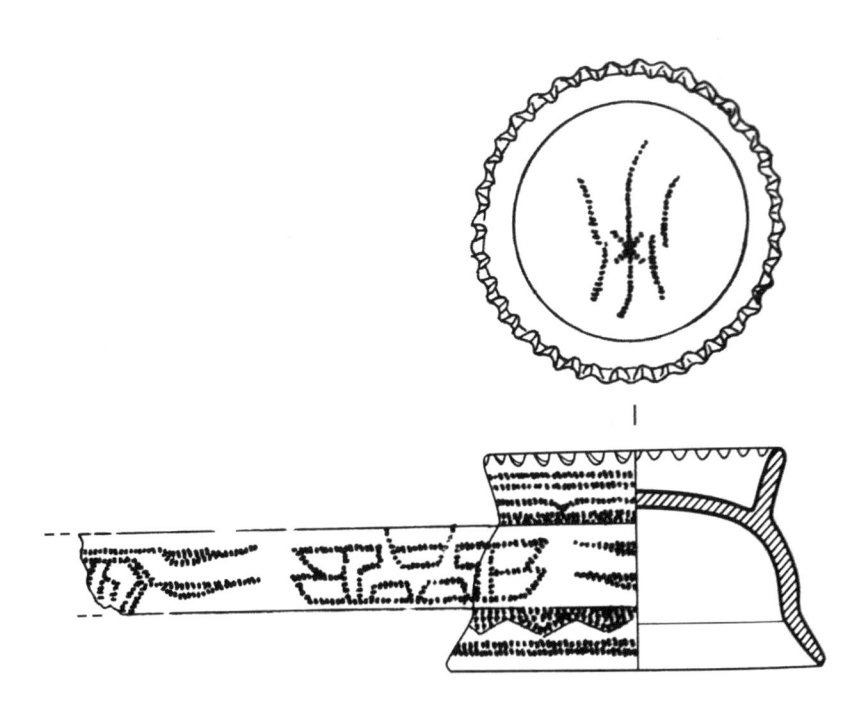

230 | 追踪信仰：艺术考古中的动物图像

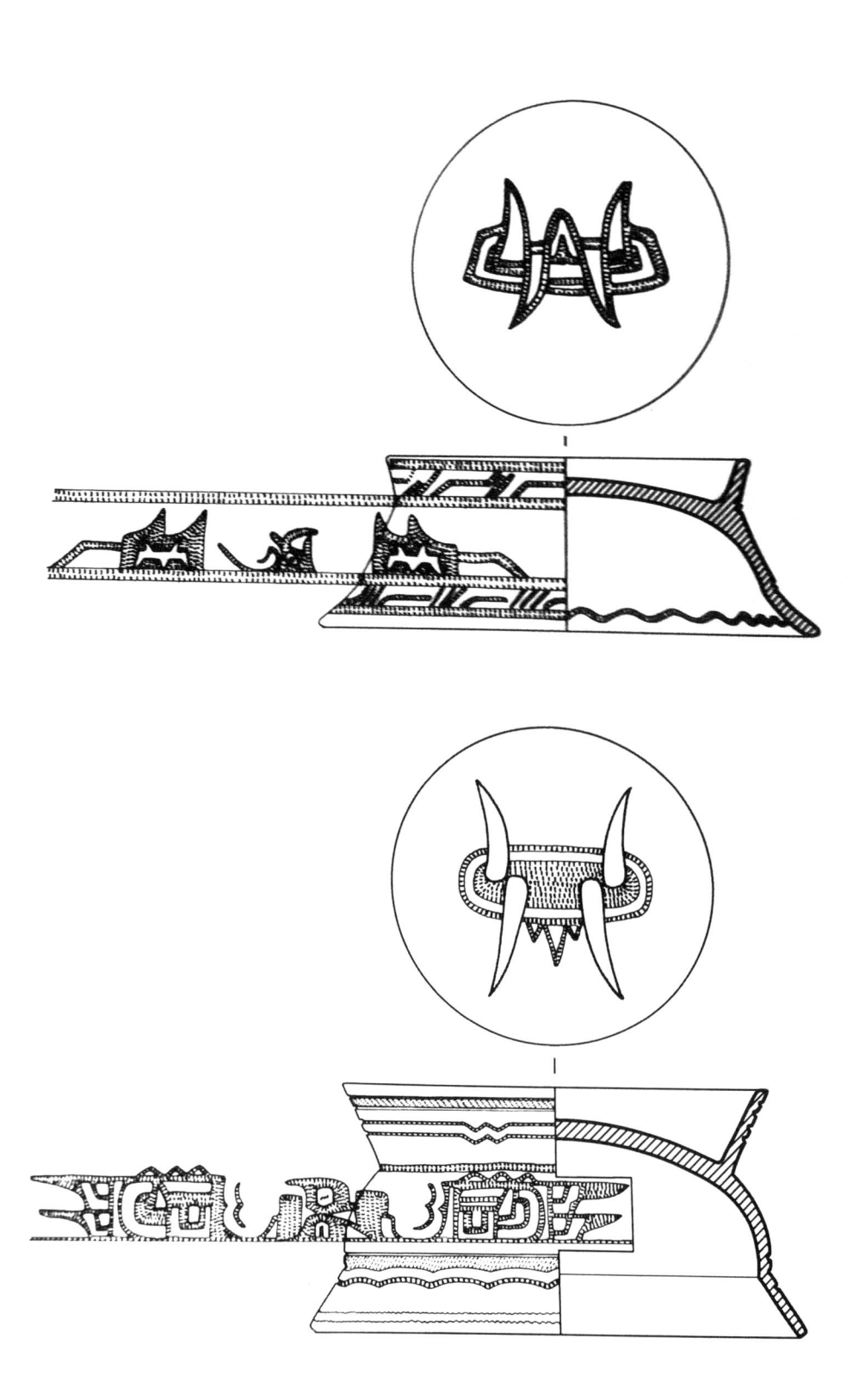

日乌：太阳鸟 | 231

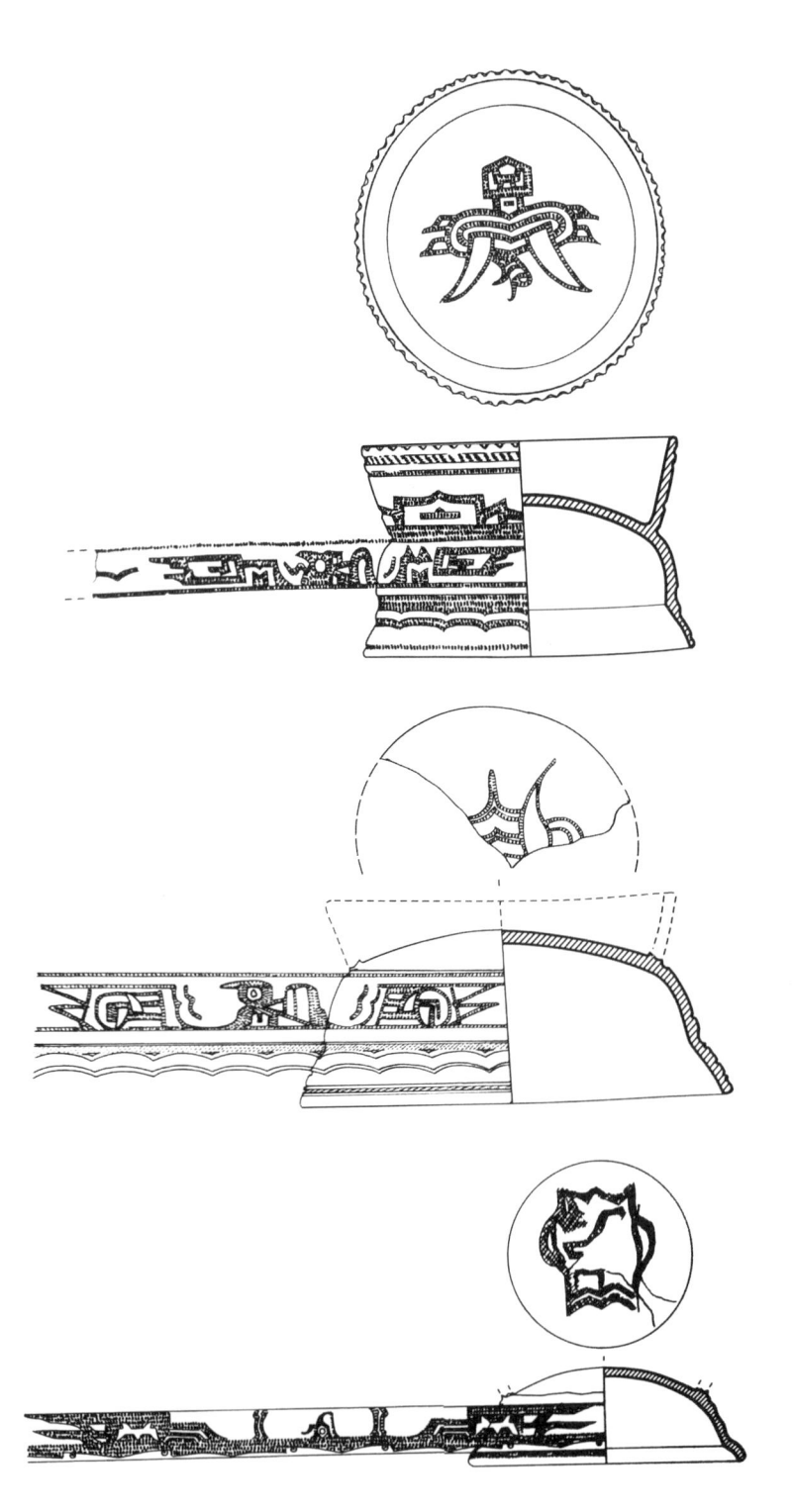

白陶器盖倒放后纹饰变为正飞的日乌（湖南洪江高庙遗址）

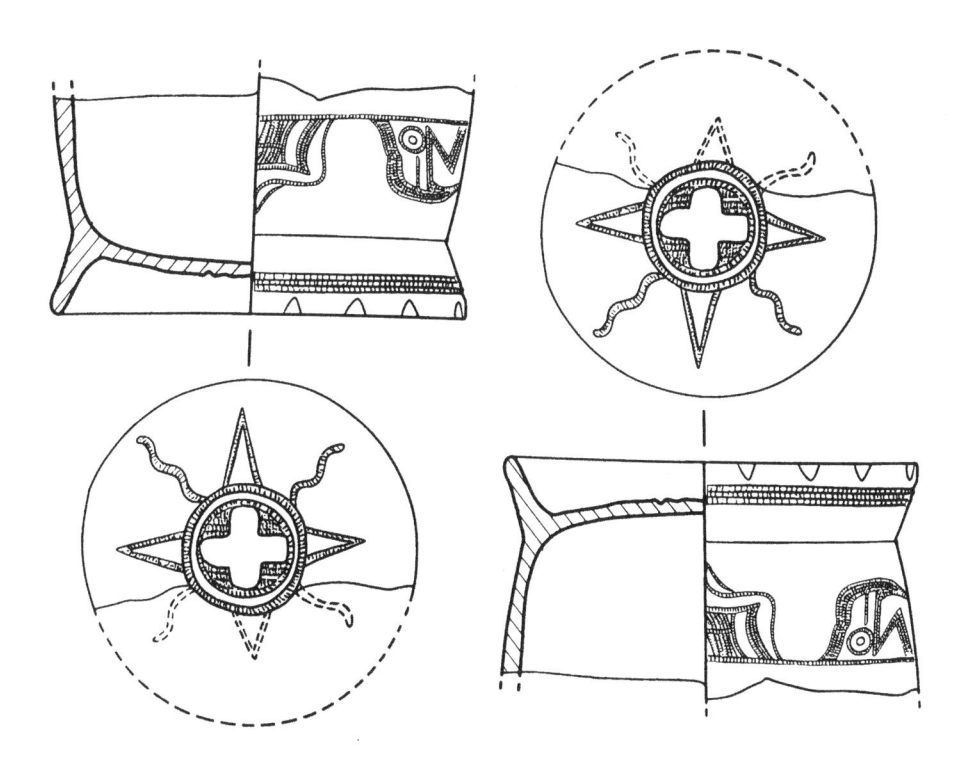

器盖倒视与正视图

阳鸟与神祖

《说文解字》中说凤为"神鸟也",这是汉代之前的传说。《说文解字》引天老之言说:"凤之象也,鸿前麟后,蛇颈鱼尾,鹳颡鸳思,龙文虎背,燕颔鸡喙,五色备举。出于东方君子之国,翱翔四海之外,过昆仑,饮砥柱,濯羽弱水,莫宿风穴。见则天下大安宁。"具有多种动物特征的凤,一出现便天下安宁,这是吉祥神鸟。

凤被认作鸟中之王,应是由多类鸟崇拜并成的集合崇拜,就像多类动物崇拜合成的龙崇拜一样。鸟崇拜的出现,主要是族群认同与太阳崇拜的结果。

成都金沙遗址出土太阳神鸟金箔的外围环飞着四只鸟,让一些学者想到《山海经·大荒东经》中"帝俊生中容……使四鸟"的传说。金箔表现的是四只神鸟托负着飞速旋转的太阳在天上经过,形象地展示了金乌负日的古老神话传说。这乌与鸟,便是阳鸟,即日鸟。

太阳在天上由东向西运动,先人不知动力何在,人们很自然地想到了鸟,在他们的视线里,只有鸟才有本领在空中翱翔。人们这样想象,一定是会飞翔的鸟带着太阳越过天空,那太阳一定有神鸟相助,它们是阳鸟。

著名的长沙马王堆汉墓出土的帛画,日中有乌,月中有蟾。汉画上的许多日月图像上,也都可以找到金乌、玉蟾的影子。藏族清代唐卡《太阳图》中站立着一只公鸡。在藏族神话中,太阳由七匹骏马拉的大车载入天空,太阳中有一只金鸡,所以藏语称太阳为七骏主、金鸡,这金鸡便是太阳鸟。

原始的太阳崇拜和阳鸟崇拜,在新石器时代就已产生。在史前人留下的太阳图像中,阳鸟是一个惯常表现的主题,阳鸟成了太阳的灵魂。浙江余姚河姆渡遗址发现了刻画双鸟朝阳的象牙,良渚文化一些玉器上也刻有威严的神灵和飞翔的阳鸟图像。

黄河下游和淮河下游是大汶口文化和龙山文化分布区,是传说时代中阳夷、于夷、太昊族、少昊族等东夷集团活动的区域。

少昊,亦作少皞,名叫挚,是传说中的帝王。"挚"便是"鸷",就是鸷鸟。少昊是东夷部落的首领,这个部落是由许多鸟氏族组成的联盟。少昊部族内有20多个以鸟为名的部落,如凤鸟氏、玄鸟氏、伯赵氏、青鸟氏、丹鸟氏、祝鸠氏、鸤鸠氏、鹘鸠氏、爽鸠氏等等，其中有凤族8个，凤族在少昊集团中地位最为尊贵，掌管天文历法，指导部落农桑。大汶口文化的陶器上刻画着太阳升起的图像。在类似的图像中，说不定就有少昊的造像，少昊的名字里就蕴有太阳的光芒。

黄河中游的仰韶文化时期是一个繁荣的彩陶时代，在红红的陶器上绘着优美的图案。陶工们将当时的信仰明白地描绘在陶器上，陶器纹饰中有圆圆的太阳和生动的阳鸟图像。陕西华州泉护村等遗址出土了不少阳鸟图案彩陶，陶盆上绘出的鸟有的展翅飞翔，有的亭亭玉立，它们的背部就有圆圆的太阳图形。背负着太阳的阳鸟，一定是仰韶人丰收的希望。

传说帝喾是个了不得的人物，他以日神自居。帝喾的元妃姜嫄生了弃（后稷），弃是周族的始祖。次妃简狄生了契，契是商族的祖先。次妃庆都生了尧，尧是历史上有名的五帝之一。次妃常仪生了挚，挚继承了喾的帝位，9年后禅让给尧。这几个儿子分居各地，形成更多部族，每个部族都有鸟崇拜的

汉画中的金乌

刻画双鸟朝阳象牙（浙江余姚河姆渡遗址）

日鸟：太阳鸟 | 235

影子。

殷人始祖神话说："天命玄鸟，降而生商。"司马迁将这则神话写进了《史记·殷本纪》，说是帝喾的次妃在野外沐浴时，看见玄鸟遗落了一枚卵，简狄取来吃了，结果怀孕生下了契。

玄鸟或说就是燕子，也是太阳鸟。玄鸟也就因此被看成殷人的祖先，或者说殷人自以为就是太阳的子孙。殷墟出土青铜器上常见鸟纹，图案化的立鸟透出一种少见的纤纤之美。更多见到的是一些鸟形玉佩。鸟形玉佩的琢磨十分精细，造型各异，亭亭玉立，透出一种高贵之气，表达了殷人对阳鸟所怀有的特别情感。

大汶口文化陶器刻画太阳图像（山东莒县陵阳河遗址）

周也是一个崇鸟的部族，周武王伐纣时有"凤鸣岐山"的传说。这是周族兴盛的先兆，也是胜利在望的号角，所以武王兴周灭商，推翻了商王的统治。岐山因境内东北部的箭括岭双峰对峙，山有两歧而得名。

《国语·周语》说：周族兴起，有凤凰鸣于岐山。周人崇凤，视之为神鸟。出土西周时代的一些鸟纹玉器，制作一般都比较精细。周代青铜器上也常见凤鸟纹和拟日纹，日纹似烈焰升腾。这都表达了周人对太阳与阳鸟的崇敬，其中也有对凤鸟特别的崇敬。

当始祖神话与太阳崇拜融会在一起，当众鸟崇拜集合为凤崇拜，光明与美好都由之呈现出来，这就是先民的世代愿景。

其实不独在我们的国度，太阳鸟在域外也是无处不有的精灵，太阳崇拜在世界各民族中普遍存在，曾经是人类共有的信仰。

古埃及的日神，也是一副雄鹰的模样。公元前14世纪，太阳神崇拜成了古埃及的国教，雄鹰成了太阳的使者。太阳神拉常常与以鹰为形象的霍鲁斯相结合，霍鲁斯被视为太阳神。在一些古埃及的绘画中，霍鲁斯被描绘成一只头

鸟纹彩陶（陕西华州泉护村遗址）

西周对鸟佩饰（河南三门峡虢国墓地）

佩日轮的鹰，或一个戴有王冠的鹰头人。

玛雅人的太阳神庙里，有乌鸦和啄木鸟的身影。美洲其他民族的太阳鸟还有鹰、鸮、天鹅、啄木鸟、乌鸦、凯察尔鸟等。在古代波斯帝国，也以鹰鸟作为太阳的象征。

鹰隼飞旋，飞得那么高那么远，好像就在太阳中飞翔。它被古人当作太阳的使者，传达着太阳的信息。鹰的力量就像太阳一样，征服了古人的灵魂。古人把对鹰的崇拜与对太阳的崇拜联系到一起。

在阳光下繁衍生息的人类，以最虔诚的心灵，在世界的每一个角落向未知的世界表达纯洁的心声。无限的宇宙，神秘的苍穹，光明的太阳，孕育人类的生命，塑造人类的灵魂。那翱翔天际的鸟儿们，是最有资格接近太阳的使者，只有它们才能将人类的虔诚与感戴传递给万能的太阳。

日鸟：太阳鸟 | 237

彩陶：一群东飞西去的鸟

庙底沟文化彩陶纹饰具有严密的分类系统，可以划分为几个不同的纹饰体系，由不同的纹饰主题构成，这是由纹饰的象征性决定的。主体纹饰系统为大鱼纹系统，这是承继半坡文化彩陶发展而来。[①] 除此以外，庙底沟文化彩陶还有鸟纹系统和蛙纹系统等，现在重点关注鸟纹系统的研究，希望对鸟纹主题在彩陶上的表现能有进一步的了解。

对于庙底沟文化彩陶上的鸟纹主题，过去许多研究者都注意到了，人们特别关注那些更富灵气的鸟纹，甚至会因它而忽略鱼纹系统的存在。当然我们只是注视到那些写实的鸟纹，而对于鸟纹彩陶的演变，还知之甚少，不清楚哪些几何形图案元素是由鸟纹抽象出来的，对于它与鱼纹的关系也缺乏了解。

现拟由以下几个方面进行探讨：由庙底沟文化彩陶上的鸟纹主题的象生形态入题，探索鸟纹的演变，追溯鸟纹的几何符号化过程。还要大略梳理鸟纹彩陶的分布，讨论鸟纹彩陶的象征意义，对于鸟纹与鱼纹组合及意义也有所关注。

1. 彩陶鸟纹主题的象生形态

半坡文化彩陶以鱼纹为重要特征，庙底沟文化以鸟纹为重要特征，两相区别非常明显，这是过去形成的普遍认识。庙底沟文化彩陶上的鸟纹主题，虽然描绘简单，但因为构图明确，非常写实，过去许多研究者都注意到了，认为这是庙底沟文化与半坡文化区别的一个明显标志。

庙底沟文化彩陶上具象的鸟纹，绝大多数发现在陕西关中地区，以东部发现较多，华州泉护村遗址所见最多，华阴西关堡遗址也有发现，西部扶风案板遗址和陇县原子头遗址也都见到典型的鸟纹彩陶。所见鸟纹基本全为侧面鸟形，以黑彩平涂，有的表现鸟眼，有的并不表现。鸟形或站立或作欲飞状，鸟首几乎全都朝向右方。

经过两次大面积发掘的泉护村遗址，出土大量彩陶，早晚期都有写实鸟纹，

---

① 王仁湘：《庙底沟文化鱼纹彩陶论》，载《四川文物》2009年第2、3期。

鸟纹彩陶（陕西华州泉护村遗址）

以晚段发现的数量更多，纹饰变化也比较大。[①]早段的鸟形更近于写实，有头有喙有尾，有双足双翅。有一例在鸟背处绘有一较大的圆点，构图较为特别。晚段的鸟形则更为抽象，鸟头用一个无喙尖的圆点表示，鸟体细长，有的已经不画双足。不过在早晚期之间，已经开始见到比较抽象的鸟纹，以圆点表示鸟头，用分叉的线条表示翅尾，约略可以看出鸟形来。

华阴西关堡遗址彩陶上的一例鸟纹，鸟体修长，鸟尾三歧，双翅展开作飞翔状。[②]扶风案板遗址见到的三例鸟纹较为写实，有一例为四歧尾，也作展翅飞翔状。还有两例鸟喙啄有一圆形物，这在其他地点还不曾发现过。[③]陇县原子头遗址彩陶上的鸟纹有立鸟和飞鸟，有的鸟形被绘在圆圈之中。还有一例鸟纹略显抽象，虽然头尾尚可分辨，但已经开始隐匿鸟体的原形。[④]临潼邓家庄遗址的一例彩陶鸟纹比较特别，肥胖的鸟体，欲飞未飞，构图虽然写实却流于潦草。[⑤]

庙底沟文化彩陶所见写实的全形鸟纹，几乎全为头右尾左的侧视样式，有站立式，也有飞翔式，两种样式在数量上大体接近。也有一部分由于纹饰残缺，不能判明鸟的状态是飞是立。

[①]北京大学考古学系：《华县泉护村》，科学出版社，2003年；陕西省考古研究院、渭南市文物旅游局、华县文物旅游局编著：《华县泉护村——1997年考古发掘报告》，文物出版社，2014年。
[②]中国社会科学院考古研究所陕西工作队：《陕西华阴西关堡新石器时代遗址发掘》，见《考古》编辑部编辑：《考古学集刊》（第6集），中国社会科学出版社，1989年，第52—62页。
[③]西北大学文博学院考古专业编著：《扶风案板遗址发掘报告》，科学出版社，2000年。
[④]宝鸡市考古工作队、陕西省考古研究所编：《陇县原子头》，文物出版社，2005年。
[⑤]赵康民：《临潼塬头、邓家庄遗址勘查记》，载《考古与文物》1982年第1期。

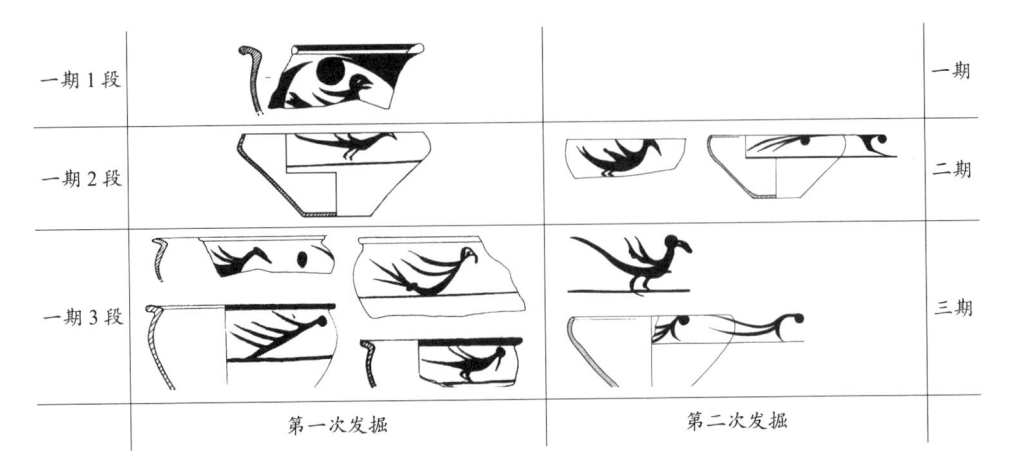

一期1段					一期
一期2段					二期
一期3段					三期
第一次发掘			第二次发掘		

鸟纹彩陶（陕西华州泉护村遗址）

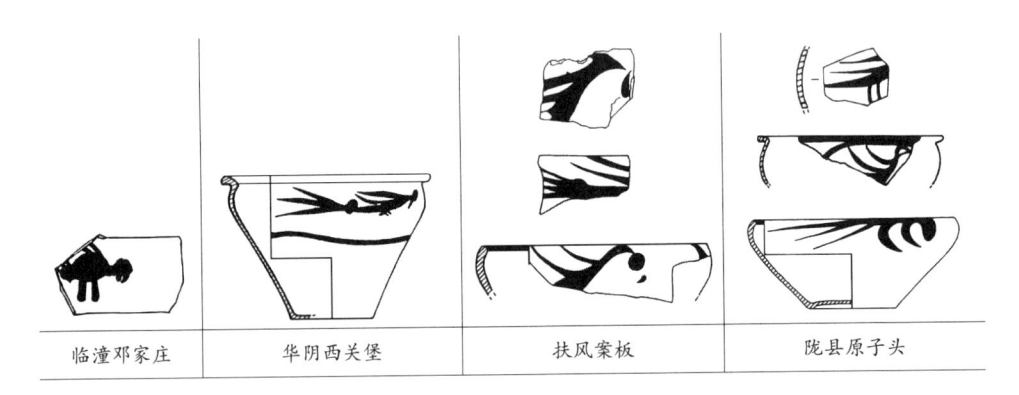

临潼邓家庄	华阴西关堡	扶风案板	陇县原子头

关中其他地点的鸟纹彩陶

这些典型鸟纹一般头眼足尾俱全，所以称为全形鸟纹。少数鸟纹以点代头，并不特别绘出眼目。鸟纹绘法全为平涂，事先并不绘轮廓，先绘头眼和喙，都是一笔绘成，继而绘身子和长尾，也是一笔绘成；最后绘双翅双足，不论立鸟飞鸟，双翅均作展开形式，正是将翱将翔之态。

写实鸟纹各部位的状态特征如下：

头部多扁长形，圆形少见。有的是一笔绘成头与喙，中间留出空白当眼睛。后期见圆点式头形，不专意绘眼。眼睛形状不规整，只有少数鸟纹点睛，一般以空白代眼，不见圆形眼。喙有长有短，有开有合，闭合者居多。有的喙边衔物，物作圆体形。个别抽象的鸟形，并没有特别描绘鸟喙的形状。

鸟纹的身体特征有的比较明显，颈腹分明。有的不明显，颈腹不分。有的身后有圆形物，少数身尾接合处绘有圆点。

鸟纹尾部作尖刺状,大多比较夸张,画得长且大。有单尾形,也有双尾形,更有三叉和四叉形。翅也是尖刺形,立鸟、飞鸟的双翅均作展开状。

鸟的足部多为细长形,一般都画全双足。少数飞翔的鸟没有绘出足部,或者绘着收缩起来的双足。

在华州泉护村等处还发现另外一种类似鸟的纹饰,有圆点绘的头,有展开的翅,但没有明显的身躯。有的像是正视图,有的又像是俯视图。这有可能是鸟的抽象图形,也不排除是描绘的其他什么动物,由于这类例子并不多见,暂时不便展开讨论。

彩陶象生类鸟纹主要发现在关中地区,东西部鸟纹构图似乎并没有明显不同。因为在泉护村有较多鸟纹彩陶标本出土,也许可以将关中东部看作它的中心流行区域。此外泉护村彩陶写实鸟纹的变化,也能寻出一些早晚演进的脉络,可以看出由写实向写意的变化轨迹。

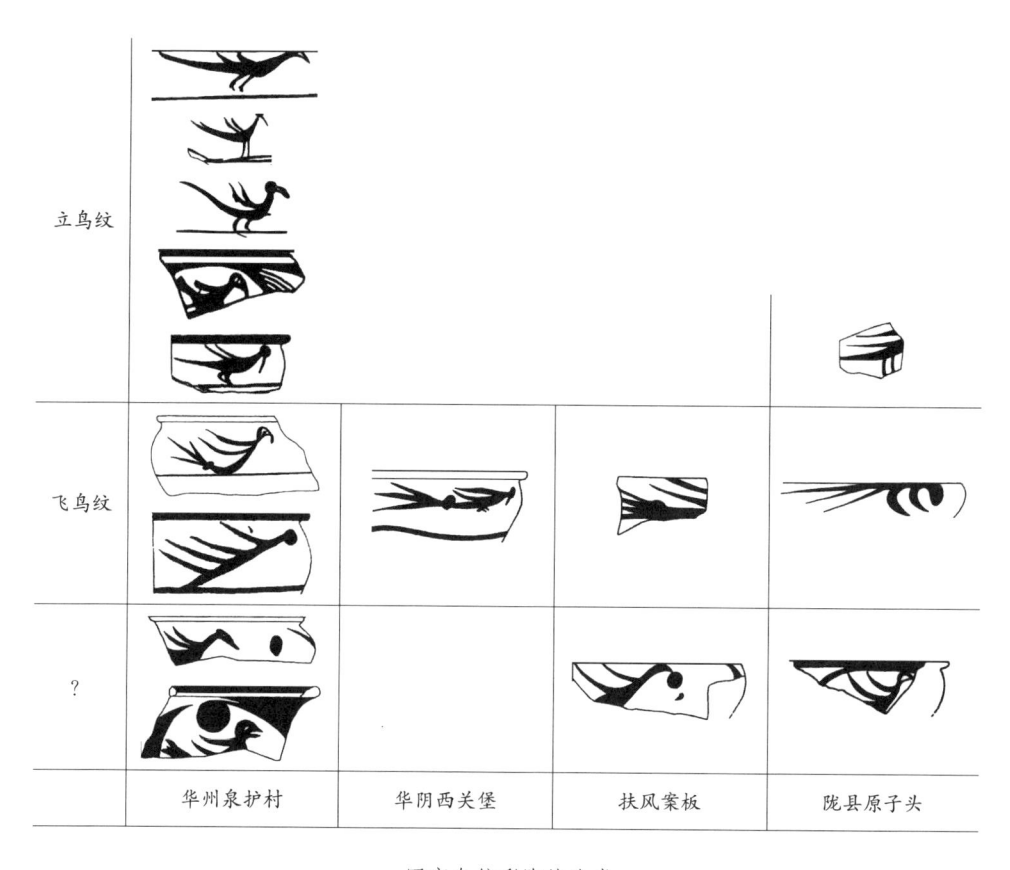

	华州泉护村	华阴西关堡	扶风案板	陇县原子头
立鸟纹				
飞鸟纹				
?				

写实鸟纹彩陶的分类

华州泉护村

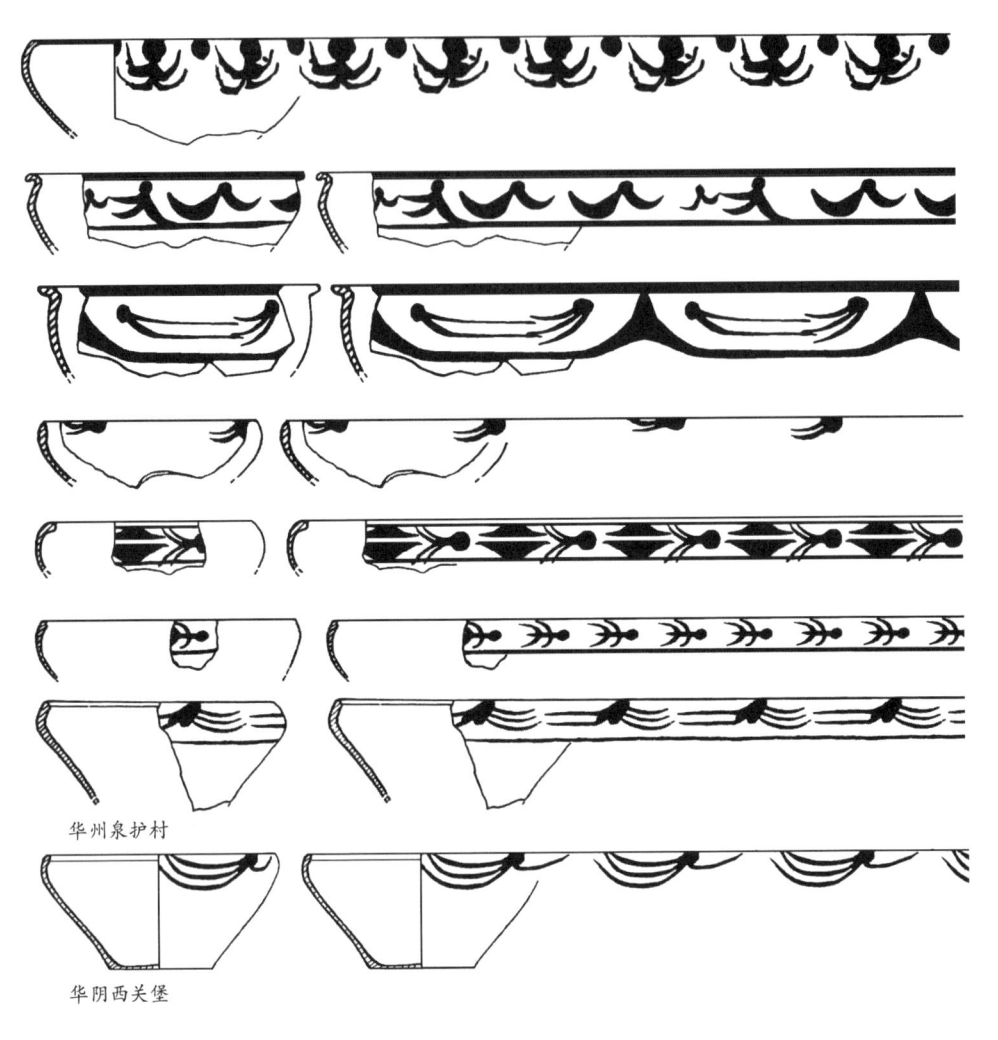

华阴西关堡

彩陶上的另类鸟纹

2. 鸟纹的演变：由具象到抽象

我们知道，彩陶鱼纹具有明晰的由具象到抽象的演变轨迹，那么鸟纹呢，会不会也经历了同样的演变过程？

由于彩陶上那些象生类鸟纹构图简练且明确，认读并不存在困难，所以也没有什么争议。但是鸟纹有没有经历几何化的演变过程，这个问题以往有些学者已经有过初步探讨，回答是肯定的。不过这个演变过程究竟是怎样的，序列是否完整，研究有待深入。

以鱼纹体系的几何化演变过程揣度，鸟纹也应当会经历同样的演变。只是

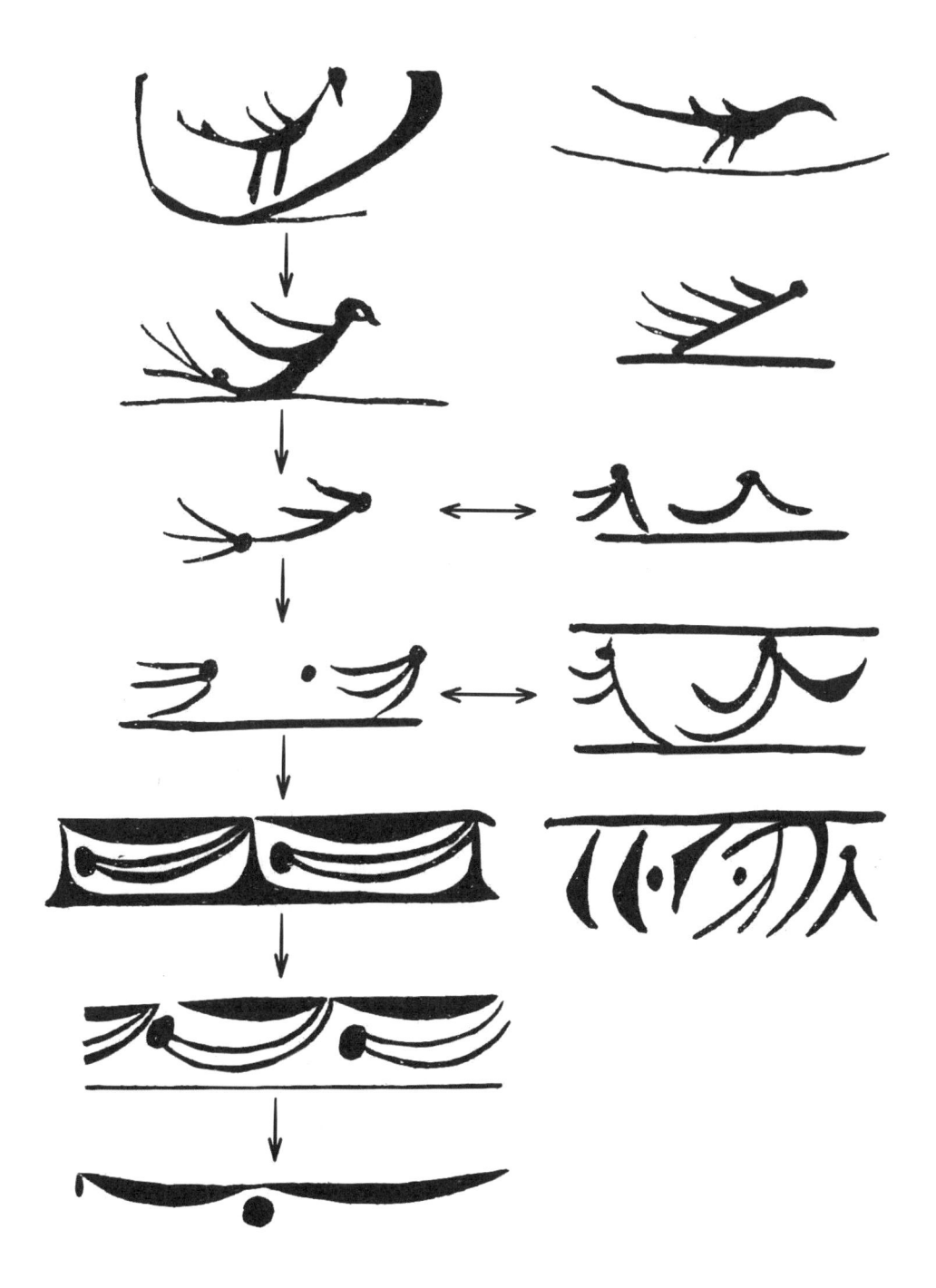

彩陶上鸟纹变化的脉络（参见石兴邦：《有关马家窑文化的一些问题》，载《考古》1962年第2期）

我们对哪些几何形纹饰与鸟纹有关,却并没有仔细梳理,或者可以说,以往推定的演变路径可能并不完全准确。曾经对此进行过研究的有石兴邦、苏秉琦和张朋川先生,他们的结论大体是接近的。

石兴邦先生最先注意到彩陶上的鸟纹,他认为鸟纹的变化时代特征比较明显。在讨论到庙底沟文化的鸟纹图案时,他发表了第一张鸟纹的演变图式,勾画出象生形向几何纹变化的趋势。这个图式似乎为后来的研究者指出一个思考的方向,也成为很长时间内鸟纹彩陶研究的一个很重要的切入点。[1] 现在看来,在写实与几何化的鸟纹之间,过渡的图式似乎并不自然,而且确定的那些几何图形是否为鸟纹变化的结果,也还是存有疑问。

接着是苏秉琦先生的研究。他在对半坡文化彩陶鱼纹研究的同时,对庙底沟文化彩陶中鸟纹的演变也进行了研究,他将鸟纹的变化序列归纳为以下五式:

(1)Ⅰ式:圆框,内加圆点,圆头,有眼、喙,短身;
(2)Ⅱ式:圆框,长头,有眼、喙,短身;
(3)Ⅲ式:长头,有眼、喙,长身;
(4)Ⅳ式:圆点形头,无眼,长喙,长身;
(5)Ⅴ式:圆点形头,无眼、喙,鸟形特征大部消失。[2]

归纳出来的这样一个变化的脉络,正是具象向抽象发展演变的脉络。当然苏秉琦先生列举出来的证据,同他研究鱼纹的变化一样,尽管列举出了抽象写意的图形,却还没有提及典型的系列几何形图案。后来严文明先生也曾指出,"早期的鸟纹还是比较写实的,到庙底沟类型晚期已有简化趋势",论及简化,还没有涉及几何化。[3] 仅由后来发表的华州泉护村的例证可以看出,鸟纹由比较写实到抽象的变化脉络确实比较清晰。前期鸟体壮实,细部刻画认真。后期鸟体修长,有的已没有颈与腹的区别。

鸟纹的几何化问题,很长时间内没有学者做太多展开研究。张朋川先生对这个研究应当是有了新推进,他有过一个大胆的推测,认定西阴纹是侧视鸟形的简化形式,还画出了鸟纹由具象到抽象再到几何化的演化图示。[4]

---

[1] 石兴邦:《有关马家窑文化的一些问题》,载《考古》1962年第6期。
[2] 苏秉琦:《关于仰韶文化的若干问题》,载《考古学报》1965年第1期。
[3] 严文明:《甘肃彩陶的源流》,载《文物》1978年第10期。
[4] 张朋川:《中国彩陶图谱》,文物出版社,1990年,第159页。

庙底沟文化彩陶鸟纹的演变（参见苏秉琦：《关于仰韶文化的若干问题》，载《考古学报》1965年第1期）

彩陶上鸟纹变化的脉络（均为华州泉护村）

张朋川先生认为，侧面的鸟纹由写实的纹样向几何形的纹样发展，后来鸟纹简化到仅以一个圆点表示，身子变成一条细长的弧带。再后来，"由圆点和细弧线组成的侧面鸟纹，还演变成斜线、圆点、月牙形纹组成的几何图案"。从张朋川先生的图示上看，鸟纹的演化脉络似乎非常清晰，不过这依然只能看作理论层面的推论，远不是确论。从华州泉护村遗址的地层证据看，最具象的鸟纹与抽象的西阴纹其实是共存的，在发掘者划定的属于庙底沟文化的三个时段中，抽象的西阴纹与具象的鸟纹都是共存的，看不出彼此之间存在什么联系。更重要的是，在秦安大地湾遗址的发掘中，这个证据不仅说明西阴纹出现的时间比我们原来知道的要早得多，是在半坡文化末期，而且提示我们要改变原有思路，显然不必在鸟纹中去寻查它的来源了。

另外，张朋川先生还论证过正面的鸟纹演变成另一种圆点与弧边三角连组的几何纹样，这种纹样广泛见于庙底沟文化的彩陶，也见于其他一些文化的彩陶和划纹陶。事实上这样的几何纹样也出现在半坡文化时期，与庙底沟文化彩陶上的鸟纹没有必然的联系，在大地湾遗址就发现了典型的标本[①]。

[①] 甘肃省文物考古研究所编著：《秦安大地湾——新石器时代遗址发掘报告》，文物出版社，2006年，第129、133、142、146页。

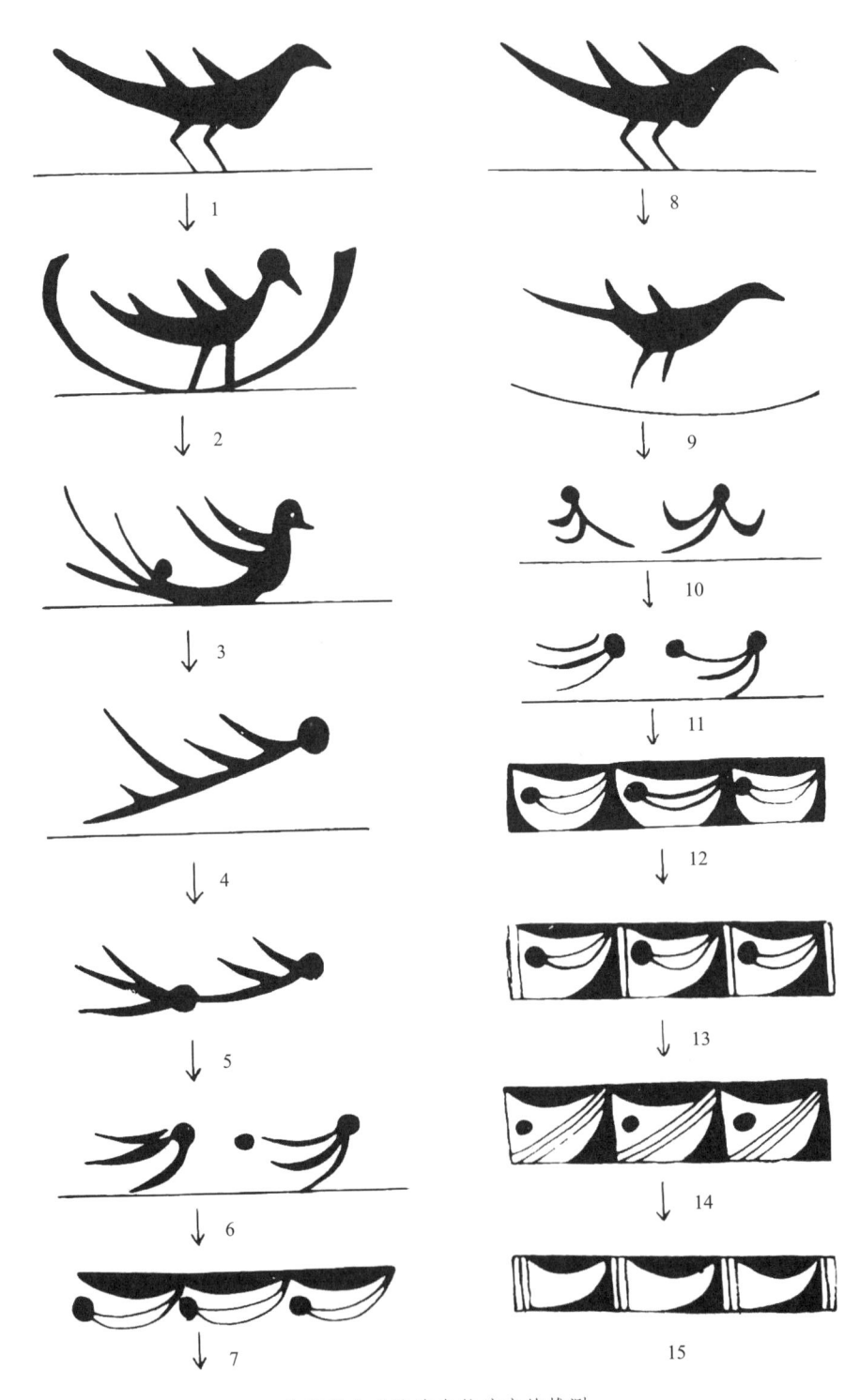

庙底沟文化彩陶鸟纹演变的推测

246 | 追踪信仰：艺术考古中的动物图像

3. 鸟纹的演变：由抽象到几何符号化

彩陶鸟纹由抽象到几何化演变的探讨，后来一直没有实质性进展，这可能是因为揭示的新资料有限，关键性证据仍然比较缺乏。不过华州泉护村遗址第二部发掘报告[①]刊布后，似乎有了一些足资探讨的新线索。

泉护村遗址新出土的写实鸟纹较多，也发现了一些可以确认的抽象鸟纹标本。顺着这样的线索，我们找到了不少几何化鸟纹彩陶，基本可以完善鸟纹演变的链条。

泉护村遗址发现的抽象变体鸟纹彩陶，大体可以划分为四种不同的构图：

（1）A式。以圆点表示鸟首，左侧有一个半圆圈向下伸展如单足支撑，再向左伸展出二歧或三歧尾翼。类似构图彩陶在彬州下孟村遗址和临潼邓家庄遗址也有出土，一般绘在钵类器外。

（2）B式。仍以圆点表示鸟首，但没有了半圆圈的鸟足，向左有分歧的鸟翼。这是鸟形的极简形式，这样的彩陶发现极少。不过远在青海民和的胡李家遗址却见到一例，其意义值得关注。

（3）C式。主体同A式，有圆点绘成的鸟首，有半圆圈延展而成的鸟足，不同的是还有明确的长尾，腹下有双线条可能表示的是双翅。这类彩陶在泉护村遗址所见数量很多，细部存在一些差异。河南三门峡庙底沟遗址新出土的彩陶中，也有相当多的这类彩陶。

（4）D式。似乎也是由A式变化而成，只是在原形的中腰位置插入了一组图案元素，将鸟形分割为前后两部分。

其他区域如甘肃、山西、河南、湖北、山东和内蒙古等也都见到几何形鸟纹彩陶，以C式最为流行。

这几式几何化鸟纹，虽然构图彼此间有很大区别，却也表现出一些关联性，有的存在明确的演变线索。这种关联性，并不是发生在它们彼此之间，是指它们的构形共同指向同一类写实鸟纹，这种鸟纹更加图案化和抽象化，华州泉护村遗址、华阴西关堡遗址及陇县原子头遗址都发现了这一类鸟纹彩陶。泉护村遗址和西关堡遗址见到的这类鸟纹构图相似，有细长的鸟身，绘出鸟头和向上的双翅，躯体后部绘出一个圆点，由这圆点绘出三叉的尾羽。原子头遗址的这类鸟纹绘得更加抽象，有三叉的尾羽，但省去了那个圆点，双翅向下如双足立地。

[①] 陕西省考古研究院、渭南市文物旅游局、华县文物旅游局编著：《华县泉护村——1997年考古发掘报告》，文物出版社，2014年。

写实与抽象共存的鸟纹彩陶（陕西华州泉护村遗址）

几何形A式鸟纹彩陶（陕西彬州下孟村遗址、临潼邓家庄遗址）

几何形B式（右）与D式鸟纹彩陶（陕西华州泉护村遗址）

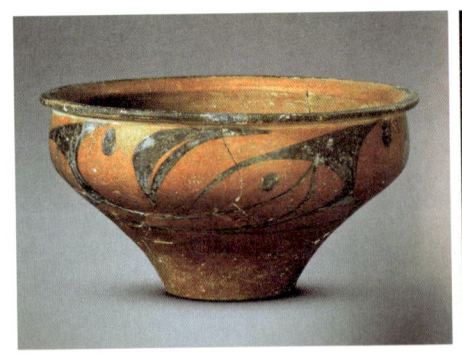

几何形C式鸟纹彩陶（陕西华州泉护村遗址）

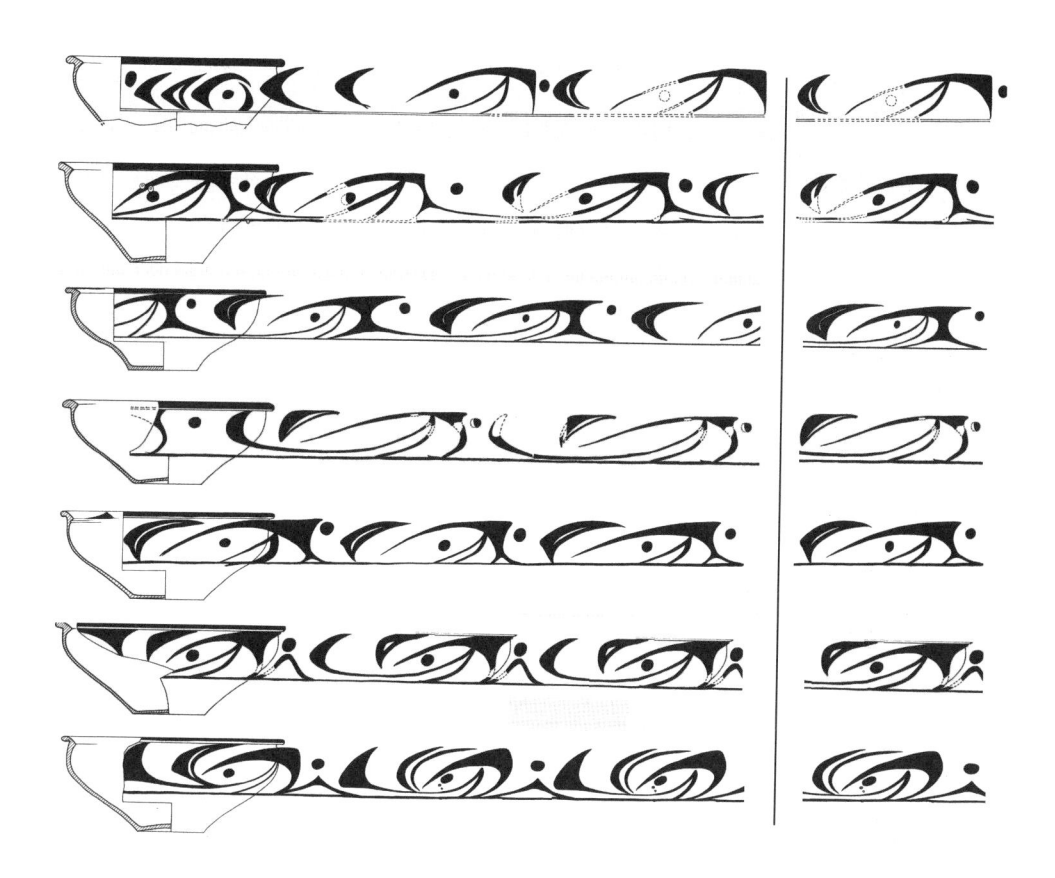

新二期彩陶 C 式鸟纹（陕西华州泉护村遗址）

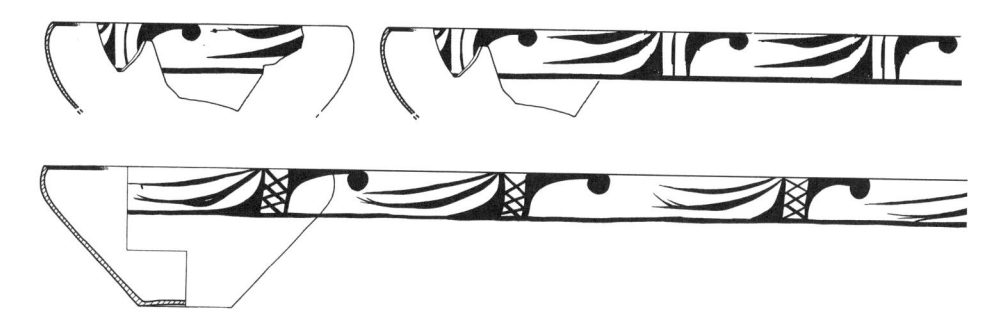

新二期彩陶几何形 D 式鸟纹（陕西华州泉护村遗址）

日鸟：太阳鸟 | 249

一期　　　　　　　　　　　　　　二期　　　　　　　　　　　　　　三期

彩陶上的几何形 C 式鸟纹（河南三门峡庙底沟遗址）

华州泉护村　　　　　华阴西关堡　　　　　陇县原子头

鸟纹彩陶

250 | 追踪信仰：艺术考古中的动物图像

介于写实鸟纹与几何化鸟纹之间，其实还有一种过渡形态的鸟纹，虽然只在泉护村遗址发现一例，但却非常重要，它的构形接近泉护村遗址和西关堡遗址的发现，躯体后部保留有一圆点，但向下的足简化为一足了。这个构形也接近几何化的C式鸟纹，有一足和三叉的尾羽，但尾羽的根部省略了那个圆点。由这一个变化轨迹看，C式鸟纹来源于写实鸟纹，大体上是没有疑问的了。

再看A式和B式鸟纹的变化，A式是写实鸟形省略中段仅存头尾的简化形，也可以看作C式的简化形，它们都有相似的足部和头部形态。D式鸟纹则是由

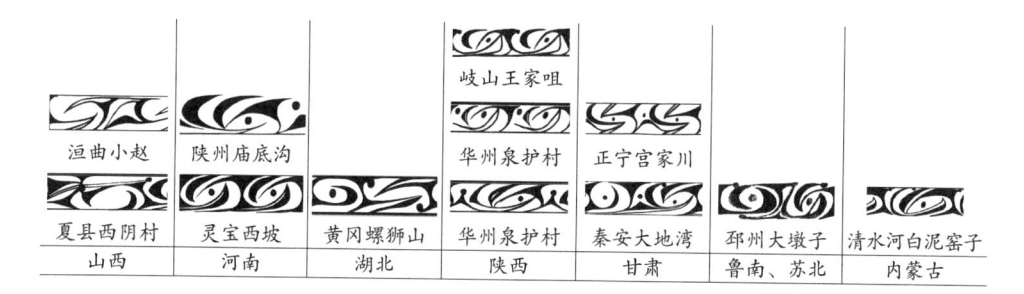

垣曲小赵	陕州庙底沟		岐山王家咀			
			华州泉护村	正宁宫家川		
夏县西阴村	灵宝西坡	黄冈螺狮山	华州泉护村	秦安大地湾	邳州大墩子	清水河白泥窑子
山西	河南	湖北	陕西	甘肃	鲁南、苏北	内蒙古

各地彩陶C式鸟纹比较

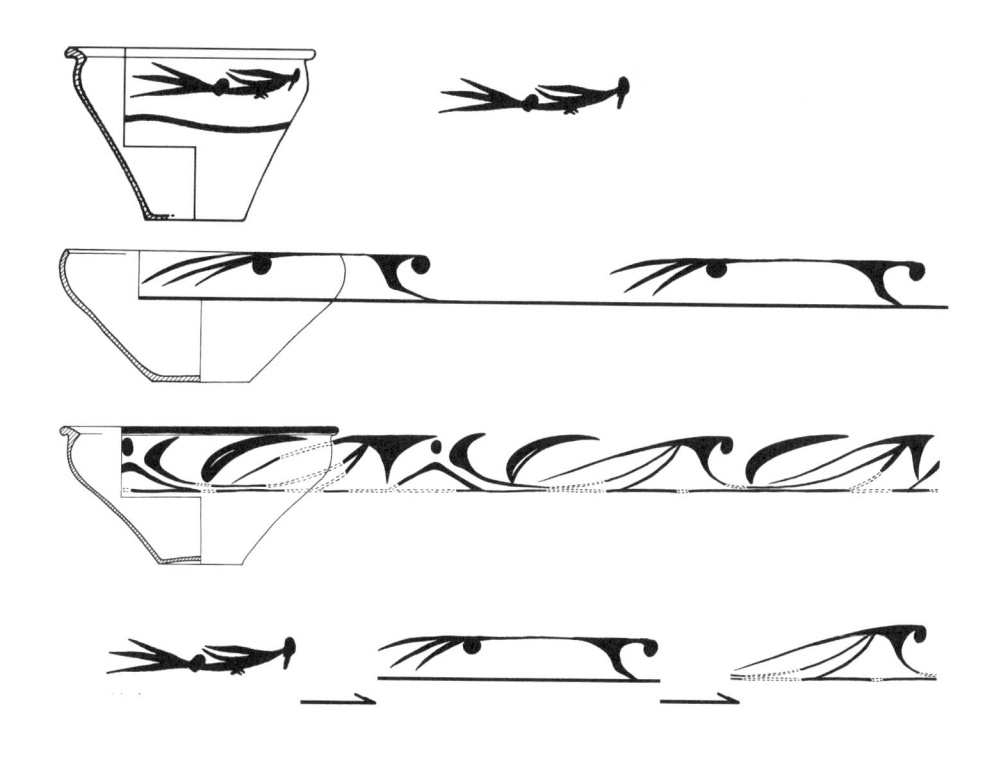

日鸟：太阳鸟 | 251

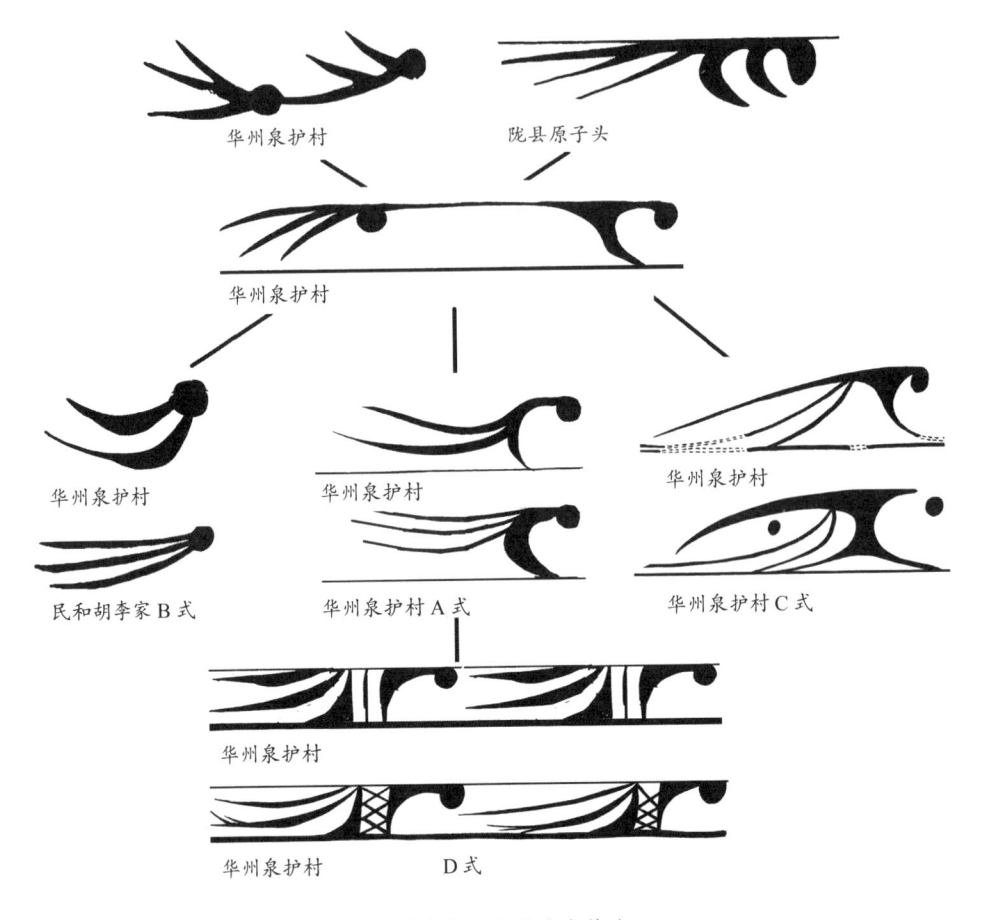

华州泉护村　　　　　　陇县原子头

华州泉护村

华州泉护村　　　　华州泉护村　　　　华州泉护村

民和胡李家 B 式　　华州泉护村 A 式　　华州泉护村 C 式

华州泉护村

华州泉护村　　D 式

彩陶鸟纹几何化演变轨迹

A 式衍生出来的，是在头足与尾羽形之间添加了一个几何形单元，将整体的鸟形分作前后两段，这时已经很难看出鸟形了。

彩陶就是通过这样的简化和解构方法，完成了鸟纹的几何化，隐没了写实的鸟形。其中 C、D 两式又与其他纹饰元素重组，建构出变化纷繁的图案，组成彩陶的鸟纹系统。这个系统虽然没有鱼纹系统那样庞大，但也很值得关注。

4. 鸟纹彩陶的象征意义

辨认庙底沟文化彩陶的鸟纹系统，让我们看到了鸟和鱼一样，在庙底沟人心目中都占有重要位置。鸟纹和鱼纹既分别出现，也同组出现。

鸟纹系统的彩陶，中心分布区是在关中及邻近的豫西晋南，西布陇原，南至江汉，东达鲁南，北及河套以北，表明鸟纹向周围的传播范围之大，并不亚于大鱼纹系统彩陶。

在研究鱼纹彩陶的过程中，我们讨论鱼纹的象征性时，曾经指出在庙底沟文化彩陶上并非只有一个鱼纹系统，次要一些的还有鸟纹系统和蟾蜍纹系统等。先前因为资料的局限，还没有明确构建起来除鱼纹之外的这些纹饰系统。现在初步建构起彩陶的鸟纹系统，自然要关注鸟纹的象征意义。

人类信仰的许多内容，多是由动物界的启发而获得的。飞鸟在天，与鱼游在水一样，是史前人很容易观察到的自然景象。庙底沟文化彩陶上的象形鸟纹，虽然也可以归入写实的图像之列，但其实它经过画工的高度提炼，常常被描绘成剪影样式，有时甚至连眼睛都没有绘出来。不能认为庙底沟人只是因为喜爱飞鸟，所以就在他们的陶盆上画出鸟形来欣赏，许多研究者都认为鸟纹应当还有其作为纹饰之外的含义。过去的很多研究都由历史时代的传说入手，再向前追溯到史前时代。首先会想到商人崇拜玄鸟，如《诗经·商颂·玄鸟》所谓"天命玄鸟，降而生商，宅殷土芒芒"。《史记·殷本纪》也记有"殷契，母曰简狄，……见玄鸟堕其卵，简狄取吞之，因孕生契"的传说。西边的秦人也有玄鸟神话，《史记·秦本纪》载："秦之先，帝颛顼之苗裔孙曰女修。女修织，玄鸟陨卵，女修吞之，生子大业。"这是同样的鸟崇拜传说，有些学者将它归结为男性生殖崇拜，也有人认为远古先民崇拜鸟并非生殖崇拜，而是出于鸟与物候的关系，出于图腾崇拜。[①]

对于鸟崇拜遗迹更流行的解释是太阳鸟之说，鸟崇拜往往主要体现为太阳崇拜。也有人说鸟崇拜比太阳崇拜更为古老，太阳崇拜可能并不是鸟崇拜的原因。[②]太阳从东方升起，至西方落降，中国神话中的太阳是由三足乌带着在飞翔。三足乌是神鸟，即是太阳鸟。《山海经·大荒东经》说："汤谷上有扶木，一日方至，一日方出，皆载于乌。"这乌也即是鸟，晋人郭璞注说日中"有三足乌"，也就是《淮南子》中说的"日中有踆乌"。鸟本有二足，乌有三足，从何言起？是因为它贵为阳鸟，才有这样的特别之处吗？汉代的人们，还有汉以后的人们，依然还在他们所绘的太阳图像里面绘出一只黑油油的鸟，虽然通常它只有两足而不是三足。

许多民族都以为只有飞鸟才是太阳的使者，作为太阳使者的各种神鸟形象飞遍世界，它们深深烙印在人们的脑海里。在古代社会里，太阳鸟是无处不有的精灵。于是在太阳崇拜出现之时，可能就有了太阳鸟崇拜。

[①] 刘德增：《从赤裸裸的崇拜到象征隐喻——中国生殖崇拜文化发展的轨迹》，见陈少峰主编：《原学》（第3辑），中国广播电视出版社，1995年，第56—58页。
[②] 萧兵：《中国文化的精英——太阳英雄神话比较研究》，上海文艺出版社，1989年。

庙底沟文化时期的天体崇拜已有了明确的标志物，一些研究者认为彩陶上的鸟纹和蟾蜍纹很可能就是日与月的标志，象征太阳神和月亮神，它是当时天体崇拜的一种方式。[①]庙底沟文化彩陶上的鸟纹，有的绘在圆形图案之中，有的则在背部上方绘出一个大圆点，这圆形与圆点可能真的是太阳的象征。那些鸟纹，表现的一定是早期神话中的太阳鸟。

庙底沟文化彩陶上频繁出现的太阳鸟图像，在大汶口文化和良渚文化陶器上也能见到，可能说明当时的太阳神观念普遍存在，传播范围很广。

彩陶上见到的鸟纹，一般只见于庙底沟文化时期，但这并不能证明其为太阳崇拜最早形成的年代。彩陶上的鸟纹，只是体现了太阳崇拜的盛行。太阳崇拜的出现，一定是更早年代的事情。

鸟与鱼，这一对恒常的艺术主题，在彩陶上大放异彩。在庙底沟文化中，不仅有鸟纹和鱼纹，也有鸟纹与鱼纹的结合。最著名的自然是汝州阎村遗址出土的那件彩陶缸上的《鹳鱼石斧图》[②]，鸟纹与鱼纹同绘一器，很值得关注。陕西武功游凤遗址曾发现一件鱼纹彩陶壶，也不见鱼头，而在鱼头的位置却出现了一个鸟头纹，这样的鸟头纹在临潼姜寨遗址出土的葫芦瓶上也见到过。其实类似的鸟头鱼纹在秦安大地湾遗址和陇县原子头遗址也都见到过，只是因为没有完整器，所以纹饰的原形不明晰，发掘者没有识别出来。彩陶上鱼身鸟首的

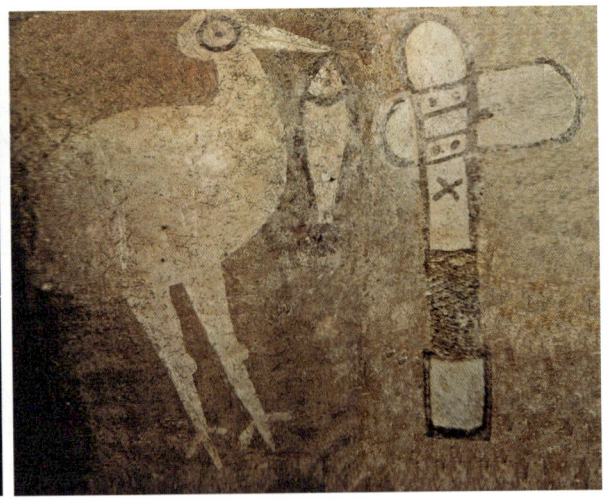

《鹳鱼石斧图》彩陶缸（河南汝州阎村遗址）

[①]严文明：《甘肃彩陶的源流》，载《文物》1978年第10期。
[②]临汝县文化馆：《临汝阎村新石器时代遗址调查》，载《中原文物》1981年第1期。

武功游凤　　　　　　　　　临潼姜寨

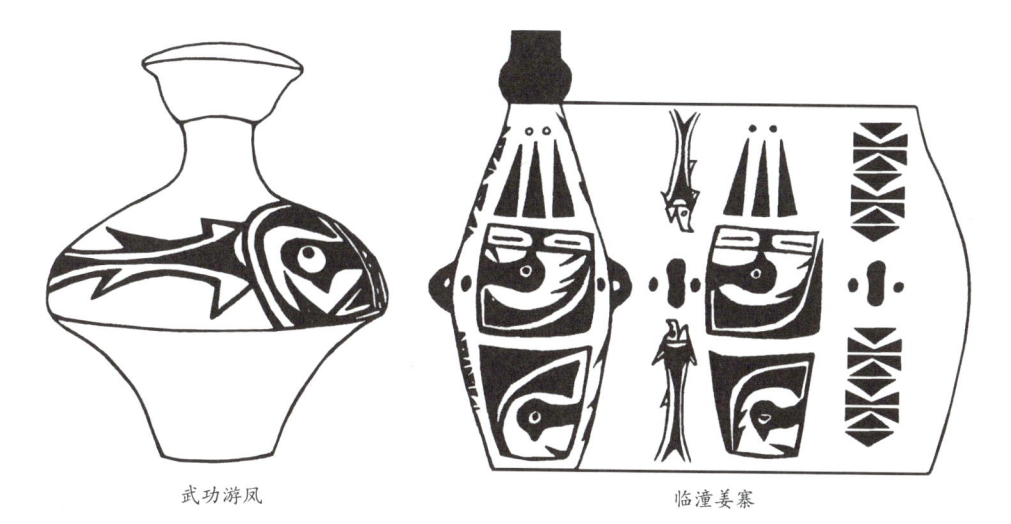

关中出土鸟头纹与鱼纹彩陶

鱼鸟纹彩陶（陕西武功游凤遗址）

结合，也许暗示了更深刻的文化背景，这个问题值得深入研究。

水和鱼，太阳和鸟，也是后来中国文化中阴与阳、水与火的象征。阳鸟和阴鱼在彩陶上同时出现，鸟纹和鱼纹组合一器，意义还可深入阐释。

日乌：太阳鸟 | 255

史前艺术中的鸮形主题
——以红山玉器为研究的重点

在史前艺术中，鸟是一个很重要的表现主题。史前人能看到的鸟，数量和种类一定很多，在他们的艺术中有鸟类主题是很自然的事，不过并不是所有的鸟都能进入史前艺术领域，艺术表现会有选择，也有所侧重。中国史前艺术中也见到一些鸟类主题，尽管我们并不能完全辨识出现在艺术中的鸟类种属，但鸮形主题却是确切存在的，它的形象辨识并不是太困难，现在要讨论的便是这个史前艺术主题。

鸮的形态特别，生活与活动习性也比较特别，这些都可能引起史前先人的特别注意，使人产生不少联想。鸮的形象很自然地进入史前艺术，中国史前彩绘、陶塑、玉雕都曾将它作为表现主题。迄今考古出土所见表现鸮形的艺术品，重要的有仰韶文化的鸮形陶鼎和鸮面陶塑，有齐家文化的鸮面陶罐。史前鸮形艺术品更多的主要是以玉雕形式出现的，而且以红山文化中发现数量最多，形态也富于变化。现拟以红山文化发现的鸮形玉器为中心，对中国史前艺术中的鸮形主题做一番简单的讨论，大力梳理一下鸮形艺术造型的演变脉络，探寻鸮形艺术主题的象征意义及其存在的文化背景。

史前艺术品中的鸮形造型分类

中国史前鸮形艺术品因考古文化或时代的差异，造型有很大不同，大体可分为全鸮体形（也作全鸮形）、鸮面形和鸮目形三类，表现角度有明显区别。在体、面、目三类鸮形中，又都可再分出写实和写意两种，造型富于变化，特征表现到位。

史前鸮形艺术品从发现数量上看，全鸮体形所占比例最大，形态变化也最多。全鸮形出现的时代也稍早一些，而鸮面形和鸮目形则是它的简化表现形式，是抽象形式。

1. 全鸮体形

全鸮体形是考古中见到的数量较多的鸮形艺术品，虽然表现的都是全形，但形态区别比较大，体形大小不同，如陶鸮和玉鸮区别就非常明显。红山文化见到较多的全鸮形玉雕，一般形体较小。

全鸮形艺术品分写实与写意两式，也有的介于两式之间。

（1）写实式全鸮形。鸮为立体造型，形体特征表现细致，头、体、翅、目、喙、足一应俱全。

（2）写意式全鸮形。鸮形特征重在姿态轮廓的表现，细部有所忽略。有些虽然细部有周到的刻画，但整体变形较大，也归入写意式。如仰韶文化中的鸮形陶鼎，鸮之形态表现细致，但全器作容器形，所以当以写意式视之。[1]凌家滩文化的鸟体熊首（一说猪首）翅玉佩，其实也是一个变体的全鸮形，器作展翅飞翔状。[2]

在全鸮形艺术品中，如果以鸮形的姿态分类，又可分为立式、卧式和翔式三类。

（1）立式全鸮形。大约是人们观察到的鸮以静态为多，所以在艺术中表现时也以立式为多，现代艺术中的表现也是如此。红山文化玉鸮立式数量较多，如辽宁阜新胡头沟遗址和内蒙古巴林右旗那斯台遗址所见，玉鸮两翅微张，左右对称，有时明确表现有双足。[3]

仰韶文化陶鸮鼎（陕西华州太平庄）

---

[1] 国家文物局主编：《中国文物精华大辞典·陶瓷卷》，上海辞书出版社，1995年，第4页。
[2] 古方主编：《中国出土玉器全集·安徽》，科学出版社，2005年，第4页。
[3] 古方主编：《中国出土玉器全集·内蒙古 辽宁 吉林 黑龙江》，科学出版社，2005年，第113、114、116、26、27、28页。

258 | 追踪信仰：艺术考古中的动物图像

红山文化玉鸮（辽宁阜新胡头沟遗址 M1）

日鸟：太阳鸟 | 259

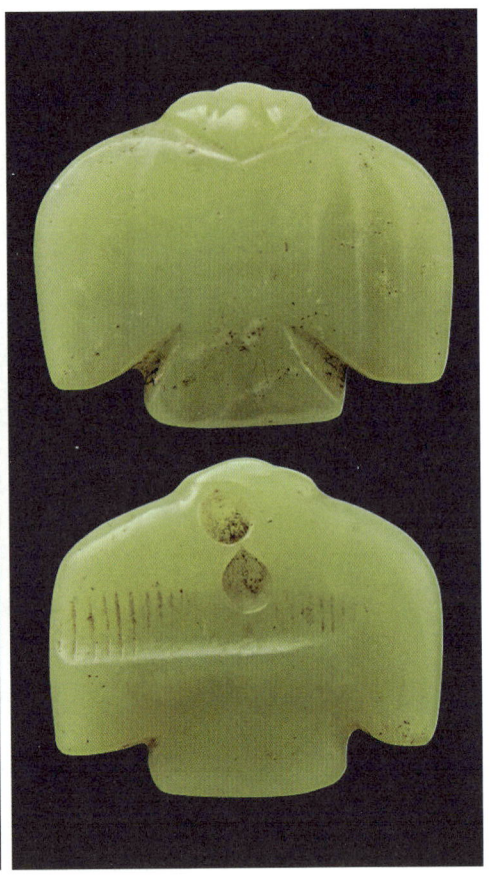

红山文化玉鸮（内蒙古巴林右旗那斯台遗址）

（2）卧式全鸮形。只见到一例，2003年牛河梁红山文化遗址第十六地点出土，鸮作回首蹲卧状。[①]

（3）翔式全鸮形。凌家滩文化的展翅玉鸮，是一例翔式全鸮。标准的翔式全鸮形，还在石家河文化中见到玉雕一件，是少有的发现。[②] 良渚文化中的玉鸟多作展翅飞翔状，眼大喙尖，应是飞鸮。[③] 山东、山西都见到过飞鸮小件玉雕，年代晚到商代及以后。[④]

[①] 古方主编：《中国出土玉器全集·内蒙古 辽宁 吉林 黑龙江》，科学出版社，2005年，第112页。
[②] 古方主编：《中国出土玉器全集·湖北 湖南》，科学出版社，2005年，第15页。
[③] 古方主编：《中国出土玉器全集·浙江》，科学出版社，2005年，第101、106页。
[④] 古方主编：《中国出土玉器全集·山东》，科学出版社，2005年，第101、106页；古方主编：《中国出土玉器全集·山西》，科学出版社，2005年，第73页。

红山文化玉鸮（辽宁凌源牛河梁遗址第十六地点 M4）

良渚文化玉鸮（浙江余杭反山墓地）

日鸟：太阳鸟 | 261

石家河文化玉鹰（湖北天门石家河遗址）

商代玉鹰（山东滕州前掌大遗址 M120）

商代玉鹰（山东青州苏埠屯墓地）

西周玉鹰（山西洪洞永凝堡遗址 M5）

绿松石鹰（辽宁喀左东山嘴遗址）

如果细分，还能分出一类将翔式全鸮形。将翔式全鸮形双翅略展未展，鸮仍取站立之形，红山文化中见到的这类玉雕最多。辽宁喀左东山嘴遗址见到一件绿松石鸮作展翅待飞状，翅展比其他玉雕显得更开放一些。[①]

当然也有些标本介于写实和写意之间，归类有一定难度，其实不必过于仔细分类，玉工当初在琢玉时也拥有一定的自我表现空间，这样会使玉雕体现出更多的个体差异。

2. 鸮面形

鸮面形艺术品只是表现鸮的头部、面部，在出土品中也可分为写实式和写意式两类。

（1）写实式鸮面形。仰韶文化中的一件鸮面陶塑，鸮面特征齐全，整体感觉自然生动，类似鸮面艺术品见到不多。

（2）写意式鸮面形。齐家文化中见到较多的鸮面陶罐，将罐上部做成鸮面形态，对称穿两孔做鸮目。[②]一部分红山文化勾云形玉佩，也可归入写意式鸮面，由于造型主体为双目形，我们还是将它们划归下面提到的鸮目形叙述。

3. 鸮目形

鸮目形艺术品只是表现鸮面的双目，有圆目式，也有旋目式。红山文化的对称双目形和单目形勾云形玉佩，都是表现得繁简不一的鸮目，以旋形目为多。双目形玉佩外围有较多的附加装饰，以往在解释这些附加装饰时人们费了很多心力，却有些忽略了双目主体。

鸮目形玉佩上旋目的变形也很大，有的中有圆睛外加旋线，有的省去圆睛只表现成一道旋线。

红山文化玉佩中的鸮目形，可再分为双目一体式和单目式两式，后者应当为一种减省的造型，是一种半体结构形式。

（1）双目一体式。或圆眼或旋眼，周边有附加装饰，下边常见三齿、五齿式结构，齿式全为奇数排列，这是非常明确的定式。有的没有附加装饰，只表现一双象征性的眼目，如台北故宫博物院的藏品和牛河梁遗址的出土品，有的非常精致，有的则相当抽象。远在陕西的凤翔上郭店村春秋墓中也出土了标准

[①] 古方主编：《中国出土玉器全集·内蒙古　辽宁　吉林　黑龙江》，科学出版社，2005年，第115页。
[②] 青海省文物管理处考古队、中国社会科学院考古研究所：《青海柳湾》，文物出版社，1984年，第230页。

日鸟：太阳鸟 | 263

仰韶文化陶鸮面塑（陕西华州元君庙遗址）

的红山文化玉鸮面，它的收藏显然也受到后世的重视。①

（2）单目式。双目一体式的半体形式，只有一目，或圆眼或旋眼，周边有些简单的附加装饰。如牛河梁遗址出土的数件，两种样式都有。②

在仰韶文化彩陶上，也见到鸮目形图案，因为发现太少，所以没有引起注意。如河南三门峡庙底沟遗址、陕西华州泉护村遗址和山西翼城北橄遗址，都见到类鸮目形图案彩陶。③

齐家文化鸮面陶罐（青海乐都柳湾遗址）

---

① 台北故宫博物院及内蒙古、辽宁等地藏品，又见古方主编《中国出土玉器全集·内蒙古　辽宁　吉林　黑龙江》（科学出版社，2005年）。
② 古方主编：《中国出土玉器全集·内蒙古　吉林　辽宁　黑龙江》，科学出版社，2005年。第113—116页。
③ 王仁湘：《史前中国的艺术浪潮——庙底沟文化彩陶研究》，图3-1-4-1，文物出版社，2011年。

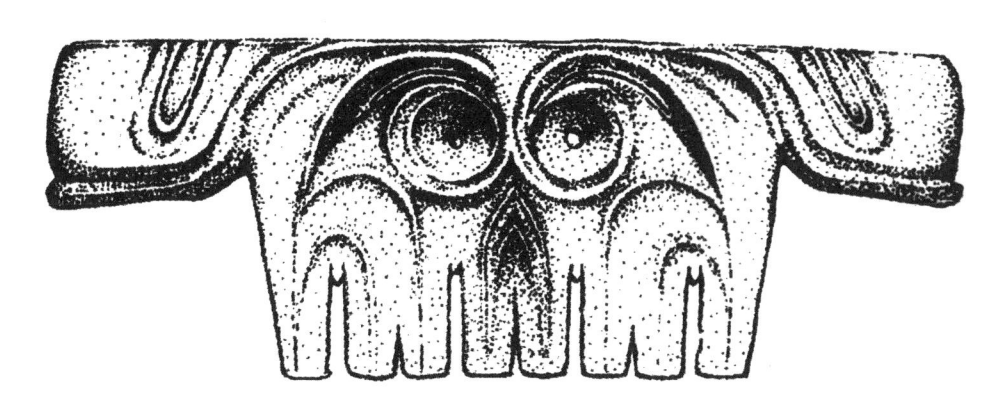

红山文化玉鸮面（台北故宫博物院藏）

红山文化玉鸮面（内蒙古巴林右旗博物馆藏）

日乌：太阳鸟 | 265

红山文化玉鸮面（辽宁凌源牛河梁遗址第二地点 M27）

红山文化玉鸮面（陕西凤翔上郭店村春秋墓）

红山文化玉鸮面（辽宁凌源牛河梁遗址第二地点 M9）

红山文化玉鸮目（辽宁凌源牛河梁遗址第二地点 M14）

红山文化玉鸮目（辽宁凌源牛河梁遗址第十六地点 M79）

红山文化玉鸮目（内蒙古巴林右旗那斯台遗址）

红山文化玉鸮目（辽宁凌源牛河梁遗址第五地点 M1）

红山文化玉鸮目（辽宁凌源牛河梁遗址第二地点 M21）

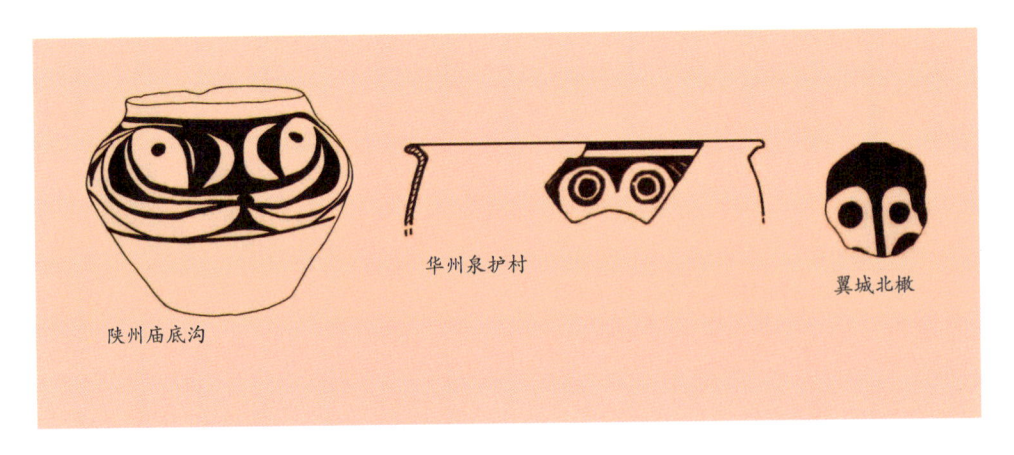

仰韶文化彩陶上的类鸮目纹

史前鸮形艺术主题作品的演变脉络

现在要对史前鸮形艺术主题的演变脉络做出准确的判断,还有相当的难度。在红山文化以外的诸考古学文化如仰韶文化、齐家文化和良渚文化中,发现的相关标本过少,不足以做排序研究。即便是发现资料最为丰富的红山文化,也因为考古层位关系的缺乏,不容易排定出公认的演变序列来。

鸮形艺术的繁简变化,按一般理解,应当是由写实出发,经过艺术提炼,达到高度写意的境界,也即由形象到意象的演变。艺术的至高境界,"得意"之时可以"忘形(象)",原来的具体形象没有了,但它的象征性仍然存在。

对于红山文化玉鸮的演变脉络,这里做出的是一个初步的假设,这个假设有待将来的检验与验证。依据由具象到抽象的造型艺术原理推定,红山文化玉鸮经历了全鸮形—鸮面形—鸮目形的演变过程,这一个三段式的演变,完成了玉鸮的形与意的转换,完成了鸮形艺术的符号化。

玉鸮最初的形态,是较为写实的鸟形,直立的鸟体,具目、喙、头、尾和双翅,有的还刻画出双足,是为全鸮形。后来,玉鸮竖长的形态变为横长形,体、翅、足抽象化,有夸张的双目,是为鸮面形。再后来,玉鸮完全没有了鸟体形态,只表现有一双或一只夸张的眼形,是为鸮目形。

当然红山文化玉鸮的这个演变脉络并不完整,并不连续,中间有明显的缺环。按照这样一个序列推定来理解,在出土玉鸮中,还缺少一个很重要的中间形态,即竖长形向横长形的过渡形态。不过在一些私家收藏品中,确实见到了这种缺失形态的玉鸮,应当也是一个很重要的参考。鸟体具有明确的双翅,但整形已经是横长形了。

红山文化玉鸮造型变化很大,虽然大体可以找出这样一个演变脉络来,然而在每个阶段,也还是发现一些特例存在,如牛河梁遗址出土的一件玉鸮,只是完成了基本外形,并没有进行细部雕琢。[1]不过这件玉鸮的轮廓已呈横长形,也是论证中间演变环节的一个重要佐证。

---

[1] 古方主编:《中国出土玉器全集·内蒙古 辽宁 吉林 黑龙江》,科学出版社,2005年,第117页。

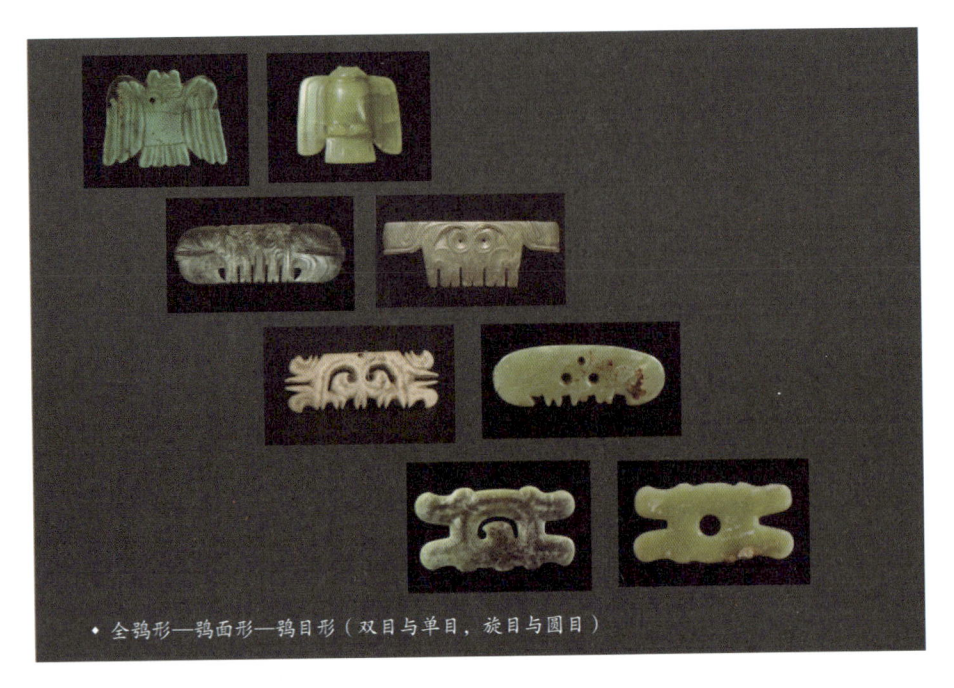

• 全鸮形—鸮面形—鸮目形（双目与单目，旋目与圆目）

红山文化鸮形玉器的演变推测

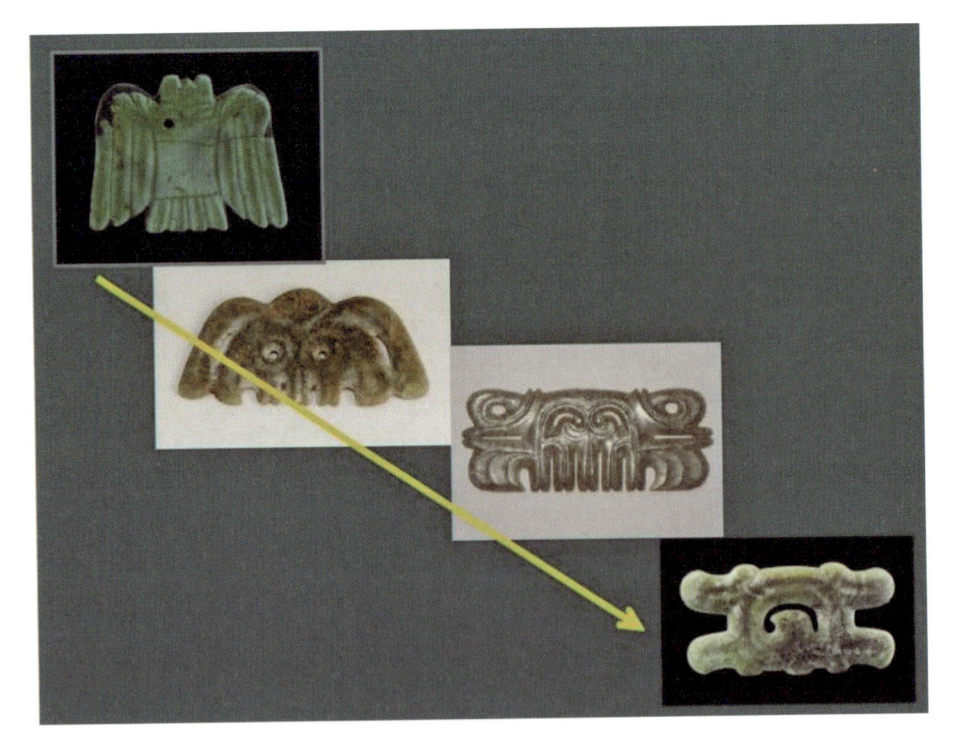

红山文化鸮形玉器的演变脉络

270 | 追踪信仰：艺术考古中的动物图像

玉鸮（私家藏品）

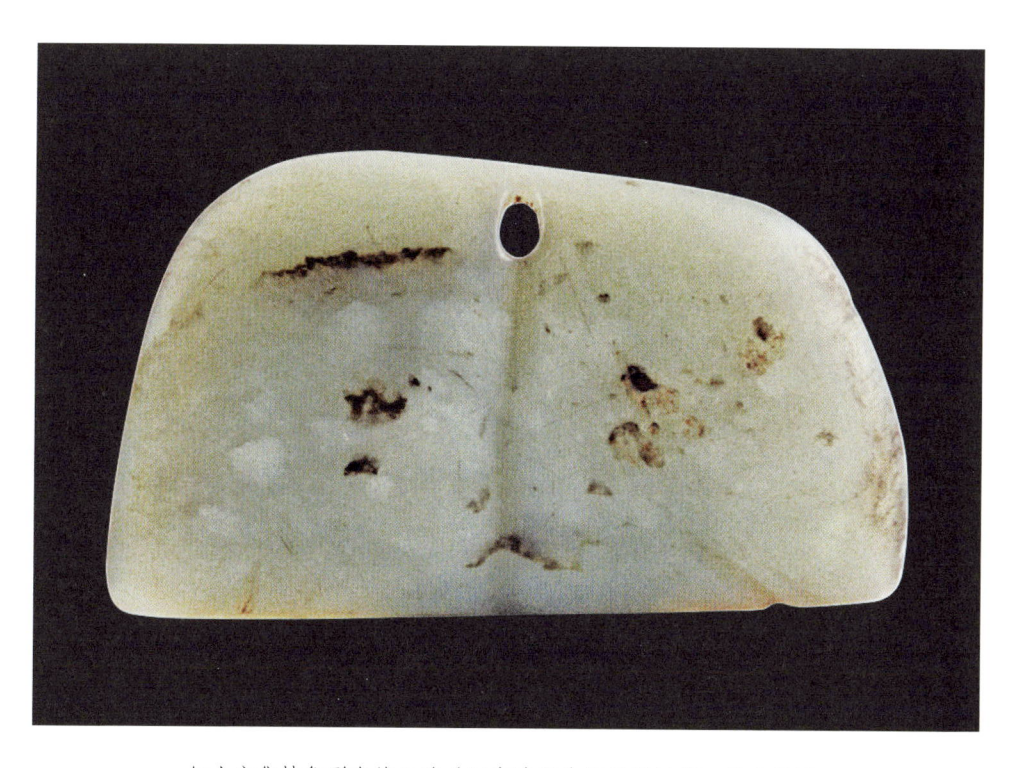

红山文化抽象形态的玉鸮（辽宁凌源牛河梁遗址第二地点 M4）

日乌：太阳鸟 | 271

文明时代早期鸮形艺术主题的传承

商周时代，鸮形主题进入青铜艺术。商代有一种肥硕的青铜卣，带提梁，整体造型就是鸮形，不过已经是很写意的风格了。南北区域都有这样的鸮形青铜卣发现，应当是一种盛酒器。鸮形图案还被铸在饮酒器斝等青铜器上，图案经过高度提炼，构图夸张而严谨。

近些年发表的四川三星堆出土文物资料，也见到数件鸮形造型文物，有鸮形陶器钮，也有鸮形铜器[1]，后者的造型与殷墟所见非常相似。引人注意的是，有一件鸮形陶器钮的鸮目，表现为两个放光芒的太阳图像，有明确的象征意义。

鸮形在商周时代仍然有玉制品发现，也仍是写实形与写意形并存。值得注意的是，山东地区一些商代墓葬中出土的玉鸮，多作飞翔状，一定程度上还保留有红山文化的风格。[2]殷墟见到的玉鸮为圆雕，制作精致，鸮身琢有纹饰，与商代铜鸮尊风格吻合，可视为仿铜制品。[3]

汉代以后，还能见到鸮形主题艺术品，较多出土的陶鸱鸮形器，可能被赋予特别的含义。

陶鸮（四川广汉三星堆遗址）

---

[1] 四川省文物考古研究院、三星堆博物馆、三星堆研究院编：《三星堆出土文物全记录》，天地出版社，2009年。
[2] 古方主编：《中国出土玉器全集·山东》，科学出版社，2005年，第70、84页。
[3] 中国社会科学院考古研究所编著：《殷墟的发现与研究》，科学出版社，1994年。

商代玉鸮（山东滕州前掌大遗址 M203）

商代玉鸮（山东滕州前掌大遗址 M120）

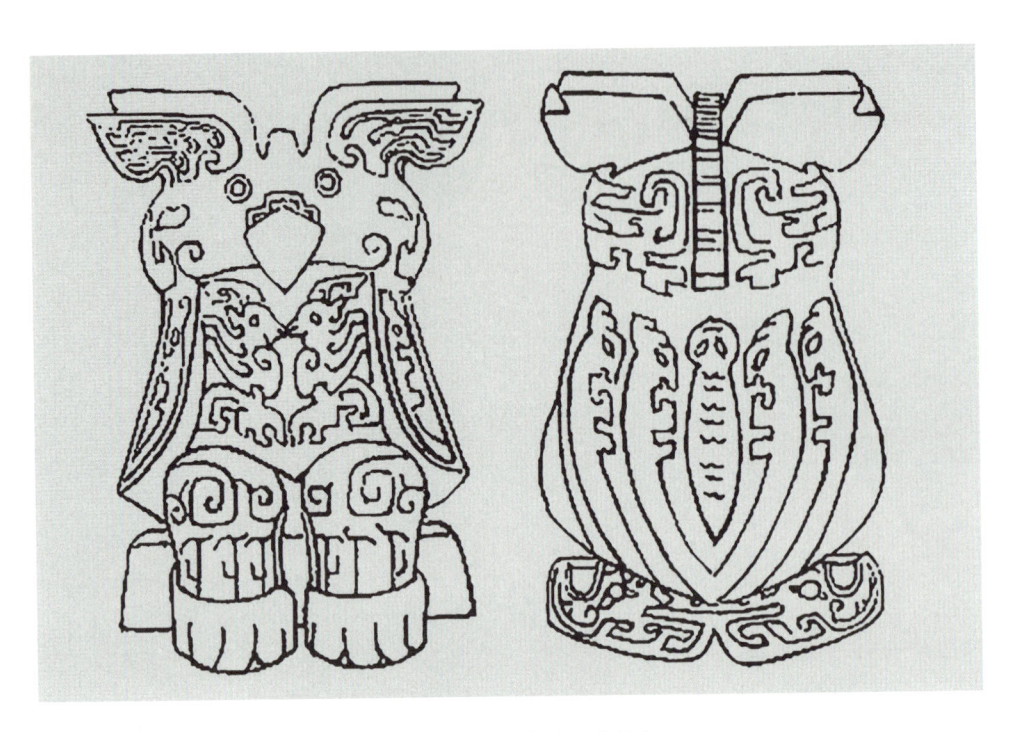

玉鸮线描图（河南安阳殷墟）

汉彩釉陶鸱鸮（私家藏品）

鸮形艺术的文化背景

有研究认为,鸱鸮为昴星宿象征,是太阳的生命意象和农业保护神。鸱鸮是知时之鸟,随着太阳回归冬至到来,在夜间开始活跃,报晓春天的来临。这是物候历法,而昴星宿正处于中天位置,成为冬至的天文标志点,所谓"日短星昴"。古有"昴曰髦头"(《史记·天官书》)之说,"髦头"有不同的解释,有人认定是猫头鹰,说昴星宿是猫头鹰星,商代称"卯鸟星"。《山海经·西山经》说:"三危之山……有鸟焉,一首而三身,其状如䴗,其名曰鸱。"有人说"一首三身"指的是鸱蹲姿态,即一首而三足,鸱鸮是商人心中运日的三足乌。猫头鹰在黎明迎来太阳,唤醒春天,使万物复苏。崇拜猫头鹰和崇拜昴星宿,都是对太阳的崇拜。不同时代不同民族对昴星团有不同叫法,中国古代叫"髦头",古希腊称为"一串葡萄",法国人称为"母山羊带领一群羊羔",英国人称为"母鸡带着群鸡雏",毕达哥拉斯称为"音乐之神缪斯的七弦琴"。①

鸱鸮还被认为是生殖神与祖先神,以鸟状男根是远古先民的普遍认知,是祈求多产的巫术思维的表现。在商人族源神话中,有简狄吞玄鸟卵生商祖契的传说,"天命玄鸟,降而生商",一般认为玄鸟是燕子,其实应当是鸱。有人还列举甲骨文中的"商"字为猫头鹰锐目构成,《说文解字》里也能看到绘出大眼尖喙的"商"字,表现猫头鹰与商的特别联系。商人还有一个非常隆重的祭仪,叫作"蓷祭"。有的学者认为"蓷祭"是杀鸮以祭,也有人认为是祭祀鸮。"蓷祭"时巫师将酒洒向大地,向祖先神鸮祈雨求丰年。康殷先生通过对"蓷""萑""瞿"等甲骨文字的考证,认为都是远古至商代时期人们崇拜鸱鸮的见证。他说:"几乎从一开始时就发现古文中的各种观字都来源于鸱鸮形。因而我们研究、解释古文有关的若干字形,就非借助这些鸱鸮形,尤其是古人手笔下造出的鸱鸮形作品,如铜器造型、花纹中的此形不可。……对于释蓷觀诸字来说,首先弄清鸮形,似乎是唯一的捷径。"②

红山人崇拜鸮,商人崇拜鸮,这是不是又为商族起源研究找到了一个新的切入点呢?

红山人用玉作鸮,有研究者认为是一种宗教法器,可以通神通祖。夸张地

---

① 孙新周:《鸱鸮崇拜与华夏历史文化之谜》,载《北京晚报》2002年11月18、19、20日。
② 康殷:《古文字形发微》,北京出版社,1990年,第103页。

	甲骨文	金文	篆文	说文
商				
雚				

古文字中的"商"与"雚"

表现鸮目,也是为着赋鸮以神性,在膜拜中增强自信。

周代以后,鸮被当作邪恶的象征。汉贾谊谪居长沙以鹏鸟为不祥作《鹏鸟赋》,鹏鸟即是鸱鸮。《汉书·郊祀志》记:"祠黄帝用一枭、破镜。"如淳注说:"汉使东郡送枭,五月五日作枭羹以赐百官。"端午为辟邪之日,食枭羹图的是消灾。汉人六博之戏以得枭为胜,枭也就成了胜利的象征。《后汉书·张衡列传》说:"以得人为枭,失士为尤。"李贤注言:"枭犹胜也,犹六博得枭则胜。"枭即鸮,这样反用鸮概念的实例,也进一步突显了鸮在人们心中的位置与能量。

从史前时代起就留下了许多关于鸮的故事,如果不是那些陶塑和玉雕,可能我们对那些故事会一无所知,是这些鸮形主题艺术品让我们又找回了一些丢失的记忆。

凤凰于飞

远古的日鸟崇拜，到了一统华夏之后，逐渐深化为一统的凤凰崇拜。

我们知道，嬴姓的秦族崛起于西部，秦族同商族一样也以玄鸟即凤凰为始祖神。《史记·秦本纪》记述了这样的传说：秦人始祖女修，是颛顼帝的后裔，她织布时有玄鸟遗卵，她吞下卵，怀孕生下大业。大业娶少典氏之女生大费，帝舜赐之姓嬴氏，号伯益。这个玄鸟，有人认为就是凤鸟。

秦人于凤，确实怀有一种特别的感情。刘向的《列仙传》记有一则"吹箫引凤"的传说。据说秦穆公时有个名叫萧史的人，善于吹箫，穆公的女儿弄玉也爱吹箫，于是就嫁给了萧史。萧史每日教弄玉吹箫，后来弄玉的箫声竟如凤鸣一般，引来凤凰久久不去。

秦人非常喜爱凤凰，包括千古一帝的秦始皇大约对凤凰也特别喜欢。

秦始皇统一称帝，为自己起了一个有别于以往任何君主的名号，称为"皇帝"。把"皇"放在"帝"前，自称"始皇帝"，而且可以简称"秦皇""秦始皇"，宁可省略"帝"字，也要保留"皇"字，《说文解字》说皇即是大，大即是天，"始皇者，三皇，大君也"。《尚书大传》说燧人为燧皇，伏羲为羲皇，神农为农皇，了不得的三皇。《尚书·益稷》所云："箫韶九成，凤皇来仪。"凤皇及凤凰。《诗经》中也将凤凰写作"凤皇"，如《诗经·大雅·卷阿》中有"凤皇鸣矣，于彼高冈"；"凤皇于飞，翙翙其羽"。

四川发现的汉画像砖，上有长尾凤鸟，凤前有"凤皇"两字。河南邓州出土的南朝画像砖也见到母子凤凰图，图上也题有"凤皇"两字。将"凤凰"写作"凤皇"，在秦汉时代应当是常事。

秦代的瓦当、漆器、铜镜上的纹饰，凤纹是惯常的主题。

秦瓦当中的母子凤纹饰和双凤朝阳纹饰，构图古拙而富于情趣。湖北云梦睡虎地出土的秦代漆器中也有多种凤鸟图案，其中既有线条流畅、装饰性很强的云凤纹，也有神采飞扬、富于写实性的凤鸟纹。秦人如此爱凤，开启了平民崇凤的风潮。

汉代以后，龙代表皇帝，凤代表皇后。虽然皇帝的"皇"字依然还在使用，但凤凰的女性化趋向却越来越明确了。后来凤凰便成了女性的代称，一个好女子就是美丽的凤凰。凤凰头顶美丽羽冠，身披五彩翎毛，是综合了许多鸟兽的特点想象出来的形象，标志着吉祥、太平和政治清明。

龙飞凤舞，龙凤呈祥，凤鸟崇拜已经融入中华民族的血脉。

方位观念是文明的重要表征之一，方位体系的形成是文明成熟的一个标志。现在我们说起东南西北四方，说它与文明相关可能很多人都不相信，这是多简单的常识呀。确实不深奥，不过方位观念的形成，还有与它一起出现的一些文化现象却并不那么简单。

从甲骨文的发现看，四方与四方风观念的形成，不会晚于商代。

辨别四方，是个天文学的概念，古代是通过星宿的位置确定准确方位的，并不是简单地观察日出日落而已。这个问题我们暂且不谈论，需要关注的是古代将四方配以象征性的神化动物形象，甚至绘出它们相聚一起的图形，这个文化现象与神凤有关。

我们稍下力涉猎一下，便可了解到这四方的四神，即所谓"前朱雀，后玄武，左青龙，右白虎"。这一套象征体系可以追溯到汉代或汉以前不久，但这并非最早的也不是唯一的四神体系。我们在汉代的瓦当、玉器、铜镜，很容易见到四神装饰，四神在那时已经是一种普遍信仰，具有重要的地位。

四神，也作四象、四灵，一般而言是指龙、虎、鸟和龟四神。后来道教引入四神观念，四神体系小有变更，普遍比较认同的是苍龙、白虎、朱雀和玄武体系。2016年陕西澄城王庄镇柳泉村九沟一座西周墓出土玉印一枚，印形如器盖，龙钮，椭圆形印面四个印文分列在十字格中，依次为龙、鸟、虎、鹿。这是一枚四神玉印，应当属于肖形一类，印文并不能认定就是文字，可称为"四神肖形玉印"。与后来四神体系不同的是，印文本为玄武的位置，却出现了鹿。虽然并不能完全肯定为鹿，但明显不是龟。

这个发现让人想起殷墟妇好墓出土过一件称为器盖的龙钮石器，它的底面也是以十字格简画出龙、虎、鸟和另一动物之形，这一不明确的动物更像是鹿，可以确认这样的四神体系在商代就已经出现了。

过去在河南三门峡西周墓中发现过龙、鸟、虎、鹿铜镜，说明商周两代的四神体系是相同的，这也是早期的四神体系。到了后来，玄武才取代鹿进入四神体系。

四神中的朱雀，作为神鸟，也有称为凤凰的时候。近年发现的海昏侯墓，随葬有一面偌大的铜方镜，附有漆文《衣镜铭》，镜铭提到的四神为"右白虎兮左苍龙，下有玄鹤兮上凤凰"，将通常说的朱雀直接写成了凤凰，而且玄武变成了玄鹤，这个变化过去我们并不了解。

我们还知道，海昏侯墓出土很多附有鸟图形的文物，这些鸟多作凤形，如玉带钩和铜当卢都见有四神图形，其中的朱雀均作优美的凤鸟之形，所以在《衣镜铭》中直接将朱雀写成凤凰，也是很自然的事。

说四神中有凤，朱雀就是神凤之体，汉代有人作如是观。依《说文解字》所说，雀为"依人小鸟也"，将这小鸟列入四神，可能有人心有不平，故此以凤取而代之，或者解释说这朱雀就是凤凰。

后来沈括在《梦溪笔谈》卷七中也表达了类似疑惑："四方取象苍龙、白虎、朱雀、龟蛇，唯朱雀莫知何物，但谓鸟而朱者。羽族赤而翔上，集必附木，此火之象也。或谓之'长离'……或云鸟即凤也"。这四神中的朱鸟，就是凤，它还有一个别名，叫长离。

《后汉书·张衡列传》引《思玄赋》曰："前长离使拂羽兮，委水衡乎玄冥。"李贤注曰："长离，即凤也。"司马相如《大林赋》有"前长离而后矞皇"，服虔注曰："皆神名也。"师古曰："长离，灵鸟也"。

长离在《汉书·礼乐志》中写作长丽，让人想起长丽也许就是长鹂，即黄鹂。其实离在古时也确为鸟名，即仓庚，也即黄莺，黄鹂鸟也。长离，不会就是黄鹂鸟吧，未必是说长尾巴很像黄鹂的神鸟？

不能理解的是，通行的四神系统为何不直接将朱凤纳入其中，而只是取了个相当于凤的鸟担当大任，其中的道理还有待深究。

南朝画像砖上的母子凤凰图（河南邓州）

日鸟：太阳鸟 | 279

秦文物中的凤鸟（湖北云梦睡虎地遗址）　　四神之凤（南越王博物院藏）

龙钮玉印（陕西澄城九沟村西周墓）

龙钮玉印印面(陕西澄城九沟西周墓)

四神铜镜(河南三门峡西周墓)

日乌：太阳鸟 | 281

龙钮石印（河南安阳妇好墓）

玉 中 对 鸟

黄金有价玉无价，近些年的考古与文物研究乃至古物收藏中，掀起了一浪高出一浪的崇尚古玉文化热潮。玉石之物，原本不过是一种自然天成的矿物，可是在经过了古中国人近万年崇拜的积淀之后，在经过了中国文化的反复打磨雕琢之后，它早已不是矿物的概念了，它被赋予的象征品质，它所承载的文化信息，真的是非常厚重深邃，也显得有些神秘莫测。

正是因为时光久远，因为历史迷雾的遮掩，当一件件古玉作品呈现在我们面前时，纵使它们依然那样晶莹剔透，可偶尔也会隐没本来的面目，让人百思不得其解。我们在这里要研究的两件古玉，就是这样隐没了面目的神秘饰件。研究者毫无疑问地认定了它的形状所表现的主题，可因为另外一些相关重要考古发现，让我们突然觉得约定俗成的认识其实是一个再明显不过的错误。这样的错觉提示我们，有些时候恐怕未必眼见为实。现在就让我们由这古玉的解读入手，通过更多的古物图像考察古代的一个艺术主题，这是一个影响深远的艺术主题，我称为"对鸟"主题。

这是两件小玉牌饰，2002年出土于山西襄汾陶寺遗址22号墓葬。陶寺遗址多年前曾经发掘过大批史前墓葬，而这是新发现的一座很重要的墓葬，虽然曾被盗掘，仍然出土包括玉器在内的大量随葬品。玉器中比较重要的就是我们要研究的两件小玉牌饰。两件玉牌饰大小及形状相同，器体很小，可以握在掌中，高3.5厘米，宽6.4厘米，厚不超过0.3厘米。由于玉饰造型乍一看都像是动物的头面，有大大的双目和外侈的双耳，所以有人说它是虎面，又有人说它像牛首，发掘者和不少研究者都称之为兽面玉饰，或者径直说它就是塑造的一个神面，推测它表现的可能是传说时代的蚩尤之像。

果真是蚩尤之像，那这个发现可就太重要了。传说蚩尤本为炎帝臣属，炎帝被黄帝打败以后，蚩尤率八十一兄弟举兵与黄帝争天下，最后在涿鹿激战。这一战杀得天昏地暗，结果蚩尤被有天兵助阵的黄帝斩杀。后来黄帝尊蚩尤为"兵主"，把蚩尤的形象画在军旗上，以此励兵作战，诸侯见蚩尤像被唬得不战而降。看那陶寺遗址出土的玉牌饰，虽是个很小的物件，感觉可真有些狰狞的气势，难怪有人说它就是蚩尤像了。

日鸟：太阳鸟 | 283

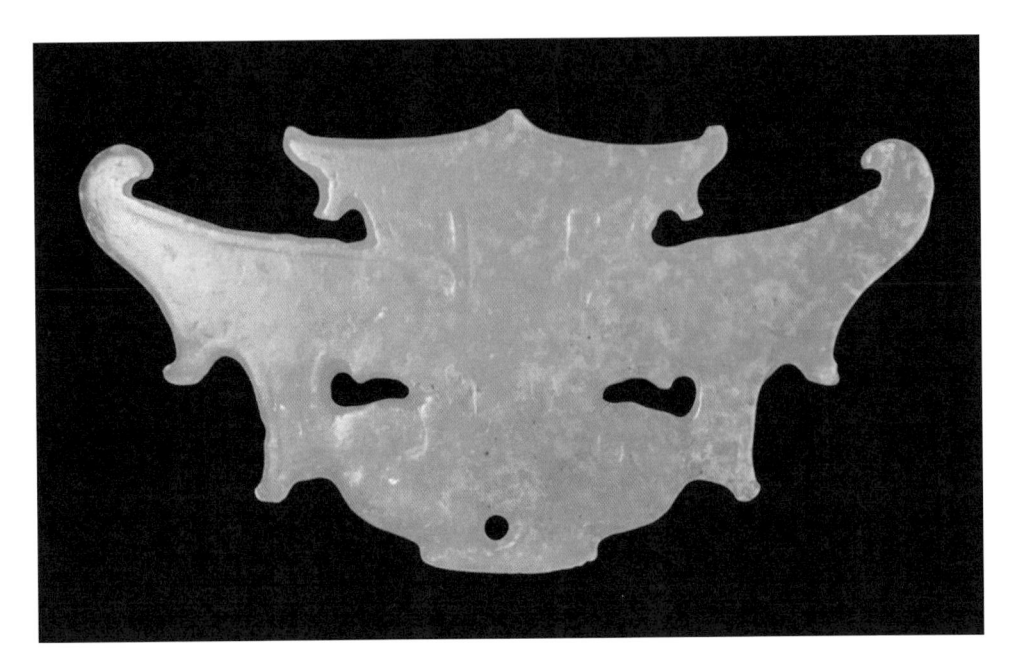

史前玉牌饰（山西襄汾陶寺遗址）

  由于这类玉牌饰先前在江汉地区的石家河文化遗址有过几次发现，而且造型比较一致，大小也相差不多，所以一些研究者认定陶寺玉牌饰是来自南方的作品，原本属于石家河文化。在石家河文化中，湖北天门肖家屋脊遗址和钟祥六合遗址都出土过相似的玉牌饰。六合遗址的玉兽面出自一座瓮棺，肖家屋脊遗址的一件也出自瓮棺，这两件玉牌饰基本相同，也极像一个兽面形象，与陶寺遗址所出相近但不及陶寺遗址的精致。这些玉牌饰的年代都应当在距今4000年前，是史前末期的代表性玉器作品。

  陶寺玉牌饰发现后，研究者将观察的目光转向南方江汉平原一带，两地的发现有太多的相似性，让人不得不将它们联系对比一番。当然事情还不仅仅如此简单，又有新的问题出现了。也正是在江汉地区的另一次重要考古发掘，让我们对陶寺玉牌饰的解释产生了怀疑，这个发现不仅是动摇甚至可以说是完全颠覆了原有的认识，它足以证实包括陶寺遗址发现在内的那些玉牌饰根本就不是什么兽面或神面，发掘者和研究者没有想到被自己的眼睛欺骗了。

  我们所指的这次重要的考古发掘，也是在2002年完成的，与陶寺22号墓的发掘时间巧合，那是在湖北枣阳吴店镇的九连墩。九连墩因九座布列在一起的战国楚墓墓群而得名，那次只发掘了1号、2号墓及随葬的车马坑。发掘出土文物非常丰富，保存也很好，其中包括许多精美的装饰玉器，也有不少造型优

284 | 追踪信仰：艺术考古中的动物图像

雅的牌饰，让人们对楚玉的精致又有了一次深入的了解。

九连墩2号墓出土的一件玉牌饰引起了我们的注意，这是两只相向而立的对鸟造型，让人诧异的是，这对鸟伸出的冠尖、起翘的尾羽和弯弓的脚趾构成的外轮廓，竟然与陶寺玉牌饰相同。它高2.8厘米，宽5厘米，厚0.55厘米，较之陶寺玉牌饰只约略小一点。

我们为了进行比较，将这两件玉牌饰的图像叠加在一起，它们外形的主体部分竟然完全吻合，这让我们不得不相信，它们表现的是相同的主题，即对鸟主题。九连墩玉牌饰细部雕刻非常明确，对鸟造型也毫无疑问。两地玉牌饰的区别只在九连墩玉牌饰的双鸟雕刻更细致，而陶寺玉牌饰只是轮廓保持着对鸟的姿态，细部没有明确刻画，甚至鸟头都没有明确表现出来。陶寺玉牌饰原来

石家河文化玉牌饰（左：湖北天门肖家屋脊遗址，右：湖北钟祥六合遗址）

战国玉牌饰（湖北枣阳九连墩战国古墓群）

被认作兽面双角的部分，竟是双鸟的尾羽；而那兽面的所谓双眼，只不过是双鸟弯曲的腿与身子间构成的空隙而已！有了九连墩玉牌饰的对鸟造型做比对，忽然觉得陶寺玉牌饰的兽面形象很快烟消云散，原来我们都犯了一个错误，错将鸟认作兽了。

九连墩 2 号墓中的这件玉牌饰，显然并不是直接来自史前时代，不是石家河人的作品。因为和这玉牌饰一起出土的其他大量玉饰，其造型、工艺和玉料的质色及风格是完全相同的，都无疑是战国时代的作品。其中 1 号墓出土的一件双凤龙形玉佩饰，在双体龙上对立而蹲的双凤，造型与 2 号墓玉牌饰相同，大小相若，玉质也是乳白色，表明它们确为同时代的作品无疑。

这样看来，陶寺玉牌饰刻画的并不是威风凛凛的蚩尤战神，而是一对可爱的合体玉鸟！

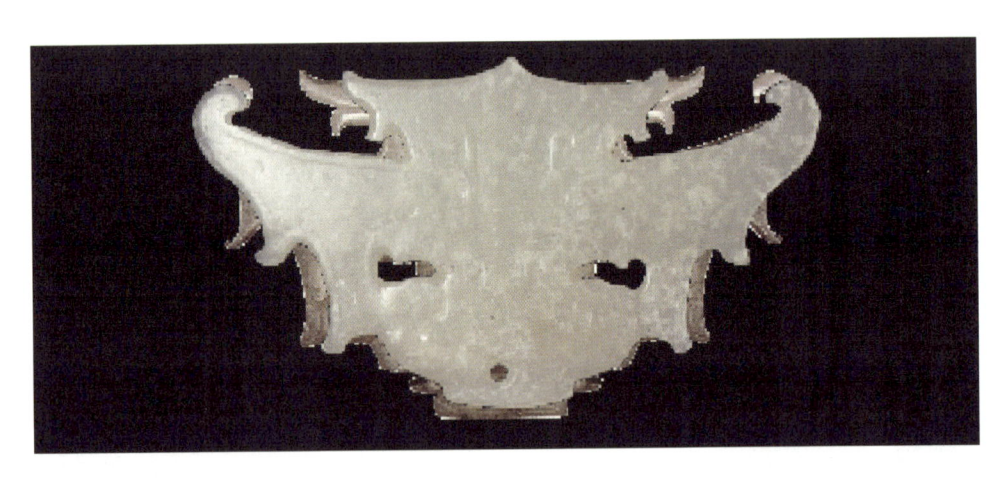

史前玉牌饰与战国玉牌饰重叠比较

两块玉牌饰半体重叠比较　　史前玉牌饰的轮廓（山西襄汾陶寺遗址）

双凤龙形玉佩饰（湖北枣阳九连墩战国古墓群）

那么我们要发问，同样的艺术主题是否表明这两者之间存在着联系呢？两者一定存在艺术传承关系，战国的玉佩一定是传承自史前时代，这中间经历了近2000年的时光仍然保留着原有的艺术精髓，让我们看到了源远流长的艺术传统。

陶寺玉牌饰刻画的是双鸟而非兽面这样一个全新的结论，让我们萌发出了考察古代对鸟艺术的冲动。初步考索结果表明，对鸟这样一种艺术主题和艺术构图，应当出现在陶寺文化之前，经过了三代汉唐的传承，其艺术表现方式与内在的文化因子一直影响着古代人的艺术生活，也影响到了现代人的艺术生活。

在距今7000年前的河姆渡文化中，陶器、象牙和木构件上已经见到标准的对鸟构图装饰。有时在双鸟之间还绘有放光的太阳图像，表明这鸟形与太阳崇拜有关，也许它就是神话中的阳鸟形象。阳鸟图像在中原地区的彩陶上也能见到，不过一般并不以对鸟的构图出现。

在龙山文化的一些玉神面雕件上，也发现一些与陶寺玉鸟相似的冠形图像，这让我们似乎可以推测出这样的对鸟艺术构图可能常常出现在当时头面人物的冠饰上。如在山东日照两城镇发现的玉圭，正背面都刻有精致的神面像，神面戴高冠，冠顶突起呈尖状形，左右歧出的冠沿向上卷起，外形轮廓恰似陶寺遗址所见的对鸟形象。

日鸟：太阳鸟 | 287

不仅史前文化中发现了这样一些对鸟形高冠玉神兽面，类似玉件在三代遗址中也有发现。商周遗址出土的同类玉器往往被归入新石器时代，许多研究者认为它们都是三代之前的制品，其实倒也未必。另外博物馆也收藏有一些典型的玉兽面与人面的传世品，也有的被当作新石器时代的制品，有的被划定在商周时期。这样的兽面都装饰有一个对鸟形的冠，可能具有相同的喻义。

在这样的玉兽面中，最值得关注的是2006年在山西省曲沃羊舌村晋侯1号墓出土的一件。玉兽面扁平形，正面阳刻狰狞兽面，上下均有一对獠牙龇出。兽面头顶另雕有高冠，冠顶呈左右出翘，冠式与陶寺和石家河文化中所见玉牌饰非常相似。虽然这冠式也只是一个轮廓，并无细部雕琢，但它明显也是对鸟的造型。这个发现为我们完全解释了过去所见类似玉佩的谜底，它原来表现的就是一个冠式，是一个对鸟式的冠形。

对鸟装饰在冠上，应当有特别的象征意义，戴冠者也应当不是常人，对此我们在后面还会略加探讨。

我们还注意到，在先秦的其他艺术品中，对鸟主题也经常被采用。商周青铜器上与饕餮纹同见的就有对鸟图像，以长尾凤鸟为主。在商代铜鼓上，也见到对鸟装饰。也许是铸造技术的关系，铜器上相向而立的对鸟彼此离得稍远，并不似玉牌饰那样头顶着头、喙接着喙。在南方地区见到的一些战国时代的漆器上，对鸟也是常见的题材，楚国最有特色的虎座凤架鼓和漆木座屏都是对鸟艺术的杰作。

在战国时期其他地区出土的一些玉器上，也常常采用对鸟作为题材。如北方中山王墓中就出土有对鸟玉牌饰，对鸟似作飞翔状。南方巴国墓也出土了对鸟玉牌饰，鸟作蛇体回首状，应是鸟龙复合体形象。

到了汉代，这样的对鸟玉牌饰也有发现，如江苏徐州汉墓中就见到分体的双鸟，鸟作衔蛇状，是古老楚风的再现。

在汉代画像石上，对鸟构图也频频出现。鲁南苏北出土汉画上常常在建筑图形的顶面刻画有对鸟图形，对鸟多为长尾鸾凤，或交颈、或长鸣，少数作展翅状。

到了唐代以后，以对称为构图范式的对鸟纹艺术品见到的并不多，这可能有几方面的原因。一是相关发现可能确实不多，所以能进入研究者视野的材料会较少。二是由于各类材料非常丰富，检索相关图像会有一定难度。更重要的一点是，前代发现的相关资料多是玉、石、金属之类的硬质载体，而唐以后可能更多的是丝帛、纸张之类的软质载体，而这些又极不易保存下来，所以我们现在能举的例证并不多。当然也还是有的，如有些藏家手里的对鸟异形铜镜，

商代铜器上的对鸟纹

西周铜器上的对鸟纹

商代双鸟铜鼓（湖北省博物馆藏）

战国中期凤形玉佩（河北平山中山王墓）

战国晚期双凤玉佩（重庆涪陵小田溪墓地）

就非常生动地传承了相同的艺术主题。在唐宋织锦上也都见到过对鸟图案，一般人认为它可能是西域文化影响的结果，其实也未必没有中原传统熏陶的因素。还见到饰对鸟纹的玉梳，只是双鸟的位置相距稍远一些。

唐宋以后，由于艺术造型倾向于活泼灵动，原先那种构图比较固定的对鸟构图采用明显减少，当然也并没有完全消失。直到金代，还发现有对鸟衔芝玉佩，与早先所见的对鸟玉牌饰意韵相同，只是两只鸟都呈展翅飞翔的姿态，动感较为强烈。

所幸的是对鸟艺术主题在民间得到很好的传承，这传统一直影响着现代民间工艺的发展。我们在南方的蜡染艺术中，还有北方的剪纸艺术中，都见到有精致的对鸟构图作品。特别是北方流行的抓髻娃娃剪纸，剪出的娃娃双手抓着鸡（鸟），头上顶着两只鸡（鸟），有时身子左右对称布满了鸡（鸟），寓意着吉祥如意。想必这一定是由古代对鸟艺术传承下来的结晶。

由解读陶寺遗址出土的所谓"兽面"玉牌饰出发，我们简略列举了一些考古与文物资料，现在似乎可以粗略理出这样的一个脉络：对鸟艺术主题从7000多年前出现以后，就形成一个不断丰富的艺术传统，经历了不同时代艺术家的传承与改变，对鸟艺术没有淡出历史，一直影响着各代人们的艺术生活。

面对这样悠久的艺术传统，我们自然会生出这样的疑问来：是什么动力在推动这艺术的传承，又是什么动力在维系这艺术的原则？对鸟艺术的象征意义何在呢？

对鸟艺术如此强盛的生命力，一定是它的象征意义源源不断地供给着营养，它的象征性就是它传承的动力所在。也许它的象征性并不是只有一种或一类，象征性也会随着时代的改变而发生变化，但这种艺术形式却一直保留着，它传导给我们许多信息。

在史前和文明史早期，对鸟艺术主题可能就是太阳崇拜主题。太阳崇拜在史前广泛存在，尤其是对农耕民族来说，太阳是作物生命之源，太阳崇拜是最重要的天体崇拜。河姆渡人刻画的双凤朝阳图，仰韶人的阳鸟彩绘，就是太阳崇拜的一种表达方式。太阳鸟崇拜是太阳崇拜的另一种表达方式，也是全世界原始民族中的通例。到史前末期龙山文化之时，山西陶寺人、湖北石家河人、山东龙山人依据对鸟图形制成高冠，又琢磨出对鸟玉牌饰，既延续了原有的太阳崇拜观念，又将这观念延伸至人主崇拜，戴着这对鸟冠的人，一定被当作太阳之子崇拜，他自己也一定觉得命中就是太阳的化身。这种观念可能影响到早期文明时代的人们，也正是因为如此，我们常常可以发现三代时期的对鸟冠式玉雕像，所以九连墩的墓主人也将对鸟玉牌饰带到了自己的墓穴里。

战国以后，对鸟艺术的内涵可能有了明显改变。首先是作为艺术的受体开始向平民转移，平民也就有机会将它赋予新的内容。这个时期赋予的新内容主要有两点，即吉祥与爱情。汉画上的房顶，普遍见到对鸟图像，表现的便是祈求吉祥的心理。采用对鸟主题做两性之爱的象征，是这时对鸟开始有了雌雄之别的理解。有学者解《诗经·周南·关雎》的"关关雎鸠，在河之洲。窈窕淑女，君子好逑"，说这个"逑"是"雠"的假借字，雠即双鸟之意。如果此说不误，说明对鸟的概念在先秦时代已入诗中。

最早咏对鸟的诗，可能是汉代的诗。如《古绝句四首》之一：

南山一桂树，上有双鸳鸯。

千年长交颈，欢爱不相忘。

这是对鸟艺术的诗化语言，桂树上交颈的双鸳鸯相亲相爱、矢志不忘。诗里用双鸟比喻爱情，这是对鸟艺术内涵的明确转化。司马相如的《凤求凰》有"何缘交颈为鸳鸯，胡颉颃兮共翱翔"；三国魏曹植的《种葛篇》诗，写到初婚时的欢爱，有"下有交颈兽，仰见双栖禽"；晋人阮籍《咏怀》诗有"愿为双飞鸟，比翼共翱翔"；等等。这些都证明汉晋时代用交颈兽和双栖鸟来象征爱情。后来就有了《搜神记》中的悲情故事，有了相思树连理枝上的一对悲鸣的鸳鸯。

唐诗也常常有类似意境，如白居易《长恨歌》的"在天愿作比翼鸟，在地愿为连理枝"，元稹《会真诗三十韵》的"鸳鸯交颈舞，翡翠合欢笼"，薛涛《池上双鸟》的"双栖绿池上，朝暮共飞还"，都属于这类对鸟爱情诗章。

对鸟艺术主题出现在史前人的牙雕上，出现在权贵们的冠式上，出现在商周人的铜器上，出现在汉代人的建筑上，出现在汉唐人的诗歌里，出现在现代人的诗画里。这是一个永恒的艺术主题，它是太阳的颂歌，是情爱的象征，是祥瑞的希冀。对鸟艺术的意境是师法自然的结果，是一代一代艺匠艺术加工的结晶。

回过头去，再看一眼曾被作为兽面解读的陶寺玉牌饰，再看看九连墩的对鸟玉牌饰，对这一古代崇鸟的艺术主题，我们又有了新的理解，对鸟作为一种符号与信仰是一种久远的传统。

鲁南苏北汉代画像石
上的对鸟图像（山东地区）

三国对鸟纹铜镜

日鸟：太阳鸟 | 293

唐代对鸟联珠纹织锦图案

唐代双鸟纹玉梳（私家藏品）

294 | 追踪信仰：艺术考古中的动物图像

唐代对鸟异形铜镜（新疆吐鲁番）

金代双鸟衔芝玉佩（北京房山长沟峪金代石椁墓）

现代双鸟纹蜡染

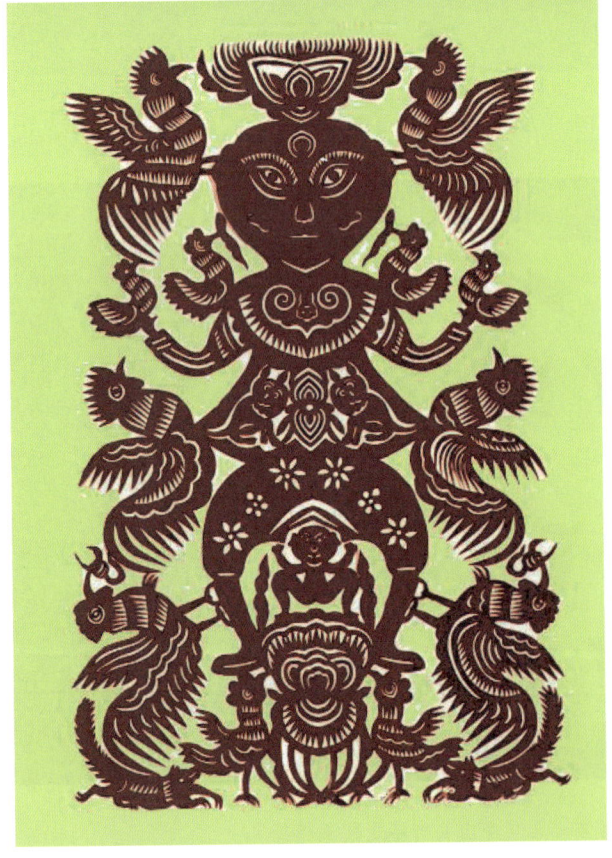

现代剪纸抓髻娃娃

296 | 追踪信仰：艺术考古中的动物图像

青 铜 之 翼

青铜时代的灿烂艺术，非常震撼，也非常神秘。最让两三千年之后的我们仍然陶醉而不得其解的，莫过于那些出现最频繁的兽面纹，也就是传统上所称的饕餮纹。圆瞪着的眼球，大张着的双颌，狰狞的表情一下子就将我们的想象拉回到遥远的英雄时代。

其实英雄时代未必是四季战火绵延，也未必是满目血流遍野，也会有静谧时光，也不乏儿女柔情，不一定是花香处处，鸟鸣嘤嘤是断然不会少的。只要看到除兽面纹之外，那些数量也不少的铸着鸟纹塑成鸟形的青铜器，我们就会感到舒缓与安宁。

商代的青铜器上所见的鸟，最精致的是鸮鸟，如殷墟妇好墓出土的鸮尊。发掘者郑振香研究员说，妇好鸮尊是从水里打捞出来的，妇好墓深达7.5米，墓里涌出的水用泵也抽不干，于是发掘就变成了在水下取物。取出的器物满是泥水，从水下吊上来的鸮尊模糊不清，初看上去好像站立的动物。

商代铜器上的兽面纹

这个像动物的器物共有两件，它们到底是什么，又是什么动物，大家急切想知道，于是先刷洗的就是这两件器物。器物清洗干净，看清这两件器物就是鸮尊，还是完全相同的一对鸮尊。后来在口沿下内壁上发现有"妇好"铭文，于是正式将它们命名为"妇好鸮尊"。鸮尊造型稳重，挺胸昂首，双眼圆瞪，宽喙敛尾，双耳伸展，双翅护体，双足并立，神情刚毅。鸮尊通体以雷纹衬地，器表遍布十多种形状各异的动物图形，头顶还立有一只小鸮。这是两件非常完美的艺术品，生动地表现了商代奉行的鸮鸟崇拜。

商人崇鸮也崇凤，商代青铜器上常用鸟纹做装饰，开始只是在次要的位置上作为衬纹，而最常见的正是凤鸟纹。鸟纹用不同的鸟头、鸟身、鸟尾来显现特征，鸟头上带角，尾有长尾、垂尾和分尾的不同，长尾式鸟纹尾长达到鸟体的三倍。商代晚期凤鸟纹渐多，长冠卷尾彰显出凤鸟的高贵威仪。

观赏两周时代的铜器，可以看到有更多凤鸟的身影，如晋国青铜器很注重采用凤鸟类纹饰做装饰。晋国王室偏好凤鸟，也是周王室的传统，周人的传说里有凤鸟情结。周祖后稷名弃，被遗弃时一群凤鸟用羽翼温暖他。周人相信，没有凤鸟救护就没有周人，因之以凤鸟为祥瑞之鸟。西周之初凤鸟纹是青铜器的主题纹饰，凤鸟纹的使用越来越频繁，所以有研究者称之为"凤纹时代"。凤纹有华丽的冠饰，凤体和凤尾作回首卷尾之态。凤冠的刻画非常考究，形状分多齿冠、长冠、花冠几类，多齿冠显得很华丽，长冠长垂于颈背，花冠为用绶带装饰的长冠。

西周时期的象形青铜器中，更引人注目的是凤鸟尊，出土器物中仍是以晋国铸造得最为精致。先要提到的是晋侯凤鸟尊，出土于山西省临汾市曲沃和翼城县交界处的天马－曲村晋侯墓地的 114 号墓，这是第一代晋侯燮父墓。凤鸟尊高 39 厘米，长 30.5 厘米，尊体丰满，为伫立回首的凤鸟形，高冠直立，两翼上卷，凤尾下弯变形为象鼻状，与双足成鼎立支撑，在凤鸟背上还有一只小凤鸟相依。凤鸟尊满布纹饰，以雷纹衬地，颈腹背饰羽纹，两翼与双腿饰云纹，尾饰羽翎纹。《周礼·春官·司尊彝》记祭祀礼器中有"六尊六彝"，"鸟彝"为其一，凤鸟尊器盖和腹底铸有铭文"晋侯乍向太室宝尊彝"，标示凤鸟尊为晋侯宗庙祭祀的礼器。

晋侯凤鸟尊所在的晋侯墓在发掘时发现有盗洞，确认部分文物此前已被盗出。盗墓者用爆破方式开掘，致使一些文物受损，凤鸟尊也破碎严重，尊尾残缺不全。后经由修复得以重现凤鸟之姿，将凤尾处的象鼻做内卷衔接复原。其实这残断象鼻的连接，原来也有可能是向外卷起的，外卷连接是另一种风格。

妇好铜鸮尊（河南安阳妇好墓）

商代青铜器上的凤鸟纹（故宫博物院藏）

晋侯凤鸟尊（山西曲沃天马－曲村114号墓）

晋侯凤鸟尊的内收尾巴　　　　　　　晋侯凤鸟尊的外侈尾巴

300 | 追踪信仰：艺术考古中的动物图像

我们知道西周初成王"桐叶封弟",将自己的同胞弟弟叔虞封到了古唐国。叔虞之子燮父继承封地,因唐地境内的晋水开始称"晋侯",又将唐国改名为"晋",燮父也就成为第一位晋侯。凤鸟尊正是燮父时所铸造,应当表达了晋人对先祖的景仰之情。

还有一件西周凤鸟尊,体形更大,铸造之精美也不亚于晋侯凤鸟尊,它是佣季凤鸟尊。佣季凤鸟尊并非正式考古发掘出土,而是保利集团于2004年斥巨资从海外购得。佣季凤鸟尊保存完好,通高49厘米,身长41厘米,较之晋侯凤鸟尊又大出一个级别。有人说这件凤鸟尊形体巨大,气势不凡,造型奇特,前所未见,是目前所见最为精彩的凤鸟形象的青铜尊。尊体铸成一只昂首挺立的凤鸟形,头顶花蕾状高冠,钩喙前伸,长尾后垂。凤鸟背上器盖上立一只小凤鸟,如母子相随。大小凤鸟通身装饰鳞状羽纹,云雷纹作地纹,大气非凡。尊盖内侧有铭文"佣季乍祖考宝尊彝"八字,标明为佣国的重要礼器。

佣国是个什么国?当然它只是个小国,虽然在青铜器铭

佣季凤鸟尊(保利艺术博物馆藏)

文中也见到过这名号，但仍然并不了解它的底细。恰在此间，考古学家在山西省绛县横水发现一片西周墓地，出土一批倗国铜器，包括有国君级别的伯及夫人拥有的铜器，才让人得知距今约3000年前西周晋国附近存在过一个文献疏于记载的古国倗国。

我们再回过头看看那件倗季凤鸟尊，推测它有可能正是从绛县横水墓地被盗挖出土而流出海外的。这个倗国，也许就是晋国的属国，都有相同的信仰，铸有相似的凤鸟尊，两尊相见，觉得还真有些亲近之感呢。

楚凤翩翩

两周时期南方有楚国，楚人爱凤崇凤也不亚于晋人，楚大夫屈原常常向往随着龙凤出游，龙凤也经常出现在他的诗句里。也许可以这样说，如果心中没有凤，楚人的精神与艺术就不会那样生机勃发。

周成王封熊绎于楚，起初只是"辟在荆山"的一个小国。小小的楚国逐渐扩张发展，尤其是周室东迁之后，至楚庄王时问鼎中原一鸣惊人，成就楚国霸业。在春秋300年间楚灭六十一国，疆域方圆三千里。战国时楚国扩张达到顶峰，取吴越尽入楚国版图。春秋五霸和战国七雄之一的楚国，疆域辽阔，物产丰富，人口众多，军力强盛，巫术风行，艺术也堪称典范。

考古发现的大量楚国青铜器、丝织绣品、漆器、玉器和绘画，都体现了楚人的崇凤传统。楚国文物中凤的图像、绣像和雕像数不胜数，如虎座凤架鼓和凤龙虎绣罗衣等，凤形凤纹千姿百态。

楚国出土文物中堪称漆木器珍奇的虎座凤架鼓，是楚文物中的精品，在一些楚墓中出土，规格大小不同。全器以双虎为底座，上立一对凤鸟，凤身彩绘羽纹，凤背立着一对彩绘鹿角。分析认为这凤与虎的组合立意，是以虎托举凤鸟飞升。

另有一件出土自湖北荆州天星观2号墓的蟾座凤鸟羽人漆木雕刻，与虎座凤架鼓有相似立意。器体高达65.7厘米，下面是蟾蜍形底座，中间是一只飞翔的凤鸟，凤鸟头上立一羽人，羽人有鸟嘴和鸟爪。羽人是楚人神话传说中的角色，屈原《楚辞·远游》中就有"仍羽人于丹丘兮，留不死之旧乡"的诗句。蟾蜍在古代神话中为月精，凤鸟又与日神有关，日、月、人三者一体的雕刻，应当是楚人宇宙观的写照。屈原又有"吾令凤鸟飞腾兮，继之以日夜"的狂放炽热的诗句，纵情驰骋于天地之间，这尊雕刻艺术品可以看作屈赋的形象写照。

楚国漆器业发达，漆工善作漆器，善于漆画，在漆器和漆画中也常常见到凤鸟的形象。天星观2号墓出土的漆器珍品漆木座屏，是楚人雕刻艺术的一件瑰宝。座屏由屏面和屏座构成，采用透雕、圆雕和浮雕结合的技法，刻画有凤、鹿、蛇、蛙等50多只形态各异的动物，各类动物穿插交织一起。屏面上以双凤争蛇造型为中心，左右雕刻着双鹿和朱雀衔蛇，屏框旁还有凤鸟啄蛇图案。座屏虽小却场面壮观，凤鸟胜蛇的主题立意明确，研究者认为其表现了楚人崇善

战国楚国虎座凤架鼓（荆州博物馆藏）

战国楚国漆木座屏上的对鸟图形

304 | 追踪信仰：艺术考古中的动物图像

战国楚国漆木凤鸟羽人（湖北荆州天星观楚墓）　　　　　凤鸟羽人局部

战国楚国漆木座屏（湖北荆州天星观楚墓）

抑邪的理性追求。

　　楚人的玉器，常以龙凤为题材。我们在《韩非子》中读到楚人卞和献玉的故事，卞和献的荆山玉被琢成和氏璧，这可是价值连城的宝物，后来完璧归赵的掌故就是由此引发而来的。和氏璧后来成为传国玉玺，在历史上又写出了许多曲折的故事。和氏璧后来是没有了，不过考古也曾发现一些楚国的玉璧，更让我们感兴趣的是那些龙凤同在一器的璧。我们现在是无法得知那和氏璧的模样了，它是否龙凤之形同器，似乎也是可以想象的。楚墓中出土有一些龙凤拱璧玉佩，也有一些龙凤组合玉佩和凤鸟形玉佩。一旦出现凤鸟之形，灵动的玉佩好似有魂魄归体，更加光彩照人。曾侯乙墓出土20多件楚式风格玉佩，有单龙、双龙、龙凤等形状，其中一件四节龙凤玉佩小巧精致，雕七龙四凤四蛇，纹饰线条细如发丝，造型生动自然，精细之中很好地表达了楚人崇凤的观念。

楚国丝织与刺绣技术也很发达，五颜六色的丝织品和绣品在考古中有不少发现。丝织品、绣品纹样华丽，图案构思巧妙。楚人的丝织绣品，题材更是主要取自龙凤。考古出土一些保存较好的丝织绣品，最重要的是郢都遗址附近楚墓中发现的一批织物，其他在湖南长沙、河南信阳等地也有出土。其中江陵马山1号小型贵族墓，就出土各类衣物35件，包括刺绣21件，数百片丝织物碎片，此墓因此号称为"丝绸宝库"。

战国龙凤玉佩（湖北随州曾侯乙墓）

战国楚国龙凤拱璧玉佩（湖北荆州熊家冢楚墓）

舞人龙凤纹锦（湖北荆州马山1号墓）

舞人龙凤纹锦纹样

锦是最能反映当时丝织技术水平的经线提花织物，织造时按设计图案用提花技术控制经线沉浮织出花纹。楚墓大量出土彩锦，马山1号墓出土最多，有一件舞人龙凤纹锦，花纹由七组不同的动物和舞人构成，以长袖飘拂的歌舞人物和长尾曳地的峨冠凤鸟为中心，还有两组姿态不同的爬龙，场面宏大生动，使用了七千多根经线织造，真是杰作中的精品。

马山1号墓出土不少保存很好的刺绣品，刺绣题材以动植物为主，又以龙凤图案最多。绣品有蟠龙飞凤纹绣、舞凤舞龙纹绣、花卉蟠龙纹绣、一凤二龙相蟠纹绣、一凤三龙蟠纹绣、凤鸟纹绣、凤鸟践蛇纹绣、舞凤逐龙纹绣、花卉飞凤纹绣、凤麟龙虎四神纹绣、三首凤鸟纹绣、花冠舞凤纹绣、衔花凤鸟纹绣等。每样绣品都少不了凤这个角色，真可谓无凤不成绣。三头凤与四神图案，造就了楚绣顶级的精品。

楚绣凤鸟频频出现，多姿多色，有正面有侧面，或飞翔或奔跑，或践蛇起舞，或与龙相嬉，或与虎相对。马山1号墓出土最大的一件绣品，过去被称为"对凤对龙纹浅黄绢绣花衾"，绢面为对凤对龙纹绣，针法是锁绣。其实纹样是由八组左右对称的凤麟龙虎四神构成，是楚国所见的一种四神体系。四神彼此勾连缠绕，似戏非戏，如斗非斗。绣线以金黄、深褐色为主，配以棕色、红棕色、黄绿色和灰色等，与浅黄绢地衬托对比，形色美妙至极。

马山1号墓还出土一件非常奇异的绣品，纹样被称作"三头凤"。站立的大凤作仰视状，左右张开的翅膀化作两个侧视的凤首，构成怪诞的三头凤模样。有研究者认为三头凤应是上古神话中的"离珠"，是传说中的一种不死鸟，表达古人对灵魂永生的期盼。

楚人绣品有凤，画品也少不了凤，考古都有精彩的发现。1949年长沙陈家大山楚墓出土一幅帛画，画面描绘一位细腰高

四神绢绣（湖北荆州马山1号墓）

四神绢绣局部

楚绣三头凤（湖北荆州马山 1 号墓）

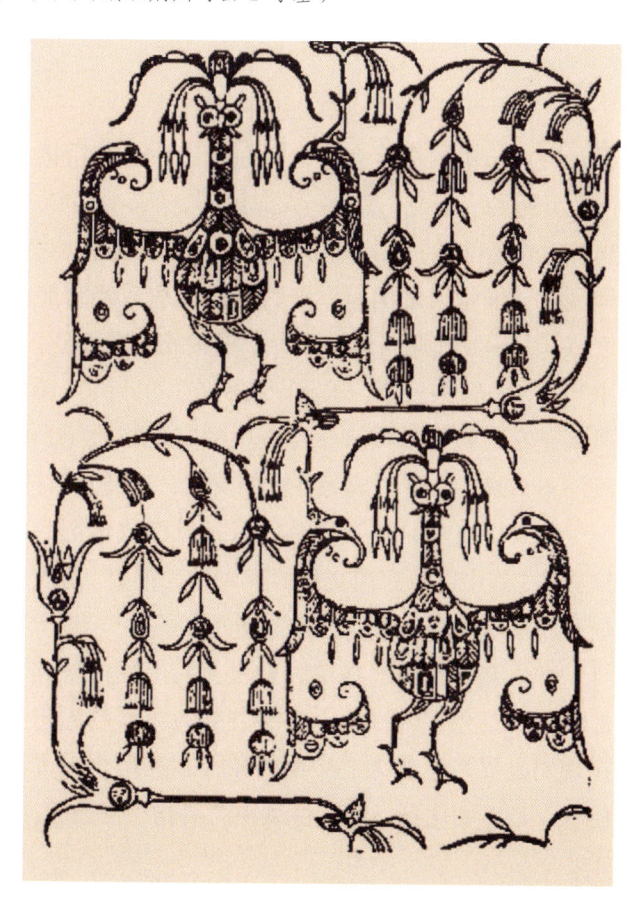

楚绣三头凤纹样图案

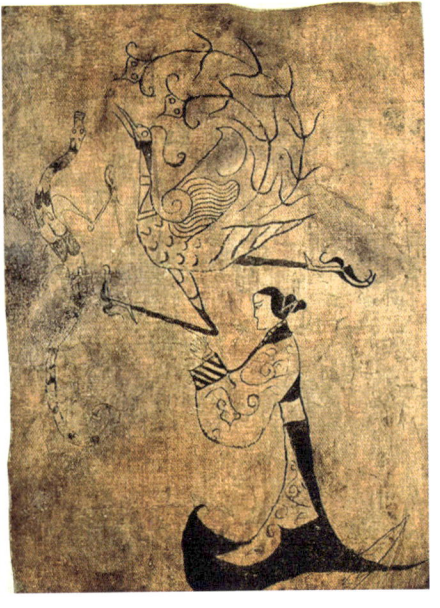

楚绣三头凤纹样图案复原　　　　　　楚国人物龙凤帛画（湖南长沙陈家大山楚墓）

髻、广袖长裙的贵族女子，似在行进中合掌祈祷，头顶有大凤展翅，前方另有向上升腾的一条龙。这幅妇人龙凤图，许多学者认为是龙凤导引灵魂升天的魂幡，出殡时作为前导，入葬时放进棺椁。饶宗颐先生考证认为此帛画即是《山鬼图》，他说："惟楚人之山鬼，乃为女神，故兼绘窈窕佚女；合以凤鸟，则或取郊媒之意。"读到屈原《远游》中"祝融戒而跸御兮，腾告鸾鸟迎宓妃"和《离骚》中"吾令丰隆乘云兮，求宓妃之所在"的诗句，我更愿意相信画中女子是宓妃，凤鸟正在迎接她的归来。传说中的宓妃即雒妃，她本是伏羲的女儿，因在洛水渡河不幸溺亡，后来成为洛水的女神，这便是洛神。

楚立国之前，长江中游地区崇凤已成传统，一些史前遗址发现了不少凤鸟纹文物，其中以石家河文化的玉凤最为重要。这表明楚人崇凤，既有周室的传统，也有江汉的旧俗，而且更加发扬光大了。

有研究者指出，在楚国出土文物上我们看到了数不胜数、形态各异的凤鸟形象，或具象、或抽象，寄寓着楚人丰富的思想情感。楚凤兼具德性与神性，在现实世界凤是楚人心中美的象征，在幻想世界凤是先祖的遗影和通天达神的使者，是巫的化身。楚人将凤视为灵物，沟通着人间与神界。

古 蜀 日 鸟

神鸟是古蜀人心中的太阳神，考古发现的金鸟、铜鸟、玉鸟，大多被认作太阳神鸟，也即是古代所说的日鸟。

成都金沙遗址发现太阳鸟图案金箔，曾经轰动一时，影响非常大。尤其是后来图案被选定为中国文化遗产标志，受到更为广泛的关注。金箔上的神鸟，即是日鸟。

古蜀人崇拜太阳，他们用不同的艺术形式表达自己的信仰。太阳崇拜最主要的表现形式是太阳鸟崇拜，古代将太阳与太阳鸟等观，认为太阳鸟就是太阳的象征。中国古代没有太阳鸟这样的名称，称太阳鸟为"日鸟"，为着读写的习惯，我们现在偶尔还会保留"太阳鸟"一称。

日鸟金箔上面的图形是环绕太阳一周飞翔着四只日鸟，常常被称作神鸟绕日。类似环日飞行的日鸟图形，在金沙遗址当初还见到一例，一件有领铜璧上铸有完全相同的三只鸟，鸟的形态和动态与金箔所见基本一致，差别只在数量，一是四只，一是三只，我们不怀疑那都是日鸟。

这样的金与铜制作的日鸟图形，形貌非常简单，也就是个剪影，但却非常生动，可以称作简式日鸟。

金沙遗址发现的与日鸟相关的艺术品，还不只限于上面提到的两例。因为三星堆遗址的重新启动发掘中发现了一件新玉器，又连带披露了另一件还未及正式刊发的金沙遗址出土玉璧，两件玉器上都有鸟形刻画。

三星堆遗址新出的那件玉器开始被称作玉砖，长方形，体量不大，因为上端中央凿有一半穿的小孔，推测是摆放插件的一个底座。玉底座的四面都有刻画的纹饰，这个发现让人感到非常意外。玉底座四面刻画的纹饰，相对的两侧纹饰相同，其实是两组纹饰。一组是兽面纹，构图与三星堆遗址以往出土的一种片状青铜神面相似，阔嘴环眼鸟形冠，我们觉得这就是太阳神。另一组是鸟纹，长喙顶冠，鸟羽华彩，展翅欲飞，这应当是日鸟。

还值得一提的是，在这件玉底座的四面图像中，都有一个相当特别的构图，即在每个画面的左右刻画有一个蝉纹，一共八个蝉纹。蝉纹另有含义，在此不拟展开讨论。

有领铜壁刻画三太阳鸟（四川成都金沙遗址）

玉底座刻画二太阳神（四川广汉三星堆遗址）

很想将这件器物定义为"太阳神饰玉底座"。兽面就是太阳神,鸟就是日鸟,中间插孔里应当竖立着旗幡一类的织物,上面会有太阳图形。

这底座上刻画的日鸟,与前述金沙遗址见到的金箔鸟和铜璧鸟并不相同,是一种繁式日鸟。正是这一只日鸟,让人想到了金沙遗址6号祭祀遗迹中出土的一件残玉璧。残存的璧面上可以看到刻画有一只飞鸟,也是长喙顶冠,鸟羽华彩,展翅欲飞,与三星堆遗址出土的方形玉底座上的鸟形大体一致。画面的构图法式也一样,都是头颈部为侧视,背尾部为俯视。

更重要的是,在鸟形的后面还残存有半个鸟头的画面,通过复原绘图得到一个结果:这个璧面上原本刻画有四只鸟。这当然会让我们想到太阳神鸟金箔,玉璧上居然也是四只鸟,这一定是日鸟,这真的就是一枚太阳神鸟玉璧。

青铜兽面(四川广汉三星堆遗址)

玉底座刻画太阳鸟(四川广汉三星堆遗址)

太阳鸟纹玉璧(四川成都金沙遗址)

太阳鸟纹玉璧四鸟构图复原推测

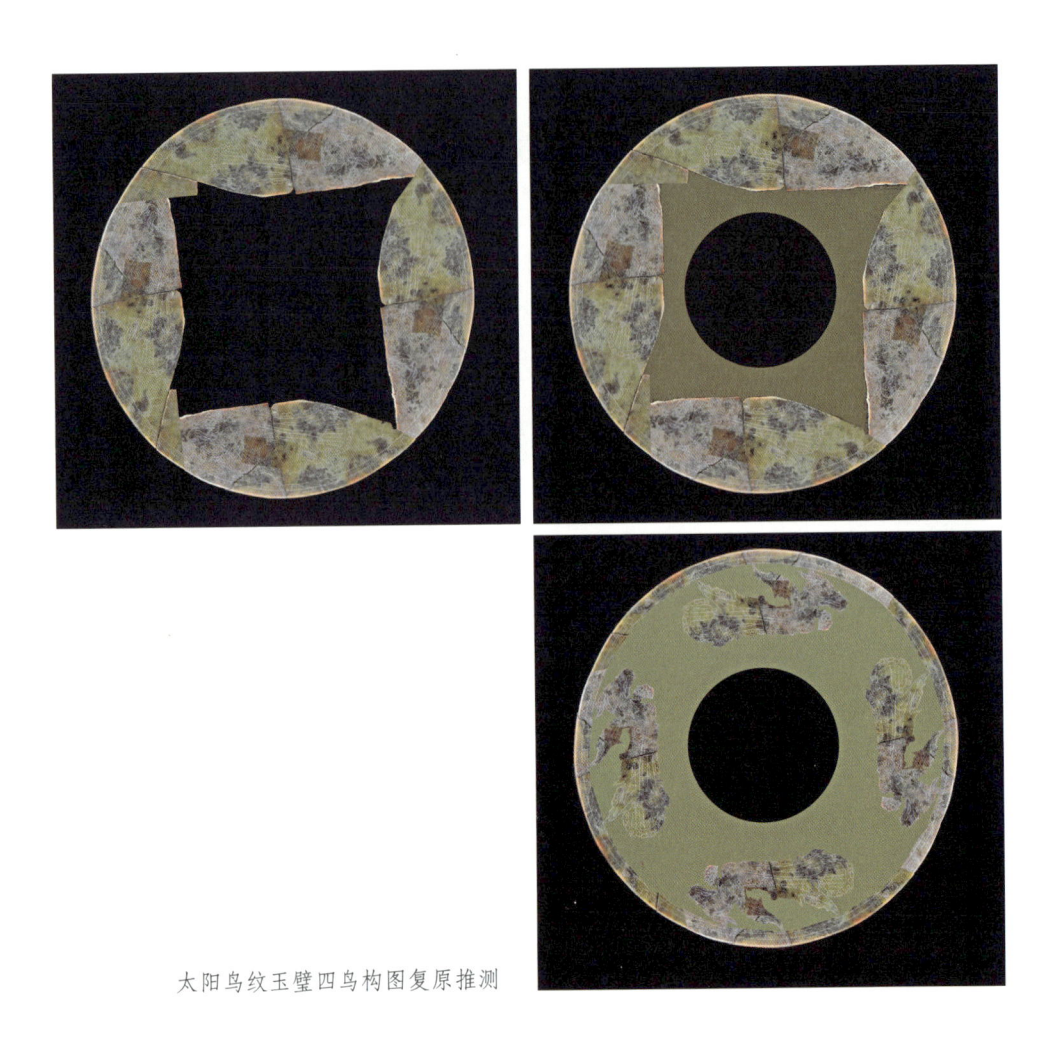

  三星堆遗址和金沙遗址发现的玉器上的日乌，刻画比较细致，都是相似的繁式日乌。其实三星堆遗址方形玉底座和金沙遗址玉环璧上的日乌，是刻画出来的，设计表现的空间也大一些，线条繁复得多。展望一下，今后也许会有精雕的日乌玉件出土，我们等着瞧。

  金箔、有领铜璧、方形玉底座和有领玉璧上的鸟形，都属于日乌之类，是一种特别的符号，是古蜀人奉行太阳神崇拜的见证。

太阳神鸟金箔：古蜀人留给今人的艺术遗产
——中国文化遗产标志的来历

我们的时代，已经是一个崇尚标志的时代。在现代都市，张开眼睛一望，你很容易见到一个又一个的图形标识，这就是logo。

作为外来词的logo，在知识层面我们已经非常熟悉。logo设计将具体的事物、事件、场景和抽象的精神、理念、方向，通过特殊的平面图形固定下来。人们看到标志，自然会产生联想，从而对行业及其产品产生认同。标志是行业日常经营活动、广告宣传、文化建设、对外交流必不可少的元素，它随着行业的成长，价值也不断增长。

在现代社会，标志并不仅仅是企业形象的写照，它还深入各个领域。一个行业协会，一个团体机构，一所学校，一个非营利组织，甚至是一个商品，都有可能设计有这样的标识，都可以拥有自己特定的logo。

随着我国文化遗产保护事业的发展，也需要一个象征性标志作为号召。有关机构，许多学者，都开动脑筋，要设计出一个理想的文化遗产保护标志。当然这并不是一件容易的事，设计方案要在广泛的层面得到认同，可不是随便一个什么图案就可以取来做标志的。既然是设计文化遗产保护标志，人们首先想到的是由现成的文物图像上提取典型元素进行设计。这个思路是对的，不过文物资料实在太丰富了，前后有成百上千文物图案提炼成的图案可供选择，而成都金沙遗址出土古蜀时代金箔上的太阳神鸟图案，很自然地成为标志的首选图案。

国家文物局已经正式公布采用金沙"四鸟绕日"金箔图案作为中国文化遗产标志。

公告说太阳神鸟图案表达着追求光明、团结奋进、和谐包容的精神寓意，"构图严谨、线条流畅、极富美感，是古代人民'天人合一'的哲学思想、丰富的想象力、非凡的艺术创造力和精湛的工艺水平的完美结合。它的造型精练、简洁，具有较好的徽识特征"。这个选择没有什么争议，因为这个图案打动了我们。

国家文物局最终确定中国文化遗产标志上方采用简体中文"中国文化遗产"，

太阳神鸟金箔（四川成都金沙遗址）　　　　　　中国文化遗产标志

下方采用汉语拼音"ZHONG GUO WEN HUA YI CHAN"，或者用英文"CHINA CULTURAL HERITAGE"。标志的标准色彩为金色，也可根据不同需要使用其他颜色。标志核心位置的金饰文物图案，除配合文字使用外也可单独使用。国家文物局2006年2月发布《中国文化遗产标志管理办法》的通知，规定使用中国文化遗产标志，应当根据颁布的式样，按比例放大或缩小，不得更改图形的比例关系和样式。

有3000年前金箔上的太阳神鸟图案，我们就这样拥有了3000年后今天的中国文化遗产标志。太阳神鸟图案，是古蜀人留给今人的珍贵艺术遗产，解读它，理解它，也自然成了研究者的一个重要课题。

成都金沙遗址出土大量金质文物，说明古蜀王喜欢用黄金装点自己的生活。当然黄金在古代并不是古蜀人的专爱，历史学家说过，希腊和罗马的历史就记载在黄金上。黄金是人类较早发现和利用的贵金属，因其稀有而倍显珍贵。黄金在中国自古以来被视为五金之首，称为"金属之王"。黄金的颜色最吸引人，金黄色之美同阳光一般灿烂。

被称为太阳神鸟的金箔，是一领圆环形的箔饰，外径12.53厘米，内径5.29厘米，厚0.02厘米，重约20克。太阳神鸟图像如同一幅现代剪纸，图案规整，构图严谨，非常精美，非常耀眼。

金箔采用热锻、锤揲、剪切、打磨、镂空等多种工艺技法，以简练和生动的图像语言，表现了一幅十分美妙的图景，无论是纹饰的布局结构或是细枝末节之处，都是那样一丝不苟。图案纹饰分为内外两层，内层中心镂空，内有十二条弧状齿呈环形排列；外层是四只正在飞翔的鸟形，四鸟首尾相接，环绕在金箔一周。

也许这图案只有一种解释，空灵的中心一定是象征着太阳，弧形齿尖则象征着太阳四射的光芒。环绕着太阳飞翔的四鸟，带着太阳转动。美好的创意，精致的制作，金箔上果真是太阳与太阳鸟图像吗？

金箔上的太阳之形，是一个旋动的天体。智慧的古蜀人，想象出太阳是在旋动中升起的。旋转的太阳，炫目的光芒，金箔上的太阳其实是用旋动的光芒衬托出来的，太阳的本体已经隐去。古蜀人的这一种艺术表现，又体现着另类更高更美的境界。

根据《山海经》等古籍所述，古代中国太阳神话中的十日是帝俊与羲和的儿子，有人与神的特征，是金乌的化身。金乌即长有三足的乌，会飞的太阳神鸟。神话说十日每天早晨轮流从东方扶桑神树上升起，化作太阳鸟由东向西飞翔，晚上则在西方若木神树上休息。有人说三星堆遗址出土的青铜神树，就是古蜀人心目中的一棵通天神树，是十日神话传说中扶桑与若木的象征。青铜神树分为三层的树枝上共栖息着九只神鸟，大概就是古蜀人想象中太阳精魂日中金乌的形象。

在中国，太阳鸟的传说究竟有多么古老，我们至今并不明晰。不过有人认为，仰韶文化彩陶上所绘鸟纹背上有太阳图案，似乎表示着鸟背负着太阳在飞旋，同时还见到鸟居日中的图像，这表明太阳鸟的神话传说在彩陶时代就已经相当完备。这是6000年前的事情，再往前追溯，是否会有更早的太阳鸟神话，眼下还不会有明确的答案。

崇拜太阳，是古蜀人精神生活的重要内容。太阳神鸟金箔纹饰，生动记录了古蜀时代的太阳崇拜，其中包含的更多信息还有待进一步了解。金沙遗址出土的太阳神鸟金箔，以它的神秘和精致，再一次展示了古蜀人的智慧与魅力。

这金光闪闪的箔，周回有镂空的四鸟翔飞图形，中间是弧形芒线围绕的太阳旋转图案，将它称作太阳神鸟图案，似乎没有什么疑义了。这是前所未有的发现，是考古人从未见到的艺术奇迹。太阳神鸟金箔上的太阳之形，用十二条弧形光芒衬托出旋转的形态，创意独特。太阳的光线本应当是直直的放射形，怎么会用旋转的构图表现呢？

不论在古代还是现代，旋形是表现力很强且极具魅力的一种图案形式。在更早的史前彩陶上，我们见到许多旋式图案，那旋动的韵律感是那样有力，它们很容易让我们想到太阳。旋转的太阳，炫目的光芒，我们看到现代的广告画和一些标识，也将太阳画成一个带有光芒的螺旋形，而这样的螺旋形太阳图案早在史前陶器上就能见到。

甘肃永靖瓦渣嘴遗址出土辛店文化彩陶上将太阳绘成螺旋形，太阳周围的光芒也被绘成旋形。台湾台南六甲顶大湖文化遗址，也发现了螺旋式太阳纹陶片，残陶片上分两排刻画着不少于十个旋形太阳图案。古代青铜器上见到的囧纹，也是一轮旋动的太阳。也许在古代画工的眼中，太阳就是具有旋转神力的天体，太阳飞速旋转着，连它的光芒也是旋转着放射出来的。

我们还发现大量商周青铜器上的兽面纹，都以各式旋线（回纹）为地纹。陕西发现的秦代瓦当上，也印有带着旋形光芒的太阳纹。我们也看到魏晋时代彩绘画像砖上的女娲手举的月亮中绘一蟾蜍，蟾蜍绘有四足双眼的身体为一非常简略的螺旋形。

彩陶之旋，神面之旋，日月之旋，在这些旋动的节律中，我们对这古今一脉相传的认知方式有了更多的了解。也许这样的艺术品并不是古代东方所独有的创造。美洲古代阿兹特克人的太阳神徽，太阳中心的鸟身，也有一个旋动的螺旋形，它也是太阳旋飞的标志。

我们很难明白远古时代的人们是如何想象到了太阳运行的规则，我们更惊奇那种超时代的艺术表现。现代人还不时地画出这样的酷太阳，如现代广告、商标乃至儿童绘画，常将太阳绘作旋形的模样，这是今人的旋纹情结，也是古人旋纹情结的延伸，可以看作古代太阳崇拜观念的历史延伸。

天体都是以旋转的方式运行的，以现代人对天文学的认识描绘出天体的旋转形态是很自然的，但是我们的先人在4000多年前就开始用今天的方式图绘日月的旋转，如果不是他们已经有了同我们一样的认识，那可能就不会有这些旋转的日月图形留存到今天。人类应当很早就想象到日月是以旋转的方式运行

辛店文化彩陶上的太阳纹（甘肃永靖瓦渣嘴遗址）　　阿兹特克太阳神徽

的，旋形日月图不仅表现了两大天体的形态，而且更形象地表现了它们运行的状态。

太阳神鸟金箔由图案构思上看，是要表现一种旋转的状态。这是一种特别的创意，一种非凡的创意。我们知道，在圆周上艺术地表现出循环往复的意境，在平面图像中表现出认同的动感，这在3000年前的时代应当并不是很难的事情，因为在此之前陶器与铜器制作中的成熟的装饰工艺，已经打下了很好的基础。器物表面纹饰呈现出的律动感，在史前时代并不鲜见，但像太阳神鸟金箔图案上运用纹饰间的互衬互动表现主题，却是在金沙人之先还不曾见过的独特的艺术创意。

金箔上的太阳图形，是间接地用向右旋转的芒弧衬托出来的，形成一轮无形的太阳，构思非常巧妙，也十分少见。旋转的太阳图形，在其他一些时代更早的文物上也曾见到过，有的绘成太阳本体的旋转，也有的用弧线的光芒表示。太阳神鸟金箔图案不仅用芒弧表现太阳向右的旋转，还以四鸟的反向运动作为衬托，加强了太阳旋动的视觉效果。图案外圈四鸟的左旋与内圈十二芒弧的右旋，形成一种动态的对比，互衬中展现互动的效果，创意十足。

人类对天体运行的观察，应当是在史前时代就开始了，《春秋纬·元命苞》说"天左旋，地右动"，未必就没有包纳史前的认识成果。中国古代天文学关于天体运行方式的描述，有左旋说和右旋说的分歧，以地球为静止状态所观察到的天体运行为视运行。视运行就是直观的体验，不论体验到左旋还是右旋，天体的旋动是无疑的，这种体验最早未必不是出现在史前。

回过头再来看看金沙太阳神鸟金箔上的旋形太阳光芒，觉得它表现的也应是太阳旋转的状态，古蜀人对太阳的运行方式已经有了自己的猜想，他们一定知道或者接受了天体旋转运行的知识。

金沙太阳神鸟金箔外围图案中的四只飞鸟，一定就是神话中所说的阳鸟。我们或者可以这样设想，古代的那些工匠和画工，一定是在这样的神话中得到了创作的灵感：太阳每天在不停运行，是神鸟带着太阳在飞翔。许多民族都以为只有飞鸟才是太阳的使者，作为太阳使者的各种神鸟形象飞遍世界，它们深深烙印在人们的脑海里。在现代的一些艺术品中，我们也能见到神话中太阳鸟的形象，这都是古代流传下来的艺术传统。

阳鸟虽然是神话中的神鸟，但一定有神话创作的原型，那它究竟是以什么鸟为原型的呢？古蜀人在金箔上表现的阳鸟，它的原型又是什么鸟呢？

看着金沙金箔上的四鸟图形，长长的脖颈，尖尖的利喙，壮壮的双爪，这是何鸟？这似乎就是水鸟鱼鹰，它在古时叫凫鹥，我们现在称它为鹭鸶或鸬鹚。

蜀人先王有以鱼凫为号者，也许是以太阳神和太阳鸟自居呢。鱼凫就是水鸟鱼鹰，在古蜀人心中，也许那就是太阳神。也难怪在出土的蜀王金杖和金带上，都能见到鱼凫的图像，那是古蜀人顶礼膜拜的偶像。崇拜鸟和崇拜太阳，是古蜀人各部族的共同信仰。崇奉太阳是古蜀人不变的信仰。古蜀人有自己特别的阳鸟，它就是鱼凫，是健美的鱼鹰。古蜀人对并不能多见的太阳怀有特别的感情，他们对心中的太阳鸟也怀有特别的感情，他们多么希望阳鸟能天天载着太阳飞翔啊！

现代蜡染太阳鸟

太阳崇拜曾经是人类共有的信仰，在古代社会里，太阳鸟是无处不有的精灵。不仅在古代中国，世界上很多民族都曾经信奉太阳鸟崇拜。

古埃及的日神霍鲁斯、拉，都是雄鹰模样。公元前14世纪太阳神崇拜成了古埃及的国教，雄鹰成了太阳的使者。太阳神拉常常与以鹰为形象的霍鲁斯相结合，霍鲁斯也被视为太阳神。在一些古埃及的绘画中，霍鲁斯被描绘成一只头佩日轮的鹰，或一个戴有王冠的鹰头人。

玛雅人的太阳神庙里，有乌鸦和啄木鸟的身影。美洲其他民族的太阳鸟还有鹰、鸮、天鹅、啄木鸟、乌鸦、凯察尔鸟等。中美洲飞鹰族的族徽图像呈圆形，外围是象征万道光芒的短线，内部为一只飞鹰。美洲印第安人把太阳视为"活的精灵"。面对奔走不息的太阳和翱翔有力的鹰隼，印第安人很自然地把它们结合在一起。在美洲，太阳鹰崇拜普遍存在，中美洲的太阳鸟也叫凯察尔鸟。

欧洲古代传说的太阳鸟有天鹅和鹰隼。古代波斯帝国也以鹰鸟作为太阳的象征。在印度和东南亚，人们认为有一种巨鹰兼百鸟之王叫迦卢荼，总是把它和太阳联系在一起，作为太阳初生和死后生命的象征。鹰隼飞旋，它飞得那么高那么远，好像就在太阳中飞翔。它被古人当作太阳的使者，传达着太阳的信息。鹰的力量就像太阳一样，征服了古人的灵魂，他们把对鹰的崇拜和太阳的崇拜联系到一起。

金沙遗址出土的太阳神鸟金箔是古蜀人最伟大的艺术作品之一，也是古蜀文化精髓的体现。虽然我们并不能确切得知太阳神鸟金箔作器的本来面目，也不能知晓原器的用途，但我们一点不会怀疑太阳神鸟金箔不仅寓意深邃，艺术构图也十分完美。

太阳神鸟金箔图案确实非常完美，但这种完美是如何体现出来的，我们了解得并不多。太阳神鸟金箔图案从构思上看，是要表现一种旋转的状态，这个目的显然是达到了，从设计上说是非常成功的。金箔图案虽然有完美的设计，却并不是如以往人们想象的那样是采用模具制成的。这是一件凭着精巧十指制作出来的艺术品，它的制作体现了古蜀时代所拥有的高超的工艺水准。金箔外形看起来是一个比较规整的圆形，内空亦大体为正圆之形，相对芒尖之间的距离相等，表明金箔最初开料大致为一圆环形。这圆环孔径5.29厘米，与金沙遗址出土的多数环璧类玉器内径规格相近，大盘环璧内径在5—6厘米。粗略观察，太阳神鸟金箔图案的四鸟在圆环上的分布均衡对称。量度结果显示，除外圈飞鸟在做法上采用了严格的四等分方法和芒底落于同心圆轨道外，图案切割并没有太严格的设计。四鸟的本体在尺度上有许多细微差别，十二芒弧的大小与排列也欠匀称。

真不知最早是何人突发奇想，将金子锤成薄薄的箔，让有限的金光绽放到千倍万倍之大。以小变大胜大，以少变多胜多，将金子变成箔，想到这一点就不容易，做到就更不容易了。

金箔技术很早便已经相当成熟，商周时期中原地区除了见到一些装饰类金器，也有少量金箔之类，主要是附着于其他漆器、铜器以及建筑构件上的装饰。古蜀王国的金器，在三星堆遗址和金沙遗址出土的多是金箔制品，一些研究者以为与中原地区应属同一体系，主要是因为它的年代稍晚于中原，他们认为成都平原的黄金工艺很可能如同青铜工艺一样，也是从中原辗转传入的。

不过也不能否认，古蜀金器里的成形器物种类及出土数量，都要明显超过中原地区，在工艺技术方面更显现出独到之处。今后也未必不会发现年代更早的古蜀金箔，谁早谁晚现在还不是下最后结论的时候。

早期金器制作工艺分锻打和锤揲两种技术，中原早期黄金制品多采用锤揲技术，成品都是金箔。古蜀金器也均采用锤揲技术，成品也是金箔制品。两者之间的明显区别是，后者常有纹饰图案，与北方和中原地区光素无纹不同。古蜀金箔使用了錾刻、模冲、刻镂技术，如金杖和金带所见图案纹饰，不仅是古蜀也是国内发现的金器中最早的錾刻工艺标本。金沙遗址的金人面像，有人认为采用了模冲工艺。刻镂工艺在古蜀金器中较多运用，三星堆遗址和金沙遗址见到的许多金箔都使用了这一工艺。

古代金箔工艺的出现，是古人认识到黄金良好自然延展性能的结果。包金和贴金工艺的成熟，促成了金箔技术的不断提升。包金是利用金箔自身的包裹力罩于器具之外，贴金是借助黏合剂将金箔粘贴在器具表面。古蜀贴金工艺比较流行。三星堆遗址出土的金箔铜像用的是生漆做黏合剂。现代民间传统贴金工艺所用的粘贴剂，主要是树脂类如生漆和桐油等。许多金沙遗址出土的金箔制品应当采用了贴金工艺，使用生物黏合剂粘贴。

箔通常指称一些金属制成的薄片，如金箔、银箔、铜箔，以金箔的制作工艺最为复杂。黄金具有良好的延展性，一两（31.25克）纯金能锤成0.0001毫米厚、面积为16.2平方米的金箔。古代制箔之法，是先将黄金提纯，锤打成小小的金叶，再夹在用煤油熏炼成的乌金纸里，又反复锤打约一日，金叶就变成了薄薄的金箔。

传统工艺制作金箔，要经十多道工序，下条、拍叶、做捻子、打开子、出具、切金箔，一点都不能马虎。金箔的传统工艺至今还保留在一些作坊里，抽出的金箔薄如蝉翼、软似绸缎，所以民间又有一两黄金打出的金箔能覆盖一亩三分地的说法。现代金箔生产仍有一些工艺机器无法替代，最重要的是乌金纸，用乌金纸包好金片，通过几万次锻打制成0.12微米厚的金箔，要求乌金纸耐冲击、耐高温。

现代金箔制作融入了现代科技，使用的辅材（如乌金纸）和设备都已大大革新，产量和质量均大幅提高。经过长期发展，金箔工艺越来越成熟，金箔工艺有了申报世界级非物质文化遗产的动议，古老的工艺焕发出了新的活力。

太阳带给古蜀人灵感，太阳神鸟金箔又将这灵感传达给当代，愿文化遗产保护就像这金光灿灿的标志一样，像太阳一样，光芒永存。

日 乌 图 谱

—— 2021年9月28日在纪念金沙遗址发现20周年研讨会上的发言速记稿

今天我们讲日乌图谱。什么叫日乌呢？包括我自己，我们一直都是讲太阳鸟、太阳神鸟，其实日乌在古代就是指太阳鸟、三足乌，也代表太阳，它是太阳的化身。

日乌，从文献中我们可以看到，比如唐代方干《感时》中的"日乌往返无休息，朝出扶桑暮却回"。关于三足乌的说法，刘向的《五经通义》、焦赣的《易林》都有提到，"日中有三足乌""三足孤乌，灵明为御"。传说现在这个太阳，是一个雄鸟在飞，九只雌鸟都让羿给射杀了。金沙遗址出土的金箔太阳神鸟，现在是中国文化遗产的标志，这个选择是非常得体、恰当的。我们看它的结构，是超越了所有候选者的。

关于太阳旋转、运动，其实在史前彩陶上就有表现，西北彩陶就画有旋转的太阳，有白陶上的日乌、彩陶上的日乌，红山文化的玉鸮也可能是日乌，还有三星堆遗址出土的铜鸟。

河姆渡遗址出土的一件牙雕，我们一般都叫双鸟朝阳，其实就是一对鸟陪着一个太阳在运行。红山文化的玉鸮，有点像猫头鹰，瞪着大眼睛。

彩陶里头出土的鸟还是比较多的，后来有一些图案化，我总结出来仰韶有一个鸟纹饰体系。红山文化中这样的鸟真的是太阳鸟吗？你看就是很凶的一个鹰。龙山这个鸟其实真的就是一个鹰，这个鹰跟石家河的，跟湖南发现的相似，好像不容易看出来，它的冠就是一个鸟的形状。

我们再看三星堆，三星堆遗址出土的鸟很多，昨天有人告诉我说找到了各种鸟的原型，也挺有意思。但是它的重点，应该就是我们要看的这个神坛方坛上的四个面，是人面鸟身的形象，四个角上站着鸟，四个面上有四个人面鸟身像。我们看不少文创这样表现，其实这很忠实于原来的图像，它的胸口位置就是有一个旋转的太阳标志。

大家可能没注意这件三星堆遗址出土的陶鸮，陶鸮的眼睛画成了太阳，它真的就是日乌。这是殷墟妇好墓发掘出来的，它跟石家河那个玉鸟的形象很接近。

青铜鸟（四川广汉三星堆遗址）

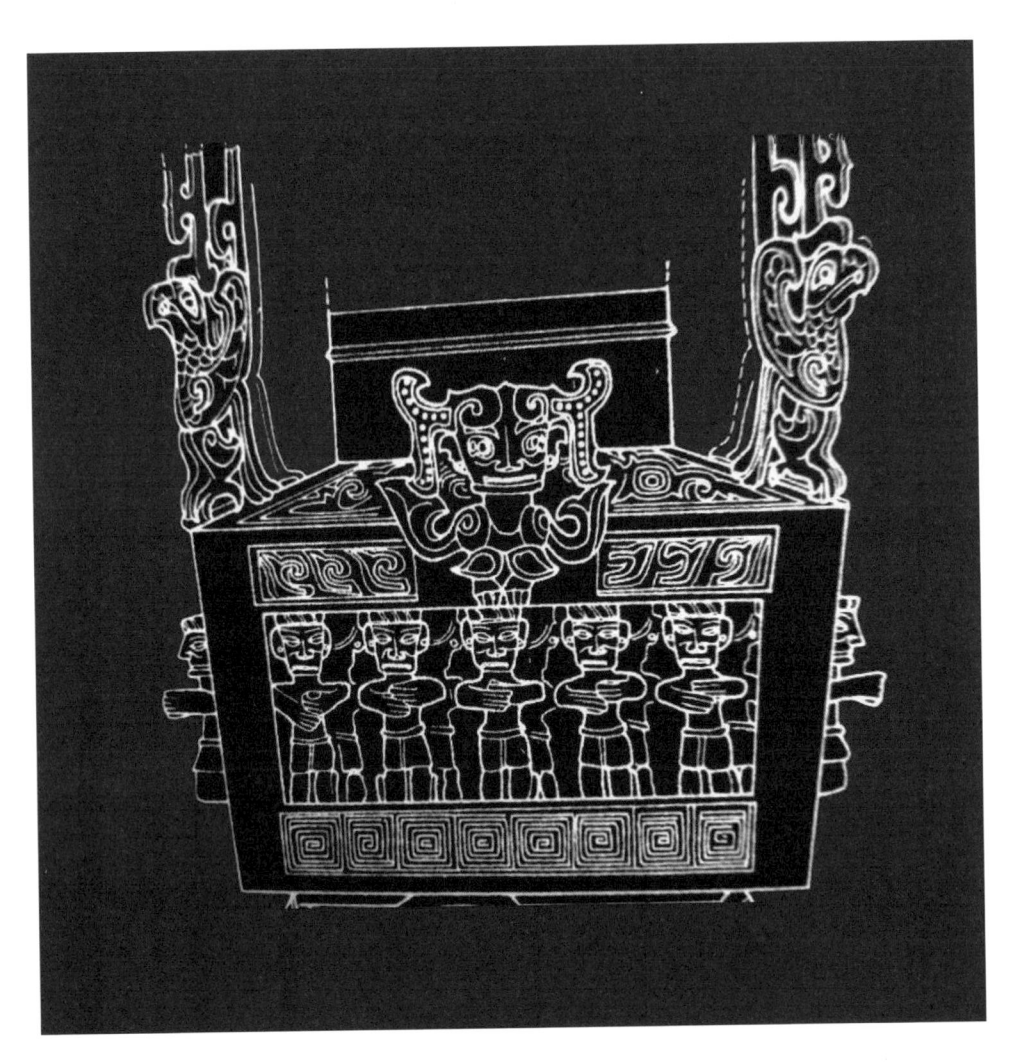

青铜神坛纹饰局部（四川广汉三星堆遗址）

关于三足乌，到底有没有，唐代段成式的《酉阳杂俎》记："天后时，有献三足乌……以为周室嘉瑞。"说明古人至少还是有些相信有三足乌的。马王堆帛画上画有日乌。山东汉画里的日乌更接近于我们平时能看到的一些鸟，包括可能有点像凤凰的样子。

刚才郭伟民教授讲的白陶上的日乌身上出现的是太阳。关于太阳的标志，十字形、八角星形的都有。还有很多獠牙图形，有的时候是在日乌附近，有的直接在日乌翅膀上，它就是一个太阳的符号。

最近三星堆上新的方形玉底座，四面都有纹饰，相对的位置刻有兽面，还有日乌，而且这个鸟在金沙遗址出土的一件玉璧上也见到过。

很奇怪的就是在新大陆，在美洲的玛雅文化里面，也见到这样的太阳鸟，它的眼睛就是一个旋转的太阳，它也是表现为日乌的形象，挺生动，呈旋转的态势。

最后总结一下，由高庙文化白陶艺术的发现，我们知道近8000年前南方有了成熟的太阳崇拜艺术，日乌图像频繁地出现在日用陶器上，几乎所有陶器上都有，这个是全民信仰。我们可以深刻地感受到，那种大头、獠牙、带太阳符号的双翅，是日乌最初的形象塑造，这样成熟的艺术，已经调用了让人有些费解的象征手法，简洁的符号定型化，便于复制与传播。

相似的日乌在仰韶文化、石家河文化、龙山文化中一直飞翔，艺术表现上又有彩陶与玉雕的方式。到了古蜀文化中，日乌有了青铜雕像，有了人面鸟身的造型，更是见到了金箔艺术雕刻。不过到了汉画时代，与太阳同在的日乌又开始回归自然，变成与人十分亲近的模样。

日乌在中国神话和艺术中飞过了6000多年的时光，是弘扬古代宇宙观的一个最生动的符号。正如郭伟民教授讲的，白陶里头的日乌形象，那个已经是非常成熟的艺术了，这类似的日乌神话的艺术一定出现在更早的年代。

玉鸟（河南安阳妇好墓）

陶鸮（四川广汉三星堆遗址）　　　展翅玉鸟玉佩（湖北天门石家河遗址）

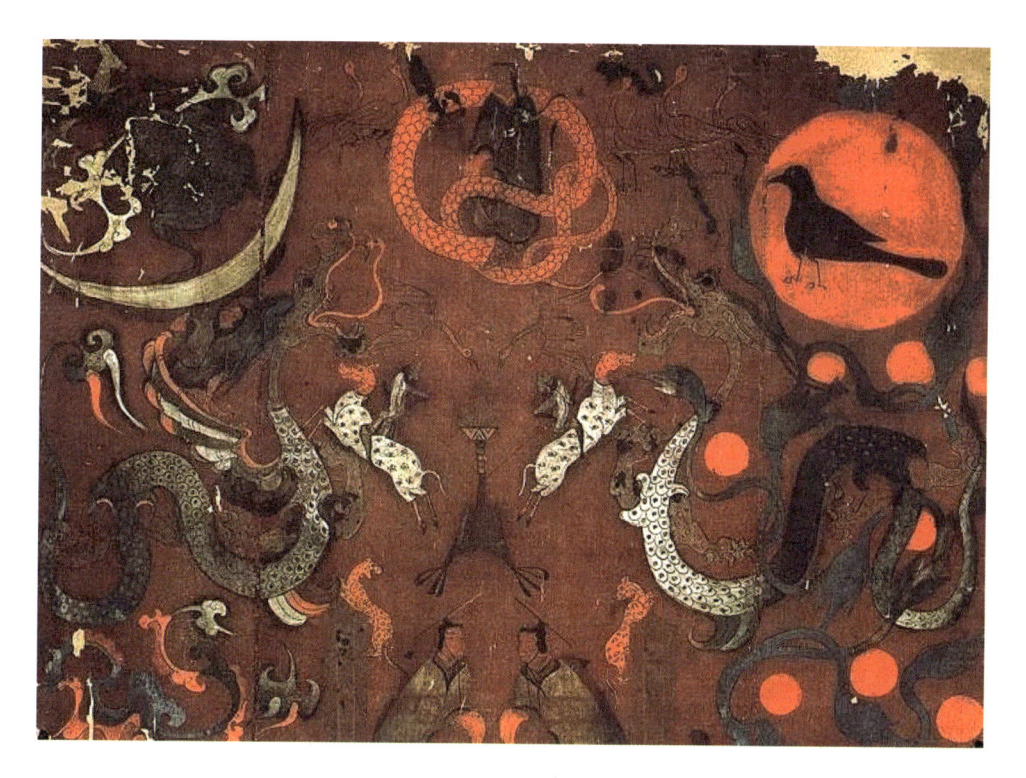

帛画上的日乌（湖南长沙马王堆汉墓）

玛雅文化太阳鸟
（墨西哥）

日乌：太阳鸟 | 329

汉画上的日乌

鲁迅收藏汉画日乌

四川汉画上的日乌

国家出版基金项目
NATIONAL PUBLICATION FOUNDATION

"十四五"国家重点出版物出版规划项目

神话学文库
叶舒宪 主编

王仁湘◎著

追踪信仰
艺术考古中的动物图像（中）

TRACES OF FAITH
ANIMAL IMAGES
IN ART ARCHAEOLOGY

陕西师范大学出版总社　西安

虎与龙凤崇拜

虎与龙凤，在中国文化中是非常重要的角色。龙与虎，最初在艺术中出现的时候，形态没有太明显的区别，所以常常出现指虎为龙的事，因为在后世的观念里，龙具有更重要的属性。龙与凤，自史前末期出现在艺术中，便一直伴行在后世的历史舞台上。

龙凤呈祥，龙飞凤舞，若是没有龙凤，中国文化会缺少许多的滋味，中国文化里真不能缺了龙与凤。

虎与龙凤，一直散发着神性的光芒。

神 龙 诞 生

经历过氏族社会发展阶段的原始部族，普遍相信自己的氏族与某种动植物之间存在一种特别的关系，甚至认定本氏族就是起源于这种动物或植物的，这种动物或植物就是神圣的祖先和保护神，这便是所谓"图腾"（totem）。图腾是来自北美印第安人奥基布瓦部族的一个词，表示氏族的徽号或标志。氏族社会的每个氏族都有自己的图腾，氏族的全部成员都崇拜它，认为它神圣不可侵犯，这就是原始宗教中的图腾崇拜。

一般来说，最初的图腾往往是某种具体的动物或植物，通常是动物。我们在图腾艺术中见到不少半人半兽的作品，这是图腾人格化的结果。考古发现过不少动物形体的雕塑艺术品，还有一些绘有动物图形的彩陶，有些研究者认为其中当包含有图腾标志。像仰韶文化半坡居民彩陶上的鱼形人面纹，就有人认为它是鱼图腾的证据。彩陶上的人形与鱼形的合成图，体现了人与鱼的结合，鱼已明显人格化，如果说它真的是半坡居民的图腾的话，那也应当是比较进步的图腾崇拜。

在近些年出土的许多良渚文化作为礼器的玉器上，发现不少琢刻精细的兽面纹，更有一种比较复杂的人兽复合纹样，引起了众多研究者的关注。反山遗址发现的一件重达 6.5 千克的玉琮上，在四方中部的直槽内，采用阴线刻和浅浮雕的技法，刻有八个神人兽面纹。在有的玉钺上，这样的神人兽面刻画更为细腻传神。神人头着羽冠，圆眼蒜鼻，龇牙露齿；上肢平端置于胸前，下肢盘屈，足有利爪；神人胸腹有兽面，有圆睁的大眼，阔嘴龇牙。这种神人兽面纹常常出现在玉钺和玉琮上，充满神秘感。这种纹样被认定为良渚人的神徽，实际上可能也属于一种变化了的图腾崇拜。

史前人的氏族扩大为部落，部落又结成更大的部落联盟，再结成地域广大的族群，由此可能产生更高一级的综合性图腾崇拜，作为族群的标识。也许作为中国文明象征的龙与凤，就是史前业已出现的综合性图腾，可以看作文化融合的产物。不论是龙还是凤，都已经不是任何实体动物，是多种动物的综合体，表明它们的崇拜者来自不同的氏族部落，是新的族群新创造出来的共有图腾。显然龙凤图腾已没有了原始图腾质朴的意义，它的性质已发生了明显的改变。

良渚文化玉器上的神面（浙江余杭反山墓地）

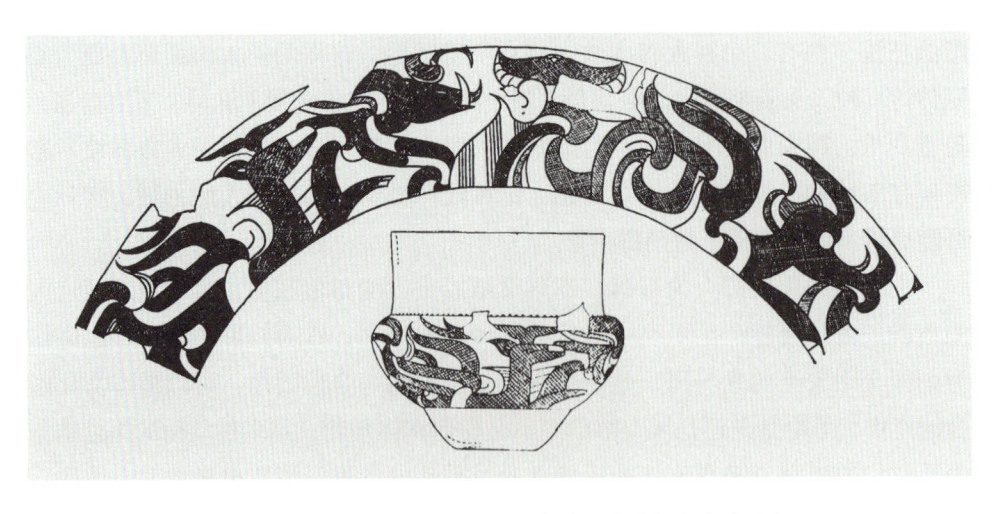

赵宝沟文化陶器上的龙形图案（内蒙古赤峰赵宝沟遗址）

据一些专家研究，凤的原型有鸡、鸮（猫头鹰）、燕、鸾（孔雀）等，是若干鸟崇拜的综合体。在仰韶文化彩陶上，我们就见到了三足的鸟和燕子图形，可能是较早出现的凤崇拜形式的表现。生活在东南地区的新石器时代居民，制作有各种以鸟为主题的工艺品，表明那里存在普遍的鸟崇拜，凤形象的起源肯定是缘于这种鸟崇拜。

龙的原型，据专家研究有鳄、蛇、猪、马、闪电等，究竟什么动物是龙的主体，人们还有不同的认识。内蒙古赤峰赵宝沟遗址的一件陶器上，有猪首蛇身刻绘图像，被考古学家们认定为北方地区见到的最早的龙图形，年代为距今7200—6800年。拥有发达琢玉工艺的红山文化居民，开始用坚固晶莹的玉石制作玉龙。红山文化玉龙为猪形首，半环形身躯，无足爪，被有的研究者称为"猪龙"，认为其原形为农耕部族豢养的家畜猪。考古发现的红山人最著名的一件玉猪龙，出土于内蒙古翁牛特旗三星塔拉遗址，高26厘米，整体圆润光滑，是十分难得的珍品。猪作为家畜，是以谷物的种植为前提的，所以猪龙被认为是生活在北方的一部分农耕部族的图腾之一。

龙山文化彩绘蟠龙纹陶盆（山西襄汾陶寺遗址）

生活在黄河流域的龙山文化居民，也有自己心目中的龙，这时的龙崇拜已经是不变的固定传统了。山西襄汾陶寺遗址出土的一件陶盆内就有用红色描绘的一条蟠龙，龙形长躯无足，盘屈如带。有学者认为这彩绘蟠龙纹陶盆是一件祭器，它出自一座规模很大的墓葬，表明墓中的主人具有高贵的身份。

史前人心中的龙，原本有着不同的来源。这些龙后来融汇为一体，成为整个中华民族共有的龙神崇拜，它在相当的程度上反映了中华民族在融汇中的形成过程，它在中国文明起源的进程中，是一个很值得注意的标识。汉代人说龙"角似鹿，头似驼，眼似鬼，项似蛇，腹似蜃，鳞似鱼，爪似鹰，掌似虎，耳似牛"，这就是所谓的"九似"。史前人心中的龙，还没有如此复杂的形象，有些研究者称之为"原龙"。原龙发展到商代，已有了比较固定的形态，有了完美的造型，具有完全意义的龙在人们的思维与艺术中终于形成了。

当龙成为中华民族的综合图腾之后，先民们对古老的图腾崇拜已没有原来那么热心了，具有传统意义的图腾观念已悄悄发生变化。这主要可能是人类自我意识有了增强，人类对人本身存在的意义、对自己所拥有的力量有了一些清醒客观的认识。人类在进一步探寻人的来历中，已不再满足于动植物起源的古老信仰，对生殖奥秘逐渐有了一定的了解，以女性为人类之母，进而将女性祖先神化，创造出女性始祖神，最终完成了图腾的人格化，祖先崇拜也就因此出现了。

龙虎子龙鼎

看中国国家博物馆中国通史展,进入商周展厅,如同进入英雄时代,它的气势明显压倒了秦汉隋唐。偌大的青铜器阵式,壮观而又细腻,让人一次次回眸,不忍心离开。其中,最让人留恋的当然是后母戊鼎和子龙鼎。

这两鼎是两位"旧相识",曾与它们有过亲密接触是在2008年。当时国家要为奥运筹办一个大型古代发明创造文物展,展览场所选定在奥运村新建的中国科技馆,我很意外担任起展陈大纲的总撰,展名《奇迹天工》。展品从全国各地调集,大多是国家一级藏品,其中就有后母戊鼎和子龙鼎,是青铜器展厅的重器。

展品宝藏巨多,来不及一件件细细观摩,但这两件青铜重器却没有忽略,那是看了又看,生怕忽略了一些装饰细节。后来在研究中多次讨论过后母戊鼎,这与当初的密接是分不开的。至于子龙鼎,确实有些忽略,似乎觉得纹饰简单一些,感觉发掘不到更多的内涵。这一次重逢,首先加深的印象还是子龙鼎上的铭文,此鼎是因铭而得名。不过这一次还有新的感觉,看着看着有些激动起来。

因为参观时是逆行,先入眼的是子龙鼎,不远处是后母戊鼎,方圆两器,气势磅礴。毋庸讳言,后母戊鼎吸引力更强,绕子龙鼎两周后就直奔过去。

细察后母戊鼎,又得到过去忽略的一些细节,这一次重点察看了各个兽面纹饰中的眼形。数十只眼睛,并不相同,这话留待日后再表。有了这个印象,又回头去看子龙鼎上的兽面眼形,居然也是表现出了彼与此的不同。细一查对,子龙鼎上的六组兽面纹分作互为区别的两组,而且是交错排列,一组的位置对应三足,另一组的位置对应两足之间。非常好奇,我不知道前人观察到这个异象没有,于是迫不及待地在展厅用手机联网查询。

还好,有人已经注意到了这个区别。经查证,中国国家博物馆王冠英先生2006年有高论,他说:"子龙鼎的纹饰,上腹部饰独首无身兽面纹和一首双身下卷尾兽面纹相间的纹饰带,……独首无身兽面纹虎耳,目如甲骨文的'臣'字而特突出其大而圆的瞳孔,目光如炬,头上有两只硕大的瓶型角。一首双身兽面纹作大卷角,瞳孔呈长椭圆形,左右身躯平直,至后股尾部忽垂直上扬而尾尖下卷,足后有长距。三足足根部饰凸起的兽面纹,小耳,大羊角形弯角,

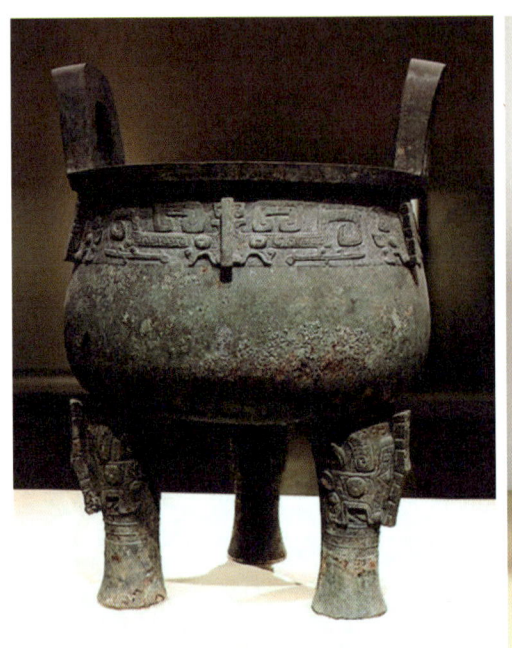

子龙鼎（中国国家博物馆藏）

子龙鼎铭文

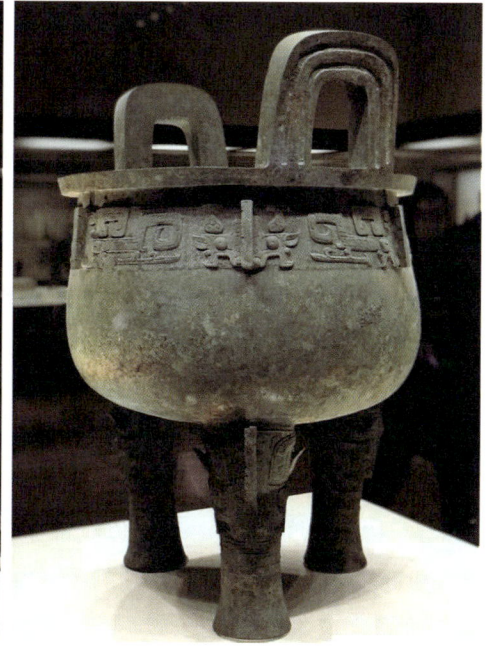

相邻的兽面纹不相同　　　　　　　正对三足的兽面纹

下饰两道弦纹。"①

稍有些遗憾的是，分辨出了子龙鼎有身与无身兽面的不同，却没有指明为何不同，它们又有什么来由。

要讨论这个问题，首先要说结论，子龙鼎口沿外一周铸纹，为六组兽面纹环形排列，兽面分为无体和有体的两类，采用交错穿插方式排列。无体的三组兽面为虎面，有体的三组兽面为龙形。子龙鼎若以纹饰取名，可名为龙虎纹鼎。龙虎纹同现于一鼎，在商周并不罕见。

在两足之间对应位置的兽面纹

---

① 王冠英：《子龙鼎的年代与子龙族氏地望》，载《中国历史文物》2006年第5期。

虎与龙凤崇拜 | 339

我们知道，商周铜器上的铸纹以兽面纹最为常见，一般的兽面纹都有明确的属性，其中以龙虎纹最为多见。有点麻烦的是，究竟是龙是虎，常常会被认错，而且往往许多虎纹会被简单地认作龙纹，因为它们长得太像，不易分出彼此。其实区别起来并不很困难，也许很多研究者并没有觉得有必要区分得那么清楚，所以也就有了不少似是而非的定名。

我们曾就龙纹、虎纹的区别进行过专门讨论，认为商周所见铜器和玉器上的龙虎纹，由角和耳的观察可以将它们明显区分开来。

由大量资料观察了解，商周铜玉类龙虎纹饰不是顶角便是张耳，一般也不会既无角也无耳，顶角者有时会出现小耳。凡龙虎纹样有了这样一个基本的判断，区分起来也就不太难了。

既然青铜器不得已要依据纹饰命名，那一定要名副其实，除纹饰定名真的很难之外。即使有铭文，不必以纹饰命名，那对于纹饰的名称也还是尽量定准，不能似是而非。我们这里谈到的子龙鼎，虽有铭文做依据，但纹饰的定名也不能概而言之，尤其是它的纹饰显出有特别之处时。

依据这样的判断，我将子龙鼎的两组兽面纹分别称为龙纹和虎纹，虎面带大耳，龙形顶大角。龙之角是典型的蘑菇形，也就是所谓的瓶形，是商周龙形的标准角式。龙形与虎面相间排列，不知是否有什么特别的含义。如果这件鼎并无铭文，那就可以称为龙虎纹鼎了。

王冠英先生说，子龙鼎的上腹部饰独首无身兽面纹和一首双身下卷尾兽面纹相间的纹饰带，这个初步判断没有问题。但他又说"独首无身兽面纹虎耳"，"头上有两只硕大的瓶型角"，其实这是龙首，与虎无关。"一首双身兽面纹作大卷角"，这所谓的角正是与后母戊鼎同样的大虎耳造型。可见角和耳的区分，是龙纹与虎纹分辨的关键所在。

末了，要说到子龙鼎上兽面的眼睛，原来龙眼与虎眼，形状是不同的，不只是简单的"臣"字眼。龙眼为圆形，虎眼略为横长方形，无一例外。虎眼显小，眼球限定在眼眶以内，而龙眼较大眦出眼眶。当然我们并不能用这个眼形分辨龙虎，因为在别的纹饰上未必也遵从这样的规范。比如说后母戊鼎上的虎眼，它却是圆形的，也会眦出眼眶去。

龙虎纹共存于一器，这在铜器的装饰上并不罕见。如考古发现的几件商代龙虎尊，便是龙虎纹齐备，龙纹与虎纹均作全形表现，连头带体，甚至体纹都有明确刻画。其他是否还会有与子龙鼎类似的铜器，目前还没有甄别出来的例证，但相信子龙鼎的龙虎纹不会是孤例。

虎踞龙盘，这样的恢宏气势最早就是由青铜时代这样传导出来的。龙虎之形，是商周青铜器纹饰中最重要也是最常见的角色，是两个最重要的符号。没有这些纹饰，青铜的英雄时代就没有这样恢宏的气势了。

后母戊鼎双虎纹（河南安阳武官村）

牺尊虎纹（陕西长安井叔墓）

玉龙（河南安阳妇好墓）

342 | 追踪信仰：艺术考古中的动物图像

玉龙（陕西长安张家坡西周墓）

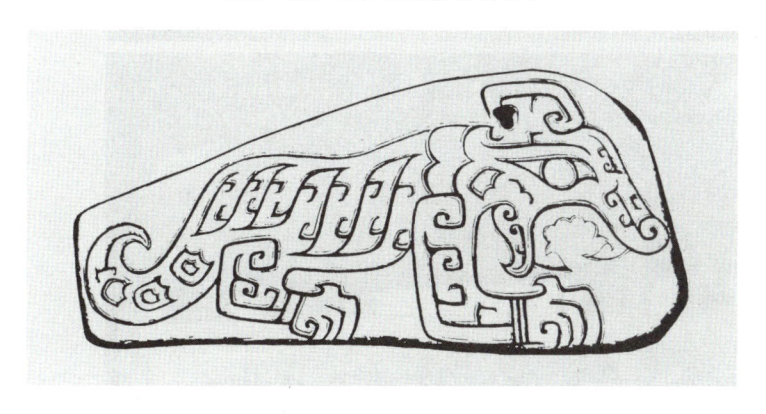

虎纹石磬（河南安阳武官村）

龙纹石磬（河南安阳小屯村）

子龙鼎虎纹

子龙鼎相邻的龙虎纹

子龙鼎龙纹

子龙鼎龙纹之眼

子龙鼎虎纹之眼

虎与龙凤崇拜 | 345

凤诞石家河

在殷墟考古断续进行40多年之后，1976年5月意外发掘出一座墓葬，编号为M5。墓葬规模在殷墟并不算太大，但随葬品非常丰富，出土4面铜镜、4件铜钺及130件青铜兵器，还有以一对司母辛方鼎为主的200余件青铜礼器、156件酒器及755件各类玉器，另有海贝7000多枚、各色宝石制品47件以及各种石器、陶器和海螺等。墓中殉葬16人、殉狗6条。大量铜器铭文都指向一个人——妇好，表明这是妇好之墓。妇好一般被认为就是商王武丁的王后妇好。

妇好墓随葬玉器类别较多，有琮、璧、璜等礼器，还有用作仪仗的戈、钺、矛等以及装饰品400多件。饰品中有各种动物形玉饰，包括龙、凤、怪鸟兽及大量野兽、家畜和禽鸟，如虎、熊、象、猴、鹿、马、牛、羊、兔、鹅、鹦鹉等，也有鱼、蛙和昆虫类造型。而编号为M5：350的玉凤，是从未见过的新发现，它的精工美型引起了人们的广泛关注，普遍认为这是考古所见最完美也是年代最早的凤的造型。

妇好墓出土了玉凤，也出土了玉龙，玉龙有多件，而玉凤仅此一件。妇好玉凤为双面片雕玉饰，通高13.6厘米，厚0.7厘米。玉凤造型与商代甲骨文中的"凤"字相似，是一只神气满满的神鸟。遗憾的是，发掘者只用"作侧身回首形，阳纹浅浮雕，相当精细"十五字做了描述。细观玉凤，长喙圜眼，高冠卓然，长尾两歧，短翅半展，隐足亭立。乍观体态秀长，似回首欲飞去；静睇羽色晶莹，觉飘逸之风起。此乃考古发现中第一枚真凤玉件，非一般凡鸟造型。

玉凤一定是妇好心爱之物，不过它的来历却让人颇费猜测。发掘者坚称玉凤为商代玉器，也有人认为它属于龙山文化遗物。有几位学者先后提出了疑问，认为它应当是南方石家河文化的遗物，时代早过殷墟千年上下。

石家河之玉，从遥远的时空进入妇好的世界，这期间发生过怎样的传承故事呢？

妇好是一位王后，她以率兵打仗的女将军身份进入商代历史。殷墟出土甲骨文记录了她攻克诸多方国的战绩，她前后击败北土方、南夷国、南巴方以及鬼方等20多个小国，为商王开疆拓土。在商王武丁60多位"诸妇"中，有3

人拥有王后地位,妇好列第一位。

妇好可以在商王那儿得到赏赐,可以因战功获得自己的封地,她也会由战事获得自己所欣羡的战利品,那枚玉凤为她所喜爱,有可能由这样一些途径得来。只是在她得到玉凤之前,这心爱之物在世上已经流传了上千年的时光。

妇好之为王后,生前身后,有一些特别之处。学者们解读甲骨文祭祀谱,发现武丁三位法定王后妣戊、妣辛、妣癸,"司母辛"铭与"妇好"铭铜器共存于一座墓,推测两个名称是同一人,妇好是墓主之名,辛是她的庙号。

妇好墓出土司母辛方鼎,让人很自然联想起后母戊鼎,它们分别是为祭祀武丁王后辛和戊而铸造。可是后母戊鼎出土于王陵区,戊的墓葬规格仅次于商王墓。而且后母戊鼎重832.84千克,而司母辛方鼎仅重128千克,差距也很明显。同是武丁的王后,为何境遇如此不同?妇好是赫赫有名的女将军,也是武丁的最爱,她为什么未葬入王陵区呢?

研究者找出《周礼·春官·冢人》中的一句话,"凡死于兵者,不入兆域",是说阵亡者不能入祖陵。难道妇好是战死疆场吗?妇好墓离殷墟祭祀区很近,这难道是一种刻意安排?又有学者读到有一甲骨卜辞上记述妇好分娩不顺,推测妇好有可能死于难产。

妇好33岁早亡,其中一定隐藏着一个意外的故事。兴许妇好是因先武丁而亡,所以未葬入王陵。墓葬虽然不大,随葬品却不可谓不丰,大量的玉器揭示了那个时代的信仰,也传递了更古老的信息。墓中出土的玉凤,虽然还有谜团待解,但妇好爱玉也有古玉情结却是确定的,这也许在商王室是一种通例。

一位商代王后喜爱的玉凤,来自数百公里之外近千年之前江汉区域的石家河文化,这中间发生的故事早已烟消云散。不过,漫长的时光并不能化解我们的好奇,凤最初真的是由石家河人创造出来的吗?

根据妇好墓发现之后陆续获得的考古证据,特别是比对近些年湖北天门石家河遗址新出土玉器资料,综合考定玉凤确非商代制品,而是更早时代长江中游石家河文化器物。

以往在湖南澧县孙家岗一座石家河文化墓葬中发现凤形透雕玉饰,在湖北天门石家河罗家柏岭遗址发现团凤玉饰,还有石家河遗址发现的对鸟(双凤)玉佩,表明石家河文化居民对凤怀有特别的情感认同,他们应是神凤最初的缔造者。最初的凤形,应当是诞生于石家河文化,从此凤崇拜也成为一种规范的信仰方式,并且很快汇入史前造神运动的潮流。

由造型比较,妇好玉凤与罗家柏岭玉凤虽存有一伸一屈的区别,凤首凤身

司母辛方鼎（河南安阳妇好墓）

铜器上的铭文"司母辛"

348 | 追踪信仰：艺术考古中的动物图像

刻铭文"妇好"的铜器（河南安阳妇好墓）

铜器上的铭文"妇好"（河南安阳妇好墓）

虎与龙凤崇拜 | 349

和凤尾的造型却是完全相同。从制作方法上比对，两凤的工艺也是一样，纹饰都采用减地阳刻，这与妇好墓同出的其他玉器明显不同，多数玉器纹饰采用的都是两阴夹一阳的工艺，不用减地技法。石家河遗址出土的展翅玉鸟和对鸟玉佩，也都是采用这种减地阳刻工艺制作，表现了高超的玉作水平。

通过对比研究不难看出，妇好墓所出玉器中还有一些可能是石家河原玉的改制品，有的环璜类饰品都琢有成排的立鸟形扉牙，明显属于石家河文化风格。石家河文化不仅有玉团凤，也发现有玉团龙（C形龙），类似玉团龙在妇好墓中也有出土，两者造型及细部特征非常接近，形体也都很小。妇好的这一玉龙很可能也来自石家河文化。

团龙在东北红山文化和东南崧泽文化中都有发现，只有在石家河文化中团龙与团凤共存，也许这才是一个最先将龙凤合崇的部族，也为后来同地生长的楚文化奇诡的信仰涂上了浓厚的底色。

石家河文化及后石家河文化的玉器制作工艺水准，在史前已经达到巅峰。采用巅峰技术，制作出第一枚精致玉凤，让玉凤一诞生便显出高贵优雅，这是石家河人一个重要的文化贡献。

石家河人的玉作除了精致，还有小巧、奇峭、灵动、别致等诸多特点。构形具象与抽象共存，彰显象征内涵，少见纯粹意义的饰品。玉凤，同玉龙、玉虎、玉蝉一样，都是在神话背景下催生出的艺术品，它们都应当具有特别的含义。

依照后世的概念判断，凤为百鸟之王，阳之精，五行属火。石家河新发现的凤鸟纹圆形玉佩，圆润的玉佩上用阳刻工艺刻画出一只展翅的凤鸟，应当是寓意阳鸟负着太阳飞翔，可以看作石家河人奉行太阳崇拜和阳鸟崇拜的实证。

石家河人不仅制作出单体和双体的凤鸟玉佩，还制作出非常诡谲的凤鸟形冠玉神面，玉神面常常被雕刻成两面神，正背是表情不同的神像。有人认为这可能是太阳神，也与太阳崇拜相关联。

由崇阳到崇凤，这可能是石家河人创造出玉神凤的来由。当然，凤在中华文化中还有另外的担当，对此我们还要细细追踪。

玉凤（河南安阳妇好墓） 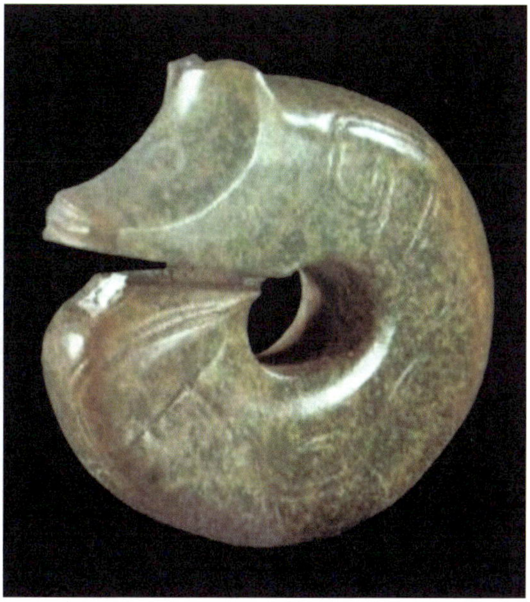　　　　　　　　玉龙（河南安阳妇好墓）

后母戊鼎（河南安阳武馆村） 　　　　　玉凤（湖南澧县孙家岗遗址）

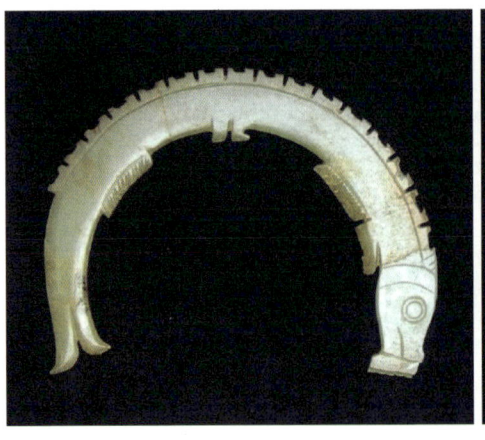

带扉牙玉器（河南安阳妇好墓）

玉凤（湖北天门罗家柏岭遗址）　　　　带扉牙玉器（湖北天门石家河遗址）

玉龙（湖北天门石家河遗址）　　　　凤形饰（河北满城刘胜墓）

龙 飞 凤 舞

凤诞石家河，自从石家河人将凤鸟形象创造出来，凤鸟在中华文化中飞翔了4000年的时光。经历代艺术家提炼，凤鸟艺术有许多提升，凤体造型也发生诸多变化。最大的变化，是凤与龙的结合，因此出现了更加富于变化的艺术表现形式，龙凤文化的内涵也更为丰富起来。

凤与龙的艺术表现，在起初是以独立出现为主，彼此之间没有什么联系。如石家河文化有玉龙、玉凤，但都是单独成器，没有龙凤同时出现在一起的构图。

商代开始出现龙凤配形制的玉器，有凤鸟龙形冠式，也有龙凤并行式。这两类玉凤都见于妇好墓。一玉饰是在一立鸟的头顶琢一小龙形，可以理解为戴龙冠的凤鸟。另一玉饰是鸟背上有一条大龙，似同立云端之上，会让人觉得龙凤之间有种突如其来的亲密感。

到了西周时期，玉龙、玉凤仍然常见，有类同于商代的凤首龙冠形，也有龙体凤冠形。龙凤角色可以这样互换，龙可以为凤冠，凤可以为龙冠。

山西曲沃晋侯墓地M63出土圆雕玉龙凤一件，立鸟头顶倒立一条小龙，被认为是商代器，与妇好墓所见意境相通。

西周龙凤形玉器更多见到的是片雕线刻，如三门峡虢国墓出土玉柄形器，上有立凤，立在下面的龙体上。凤体较大，不似商代所见，并不是冠饰。又如陕西长安张家坡西周墓出土两件独体团龙玉饰，也见到两件龙凤玉饰。龙凤玉饰为片雕线刻，表现凤立龙体上，彼此关系并不明朗，但凤并不是龙体之冠，这是可以肯定的。

这一类片雕线刻玉饰在西周比较流行，对于它的名称、用途、含义，现在并没有一致的说法。山西曲沃晋侯墓地M31晋献侯夫人墓出土同类龙凤纹玉器，称为圭形饰，也是表现凤鸟立于龙体上，凤鸟始终占着上风。

上海博物馆藏西周片雕玉龙凤，一只凤鸟立于仰卧的龙体上，似乎表现的是龙凤之争，凤鸟也是占了上风。实际上应当是游龙戏凤，并不一定是争斗。台北故宫博物院藏有几件类似图案的玉器，一般都是作凤立龙体上。傲气的凤鸟，在西周时代，一直在龙体上站立了数百年。

龙凤配玉器（河南安阳妇好墓）

玉龙凤（山西曲沃晋侯墓地M63）　　　上凤下龙玉柄器（河南三门峡虢国墓地）

龙凤玉饰（陕西长安张家坡西周墓）

龙凤纹玉圭形饰（山西曲沃晋侯墓地M31）

西周玉龙凤（上海博物馆藏）

西周龙凤玉佩（台北故宫博物院藏）

凤立龙体上，这样的艺术题材在西周时期一定有固定的象征意义。且不论这意义何在，这里只需认同龙凤之间有了紧密联系便可以。如果说商代时龙凤已经存在联系，但那还只是互为表里，西周时才见龙凤出现真正的亲密接触，这个变化的背景值得关注，值得探讨。而且还是凤鸟占上风，在周人心里，凤是高于龙的吧。

更重要的是，西周出现了龙凤同体玉器，龙凤共一身躯，一端为龙首，另一端为凤首，一般称之为龙首凤尾。这种龙首凤尾形构图，含义尚不明，从龙凤合体分析，至少可以察觉出龙凤中出现的亲近感。龙凤融为一体，是周人的一种奇想，这奇想的背后，应当还有深层的含义。从互为表里到亲密无间，再到合二为一，这样的变化动因很值得研究。例如陕西长安张家坡西周墓 M157 出土龙凤同体玉饰，片雕阴刻，作 S 形构图，一端为龙首，另一端为凤首。山西曲沃晋侯墓地 M102 项饰玉组佩，六件 S 形玉饰，三件龙凤同体，三件双首龙形。龙凤同体，龙凤共一身躯，作龙首凤尾形。

到春秋时期，龙首凤尾形的构图还在流行，大体承袭了西周风格，除了玉器上可以看到，铜器和漆器上也能看到。当然也有一些新变化，有时变化非常明显。

龙首凤尾的构形，这一时期流行的广度可能超过西周时。如湖北当阳曹家岗春秋楚墓的漆棺一侧，在一个图案单元中绘龙首凤尾两组，呈正倒方式排列，都是龙首向上，凤尾向下。河南辉县琉璃阁春秋中期墓 M60 出土的佩玉，图案为两两呈十字形交叉的龙首凤尾，这是很少见的构图。

更奇特的是一种 S 形玉佩，也是龙凤同体，龙首凤尾。山西太原赵卿墓出土两件玉佩，尖状龙尾如凤喙，圆眼刻画很明确。

除了这种 S 形造型，也有玉璜类，同样制成龙首凤尾形。河南光山黄季佗父墓出土玉璜，既有双龙首形，也有龙首凤首同体形。

战国时期的龙凤艺术品发现很多，有的承袭了春秋时期的风格，有的有新的造型。继续保持龙凤的亲密接触，不过见到双体龙凤玉佩，玉件显得更加精致华丽。如湖北枣阳九连墩 1 号墓出土双凤龙形玉佩饰，双体凤立双体龙上，感觉十分亲近。

湖南长沙八一小学 M1 出土龙凤玉佩，长条 S 形，同体龙首凤尾。这是春秋时见到的创意，龙凤同体，是表现龙凤最亲密感觉的艺术呈现。

江苏无锡鸿山越国贵族墓出土的 S 形龙凤同体玉佩，时代属战国早期，极可能原本就是春秋时期传下来的藏品。

同体玉龙凤（陕西长安张家坡西周墓M157）

项饰玉组佩（山西曲沃晋侯墓地M102）

漆棺画（湖北当阳曹家岗春秋楚墓）

虎与龙凤崇拜

佩玉纹饰（河南辉县琉璃阁M60）

玉龙凤（山西太原赵卿墓）

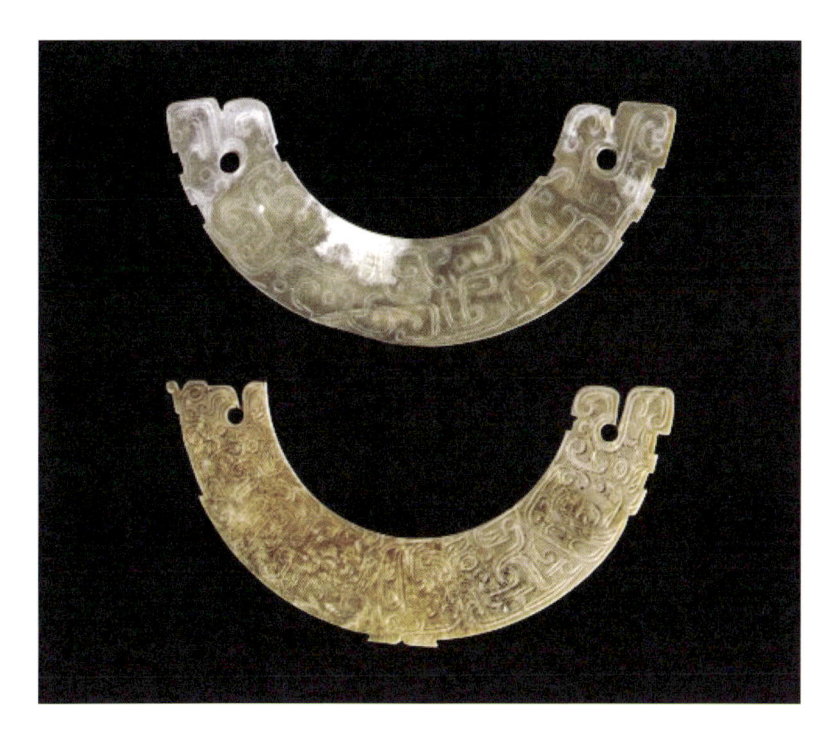

双龙首和龙凤首玉璜（河南光山黄季佗父墓）

S形龙首凤尾玉佩（湖南长沙八一小学M1）

龙凤之动态，有时在玉器上表现并不充分，但在铜器的一些装饰纹样上，则有更生动的体现。如河南辉县出土金银错车具上的龙凤交体纹，龙凤身躯都是S形，彼此交叠在一起，作向前奔跑状，显得生机勃勃。

有时那种S形龙首凤尾玉佩，也会被制成龙身凤首模样。如河南洛阳金村出土龙身凤首玉佩，取用龙首凤尾玉佩的既有造型，但舍弃了龙首，是别出心裁的创意。金村还出土一件龙身玉凤佩，作一大凤与二小龙嬉戏状，凤嘴衔一龙，脚踏一龙，各得其乐。

山西侯马虒祁M2129出土S形龙凤合体玉佩，龙首凤尾式。墓葬属战国早期，玉佩是春秋风格，仍然可能是前期的制作。

山西侯马出土一种双凤合璧玉佩，双凤拱立玉璧，这也是战国时出现的新造型。有时也见到双龙拱璧玉佩，像侯马的这件玉佩并不多见。

陕西秦咸阳城遗址出土S形龙凤合体玉佩，龙首凤尾式。龙体较宽壮，感觉也是春秋风格，也有战国时制作的可能性。

山东曲阜鲁国故城遗址M58出土S形龙首凤尾玉佩。墓葬属战国时期，玉佩却是春秋风格。

曲阜鲁国故城遗址M58同时还出土一件双凤合璧玉佩，双凤相背拱璧，与侯马见到的双凤合璧玉佩相似，也是少见的发现。

春秋时期独体的S形龙首凤尾玉佩，到战国时期出现了组合式，若干S形拼合在一起，显出另一种热烈的氛围。安徽合肥出土S形龙首凤尾合体玉佩，六条S形交叠拼合，组成略呈方形的透雕玉佩，这样式前所未见，精彩至极。

有意思的是，在战国时期，S形龙首凤尾玉佩又有新变化，龙首消失，变成两端都是凤首。河北易县燕下都遗址就见到这样的双凤首玉佩，花式大S形，两端均为凤首，凤首大小同等。当然在燕下都遗址同样也有S形双龙首玉佩，龙凤分体，又是一种意味。

前面提及的战国双凤拱璧式玉佩，还发现于河北平山中山王墓M1。双凤的凤体为S形，作回首状，列于玉璧两侧。

还值得提到的另一个发现是，河南洛阳西工区出土战国双龙双凤玉璧，左右是双龙拱璧面对面，两龙头顶各分立一小凤。

S形龙凤同体玉佩（江苏无锡鸿山越国贵族墓）

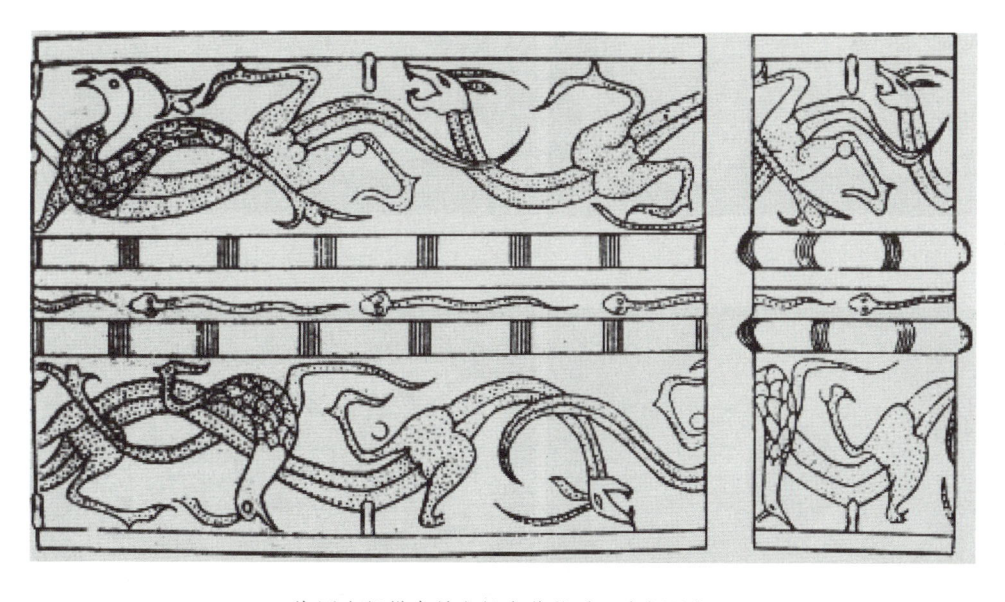

战国金银错车具龙凤交体纹（河南辉县）

S形玉凤佩（河南洛阳金村） 　　　　　　　　龙身玉凤佩（河南洛阳金村）

S形龙凤合体玉佩（山西侯马虒祁M2129） 　　双凤合璧玉佩（山西侯马晋国遗址）

S形龙凤合体玉佩（陕西秦咸阳城遗址） 　　　S形龙首凤尾玉佩（山东曲阜鲁国故城遗址M58）

双凤合璧玉佩（山东曲阜鲁国故城遗址M58） 　S形龙首凤尾合体玉佩及复原图（安徽合肥）

双凤首玉佩（河北易县燕下都遗址）

双凤合璧玉佩（河北平山中山王墓M1）

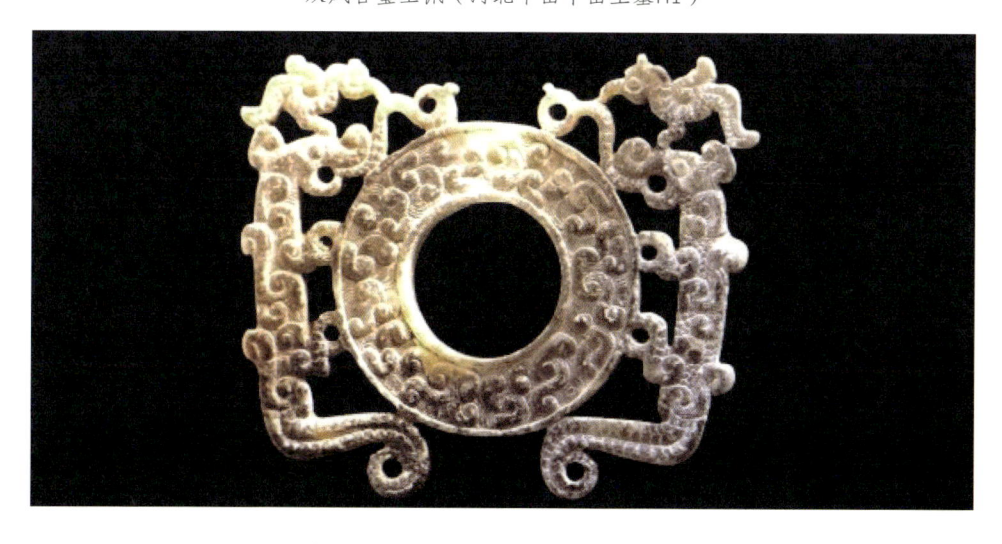

战国双龙双凤玉璧（河南洛阳西工区）

春秋时期的龙首凤尾同体艺术创意，构图有Ｃ式，有Ｓ式，也有璜式，不拘一格，其中的含义有待进一步探索。战国时凤的角色稍有强势体现，其象征意义有待探索。

湖南长沙楚墓出土两幅楚国帛画。一幅人物御龙帛画，有鸟立龙体上。神鸟与神龙之间的关系，画面已经有所透露。帛画上鸟立龙体，可能是玉器上见到的上鸟下龙构图的注解。另一幅人物龙凤帛画，表现龙凤一起升腾的景象，恰也是玉器上龙飞凤舞意境的再现。参照帛画的写意，有助于理解龙凤玉佩的意境。

商周两代王者之旗为龙旗，由此似乎可以看出，龙已是王者的一个象征。《诗经·周颂·载见》有："载见辟王，曰求厥章。龙旂阳阳，和铃央央。"《诗经·鲁颂·閟宫》有："周公之孙，庄公之子。龙旂承祀，六辔耳耳。"《诗经·商颂·玄鸟》有："天命玄鸟，降而生商。……武丁孙子，武王靡不胜。龙旂十乘，大糦是承。"这都是王室祭祖之歌，祭祖时载以龙旗，龙旗是王者权力的象征。龙旗也为天子所用，《礼记·乐记》说："龙旂九旒，天子之旌也。"天子用龙旗，天子服龙衮，所以《礼记·礼器》说："天子龙衮。"这种龙衮实物虽然没有发现，但在四川三星堆遗址出土商青铜立人像上可以看到，立人穿的龙纹之服正是龙衮。

楚辞反复提及龙凤。如《离骚》说："凤皇翼其承旂兮，高翱翔之翼翼。"《涉江》说："鸾鸟凤皇，日以远兮。"又《远游》说："凤皇翼其乘旂兮，遇蓐收乎西皇。"屈原笔下的龙凤，各出现过24次，凤担当神使之职，而龙则是凤的坐骑。这样一来，周代开始见到的那些凤立于龙体的玉佩，似乎就比较好理解了，下面的龙还真可能就是带着凤飞腾的神灵。

对于Ｓ形龙首凤尾玉佩的理解，一些神话似乎可以提供有意义的线索。《山海经》中《南山经》说，凡鹊山之首，自招摇之山以至箕尾之山，其神状皆鸟身而龙首。《南次二经》说，柜山至漆吴山有龙身鸟首神。《中次十二经》说，遇山至荣余山有鸟身龙首神。鸟身龙首或是龙身鸟首，都是传说中的神灵。

其实在清人吴大澂的《古玉图考》中，收录的龙纹佩中有西周片雕龙凤玉饰，也有东周龙首凤尾玉佩，只是都未做解释。

龙凤作为玉饰的题材，理当是贵族们的专享。以玉为龙为凤，也只能看作贵族们的信仰。以龙凤为佩饰，从东周时代起，当与君子修德有关，君子比德于玉。龙凤虽为神物，也是可以用于比附人的，那时高尚之人、圣贤者可以享有比龙比凤的评价，如老子、孔子。

楚国人物御龙帛画（湖南长沙子弹库楚墓）

楚国人物龙凤帛画（湖南长沙陈家大山楚墓）

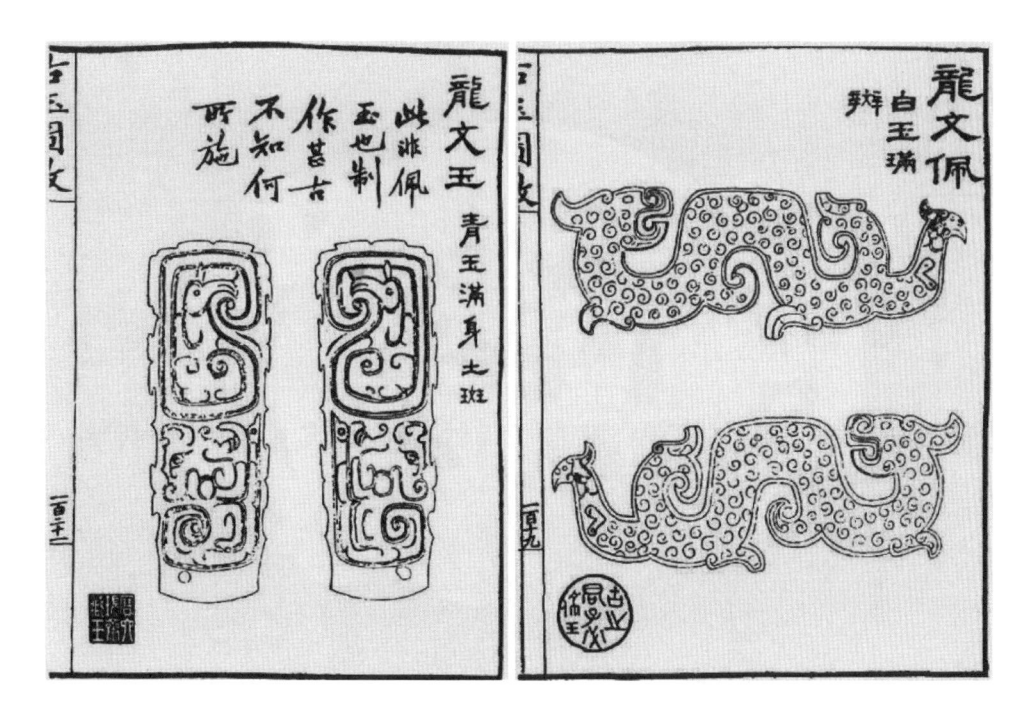

吴大澂《古玉图考》收录的龙凤玉佩

据《庄子·天运》载，孔子赴洛邑拜见老子，返回后三天不语，弟子们问见老子时他说了些什么，孔子感叹道：我竟然见到了龙！龙是"合而成体，散而成章，乘乎云气而养乎阴阳"，孔子称老子为龙。

《太平御览》辑《庄子》佚文载，一次老子见孔子带着五位弟子在前面走，问前边都是谁。孔子回答说：子路有勇力，子贡有智谋，曾子孝父母，颜回重仁义，子张有武功。老子听后感叹道：我听说南方有鸟，其名为凤，"凤鸟之文，戴圣婴仁，右智左贤"。老子称孔子为凤。

孔子称老子为龙，老子称孔子为凤。那个时代，龙凤并不是顶层贵族专享的象征符号。

龙凤拱璧的艺术意境，在汉代得到承袭，也有一些新的变通。战国时期的龙凤多出现在璧外沿，汉代则璧内外都有龙凤身影，构图更为活泼灵动。如广州南越文王墓出土一龙一凤玉佩、三凤玉璧、一龙二凤玉璧、双凤玉璧，构图多样。有一件一龙二凤璧，外有二凤拱璧，璧心一龙昂首挺胸，气势不凡。

山东曲阜九龙山汉墓出土 S 形玉佩，龙首凤尾，为战国或春秋风格，不会是汉代制作的。

河北定州 M40 出土双凤玉璧，作双凤拱璧形，凤张嘴似在鸣叫。

虎与龙凤崇拜 | 367

一龙二凤玉璧（广东广州南越文王墓）

S形龙首凤尾玉佩（山东曲阜九龙山汉墓）

北京大葆台M1出土龙凤同心佩，整体作璧形，中心为鞣形，左右透雕龙凤对舞，制作精致。

台北故宫博物院藏双龙双凤玉佩，一对团龙上各立一小凤，原定为汉代制品，其实具有战国风格。

江苏扬州邗江甘泉"妾莫书"西汉墓出土璜式玉佩，双龙同体璜上立一凤。这样的造型是汉代首创。有时也见到双龙双凤，制作工艺都比较细腻。

龙凤在汉代艺术中，继承了战国时代的传统。龙与凤亲密无间，如影随形，时而是大龙大凤，时而是大龙小凤，可以是一龙双凤，也可以是双龙双凤。基本不见了龙首凤尾，凤的角色与龙的没有明显分别。

说到龙凤在汉代扮演的角色，其实还应当说说四神。前面说到四神中的朱雀，也有凤之名，不过汉代人极少称它作凤。当然，四神里的龙凤，两者间的联系并非我们上面提到的这样，或者说是明显不一样的。四神之外的龙与凤，有着不一样的象征，没有了方神的职掌，却与凡界有了更多的关联。

此时，想起这样一个问题：若是没有龙凤，中国文化里会缺少许多的滋味。

中国文化里，真不能缺了龙与凤。

双凤玉璧（河北定州M40）

虎与龙凤崇拜 | 369

龙凤同心佩（北京大葆台M1）

双龙双凤玉佩（台北故宫博物院藏）

璜式一凤双龙玉佩（江苏扬州邗江甘泉"妾莫书"西汉墓）

三星堆凤头龙尾巫者法器复原猜想

神坛上站立的巫者手握着什么法器？

三星堆 8 号坑中发现一件造型非常奇特的青铜器，媒体在起初的报道称作"鸟足曲身顶尊神像"，它与 2 号坑中早先出土的一件鸟足形铜器意外合体成功，引起广泛关注。后来专家利用三维扫描和 3D 模型等科技手段，又跨坑进一步拼对出了一座大型青铜神坛。

我以为这是一座太阳神坛，通高 2.5 米多，接近现代一层楼高，由 1986 年发掘 2 号坑出土的青铜鸟脚人像，2021 年 3 号坑出土的爬龙铜器盖，2022 年 8 号坑出土的铜顶尊撑罍曲身獠牙人像、铜持龙立人像、铜杖形器拼合而成。判断其为太阳神坛，主要依据是獠牙神像。

站在神坛顶端的是一个小型持龙头杖立人像，立人站在觚形尊上，觚形尊由曲身鸟足獠牙神人头顶着，神人倒立双手支撑在青铜罍上。青铜神坛由独立的几个部分多次铸接而成，体量巨大，造型复杂且独特，应为古蜀时代祭仪用器，为祭祀太阳神所用。

这里重点关注的是神坛顶端的持龙头杖立人像，那龙头杖是何物？立人像又象征什么身份？

龙头杖的杖体，为透雕圆筒形，下端接一曲颈昂起的龙首。上端有圆筒状榫口，榫口上留有穿孔，上面原来应当有接续的部件。

查 2 号坑编号 K2-301-3 的一件铜鸟，铜鸟立圆座上，圆座腰部内凹有四圆孔，下为圈足，原报告推测可能原来套接在某器物的顶部。高度怀疑，这铜鸟就是龙头杖上端的部件，榫口应当可以合上，而且都见有固定的铆钉穿孔。

这样一来，一件完整的龙头凤尾法器便呈现在了我们眼前。我们特别注意到，这件法器是将凤首置于上端，而龙首却放在下端，显然以凤为主体，是一柄凤头龙尾法器。持法器的铜人，则象征巫师身份，侧视可以看到他毕恭毕敬的仪态。

同在 8 号坑，还出土一件双手握鸟巫师铜像，这位巫师应当也是手持着一件鸟形法器。我们将这位巫师与太阳神坛上的巫师对应起来观瞻，可以互补彼此的缺憾。

三星堆太阳神坛复原图像　　　　　太阳神坛顶端持杖巫师铜像

虎与龙凤崇拜 | 373

三星堆 K8 铜杖形器

三星堆 K2 铜鸟

三星堆 K8 铜杖形器上立鸟

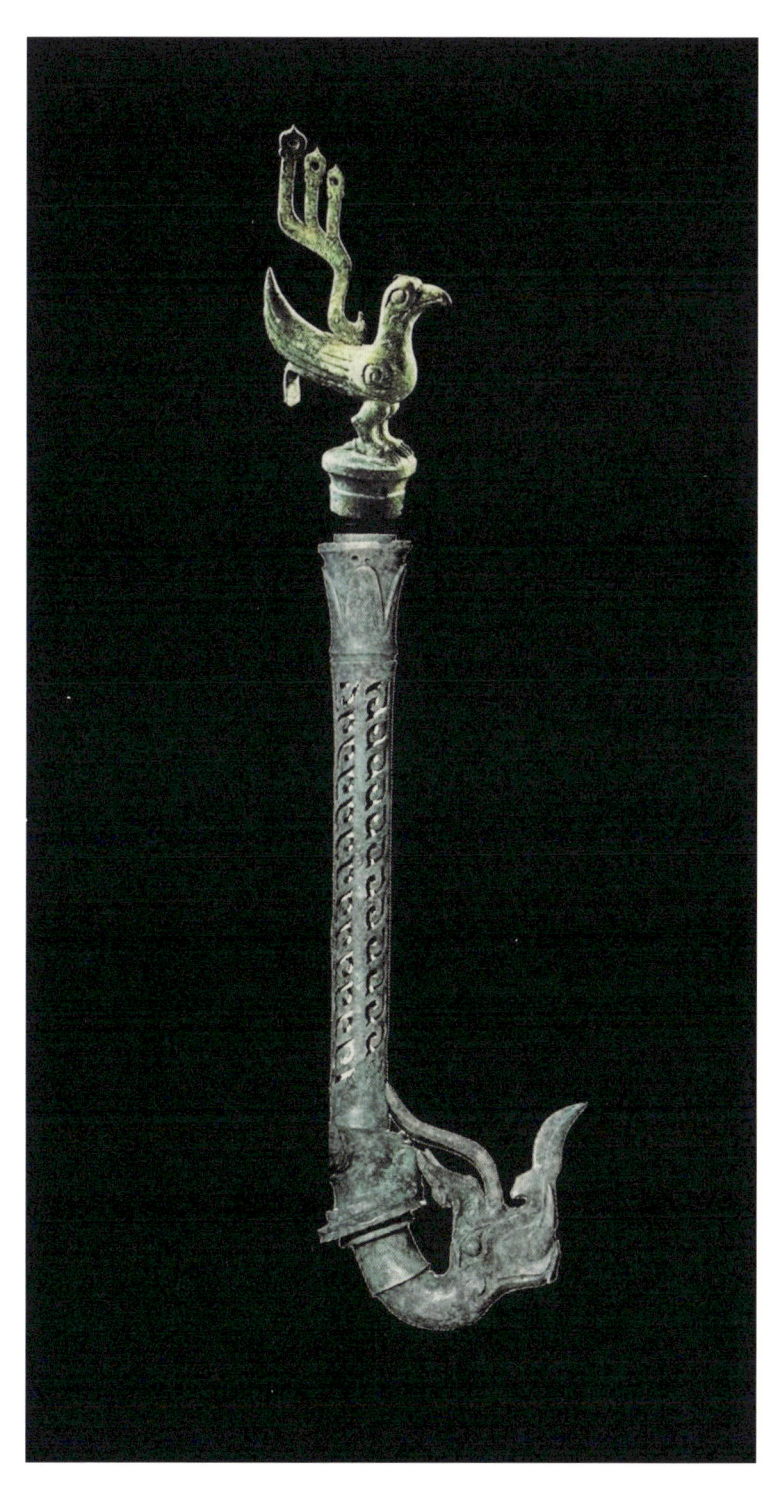

铜凤头龙尾法器复原图像

持法器巫师青铜像复原图像

双手握鸟巫师铜像

这样看来，立人像正是手持法器的巫师，法器为一透雕圆筒，两端以龙凤之形为饰，可称之为龙凤法杖。

从三星堆的发现看，古蜀时代祭仪中使用的法器，有琮、璧、圭、璋及象牙等，凤头龙尾巫者法器的复原，似乎显得很是怪异。龙凤如此合体，这样合理吗？这又有什么象征意义？

凤头龙尾巫者法器的复原，此刻还只是个猜想，当然这个猜想还是有依据可循的。其实龙凤合体作器，在商周是很流行的风尚。龙凤之形在史前末期就已经出现在铜玉艺术中，经历代艺术家的提炼，龙凤艺术造型发生诸多变化，最大的变化是凤与龙的结合。

龙头凤尾，凤头龙尾，在先秦时代一定象征着一种固定的观念。三星堆的发现让我们摸索到了寻求这观念意义的又一个途径，其意义是象征天地阴阳交泰，抑或是护卫万物生灵安康，还有待深入探索。三星堆的法杖以凤为上，龙为下，可见凤的位置居于龙之上，凤崇拜应当是更高的信仰。

三星堆出土的许多铜人像，包括那件青铜立人像，都是双手握物的造型，而很多握件都已经脱离不知所终。人像手握的多半应当是法器，大约也都一起埋藏在八座坑中，细心寻找拼对，相信一定会有意想不到的发现。

虎变：石峁石雕杂论

现在我们有了一个机缘，可以探讨青铜饕餮艺术与石峁虎形石雕艺术的渊源。

石峁遗址出土的石雕题材中，较多见到的母题除了人面与神面像，引人注目的就是虎形了。石峁人为何对虎如此关注，这一回我们并不准备讨论，只是想先略略观察和思考一下石雕艺术风格问题。

石峁遗址先后发现的几例人面与虎，神面、兽面与虎共构题材石雕，多数是人、神、兽面居中，左右出现对称的虎形，双虎或卧或立，在构图上也各有特点。雕刻技法有浅浮雕、平面阳刻、圆雕等不同，表现手法变化多样。

最先发现的一例带有双虎形的石雕，一出土就让人觉得非常惊诧：那一时代为何就有了如此成熟的艺术构图！石雕的中心是一个简单而又鲜明的神面像，左右跪卧着首面相对的双虎。虽然石雕并不完整，但可以感觉到虎形原本应是完整带有体尾构图的。

要说到的第二例双虎形石雕，居中间位置的是一个正面的牛头形，左右的双虎呈站立姿势，虽然雕刻整体并不细腻，但头尾表现还较为明确，石雕保存比较完整。

第三例要提到的双虎形石雕，是在一块加工平整的长条形石块侧边雕刻图案，中间为一个正视的神面，两端各有一个侧面的神面，中间神面的左右是双虎形。整体构图采用图案化平雕手法，双虎明显变形，呈伏虎三维图形，可以正视和双侧视，所以虎形雕刻成了双卷尾和双下颌。按照石雕虎形做成一张剪纸观察，由中线对折后，双下颌和双尾也就好理解了，虎形就更明确了，这样的艺术思维在那个时代出现让人惊叹。

同类的虎形石雕，还见于另一件单虎圆雕，虽是圆雕，但图案线条明显，整体风格与第三例的虎形相似。引人注目的是，这个虎头上还有一个人头，意义有待探讨。这样一看，上一例双卧虎构图可能是单虎圆雕的平面表现形式。

第四例双虎形石雕，可算得上是雕刻最为精致的一件，画风又有一些明显不同。石雕仍是在石条一侧成图，中心为一人面，大眼大鼻大脸庞，背头短发无冠。这个人面与上述单虎人面石雕所见人面类似。人面左右对称的双虎为卷

神面与双卧虎石雕（陕西榆林石峁遗址）

牛首与双立虎石雕（陕西榆林石峁遗址）

人面与双虎石雕（陕西榆林石峁遗址）

双虎石雕（陕西榆林石峁遗址）

382 | 追踪信仰：艺术考古中的动物图像

神面与双伏虎石雕（陕西榆林石峁遗址）

人面与单虎石雕（陕西榆林石峁遗址）

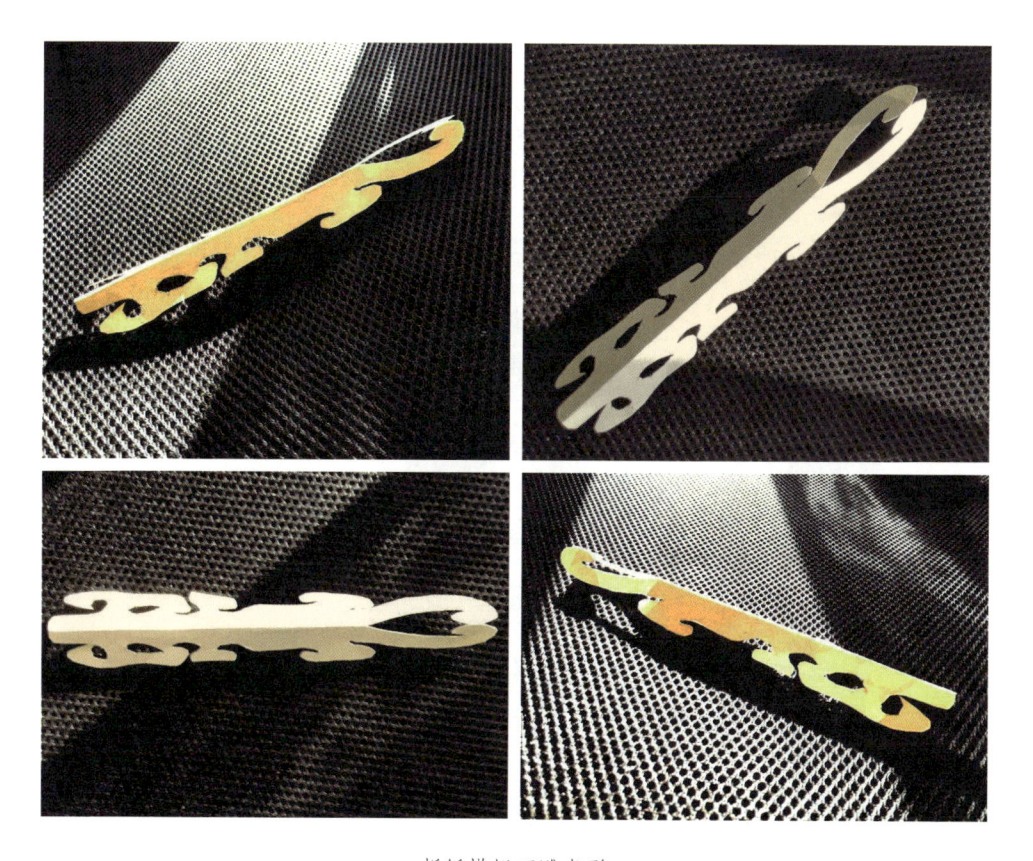

折纸模拟石雕虎形

虎与龙凤崇拜 | 383

尾卧虎，虎口大张，出露上下獠牙，虎的体尾都雕刻有花纹。

还有一例石雕纹饰被认作双龙纹，我以为也属双虎纹，为虎之简化图形。

石峁人对于虎，一定有他们特别的理解，虎在他们眼里匆匆掠过，他们却将虎风虎威留存在了心里，将虎形反复雕刻在石块上，双虎构图的艺术形式也就逐渐固定下来，并且传承到后世。石峁人的石雕上出现的虎，应当具有神性，这种以虎神装饰石构的艺术，我相信不久就用在青铜装饰上了。

两虎之间出现一个人头像或一个神面像，虎大张着嘴，大瞪着眼，这让人很自然地首先会想起商代铜器上的几例人与虎主题图像，它们之间会不会有什么联系？这样的图像有许多研究者关注过，我在解构青铜兽面纹的文章中简略讨论过这个主题。

关于商代青铜器上人与虎图像的解释，很多研究者为着说明饕餮食人，列举的证据有几件虎食人造型的尊和卣，一般是半蹲的虎张着大嘴，虎口下立一人形，这被解释为虎正食人且食人未咽。

我们注意到还有一些铜器上也见到类似人虎共存图形，如殷墟后母戊鼎等大型铜容器上的装饰纹样，有双身虎，也有双形虎，虎头下有人首或人形。

张光直先生认为虎卣大张的虎嘴并没有咀嚼吞食的举动，他不赞成虎食人意义的判断。现在看来这个判断是

商代虎食人卣（日本京都泉屋博古馆藏）

384 | 追踪信仰：艺术考古中的动物图像

商代龙虎尊局部
（安徽阜南）

后母戊鼎双虎纹
（河南安阳武官村）

虎与龙凤崇拜 | 385

正确的。

石峁石雕上的几例表现双虎与人、与牛、与神主题的图像,应当与食人食牛都没有关系,只是假借虎威的一种艺术表现构图,而且对称的图形体现出一种肃穆沉稳的感觉。

这次对于石峁遗址的这几件石雕重点要关注的,还是双虎纹本体,它与商代铜器上的兽面纹应当存在一定的关联。

在解构青铜兽面纹时,我发现兽面纹通常看到的鼻突位置是上颌,连接着的是口腔和下颌,下颌在口腔左右而不是在上颌下面的位置。兽面图像其实是双上颌和双下颌的拼合形式,也即是两个侧视兽面拼合的图形。这样的侧视兽形,在商代早期可以单独出现,一般表现为头面身形具备,也有两兽对顶的构图,两兽的头部侧面合构成一个正视的头面。

事实是商代铜器上许多兽面纹并非单纯的兽面,它们都拖带着一个小身子,甚至有的还带有小爪子。即使到了西周早期,这样的例证也并不少见。对于这些带有身子的全形动物纹,因为头面和眼形过于夸张,研究者有时顾及不到观赏它们的身子,也将它们一并认作独立存在的兽面纹了。

其实我们只需观看那动物头面的左一半或右一半,就能读懂它了。在商代早期的一些铜器上,我们能够看到两个这样的全形动物图像,它们也是头对着头,但中间留下较远距离。饕餮纹或兽面纹似乎是一个伪命题,它们本来是两个相对的动物头面侧视图,是"一对双",恰是我们误将两图合为一图,看成了一个正视的兽面。我们习称的兽面纹中原来的两张脸,其实是互不搭界的,中间常有扉棱之类的隔断,商代铜器上这样的构图所见非常明确,后母戊鼎和妇好鼎上都能见到这样的例证。

还值得注意的是,商周之际铜器上两两相对的动物纹构图,有的左右距离开始拉得比先前大了一些,大到我们不可能将两个侧面的头面合看成一个头面,或者还在两头之间另插入一个其他图形元素,这样就不会产生误读了。特别是自周初开始。随着铜器上双鸟纹的增加,它们不仅不太可能构成新的兽面,而且使青铜纹饰的整体风格由刚向柔变化。①

包括我自己在内,许多研究者都主张将青铜上的饕餮纹改称兽面纹。其实我们讨论的多数兽面纹又不仅仅只存兽面,它们往往都保留着微缩的身子,这

---

① 王仁湘:《"饕餮"的文化内涵——关于中国青铜器纹饰的解构》,载《光明日报》2014年9月2日第12版。

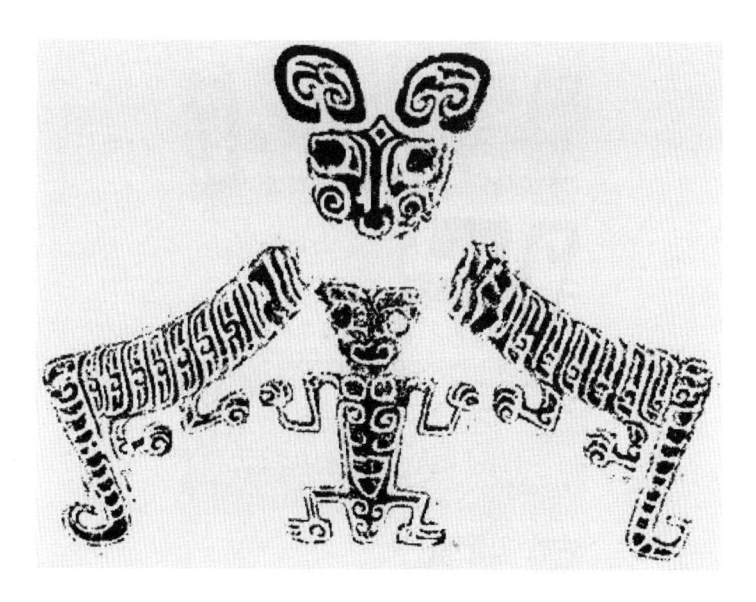

铜尊腹的虎与人形纹（四川广汉三星堆遗址）

后母戊鼎和妇好鼎上的显身兽面纹饰

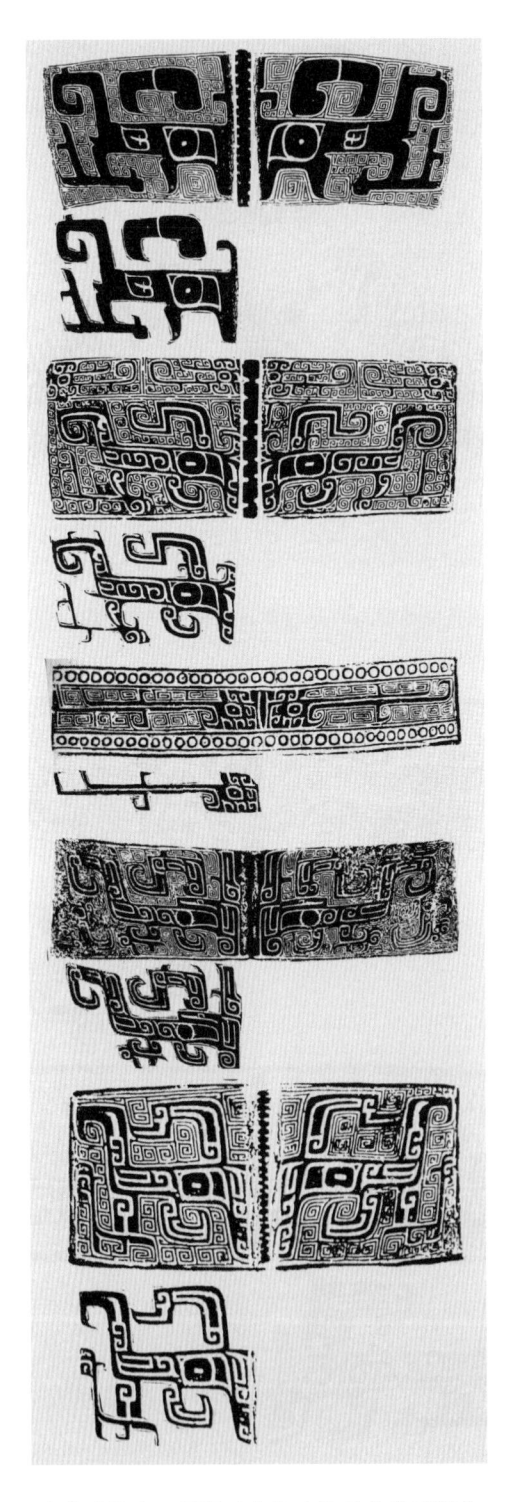

商代后期全、侧视动物组合的显身兽面解构

西周铜器对鸟纹

样如果只以兽面称之，显然又有不妥。如果再回到饕餮之称，也没有足够的理由。

我曾将兽面纹归纳为显身和隐身两类。隐身一类称作兽面纹勉强过得去，而那些带有身子的图像，就不能简单称为兽面纹了，建议在辨识清楚以后，直接称为双虎纹、双龙纹、双鸟纹等，不明确的就模糊称为双兽纹。

虎伴着人类走过了以百万年计的岁月，虽然虎越来越少，但它在人类的文化记忆里留下了深刻的印象。

青铜器上装饰的双兽，通常是双虎或双龙，我们错将它们都看成了一个兽面。回过头再看看石峁石雕的双虎纹，会觉得两者之间一定存在着某种渊源关系。

饕餮是从石峁艺匠的创意中生发出来的一个艺术奇迹。石峁石雕艺术风格与题材同夏商时代非常接近，它们应当属于同一个艺术传统体系，我觉得这让我们复原它们背后的历史场景又有了一个非常重要的参照系。

如果我们再对照观察一下石峁石雕与商代的诸多玉虎中的卧虎造型，看到它们相同的虎姿，更不会怀疑它们之间一以贯之的艺术传统。

艺术是信仰飘扬的旗帜。由石雕到铸铜，由双虎到饕餮（兽面），我们从这同样飘扬的艺术旗帜上看到了同一种信仰。

虎与龙凤崇拜 | 389

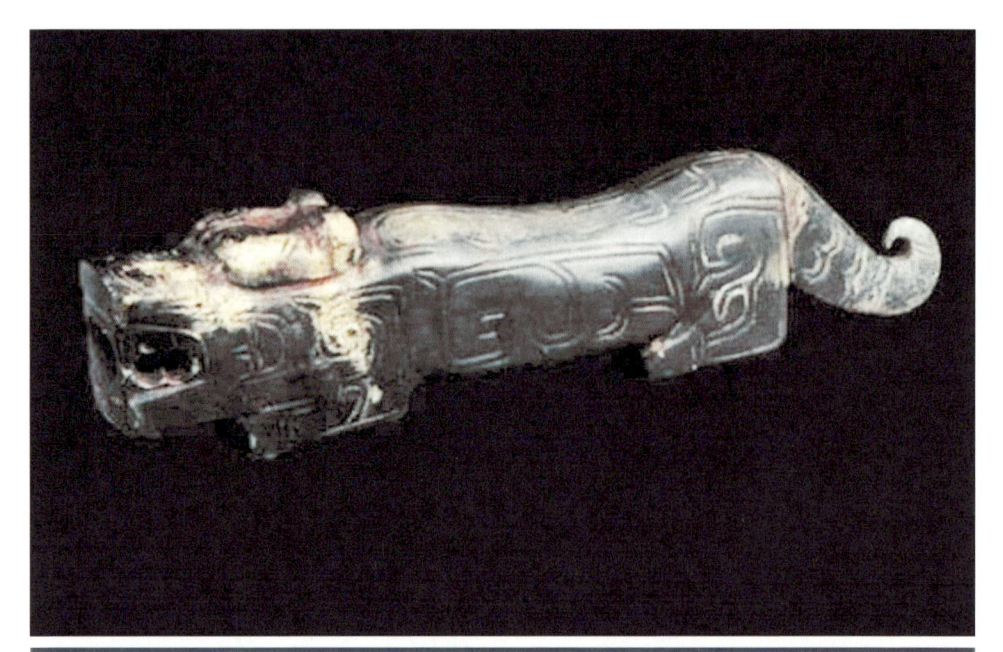

玉虎（河南安阳妇好墓）

二里头偶言：绿松石龙虎之辨

我们偶尔会将商周艺术中的虎形认作龙形，这一件也就自然地由虎认作龙了。

一

《考古》杂志2005年第7期刊登了著名的二里头遗址的一个重要发现，一时间震撼了学术界。那首先是一个具有艺术意义的发现，是在一座二里头文化墓葬中随葬的一件用绿松石拼嵌成的艺术品，而且拼嵌出的是一条龙形，这是前所未有的重要发现。

这个发现是2002年实施发掘的成果，出土绿松石龙的墓葬判断属于二里头文化第二期。这座编号为2002VM3的墓葬，墓穴规模并不大，保存也并不完整。墓主为30—35岁之间的男性，头朝北。随葬品比较丰富，有陶器和漆器，颈部缠绕货贝串饰，最重要的是胸腹部摆放一件绿松石拼嵌龙形器，龙形器中部还放置着一件带石铃舌的铜铃。

这件绿松石龙，是用2000余片精细加工的绿松石片在某类有机质物体表面拼嵌而成，龙体长64.5厘米，中部宽4厘米，方形大头，直体卷尾。这是考古发现的最大一件绿松石组件，它的体量、它的神秘，吸引了众多研究者。

当然发掘者最有发言权。

李志鹏在2017年3月3日的《北京晚报》撰文，回味了他作为发现者的难忘经历："那时我还是一个二十多岁的考古队员，由队长许宏先生安排，负责出土绿松石龙的贵族墓葬所在区域的考古发掘，当时主要是发掘一座二里头文化早期大型宫殿建筑基址的南部院落"。

就是在这个过程中，在二里头文化早期大型建筑3号基址南院的道路位置，发现一座贵族墓葬。"发掘这个墓的时候，满眼都是惊奇：墓主人脖子上挂着一串海贝（有的还组合成花瓣状），头部放三个斗笠形的白陶器，其顶上还各缀着一颗绿松石珠，腰部放置一个铜铃，脚下和身旁有漆皮色彩仍然鲜红的漆器，大量的陶器打碎了放在墓主人身体周围。墓内出土随葬品相当丰富，总数达上百件，包括铜器、玉器、绿松石器、白陶器、漆器、陶器和海贝等。"

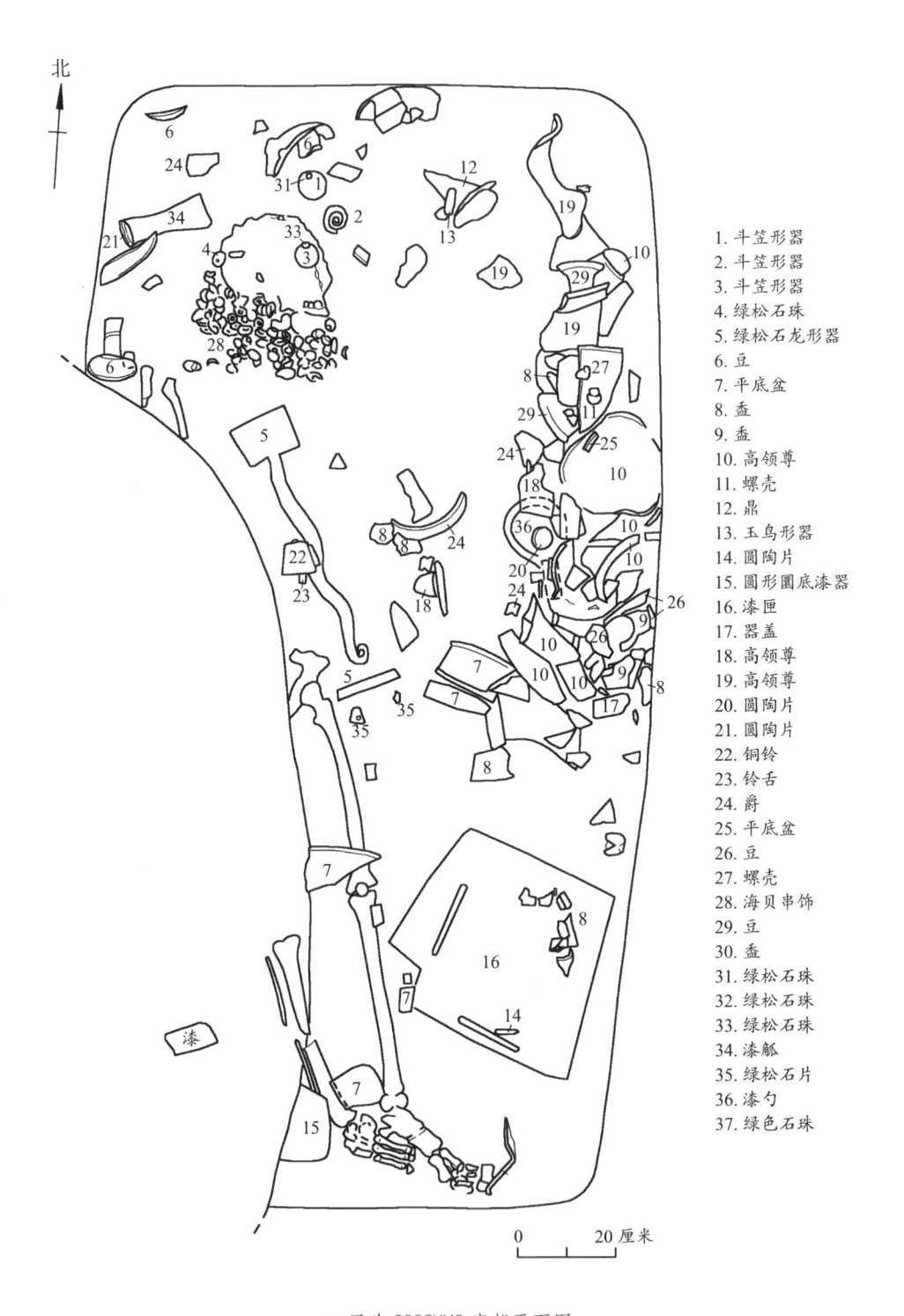

1. 斗笠形器
2. 斗笠形器
3. 斗笠形器
4. 绿松石珠
5. 绿松石龙形器
6. 豆
7. 平底盆
8. 盉
9. 盉
10. 高领尊
11. 螺壳
12. 鼎
13. 玉鸟形器
14. 圆陶片
15. 圆形圜底漆器
16. 漆匣
17. 器盖
18. 高领尊
19. 高领尊
20. 圆陶片
21. 圆陶片
22. 铜铃
23. 铃舌
24. 爵
25. 平底盆
26. 豆
27. 螺壳
28. 海贝串饰
29. 豆
30. 盉
31. 绿松石珠
32. 绿松石珠
33. 绿松石珠
34. 漆觚
35. 绿松石片
36. 漆勺
37. 绿色石珠

二里头 2002VM3 底部平面图

392 | 追踪信仰：艺术考古中的动物图像

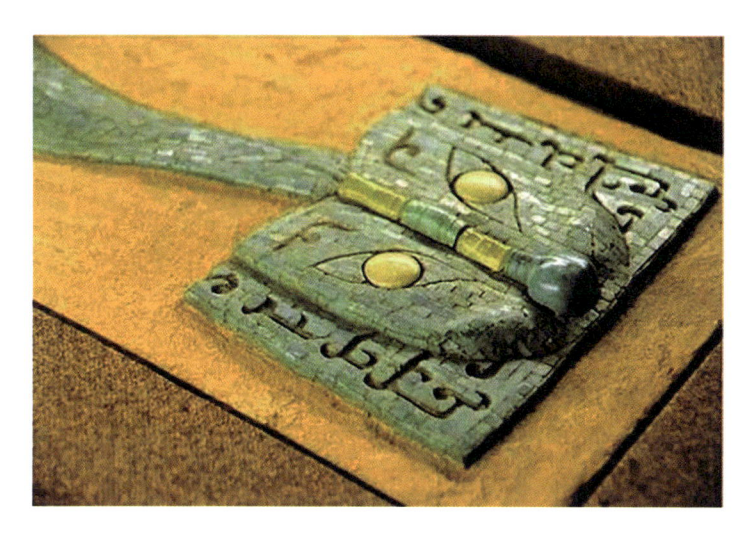

"我们先是在墓主人腰部的铜铃下发现了一些绿松石片露头，这些绿松片似乎镶嵌组合在一起，应该属于某个大型器物的局部。以往二里头遗址不少墓葬都发现了绿松片，但都是散乱的，根据我的观察，这次发现的

复原展示

绿松石片平行成排平放嵌合在一起，可能镶在木头或皮上，可是木头或皮框都已经烂了，清理时稍微不小心绿松石片就会散乱。为了保证绿松石片不散乱，我小心地跪在地上，用细竹签剔掉覆盖在绿松石片上的土，清理时一手轻按，战战兢兢，连气息都不敢大出，快清理到绿松石片露头时，就挤压用于清理照相机镜头的吹筒，轻轻吹掉上面的土。清理时，常常一跪下来就一个小时不挪窝，等自己觉得眼花了腰疼了，准备起来的时候，膝盖一软都快跌倒了，浑身酸疼，可是清理的时候却浑然不觉，兴奋异常。"

在这些文字里，读到了发现者的敬业与喜悦，还有对古物油然而生的敬畏。

时任二里头考古队队长的许宏，对这个发现有过专文记述。他在所著《最早的中国》"碧龙惊现'第一都'"一节中又一次回味了这个发现：

这是二里头遗址发现与发掘以来首次在宫殿区内发现的成组贵族墓。最令人瞩目的是，其中的一座墓（编为3号墓）中出土了1件大型绿松石器。

3号墓的长宽分别超过了2米和1米，也就是说面积有2平方米多。可不要小看了这墓的规模，如果与后世的达官显贵的墓葬相比，它实在是小得可怜，但在二里头时代，它可是属于迄今已发现的最高等级的墓。这座墓又是宫殿院内这些贵族墓中最接近建筑中轴线的一座，它的面积和位置已表明其规格之高。

墓主人是一名成年男子，30—35岁。墓内出土了丰富的随葬品，……绿松石龙形器放置于墓主人骨架之上，由肩部至胯骨处。全

虎与龙凤崇拜 | 393

器由 2000 余片各种形状的绿松石片组合而成，每片绿松石的大小仅有 0.2—0.9 厘米，厚度仅 0.1 厘米左右。绿松石原来应是粘嵌在木、革之类的有机物上，其所依托的有机物已腐朽无存。这件龙形器应是被斜放于墓主人右臂之上，呈拥揽状，一件铜铃置于龙身之上，原应放在墓主人手边或者系于腕上。

对这条龙的具体描述是：

龙头隆起于托座上，略呈浅浮雕状，扁圆形巨首，吻部略微突出。以三节实心半圆形的青、白玉柱组成额面中脊和鼻梁，绿松石质蒜头状鼻端硕大醒目。两侧弧切出对称的眼眶轮廓，梭形眼，轮廓线富于

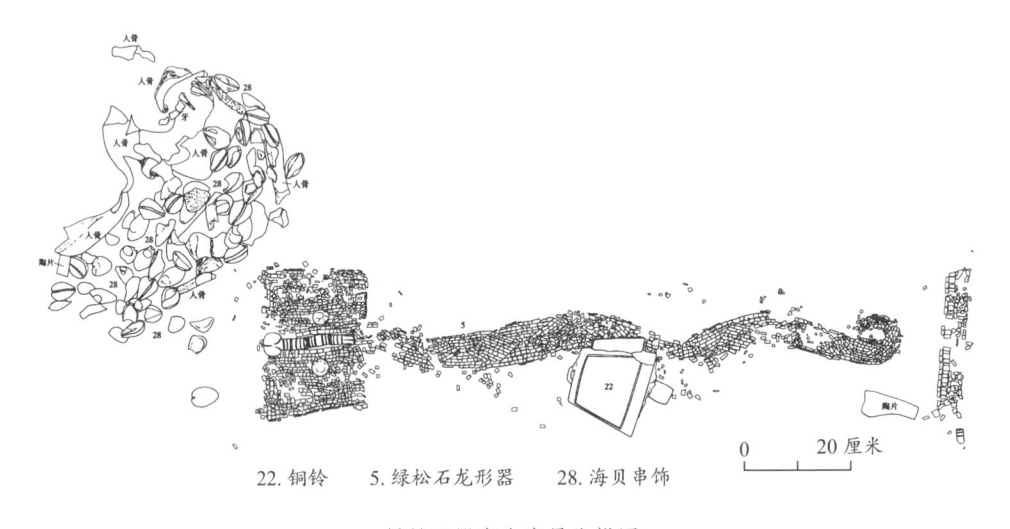

22. 铜铃　5. 绿松石龙形器　28. 海贝串饰

绿松石器出土实景线描图

绿松石器全图

动感，以顶面弧凸的圆饼形白玉为睛。

龙身略呈波状曲伏，中部出脊。由绿松石片组成的菱形主纹象征鳞纹，连续分布于全身。龙身近尾部渐变为圆弧隆起，因此更为逼真，尾尖内蜷，若游动状，跃然欲生。

距绿松石龙尾端3厘米余，还有一件绿松石条形饰，与龙体近于垂直。二者之间有红色漆痕相连，推测与龙身所依附的有机质物体原应为一体。条形饰由几何形和连续的似勾云纹的图案组合而成。由龙首至条形饰总长超过70厘米。

对于绿松石龙的发现过程与时空背景，以及对它的具体描述，这些文字交代得非常仔细了。还有比较重要的一个程序是复原研究，承担这个课题的是李存信，他在《二里头遗址绿松石龙形器的清理与仿制复原》一文中，谈到了研究与复原设想。

他说："绿松石龙形器整体结构基本保存完好，图案较为清晰，仅局部部分饰片有所松动、移位，甚至散乱。"据他观察，"绿松石龙形器的龙头置于由饰片粘贴镶嵌而成的近梯形托座上，……龙头较托座微微隆起，略呈浅浮雕状，为扁圆形巨首，吻部略突出。以三节实心半圆体形的青、白玉柱组成额面和鼻梁，绿松石质蒜头状鼻端硕大醒目。玉柱和鼻端根部均雕有平行凸弦纹和浅槽装饰。两侧弧切出对称的眼眶轮廓，为梭形眼，轮廓和线条富于动感。眼

绿松石器中部的铜铃

绿松石头面部位

实验室清理

眶内另有镶嵌的绿松石片，以顶面弧凸的圆饼形白玉为晴（睛）。……龙身略呈波状曲伏，其中部有稍微隆起的脊线，左右两侧由里到外略微向下倾斜，外缘边线立面粘嵌着一排绿松石片。由绿松石片组成的菱形纹饰象征着龙的鳞，连续分布于全身，由颈部到尾部至少有12个单元。……龙身接近其尾部时渐渐变为圆弧隆起，龙之尾尖向内曲蜷"。[1]

当然，这样的复原有很重要的参考价值。

二

这条绿松石龙突如其来的发现，被考古人烹成一道大餐，大家尽情享用，美美地享用，这是一条可能属于夏代的龙带来的欢乐。当然它带来的更多的是震撼，虽然多年过去，但大家还顾不上观察它的细部，只是很自然地众口一词，说见到了高贵的夏龙。当然研究也逐渐有所跟进，一些认识开始公布于世。

自这个发现刚一公布，冯时将这带有铜铃的绿松石龙一起认作古旗旜，即龙旗之谓。这个解释给我们不少启发，但也会觉得这样的龙形镶嵌在旗帜上可能影响它迎风招展。或者它只是直挂的幡，用不着飘扬起来。

日本学者认为绿松石龙形器可能是象征权力的"龙杖"，墓主人不是当时的王或王室成员，就是负责主持夏王朝图腾神物祭祀的御龙氏。蔡运章说绿松石龙图案颇似蛇，展示的是巨龙升天的图画，应是夏部族图腾崇拜的产物，与夏部族宗神禹的名义相合。而墓主则是夏王朝设立专门主管祭祀龙图腾的职官御龙氏。朱乃诚也有类似认识，说墓主可能是拥有养"龙"（鳄鱼）的特殊技能的贵族，不属于王族，绿松石龙不会是二里头文化的王权或王统的表征。

图腾之说，也许有些笼统，可以是崇拜对象，却未见得一定就是图腾之类。有人会说，三代都崇拜龙类，难不成龙会是共有的图腾？

何驽在《二里头绿松石龙牌、铜牌与夏禹、萬舞的关系》一文中说，绿松石龙与夏部族宗神禹的名义相合，他认为其实绿松石龙本身就同禹有着直接的关联。这便明确说明二里头2002VM3出土的绿松石龙形器用手揽在怀中的造型，就是禹的象征或形象表征。开创于夏王朝的祭祀大禹的"萬"舞，构成了夏代礼乐文明与制度的核心内涵，其物化的表现就是二里头文化的绿松石龙牌和铜牌。

---

[1] 李存信：《二里头遗址绿松石龙形器的清理与仿制复原》，载《中原文物》2006年第4期。

龙旗

绿松石龙即大禹这个认知，就更是有具体指证了，虽然论证还有待完善，但这个思路还是很新颖的。不过与图腾说同样不能回避的问题是：商代大量出现的类似龙形该如何定义？它们不是大禹的象征又该是谁？

后来有人或说绿松石龙为传说中的人面蛇身的烛龙，与神话相对照，是又一种思路。

顾万发则认为二里头的绿松石龙可能象征极星神或北斗神，这又是由天文学生发的推论。龙形很多时，大约属性是可以分类的，要区分出极星和北斗神，还得有更确定的标准。

这是一条龙，而且是夏龙，所有的解释，都是以此为出发点，没有半点疑问。

我一直也觉得，这是确定的龙，除了用龙来命名它，我们无从考虑，也没有人考虑过它可能还是别的什么。细细观察，现在觉得可以有一些疑问了，它究竟是龙形，或是别的什么呢？

三

商周之际的青铜器和玉器上，常见龙虎之形，有单体的雕塑，也有更多的是器表的装饰纹样。龙虎之形虽很常见，却并不易区分，或者说研究者并不去细细辨别，尤其似龙似虎之形，形体非常接近，更多的时候是含含糊糊的，似乎也不必细分明白。

不作细分的最可能的结果是，相似的形与纹都一概被视为龙，这就致使许多虎形失却了它本来的面目。二里头遗址出土的这一件绿松石龙，就有可能是还没有明确辨别的似龙非龙之形。

它以龙闻名于世，名声已经非常大了，我却有了一点怀疑，想求证于发掘者和有兴趣的研究者。我的初步认知是，它可能并不是龙形，而是虎形，即绿松石虎。

关于龙虎之别，我在下文《方圆阴阳：商周龙虎纹另类解读》中再做具体阐述。

其实龙虎的构图，原本应当有明确区别，只是我们现在并不容易完全了解，例如首尾、体形、体纹的表现。

商代青铜器和玉器上的龙虎之形，如果主要以殷墟的发现观察，大致可划分出蟠体龙虎、弧体龙虎和卷尾龙虎三种，少见真正的直体龙虎形。在妇好鸮尊盖上，我们可以看到一条小卷尾龙形，体表的纹饰为典型的方菱纹。

二里头绿松石虎是标准的卷尾虎，与商代常见的卷尾龙虎形风格一致。

鸮尊盖上的卷尾龙（河南安阳殷墟）

商代蟠龙纹铜盘（河南安阳殷墟）

鸮尊及卷尾虎纹（河南安阳殷墟）

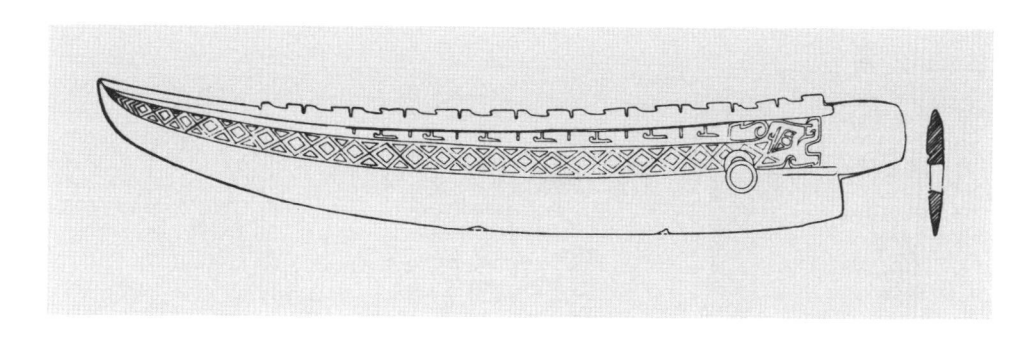

玉刀上的直体龙纹（河南安阳殷墟）

四

商代青铜器和玉器上的龙形与虎形，有一个重要的区别是：龙顶角，虎张耳，龙有时可以角、耳并见；正视有双角、侧视有单角的是龙，正视有双耳、侧视为单耳的是虎。

我是最近才注意到这绿松石龙的体纹，它长长的身体上有绿松石专意切割镶嵌的方菱形，这样的方菱形沿体脊顺序排列，报道说是 12 个，也可能有 13 个。这个方菱形上还专意在中心开了个纵脊，合成一条由颈部绝贯通到尾部的脊线。

特别要说明的是体纹上的这种方菱形，在商周之际一般用作龙纹的装饰，有时也用作虎纹。龙纹有时采用圆弧形体表纹，所以不能以体纹判断是龙是虎，我已经将这两类体纹定义为阴阳表征，圆阳方阴，相信以后会为更多的研究者所关注。

方菱形作为神龙、神虎的体表装饰，是一个值得关注的现象。除了二里头遗址的这个发现，其实新密新砦遗址的陶片龙（虎？）纹，也见到体表所饰的方菱形纹。就是在二里头遗址，在至少 2 块陶片上见到的刻画龙蛇之类的纹饰，体表也是方菱纹。

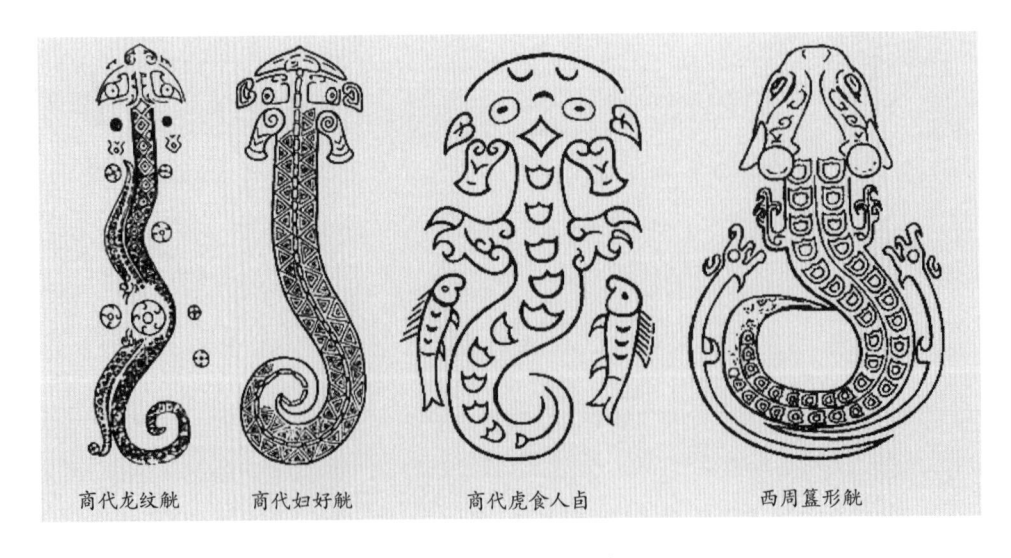

商代龙纹觥　　商代妇好觥　　商代虎食人卣　　西周簋形觥

商周铜器上的卷尾龙纹

绿松石器体表拼嵌的方菱形纹

白陶器盖龙纹（河南安阳殷墟）　　　青铜器盖蟠龙体表上的圆弧纹（安徽青阳）

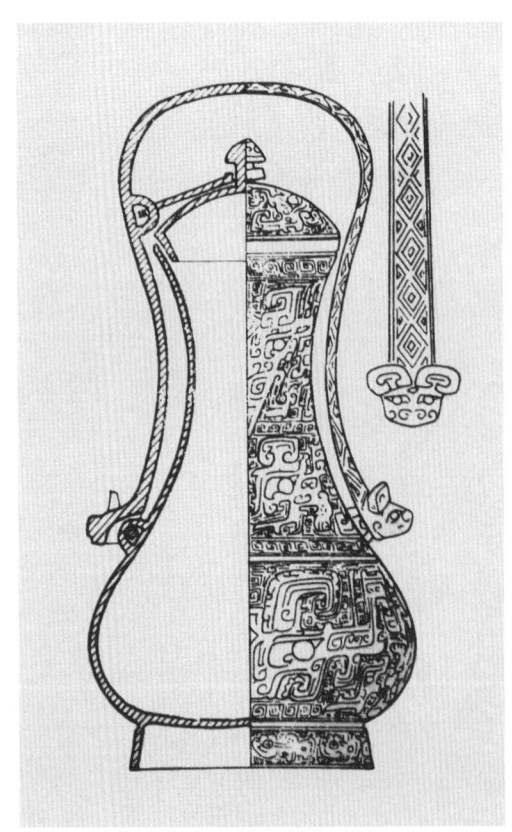

提梁壶上虎形体表方菱纹（河南安阳殷墟）　　　方罍上的双体卷尾龙（河南安阳殷墟）

就体表纹饰看，我们还不能判断绿松石龙究竟是否为龙形。那么对头部的观察，就显得非常重要了。我们注意到，在所有文字资料中，对二里头绿松石龙没有出现龙角的描述。这条龙没有角吗？细审照片和线描图，观察复原后的标本，都没有见到角的形迹。若非这是一条无角的龙，或者是因埋葬或是清理扰乱了它的原形？

再仔细察看一遍，会发现本应当出现龙角的位置，见到的却是头和耳的轮廓。在龙面的顶部，用竖立的绿松石勾勒出边缘，界限非常清晰，不应当再有双角的设计了。埋葬和清理过程并没有对它的关键部位有破坏性扰动，不妨碍对整个形体的观察和判断。

若是无角，我们还将它视为龙，那理由就不坚实了，可能得重新有所考虑。

五

这让我们想起 1999 年新砦遗址的发掘中，在后来确认属于内壕以内的台地上，出土了一块"新砦期"的陶器盖残片。在打磨光滑的黑色器表上，以阴线刻出兽面纹样。兽面面额近圆角方形，蒜头鼻，两组平行线将长条形鼻梁分刻为三部分，梭形纵目，弯月眉，两腮外似有鬓。刻制技法娴熟，线条流畅。发掘者直称为饕餮纹，认为具有明显的东夷文化色彩，造型含有虎的因素。这个同样被很多人认定为龙的刻画，其实是最接近绿松石龙的一个例子，非常遗憾的是，它的顶部缺失，原本有无角的存在也不能确定。

新砦这样的风格与二里头的大体相同，均定义为虎形，还是可以的吧。

头大如虎，尾细如蛇，即是虎头蛇尾，形容有始无终的状态。这个成语出自元曲《李逵负荆》"狗行狼心，虎头蛇尾"，原义似乎与今义有些不同。二里头的这件绿松石制品正是虎头蛇尾之形，其实这并不奇怪，也不稀见，商周龙虎之形也多是虎（龙）头蛇尾，区别只在龙有角而已，具体例证可参见《方圆阴阳：商周龙虎纹另类解读》一文及附图。

当然也会有人说，有种虬龙即传说中的小龙，它是无角之龙。李善注《甘泉赋》引《说文解字》："虬，龙无角者。"王逸注《离骚》《天问》皆言："有角曰龙，无角曰虬。"不过二里头所见，似乎不可以是无角的小龙，与虎相提并论的，也不能是虬。

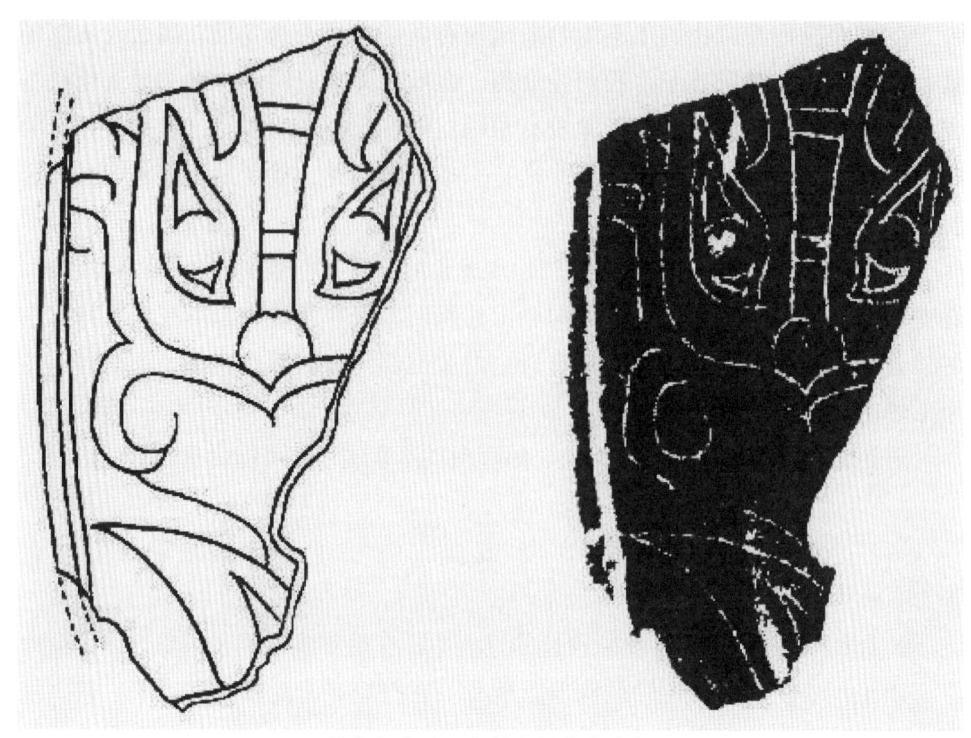

刻纹陶片（河南新密新砦遗址）

六

这或许真是一条如龙之虎，虎虎生风。其实在三代之时，龙与虎并无高下之分，重新认龙作虎，也不会低看了这个发现的意义。在青铜纹饰中，龙虎常常彼此如影随形，一样威猛。

当然，重新以虎形认识这一件绿松石制品，我们还需要度过一个适应期，需要梳理和取舍成说，改口说"绿松石虎"也会觉得不顺畅，慢慢来吧。

末了还要说起距绿松石龙尾端3厘米余的那一件绿松石条形饰。研究认为它与虎身所依附的有机质物体原应为一体，也即是说它是虎纹构图的一个附属图形。复原观察认为这条形饰由几何形和连续的似勾云纹的图案组合而成，也有一定道理。

其实类似的构图在青铜纹饰中有过发现，而且应当是一种具有特别含义的组合。在蜷曲的龙尾或虎尾，横置一段纹饰带，这条纹饰带通常是由一两条蜷曲成S形的小蛇形构成，这也许是一种母子组合，与龙同在的是小龙，与虎同

406 | 追踪信仰：艺术考古中的动物图像

绿松石器尾端与条形饰

在的是小虎，未必就是通常认作的蛇形。

这样的例子最典型的是殷墟发现的一件骨匕，它的两面是相对的龙体、虎体，尾部都横刻有一条屈曲的 S 形幼龙或幼虎。还可以举出的一例是山西石楼桃花庄青铜觥盖，上铸大龙卷尾与小龙纠缠，尾端底边排列着三条屈曲小龙（虫）纹，组成一个纹饰带，与二里头绿松石虎形和横带状纹组合构图相似。

我们再来看一看最熟知的后母戊鼎，鼎耳上的双虎食人图形吸引过不少研究者。我们看到的双虎为侧面形象，是接近真实的虎身，但保留着卷尾的特征。更要注意的是，虎尾的下面有一凸起的横栏，如果与虎纹连在一起观察，我们会很自然地想起如同殷墟骨匕一样的图形组合。当然后母戊鼎的鼎耳经过复修，会与原样不同，不过在有些仿制品上看到的鼎耳图形却让我感到惊讶，它的虎尾下面居然出现双小虎组成的横纹饰带，这又恰与商代的纹样定式吻合，一定是高人的仿品。

这样看来，二里头绿松石虎形尾端的条形饰还不一定是由几何形和连续的似勾云纹的组合，它或者就是几条小蛇形或是小虎形组成的二方连续图案带。

这样一看，虎形或龙形与蛇形横条带组成的图形，至少应当是商代艺术的一种流行风尚，是一种固定格式。当然它的意义还有待研究，应当具有我们还不知道的特别的象征性。

商代晚期铜觥盖纹饰（山西石楼桃花庄）

绿松石器尾端横条形饰复原

后母戊鼎（河南安阳武官村）

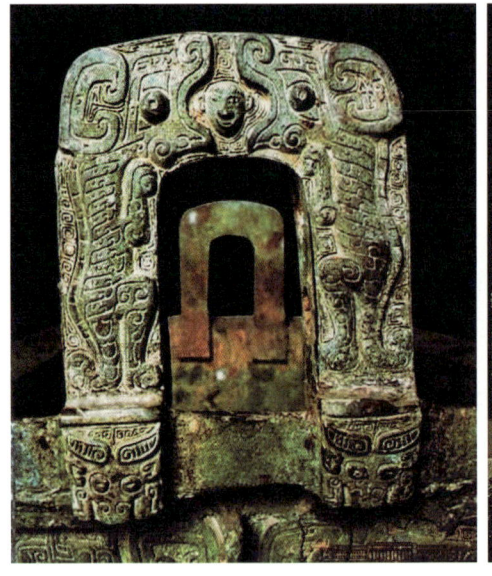

后母戊鼎耳，右侧虎尾下隐约见 S 形小虎横条带纹

后母戊鼎耳

复仿的后母戊鼎耳虎尾下清晰的纹饰带

七

二里头绿松石龙改认作虎，依然体现一种王者之气，可它是属夏王抑或是属商王的呢？

如果说这龙就是传说中的大禹的象征，商与周都大张旗鼓将禹形标示在青铜器和玉器上，所为者何？

另一个问题是，同一的艺术表现风格，是单纯的形式模仿，还是夏商两代有了信仰认同？

最后我还想特别提到殷墟侯家庄发现的4件木质抬舆，每件都有四个抓手，抓手上都雕饰着卷尾的虎形，中间是一个大虎面。原报告将抓手的装饰认作兽足，

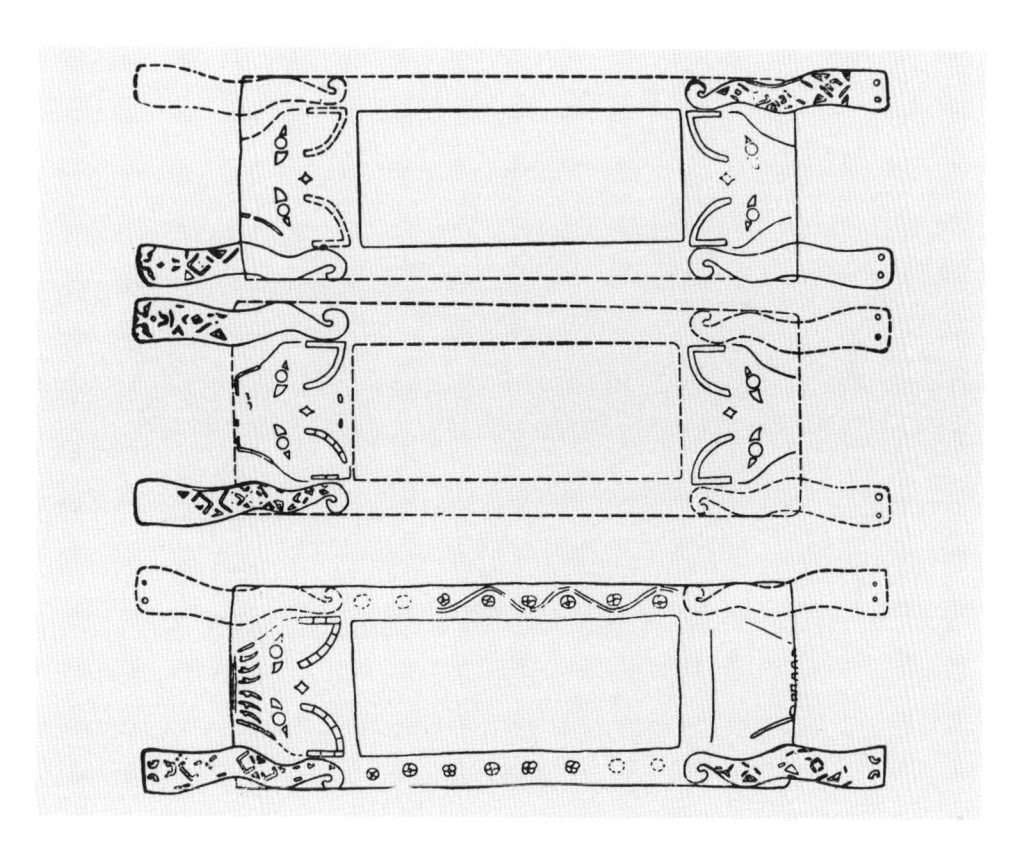

木质抬舆线描图（河南安阳侯家庄）

虎与龙凤崇拜 | 411

并不准确，虎体都有方菱纹雕刻，形体也很接近二里头的绿松石虎，而且是同一式的卷尾虎。列举这一个例证，是想进一步证实商代的龙虎艺术流行风的存在。

再细一思索，这绿松石虎真会让人起了疑心：它原本未必就与夏有关？二里头文化姓夏或是姓商，或是半夏半商？学界还在争论之中，除由物质文化层面讨论以外，也可以由精神层面切入，将讨论引向深入。

这条绿松石虎，其实真的是非常接近或者说就是商代风格，它既然属于二里头文化二期，这就提供了一个重新确定二里头文化属性的新切入点。也许有人会有这样的推想：三代之礼，前后相因，有所损益，在这龙虎艺术上损益会有的，相因也是可以有的，这条虎属于夏的可能性也还存在。

是的，毕竟年代更早的新砦龙虎已经成型，与二里头龙虎之形也表现有明显的共性。希望以后有更多的新材料来佐证，这个问题还有继续讨论的空间。

考古快评：龙与凤 3000 年前相遇在古蜀

龙凤共舞，古蜀吉祥之光降临，那是在距三星堆不远发生的故事。

2020 年 7 月 29 日，四川省文物考古研究院发布广汉联合遗址考古成果。这是三星堆东北侧的一个小型聚落，在这里发现了距今约 3200 年前的龙飞凤舞刻画图案。

这个具有现代龙凤呈祥风格的艺术图案，是历史上出现最早的文创产品。这是一个陶器的盖子，圆弧的盖顶中央刻画着一只凤鸟，戴冠涡翅，类似的凤鸟在三星堆是用青铜铸成圆雕或平雕形状，多是呈静立姿势，而这次刻画的凤鸟却是在起舞跳跃，动感十足。以凤鸟为中心，几乎环绕一周的是一条卷尾长龙，龙首扬起，口示长信，龙足高蹈，亦呈起舞之姿。龙凤共舞，龙凤呈祥，表达了古蜀人追求美好生活的热望。

古中国的龙凤崇拜起源很早，艺术品中见到的龙凤造型一般都是独立存在的，彼此极少明确关联。到了商代，才开始出现龙凤配形制的玉器，殷墟妇好墓中就发现了凤鸟龙形冠以及龙凤并行的玉饰。这次联合遗址出土龙凤纹饰的陶盖，是表现龙凤密切关联的最早文物之一。

更值得注意的是，与大都城大贵族墓的发现不同，这次见到的是平民用品，让我们看到了民心民意所在，追求美好的心愿，上下同归。

仔细观察陶器盖上这龙凤刻画图案，我还有一个小疑点一时不能释怀。我怀疑虽然那是一条长龙般的身躯，但它的背面上却出现了虎形图案上习见的双钩叉。龙头也并不很典型，我们没有看到新闻稿中明确提到的龙角，而龙口中的长信又是古蜀图案中常见的虎口的固定图形，所以很可能这是一条虎，并不是一条龙。

对于古蜀人而言，龙凤呈祥与虎凤共舞带来的是同样的吉祥。只是虎对于当时的蜀人来说，也许是更普遍的信仰吧。

陶盖上的龙凤呈祥图案（四川广汉联合遗址）

方圆阴阳：商周龙虎纹另类解读

商周时代的青铜器和玉器，是很重要的历史艺术品，我们在赞叹它们精美的同时，对它们所具有的象征意义也进行了广泛探讨。一些研究者试图进入那个艺术世界，那也是先人的精神世界，不过要完全领会当初的艺术精神并不是一件容易的事。

当然，想象着古代艺术的门窗忽然间全都被我们打开，所有的秘密都让我们一览无余，这也是不现实的。门窗要一扇一扇打开，要打开那些深锁的门窗，我们还得找到开锁的钥匙。钥匙是否合适，也不是很容易就可以确定的，这次觉得找到了一把开锁的钥匙，这个锁能否顺利开启一扇半扇窗子，就当作一次尝试。

这次想要开启的这把锁，是商周铜玉艺术上的龙虎造型的阴阳属性问题。如能顺利开启，我们将借以一窥古代阴阳观念的艺术表达形式，也许就此能找到阴阳在古代的表达符号，相信对中国阴阳学说的起源研究也能有所推进。

铜 胄 疑 惑

我们现在到殷墟去，一定会到妇好墓原址，首先会看到一尊妇好雕像。妇好头戴坚胄，身披铠甲，手执大钺，威之武之。妇好是否有过如此装束，在此姑且不论，不过那顶胄的样式，却多少有些依据。

商代考古在一些地点发现了商代铜胄，殷墟也出土百多件不同款的铜胄。我们在台北史语所历史文物陈列馆，可以看到集中展览的多款铜胄原件。在那里还可以看到包括夏鼐先生在内的发掘者的照片，他们头戴刚出土的铜胄，在一起愉悦地合影。现在看来，站立在左二位置的夏鼐，他头顶上的铜胄，正与妇好塑像属同一款式。这一款铜胄也在史语所历史文物陈列馆展示，可惜光线不好，当时没有拍到清晰的特写，只拍到一张铜胄的合照。

这款铜胄的不同之处，是它左右两侧装饰有囧纹，它并不是在所有铜胄上都有出现。侯家庄M1004出土带囧纹铜胄应当不止一件，其中最引人注目的是，有的囧纹中心见到了附加纹样，分别有蟠龙与踞虎。这有何特别之处呢？如果是同一胄上出现一龙一虎,一左一右,那意义应当比较特别了。

我们在正式的考古文本中读到铜胄"圆葵(囧)心圆圈内有一条蟠龙纹或虫纹"①,如果这里说的"虫"指的是虎,那就没有什么疑义了,确实是有龙有虎。

铜胄用一龙一虎纹装饰,确切的证据还没有查到。也许常规当用两龙或两虎,这是本应遵循的对称原则。但铜胄用纹,如果脱离了这个对称原则,一定是有它特别的理由。也许我们一开始就产生了误解,或者根本就不会出现一龙一虎共一胄的例证,但如果真有这样的铜胄,那又该做怎样的理解?

更引起我们兴致的是,这一龙一虎的体纹装饰是不同的,虎身为圆弧与波纹组合,龙身为菱形与三角纹组合。我将这两种体纹分别称为圆弧形和方菱形,两种纹饰有一些细微变化,但都可以分别归纳为圆弧形和方菱形之列。

为什么龙虎的体纹有这样的区别?龙虎的体纹是分别与方菱形和圆弧形相关吗?我们就由寻找这样的缘由开始展开话题,这关系到商周铜玉纹饰龙与虎的阴阳属性判别问题,也关系到阴阳观念的产生与艺术表达符号的探查。

妇好雕像

---

① 中国社会科学院考古研究所编著:《殷墟的发现与研究》,方志出版社,2007年,第296页。

416 | 追踪信仰:艺术考古中的动物图像

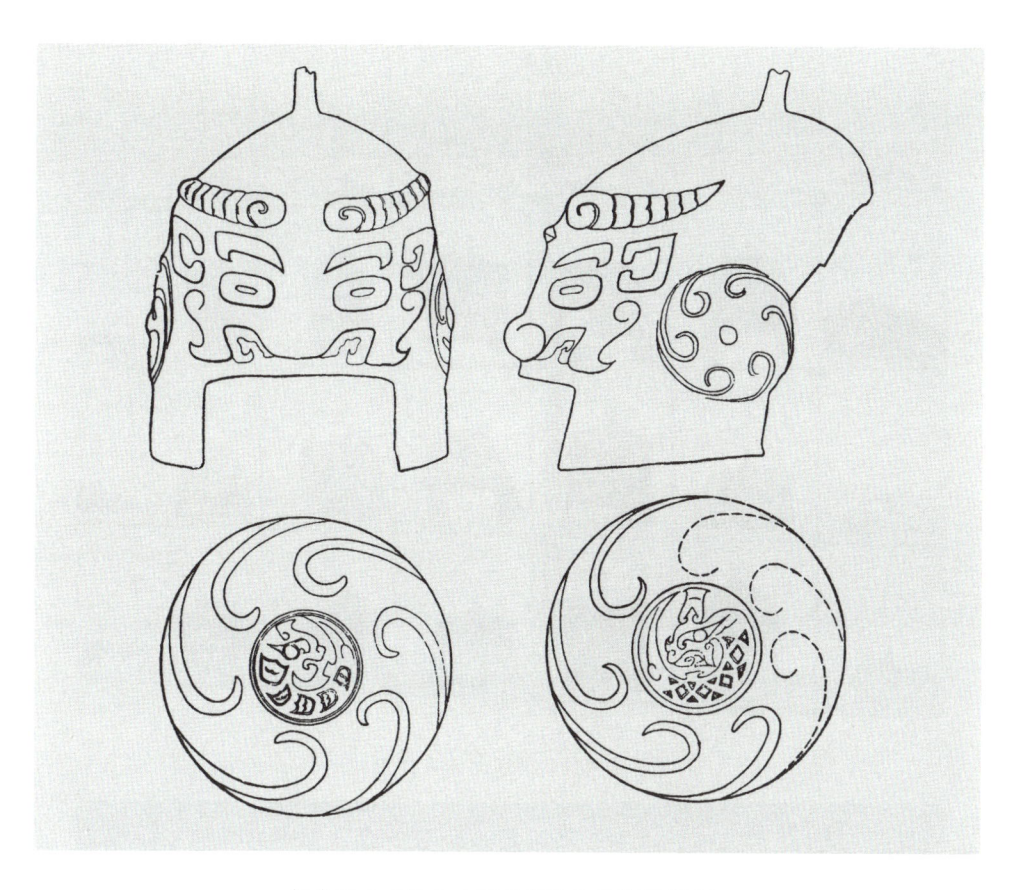

铜胄及龙虎纹饰（河南安阳侯家庄M1004）

铜胄（江西新干大洋洲商墓）　　　　铜胄（河南安阳殷墟）

虎与龙凤崇拜 | 417

展柜里陈列的铜胄（河南安阳殷墟）

殷墟发掘的收获
（民国二十四年［1935］春，殷墟第十一次发掘，星期日在冠带巷办公处后厅前拍摄。左起：尹焕章、夏鼐、石璋如、李光宇、王湘。铜盔为侯家庄M1004出土）

龙 虎 之 别

商代青铜器和玉器中见到过单体龙虎形器物，但更多的龙虎是作为装饰纹样出现在器具上的。过去不少学者对铜器上的龙纹与虎纹进行研究，当然这里有一个很重要的问题先得解决，即哪些是龙纹，哪些是虎纹。

这好像是个很简单的事情，龙虎之形并不难区别。分别龙虎纹确实并不难，但是也常见龙虎混淆的现象。有时真是容易混淆，毕竟龙虎两形的纹饰构图太相似了，你认作龙，他认作虎，似乎也无大碍。只是这些纹饰原本的形象与意义应当是明确的，我们又真的不能混淆它们，所以得有一定的判断标准，这样的标准要有认同，还是要先说得明明白白。

如果龙虎单独出现，认龙认虎似乎也并不打紧。可是当龙虎一同出现时，我们如果还将它们混为一谈，那就太过分了。龙虎的构图，原本应当有明确区别，只是我们现在并不容易完全了解，例如首尾、体形、体纹的表现，当初一定有认同的章法，但这些在今天都有待仔细辨别。

对于当时的铜器和玉器艺术表现龙虎纹饰的章法，现在不同的研究者会有

西周铜器龙纹

玉龙（河南安阳妇好墓）

商代蟠龙纹铜盘（河南安阳殷墟）

420 | 追踪信仰：艺术考古中的动物图像

不同的判断，不过这里集中指出其中一个要点，我想应当不会产生什么疑义。这个要点就是：龙顶角，虎张耳。正视有双角、侧视有单角的是龙，正视有双耳、侧视为单耳的是虎。无论角有怎样的变化，耳有如何的不同，角终归是角，耳终归是耳，两者不会混淆。

商周所见铜器和玉器上的龙虎纹，由角和耳的观察可以将它们明显区分开。武官村出土后母戊鼎上的双虎纹，陕西长安张家坡井叔墓牺尊虎纹，都是明确的张耳虎纹，虽然后者曾被认作龙纹。妇好墓出土的玉龙和石龙，妇好司母辛觥盖上的龙纹，商代铜盘上的蟠龙纹，陕西长安张家坡玉龙，都是顶角的龙纹，有正视的双角，也有侧视的单角。

由大量资料观察了解，商周铜玉类龙虎纹饰不是顶角便是张耳，少有二者兼具，一般也不会既无角也无耳，极少例外。凡龙虎纹样有了这样一个基本的判断，而且是一个不会出现分歧的判断，下面的讨论就可以顺畅进行了。

纹 分 方 圆

商周青铜器和玉器上大量出现龙虎纹饰，对于龙虎的判定并不困难，身体常常没有太大分别，以龙角虎耳为标准，即可认定是龙是虎。

我们现在来谈论这些龙纹和虎纹的阴阳属性，对它们进行性别观察分析。龙虎纹饰有没有阴阳雌雄属性，也许有人会认为这是一个伪命题，认为铜玉类龙虎纹饰不大可能表现有性别特征，而且艺术上不容易也似乎没有必要表现这样的生物学特征。

我们见到的龙虎纹饰，在艺术表现上确实并没有按我们常规理解的那样表现两性生物学特征，但这并不妨碍我们进行相关的分析研究。

我们的讨论是由龙虎的体纹观察入手，由方菱形和圆弧形体纹进行一些分析。初步观察印象是，两类纹样并非由龙虎绝对分享，可以混用。两类纹样也并非龙与虎的专享，牛、蛇、鸟等也能分享。

在上面列举的例证中，我们可以发现这样一个问题，虽然区分了龙虎的不同，却又发现了一个剪不断理还乱的问题，即它们体表的纹样居然可以混用。如后母戊鼎上的双虎纹尾巴上是成组的圆弧纹排列，张家坡井叔墓牺尊虎纹通体是成组圆弧纹。妇好墓出土的玉龙和石龙，妇好司母辛觥盖上的龙纹，体表所饰都是方菱纹，但商代铜盘上的蟠龙纹、长安张家坡玉龙和另一件西周铜爵流部的双龙纹体表却是成组圆弧纹。

这是不是偶然的混用，有多少研究价值呢？接着我们还要举出更多的例证来说明这个问题。

方菱纹，见于妇好玉龙、三星堆铜龙虎尊上的龙纹、妇好铜鸮尊翅上的虎纹、妇好铜盘蟠龙纹、安阳小屯村石磬龙纹、妇好玉人臂膀蛇纹等。还有河南洛阳出土西周玉虎，体背所饰为双三角方菱纹。特别要提到的是，安阳孝民屯出土的一件商代"玉虎"，体背所饰亦为双三角方菱纹，虽然外形如虎，但因见有双角，宜定名为"玉龙"。体表饰方菱纹的有龙有虎，还有蛇。

圆弧纹见于安阳武官村石磬虎纹、妇好铜钺双虎纹、妇好铜盘鱼龙（虎）纹、妇好铜盘虎纹、妇好玉龙、妇好玉虎和玉牛、商代铜盘蟠龙纹、商代鸟形鼎足、四羊方尊羊体纹、妇好铜鸮尊上的虎纹、妇好玉人附加装饰蛇纹、三星堆铜龙虎尊上的虎纹、山东滕州前掌大玉龙、西周交鼎虎鸟纹、西周铜盘龙纹、西周何尊蛇纹、西周铜盂双龙纹和陕西长安张家坡出土玉龙等等。特别要提到山西曲沃晋侯墓地出土玉立人，腰部加挂的龙形体表所饰为圆弧形。以圆弧纹作为体表装饰的有龙有虎，有羊有牛，也有鸟有蛇。

可以推定，这两种体表纹样的选定，原本一定是有象征意义的，而且是有相当时空范围认同的，不然这样的艺术表达就没有什么意义。

龙虎均有方菱形和圆弧形两种体饰，如果不以阴阳雌雄看待，就不会有合适的解释了。圆天方地，圆阳方阴，这与玉琮、玉璧的示形同义，也与早期文明的认知正相吻合。

玉龙纹饰（河南安阳妇好墓）

玉龙鸟纹饰（河南安阳妇好墓） 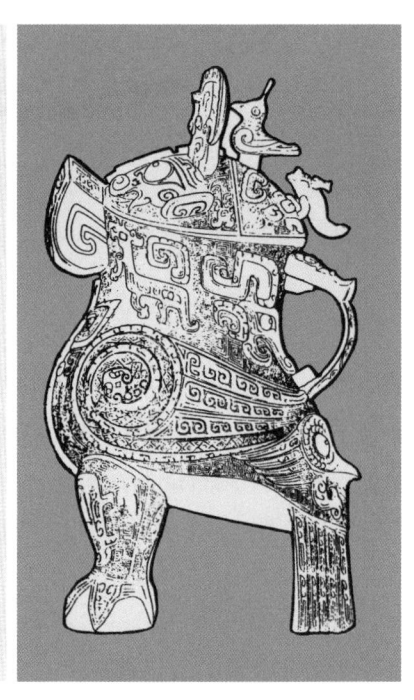　　鸮尊（河南安阳妇好墓）

虎与龙凤崇拜 | 423

蟠龙纹铜盘（河南安阳妇好墓）

  我们看到，龙纹多用方菱纹，虎纹多用圆弧纹，其实这也说明在那时的观念中龙偏于阴性角色，虎偏于阳性角色。但如果是这样的话，就容易误解工匠在艺术表现上有固定偏好。龙虽为人造的神物，但因以水为活动环境，所以通常的理解是身披鳞片，与鱼类同。而虎则披毛，毛带波状纹路，却不会如鳞片一般。可在铜玉之器上，龙虎皆可饰以方菱纹或圆弧纹体纹，作为阴阳之分理解，也许是最合适不过的了。

  这样看来，方菱与圆弧，虽然都是几何图形，但象征意义非常明确，它们是彼此有区别又有联系的文化符号。

虎纹石磬（河南安阳小屯村）

商代四羊方尊（湖南宁乡）

西周玉虎（河南洛阳）

商代玉虎（龙）（河南安阳孝民屯）

虎纹石磬（河南安阳武官村）

铜钺纹饰（河南安阳妇好墓）

鱼龙（虎）纹铜盘（河南安阳妇好墓）

虎与龙凤崇拜 | 427

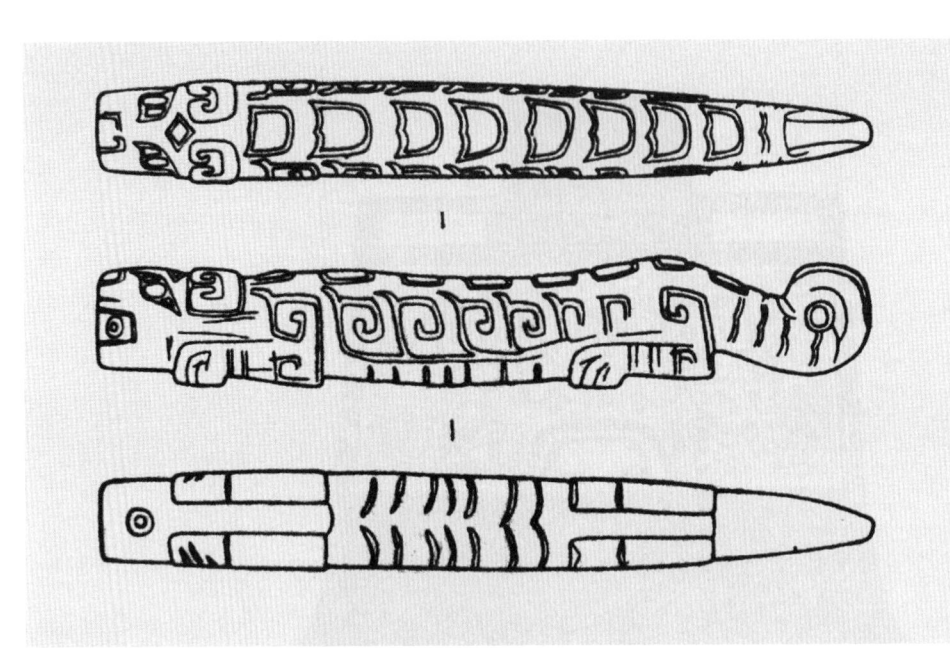

玉虎线描图（河南安阳妇好墓）

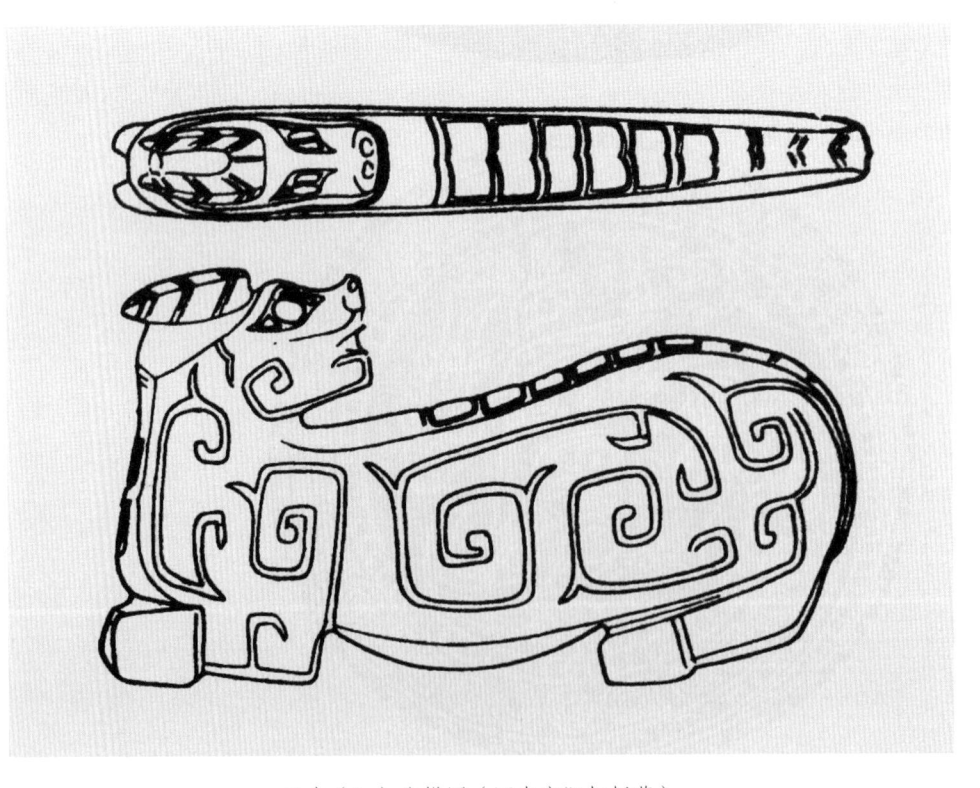

玉牛（？）线描图（河南安阳妇好墓）

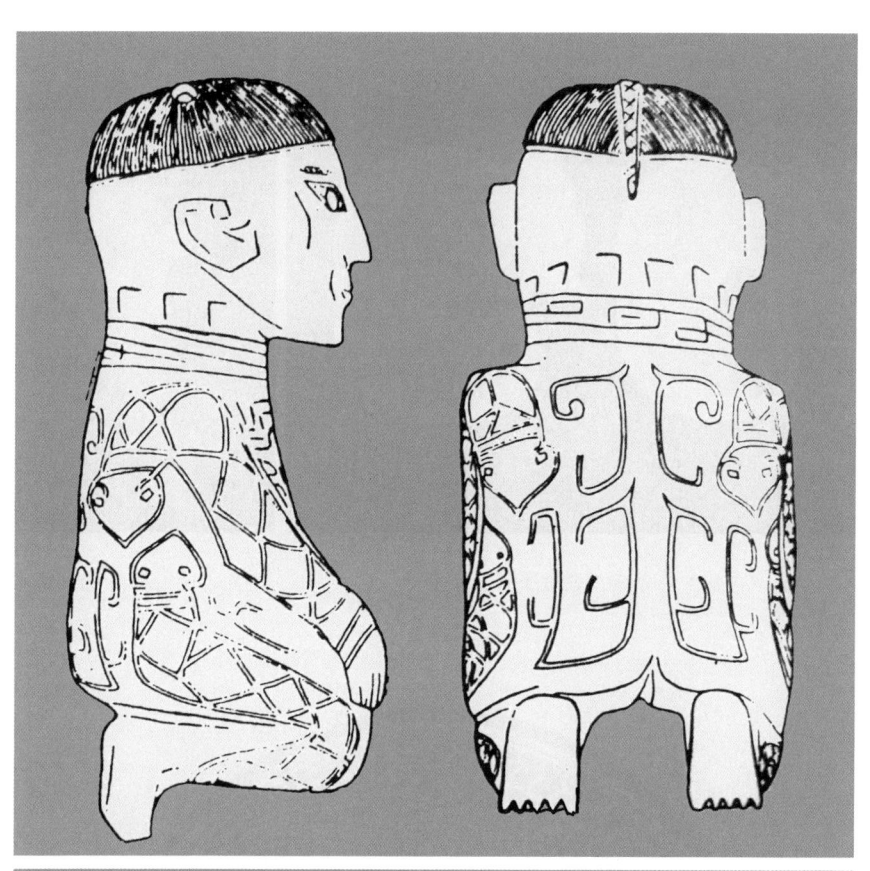

玉人线描图（河南安阳妇好墓）

玉龙（山东滕州前掌大遗址）　　　　玉立人（山西曲沃晋侯墓地）

西周龙纹铜盘（上海博物馆藏）

西周交鼎虎鸟纹

西周何尊蛇纹

西周铜盂双龙纹

阴 阳 同 体

纹饰的阴阳象征，在古代艺术中一定是有表现的。还要特别提到的是，在一些器物上见到"两同"现象。用阴阳两类象征纹饰作体表装饰的龙纹与虎纹同见于一器，也有或两类纹样同见于一个动物体表的现象，是谓"两同"。虽然能够举出的例证非常有限，但也不能不重视这样的发现。

安阳侯家庄M1001出土的蛇纹骨匕，骨匕两面通体刻纹，上端两面各横刻一条小卷尾蛇，但两面的主体纹饰是体形大得多的龙虎类纹饰。因为正反纹饰双双都看不清头部，不能确定是蛇，是龙还是虎，或者是一龙一虎，也可能是双龙双虎。当然我们更要注意的重点是这神物的体表纹饰，它们是一方菱一圆弧，恰合阴阳之象。这是典型的阴阳图像共一器的写照，非常值得关注。

这当然又让我们想到前面提到过的安阳侯家庄M1004出土铜胄，铜胄侧边囧纹中心的龙虎纹，是双龙双虎，还是一龙一虎？或许也是阴与阳共一器。

更有意思的是，殷墟还发现过一件连体龙虎纹与鸟纹铜斗，这种龙虎连体纹的创意非常奇特，它开启了经西周到东周同类艺术构图的先河。当然也要注意的是三神物的体表纹饰，它们居然都取用的是圆弧形，应当都指向的是阳性。

更奇特的是安徽繁昌春秋蟠龙纹铜盘，蟠龙作鱼尾形，体表饰圆弧形，指向为阳性。不过龙体尾部又伸出一尖尾，体表却装饰着方菱纹，指向阴性。阴阳同处一器，而且表现为阴阳合体的亲密接触状。

阴阳相依，阴阳相生，或许这里列举的例证原本要表现的就是这样的道理，如若不然，我们另外还能做出怎样的解释呢？

铜胄侧边龙虎纹（河南安阳侯家庄M1004）

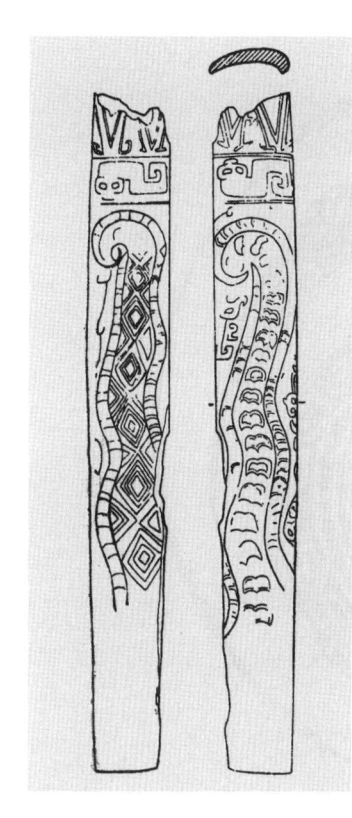

蛇纹骨匕（河南安阳侯家庄M1001）

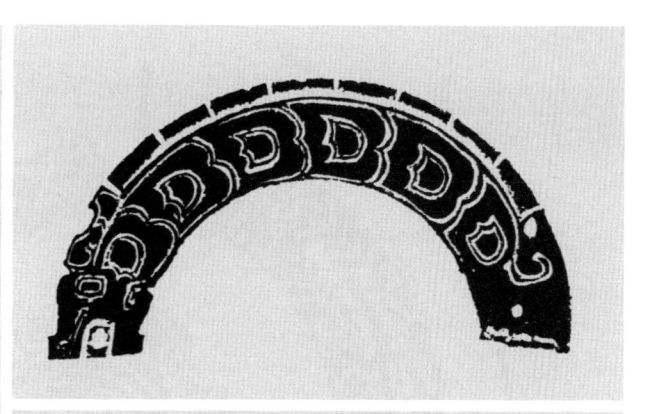

玉龙纹饰（河南安阳妇好墓）

商代连体龙虎纹与鸟纹铜斗（河南安阳妇好墓）

虎与龙凤崇拜 | 433

春秋蟠龙纹铜盘（安徽繁昌）

石龙线描图（河南安阳侯家庄M1001）

明 示 阴 阳

商周时期注重在铜玉器具的装饰上表现动物的阴阳属性，如果这个认识是事实存在，那又能说明什么，古人为何要通过器具明示阴阳呢？

同样是龙纹龙形，如安阳侯家庄 M1001 石龙与妇好墓玉龙，体饰前者用方菱纹，后者用圆弧纹，可以判断前者属阴，后者属阳。

龙虎形体都可用圆弧纹为装饰，也可用方菱纹为装饰，两者都有需要标示阴阳属性的时候。不仅如此，我们还看到商周铜器装饰带，已经提炼出方菱纹和圆弧纹分别构成的二方连续图案，这样的纹饰完全脱离了动物本体，只是以一种象征符号出现。如果我们不知道它们是取自动物体表纹饰，也就只能当作纯粹的装饰图案来认识了。这些没有动物形体的纹样，剩下的就是阴阳属性了。

其实早期阴阳观产生于史前时代，用方圆形纹饰表达阴阳意义，有史前的艺术传统基础。阴阳是古代观察、解释、利用世界而得出的认知，是一种世界观和认识论，它指导着人们的精神思维与社会生活。

商代青铜盘沿的鳞纹

商代铜簋菱形纹

商代铜卣颈部菱形纹

商代铜卣提梁菱形纹

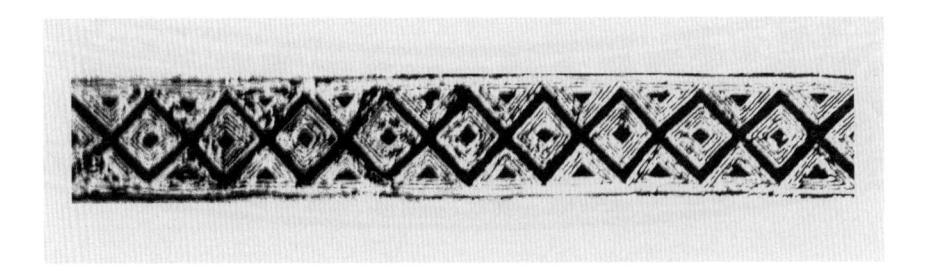

西周铜卣提梁菱形纹

西周孟肃父簋口沿鳞纹

西周武生鼎口沿鳞纹

西周铜卣龙纹

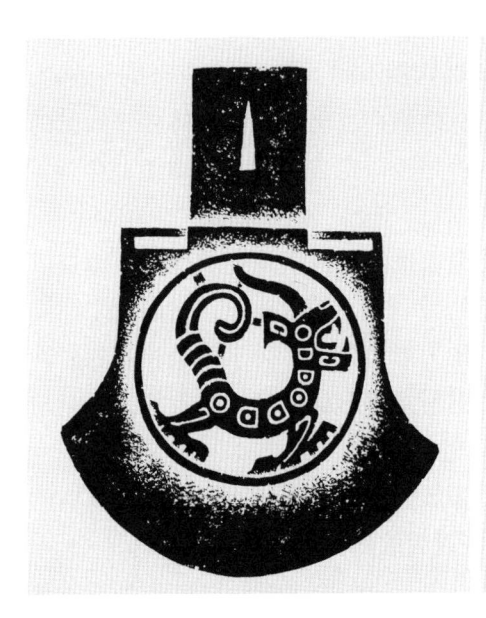

龙纹铜钺（陕西城固）　　商代龙（虎）纹铜钺

东 周 遗 意

商周龙虎纹结构的标准范式，在春秋时代开始有了明显改变，不仅是整体造型的改变，体纹也有改变，不再遵循以往认同的规则。但这并不是说，以往的规则完全被舍弃了，在少量的器具上，我们仍然看到了旧规则留下的痕迹。

如前面提到的安徽繁昌春秋蟠龙纹铜盘，是以圆弧纹作体表装饰。又如河南潢川春秋方壶，双鸟体表以圆弧纹为饰。这都是商周的艺术传统，也是当时的思想传统。

还可举出的例子有山东临沂春秋蟠龙纹铜盘，龙形体表饰圆弧纹，同西周风格。当然也会有人判断这会不会就是西周遗留下来的原器，即使如此，它在东周时代也未必不会影响到艺匠的思维。

还要提到的是战国时期的中山王墓三龙蟠环玉佩，体表所饰为圆弧纹，这当然也应当是更早的传统，表现阳性的龙。

还有湖南长沙战国楚墓出土木雕双蛇，体表纹样一为方菱形，一为圆弧形，作雌雄纠缠状。这一例发现非常重要，它恰恰证实我们对这两类纹饰的理解是有理据的，由此倒推到商周时代，对于龙虎体表纹饰的象征意义的理解，我们就更有信心了。

又如山西长治分水岭战国墓出土的两件铜当卢，认定为蟠蛇图案，体表饰以互为区别的纹饰，虽与商周时期惯见的方圆构图不同，不过理念应当是一致的，都是采用不同的纹饰区别阴阳属性。其中一件当卢上出现三种蛇体相互纠结的构图，俨然是全家福的写意。当然两件当卢是否一定表现的是蛇体还可存疑，但阴阳属性的含义毋庸置疑。

山西类似的发现还有一些，如侯马铸铜遗址出土的所谓蛇纹陶范，也是以两种不同的体表纹饰区别阴阳。同址见到的另一件飞龙纹陶范，则取用了商周类似的体表纹饰，以圆弧形和方菱（对三角）形为元素，表示相亲相爱的异性双龙。这个例子又一次告诉我们，铜器、玉器龙虎形体表纹饰的象征，一定与阴阳象征有关。

从史前经商周时代用方圆图形表达阴阳属性的艺术传统，到东周及以后的时代进一步得到继承与光大，这一点我们在以后的研究中还将再做阐述。

春秋方壶纹饰（河南潢川）

春秋蟠龙纹铜盘（山东临沂）

虎与龙凤崇拜 | 439

三龙蟠环玉佩纹饰（河北平山中山王墓）　　木雕双蛇纹饰（湖南长沙战国楚墓）

东周蛇（？）纹铜当卢（山西长治分水岭）

双龙纹陶范（山西侯马铸铜遗址）

追 寻 源 头

方圆之类纹饰象征阴阳的提炼与选择，在史前艺术中应当已经达成认同。

列举许多商周的蟠龙纹之时，我们很自然地想到山西襄汾陶寺遗址出土的彩绘蟠龙纹陶盘，虽然那条龙与商周的还有一定区别，尤其是它还没有绘出非常张扬的头颅，但体表出现的双排圆弧形鳞片纹饰却让我们觉得那么熟悉，可以感觉到商周的装饰理念与陶寺是一脉相承的。

我们再看看内蒙古敖汉旗大甸子遗址出土的夏家店下层文化彩绘蟠蛇器盖，体表的圆弧形鳞片纹饰也是陶寺的传统，这个传统后来被商周艺术传承，也在情理之中。

更重要的发现是2002年在河南洛阳偃师二里头遗址一座墓葬墓主人身上发现的一件绿松石龙形器，它是在红漆木板上黏嵌2000余片绿松石组合而成，细小的绿松石约1厘米大小。龙形的头部比较夸张，鼻眼表现很清晰，引人注意的是长长身体上的绿松石片还拼出了12个排列整齐的方菱形纹，这与商周之际的表现方法完全一样。当然也有一点小疑问，这异口同声认可的绿龙却并不一定就是龙，而更可能是虎，我们隐约可以看到它有双耳，却并没有双角。

这是商周相关阴阳象征性纹饰的源头，也是目前所能追寻到的最接近的源头。

方形与圆形，方菱形与圆弧形，多么明白恰当的阴与阳的艺术符号。其实汉字阴阳两字的构形，也应当与这样的艺术传统有关。"阴"与"阳"两字的金文字形，阳是在圆中加点，阴则变圆为三角形状，在造字上也体现了阳圆阴方的传统认知。方圆作为区别阴阳符号的这种认知体系的产生与传承，在考古资料上有明确呈现。由此，我们也可以看出文字的定型与符号有着非常紧密的联系。

天圆地方原本就是古代阴阳学说的重要内容，天圆地方被看作道的理念，所谓天道圆，地道方。天为阳，地为阴。古人由认知天地有别、阴阳不同，到认知阴阳相依、阴阳相生，建立了完美的阴阳学说。这样的学说在艺术上不可能没有表现，这方面的研究值得进一步提升推进。

夏家店下层文化蟠蛇器盖纹饰（内蒙古敖汉大甸子遗址）

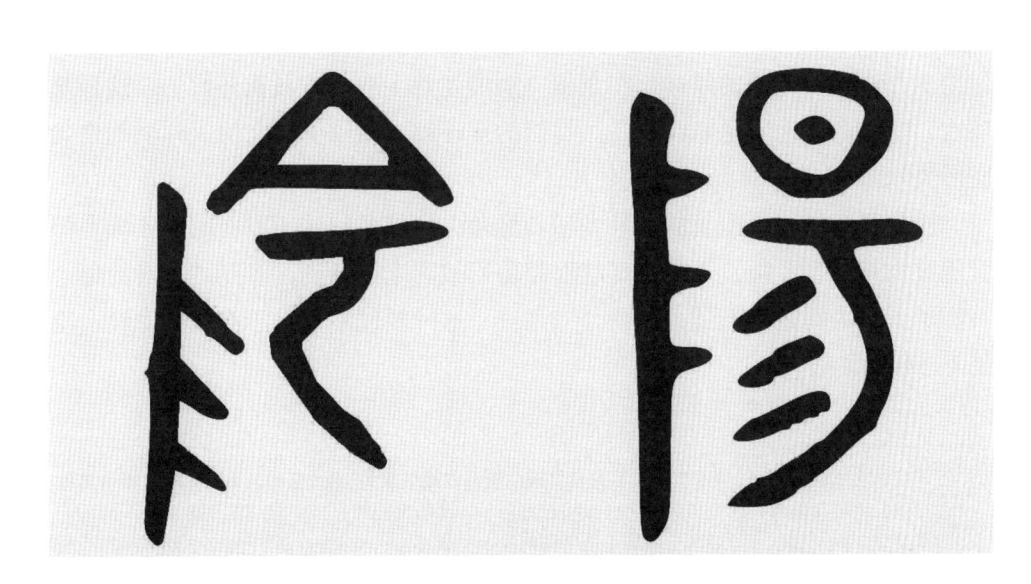

阴阳二字金文对比

虎与龙凤崇拜 | 443

商代雌雄龙钮印

龙钮玉印一枚，出土自陕西澄城县柳泉村九沟一座西周墓[1]，我曾经写小文讨论过，认定其是一枚四神肖形印。与这印一起讨论的，还有一件出自殷墟妇好墓的龙钮石器盖[2]，觉得那也是一枚肖形印，而且也是四神印。

后来周晓陆和同学猛发文，仔细讨论了九沟玉印的细节，注意到了四神印的说法。[3]再后来李零先生又有专文讨论，他也认同九沟与妇好墓的发现为玉印的说法，但却并不认为是四神印。他说："对比商代玉器和铜器的纹饰，我们不难发现，这两件器物中的四个动物，毫无疑问是三龙一鸟，其中没有鹿，也没有虎。"[4]

2022年4月长沙玉学玉文化学术研讨会上，刘云辉和刘思哲先生提交论文《柳泉九沟周墓出土的龙钮玉印相关问题再议》，再次将问题提出。他们首先纠正了长期以来认为妇好墓中类似的龙钮石印是龙钮石器盖的误读，认为澄城柳泉九沟西周墓葬中发现的是龙钮玉印，并把玉印龙钮的造型纹样中的方形目和重环纹（鳞纹）与晚商时期众多玉器上的这两种纹样进行细致对比，认为这件龙钮玉印属商代晚期前段制作。他们还特别指出，尽管对印面四种图像解读不同，但这确实属于四种不同的动物，与早期四神形象契合毋庸置疑。他们还讨论了九沟玉印龙钮的纹样，在盘桓一周的龙身上有十三枚重环纹，"这种重环纹，学界多认为它是鳞纹"，"类似的重环纹（鳞纹）称之为双勾阴刻带尖盾形纹"。

比较殷墟妇好墓出土的那件龙钮石器盖，虽然龙钮造型没有明显不同，但背尾纹饰却并不一样，不是重环纹而是菱形纹。李零特别注意到"龙身的每个纹饰单元，中间是菱形纹，四角是三角纹。这种鳞纹不仅见于商代的龙纹，也见于商代的蛇纹"。

---

[1]渭南市文物旅游局：《陕西澄城县柳泉村九沟西周墓发掘简报》，载《考古与文物》2017年第2期。
[2]中国社会科学院考古研究所编辑：《殷墟妇好墓》，文物出版社，1980年，第198页。
[3]周晓陆、同学猛：《澄城出土西周玉质玺印初探》，载《考古与文物》2017年第2期。
[4]李零：《妇好墓"龙钮石器盖"、九沟西周墓"龙钮玉印"及其他》，载《中国国家博物馆馆刊》2019年第6期。

我们将九沟印的龙鳞看作圆弧形，而将妇好印的龙鳞菱形看作方形，这里重点要讨论的，正是这两例龙钮印的龙鳞为何会有这样一方一圆的不同。

在殷墟科学发掘 90 周年纪念大会上，我曾经以《方圆阴阳：商周龙虎纹另类解读》为题，讨论商周龙虎纹的另类解读，提出龙虎造型体表方圆纹饰的不同，应当是为着表现雌雄性别。

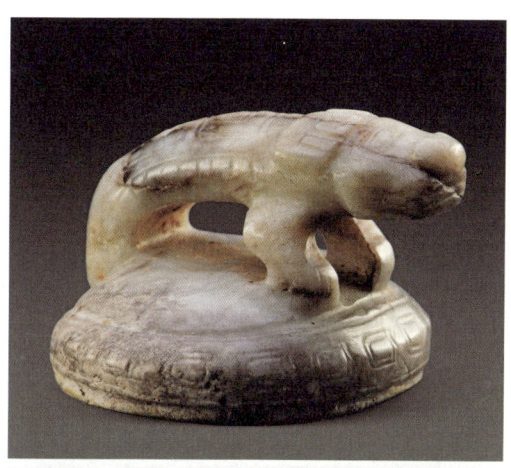

龙钮玉印（陕西澄城九沟西周墓）

虎与龙凤崇拜 | 445

龙钮石印（河南安阳妇好墓）

另眼观饕餮

——中国青铜器主体纹样解构

湖南博物院体盖分离又合一的皿方罍，是迄今出土最精致的商代青铜器之一。正是因为精致而刺激了一些人的嗅觉，它意外出土后器盖与器身就天各一方，居然被分离了近百年时间。皿方罍造型雄浑沉稳，盖、身、足上下满铸纹饰，全器以云纹为地纹，四面以大动物面纹为主纹，间饰夔纹鸟纹，环珥当啷，扉翼张扬，堂皇之美摄人心魄。皿方罍的精工与完美毋庸置疑，它能打动有幸看到它的每一位现代人，也一定打动过3000多年前看到过它的每一位商代人。

青铜时代的青铜器物，是那个时代科技与艺术最高成就的体现。青铜器最能打动我们的，是其造型的厚重与纹饰的精致。商周时代的青铜器，造型体现兼实用与艺术结合的精巧匠心，其中以各式动物造型和饰满动物纹饰的重器最具观赏价值。不少重型器当用于特别仪礼或固定场所的陈设，繁复精美的纹饰主题以图案化变形鸟兽纹最具特色，大幅面的动物头面像居器表显著位置，并

皿方罍回归合体

皿方罍器身纹饰

衬以云雷纹为地纹，使器物显示出一种非常强悍的张力。

商周青铜器装饰出现频率最高最为典型的纹样，便是研究者通常定义的兽面纹。将动物头面图像铸在器物最显眼的位置，是商代后期至周代前期非常流行的装饰风格，纹样细节虽然变化多端，但基本结构固守不变。主要构思是用非常粗犷的构图表现出动物脸面的基本轮廓，一般是采用两个显身或隐身的侧视兽面，左右对称拼合在一起。这样的兽面纹口龇目瞠，角耸耳张，给人面目狰狞、神情诡谲的感觉，所以许多时候被人惯常称为饕餮纹，饕餮纹也就因此成为人们解读这类纹饰意义的一个出发点,或者说成了一个导引点,这样解读出的结论也容易为人们所接受。

饕餮纹,就这样成为了解三代青铜器的一个很重要的切入点。当然饕餮这两个字,也许不少人发不出确定的读音,当然还是可以猜度一下,首先会感觉应当与吃有关,都是以食为部首。但古代又以"贪财为饕,贪食为餮"(《左传》杜注),两字又并不全与吃相关。后人以嗜食为"老饕",似乎是用错了这个字,又显然二字都可以浑指贪食,那就不必细究它了。

从学术层面看,应当是宋代的金石学家相当肯定地在饕餮与商周青铜器上有些狰狞的纹饰之间画上了等号,这个认识已经存在了近千年的时间,最先用饕餮纹之名的是《宣和博古图》。宋代学者显然比较认同这样的说法,所以《路史·蚩尤传》注中载"三代彝器,多著蚩尤之像,为贪虐者之戒"。看到铜器上所见的图像大抵为兽形,宋人认定蚩尤之像所指正是饕餮。这里的"戒贪"之说,一直主导着铜器纹饰意义的研究,但它却是一个最需要细究的命题。

不过在饕餮与铜器兽面纹之间画上等号,却并不是宋人的初始发明。从文化学的意义出发,更早对所谓"饕餮"做阐释的是先秦时代的《吕氏春秋》及《左传》,这个时间又要往前提上1000多年。梳理出来的文献阐发很简略,虽也算是宋人作论的主要依据,但却存有可商之处。

《吕氏春秋·先识》说:"周鼎著饕餮,有首无身,食人未咽,害及其身,以言报更也。"这些话很直接地说明,铜器上的那些纹饰就是饕餮,饕餮没有身子,食人还没完全咽下去,结果将自己撑死了。这里又被认为讲的是因果报应的道理,"报更"就是报应的意思。《吕氏春秋》专有《报更》一篇,讲行善,讲回报与报应。古人相信,行善行恶都会有报应,但将铜器上的动物纹样与报应关联起来,又是什么道理呢?

这样的解释也为汉晋学者所接受,甚至又有更多的推演。《左传》说饕餮是缙云氏"不才子",《山海经》中的食人"狍鸮",郭璞注以为即《左传》所言之"饕餮"。《山海经·北山经》说:"钩吾之山,……有兽焉,其状羊身人面,其目在腋下,虎齿人爪,其音如婴儿,名曰狍鸮,是食人。"郭璞说:"为物贪婪,食人未尽,还害其身,像在夏鼎,《左传》所谓饕餮是也。"吕氏言饕餮在周鼎,郭氏更将饕餮推演到夏鼎,都是猜度而已。

很多研究者为了说明饕餮食人,惯常列举的最有力的证据是铜器上的虎食人造型。可是我们看到的人形全无惊恐惧怕之色,反是穿着齐整作双手抱虎亲近之状,虎与人如此和谐,真不能相信这是食人的情景。还有一些铜器上也见

虎与龙凤崇拜 | 449

到类似人虎共存图形,如三星堆铜尊腹纹、殷墟后母戊鼎耳饰及妇好铜钺纹饰,有双身虎,也有双虎,虎头下有人首或人形。安徽阜南出土龙虎尊上饰有一单首双身虎口衔一蹲踞人形的画面;美国华盛顿弗利尔美术馆藏三足觥,其中两足上分别饰有一人形,头部上方正是大张的兽口;日本住友氏泉屋博物馆与巴黎赛努施基博物馆,也分别藏有类似的虎食人卣。过去对这样的图形一般也是定义为"虎食人",认为这个主题符合传说中饕餮吃人的定性。

张光直先生经过仔细观察,认为虎卣大张的虎嘴并没有咀嚼吞食的举动,他否定了原先食人意义的判断。近来有研究者提出这可能是人假虎威的狩猎舞蹈造像,个人觉得也有可能图像表现的是驯虎或戏虎的情景,或者是一个假面舞场景,即《尚书·舜典》中所说的"击石拊石,百兽率舞"的一个缩影,恰如当今所见之龙舞狮舞之类。食人主题没有了,食人卣之名可改称为虎舞卣了。

在不同的文化中,几乎都有器物装饰传统。用特别选定的纹样装饰器物,不仅仅是为着美化的目的,也是为着赋予器物灵魂,实际上是人类将自己的灵魂附着在器物上。将动物图像几何化之后,在史前时代装饰陶器而成就彩陶,在文明时代初期装饰铜器而成就礼器,而选定的动物形象是社会认同的,一般是一个时代一定地域人们崇拜的对象,这也就使得器物的装饰题材与风格高度一致。

虎食人卣(日本住友氏泉屋博物馆藏)

龙虎尊(安徽阜南)

如果我们将大量的铜器动物纹视作饕餮，但它并非一个让铜器拥有者崇拜的对象，那铜器的装饰目的与彩陶就似乎大不相同了，它会是一个例外吗？我们先来一个假设，设定是为了戒贪，周鼎上铸出了食人的饕餮图像，推想一下它们之间的逻辑关系。

许多人似乎很简单地就接受了这样的说法，饕餮是传说中极为贪食的恶兽，贪吃到连自己的身体都吃光了，所以都成了有头无身的模样。好吧，让我们暂且接受饕餮纹戒贪的理论，那先得发问：让谁戒贪？青铜礼器祭器，这些重器是祭祀、宾客、自享的永宝用之物，难道是要让神、祖、主、客来戒贪吗？应当都不是。祭祀神灵与祖先时，摆上这样的祭器，是不是还要念些这样的祷词：敬重的神祖，好吃好喝的时候，你们可要悠着点儿，别撑着了，撑坏了不仅自身难保，也保佑不了子孙们了……当然，不可能这样说话，怎么说呢，《诗经·小雅·楚茨》记录了当年可能的说法："以为酒食，以享以祀，以妥以侑，以介景福。""苾芬孝祀，神嗜饮食。卜尔百福，如几如式。"这是祭祀先祖之歌，馨香的饮食，神祖是很喜欢的，神祖吃好了，就能保佑子孙百福安康。按常理，盛满酒食的青铜器上不会出现戒贪意境的图像。有许多带铭铜器，很明确是献给祖先的，是为子孙祈福铸造的，作为后代如何会用这戒食的图像警示先祖呢？

所以我们有理由提出怀疑，阔嘴大张的兽面图像，一定与贪吃无关，与人们惯常理解的饕餮之意无关。而且将"害及其身"理解为吃了自身只剩下了头面的饕餮纹，也很难让人信服。"戒贪"之说不实，那又应当如何看待这样的青铜纹饰呢？

也许《吕氏春秋》的说法是有些依据的，但那样的解读却未必切题。读《左传》可以知道，春秋时代已经有人对铜器纹饰发表看法了。《左传·文公十八年》也提到了饕餮："缙云氏有不才子，贪于饮食，冒于货贿，侵欲崇侈，不可盈厌，聚敛积实，不知纪极，不分孤寡，不恤穷匮，天下之民以比三凶，谓之饕餮。"不过这里并没有说明铜器上的兽面纹是不是缙云氏的不才子饕餮。《左传·宣公三年》记王孙满在回答楚子的问鼎轻重时说，过去夏将远方贡金"铸鼎象物，百物而为之备，使民知神奸。故民入川泽山林，不逢不若。螭魅罔两，莫能逢之。用能协于上下，以承天休"。这是禹铸九鼎的故事，王孙满认为一些动物能助巫师通天地，它们的形象铸在青铜彝器上，用现时的话说可以使上下和谐、国泰民安。王孙满有点像在做考古研究，他的这个说法，我们过去没有太在意，铜器上的动物图像并非专指贪恶的饕餮者，更没有戒贪之意。还要特别提到的是，王孙满所说的这番话，是在宣公三年，即公元前606年，距离西周存在的年代不过百多年的时间，作为王孙的他对铜器纹饰的解释应当是可靠的，也是权威的。

为着深入的研究，许多考古学家就青铜器上的动物头面纹饰进行过分析，划分出几十个类型。这样的纹饰一般以鼻梁为中线，两侧对称排列，大眼、大鼻、大角，这是基本构图。虽然研究者觉得它们看起来有的像龙、虎、牛、羊、鹿或鸟，甚至是人，但还是有一些细节被忽略，影响了对纹饰的定性研究。

商周青铜器制作有模有范，纹饰也有专范。从纹饰制作技术的角度分析，一个动物纹就是用一块单独的纹范制成的。从制成的纹饰上我们看到，单块范之间留有浇铸口，留下了浇铸线。仔细观察可以发现，不少所谓兽面纹就没有见到完整的拼合范模，这一点非常重要。兽面的左右两范常常并没有完全对正，所以出现的那个兽面左右并不完全对称。后来出现的整范动物头面，可以看到

分合不同的动物头面额心的方菱纹（河南安阳妇好墓）

单体无目　　　　　　　　　双体共目

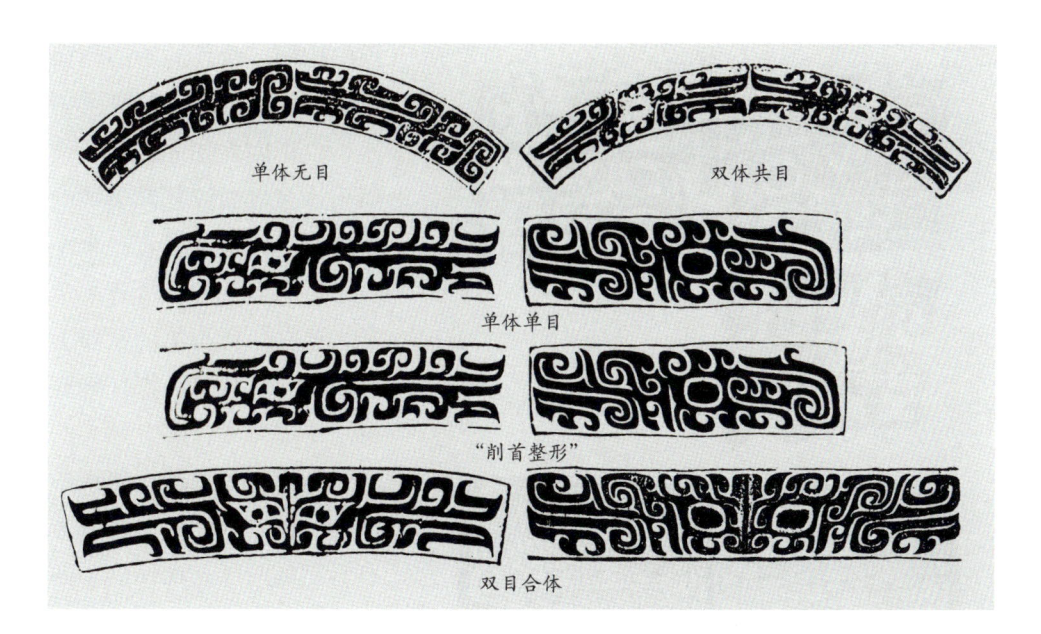

单体单目

"削首整形"

双目合体

商代前期的兽面解构

有一个特别的方菱形额标，似乎是很特殊的一个象征标志，其实它是早先两侧面动物头面额角的轮廓线，两额角对顶合体会自然形成一个菱形线框。有时因为拼范不够严密，左右两额角没能对齐，那个菱形就合不起来了。

铜器上几乎所有的兽面纹乍看起来都不完整，感觉是张着大嘴，但却只表现出上颌与鼻底，不见下颌。其实这是误判，兽面纹是有下颌的，通常看到的鼻突位置是上颌，连接着的是口腔和下颌，下颌在口腔左右而不是在上颌下面的位置。

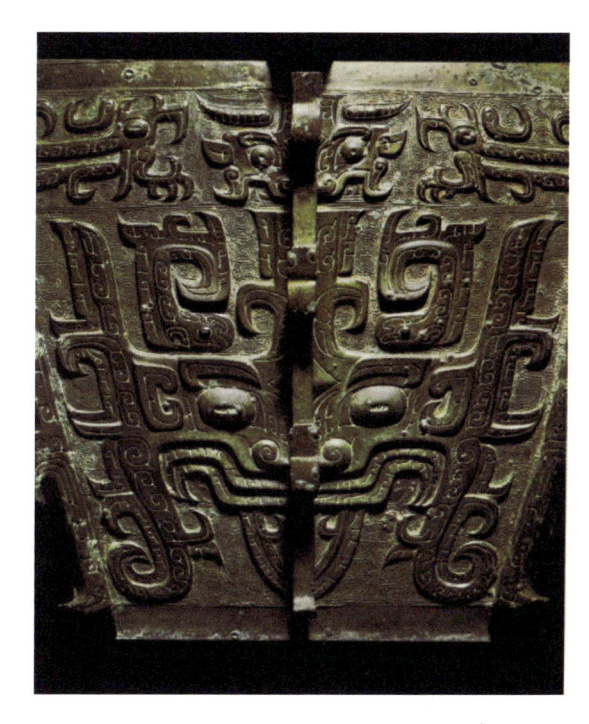

皿方罍动物头面纹

其实是双上颌和双下颌的拼合形式，也即是两个侧视兽面拼合的图形。这样的侧视兽形，在商代早期可以单独出现，一般表现为头面身形具备，也有两兽对

虎与龙凤崇拜 | 453

西周全、侧视动物组合的显身兽面解构

顶的构图，两兽的头部侧面合构成一个正视的头面。

也正因为如此，商代铜器上许多兽面纹并非单纯的兽面，它们都拖带着一个小身子，甚至有的还带有小爪子，这在年代稍早的铜器上表现得比较明显。再仔细观察一下皿方罍，那个硕大的动物面形正是由两个侧视的动物脸面合成的，它们都带有自己的身子。即使到了西周早期，这样的例证也并不少见。对于这些带有身子的全形动物纹，因为头面和眼形过于夸张，研究者有时顾及不到观赏它们的身子，也将它们一并认作独立存在的兽面纹。

现在只需观看那动物头面的左一半或右一半，我们就能读懂它了。白家庄出土铜爵上的对头全形动物纹便是如此。将动物头面纹饰这样一解构，突然觉得饕餮纹或兽面纹似乎是一个伪命题，它们本来是两个相对的动物头面侧视图，是"一对双"，恰是我们误将两图合为一图，看成了一个正视的兽面。独立的兽面图像要晚出一些，而且沿用了原先的两合图像,将左右两侧面合成立面像。我们习称的兽面纹中原来的两张脸,其实是互不搭界的,中间常有扉棱之类的隔断,商代铜器上这样的构图所见非常明确。后来这隔断装饰消失,就更容易将两张脸合成一张脸看了。因为它的构图依然还是原来双身兽面的结构,只是省却了原有的身形,我们不妨用一个新词称之为"隐身兽面纹",以强调它与全形兽面纹之间的相关性。从一些例子看,虽然动物头面图像已经不表现身体而隐身了,但在它的左右通常各铸出一全形动物的简略图案,这个用意也很明显:头面图像本来是有身子的,但匠人在这个图像里已不屑或无须再表现它了。

如若这样的观察没有太大出入,可否将动物头面纹饰做出这样的分别:那些中间有明显隔断或划界,而且左右带有明确身形的动物头面,都不能视作单体兽面纹。青铜器装饰排除单体雕塑,商代隐身兽面纹也有发现,妇好墓铜器

对头全形动物纹铜爵(河南郑州白家庄)

商（上）周（下）隐身兽面纹

上就能见到。

还值得注意的是，商周之际铜器上两两相对构图的动物纹，有的距离开始拉得比先前大了一些，大到我们不可能将两个侧面的头面合看成一个头面。或者还在两头之间另插入一个其他图形元素，这样就不会产生误读了。特别是自周初开始，铜器上的双鸟纹增加，它们不仅不太可能构成新的兽面，而且使青铜纹饰的整体风格由刚向柔变化，开启了一个略显清新的艺术时代。

说到鸟纹装饰，也是商周铜器表现的一个重要主题。说饕餮，说兽面，其实青铜纹饰是不能忽略鸟纹的存在的。回归的皿方罍，腹部纹饰动物头面鼻端下多铸了个三角图案，这是过去很少见到的细节，有人解释这正表现了食人未尽的用意，说那三角就是吃剩下的人体。这当然是过于牵强的说法，那若是再问一问，大量没有表现三角的兽面，是它已经将人吃完了，还是它未及吃呢？大量的这类兽面纹，又如何归入食人未尽的情境中理解呢？不用说，这三角不会是人体，它最有可能表现的是鸟的尖喙。如若真是如此，皿方罍上的大动物头面也许可以定性为鸟面，它的盖上见到了同样构图的头面图像，只不过颠倒了180度，成了向下张望的姿势，注意到这一细节的人可能不多。

解构皿方罍的主体纹饰，原来习称的兽面纹，有可能是鸟纹。全器除了带有缩小身子的大面孔鸟纹，还有作镶边装饰的侧视鸟纹。这种带回钩的尖喙鸟，虽然形体修长，可我们还是会将它与鸮类猛禽联系起来。因为在其他几件典型的商代鸮面青铜卣上，大鸮面的左近常常也出现类似的鸟纹，它只能是鸮而非其他。而且还见到若干件鸮形尊，其中以妇好墓所出最为精致，造型典雅，装饰华美，非常受关注。

　　走笔至此，想起我曾经解构山西襄汾陶寺遗址出土的兽面玉佩，认定它是两只相对而卧的鸟合成的影像，这样看来，说它是一种早期的神面图形也无不可。铜器纹饰中许多兽面的组成，其实是两只全形的鸟或者兽，夸大头面而缩小形体，容易让人看成兽面。

　　考古学家对青铜器动物纹的研究经历了比较曲折的过程。李济先生（1972）不赞成用饕餮这个名称，他将青铜器上的这类纹饰总称为"动物面"。张光直先生（1973）则称为"兽头纹"，认为有单头和连身之分。马承源先生（1984）径称为"兽纹"，以角的区别划分类型。陈公柔、张长寿先生（1990）研究时亦以"兽面纹"为名称，不再使用"饕餮纹"一词。虽然如此，但在许多论著中涉及青铜器纹饰时，仍然使用"饕餮"这个名称，仍然以饕餮之名定义兽面纹。

　　关于兽面纹的演变，据陈公柔和张长寿先生研究，无身兽面纹的最原始形式只是一对圆泡状乳钉，以表示兽面的双目，渊源可直溯到二里头文化，后来逐渐增添鼻角口耳眉，成为器官齐备的兽面。西周中期兽面纹出现向窃曲纹演变的趋向，兽面纹因此消失。窃曲纹不少还保留有眼目图形，所以又有学者称为变形兽面纹，是兽面纹的变体。

　　眼目是兽面纹的主体，由于兽面纹一般其实只见双目，它原本应当源自史前的眼睛崇拜。史前彩陶上有成对眼目纹，玉器上也有成对眼目纹。有研究认为萨满教中的天神同时是太阳神，太阳神往往被绘制成眼睛状，因为在诸多古代神话中，太阳被称为"天之眼"。如婆罗门教的太阳神，又称"天之眼睛"或"世界的眼睛"。由此认为饕餮纹并不仅仅是一种兽面纹，饕餮当为天神或太阳神之属。日本学者林巳奈夫注意到二者实为一体：饕餮（帝）是从太阳那里继承了传统而表现为图像的东西。饕餮纹中对眼睛的强调，正是其作为光明的太阳神特征的描述。

　　这样看来，眼睛就成了一个重要的符号。就是这样一张睁着大眼睛的动物头面，研究者谈论它的含义由戒贪转到了始祖崇拜和太阳崇拜，这个变化有点大。说到这里，猛然觉得艺术越是古老，便越亲近动物题材，以地域为区分的人群都会用神化了的动物认同信仰，一化意志。彩陶、玉器、青铜器，艺术的目标无不是如此。细想起来，差不多所有的神话都与动物世界有关，神化了的动物们，给早期文明时代的人类带来了许多精神慰藉，也促使人们创造出了许多不朽的艺术品，青铜艺术便是最好的见证。

皿方罍盖上的倒动物头面纹饰

兽面纹来由的艺术构思推想图

古今青铜器研究，如果从宋人算起，历时已足千年，但我们并不能说已经研判清晰无误了，还会有新的发现，还会遇到不少新的问题。即使像皿方罍，出土已百年，我们也未必将它看得很透彻。旁观了一番青铜器饕餮纹，让我们回过头再看一眼皿方罍，会发现那呈四面坡的盖面与盖钮上的鸟首兽面纹，却是一反常态，头顶向下倒置，这是铸造设计的失误，还是另有意义要表达，值得再究。查考其他许多神面纹方彝、方罍、方卣等，它们的方盖与方钮，居然也多是倒置动物面纹饰，这说明事非偶然，也许又暗含着一个未知的谜。这里有一个特别提示，青铜器着力表现的鸮，也即是猫头鹰，它是可以倒转头来看世界的，身体构造给了它这个能力。莫非这些方形铜器上铸出的倒置神面，真的与鸮有关？

青铜兽面图像被解构之后，我们已经感受不到它原先传导出来的狰狞之像。那时代的工匠们简单地将两张脸合成了一张脸，于是原本不凶猛甚至还萌态十足的动物面相，居然就变成了受后人诅咒的对象，我们的学术也就如此写出了历史本来没有的那些段落。

虎符香囊帝王事：央视《国家宝藏》琐评

央视《国家宝藏》进入第一季第四期，陕西历史博物馆登场。在170余万件（组）藏品中选定的三件国宝，"瑰宝中的瑰宝"，是杜虎符和银香囊两个小物件，还有一幅墓葬壁画。

壁画上的仪仗表现的是宫廷的盛大排场，香囊告诉你宫廷的精致生活，虎符则讲述的是帝王的诚信管理，不论大小，都与宫廷、帝王有关。陕西馆的广告语是："今晚，我们带着盛世风采款款而来。"

这一次琐评，就看看这小小的虎符和香囊讲述了怎样的帝王故事。

渭河畔：乐生安死帝王家

那渭河冲击淤积起来的渭河平原，生活过并埋葬了数不胜数的王侯将相，有人称它为帝王谷。

这是大关中，一座帝王谷，N朝帝王家。一个小香囊，一个小符，一幅壁画，确定的三宝每一件都不错，不过，帝王家帝王家的宝，这三件做代表，分量也许稍弱。

周秦汉唐，大半国史主干。周文秦皇，汉武唐宗，这些人王如何爱着这块乐生安死的宝地，当然不止这三件国宝能说明的。这里只当个小引子。

小铜虎：为何称为杜虎符

在一般人的知识系统中，虎符并不生疏，一只可以手握的小老虎的造型，纵向分作两半，是古代的一种符信。不过陕西这次在节目中展示出来的虎符，却有特别的定名，叫作杜虎符，这是为何呢？

虎符上的铭文回答了这个疑问。"兵甲之符，右在君，左在杜。凡兴士被甲，用兵五十人以上，必会君符"，是说这家什是调兵遣将的符信，一半在国君手中，一半在杜（城），如果要调动五十人以上的兵员，那得见到国君那一半符才行。我们现代的"符合"一词，正是来源于这个背景。

这会儿我们应当明白了，因为原本是存在杜地的虎符，而且有明确的铭文指证，所以就称为杜虎符。这是1973年西安南郊杜城村一位农民犁地时发现的，那地方真就叫作杜城，不仅这名字保留了2000多年没有变更，而且这枚虎符自颁发到那里，乃至被发现时，2000多年居然没有"挪窝"，这也是一个小奇迹呢。

信不信：可由不得你自己

符信、印信、物信，因为不能轻信，就设计出了这些小物件。彼此不放心，才用信物来做证。信与不信，可由不得你自己。物信、符信是文化，也是文明的一个小风景。

符信不仅可以用铜铸造，还可以竹、木、兽皮、玉、骨等为材，成形后一分为二，供有关责任双方相互比对、印证，两符相合，彼此认同，互信不疑。节目中说虎符含加密与认证的用意，这个没错。

《史记·五帝本纪》述黄帝"北逐荤粥，合符釜山，而邑于涿鹿之阿"。黄帝"合符釜山"是一件大事，不过细节并不明晰。或认为这是黄帝统一符契以利号令四方，是华夏诸族合流的一个重大转折点。这样的合符，载入史册，符信之用，其重要作用有充分体现。

我们知道，像虎符一样的虎形，在史前就已经定型，而且多以精美的玉石琢磨而成，它们比起有2000多年的铜虎符来，还要早出2000年上下。这二者之间，你说没有一点联系也未必，我们等待着智者来解读。

虎符另一半：在王在君在皇帝

杜虎符其实只存有一半，也可能合符过后另一半离散了，更大的可能是那一半那会儿还在宫中的国君那里，一直就不曾合过，那期间杜城没有发生大的军事活动。节目中演绎了一场战事，动用了虎符，戏说而已。

好在合二为一的虎符也是发现过的，所以大可不必疑心它的用法。以往见到这样的两个秦虎符，铭文大致相同，不同的是一个铭文称"右在皇帝"，一个称"右在王"，而杜虎符称"右在君"，说明这三个虎符出于秦的不同年代。

秦国君称王时，铸成的虎符才可能说"右在王"。秦只有惠文君一人称君，那"右在君"的杜虎符，就应是在惠文君时所铸。秦始皇称皇帝，"右在皇帝"

虎与龙凤崇拜 | 461

杜虎符（陕西西安北沈家桥村）

虎符则是秦始皇时所铸。

虎虎虎：想起了"窃符救赵"一段古

战国四君子中的那位信陵君魏无忌，就是"窃符救赵"故事的主人公，那是虎符在史册上留下的很有情节的故事。

秦国起兵攻打赵国，形势非常危急。身为魏王异母弟的信陵君，觉得赵魏之间，如唇齿相依，唇亡则齿寒，他力求魏王发兵救赵。魏王不仅不依，反而劝赵降秦。

信陵君听人建议窃魏王虎符，如姬夫人因佩服信陵君冒死盗符。信陵君带符假借军令，统兵八万解了赵国之围。结果，魏王发飙，杀尽信陵君全家，如姬出逃自杀。郭沫若曾写出剧作《虎符》，演绎了这一段故事。

秦赵之战，因虎符而化解，悬悬悬。一场惨剧，因虎符而出现，悲悲悲！

壁画：阙楼与仪仗

懿德太子墓壁画《阙楼仪仗图》，构图、运笔、敷色都十分讲究，画面营造得气势磅礴宏伟，描绘的近二百位仪仗人物形象也非常生动。研究者说这是初唐画坛具有代表性的绘画流派在墓葬壁画中留下的杰作。

壁画中有两个重点，画题的取名已经点明：阙楼和仪仗。节目中让两位仪仗兵跑了几圈，没提仪仗什么事，但对阙楼做了重点解说。

读《史记·苏秦列传》，内中"前有楼阙轩辕，后有长姣美人"，可以想象到战国楼阙之美。阙是古代大建筑门外的高台楼观，因两台子之间空阙为通道，所以就有了阙这个怪怪的名字。正如《广韵》所说："阙在门两旁，中央阙然为道也。"晋人崔豹《古今注》说："阙，观也。"在阙楼上可观之望之，所以又称为"观"。

壁画上见到的是三出阙，遗憾的是，何谓三出阙，节目中没有明确说明。古代的阙是有等级区分的，有单阙、双阙和三出阙之别，而三出阙是错落连体的三阙，为帝王专享。

秦始皇陵园发现的三出阙遗址，是最早的实体证明。汉魏时流行城阙、宅阙、墓阙、庙阙，唐代陵阙比较流行，帝陵设置三出阙。

这三出阙，就是一种帝王之相。

虎与龙凤崇拜 | 463

壁画《阙楼仪仗图》局部（懿德太子墓）

皇子皇孙：这高等角色都不好扮演

懿德太子即李重润，是唐高宗李治与武则天的皇孙，中宗李显的嫡长子。中宗还是太子时，李重润出生，祖父高宗很高兴，在为他做满月之日大赦天下，改年号为永淳，并在当年立其为皇太孙。

次年高宗去世，中宗继位，实由武则天摄政。在几个回合的废立中，武则天也将李重润贬为庶民并囚禁起来，后来又复立李显为皇太子，封李重润为邵王。结果李重润遭诬陷构罪，说他与妹妹永泰郡主李仙蕙、妹夫魏王武延基等私下议论武则天的糗事，竟被杖击而死，时年19岁。

中宗复位后才追赠李重润为皇太子，谥号懿德，陪葬乾陵。他的墓壁满绘壁画，墓道两壁以楼阙城墙为背景绘太子出行仪仗，过洞绘有驯豹、架鹰、宫女、内侍人等，甬道绘持物宫女和伎乐画面，墓顶绘有天象。

球与囊：咬文嚼字说是非

三宝之一的葡萄花鸟纹银香囊，1970 年在西安何家村出土，它并非杨贵妃带入墓中的那一个。虽不是同一个，却可能是非常相似的一个。

对于香囊的机巧与精美，节目中展示充分，特别是将香囊放在安史之乱的大历史背景中演绎解读，非常生动。

葡萄花鸟纹银香囊（陕西西安何家村唐代窖）

虎与龙凤崇拜 | 465

葡萄花鸟纹银香囊，这个名字取得很周全，不熟悉的人念起来，还觉得有些费口舌。一般觉得，香囊为刺绣品，或以锦制作，又称锦囊、锦香袋、香包、香缨等，今称荷包。对于何家村出土的这种唐代香具，由于是银质，称作囊觉得很不习惯。

节目中已经由专家做了解说，刚出土称为薰球，也有的称为香球。由于法门寺地宫内《物帐碑》记载唐僖宗供养"香囊两枚"，所以它就有了唐人原本的名字香囊。特别是《旧唐书·杨贵妃传》中也提到"香囊"一名，更证实当年就是这个叫法。

唐代高僧慧琳《一切经音义》说："香囊者，烧香圆器也，巧智机关，转而不倾，令内常平。"又说："香囊者，烧香器物也，以铜铁金银昤晓圆作，内有香囊，机关巧智，虽外纵横圆转而内常平，能使不倾。妃后贵人之所用之也。"进一步说明，这一类香具在唐代流行叫香囊，而且非常人所用。

香囊这个名字，也带有时代的印记。据《西京杂记》说，汉代"长安巧工丁缓者，……作卧褥香炉，一名被中香炉。……为机环转运四周，而炉体常平"，这与唐代香囊相似，却名为"被中香炉"。

又据《宋史·礼志》所记，宋代"凡国有大庆皆大宴"，需"垂香球"，这显然就是唐代那样的香囊。

其实唐代也有叫香球的，诗人元稹有《香球》诗说："顺俗唯团转，居中莫动摇。"可他在另一诗《友封体》中又说："微风暗度香囊转，胧月斜穿隔子明。"说的是同一物，却香囊、香球并存。

专家出场：以一当百

琐评第一弹中曾呼吁专家出场，节目第二、三期也确实请来了真正的专家。不过遗憾的是，专家的作用并没有真正发挥出来，他们虽然讲到了国宝的发现过程，却绝少解读国宝的价值。

在价值解读环节，节目比较重视馆长们的作用，馆长镇场，发声会比较权威，不过馆长这个角色却存在两难：一是他们评说的对象未必是自己的专长所在，二是他们的"代言"有时显得底气不足，听起来并非自己的心得。

后来请出了北京大学考古学名师齐东方教授，他是研究古代金银器的名家。他说起那个银香囊，了然在胸，自然得体，字字珠玑。

齐教授说，对于香囊，他经历了17年的探索，策划的何家村遗宝展览和出版的图册，就叫作《花舞大唐春》，这可是唐代诗人卢照邻的诗句，多美的情怀呀！

齐教授还说，通过一件文物，可以和一个时代、一个社会、一群人联系起来，在考古学的路途上，可以有荒凉的沙漠，不会有荒凉的人生。这说的是他发自内心的感悟，他想引领你和他学考古，那就学吧。

每一期节目如有一位这样的专家，就很不错；如果每件文物都有一位专家解读，那就更好了。这样的专家，以一当百，当千当万，应该去多请几位。

月 神 蟾 蜍

蟾蜍为古代神话中的月神。对于汉代人而言，蟾蜍被看作月亮的象征。古代月神的相关神话，渊源可以上溯到史前时代，在半坡人和庙底沟人那里，类似的神话一定已经成型了，这是在彩陶上可以看到的景象。

日鸟为日神，蟾蜍为月神，这一对日月崇拜组合神话，是开解彩陶之谜的钥匙。庙底沟文化之后的彩陶上，将蟾蜍背上的斑点绘作网格形，或者将四肢扩展成折线形，部分彩陶上的折线与网格纹是蟾蜍纹的几何化图形。蟾蜍图案符号在彩陶上出现的频率比较高，真正象形的蟾蜍图形并不多见。

彩陶：一只幻出幻入的蟾

彩陶上的纹饰，我们看到的多是直线和弧线组成的几何形，象生类的图形很少。虽然少，然而一旦偶尔见到某一类动物图形时，我们对这样的彩陶会特别关注。我们在彩陶上见到比较写实的鱼纹和鸟纹，也见到在此即将说到的蟾蜍纹。

行蟾在地，这也是史前人眼中常见的生物。

半坡文化和庙底沟文化彩陶上都见到蟾蜍纹，蟾蜍纹背上有明确的斑点或网格，不过学者有时也径称为蛙纹。蟾蜍为两栖动物，皮上有许多疙瘩，形状像蛙，俗称"癞蛤蟆"，称蛙似乎亦无大错。

蟾之为纹，在庙底沟文化彩陶上很值得关注。从半坡文化开始出现的蟾蜍纹，经过庙底沟文化到西王村文化，由写实向抽象的演变过程也比较清晰。[1]

庙底沟文化彩陶上见到的蟾蜍纹虽然没有一例是完整的，但大体可以复原出它原来的构图。将出自陕西西乡何家湾遗址的半坡文化蟾蜍纹，与出自河南三门峡庙底沟遗址的蟾蜍纹做一下对比，四肢屈曲，背上都布满斑点，两者的联系还是比较明确的。

彩陶上的蟾体表现的都是俯视的构图，四肢摆动，蟾蜍好似在跳跃之中。

严文明先生曾指出，蛙纹在半坡文化时期是绘在盆内，画法接近于写实。"到庙底沟期，蛙纹一般画在盆的外壁，样子也还接近于写实"。

他说由半坡期经庙底沟期再到马家窑期，蛙纹与鸟纹一样，"很清楚地存在着因袭相承、依次演化的脉络。开始是写实的，生动的，形象多样化的，后来都逐步走向图案化，格律化，规范化"。

他还特别研究了鸟纹与蛙纹的意义，认为"从半坡期、庙底沟期到马家窑期的鸟纹和蛙纹，以及从半山期、马厂期到齐家文化与四坝文化的拟蛙纹，半山期和马厂期的拟日纹，可能都是太阳神和月亮神的崇拜在彩陶花纹上的体现。这一对彩陶纹饰的母题之所以能够延续如此之久，本身就说明它不是偶然的现

---

[1] 郎树德、贾建威：《彩陶》，敦煌文艺出版社，2004年。

蟾纹陶盆（陕西西安半坡遗址）

半坡文化和庙底沟文化彩陶蟾蜍纹复原图

象，而是与一个民族的信仰和传统观念相联系的"。①

像这样完整理解彩陶的意义，并将彩陶放在大文化背景中来观察，应当是非常有见地的。

蟾蜍在古代有特别的象征意义，它的文化性非常明确。《淮南子》中记有这样的神话，后羿到西王母那里求来了长生不死之药，嫦娥吃了逃到月亮上，变作一只蟾蜍，成为月精。

嫦娥奔月化为蟾蜍的神话，最早见于《楚辞·天问》，所谓"夜光何德，死则又育。厥利维何，而顾菟在腹？"闻一多先生在《天问释天》中解"顾菟"为"蟾蜍"。在汉代画像石上，我们可以看到月中的蟾蜍图像。

蟾蜍为古代神话中的月神。对于汉代人而言，蟾蜍仍然被看作月亮的象征。古代月神的相关神话，渊源看来是可以上溯到史前时代的，在半坡人和庙底沟人那里，类似的神话一定已经成型了，这是彩陶透露给我们的信息。

---

① 严文明：《甘肃彩陶的源流》，载《文物》1978年第10期。

蟾蜍为月神，阳鸟为日神，这一对日月崇拜组合神话，是我们开解彩陶之谜的钥匙。庙底沟文化之后的彩陶上，将蟾蜍背上的斑点绘作网格形，或者将四肢扩展成折线形，我们有理由将部分彩陶上的折线与网格纹看作蟾蜍纹的几何化图形。这样看来，蟾蜍图案符号在彩陶上出现的频率还是比较高的，虽然真正象形的蟾蜍图形比较少见。

半坡文化和庙底沟文化彩陶都有蟾蜍纹，也都有鱼纹，又一次证实了两个考古学文化之间联系的紧密。

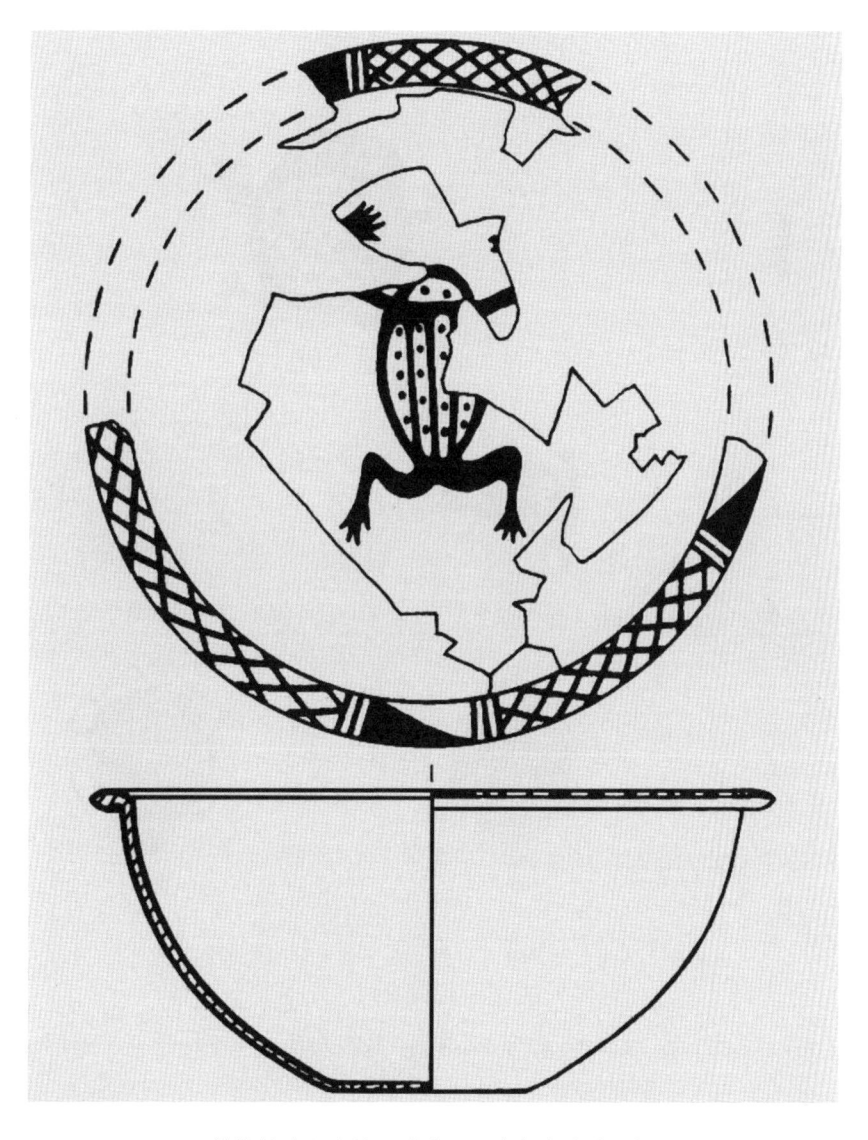

蟾蜍纹陶盆线描图（陕西西乡何家湾遗址）

彩陶上蟾蜍纹的演变（据郎树德、贾建威《彩陶》补充）

西乡何家湾　临潼姜寨　陕州庙底沟　秦安大地湾　天水师赵村

半坡期	临潼姜寨	
庙底沟期	三门峡庙底沟	万荣荆村
马家窑期	兰州雁儿湾	甘肃？

彩陶上蟾蜍纹的演变（据严文明《甘肃彩陶的源流》）

河南南阳

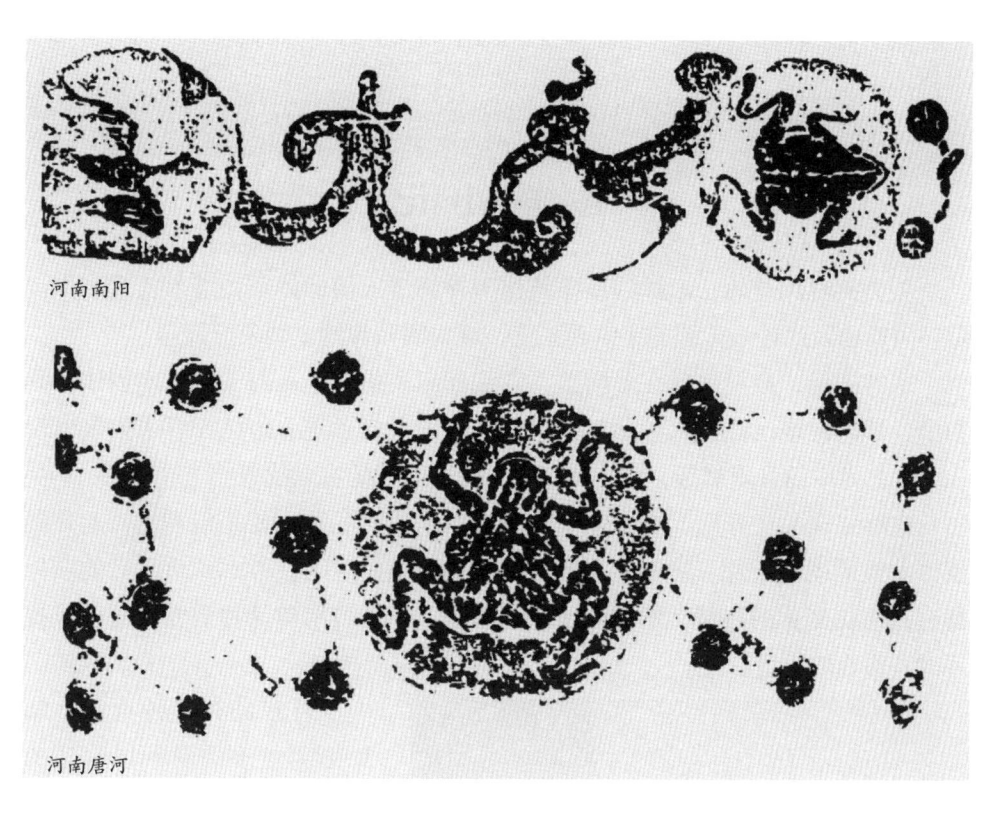

河南唐河

汉画上的月中蟾蜍

月神蟾蜍 | 475

搜蟾小记

从史前时代开始，蟾蜍的形象就作为神物进入信仰体系，进入艺术创作。阳鸟阴蟾也因此进入传统的宇宙观系统，成为阴阳观的主轴象征标志。

蟾的图像，最早出现在彩陶上，它在仰韶文化时进入陶工的艺术创作。我相信，那时的蟾已经进入神话，在日月神话里扮演了重要角色。后来频繁出现在汉画艺术中的月里蟾影，也一定续写了史前时代的古老故事。

这些年来关注彩陶，在图案中见到的动物象形主题主要是鱼和鸟，此外最值得关注的就是蟾蜍。彩陶上写实的蟾蜍图像很是生动，考虑到鱼和鸟的图像都有几何化变化的趋势，蟾蜍也未必是例外，只是目前对这种演变轨迹的寻找还没有明确的头绪。

当然也有这种可能，蟾蜍形象更多的时候以写实的造型出现，没有经历几何化演变过程。这个问题始终在我脑海里盘桓，多年过后依然挥之不去。正因为如此，自己会留心搜索蟾影，对于相关图像与文物资料保有一份特别的敏感。这篇文章名为《搜蟾小记》，这就是要交代的来由。

搜着搜着，有一日就搜到了杭州，因为良渚遗址申遗事项，来到浙江省文物考古研究所的良渚新工作站。在一间会议室小坐，我注意到了一张图板上的地图，地图的范围是长江口至钱塘江

在浙江省文物考古研究所良渚工作站所见地图

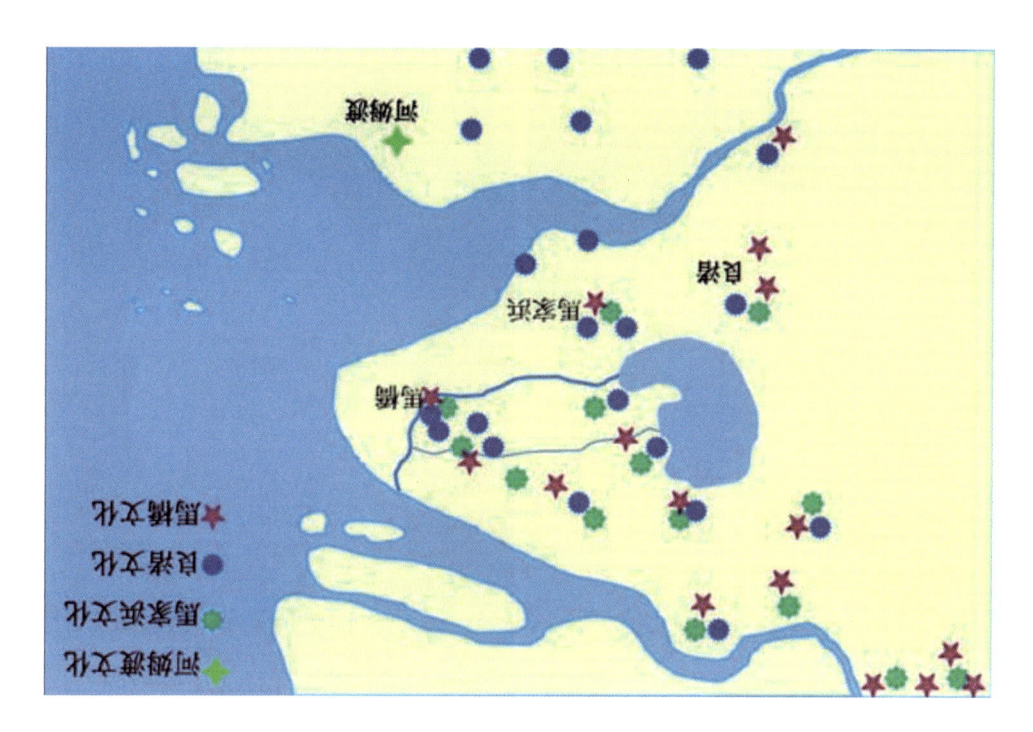

倒视地图的发现

口区域，横跨一部分海区。

多年来养成的观图习惯，除正视以外，还要反视和倒视，看着这图板，忽然就有了一个令自己感动的新发现。

这一倒视不打紧，在图板上居然看到一只张嘴的大蟾蜍。三角洲是这蟾蜍的头，太湖恰是它的一只眼睛，最奇的是崇明岛，成了蟾蜍伸出的长舌。我又突然想到，古代的地图是上南下北，那会儿绘出的三角洲也一定是这蟾蜍模样吧。

在此之前，我注意到近些年有两例重要的蟾蜍形文物出土。一件是山西陶寺遗址的铜蟾，另一件是湖南澧县孙家岗遗址出土的玉蟾，两蟾形态类似。不只是这两蟾造型类似，几乎从史前到商周蟾蜍的形态都非常接近，都是静态的匍匐样式，四肢屈回有度，憨态里蕴含着一种说不明白的魅力。

让我更感兴趣的是澧县孙家岗遗址的玉蟾，白玉制成，虽然形体并不大，却显得较为肥硕。对这一件玉蟾特别感兴趣，其实是因为觉得了却了一个疑问，这个疑问来自湖北天门出土的一件对鸟玉佩饰。由于两者的时代大体接近，属于石家河文化或后石家河文化，可以做一些对比观察。

石家河遗址的对鸟玉佩，构型非常特别。两只相对而立的鸟，像鹰又像凤，双双站立在一个神兽面上。玉佩精工制作，小巧精致，构型结构严谨，非常美

月神蟾蜍 | 477

铜蟾蜍（山西襄汾陶寺遗址）　　　　　玉蟾（湖南澧县孙家岗遗址）

对鸟玉佩（湖北天门石家河遗址）

观。不过若是做局部观察，还是能发现有不如意之处，总觉得对鸟自身的造型，还有些不够谐调，甚至会有别扭的印象。

如果将玉佩拆分开来只观看一只鸟，会觉得它的存在比较牵强，它的形态设计应当还可以更好一些。看到的一只脚和一只歪斜的翅膀，变体过于夸张，让人觉得它一定还在表达某种潜在的含义。

玉佩潜在的含义是什么？我觉得含义就在你没有看到的地方，在两只鸟合围的空隙之处。空隙之处，自然是什么也没有看到，但这并不意味着什么也没有。想一想澧县孙家岗遗址的玉蟾，应当就知道有什么了，对鸟合围的空隙恰似一只玉蟾的轮廓。这轮廓与玉蟾太相似了，如果玉工当初真的就是这样的意匠，你难道不会为他的巧思折服吗？

这样看来，这对鸟玉佩其实是鸟与蟾的合符造型，或者可以说是阴阳观的一个艺术表达。如果真是如此，对鸟的牵强造型也就有了合适的理由，不这样它俩又怎么能合围出一只蟾蜍的轮廓来？

依照后世的观念判断，这鸟如果是凤，而凤为百鸟之王，为阳之精，五行属火，被视为阳鸟。而蟾为阴之精，被视为月神。所以在汉画中常常见到日中有鸟和月中有蟾蜍的图像，这是日月崇拜的写照。石家河人已经将日月崇拜观

石家河对鸟玉佩与孙家岗玉蟾比对

念艺术地合为一体表现，这也太难得一见了。

蟾蜍就这样成了一个文化的动物、一个神物。在常人眼里，其貌不扬的蟾蜍形象并没有让人产生愉悦的美感，可是它却从史前时代起就入驻人们的心中，扮演了重要的神话角色。严文明先生研究彩陶上的鸟纹与蟾纹时，就提出了日月崇拜的定义，这是非常合理的解说。

不只是仰韶彩陶有蟾纹，马家窑彩陶也有蟾纹；不只是石家河文化有玉蟾，良渚文化也有玉蟾；商代遗存中也曾数次发现玉蟾蜍。文明时代的艺术品中常有蟾影出现，这是一以贯之的信仰体系，这个体系由来已久，根深蒂固。"三五明月满，四五蟾兔缺"（汉代佚名《孟冬寒气至》），汉代人这样看月里蟾蜍。"无云世界秋三五，共看蟾盘上海涯"（唐代曹松《中秋对月》），唐代人看月中还有蟾蜍。没有了蟾蜍，关于月亮的故事会少许多情节，也会少许多滋味。

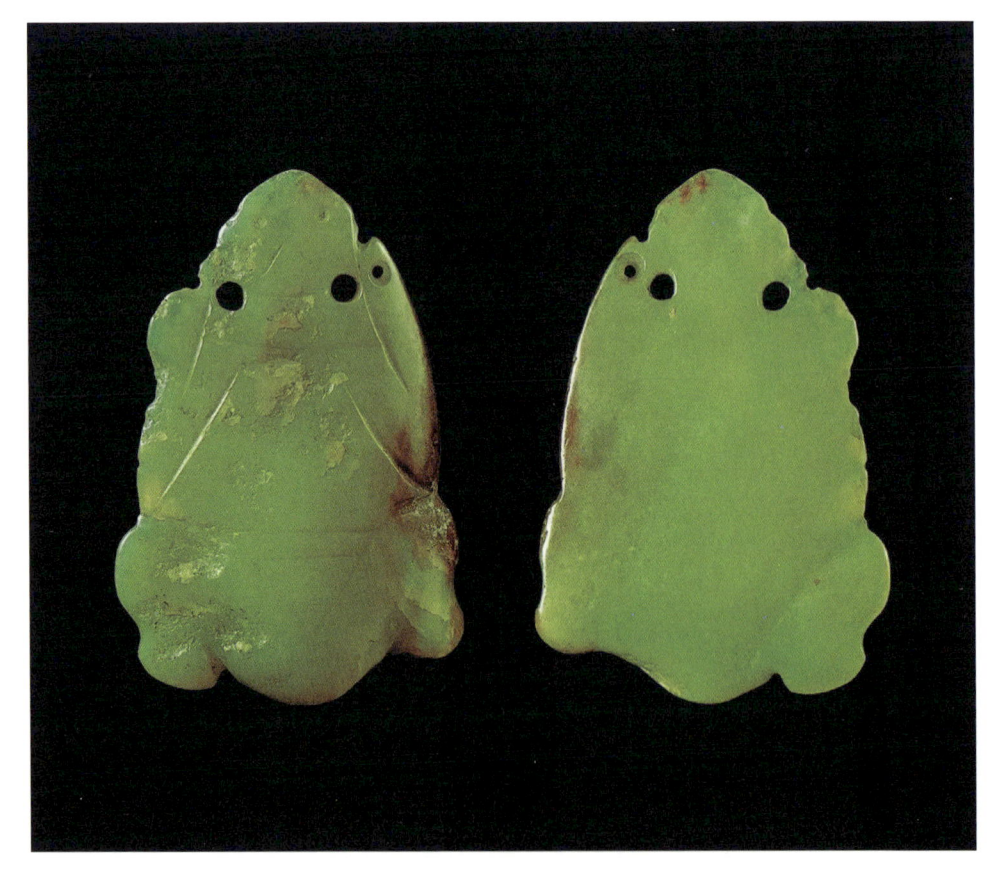

良渚文化玉蟾（江苏苏州张陵山遗址）

商代绿松石蟾（山东滕州前掌大遗址）

帛画月相中的蟾（湖南长沙马王堆汉墓）

壁画中的蟾（陕西旬邑百子村东汉墓）

与 人 同 行

动物是人类的朋友。在人类行进的途中，始终有一些旅伴跟随，它们就是大大小小的各色动物，是大自然的精灵。

与人同行的动物们，高大威猛者有之，小巧温柔者有之，有走兽，也有飞禽，有鳞虫，也有家畜。动物是这个世界的一部分，也是人类离不开的依赖。人类本来也是动物，人类通过他力与自力改变了自己，成为高级动物、高智慧动物。

人类驯化动物，饲养动物，更崇拜动物，以动物为神灵。敬畏动物，以动物为护卫；爱抚动物，以动物为慰藉；效仿动物，以动物为老师；欣赏动物，以动物为标识。人类的文化离不开动物，人类的艺术离不开动物，人类的科学离不开动物。在人类的精神家园中，动物常常扮演着最重要的一类角色。

人类因动物而改变，动物也因人而改变。我们可以由一种一种的动物，由历史，由考古，由自然，由文化，由这样的种种途径，来探求人与动物的共同世界。

倾听神的声音：龟甲占卜的由来

殷墟的发现，让我们知道了那时代的甲骨文，也见识了龟甲如此特别的用处。当然殷墟的发现，又是因甲骨文的认读提供了重要线索，也就开创了学术史的一个新时代。

其实在殷墟之外也有一些类似的发现，比较重要的是远在川蜀的发现。成都金沙古蜀遗址就发掘到19具龟甲，这些龟甲有的是乌龟腹甲，也有完整一些的龟壳，有的形体相当巨大，为殷墟发现所不及。它们并不是一般的庖厨垃圾，每块龟甲都有一些刻意烧灼成的小孔，孔形与殷墟出土的有字甲骨相似。显然这些龟甲也是占卜用过的，虽然在卜甲上没有发现文字刻画，但我们并不怀疑这些龟甲的重要性。

商代王室盛行用龟甲占卜决定其行为方式，占卜的结果用文字刻画在龟甲上。这些占卜用过的龟甲被成批地埋藏起来，过了3000年的时光之后，又重新出土，早已忘却的甲骨文又回归到我们的知识体系中。

甲骨文的发现富有传奇色彩。清末光绪二十五年（1899）时，居住在北京的山东人王懿荣患疟疾去诊治，医生为他开了中药方子，里面有一味药是龙骨。

卜甲（四川成都金沙遗址）

刻文卜甲（河南安阳殷墟）

家人到宣武门外菜市口一家中药店达仁堂按方抓回来了药，王懿荣开包查看，意外发现龙骨上好像刻有一些不怎么认识的字。事情也还真是凑巧，王懿荣是个金石学家，对铜器铭文很有研究，龙骨上的发现让他欣喜不已。他让人到药店将所有带字龙骨买回，研究一番后就断定龙骨上刻写的是一种比金石文字更古老的文字。

因为一次疟疾，就这样带来了惊世大发现。当然这患疟疾的必得是王懿荣，换别的什么人有类似的病症，那位医生也一定开过更多类似的方子，病人也一定熬过不少的龙骨，也一定粉碎了许多文字甲骨，断送了无数大发现的机遇。

还有另外一种说法，说是古董商人得到有字龙骨后送给王懿荣辨认，然后就追踪到了河南安阳，结果不仅发现了更多的有字龙骨，还确认甲骨上刻画的是商代的文字。接下来就发现了殷墟，发现了一段实实在在的大王朝的历史。

在商周那样的时代，人们很想预知自己行为可能的结果，也想预知行为方法合宜与否，会想出许多方法来为自己的决策服务，各种占卜的方法因之被发明出来。有一些占卜的习俗应当出现于史前，成了人类先前一种普遍的信仰。占卜的方式千差万别，常见的有鸡卜、骨卜、鸡蛋卜、蚂蚁卜和工具卜等，而龟甲占卜则是一种比较特别的方法，也许还是高级别的卜法，或者被认作可信度最高的卜法。

《周易·系辞》说："定天下之吉凶，成天下之亹亹者，莫大乎蓍龟。"古人为何要采用龟甲占卜呢？

这个问题2000多年前子路就非常认真地请教过孔子。汉代王充的《论衡·卜筮》曾经提到过此事，说有一天子路问孔子：猪的骨头和羊的骨头都可以占卜，苇荻的枝叶也可以占卜，可是人们为什么一定特别要选用龟甲来占卜呢？孔子这样回答说：占卜就像是一个幼稚的小儿遇事都想问一个为什么，问谁好呢？也许他首先会去找一位白胡子老爷爷，老爷爷在小儿看来一定是经验丰富的人。人们占卜时首选龟甲，是因为乌龟的寿命最长，那有疑问时不问乌龟又能问谁呢？

孔子的回答很是生动，说用龟甲占卜就像是向一位睿智的老者求教一样，这是一个很合理的选择。当然我们也不必相信孔子真的解答过这样的问题，不过这也一定是古人寻找到的一个很有说服力的答案。类似的说法也见于其他文献，如《礼记·曲礼上》疏引刘向曰："蓍之言耆，龟之言久。龟千岁而灵，蓍百年而神，以其长久，故能辨吉凶也。"其实孔子也并非相信龟卜可信，而是从逻辑上做出了一个最好的回答。

王充理解孔子的意思是，蓍草并不神，龟甲也不灵，这只是取它们的名，不一定有其实。没有其实，就说明它们没有神灵；没有神灵，可见用龟蓍占卜并不能向天地问吉凶。王充不相信有神灵，自然也是不相信占卜的。他还列举武王伐纣之事，传说武王伐纣之先也进行了占卜，可是龟兆显示并不清晰。占卜的人说是凶兆，姜太公却说依照这个不明晰的兆象举行祭祀虽然不吉利，但进行战争一定能取胜。武王听从了太公的话，最终一举战胜了纣王。从伐纣这样的大事占卜看，似乎还是听从了人意而非神意，所以这也成为王充不信占卜的一个重要依据。

《礼记·礼运》说："麟、凤、龟、龙，谓之四灵。"古时将龟与麒麟、凤凰、飞龙这些传说中的神奇动物并列，可见它的地位之高。其实史前时期，龟在人们的心里已经不是一般的动物，龟甲被用作随葬品，里面盛有小石子，显然是一种数卦工具。再晚一些，人们还用玉制作成龟形和龟壳饰品，在玉龟壳中也盛有一些小石子，这已经是一种特别精致的占卜用具了。

由金沙遗址出土的卜甲看，古蜀时代也由中原文化中引入了龟甲占卜的方法。看着那些卜甲上烫烧成的小孔，人们感慨这些小孔也许和古蜀国的命运息息相关。有人想象这些看似简单的卜甲也许曾经决定了古蜀国的走向，它们或决定着战争，或决定着媾和，或决定着迁徙，或决定着收成。特别是在金沙见到一块长59厘米的龟腹卜甲，这是罕见的大卜甲，它一定是在决定古蜀国大事中使用过的。

当然也很遗憾，金沙的这些卜甲上并没有文字，我们并不知道它们的占卜结果是怎样的。不过我们还可以猜想，可能埋藏在金沙的大量占卜档案还没有被发现，在未来的发掘中，也未必不会见到刻有文字的卜甲。因为蜀人从中原学来这种占卜方法时，也一定是知道要在上面刻写占卜结果的，不信吗？我们可以等着瞧。

龟甲与骨筒随葬

频频出现在良渚人上层男性墓主腹部位置，而且应当是隐秘位置的琮，给予我们一个重要提示，它是一种特别的葬俗。这葬俗是怎样起源的，这是要解决的第一个问题。

那么它是有了玉琮才出现的，还是在此之前就流行类似葬俗，没有玉琮的年代又是取用何种器具入葬，这是第二个问题。

如果在这种葬俗的传承中发生过这样的器具取代过程，那么玉琮与它取代的器具之间就产生了一种特别的联系，这可能是解决玉琮起源的一条新的思路，这是第三个问题。这个思路、这个问题让我自己产生了一种冲动，于是赶紧检索资料。

也不算是意外，还真的很快就发现了线索。这线索就是龟甲与骨筒，它们很多明确出现在玉琮所在的位置。

首先发现的目标是安徽含山凌家滩遗址，选择这个遗址是考虑它出土大量玉器但没有琮，而且年代早于良渚文化，那时琮还没有被创作出来。凌家滩墓葬 87M4 出土了一件玉龟，由琢磨精细光滑的背甲和腹甲两片组成，重要的是玉龟出土在墓主身体的中部位置。凌家滩有几座墓中还随葬了龟甲。玉龟与龟甲的出现很不寻常，我们起初想到这会不会也属于龟灵崇拜的范畴。[1]

我们知道最先关注考古中发现龟甲遗存的是高广仁先生和邵望平女士，他们主要由大汶口文化的发现定义了中国史前的龟灵与犬牲。后来随着新资料的不断增加，特别是河南舞阳贾湖遗址龟甲遗存的发现，在年代上将随葬龟甲的葬俗提到了 7000 多年前，发掘者张居中与他的学生范方芳又进行了新的研究，找到了许多规律性的线索。[2]

张居中二位从史前龟甲器的发现、用途、龟灵崇拜的内涵进行研究，他们所做的大量统计大大开阔了自己的眼界，也开阔了其他研究者的眼界。

考古在史前墓葬中出土龟甲器，起先见于山东泰安大汶口遗址，后来在江

---

[1] 高广仁、邵望平：《中国史前时代的龟灵与犬牲》，见《中国考古学研究》编委会编：《中国考古学研究——夏鼐先生考古五十年纪念论文集》，文物出版社，1986 年，第 57—70 页。
[2] 范方芳、张居中：《中国史前龟文化研究综论》，载《华夏考古》2008 年第 2 期。

玉龟（安徽含山凌家滩遗址）

苏刘林遗址、大墩子遗址和河南贾湖遗址等陆续有相当数量的发现。这些出土的龟甲大都有人工加工的痕迹，结合出土龟甲墓葬的规格、随葬品数量和组合等情况分析，张居中认为这些龟甲显然不是一般的随葬品，应该有其特殊的功能和意义。这些龟甲引来学者们的关注，关于实物龟甲器用途的研究，以实用器定性的有甲囊说、护臂说、响器说、巫医行医的工具说、占卜用具说，以非实用器定性的有龟灵说、玄龟说和艺术神器说。

判断为实用器的根据是龟甲在墓中摆放的位置，有人认为龟甲器是作护臂之用；有的根据龟甲内的骨针、骨锥而将龟甲器判断为甲囊；有的根据龟甲内放置物认为龟甲是数卜道具之类的占卜工具；有的借鉴北美现存的民族学资料，将龟甲器解释为响器。

特别要注意的是，龟甲一般出土在死者的腰部、腿部、手臂和脚部，也有个别出土在头部、心窝和裆部，刘林遗址M182出土两副龟甲，其中一副在死者的裆部。

龟灵一说最早由高广仁、邵望平二位提出，他们在综合分析大汶口等史前诸多墓葬中出土龟甲的现象之后认为，从内装石子或背甲涂朱来看，似非日常用品，当与医、巫有关，是死者生前佩带的灵物。他们认为大汶口文化早期已出现了龟灵观念，并认为商殷文化中的龟灵、龟卜观念渊源于此。

范方芳的博士学位论文中有更多具体的统计资料可以参考。贾湖遗址前六次发掘发现墓葬349座，共有23座墓随葬龟甲90副，龟甲为背甲、腹甲共出及碎片两种形式，并且伴有石子。单墓出土龟甲数分别为1、2、4、6、8副不等。墓主皆为成年人，且大都为男性。[①]

苏北几处大汶口文化墓地发现使用龟甲随葬，大墩子遗址前两次发掘发现墓葬342座，其中15座墓葬出土龟甲16副，M44为2副，其余为1副，大都为背甲、腹甲共出。墓主均为成年人，男性居多。刘林遗址发现墓葬197座，其中9座墓葬出土龟甲13副，均背甲、腹甲共出，M7随葬龟甲3副，M88和M182各2副，其余均1副，随葬龟甲墓的随葬品数量大都较为丰富。

山东大汶口文化中也有较多发现，大汶口遗址第一次发掘发现133座墓葬，其中11座墓葬出土龟甲20副，单墓出土龟甲数量最多为3个，最少为1个，随葬龟甲的墓葬随葬品数量较为丰富。兖州王因遗址899座墓葬中有3座墓共出土3副龟甲，墓主人均为男性。山东茌平尚庄遗址1975年发掘大汶口文化墓葬15座，其中出土龟甲墓1座，出土龟甲1副。

河南与陕西地区的仰韶文化墓葬中，也有龟甲随葬。淅川下王岗遗址仰韶文化一期123座墓葬中，出土龟甲墓6座，其中3座各出土2副龟甲，共有9副龟甲，墓主大都为中老年男性。汉中龙岗寺遗址423座半坡类型墓葬，有4座随葬龟甲各1副。

其实在太湖良渚文化分布区域，在更早的马家浜文化墓葬中就有发现，如江苏常州圩墩遗址前两次发掘发现86座墓中有1座墓随葬龟甲1副。

史前用龟甲随葬，龟甲有时要进行修治。龟甲修治主要是两个方面，一是边缘磨治，一是将腹甲的头部或尾部截去一段。龟甲修治似乎贾湖较为重视。龟甲钻孔大都比较对称，尤其是大汶口文化诸遗址的龟背甲钻孔大都讲究对应，背甲尾部边缘上穿有多个圆孔，是用于绑缚的穿孔。

范方芳仔细统计了龟甲的出土位置，这一点非常重要。"龟甲在墓葬当中

---

① 范方芳：《中国史前用龟现象研究》，博士学位论文，中国科学技术大学，2008年。

被摆放在不同的位置，一般在死者的腰部和腿部，也有在头部、胸部、手臂和脚部的，数量相对较少"。贾湖的墓葬放在腿（足）部的居多，11 座墓葬共有 27 副龟甲随葬在腿或脚部，其中 4 例在胫骨附近，3 例在股骨附近。

大汶口文化遗址的情况和贾湖不太相同。大汶口文化诸遗址墓葬出土龟甲的位置主要是在墓主腰腹部。刘林遗址第一次发掘报告提到龟甲放置位置偏于人架腰部和腿部，而第二次发掘的结果却是龟甲的放置似无固定的位置。报道中提到总共有 7 例，胸腹部 3 例，头部 1 例，臂部 1 例，腿部 2 例。大墩子遗址出土的龟甲大多没有报道，已知的有 5 例，3 例在腰腹部，2 例在臂膀附近。第二次发掘的 13 座中龟甲一般放置在死者尺骨或髂骨旁。王因遗址的 3 例，1 例在肩部，2 例在腹部。尚庄遗址的 1 例在死者的骨盆上。大汶口墓地龟甲绝大多数出在腰部，11 座随葬龟甲的墓葬中有 10 座出在腰部。

从统计分析结果看，龟甲在墓中的出土位置以腿（足）部、腰部和臂（手）部占的比例较大。"贾湖和龙岗寺人偏爱腿（足）部；大汶口、王因、野店、尚庄人比较偏爱腰腹部"。

对随葬龟甲的墓主的性别统计至关重要。贾湖遗址中不计 5 座男女合葬墓，随葬龟甲的男性墓葬有 14 座，女性墓葬有 2 座，还有 2 例性别不明，综合看男性比例较大。大汶口文化诸遗址的墓主的性别比例又各有不同。刘林遗址的 9 座墓葬中除去性别不明的 3 例，男性墓葬 4 座，女性墓葬 2 座。男性仍占主导。大墩子遗址共有 15 座龟甲随葬墓，除去 3 例性别不明者，男性有 10 例，显然男性墓居多。王因遗址的 3 例皆为男性。尚庄遗址的 1 例为男性。下王岗遗址的 6 例，5 例皆为成年男性，还有 1 例为中年女性。龙岗寺遗址的 4 例，2 例为青壮年男性，还有 1 例疑为男性。

检索的结果证实，"随葬龟甲墓以成年人为主，贾湖、下王冈遗址以中年男性为主，大汶口文化遗址在年龄结构上似乎更趋于年轻化，大部分为壮年，甚至少年的比例也有所增加。但是随葬龟甲的儿童墓在大汶口文化中不见"。

范方芳下了这样大的功夫，将史前葬龟的发现条分缕析，男性，腰腹部，这是关键词。而且，这样的葬龟之俗流行在玉琮出现之前。这不能不令人将它的作用与琮做连带思考，有同样的关键词，年代大体可以接续，可以设想这期间出现了替代，是琮取代了龟甲，两者都是阳具之护物。

当然也有例外，比如说也有女性葬龟，又比如龟中发现有石子等夹带物，这应当是表明龟甲用途并不单一的证据。这就像也有女性用琮随葬一样，是一种例外。

龟甲如何化身到琮的出现，考古也揭示了这个中间过程。在山东泰安大汶口墓地，虽然当初墓主性别多数没有判明，但考古得到的证据也还是能说明一些问题。报告称20多件骨牙雕筒大部分放置在腰腹部，同时出土龟甲20副。M4随葬有骨雕筒1件、龟甲各1副，都放置在下腹；M1男女腰各1副龟甲；M59男左腰象牙筒1件；M69双人葬右者腰部有龟甲1副；M109、M112、M117明确为男性，骨筒1件放置在腰部。

大汶口文化骨雕筒与龟甲同见，表明这是一个过渡期，骨雕筒正是具有过渡特点的物件。更重要的是，很多骨雕筒制作得很精致，有的用象牙雕成，还嵌有绿松石。更让人感到惊奇的是，有的骨雕筒已经接近琮的形状，见到了突起的射部。在过渡的节点，见到过渡的形态，距离琮的出现自然就不远了。

还要注意的是，辽宁牛河梁遗址N2Z1N21出土1件圆筒器，一端粗，一端细，通长3.5厘米，细径3.1厘米，粗径4厘米。发掘者判断用途不明，但指出与大汶口文化骨雕筒类似，未来在红山文化墓葬的发掘中应当特别关注类似发现。

杜金鹏讨论大汶口文化与良渚文化之间的联系，考察了若干方面的交流证据，其中就提到了大汶口文化骨牙雕筒与良渚文化玉琮的连带关系。他注意到"玉琮在墓中的位置，几乎总是在墓主人腰际，虽有例外但极少，故良渚文化玉琮可能是系佩于腰间之物"。而考古发现在大汶口文化中用兽骨或象牙雕刻的短筒，在山东泰安大汶口、邹城野店、莒县陵阳河、胶州三里河以及江苏邳州刘林等地的24座大汶口文化墓中出土了34件。"据对发掘报告已标明或说明出土位置者的统计，它们基本上都是出自死者腰际，很可能也是系佩于腰间之物。"他还注意到骨牙雕筒一般都是出土于面积较大、随葬品多而精的墓中，并且往往与玉器和猪头或猪下颌骨共存，表明用骨牙雕筒随葬的人的地位较高。他特别提到，"在大汶口墓地的8座墓中发现了龟甲，均在死者腰际，有的还有穿孔，也应是系佩于腰间之物"。

杜金鹏认为将骨牙雕筒与龟甲一样系佩于死者腰际，说明二者具有相近的意义。将良渚文化玉琮与大汶口文化骨牙雕筒做一比较即可发现，它们基本上都是系佩于腰间，代表着较高的社会地位，是用于神灵崇拜之礼器，而且"在形制方面二者也很相像：筒状，纹饰面凸起，惯用平行横弦纹；玉琮有以圆目为基本要素的'神徽'，骨牙雕筒则有镶嵌的绿松石圆片"。①

---

① 杜金鹏：《关于大汶口文化与良渚文化的几个问题》，载《考古》1992年第10期。

大汶口文化象牙雕筒（山东泰安大汶口遗址）　　大汶口文化骨雕筒（山东泰安大汶口遗址）

红山文化骨圆筒器（辽宁凌源牛河梁遗址 N2Z1N21）

杜金鹏提出了一种推测，虽然文本上是说"它们之间有无内在的联系很值得深入研究"，但其实是倾向于二者存在联系。现在我们可以比较肯定地说，骨牙雕筒是龟甲与玉琮之间的过渡形态，三者本就是一回事。

写到此处，我觉得应当为这有特别用途的龟甲与骨牙雕筒合取一个特定的名字，反复考虑的结果，选了"宗函"一称。这个宗指的是祖宗之宗，也即是"且""示"。这个"示"，其实古时是特指地神的。《周礼·春官·宗伯》说"大宗伯掌天神、人鬼、地示之礼"。《释文》说"示或作祇"，地示就是地神，地母之神。《说文解字》曰，宗"从宀从示"，或言即是神庙中的祭台。

这样看来，"宗函"之称可取，不仅与祭器相关联，更与琮相关联，宗与琮于形于义同一。

当然也想到过"且函"或者"宜函"，也都可以作为命名选择。"且"，已经很明确，"宜"需要再解释一下。宜，在古时为一种祭名，《尚书·泰誓》云："类于上帝，宜于冢土。"注云："祭社曰宜。冢土，社也。"又见《礼记·王制》说："宜乎社"。"宜"字内是"且"，是一种祭地的仪式，这字形也合乎函形，所以称为"宜函"也有深意。

我们也注意到有些学者将琮定义为女阴、地母的象征，称之为"玉函"。如那志良引述高本汉、安克斯、凌纯声之言论证性器说。那志良认为琮有与圭相反的用途，圭璧用于男性、阳性，琮用于女性、阴性。他引用高本汉的说法：琮是外方如柱形，内圆中空，正好可以储藏祖主。他以为《周礼》上的驵琮就是"且琮"。我之前多次提到驵琮，在这里又见识到异论，可备一说。[①]

且琮一说，其实当初论证也并不充分，但却接触到问题的实质。现在我们得到了新的证据链以后，这个认识会有所强化，我觉得琮之谜底到此就真正解开了。

至此我们可以认定，玉琮的起源，有一个源头明确指向了龟，而且这很可能是主源之所在。我们也不排除在演变中它吸取了环镯之类的因素，就像前面许多学者推断琮的起源那样。但是环镯还不足以提示琮的象征性，也只有龟才具有这种象征性。

这是为何？

龟可以是国之神器，与大鼎相提并论，如《礼记·明堂位》所说："崇鼎、

[①] B. Karlgren, "Some Fecundity Symbols in Ancient China," *Bulletin of the Museum of Far Eastern Antiquities*, 1930, No. 2, Stockholm.

贯鼎、大璜、封父龟，天子之器也。"崇国的鼎、贯国的鼎、夏后氏的璜、封父国的龟甲，这本就是天子拥有的重器。

龟也是灵物，如《史记·龟策列传》所说："龟甚神灵，降于上天"，"知天之道，明于上古"。

龟被古人视为纯雌之灵物，许慎《说文解字》云："龟，旧也。外骨内肉者也。从它（蛇），龟头与它（蛇）头同。天地之性，广肩无雄；龟鳖之类，以它（蛇）为雄。"古时说龟无雄，虽然是一种误判，却将玄武带入四灵之列。

是龟带来了琮的出现，我们现在要接受这样的推断可能不会很顺畅，但这个可能性我却相信是存在的。

龟 影 朦 胧

讨论玉琮的象征意义，徐峰有一篇奇文没有引起多少人的注意，一家之言，无明显反响。过去我读此文，只是觉得比较新鲜，没有感觉到有多少可取之处。现在不同了，通过上面的讨论可知，徐峰的研究还真抓住了可能的要害之处。[①]

徐峰没有跟从前人的思路走，他发现玉琮的形制、神人兽面纹与龟或有关联。他将玉琮和龟进行比较，利用考古、古代文献、神话等多方面的证据来发掘玉琮形制及纹饰所隐含的原型、文化意象和社会功能，又开拓了一个新思路。

他认为玉琮的形制为外方内圆的柱形，好像方柱套在圆筒的外面，圆筒内空，上下贯通，外形略呈上大下小，外壁有纹饰。他注意到一些学者从考古类型学的角度来探讨玉琮的形制渊源，认为玉琮起源于镯。如王巍将良渚文化玉琮按其形制分为 A 型短筒形琮和 B 型长筒形琮，其中 AI 式张陵山 M4：02 被认为年代最早，属良渚文化早期。其形状近似手镯，孔径大，器表有四条竖向宽凹槽，以减地法突出四块对称的弧面，面上阴刻兽面纹图案，形象生动。如此已暗示了玉琮与手镯的密切关系。

杨建芳亦推定琮源于镯，所利用的证据之一也是张陵山的发现。除张陵山的那件玉琮外，同属良渚文化早期的江苏昆山赵陵山墓葬中出土的一件玉器（M77：59），外方内圆，器身不分节，两端无射（筒口），通体光素，加上相关资料报道其出土时穿戴在墓主右臂上，也为琮起源于镯提供了有力的证据。黄翠梅认为该器是原始型玉琮的代表，其功用明显与手镯无异，应可视为一种方形玉镯，且主张该器的发现一定程度上支持了早年梅原末治以玉琮起源于手镯之主张。琮源于镯这种观点，目前颇得研究者们的赞同，毕竟无论是张陵山 M4：02 还是赵陵山 M77：49，这两件玉器都与典型的琮在形制上比较接近。

徐峰显然并不完全接受这样的认识，他认为在典型玉琮形成过程中，很可能有龟的因素被添加进来，这一因素包含了龟的体形特征和文化意象。刘斌也说玉琮上的兽面纹是构成良渚玉琮的核心因素，是良渚玉琮的灵魂，而琮体本身从一定意义上讲，只不过是为表现这一灵魂而设的躯壳。形与纹，研究琮的

[①] 徐峰：《良渚文化玉琮及相关纹饰的文化隐喻》，载《考古》2012 年第 2 期。

良渚文化玉琮（江苏苏州张陵山遗址M4）

良渚文化玉琮（江苏昆山赵陵山遗址M77）

喻义缺一不可。

在讨论玉琮形制、纹饰、文化意象时，徐峰觉得其核心要点都将指向龟。龟在中国早期人群的日常和精神生活中占据着重要的地位，在新石器时代就有大量的证据显示了以龟随葬的习俗及其所反映的龟灵观念，降至殷商，则龟卜盛行。在良渚文化的中心分布区环太湖地区的考古发现中，食剩的龟壳、破碎的龟片也屡有发现。

徐峰以为龟与玉琮在形制结构上有明显的可比之处。琮最引人注目之处，在于它外方内圆的结构，外方像地，内圆似天，反映了中国早期的宇宙观模式。这一点，恰与龟相似。龟的形制和文化意象与早期宇宙观模式有着密切的关系。龟本身就是一个天圆地方宇宙观的微缩化模型，所谓上隆法天，下平法地。而在背、腹甲之间，若去除内部组织，保留一个完整的龟壳，则正好形成了一个空腔，象征着天地之间的虚空。

过去将龟与玉琮联系起来的学术观点并不多见。美国学者艾兰（Sarah Allan）在讨论龟的形状时，曾经点到龟与玉琮的关系，但没有涉及玉琮上的神人兽面纹。她在论述亚形符号时，认为它是地为方这种信仰的来源，在形状上极像龟之腹甲，而如果在这个图形的四角支上四足，便支撑起一个圆形的天，再进一步将这个图形扩大成大的方形，便形成了一个琮形。这一支上的四足，在龟而言，正是龟的四足。

徐峰注意到在中国古代神话中，龟的足曾扮演撑天的天柱角色。《淮南子·览冥训》曰："往古之时，四极废，九州裂，天不兼覆，地不周载，……于是女娲炼五色石以补苍天，断鳌足以立四极"。王充《论衡·谈天》也说："共工折之，代以兽足，骨有腐朽，何能立之久？且鳌足可以柱天，体必长大，不容于天地"。徐峰说这段记载不但交代了天崩的原因是共工折之，还说到兽足易朽不能担任天柱，而要选用能立久的鳌足，即大龟的足。

徐峰将鳌足与琮角相提并论，他说对玉琮而言，这个四足的部分，则是玉琮的四个角，剖面呈柱状。玉琮四角的高低因琮而异，比如越到良渚文化晚期，琮身就越高，自然这四角的柱也相应增高。他相信玉琮上四柱的文化意象，显然与龟足是类似的，即萨满教宇宙观中的宇宙轴（cosmic axis），这个轴可以是神山、天梯、世界树、龟足等等。

玉琮四角象征天梯这一意象早在张光直当年对琮的研究中就提到了。他指出琮在古史上的意义，琮兼圆方，贯通天地，并考察了琮这类法器上的动物形象，认为其是巫师的助手，用来协于上下。玉琮上的兽面纹饰正好琢刻在这四角的

良渚文化矮体与高体玉琮（浙江余杭反山墓地M20）

柱面上，琮节越多，就越能形象地反映出动物助巫师交通天地的轨迹。

　　对于玉琮四角的关注与解释，这个提法颇有新意。徐峰觉得玉琮的四角不仅在文化意象上与龟足相似，通过两者形制的比较，以及玉琮形制本身的演变，很有可能玉琮的四角就是以龟的四足为原型发生转化、变形、改造而来的，琮的四角是逐渐伸展出来的。

　　杨建芳也注意到玉琮纹饰凸面由圆弧到折角的演变。徐峰进一步以为，如此明显的变化，可能有某种观念在引导，它们或许象征着龟足。良渚人在以龟为原型制作玉琮之外，还直接用玉做仿生的玉龟。浙江余杭反山17号墓出土一件玉龟，龟外露的四足与玉琮的四角还是颇为相似的。更为酷肖的证据来自辽宁阜新胡头沟红山文化M1出土的一件玉龟。该玉龟头部微缩，雕出目、口、爪等细部，龟背略鼓起，近六角形，龟的四足像极了琮的四角。这两件玉龟很好地传达了这样一个信息，即从俯视角度看，龟与玉琮外形上的相似令龟成为玉琮原型的潜在备选者是完全可能的。

　　我与许多人并不能顺畅地接受徐峰对玉琮四角的解释，当然也不能贸然否定它与龟形之间可能的联系。为了说明这种联系，徐峰又对琮上的神人兽面纹进行了解读。他注意到杨建芳认为兽可能是猛虎，刘方复、汪遵国也认为是虎，李学勤认为可能是龙的形象，较多的学者认为与鸟有关。徐峰认为兽之原型可能是龟，神人兽面纹上部之人是一个负于兽背上的蹲踞式人形，下部兽的原型是龟，他由此想到郭沫若将人与龟组合的图形释为天鼋，也即黄帝。

　　《太平御览》卷七九所引战国时佚书《尸子》中有黄帝四面的传说，记述的是子贡对孔子的一次发问。子贡问的是如何理解"古者黄帝四面"之说。对照玉琮恰有四角，柱面上多刻有神人兽面纹，黄帝又被称为中央之帝，依《庄子·应

红山文化玉龟（辽宁阜新胡头沟遗址）

良渚文化玉龟（浙江余杭反山墓地M17）

帝王》说中央之帝名曰混沌,似乎良渚玉琮上的神人像就是黄帝之像,虽然徐峰并没有明说。他还提到玉琮外方内圆,象征天地之间的虚空,这虚空正是混沌,进一步点明琮与黄帝的联系。

徐峰还注意到叶舒宪将金文中人龟复合图形视为宇宙模式的象征,这在良渚玉琮等器物的纹饰上也能看到。"琮形制本身即是一宇宙观模型,而纹饰也体现出类似的模式无疑是一种强化。"他觉得将神人、龟与玉琮上其他纹饰做整体性思考,可以进一步确认将兽面原型归于龟的合理性。

论证合理与不合理,还远不是定论。为着进一步提升这种合理性,徐峰还注意到了前良渚时代的龟灵崇拜。他列举"海岱地区、长江流域用龟甲随葬的习俗久已有之,龟甲往往经过加工,内中还置有骨针、锥和石子等物,摆放位置则绝大多数置于腰间。关于它们的功能,有响器说、占卜说等观点"。"不论龟甲有何具体功能,人死后用其随葬,定与龟的特性有密切之联系。龟是灵物,乃长寿的象征。"

实际上,如果是寻求龟与琮之间关联的证据,徐峰提到的葬龟已经到达找到最终答案的边缘。可惜,他没有再往前走一步,所以让我们觉得在徐峰的文字里,琮与龟之间的距离依然有些遥远。

鱼 鸟 之 象

鱼和鸟，一对冤家，一对传奇，一对文化符号。

鱼和鸟是一对传奇，在神话传说里，在艺术图像中，这是一个重要的主题。

鱼和鸟相遇，似乎是一个童话。一个在水里游，一个在空中飞，它们怎么会有相遇的时刻？不必怀疑，自然界里分派出了这样的时刻，总会有一些食鱼的鸟，它们有的能入水捕鱼，例如鱼鹰之类。也不用说，有那么些厉害的鱼，它们能跃出水面逮到低飞的鸟，如珍鳄之类。我们甚至还有鱼鸟互变的神话传说，充溢着奇幻神秘色彩。

鱼和鸟之间有故事。过去我为公众讲解彩陶意象，便是以鱼和鸟的图像说起，明确提到鱼和鸟是古代艺术永恒的主题，但还没有太多涉及鱼和鸟的关联主题。直到这次准备讨论鱼鸟这个相关主题时，我还并没有形成确定的认识，不知道究竟应怎样定义这个主题。

鱼和鸟的故事很是古老，我们选择古老中并不十分古老的汉画鱼鸟说起。在集中出土汉画的地域，如鲁南、苏北、豫西南、陕北、川中，都发现有鱼和鸟同在的主题，构图一般表现为鸟啄鱼。

汉画上鸟啄鱼的构图也并非千篇一律，一般是鸟衔着鱼头，也有的是鸟啄着鱼尾，更有不少是鸟啄着鱼的中段部位。

汉画中也有相当多的画面，表现的是鸟将鱼按在足下，再低头啄着鱼体。这类画面中的鱼一般被描绘成形体很大很重的样子，似乎鸟也无力将它衔起来。

汉画上的鸟啄鱼图，一般是一鸟啄一鱼，也见到过二鸟或三鸟争啄一鱼的情形，还有表现一鸟争二鱼的场景，画面显得更为生动。

在汉代艺术中还见到更多的鱼和鸟的故事。除了惯常见到的汉画，汉代器物对鸟啄鱼主题也有刻意表现。最典型的是青铜雁鱼灯，一些高等级的汉墓中都见到它的踪影。铸成雁形的灯体，雁鸟张嘴衔着一条鱼，鱼形正当灯芯上方，开膛的鱼可以将灯烟吸入雁腹，这是一种非常环保的创意。

再往前溯是青铜时代，青铜也铸出了鱼和鸟的身影。鱼鸟纹见于不少东周晋国青铜器的装饰纹样中，以雁鱼组合纹多见。值得注意的是，明确的鸟食鱼构图，与上述汉画意匠雷同。

汉画鱼鸟图（江苏徐州）

汉画鱼鸟图（四川长宁）

西周玉器中，难得见到了鸟啄鱼的题材，研究中一般称为鱼鹰或鸬鹚捕鱼。

比较特别的是黄金制品上也出现了鱼鸟共在的图形，如商周之际古蜀的三星堆遗址和金沙遗址出土的金杖与金带上，都以鱼鸟纹为装饰，鱼鸟间有利箭穿过，含义特别，值得探讨。

向更早的彩陶文化寻觅，仰韶文化中彩绘的鱼和鸟也有很生动的画面。研究者关注较多的是河南汝州阎村遗址出土彩陶缸上的《鹳鱼石斧图》，对比已经有了许多讨论，但主流观点未必接近真实的内涵。画面左侧是一只白鹳，口中衔着一条白鱼，右侧是一柄石斧。当画面上的鱼和鸟被奠定为图腾战争的基调后，其他的结论似乎都没有了讨论的余地。

仰韶文化彩陶上的鱼鸟图，还可以列举陕西武功游凤遗址出土的一件彩陶壶为例，图案化鱼身的头部位置出现的是一个鸟头，有人解释成是鱼在吞食一只小鸟。宝鸡北首岭遗址出土的一件彩陶壶，画面是一只水鸟啄住一条鱼的尾巴。而临潼姜寨遗址出土的一件葫芦瓶，腹部中央是鸟的双头画面，在器耳上下画有图案化鱼纹。

汉画鱼鸟图（陕西绥德）　　　　汉画鱼鸟图（四川中江塔梁子崖墓）

汉画鱼鸟图（山东平阴砖刻）

与人同行 | 505

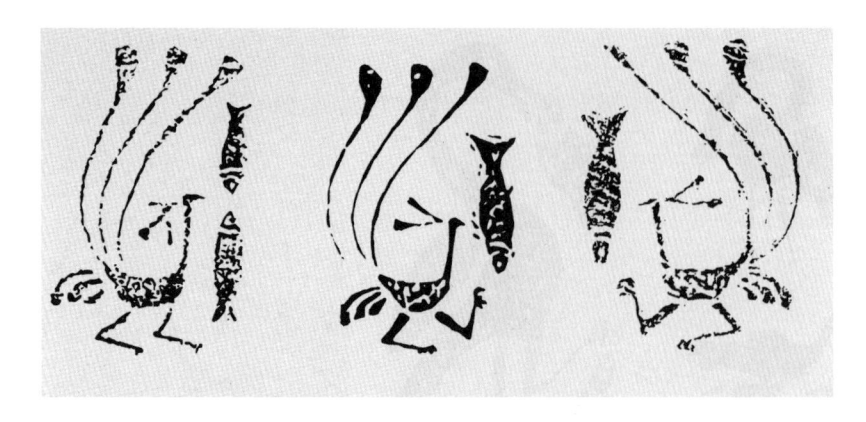

汉画鱼鸟图（河南唐河）

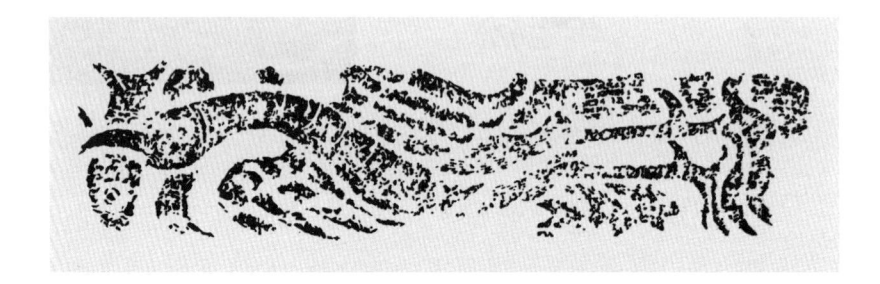

汉画鱼鸟图（山东临沂）

汉画鱼鸟图（重庆合川）

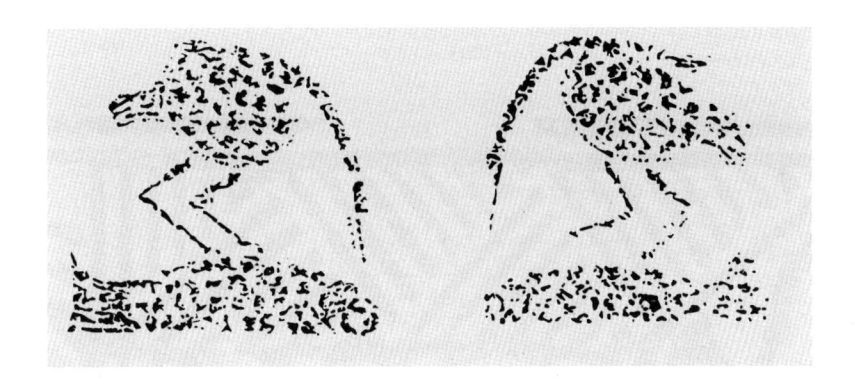

汉画鱼鸟图（河南登封）

汉画鱼鸟图（山东微山）

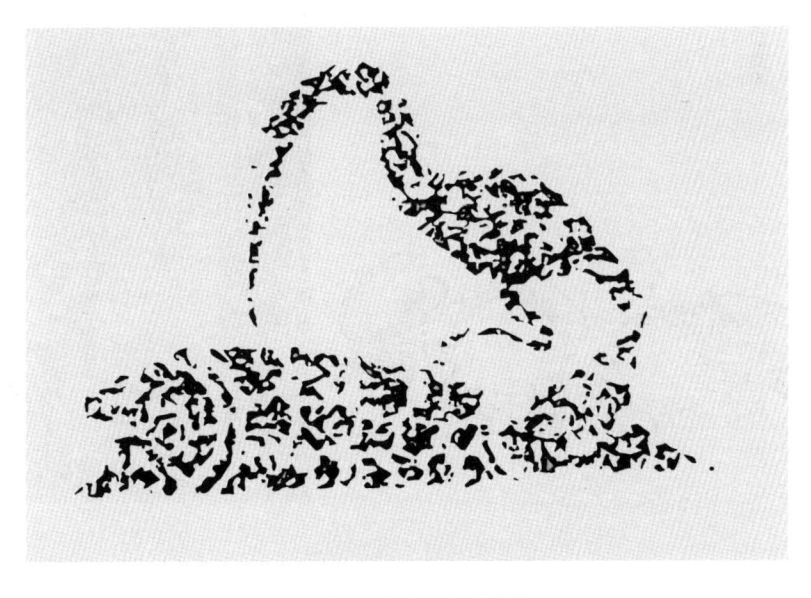

汉画鱼鸟图（河南登封）

汉画一鸟二鱼图（陕西绥德）

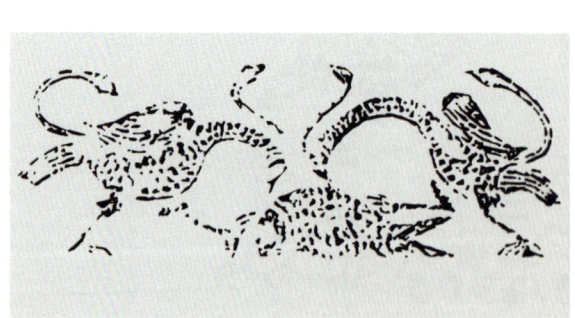

汉画鱼鸟图（江苏徐州）

汉画鱼鸟图（山东邹城）

汉代雁鱼灯线描图（山西朔州）

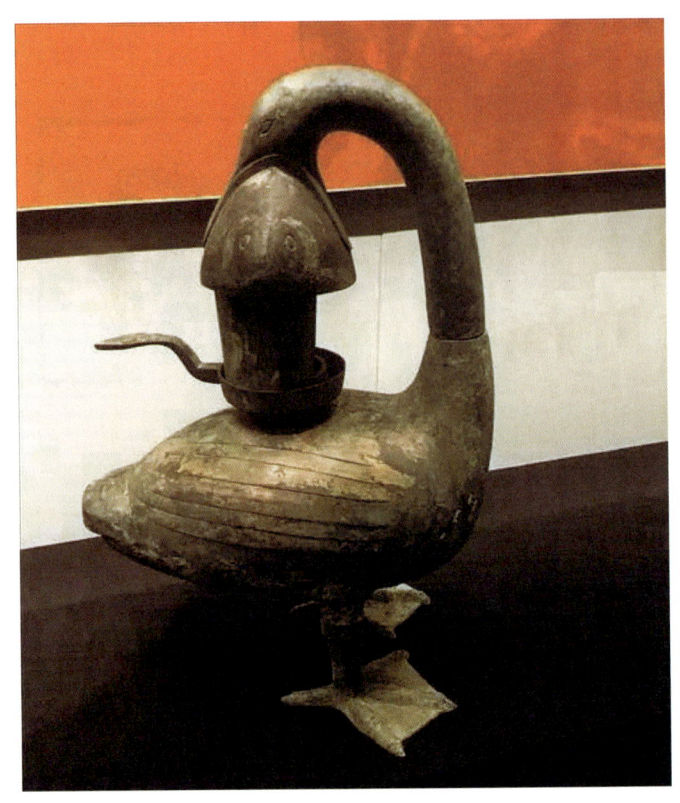

西汉铜雁鱼灯（江西南昌海昏侯墓）

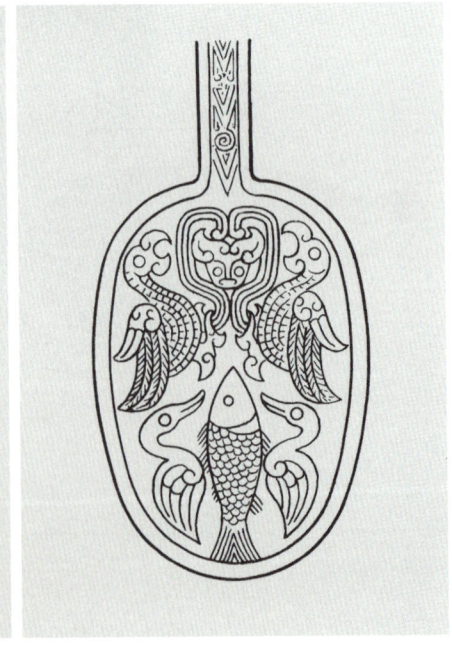

春秋雁鱼纹铜壶（国外藏品）

战国鱼鸟纹铜匕局部（山西侯马）

510 | 追踪信仰：艺术考古中的动物图像

战国鱼鸟纹铜盘（河北灵寿）

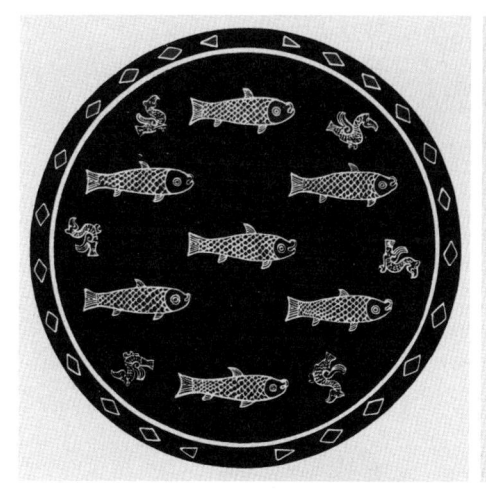

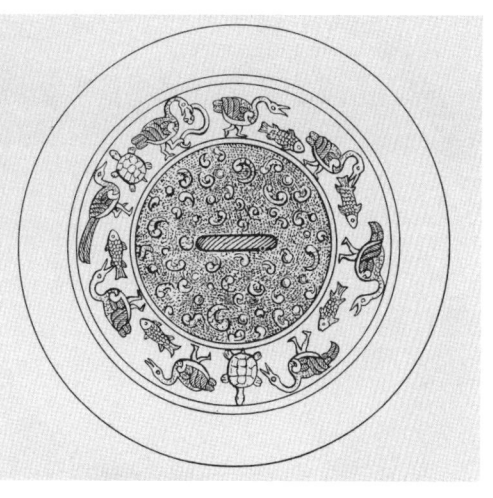

战国雁鱼纹铜壶盖（山西潞城）

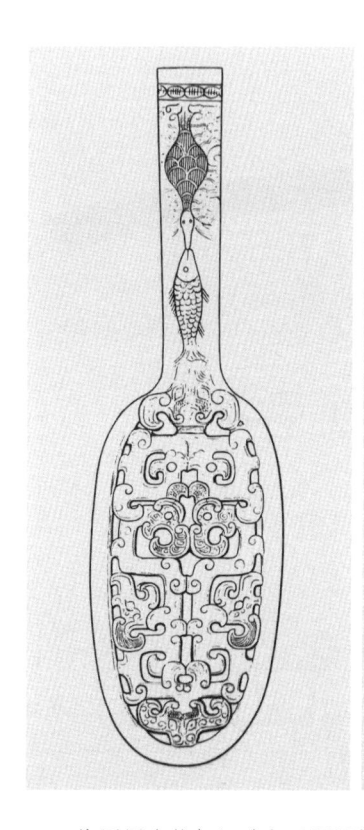

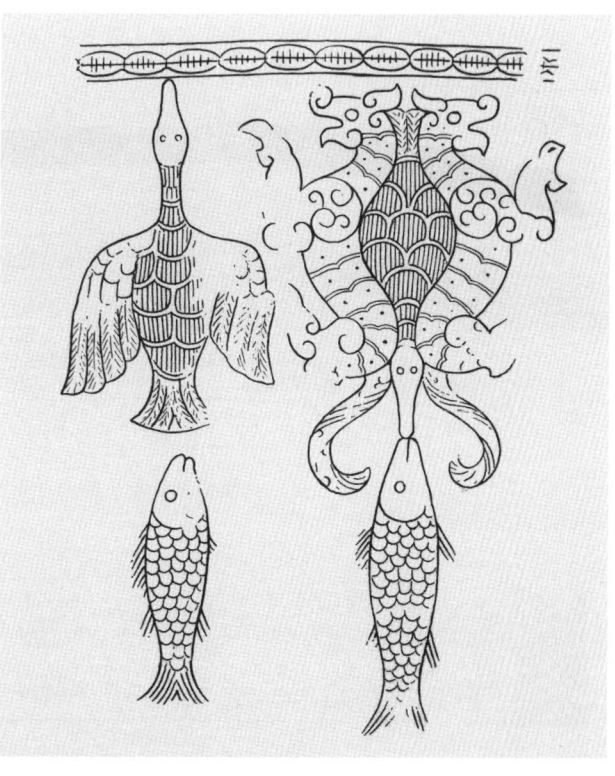

战国雁鱼纹铜匕（山西浑源）

战国雁鱼纹铜匕纹饰局部（山西浑源）

与人同行 | 511

西周玉鱼鹰（山东济阳）

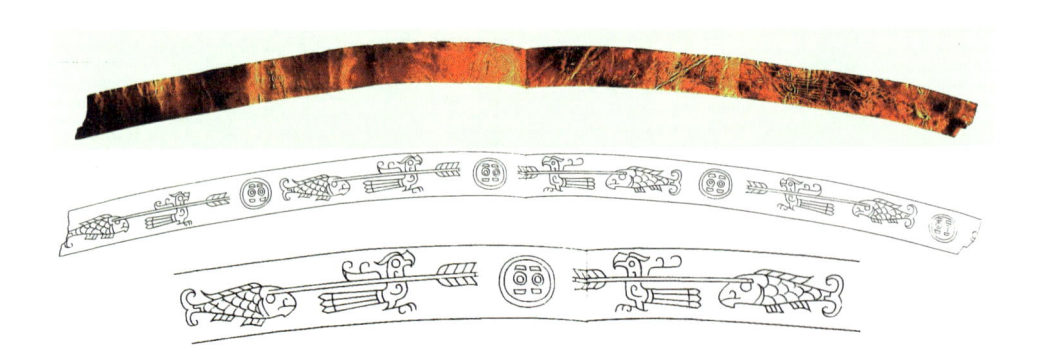

金带及图案（四川成都金沙遗址）

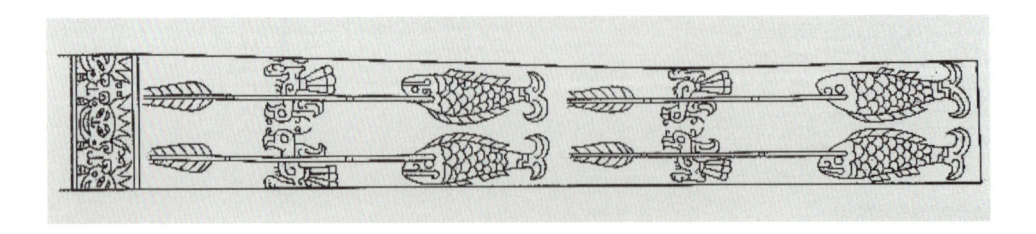

金杖图案（四川广汉三星堆遗址）

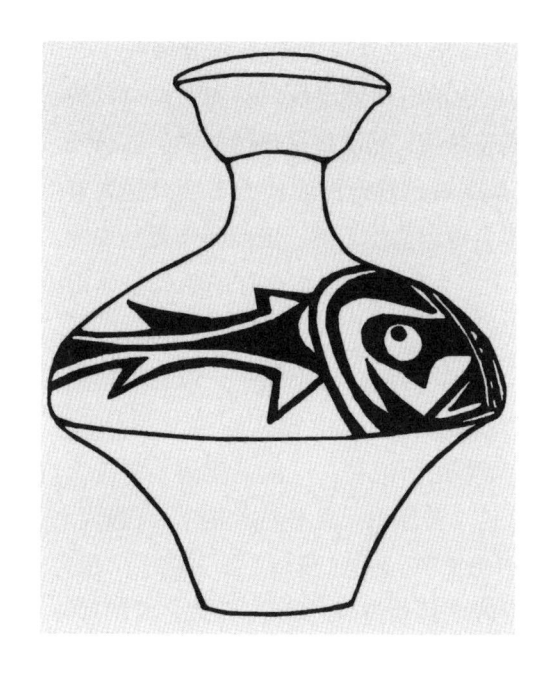

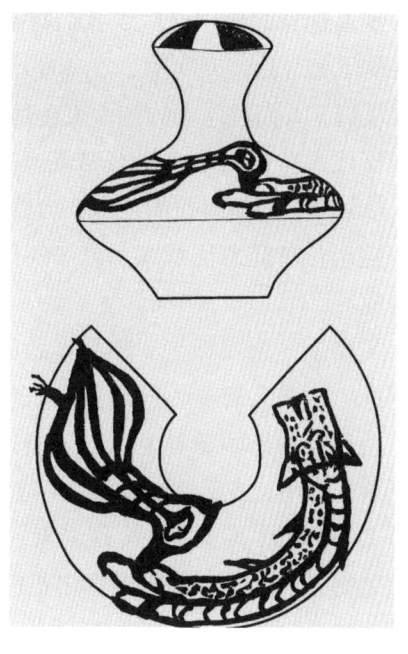

仰韶文化鱼鸟纹彩陶（陕西武功游凤遗址）　　仰韶文化鱼鸟纹彩陶（陕西宝鸡北首岭遗址）

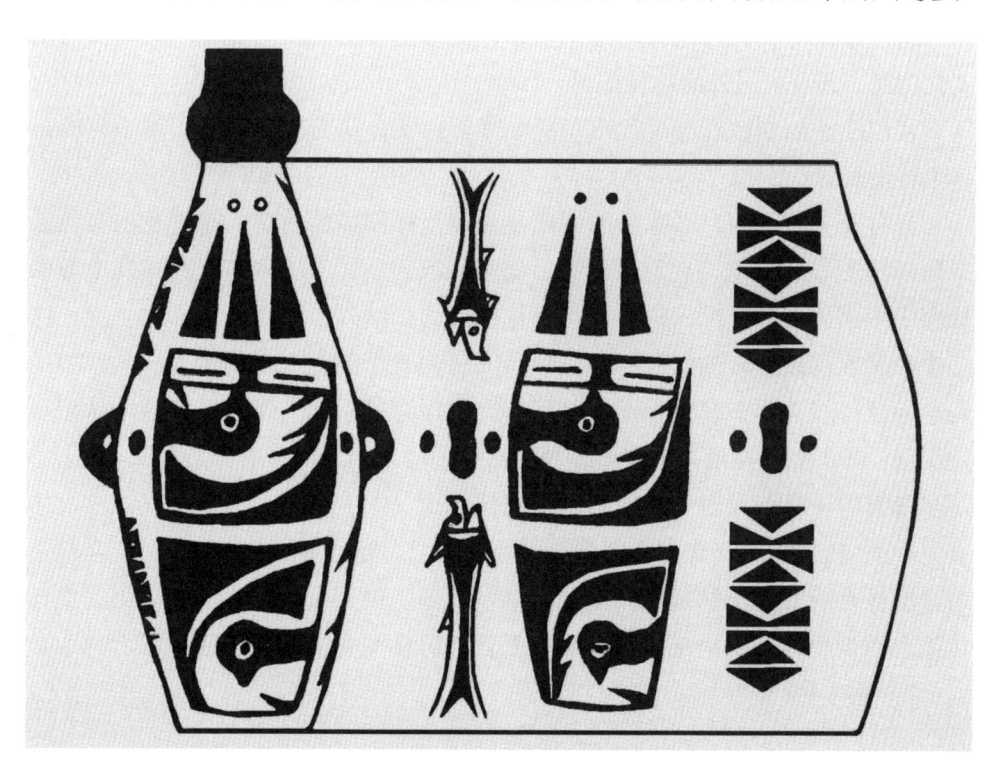

仰韶文化鱼鸟纹彩陶（陕西临潼姜寨遗址）

经过这样的梳理之后，我们对古代鱼鸟相关艺术主题的变化脉络有了一个粗略的了解。这一对冤家，在6000年前的史前时代就出现在彩陶上，一直经三代至汉代，人们对同类的艺术表现都充满着热情，到汉代这热情似乎到达顶峰。

汉代人对鱼和鸟的艺术表现，一定是受特别观念的驱使，不会只是为着描绘自然景观。青铜时代的艺术，当然也不会专意描绘自然。史前彩陶更是如此，更要强调鱼鸟的象征意义。自然气象万千，为何要提炼出这样的鱼鸟主题细细描绘呢？

《庄子·大宗师》"梦为鸟而厉乎天，梦为鱼而没于渊"，说到鱼鸟境遇的不同，这是在解梦，所以后来以鱼鸟代指梦境。

鱼还有另外的象征意义。《史记·周本纪》记载："武王渡河，中流，白鱼跃入王舟中，武王俯取以祭。"故事又见李善注引《尚书·旋玑钤》《逸周书》与今文《泰誓》，可见是一个很受重视的历史细节。裴骃《集解》引马融曰："鱼者，介鳞之物，兵象也。白者，殷家之正色，言殷之兵众与周之象也。"按古时的理解，鱼是介鳞类动物，象征披坚持锐的士兵，"白鱼入舟"被理解为殷商兵卒降归周武王的预兆，用以比喻战事必胜的吉兆。

这个意象与我们讨论的鸟啄鱼主题，显然也没有直接的关联。鱼鸟纹饰的文化内涵，还要由另外的途径探讨。

我们注意到刘弘有《汉代鱼鸟图小考》一文，认为史前鱼鸟图像呈现的是再生转世观念。[①]

也有研究者认为，鸟啄鱼的图像是龙凤呈祥图像的前身，是理念的自然形态向精神形态的转化，它们从渔猎、战争、权力、性事、生殖、吉祥几个方面贯穿了中国历史的全部，最后以符号化的形式，纳入了龙图腾信仰的主流。这是中华民族民族融合的结果，但以鱼鸟图腾为骨干的龙文化的传人，其原始的观念保留得较为明显。鱼鸟图腾是民族文化保存的巨大力量之一。这个认识虽是深刻，却不如直接说体现生殖崇拜更贴切一些。

李智的《汉画像石中鸟鱼组合的图像学意义》一文，分析鱼鸟汉画"大体有三种类型，第一类鸟鱼组合图像刻画在门阙上，起到御凶的作用。第二类鸟鱼组合图像是现实生活的延伸，刻画在墓室内部，供墓主人观赏消遣。第三类鸟鱼组合图像也在墓室内部，含有阴阳复合，男女交合的含义。通过以上三个类

---

① 刘弘：《汉代鱼鸟图小考》，载《四川文物》1991年第1期。刘弘认为汉画中的鱼鸟图像是生殖崇拜。另可参考何努：《鸟衔鱼图案的转生巫术含意探讨》，载《江汉考古》1997年第3期。

崖墓石刻（贵州务川岩上村M1）

型的划分，有助于我们更加深刻地了解鸟鱼组合图像的本来意义，从而揭示汉代人的思想状况和生活状态。"[1] 其实这里提及的三个含义，也只有生殖一义最可取。

所以有人说，如果将鱼鸟图与四川地区汉代石棺画像整体联系起来看，就会发现大多鱼鸟图都包含生殖意义。相关画面要么出现在交尾接吻状的伏羲女娲图旁边，要么出现在男女交手或者交杯图旁边，要么出现在男女亲热和交合图的一侧。这些形象本身就具有生殖崇拜的意义，鱼鸟组合成一阴一阳出现在这些场景的旁边，更是凸显了生殖的主题。[2]

贵州习水岩上村章武三年（223）M1崖墓石刻，画面有大鸟啄大鱼，鱼鸟近旁还有一条大船。有人以为那是捕鱼之船，其实可能隐喻生命之舟。

鱼在汉画中是常见的祥瑞题材，汉代鱼纹铜器有铭多作吉祥语，有"宜王侯""大吉昌""大吉祥"等。这也是判断鱼鸟图意义的一个重要旁证，鱼和鸟都是喜庆祥瑞的象征。汉人说鱼的含义，又有《论衡·指瑞》所说："若夫白鱼、赤乌小物，小安之兆也；凤皇、骐驎大物，太平之象也。"小安与太平之象，就有鱼的影子。

古蜀时代对于鱼鸟的期许，又是另一种高度。广汉三星堆遗址出土金杖纹饰，一只凤鸟带着利箭，射中了一条大鱼。这场景的一端则刻画着戴有华冠和耳饰又兴高采烈的人面像，这应当就是蜀王的画像。蜀王又有以鱼凫为号的，鱼凫就是鱼鹰，这箭上的鸟即是食鱼之鸟，或如研究者所云即鱼化之鸟。

---

[1] 李智：《汉画像石中鸟鱼组合的图像学意义》，载《大连大学学报》2009年第1期。
[2] 李树：《四川汉代画像石棺中的鱼形图案分析》，载《西江月》2013年第29期。

一支利箭是穿过还是附着一只凤鸟？它飞射出去，击中了一条大鱼。它也可能是表示鸟的出击如同飞箭一般，又快又准。如果可以这样理解，这样的图画表现的仍然是鸟食鱼的意境，只是显现出更加强烈的愿望，这是很厉害的鱼凫。

成都金沙遗址出土金带纹饰，同样是一支利箭，将鱼和凤鸟关联在一起。我相信这是古蜀王国的一个重要标识，应当就是王

汉代铜器上的鱼纹与吉祥语铭文

族标识。这上面也有蜀王的图像，居于两支箭之间。这标识或许是寓意蜀族福祚绵延、生生不息，鱼凫王威力无边。

为着这鱼鸟之化，有人引证《庄子·逍遥游》中的鲲鹏神话，所谓"北冥有鱼，其名为鲲。鲲之大，不知其几千里也；化而为鸟，其名为鹏。鹏之背，不知其几千里也"。那古蜀国也未必不能有这样的鱼化为鸟的传说背景。这一变化，正是再生或重生，演成生命的轮回。

有研究认为，在史前彩陶纹饰中鱼和鸟的关系有两种：一种鱼为鸟所啄杀，鱼死鸟存；一种则是鱼鸟结合，呈现融合状态。后一类纹饰近来受到关注，有的一眼能看明白，有的则要细致分析，因为图案化的构图含义较为隐晦。

其实这样的生命融合，也一定表达了史前人类对再生和轮回的祈求，而且是更高层次的轮回，期望拥有上天入水的技能。

当鱼和鸟相遇，原来是人们面对死亡的乐观态度。死亡不能避免，新生还会降临，来世的期盼永存。想一想汉代人将鱼鸟之形刻画在墓室里，史前人将鱼鸟之形描绘在瓮棺上，都是同样的期盼，人们相信死亡的生命还会有重生的一天，希望这一天能早日到来。

鱼和鸟在中国古代是一对重要的文化符号，鱼鸟相畴，是何鸟何鱼？

这个问题似乎并不重要，因为并不是特定的某一种鱼和鸟。从各类图像观察，

在一起出现的鱼和鸟,鱼并不易分辨种类,但鸟还是能够有所区分的,可以确定的有鹳鸟、鱼鹰、大雁和凤鸟,凤鸟作为传说中的神鸟可暂且不论,其他三类均能食鱼,尤其是鹳鸟和鱼鹰,鱼可为常食。

汉画中看到的被鸟啄食之鱼,有的形体很大,当多属鲤类。李时珍《本草纲目·鳞三·鲤鱼》引陶弘景言:"鲤为诸鱼之长,形既可爱,又能神变,乃至飞越江湖,所以仙人琴高乘之也",是则鲤鱼被古人视为神物。冬天时鲤鱼有冬眠习性,春天产卵,受精卵3—4天后孵化。有冬眠特性的动物,在古代也容易被神秘化。

春秋时孔子得一男孩,收到鲤鱼贺礼,孔子"嘉以为瑞",高兴地为儿取名鲤,字伯鱼。[①]古时以鲤为祥瑞可见一斑。

比较特别的是川南汉画见到了鲟鱼,有一鸟一鱼的画面,也见到二鸟一鱼的画面。由于鲟鱼形体较大,画面中的鸟只是表现与鱼同在,并没有直接将鱼啄起来。

啄鱼之鸟,其中最多见的应当是鱼鹰。鱼鹰即鸬鹚,大型食鱼游禽,善潜水,嘴长有锐钩,适于啄鱼,古今常被驯化捕鱼。鸬鹚又有乌鬼、摸鱼公和水老鸦之名,雌雄亲鸟轮流孵卵,孵化期为28—30天。古代有奇特传言,如陶弘景曰:"(鸬鹚)此鸟不卵生,口吐其雏,亦一异也。"一张嘴,小鱼鹰便欢快地生了出来,大约因为误会如此,使其增加了许多神秘感,所以人们将它认定为生命轮回的象征。

古人看到鸟飞鱼游,欣羡它们的自在,所以在诗文中屡屡鱼鸟并提:

心澹水木会,兴幽鱼鸟通。——〔唐〕岑参《自潘陵尖还少室居止,秋夕凭眺》

风雷巡稼穑,鱼鸟合歌谣。——〔唐〕贯休《避地毗陵上王慥使君》

溪山闲始见,鱼鸟静相亲。——〔宋〕林季仲《次韵萧德起见寄》

鱼鸟不忘情,朝暮长相亲。——〔宋〕释文珦《水西》

人间好风味,鱼鸟同聚散。——〔宋〕周邦彦《次韵周朝宗六月十日泛湖》

但当观鱼鸟,辟去旌与麾。——〔宋〕梅尧臣《次韵和刘原甫游乐郊赠同游》

锦绣山川谁管领,只应鱼鸟得平分。——〔宋〕卫宗武《春日》

[①]〔汉〕应劭撰,王利器校注:《风俗通义校注》(第2版),中华书局,2010年,第596页。

几年鱼鸟真相得，从此江山是故人。——〔宋〕张耒《发安化回望黄州山》

生民何由得处所，与兹鱼鸟相谐熙。——〔宋〕王安石《太白岭》

凿开鱼鸟忘情地，展尽江河极目天。——〔宋〕宋庠《重展西湖二首》

野性最於鱼鸟亲，自知不是世间人。——〔宋〕方岳《春日杂兴》

看罢了那些古老的画面，再吟诵一回这些诗句，觉得鱼鸟之象的意义，我们还真不能看轻看浅了。

汉画上的鲟与鸟（四川泸州9号石棺）

鲟鱼凤鸟图（四川南溪汉棺）

518 | 追踪信仰：艺术考古中的动物图像

交弧纹：仰韶另类鱼纹彩陶的来源

这是彩陶上的一种借用纹饰，是并不包纳在大鱼纹系统中的另类鱼纹。

史前彩陶纹饰各式各样，不过在含有彩陶的每一个考古学文化中，都会有几类比较成体系的纹饰。如半坡文化和庙底沟文化彩陶上，最明确的有大鱼纹系统和大鸟纹系统。除了这样的大纹饰系统，还有些不易明确的散见纹饰，比如我们在这里要讨论的一种纹饰，便是一种还不大为研究者注意的纹饰，由于发现数量较少，有关其源流的探讨还没有展开，纹饰系统的归属还不明确。

这一次专门要讨论的一种彩陶纹饰，正是这样一类关注度不高，也还没有研究者明确定性的纹饰。这种纹饰构图非常简单，由两条首尾交叉的弧线构成，这样的几何线条构图不易判断它的来历是怎样的，当然也不易确定它的名称与意义。

此前我在一篇讨论史前符号的文字中，将这种双弧线互为交叉的纹饰看作简化的鱼纹，是一种很重要的另类鱼纹。对于这鱼纹的来历，做了一个简单的追索，提到安徽双墩文化陶器上的鱼纹符号刻画，也是交叉的两条弧线，认为它所表示的就是一条鱼的大致轮廓。而这很可能是出现在河南中西部仰韶彩陶上同类纹饰的源头，不同之处一是刻画、一是彩绘，但是构图却非常相似。

两条长度大体相当的弧线，反向合抱，首尾相交。这样的几何构图建议称为交弧纹。双墩文化陶器上的交弧纹刻画，可以由同时出土的更多的刻画图形分析做出判断，它是象生鱼纹几何化的结果，所以可明确定性为鱼纹。

我们注意到这种演变过程在彩陶上没有留下痕迹，很可能彩陶借用了这类现成的构图，年代上彩陶也要晚出不少，可知源头应当是来自双墩文化。

根据后来的检索了解到，发现交弧纹彩陶的仰韶文化遗址主要是河南三门峡的庙底沟遗址，总数有 10 例上下。在庙底沟遗址的首次发掘中出土的交弧纹彩陶标本很少，报道只有 1 例，更多的标本是第二次发掘时出土的。当然更早的发现，检索到在渑池仰韶村遗址，虽然只见到 1 例，但纹饰也很典型。

彩陶上的交弧纹，由庙底沟遗址发现的标本数量看，已经是一种比较流行的纹饰，应当有固定的含义。在庙底沟遗址，发掘者将这种纹饰称为"横 X 纹"，其实并不确切，X 只有一个交叉点，而这种鱼纹有首尾两个交叉点。两条弧线抱合，首尾交叉，这是标准构图，也很好识别。

第一次发掘出土交弧纹彩陶（河南三门峡庙底沟遗址）

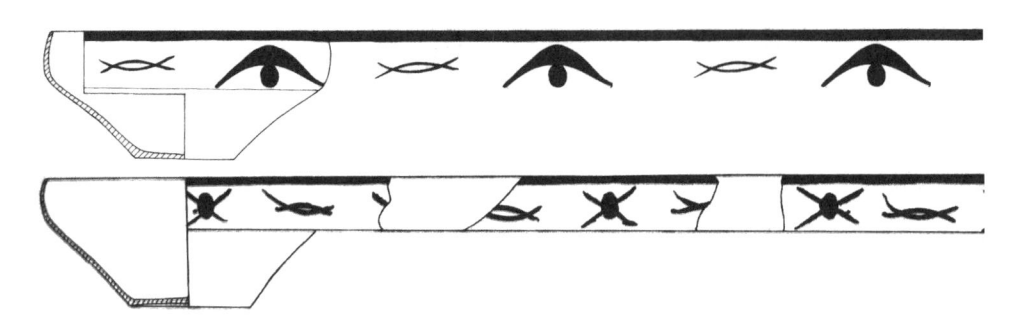

第二次发掘出土交弧纹彩陶（河南三门峡庙底沟遗址）

鱼纹彩陶（河南渑池仰韶村遗址）

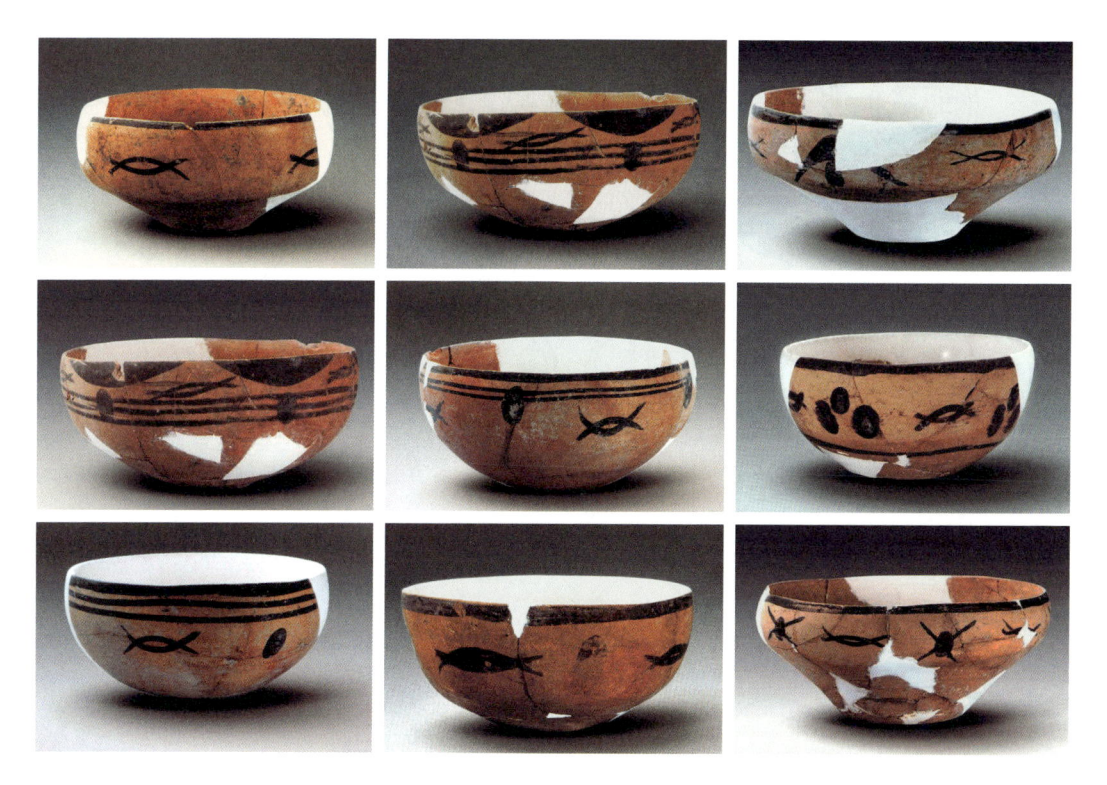

第二次发掘出土彩陶（河南三门峡庙底沟遗址）

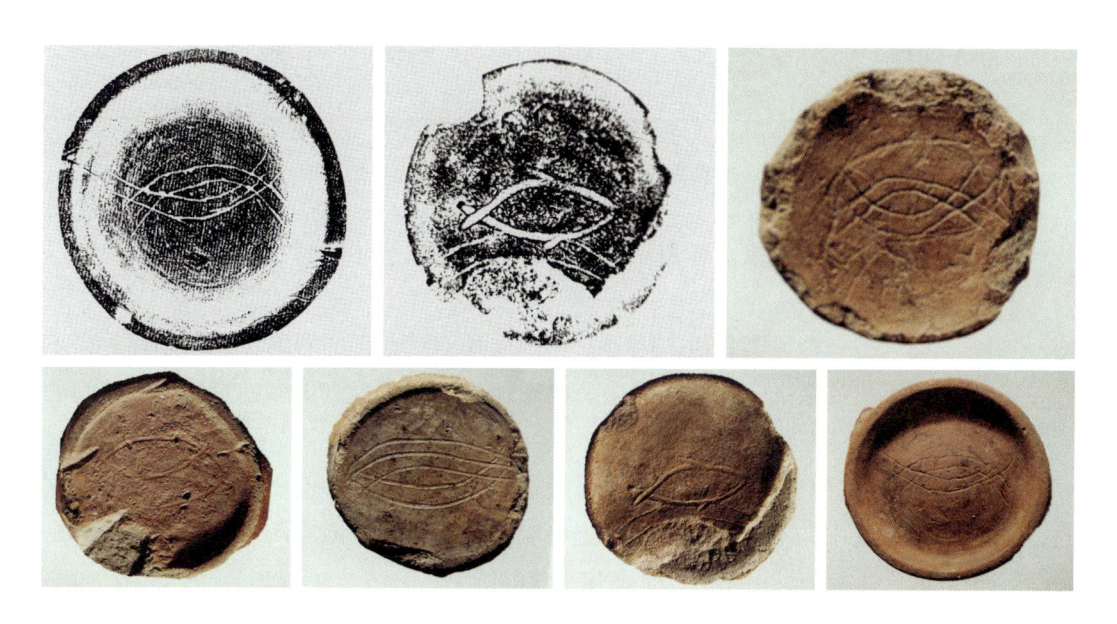

鱼纹陶器（安徽蚌埠双墩遗址）

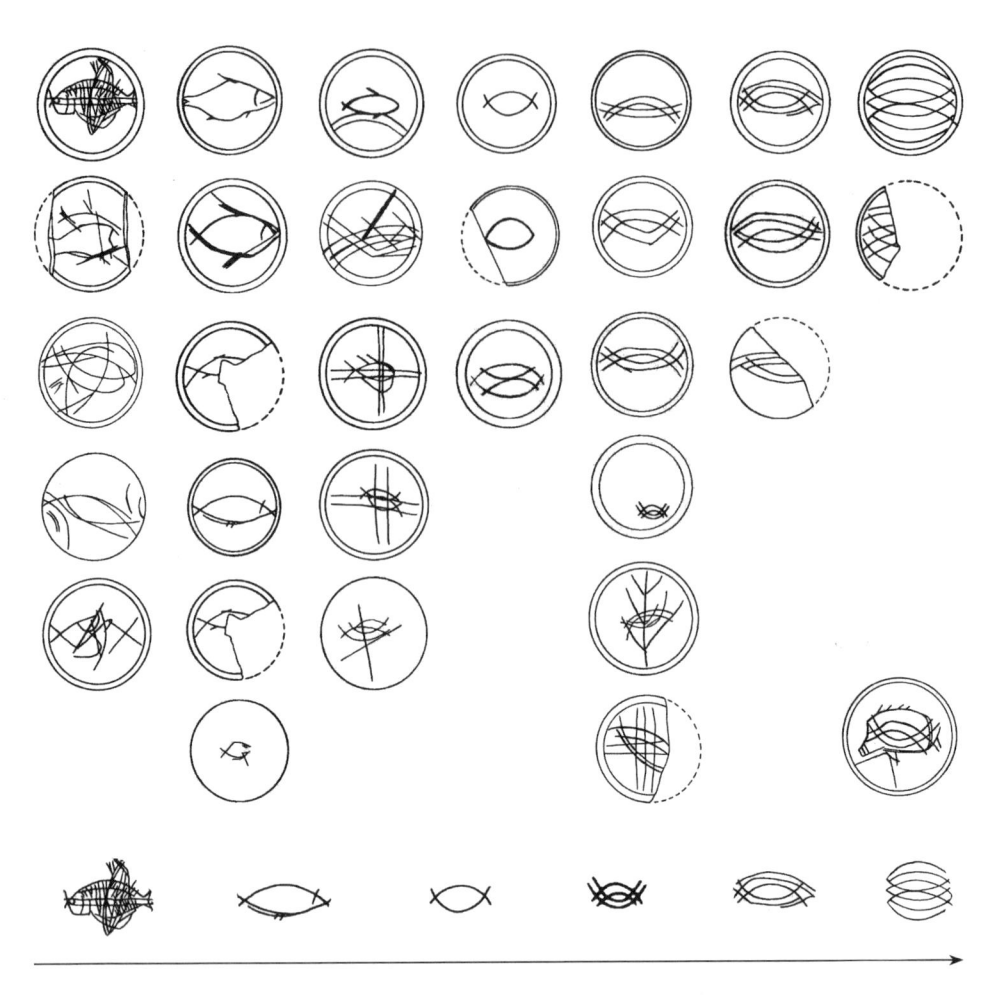

陶器上的鱼纹刻画（安徽蚌埠双墩遗址）

彩陶上的交弧纹，有独立出现的，也有与其他几何纹共存的，共存纹饰以圆点多见。

说这是一种另类鱼纹，因为它与以往我们讨论过的彩陶鱼纹区别很大，不能归入大鱼纹系统。今后在豫中、豫东地区应当还会有更多的发现，区域间的空当也一定会得到填补。

我曾经对仰韶彩陶的大鱼纹系统进行了归纳，认为许多几何纹都能归入这个鱼纹系统中，不过还没有涉及这种交弧纹。初步判断彩陶上的这类纹饰，是由双墩文化刻画借用来的，是文化交流的结果。

庙底沟文化鱼纹彩陶

中国史前有两个考古学文化中发现较多的鱼纹彩陶，一是半坡文化，一是庙底沟文化。半坡文化中的鱼纹彩陶非常典型，历来很受研究者关注。但对于庙底沟文化中的鱼纹彩陶，关注的人却很少。其实在庙底沟文化彩陶分类系统中，鱼纹占有非常重要的地位。庙底沟文化的鱼纹有少量为写实图案，其次是抽象的几何化纹饰，更多的是完全几何化的纹饰。辨析这些几何化的与鱼纹相关的纹饰，是在此研究的重点。庙底沟文化广泛流行的叶片纹、花瓣纹、西阴纹、菱形纹、圆盘形纹和带点圆圈等，大都是鱼纹拆解后重组而成，这些纹饰构成了一个大鱼纹象征系统。揭示这个隐蔽的大鱼纹象征系统，对真正理解史前彩陶的内涵有十分重要的意义。

庙底沟文化的鱼纹彩陶承自半坡文化传统，纹饰体系有了进一步的发展，最后完全图案化。由彩陶艺术表现方式研究，鱼纹的演变经历了观物取象、得意忘象的艺术过程，无象之美成为彩陶最大的魅力所在。

彩陶鱼纹分类与判读

庙底沟文化彩陶上的鱼纹，大体分为三种样式。一种为具象，写实性很强；一种为变形，介于写实与抽象之间；还有一种为抽象，不过是象征性的符号而已。我们在讨论时，除去具象的鱼纹，称变形鱼纹为典型鱼纹，称抽象鱼纹为简体鱼纹。

鱼纹彩陶是半坡文化的一个重要标志，在陕西地区的不少遗址都有发现。半坡文化的鱼纹分为两类，一类为写实的具象纹饰，一类为变形纹饰。当然还有一些几何形图案被认为是鱼纹演变而成，但一般并不将它们归入鱼纹之列，因为这些纹饰已经看不到鱼的形体特征了。

因为受材料的局限，过去我们形成了一种思维定式，由彩陶而论，以为半坡文化以鱼纹为主要特征，而庙底沟文化是以鸟纹为重要标志。其实在庙底沟文化中也发现有鱼纹彩陶，而且数量可观。庙底沟文化的鱼纹彩陶，大多与半坡文化的鱼纹彩陶有明显区别，当然联系也是有的。在庙底沟文化中，不仅有鸟纹和鱼纹，也有鱼纹与鸟纹结合的纹饰。最著名的自然是汝州阎村遗址出土的那件彩陶缸上的《鹳鱼石斧图》[①]。这样的发现也许只能看成个案，而且上面的鱼纹也是具象图案，不是我们在此要讨论的重点对象。我们更关注的，是那些庙底沟文化彩陶普见的变形鱼纹。

庙底沟文化彩陶上写实的鱼纹，其实在陕西西乡何家湾[②]、铜川李家沟[③]、河南郑州大河村[④]、济源长泉等地也都有发现[⑤]，基本是以写实的方法描绘鱼体，各处构图并不全同，但多用网格线表示鱼鳞，这是比较一致的手法。在山西垣曲小赵彩陶上见到了最生动的鱼[⑥]，可以算是写实最准确的鱼纹。这些发现表明，庙底沟人对鱼也相当关注。

在陕西华阴南城子[⑦]、铜川李家沟和陇县原子头[⑧]，发现了庙底沟文化典型的鱼纹彩陶。庙底沟文化彩陶上的这类鱼纹，大体是承续半坡文化鱼纹的绘法，鱼身强调背腹对称构图，涂彩面较大。剪刀形的鱼尾和鱼鳍对称伸展，长长的鱼嘴张开着，大鳃醒目，但鱼目省略不见。其实类似典型鱼纹彩陶片在陕西临潼姜寨的庙底沟文化层中也见到过，因为只存留着鱼纹中段，所以过去没有辨识出来。[⑨]在陕西华州泉护村也有一件鱼纹彩陶，陶片上只见到鱼尾的中段，即原报告所称的"两条平行反向曲形黑彩带"，这黑彩带的上下有双勾线条，是典型的鱼纹绘法，可以确定这是一件鱼纹彩陶，可能是简体鱼纹。

在庙底沟文化彩陶介于写实与几何形之间的纹饰中，也只有这一种鱼纹最富于装饰性，只是它并不是庙底沟人自己创造的构图。当然庙底沟人也首创了另一种鱼纹的绘法，这是一种非常抽象的绘法，我们称为简体鱼纹，它仅存于典型鱼纹常见的尾部，身子与头部都已省略，不过前端有一个圆点，大约是用

[①] 临汝县文化馆：《临汝阎村新石器时代遗址调查》，载《中原文物》1981年第1期。
[②] 陕西省考古研究所、陕西省安康水电站库区考古队：《陕南考古报告集》，三秦出版社，1994年，第45—204页。
[③] 西安半坡博物馆：《铜川李家沟新石器时代遗址发掘报告》，载《考古与文物》1984年第1期。
[④] 郑州市文物考古研究所编著：《郑州大河村》，科学出版社，2001年。
[⑤] 河南省文物管理局、河南省文物考古研究所编：《黄河小浪底水库考古报告》（1），中州古籍出版社，1999年。
[⑥] 中国社会科学院考古研究所山西队：《山西垣曲县小赵新石器时代遗址的试掘》，载《考古》1998年第4期。
[⑦] 中国社会科学院考古研究所陕西工作队：《陕西华阴南城子遗址的发掘》，载《考古》1984年第6期。
[⑧] 宝鸡市考古工作队、陕西省考古研究所编：《陇县原子头》，文物出版社，2005年。
[⑨] 西安半坡博物馆、陕西省考古研究所、临潼县博物馆：《姜寨——新石器时代遗址发掘报告》，文物出版社，1988年。

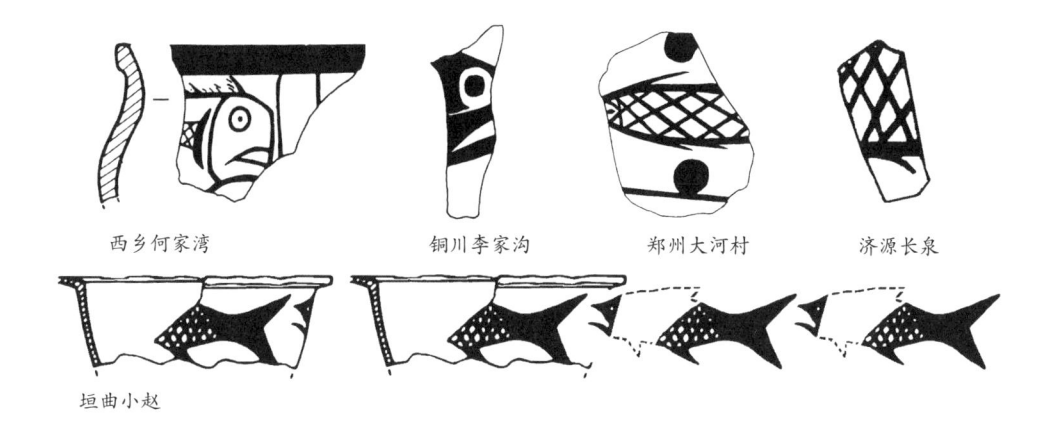

西乡何家湾　　　　铜川李家沟　　　　郑州大河村　　　　济源长泉

垣曲小赵

庙底沟文化时期彩陶上的写实鱼纹

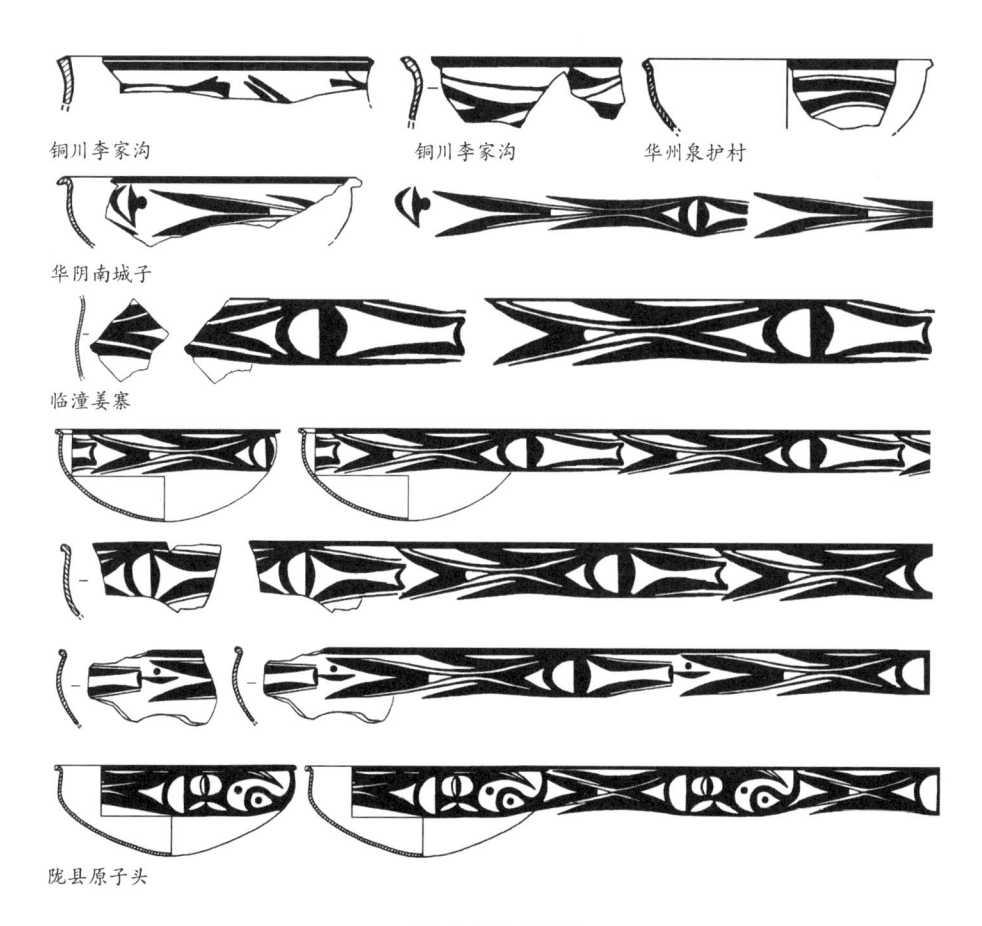

铜川李家沟　　　　　　铜川李家沟　　　　华州泉护村

华阴南城子

临潼姜寨

陇县原子头

彩陶上的典型鱼纹

与人同行 | 525

它表示鱼头。简体鱼纹在山西、陕西和甘肃均有发现，虽然所见数量并不太多，但它的分布范围却很广。简体鱼纹彩陶在晋南翼城北橄[①]、新绛光村[②]、洪洞耿壁有发现[③]，特点是两尾合拢。在陕西的华阴南城子和扶风案板[④]以及甘肃秦安的大地湾见到的简体鱼纹[⑤]，两尾张得较开一些。

在河南灵宝的几个地点都见到鱼纹彩陶，由于陶片过于破碎，发现者当初并没有辨识出来。[⑥]灵宝的鱼纹既有典型鱼纹，如小常和永泉埠所见；也有简体鱼纹，如南万村所见。在北阳平，这两种鱼纹都有发现。豫西发现的这些鱼纹与山西、陕西和甘肃地区所见并无区别。

彩陶鱼纹图案的确认，是在西安半坡遗址发掘之时。但是鱼纹彩陶更早的发现，却是在渑池仰韶村和夏县西阴村遗址的发掘之时，当然这两个遗址发现的鱼纹彩陶都比较破碎，发掘者并没有将鱼纹彩陶辨认出来。西阴村彩陶片上的简体鱼纹，仅存鱼的身尾接合部，双线勾勒的鱼身轮廓特点明确，可以认定它是鱼纹而不会是其他。从细部特征看，它与大多数典型鱼纹不同，却与华阴南城子的发现相类似，剪刀尾之间的夹角特别小，有较长的细夹缝。但是在陶片上并没有看到应当绘出的鱼鳍，没有鱼鳍那就不会是典型鱼纹，而应当是简体鱼纹。从这个发现看，由典型鱼纹到简体鱼纹之间，可以看到一点变化的脉络。[⑦]后来石璋如先生在关中地区调查，在彬州老虎煞遗址也发现过简体鱼纹彩陶[⑧]，属于庙底沟文化。

在甘南西汉水与白龙江地区的武都大李家坪[⑨]、陇西二十里铺、西和宁家庄

[①] 山西省考古研究所：《山西翼城北橄遗址发掘报告》，载《文物季刊》1993年第4期。
[②] 山西省考古研究所、新绛县博物馆：《山西新绛光村新石器时代遗址调查》，载《文物季刊》1996年第2期。
[③] 山西省考古研究所、洪洞县博物馆：《山西洪洞耿壁遗址调查、试掘报告》，见山西省考古研究所、山西省考古学会编：《三晋考古》（第2辑），山西人民出版社，1996年，第127—140页。
[④] 西北大学文博学院考古专业编著：《扶风案板遗址发掘报告》，科学出版社，2000年。
[⑤] 甘肃省文物考古研究所编著：《秦安大地湾——新石器时代遗址发掘报告》，文物出版社，2005年。
[⑥] 河南省文物考古研究所、中国社科院考古研究所河南一队、三门峡市文物工作队等：《河南灵宝铸鼎塬及其周围考古调查报告》，载《华夏考古》1999年第3期；黄河水库考古工作队河南分队：《河南灵宝两处新石器时代遗址复查和试掘》，载《考古》1960年第7期。
[⑦] 李济：《西阴村史前的遗存》，清华学校研究院，1927年；山西省考古研究所：《西阴村史前遗存第二次发掘》，见山西省考古研究所、山西省考古学会编：《三晋考古》（第2辑），山西人民出版社，1996年，第1—62页。
[⑧] 石璋如：《关中考古调查报告》，载《历史语言研究所集刊》1956年第27本，第205—323页。
[⑨] 北京大学考古学系、甘肃省文物考古研究所：《甘肃武都县大李家坪新石器时代遗址发掘报告》，见刘庆柱主编：《考古学集刊》（第13集），中国大百科全书出版社，2000年，第1—40页。

新绛光村

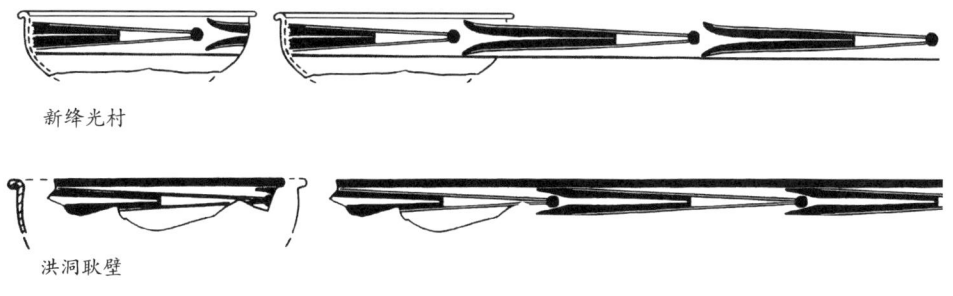

洪洞耿壁

晋南地区的简体鱼纹彩陶

和礼县石嘴村、黑土崖、高寺头①，也都见到了典型鱼纹彩陶，它们有的被划归半坡文化范畴，可能时代会晚一些，有的应当属于庙底沟文化。

在西乡何家湾和华阴南城子都同时发现过简体鱼纹与典型鱼纹，表明简体鱼纹出现后，并没有完全取代典型鱼纹，它们在一段时间内有过共存。南城子的简体鱼纹又是最简的形态，可见两种鱼纹共存的时间不会太短。

事实上完整的鱼纹彩陶器发现并不是很多，常常见到的只是一些彩陶片。面对这些破碎的陶片，我们往往不能准确地判断出纹饰主题，它们一般都会被忽略不计。也正是因为这个原因，庙底沟文化彩陶上的大量鱼纹没有得到确认，所得到的印象非常不完整，这严重影响到我们对整个文化彩陶的研究。为着今后能引起发掘者更多的注意，我绘制了一张彩陶典型鱼纹与简体鱼纹残片判断坐标图，希望学者们在发现相似彩陶片时能仔细比对，一定会有所收获。在这个坐标图上，从鱼头到鱼尾分出了7个坐标区，头眼、身子和尾部都分作两区，头与尾的结合部分为1区，可以非常容易地将那些彩陶片归位。过去在这样的碎片出土时，可能因为过于破碎，残留的纹饰也过于简单，所以被忽略了，甚至在公布资料时将它们搁置起来。如果这样的彩陶片不被认识，甚或让它们重归尘下，那是一件非常可惜的事情。其实鱼纹彩陶片并不难辨认，因为它与庙底沟文化彩陶的其他纹饰区别明显，一般是不会混淆的。

我将现有的一些彩陶残片上的图案归入坐标图上，确认不少过去不知全形的纹饰，它们原本就是鱼纹。

---

① 早期秦文化联合考古队：《西汉水上游新石器时代遗址调查简报》，载《考古与文物》2004年第6期；甘肃省文物考古研究所、中国国家博物馆、北京大学考古文博学院等：《西汉水上游考古调查报告》，文物出版社，2008年。

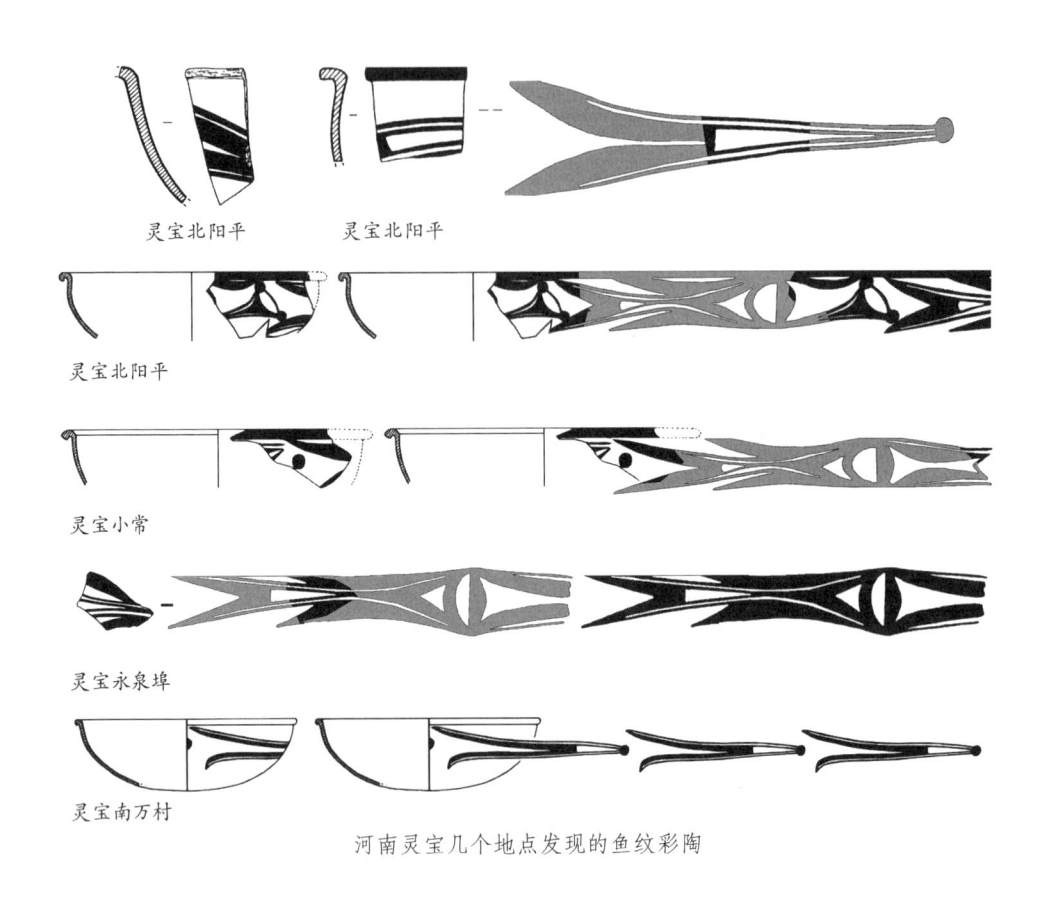

灵宝北阳平　　灵宝北阳平

灵宝北阳平

灵宝小常

灵宝永泉埠

灵宝南万村

河南灵宝几个地点发现的鱼纹彩陶

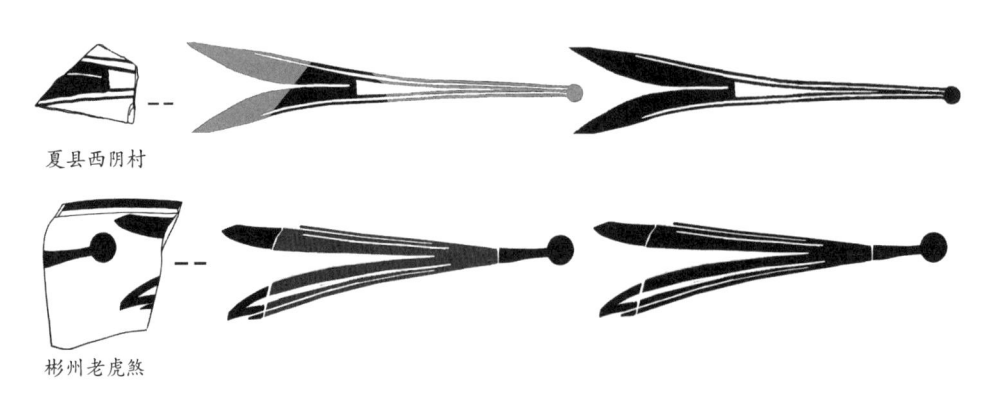

夏县西阴村

彬州老虎煞

早年发现的简体鱼纹彩陶

528 | 追踪信仰：艺术考古中的动物图像

西和宁家庄

礼县黑土崖

礼县高寺头

礼县黑土崖

礼县黑土崖

武都大李家坪

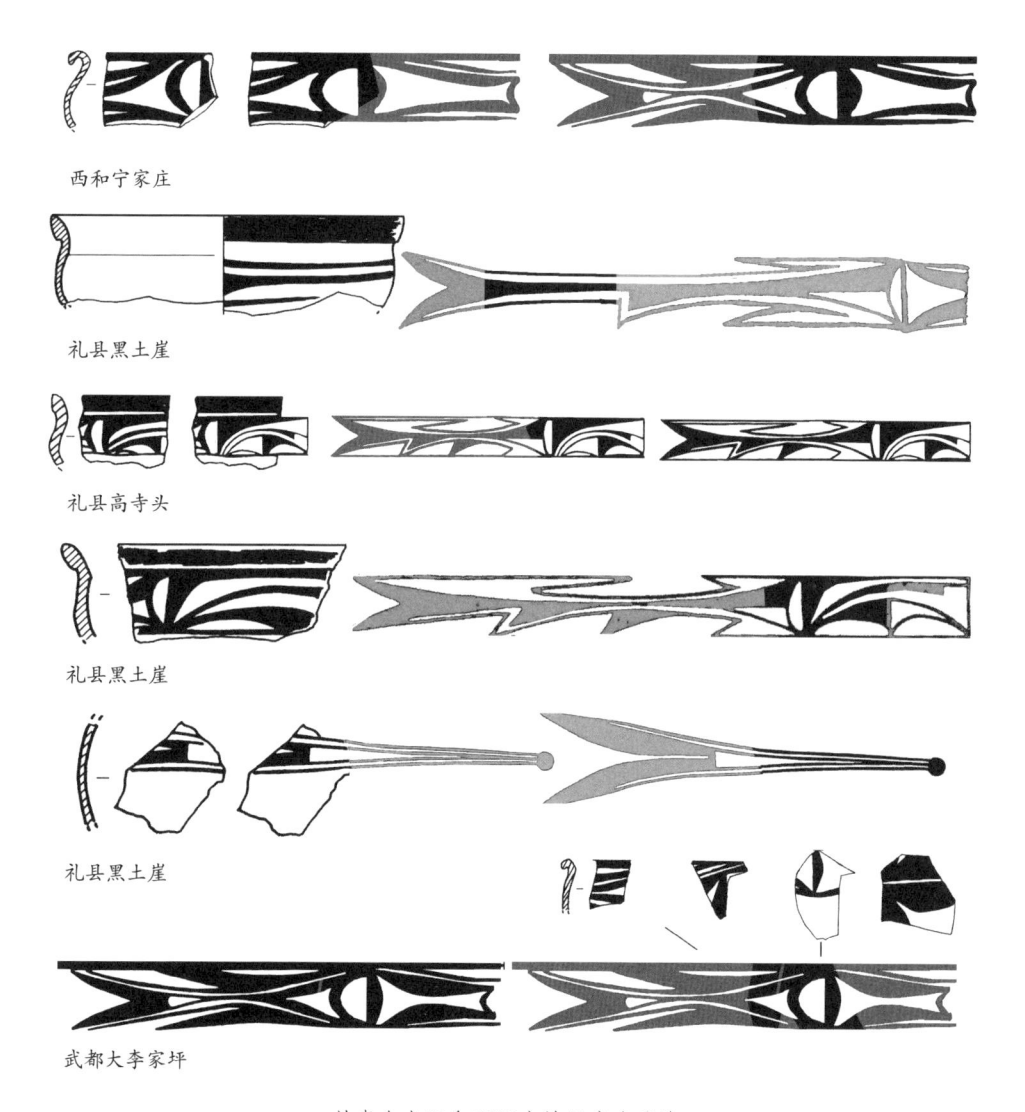

甘肃白龙江和西汉水地区出土彩陶

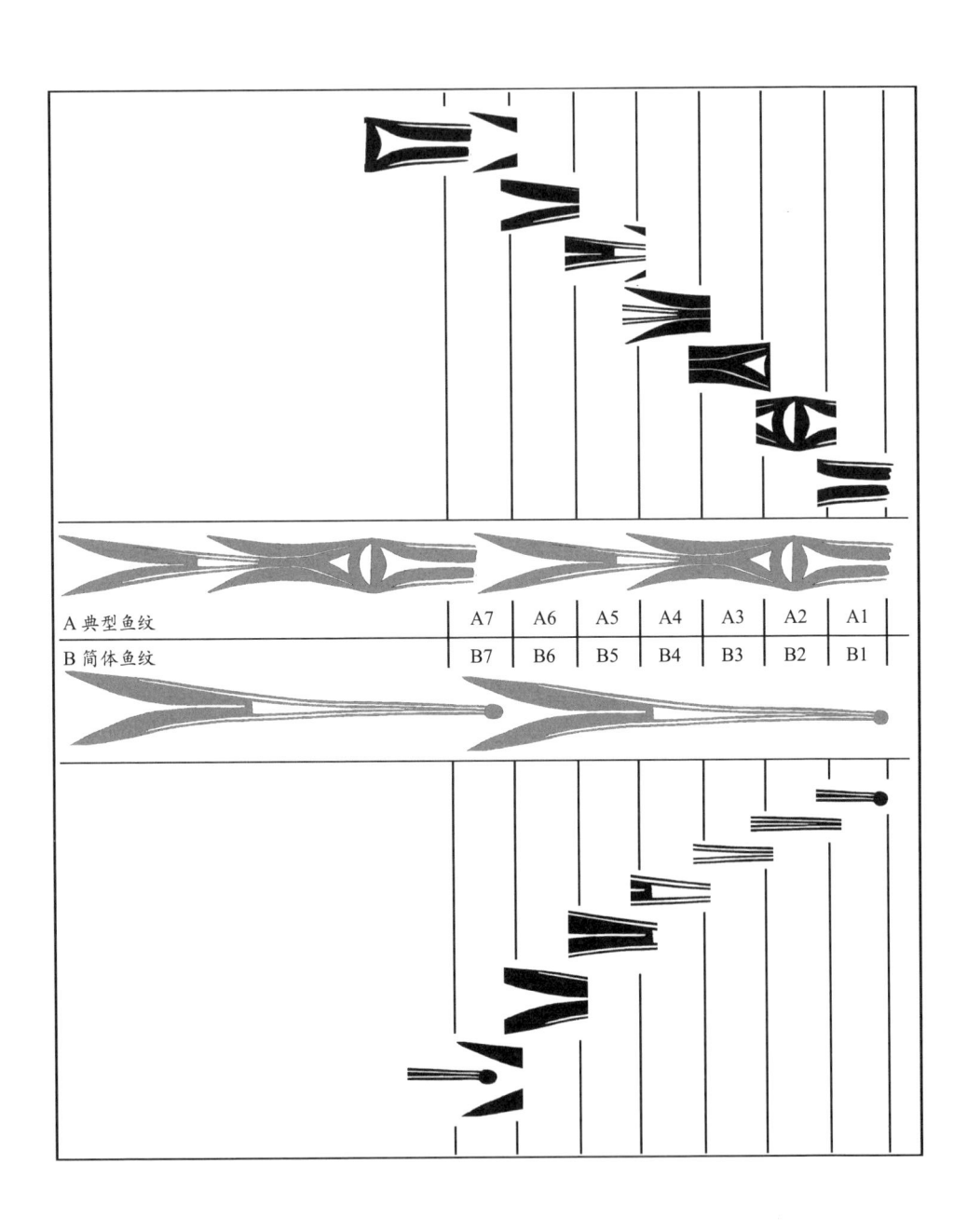

A 典型鱼纹	A7	A6	A5	A4	A3	A2	A1
B 简体鱼纹	B7	B6	B5	B4	B3	B2	B1

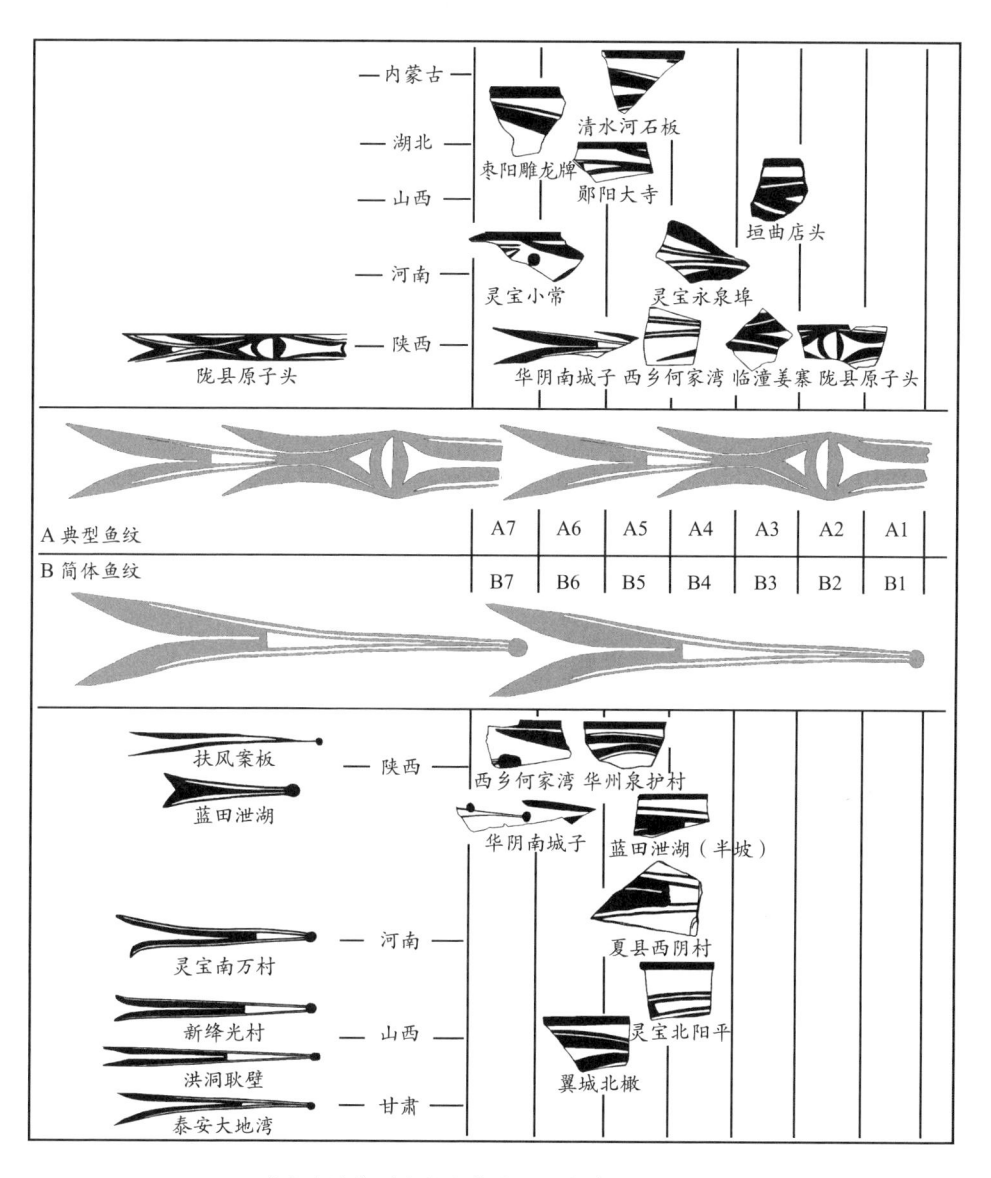

彩陶上的典型鱼纹与简体鱼纹残片判断坐标图

鱼纹彩陶的分布

庙底沟文化典型鱼纹和简体鱼纹的分布有明确的范围，鱼纹确是庙底沟文化彩陶一个不可忽略的要素，过去以为它是半坡文化彩陶独有元素的认识需要修正。

发现典型鱼纹的地点，在豫西有灵宝永泉埠、小常和北阳平，晋南有垣曲店头，关中和陕南有西乡何家湾、华阴南城子、陇县原子头、临潼姜寨和铜川李家沟，甘肃有秦安大地湾、武都大李家坪、陇西二十里铺、西和宁家庄和礼县石嘴村、黑土崖、高寺头等处。

发现简体鱼纹的地点，在豫西有灵宝北阳平、南万村，晋南有夏县西阴村、新绛光村、翼城北橄、洪洞耿壁，关中和陕南有西乡何家湾、华阴南城子、华州泉护村、蓝田泄湖、扶风案板和彬州老虎煞，甘肃有秦安大地湾和礼县黑土崖等处。

更北面的内蒙古凉城，在岱海周围发现一些遗址，研究者一般将它们归入仰韶系统，其中有相当于庙底沟文化的遗址，出土一定数量的彩陶。如王墓山坡下遗址最值得关注[①]，彩陶有宽带彩、双瓣式花瓣纹、网格纹和菱形纹，深腹的盆绘有典型鱼纹，鱼纹构图与渭河两岸所见相同。王墓山坡下遗址有的彩陶具有半坡文化风格，发掘者根据整体特征研究，将它归入庙底沟文化时期，碳14年代测定的数据也支持这个认识。不远的清水河石板遗址也发现了鱼纹彩陶，它也一直没有被辨识出来。[②] 石板彩陶上的鱼纹应当属于典型鱼纹，这是很重要的发现。

在南方也有重要线索，湖北的郧阳大寺遗址后来又进行过发掘，公布的2006年的发掘资料中，就有一些值得研究的彩陶。[③] 纹饰除大单旋纹以外，还有标准的鱼纹残片。鱼纹虽然典型，但发掘者并没有辨认出来。枣阳雕龙碑也见到一例鱼纹彩陶片，纹饰仅存半尾，不能判断是典型鱼纹还是简体鱼纹，暂作

[①] 内蒙古文物考古研究所、北京大学中国考古学研究中心、"聚落演变与早期文明"课题组编著：《岱海考古（三）》，科学出版社，2003年。

[②] 中国社会科学院考古研究所内蒙古工作队：《内蒙古中南部古代遗址调查简报》，见考古杂志社编：《考古学集刊》（第12集），中国大百科全书出版社，1999年，第20—40页。

[③] 湖北省文物考古研究所、湖北省文物局南水北调办公室：《湖北郧县大寺遗址2006年发掘简报》，载《考古》2008年第4期。

凉城王墓山坡下

清水河石板

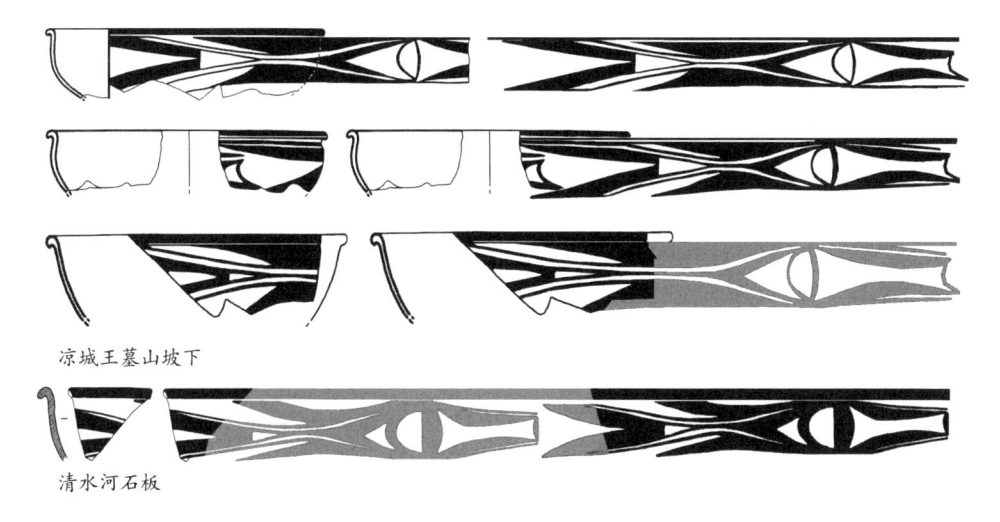

内蒙古南部出土鱼纹彩陶

典型鱼纹看待。[①] 枣阳雕龙碑是庙底沟文化风格鱼纹分布的南限。

典型鱼纹彩陶的分布，是以关中地区为中心，西及渭河上游与西汉水，东至河南西部，南到陕南与鄂西北，北达河套以北的内蒙古地区。晋中南地区的庙底沟文化中只见到极少的典型鱼纹彩陶，这可能是工作局限造成的，也可能是资料未及公布，或是暂时没有辨识出来。

在关中至河套的中间地带，并没有见到典型鱼纹彩陶，我们虽然暂时还不知道这类鱼纹向北传播的过程，但相信河套以北的典型鱼纹彩陶一定是来自渭河流域，也相信以后在这一个中间地带会有新的发现来说明这一条传播路线。

分布在汉水、西汉水和豫西地区的典型鱼纹彩陶，也应当是来自渭河流域。

典型鱼纹彩陶最初出现的地区，可以确定是在渭河流域，但具体是在哪一片区域，还值得进一步探索，最有可能是在渭河上游一带，在甘肃天水附近地区。秦安大地湾半坡文化晚期和邻近的陇县原子头庙底沟文化早期层位中出土了较多的典型鱼纹彩陶，这是这类彩陶起源于这一区域的最好证明。

简体鱼纹彩陶的分布范围，没有典型鱼纹那么大，不过除在河套以北没有见到以外，简体鱼纹在其他地点的分布地域与典型鱼纹大体吻合。还有一点不同的是，发现典型鱼纹较少的晋中南地区，见到较多的简体鱼纹彩陶。

[①] 王仁湘、王杰主编：《雕龙碑史前彩陶》，文物出版社，2006年。

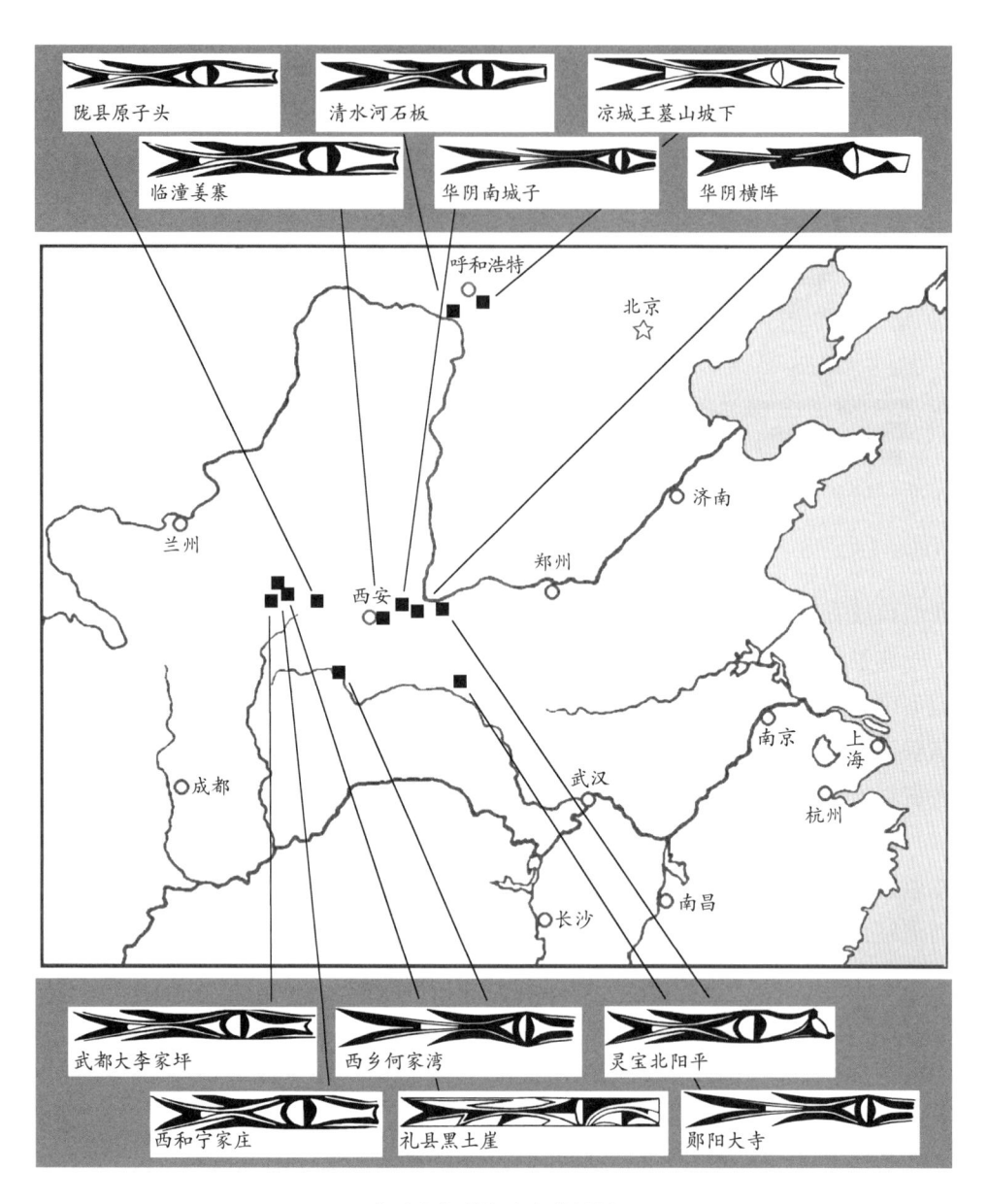

陇县原子头　　清水河石板　　凉城王墓山坡下
临潼姜寨　　华阴南城子　　华阴横阵

呼和浩特
北京
兰州
济南
西安
郑州
成都
武汉
南京　上海
杭州
长沙
南昌

武都大李家坪　　西乡何家湾　　灵宝北阳平
西和宁家庄　　礼县黑土崖　　郧阳大寺

典型鱼纹彩陶分布范围图

534 | 追踪信仰：艺术考古中的动物图像

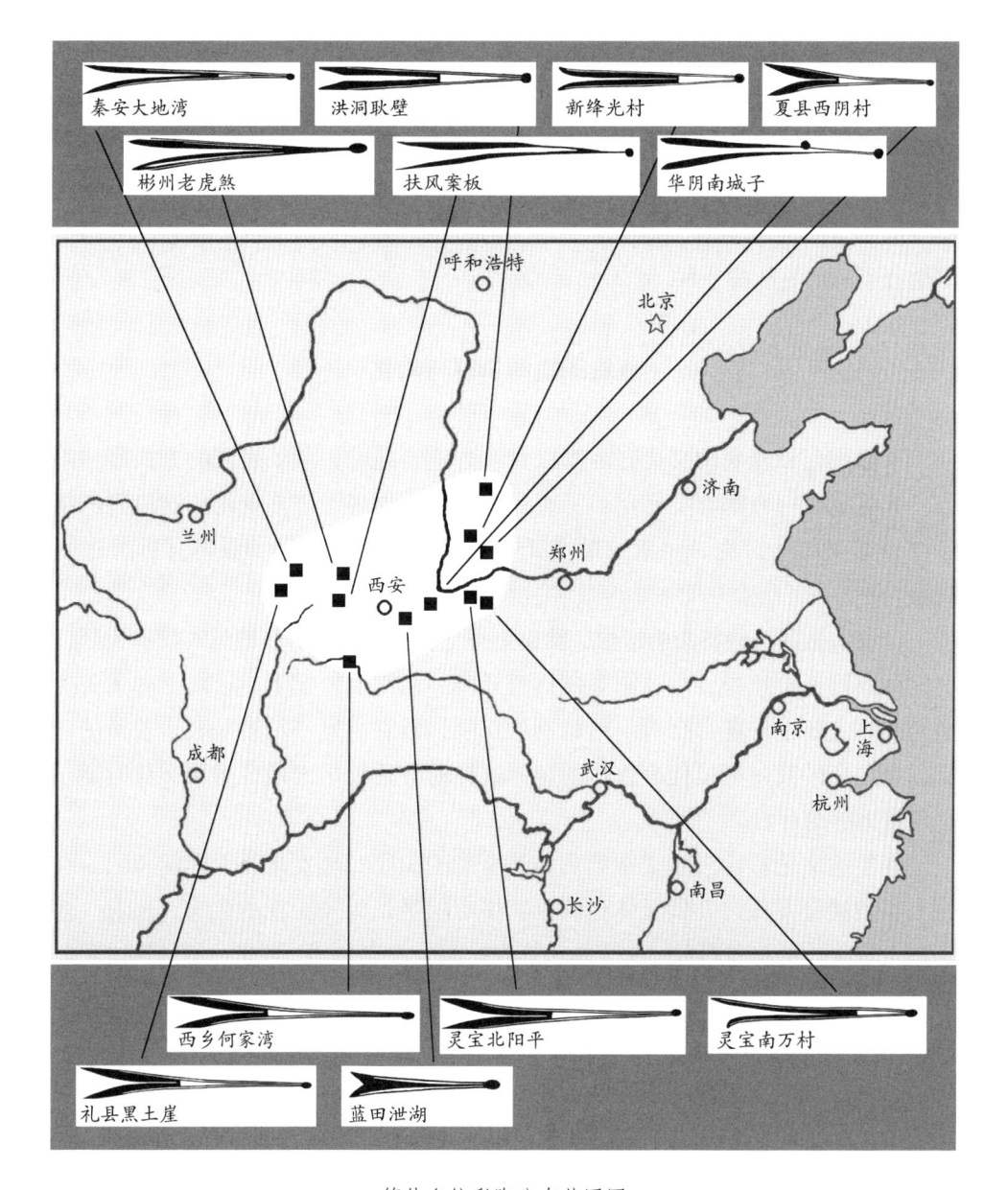

简体鱼纹彩陶分布范围图

  陕西蓝田泄湖的半坡文化彩陶上见有简体鱼纹①，那里的简体鱼纹与庙底沟文化的并无不同。如果这个发现能够确定无疑，那说明简体鱼纹在半坡文化时期就已经出现了，当然还并不是很流行，所以没有更多的发现。不过泄湖的庙

---

① 中国社会科学院考古研究所陕西六队：《陕西蓝田泄湖遗址》，载《考古学报》1991年第4期。

底沟文化彩陶上也见到了简体鱼纹，只是鱼尾极短小，与他处的发现有些区别。

比起典型鱼纹，简体鱼纹的辨识会更加困难，因为纹饰结构过于简单，陶片破碎以后很难认出纹饰原貌，所以有可能许多资料因为不觉得重要而没能发表出来。这对于了解这类纹饰的分布范围是个缺憾，也许将来学者们认识到这类纹饰的重要性后会给予更多的关注，会公布更多的资料，我们对它的分布范围也会了解得更准确一些。

鱼纹图案的拆解与简化

半坡文化和庙底沟文化彩陶都以鱼纹为重要题材，鱼纹表现的方式多种多样，典型鱼纹一般都有头有尾，另有一些鱼纹则出现了许多变化。这里要围绕鱼纹的演变展开讨论，将鱼纹的变化重点分为头部、尾部和眼部几部分进行观察。

鱼纹中见到一些特别的情形，就是鱼身与鱼头的分离，有的鱼纹没有头部，有的鱼纹则不绘鱼身，鱼纹图案被拆解开来。在陶工的笔下，彩陶上的无头之鱼与无体之鱼也许各自会有一些特别的意义，但它们也一定还是表示着鱼的含义，是用鱼的某一部位代表整体的鱼。这样的变化最早出现在半坡文化时期，是鱼纹拆解的开始。

在半坡文化彩陶上，常常见到的是全形的鱼纹，也发现有无体的鱼纹。在西安半坡遗址发现过几例无体鱼纹，其中有的被认为是正视的鱼头，还有一例为双头鱼纹，向左和向右的两个鱼头连在一起，没有鱼尾。[①]这一例纹饰也可名为连体鱼头纹，是非常少见的鱼纹构图。山西芮城东庄村也发现一例无体鱼纹彩陶[②]，它是在一件盆形器上绘成，为二方连续构图的鱼头纹，左右鱼头相对，中间有圆点组成的隔断。鱼头张嘴瞪目，自腮以后没有绘出，鱼头就像是从完整的鱼身上切下来的一样，在其他地点的鱼纹彩陶上见到过这样构图的鱼头。

彩陶绘无体鱼纹的用意，也许并无特别的考虑，只是绘法更简单，只用鱼头来表示鱼，对于史前画工来说，应当是一个很好的创意。这样的创意也可能并不仅仅只是限于以鱼头表示全鱼形，它会启示画工做出更多更大胆的选择，

[①] 中国科学院考古研究所、陕西省西安半坡博物馆编：《西安半坡》，文物出版社，1963年，第164—165页。

[②] 中国科学院考古研究所山西工作队：《山西芮城东庄村和西王村遗址的发掘》，载《考古学报》1973年第1期。

半坡文化无体鱼纹彩陶（山西芮城东庄村）

比如绘出鱼尾也可以代表鱼形，同样也许绘出鱼眼甚至是鱼唇，都可用于表示全形的鱼。仅从艺术的角度来说，这样的拆解表现方法是非同小可的，它将图案装饰艺术提升到了新的高度，大量简练精致的纹饰也就在这样的启示下被非常有序地创作出来。

在庙底沟文化彩陶上，还没有见到明确的无体鱼纹，不过相关更简略地表现鱼形的纹饰却更加丰富，不少纹饰都可以纳入鱼纹系统。

彩陶上还有无头鱼纹。彩陶上的无头鱼纹，在半坡文化晚期和庙底沟文化彩陶纹饰中是比较常见的一种特别现象。彩陶上有的鱼纹没有头部，有的鱼纹在鱼身前绘着一些特别的图形。在西安半坡遗址的彩陶上最先发现过一些无头的鱼纹，而且多见双体无头鱼纹，身尾都在，鱼头好似被齐刷刷地斩去。这种无头鱼纹彩陶，在庙底沟文化中也有一些发现，原本应当有的鱼头失踪了，但在鱼头的位置出现了新的图形，它们取代了鱼头。这样的一些图形虽然出现在鱼头的位置，但明眼看来却并不是鱼头，不过这类图形后来又独立成纹，不再与鱼身共存，为研究鱼纹的变化指示出一条隐蔽的线索。

见到半坡文化的鱼纹彩陶后，石兴邦先生试图揭示鱼纹变化规律，在编写《西安半坡》发掘报告时，他注意到了鱼纹简化发展的趋势，认为鱼头与鱼体有分别演变的现象[①]，揭示这样的一个发展过程具有重要意义。将一些特别的几何形纹饰与象生形的鱼纹联系起来观察，这一方法为后来的一些研究者所效仿。

鱼目的拆解，是鱼纹变化的主要方式之一。从半坡文化与庙底沟文化的发现看，彩陶鱼纹上鱼眼的形状，有空圆圈形，有圈中点睛形，也有偏目形，最常见的还是圆目。仅以甘肃秦安大地湾的发现而言，彩陶鱼纹的鱼眼有圆目，也有偏目，偏目鱼眼数量似乎更多。有的偏目只绘出半个眼珠，个别的甚至绘成半闭着的样子。又在陕西临潼姜寨的彩陶上发现，在第三期文化（半坡文化晚期）中，彩陶鱼眼中的圆圈眼与偏目眼共存，而且还有两种鱼眼出现在同一

[①] 中国科学院考古研究所、陕西省西安半坡博物馆编：《西安半坡》，文物出版社，1963年，第185页。

件彩陶上的例证，有一件彩陶钵上就绘有不同鱼眼的鱼纹。

临潼姜寨半坡文化晚期彩陶上见到偏目鱼眼并不是个别现象，在好几件彩陶瓶上都绘着偏目鱼纹。由于这几件彩陶瓶上的鱼纹绘得比较特别，鱼身曲回，鱼体变形很大，所以不大容易辨认。其中有的鱼身隐没，仅绘出一只鱼眼来，纹饰更为简化。特别值得注意的是，这一类鱼眼的外轮廓都绘成方框形，眼睛也略呈方形，做了明显的变形处理。本来是圆形的眼睛，结果变幻成了方形，可见史前画工在图形处理方面有一定的艺术原则。

彩陶上见到大量圆形中带点的纹样，它们有可能代表的正是鱼眼，应当是鱼纹的另一种简略的形式。事实上在临潼姜寨遗址，就见到一些以眼睛为主要题材的彩陶，眼形有圆目，也有偏目，相信这中间有的就是鱼目。甘肃出土一件彩陶盆，腹面绘正视的鱼头纹，圆圆的双眼之间，是阔大的嘴。这带点的圆圈形应当就是鱼眼，这样的图形表示的就是鱼纹。值得注意的是两只鱼眼下面

彩陶上的圆目鱼纹与偏目鱼纹（陕西临潼姜寨遗址）

彩陶上的圆目纹和偏目纹（甘肃）

的双瓣纹，还有双瓣纹之间的圆盘形纹，它们也都是鱼纹的象征。在甘肃张家川的一件彩陶上，见到了明确的偏目鱼纹，这样的鱼目是独立存在的，它所代表的当然就是偏目的鱼。[①]这些彩陶的年代介于半坡文化和庙底沟文化之间，那后来庙底沟文化彩陶上一些类似的圆圈与圆点构图，有可能真的与鱼目有联系，是鱼纹的一种最简略的形式。

简体鱼纹，是鱼纹演变的另一个结果。虽然鱼纹的几何化过程在研究者的眼中并不完全相同，但简体鱼纹却是可以看作这种几何化过程中的一个重要环节的，在这一点上大概不会有什么明显分歧。用典型鱼纹做观照，简体鱼纹将鱼头省略成了一个圆点，保留下来的只是剪刀式的鱼尾，鱼身完全不见了。简体鱼纹的鱼尾变化，与典型鱼纹并没有太大不同。但是如果独立观察，会觉得简体鱼纹的鱼尾变化其实非常大，鱼尾不仅绘得很长，分叉也很大，就像是两片柳叶。好在典型鱼纹上也有这样的鱼尾，我们可以很有把握地将它认定为鱼纹，而且在同一遗址，两种鱼纹都见到过，辨认并不是很困难。

[①] 郎树德、贾建威：《彩陶》，敦煌文艺出版社，2004年，第75页。

与人同行 | 539

华阴南城子

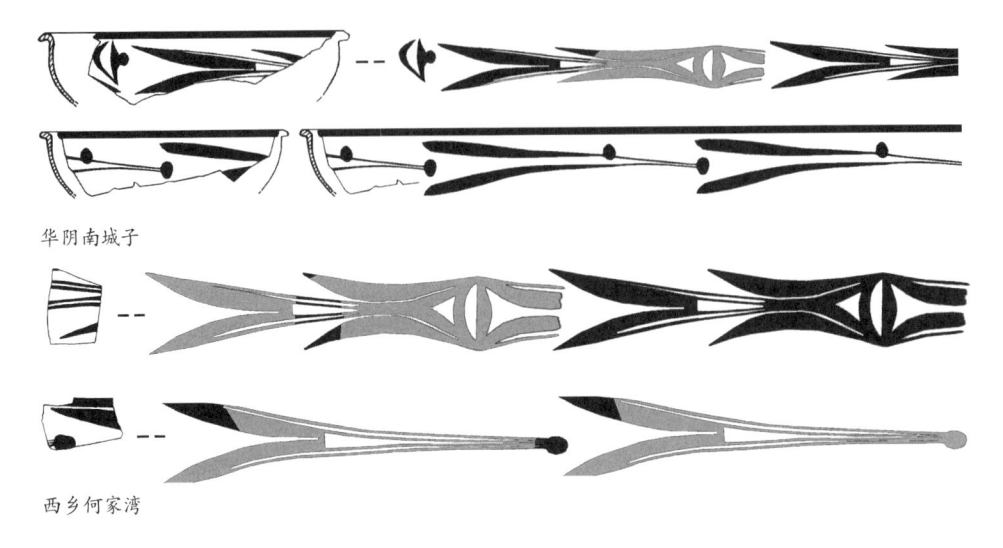

西乡何家湾

典型鱼纹与简体鱼纹共存举例

从图案构图的角度来说，简体鱼纹是在借鱼尾表示鱼的全形。如果没有典型鱼纹作观照，我们要将如此简化的图形认定为鱼纹会是很牵强的事。事实上，这类简体鱼纹在 20 世纪 20 年代晋南地区的发掘和 40 年代关中地区的调查中就已经发现，只不过当时并没有辨认出来。

彩陶上简体鱼纹出现的最早时代，可能是在半坡文化晚期，发现的数量也极少，只有一二例。也是因为发现太少，所以现有的资料让我们有些怀疑它的可靠性。如果这一二例忽略不计，那简体鱼纹可以说是专属庙底沟文化彩陶的。

庙底沟文化彩陶的简体鱼纹与典型鱼纹具有共存关系，它们的时代并无明显距离。在有的遗址，见到两类鱼纹共存的例证。推测简体鱼纹是由典型鱼纹演变而成的，是鱼纹的简化形式。简体鱼纹简化到只存鱼尾，鱼尾拉伸得很长，做了明显夸张处理。

虽然由典型鱼纹到简体鱼纹的演变脉络可以推测出来，但要寻找到两类鱼纹之间的中间形态，这个过程似乎并不那么容易，这是证明这种演变发生过的坚实证据。由简体鱼纹的变化，可以寻找到一些渐变迹象，将典型鱼纹和简体鱼纹进行比较，可以看出两者在形态上的距离并不小。我们怀疑两者之间一定有具备过渡特征的鱼纹形态。一般简体鱼纹的鱼尾比典型鱼纹的鱼尾分叉明显，但从个别例证看分叉也有不很明显的，这是表明两者之间具有密切联系的关键点。再进一步观察，会发现多数简体鱼纹的鱼尾呈反剪形，像是反装的两片剪刀，上下都有一条单线勾勒，一直延伸到与圆点形的鱼头连接，这是标准的简体鱼

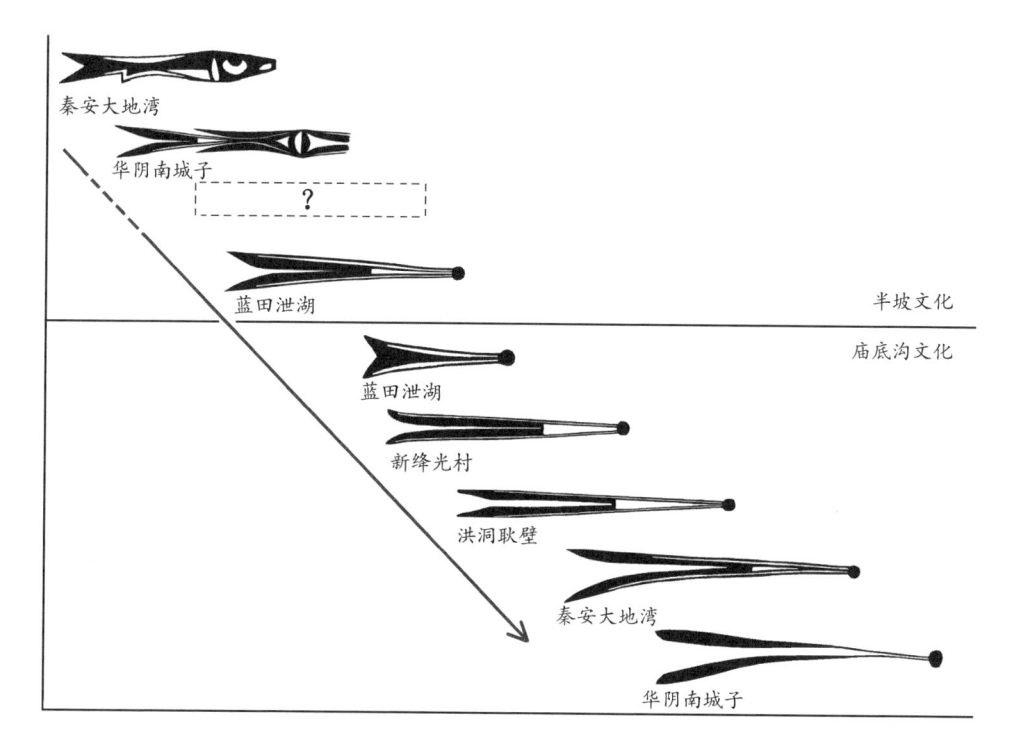

彩陶上的典型鱼纹到简体鱼纹的演变

纹样式。但还有更明显变形的简体鱼纹，鱼尾已经不再是那种剪刀样式，更像是飘扬的两片树叶，上下勾勒的线条也省略了。

在临潼姜寨遗址，见到典型鱼纹与简体鱼纹共存一器的例证。在一件小型尖底器上绘有并列的两类鱼纹，左为简体鱼纹，右为典型鱼纹。有意思的是，两类鱼纹都绘作跳跃状，不过其中的简体鱼纹比一般的简体鱼纹要复杂一些，而典型鱼纹又比一般的典型鱼纹更简略一些。这主要的区别在于简体鱼纹的头部并不是常见的一个圆点，而是在圆圈中绘一圆点；典型鱼纹鱼体完全省略，只是鱼头与鱼尾结合在一起。

姜寨遗址这件器物的年代，正好是在半坡文化晚期，在庙底沟文化之前。根据姜寨的这个发现，我们可以绘出两种过渡形态的鱼纹，由典型鱼纹向简体鱼纹演变的中间形态有了，演变的完整图式也就有了。

鱼纹构图的变化多端，在彩陶上有许多线索可寻，而变化最大的当然还是在鱼纹的头部。鱼纹的头形、眼睛和嘴形，都有许多变化，变化后的图形完全几何化之后，又被作为新纹饰元素进行重新组合，与原有的本体纹饰有了明显不同，呈现出全新的面貌。

从半坡文化彩陶的完整形态鱼纹头部，可以看到一个弯角状的飞白形状，它表示的是鱼张开的嘴。半坡鱼纹嘴形有一些变化，其中有一种为黑白对比式，也是弯角状，但绘成一黑一白的样子，形成鲜明的对比。不仅鱼纹的眼可以拆解单独为纹，鱼唇轮廓也是彩陶表现的一个重要主题，也可以拆解作为纹饰元素使用。

典型鱼纹与简体鱼纹共存彩陶（陕西临潼姜寨遗址）

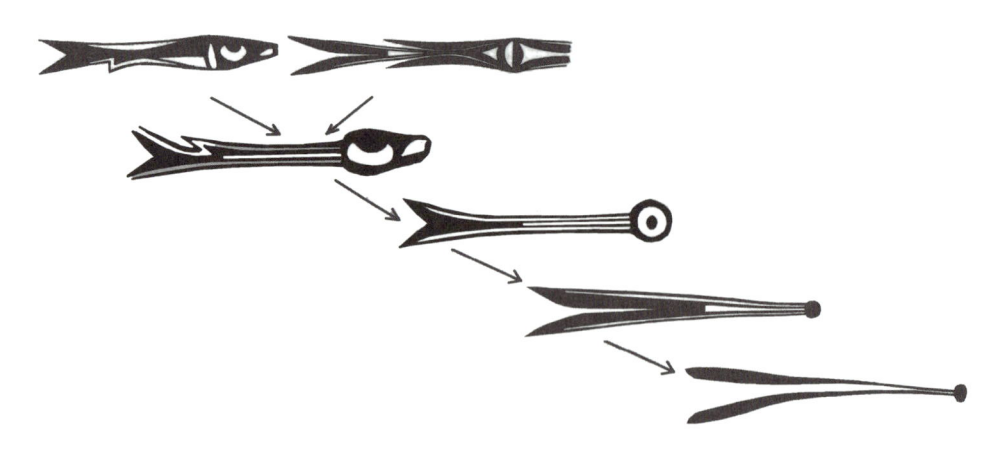

典型鱼纹向简体鱼纹演变的中间形态

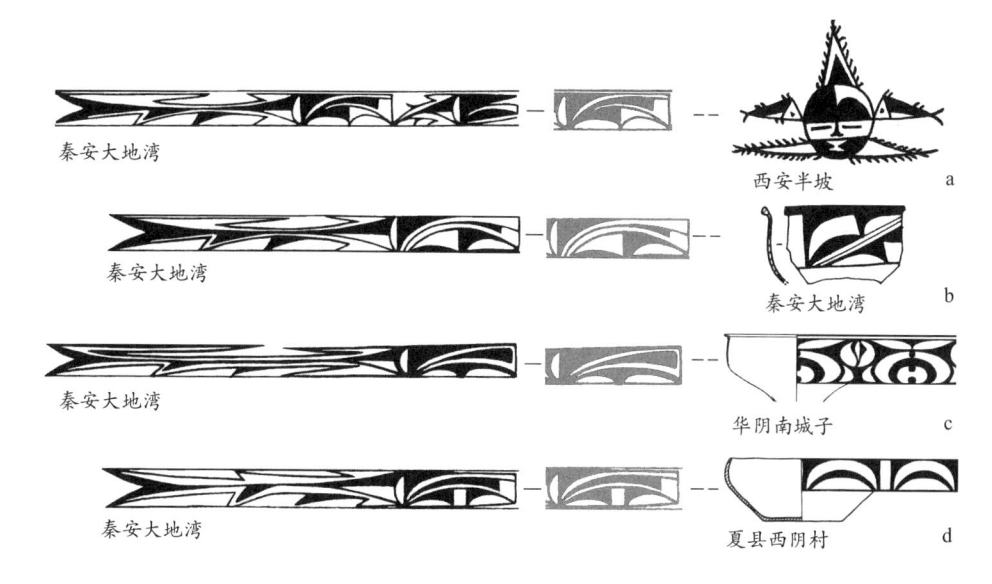

秦安大地湾		西安半坡	a
秦安大地湾		秦安大地湾	b
秦安大地湾		华阴南城子	c
秦安大地湾		夏县西阴村	d

彩陶鱼纹唇部的变形与元素提取

将这类鱼纹中的嘴唇纹饰提取出来，仔细观察一番之后，我们会有更多的发现。首先我们会发现，那典型的人面鱼纹的阴阳头，也许启发了当初画工的灵感，类似的鱼唇样式似乎是借用了这个构图，两相比较，非常接近。鱼唇纹提取出来后，又被作为新的元素，重新构成另外的纹饰，最典型的是取用这种元素再做一次对称构图，有时还是以斜对称的方式出现，表现手法相当灵活。有时鱼唇纹与其他纹饰组合，以更加复杂的形式出现；有时又只用这一种纹饰构图，绘出简单的二方连续图案。

彩陶鱼纹唇部的变形与元素提取，大大丰富了庙底沟文化彩陶的艺术表现力。在许多彩陶盆的腹部和唇面上，都见到了这样特别的鱼唇纹，也常常都是明显的黑白对称形式。这种对称，有时又以类似倒影的形式出现，有一种特别的韵味。不过当观察这类标本到一定数量时，会发现当我们的视线只落在地纹上时，这鱼唇纹其实是两种元素的组合，一是弧形边的叶片，一是一端齐一端尖的弯角。这样的组合，在秦安大地湾遗址的那件人形彩陶瓶上也能见到，人形满绘的纹饰，主要就是圆盘形纹与鱼唇形纹，都是变体鱼纹头部见到过的元素。这样看来，这件彩陶瓶对于史前人而言，就是一件图案已经几何化的鱼纹瓶。

对于鱼唇轮廓上的弯角状图形，我们并不陌生，它就是所谓的西阴纹。在半坡文化中，由独立的弯角状元素作二方连续图案的彩陶并不多见，但到庙底沟文化时期，这种被学者称为西阴纹的纹饰传播的范围就相当大了，构图也发生了一些变化，增加了一些修饰。

我们在大地湾遗址半坡文化彩陶上发现了不少西阴纹因素，但它在多数情况下并没有单独出现，更多地保留有鱼唇纹的构图。庙底沟文化彩陶上的西阴

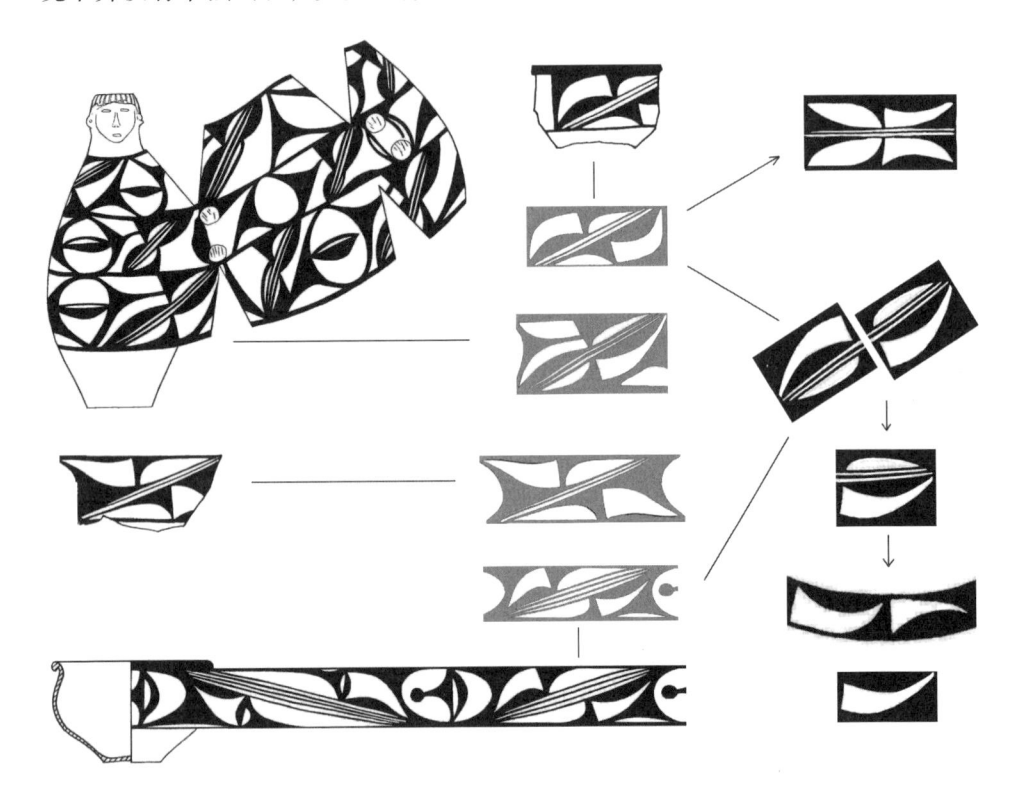

半坡文化彩陶上的西阴纹因素（甘肃秦安大地湾遗址）

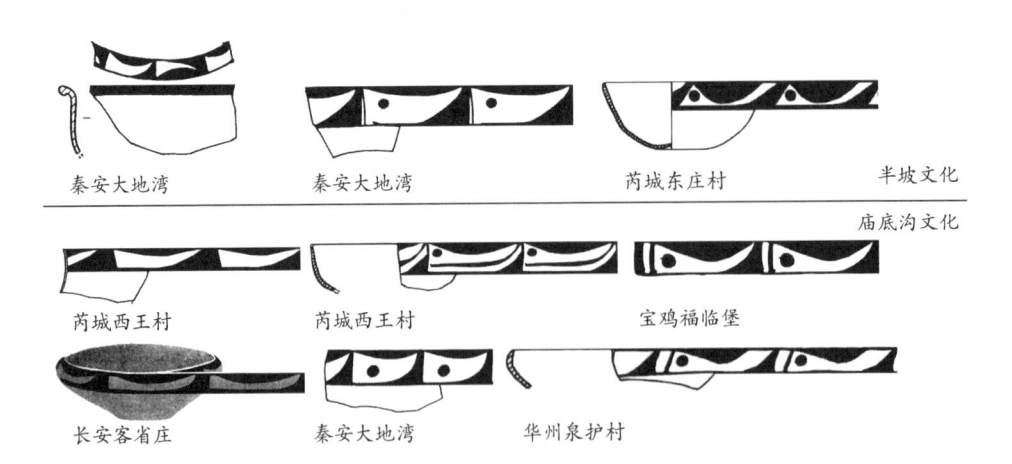

半坡文化与庙底沟文化彩陶上的西阴纹比较

544 | 追踪信仰：艺术考古中的动物图像

纹就不同了，它更多的时候是独立成纹，组成二方连续纹饰，当然也会增加一些其他的附加纹饰，构图也有诸多变化。庙底沟文化彩陶上典型的西阴纹主要有两式：一式是纯粹的二方连续构图，没有任何附加元素；另一式增加了隔断，隔断的变化很多。

具有弯角形状的西阴纹的来历，真是让人百思不得其解。经过这样的观察之后，我们觉得西阴纹就是由鱼唇轮廓变化而来。从另一个角度看，它又可能与人面鱼纹有关，是对人面头形取舍的一个结果。对于西阴纹的研究，过去基本没有什么结论，现在看来，它最有可能是鱼嘴图形的局部轮廓，它就是鱼形嘴部的一个象征。西阴纹脱离鱼纹本体以后，是以反复循环的二方连续构图出现，它已经完全没有了鱼纹的特征，成了一种非常简练的符号。

我们注意到，变形的鱼唇其实是由叶片与弯角形两个图形元素构成，而且都是用地纹方式绘出。弯角形成为流行的西阴纹的同时，叶片纹也没有被舍弃，它最终演变成了花瓣纹。花瓣纹的完形是四瓣式花瓣纹，它在半坡文化中已经完成了构形过程，到庙底沟文化时期成了广泛流行的另一种重要纹饰。

鱼唇图形中叶片与弯角两相分离，新造出两大纹饰系统，即花瓣纹与西阴纹系统。这样的分解与重组，是彩陶重要的构图规则。

不论西阴纹还是花瓣纹，与鱼纹本体都具有非常密切的联系，它们都可以看作鱼纹的简化符号。在庙底沟人的眼里，这两种纹饰应当是被当作鱼纹接受的。如果这个推论成立，那我们对彩陶的理解可能又向前迈出了很重要的一步，这同时给了我们一个启示，彩陶上许多的几何纹饰，都有必要重新认识，它们可能包含着相当隐晦的象征意义。

分型分式	a式	河津固镇	灵宝北阳平	长安客省庄		枣阳雕龙碑
		河津固镇		华州泉护村		枣阳雕龙碑
	b式			华州泉护村	秦安大地湾	枣阳雕龙碑
		晋南地区	豫西地区	关中地区	陇东地区	鄂西北地区

庙底沟文化彩陶上的典型西阴纹

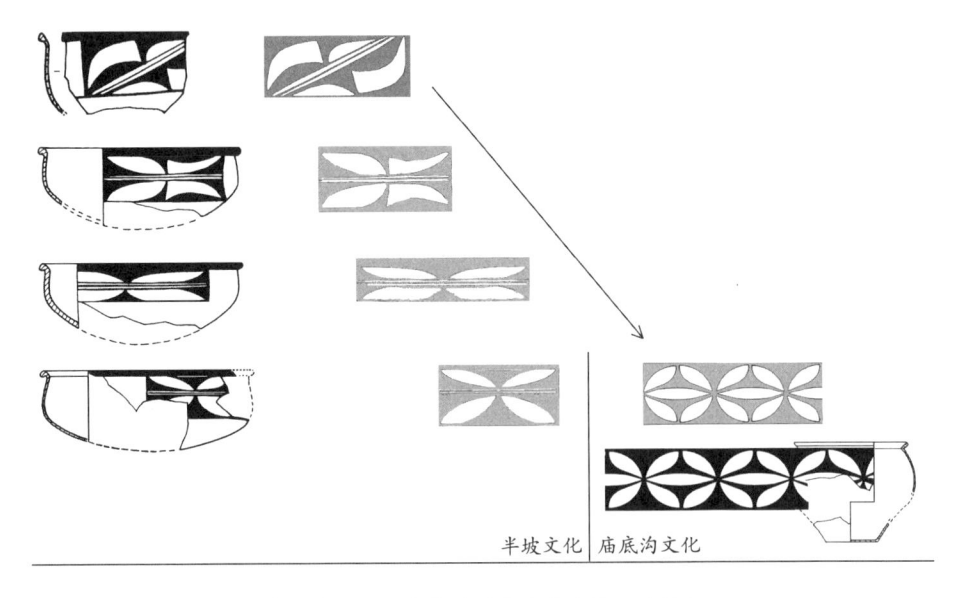

彩陶上花瓣纹的演变（甘肃秦安大地湾遗址）

得意忘象：鱼纹的替代与重组

绘画艺术的境界，有形似和神似之分。如果两相比较，神似也许可以看作至高的或者终极的境界。当然也有形神兼备之说，那也是一种境界，不过是相对而言，要把握有度并不容易。"得意忘形"这个词，可以作为中国艺术的一个很高的境界，或者可以说是一个至高的境界，这便是神似的境界。不论是绘画还是书法，传写其神，不求形似，得其意而已。这所谓的"形"，是指表达的形式，也指要表达的对象。所以在这里我将"得意忘形"这个词变换了一个字，改作"得意忘象"，也许这样更贴合我要表达的意思，也更贴合古代中国艺术那个至高的境界。当然"得意忘形"这个词，在古今还有另外一层意思，是形容一个人心意得到满足而高兴得失去常态，自然是有些贬义在内的，那又另当别论了。

得意忘象，用来说明彩陶上那些可能具有象征性的几何形纹饰，也许是再贴切不过的了。画工们将他们心中所要表达的意象，用简单的几何形表现出来，既简明、朴实，又含蓄、神秘。这胸中的意象，本来可能是实有所指的，可是描绘出来时却完全没有了那些实际的形象，这样的艺术化过程，就是一个得意忘象的过程。当然这个过程经历的时间也许是漫长的，经过了许多代画工的传承与变改。

有一种比较流行的说法认为，彩陶上的几何图形，很多都是由象生图案演化而成的。研究者对某些图案做过排列分析，有些象生图案经过不断变形和变化，最终简化得非常精练，成为新的几何纹饰。纹饰虽然简化了，却依然可以判断出它的源头，形体已无，意象却还存在。要确定这样的一个变化过程是否一定出现过，寻找那些介于象生形与几何形之间的中间形态的纹样标本至关重要。过去一些研究者在这方面曾经做出了许多努力，有不少成果令人瞩目。

在庙底沟文化彩陶上，常常出现在无头鱼纹的鱼头位置上的纹饰，最主要的是一种双瓣式花瓣纹与圆盘形纹组合。如在陕西陇县原子头遗址出土的一件鱼纹彩陶盆上，双瓣式花瓣纹与中间绘有圆盘形纹的圆形组合在一起，这组合出现在鱼头的位置，而鱼头却没有绘出。这里也许透露出了一个重要的信息，加圆盘形纹的圆形与双瓣式花瓣纹在一起，这是一个非常特别的纹饰组合。

就是这样的一个组合形式，将双瓣式花瓣纹与鱼纹连接在一起了。原子头遗址这样的组合，其实也并不是孤例。查秦安大地湾半坡文化彩陶，至少有三件彩陶片绘出了同样组合的纹饰，都是在鱼纹的鱼头位置，绘着有圆盘形纹的圆形与双瓣式花瓣纹。只是因为陶片过于破碎，发掘者没有将纹饰的原形复原出来。大地湾半坡文化彩陶上见到多例与原子头鱼纹相同的彩陶，这表明这种

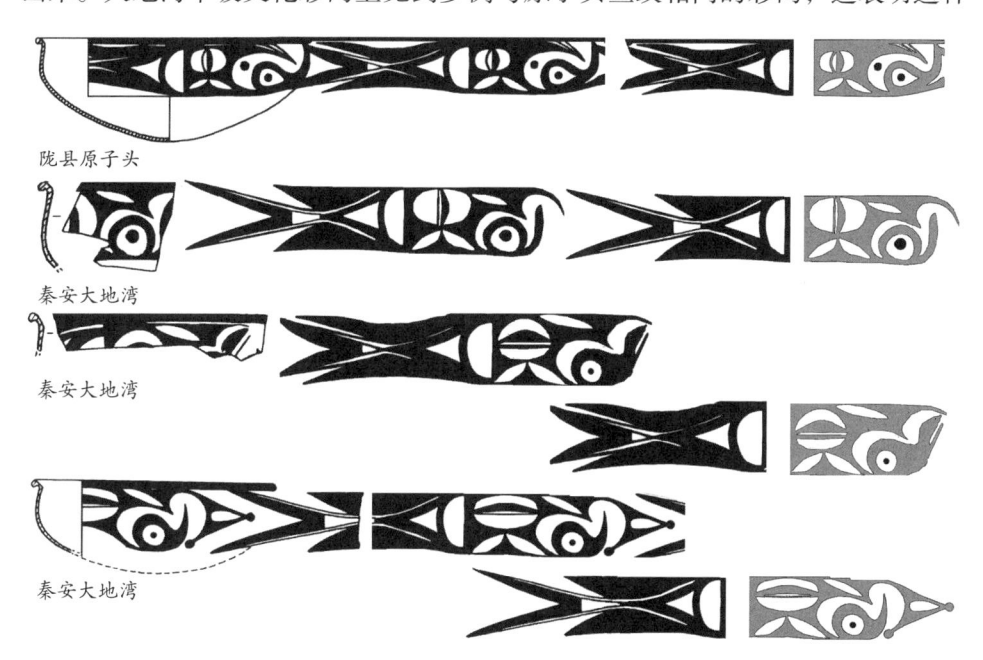

彩陶上无头鱼纹头部的纹饰

与人同行 | 547

纹饰组合在半坡文化时期（应当是在末期）就已经出现。

到庙底沟文化时期，圆盘形纹与双瓣式花瓣纹组合更多地脱离了鱼纹的鱼体，与其他一些元素构成新的组合。而且双瓣式花瓣纹本体也出现了一些值得注意的变化，重圈圆形或大单旋纹有时取代了圆盘形图案，形成两种新的组合，但它们与原来的构图依然固守着同样的风格，类似彩陶在河南、陕西、甘肃都有发现。湖北枣阳雕龙碑遗址出土的彩陶上的双瓣式花瓣纹，与中原所见并无二致，它与单旋纹组合，与重圈圆形组合，从构图到布局都没有什么明显改变。处在河套地区的内蒙古清水河庄窝坪遗址和准格尔官地遗址，都见到了双瓣式花瓣纹彩陶。庄窝坪遗址还见到一件深腹彩陶罐，绘双瓣花与重圆组合，以一正一倒的方式排列，与大地湾遗址和雕龙碑遗址见到的同类纹饰非常接近。

我们将圆盘形纹与双瓣式花瓣纹再分开做些考察。在半坡文化彩陶上已经见到典型的双瓣式花瓣纹。在秦安大地湾遗址的半坡文化彩陶上，见到不少于3例的双瓣式花瓣纹。这时的双瓣式花瓣纹已经是一种定型纹饰了，绘得非常工整，与庙底沟文化的同类纹饰没有明显区别。这表明双瓣式花瓣纹出现很早。将半坡文化、庙底沟文化和后庙底沟文化的双瓣式花瓣纹放在一起做比较，三个时期并没有太大变化。而组合型的双瓣式花瓣纹，那些在鱼纹头部出现的双花瓣，庙底沟文化显然也是承续了半坡文化的传统，二者没有明显不同。而与重圈圆形和旋纹同组的双瓣式花瓣纹，则是在庙底沟文化时期才开始见到，这样的彩

华阴南城子

华阴南城子

秦安大地湾

秦安大地湾

圆盘形纹与不同纹饰的组合

548 | 追踪信仰：艺术考古中的动物图像

秦安大地湾

秦安大地湾

河津固镇

枣阳雕龙碑

清水河庄窝坪

双瓣式花瓣纹与圆盘形纹组合及变异

陶在后来传播到了外围文化，河套与长江流域都发现了同类纹饰组合。

除了双瓣式花瓣纹，取代鱼头的还有圆盘形纹。我们注意到庙底沟文化彩陶上经常能见到一种圆盘形纹。圆盘形纹是一种很重要的纹饰，在过去的研究中注意不够，它甚至还不曾有一个通行的名称。现在用"圆盘形纹"这个名称，其实并不贴切，暂且这样称呼。所谓圆盘形纹，是在地纹的圆圈中单绘出来的一种图案元素，最常见的是一种飞盘状，一边略平缓，另一面凸起，凸起的一面用色涂实。当然也有的构图有明显变化，如山西夏县西阴村遗址和汾阳段家庄遗址所见，凸起的一面已经不是圆弧形，变成了尖状形，左右伸展如翅，上方有一圆点如鸟首，难怪有的研究者将这图形看作象形的飞鸟。

在陕西华州泉护村遗址，彩陶上也有这种形如飞盘的图形。在西乡何家湾

与人同行 | 549

遗址，彩陶上见到标准的圆盘形纹，是绘在四瓣式花瓣纹之间的圆形中。在华阴南城子遗址和秦安大地湾遗址的彩陶盆上，有非常标准的圆盘形纹饰，它的上方还绘有一个圆点。大地湾还有叠绘的圆盘形纹，两个圆圈上下并列，圆中绘相同的圆盘形纹。在华阴南城子遗址和华州西关堡遗址，彩陶上的圆盘形纹垂直出现在圆圈中。有时在同一器上，圆盘形纹既有横行的，也有竖列的。这种重叠并列的圆盘形纹也见于陇县原子头遗址的彩陶罐，并列的横行圆盘形纹多达四组，感觉更为张扬。原子头遗址也有双联的圆盘形纹，也见到竖列的圆盘形纹。圆盘形纹一般都是绘在地纹圆圈纹中，这种固定的图案单元一般不会单独出现，它都是作为纹饰组合中的一元出现的。它常常出现在各种复杂的旋纹组合中，有时也与一些简洁的纹饰组合在一起。

将这种圆盘形纹饰做一个比较，可以区分为几种不同的样式。这种图形出现时的方向并不一致，一般以横平方向为多，而且明显凸起完全涂彩的那一面是向着下方，留白的一面则是向着上方。也有少数图形出现时垂直方向或略为倾斜的样式，倾斜时涂彩凸起的一面也是朝向下方，而垂直时涂彩凸起的一面是朝向左方，个别也有相反的情形。横形的圆盘形纹常有圆点配合，圆点使纹饰单元产生一种生动感。

这种特别纹饰的构图，过去并不清楚它的来历，也不明白它所具有的象征意义。不过现在有了一些值得注意的线索，在华阴南城子遗址和陇县原子头遗址，圆盘形纹饰出现在鱼纹的头尾之间，这说明它与鱼之间有一种内在联系。而在秦安大地湾遗址和陇县原子头遗址，在无头的鱼纹中，本该绘鱼头的位置上出现了这种圆盘形纹饰，这就更有意思了。

彩陶鱼纹的鱼头失踪之后，取而代之的主要是双花瓣与圆盘形纹饰组合，

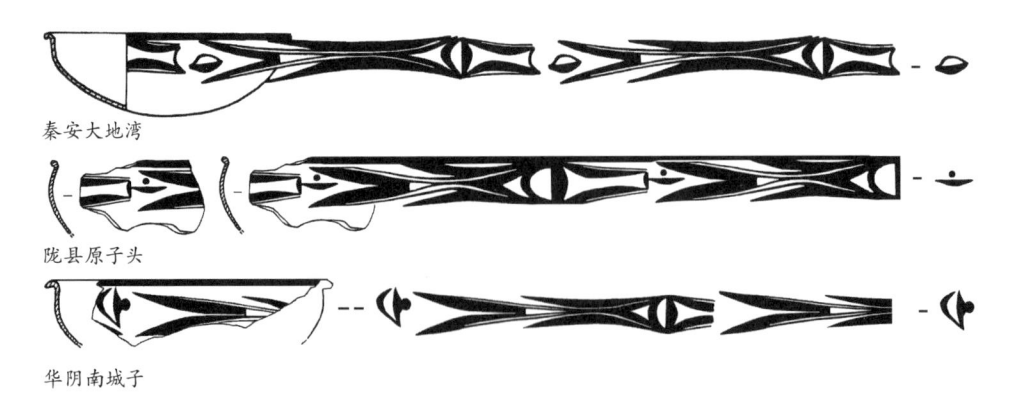

秦安大地湾

陇县原子头

华阴南城子

彩陶上与鱼纹同在的圆盘形纹

秦安大地湾

秦安大地湾

枣阳雕龙碑

河津固镇

秦安大地湾

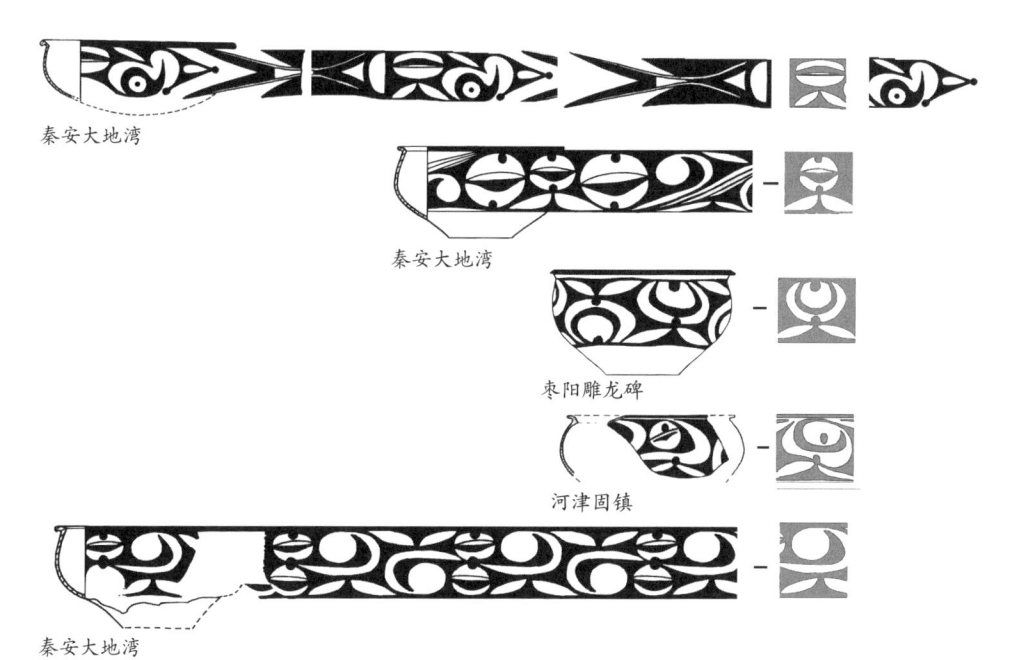

从鱼纹扩展出来的图案

表明这两种纹饰与鱼纹有着紧密的联系，或者可以说，它们本是代表鱼头的。在它们独立成纹时，或者在纹饰有所变异时，也许依然是鱼的一个象征符号。

彩陶鱼纹在整体上的演变，基本上是循着两条脉络，一是线形的，一是块形的。简体鱼纹的演变可以列入线形类构图，下面将要讨论的，则是鱼纹块形类构图的演变例证。

鱼纹除了头部的拆解重组、尾部的简化，体部也有明显的变形处理。当"体"也失去了原型的时候，图形就完成了一次升华，这便是一种"无形之象"。原型已不存，但原本的意义却依然保留着，也就是说外形虽然已经改变，但象征意义并没有改变。象征类纹饰完成几何化的转变之后，会焕发出一种新的魅力，这也许是彩陶几何纹饰吸引人的力量所在。

在半坡文化彩陶上见到的黑白相间的菱形纹，石兴邦先生认为可能是鱼体纹饰演变来的。石先生在《西安半坡》报告中绘出了一些演变图式，认为是无头的鱼体纹演变成了黑白相间的菱形纹；是半黑半白的鱼身纹被几何化以后，变成了黑白相依的菱形纹。这两种菱形纹小有区别，后一种构图更加典型，流行的范围也更广一些。

彩陶上的菱形纹，黑白相间，均衡对称，构图非常严谨。乍一见觉得它不大像是那古老时代的作品，它甚至勃发着一种现代感，这是彩陶时代的杰作。

与人同行 | 551

不论在半坡文化还是在庙底沟文化中，彩陶上都见到这种精彩的菱形纹，菱形的构图与色块的组织也都相似，艺术表现手法一脉相承，表明它们应当具有同一来源。当然这种继承也并非一成不变，庙底沟文化彩陶上的菱形纹更为丰满，纹饰单元之间常常添加有另外纹饰组成的隔断，看起来显得更加多姿多彩。

我们大体也相信，彩陶上美妙的菱形构图来源可能与鱼体图形有关，但是我们也不必回避这样的问题，在象征鱼纹向菱形图案演变的过程中，还是缺乏足够的中间图案形态的证据。菱形纹与鱼纹之间，过渡的间隔跳跃还是显得太大了。

不过甘肃合水遗址见到了与鱼尾同在的菱形纹，透露出它们之间的密切关系。这件彩陶标本见载于郎树德、贾建威的《彩陶》一书，它其实是在一个简体鱼纹的前面，连接着一个还并不完整的菱形纹。特别要注意的是，画面上出现的菱形纹，仅仅是两个斜向对称的直边三角形纹，另外的两个直边三角其实并没有将斜边用线条封闭起来，我们要想象出这条边的存在才能体味出完整的菱形纹来，我想可以称它为"会意"的菱形纹。这件彩陶的时代，应当属于半坡文化。会意的菱形纹比起完整的菱形纹，显得更为生动含蓄，更富于艺术感。这样的纹样构成非常独特，但也并不是孤证，类似的发现还可以举出一例，它出土自临潼姜寨遗址，是一件彩陶钵残片。由残片上纹饰复原出的结构，与合水遗址所见完全相同，也应当是在一个简体鱼纹前面，绘着一个会意的菱形纹。这件彩陶片上的鱼纹虽然残缺，但我们相信它原本大约是一个简体鱼纹。

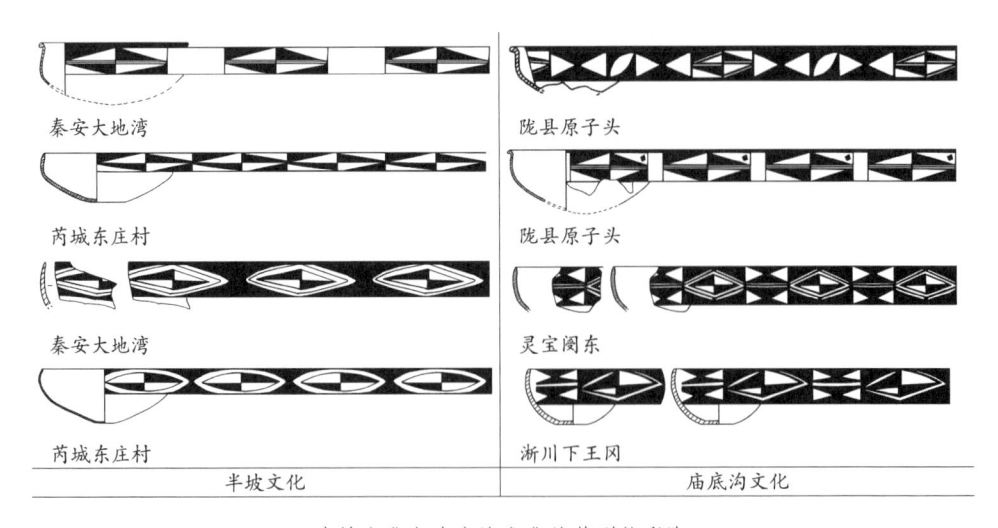

半坡文化与庙底沟文化的菱形纹彩陶

552 | 追踪信仰：艺术考古中的动物图像

临潼姜寨

合水

彩陶上的简鱼纹与三角纹（菱形结构）

这两个证据也许至少可以说明，菱形纹与鱼纹有割不断的联系，这联系很明确，也很紧密。过去推断鱼纹向菱形纹演变的种种努力，似乎都还有欠完满之处，但是现在有了这样的证据，即使过去的推论并无可取，也不能否认鱼纹与菱形纹的紧密联系。我们虽然还不能非常肯定地说，菱形纹就一定是鱼纹某个部位的几何化图像，但却可以认定菱形纹所指代的就是鱼纹，彩陶上的菱形纹一定具有鱼纹的含义。

这样一来，我们似乎可以将菱形纹的出现，理出更清晰一点的脉络来。虽然菱形纹至少有四种小有区别的样式，但彼此应当是互有联系的，它们应当都是鱼纹的替代纹饰。周边没有衬托色块的菱形，是单纯的菱形，也可以说是基本的菱形构图。这种独立的菱形纹虽然并不多见，但却很典型，我们将它归为a式。a式来源于更简单的两个斜对称构图的直边三角，在这个构图基础上用边线连接成另一对斜对称的地纹直边三角，就构成了一个典型的菱形纹，我们在前面已经提及。b式菱形纹是a式的扩展，是在a式的外围再结出相应的直边三角，将菱形纹包纳在中间。画工在绘制图案时，特别注意到将黑白或黑红两色交错分布，构图井然。当然，没有这样的双色交错，也不可能构成对称的菱形纹。a式与b式一样，在菱形的中间，留有横向的分割带。c式和d式却没有这样的分割带，斜对称的色块紧紧连接在一起。在菱形外围构图上，c式与b式完全相同，它的外围也是用交错的黑白三角纹包围着。从c式到d式又有变化，菱形的构图相同，但外围包裹的不再是交错的黑白三角纹，而是衬着一个全黑的背景。

与人同行　｜　553

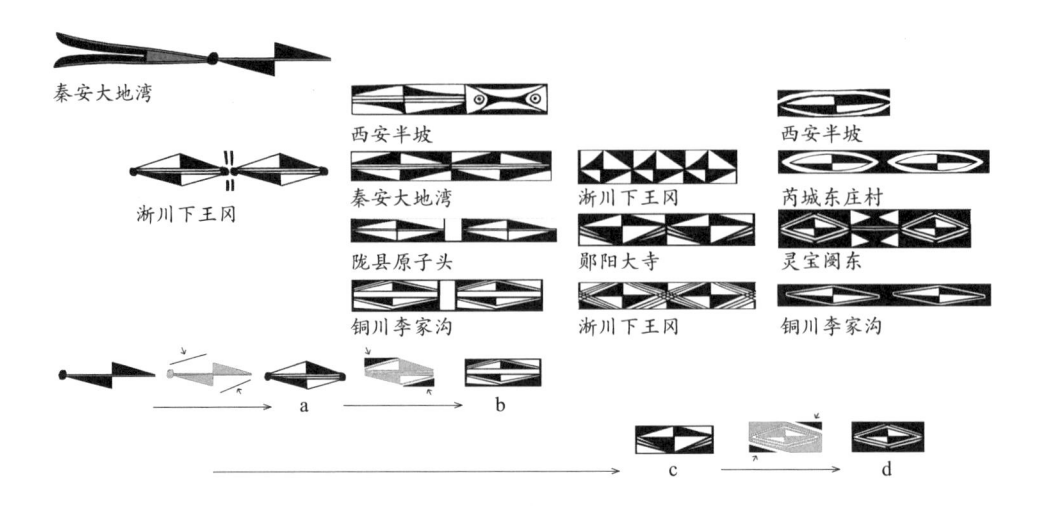

彩陶鱼纹向菱形纹演变的另类推测

对于史前人来说，彩陶上的纹饰在经历了许多变形与简化之后，虽然早已没有了原先的轮廓，但对于这些面目全非的图形，他们并不会觉得陌生，经历千百年的传承，它的含义、它的象征，一定还保留着。对于这种变化，在这里我们用"形离神存"来做说明，形体早已迷失，象征性依然保留着，这就是彩陶纹饰几何化的意义所在。

符号：鱼纹演化的目标

史前彩陶上的纹饰，以几何形居多，象形者极少，这本身就是一个很值得关注的现象。象形图案很少，这并不是说这样的图案绘制很困难，其实规范的几何纹饰比起并不严格的象形图案绘制难度一定更大。很显然，史前人并不是由难易出发进行了这样的选择。我们必须改变角度来思考这个问题，看来只有这样一个可能，史前人就是要以一种比较隐晦的方式来表现彩陶主题，不仅要采用地纹方式，更要提炼出许多几何形元素，也许他们觉得只有如此才能让彩陶打动自己，打动自己之后再去感动心中的神灵。

彩陶上无鱼形却象征鱼的大量纹饰，应当就是在这样的冲动下创作出来的，它们是无鱼的"鱼符"。无鱼的"鱼符"，在彩陶上看来有若干种，变化很多，区别很大，是通过纹饰拆解的途径得到的。张朋川先生认为，到了半坡晚期，鱼纹的表现采用了示意性的象征手法，"鱼纹图案常以分解和复合这两种形式出现。作分解形式的鱼纹，多将鱼的头和身子分开，各自经过概括变形成为几何形纹样"。他认为花瓣式纹样和黑白相间的菱形纹样，正是由鱼身变化而成。[①]通过在本书里所做的探索，我们对鱼纹的演变有了更深入的了解，将新发现的纹饰演变脉络做一番梳理，可以绘出几幅新的鱼纹演变图来。

在图中可以看出，鱼纹全形的演变，在完成由典型鱼纹向简体鱼纹演变的同时，又创造出了均衡对称的菱形纹，菱形纹属于结构严谨的直边形纹饰系统。

变形的鱼唇在拆解后，分别生成了西阴纹和花瓣纹，这是庙底沟文化彩陶非常重要的两大弧线形构图系统。

鱼纹头部的附加纹饰拆解后，分别提炼出旋纹、圆盘形纹、双瓣花纹和加点重圈纹等元素，构成了庙底沟文化点与圆弧形彩陶纹饰体系，组合出更多的复合纹饰。

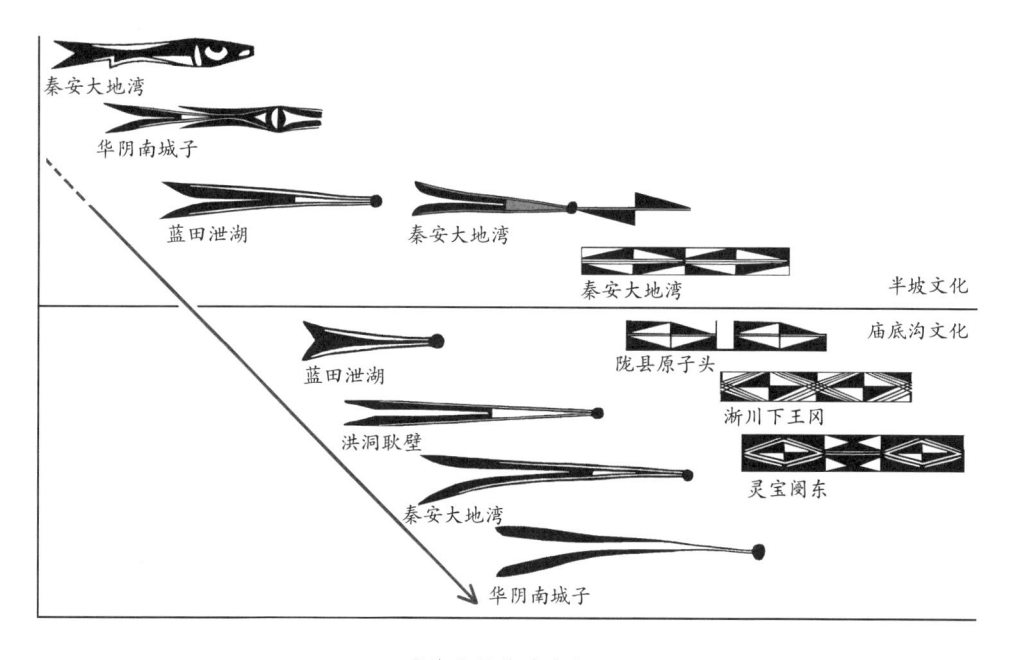

彩陶鱼纹的演变之一

这样看来，许多纹饰都能归入鱼纹体系。鱼纹的拆分与重组，是半坡文化与庙底沟文化彩陶演变的一条主线，这条主线还影响到这两个文化的时空之外。彩陶上有形与失形的鱼纹，在我们的眼中完全不同，也许对于史前人而言，它们并没有什么区别，它们具有同一的象征意义，有着同样大的魅力。作为"百变金刚"的鱼纹，我们已经想象不出它为史前人带来过多少梦想，也想象不出

---

① 张朋川：《中国彩陶图谱》，文物出版社，1990年，第153—154页。

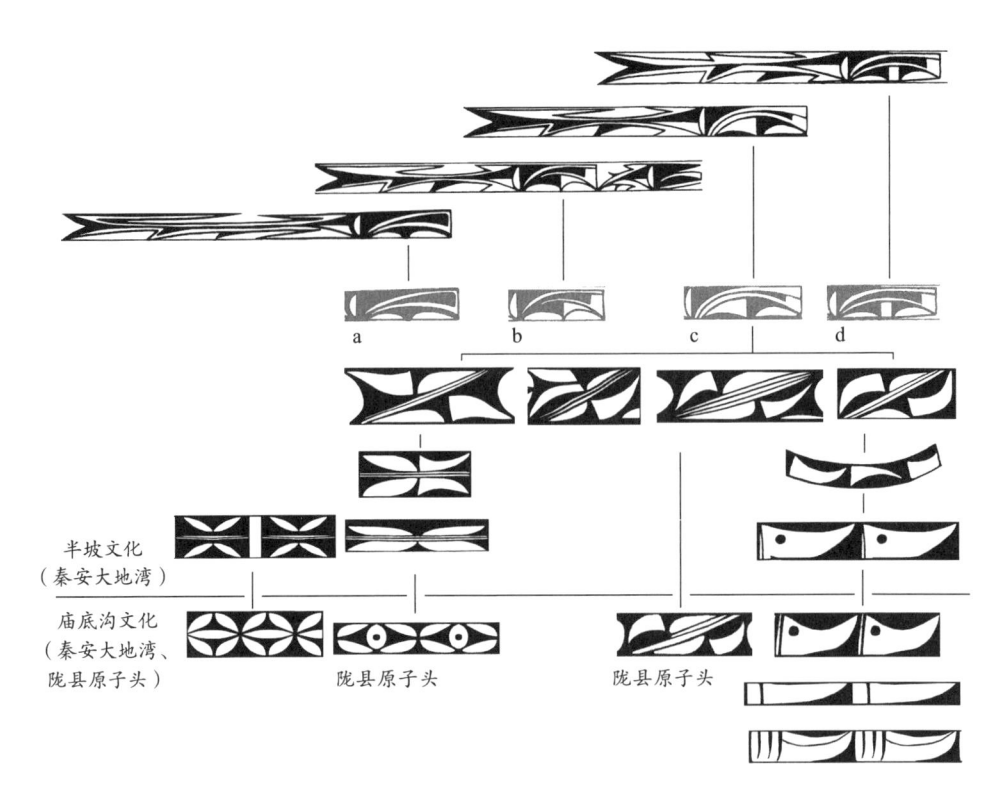

鱼纹头部的局部扩展之一（除注明者，其他均为秦安大地湾遗址出土）

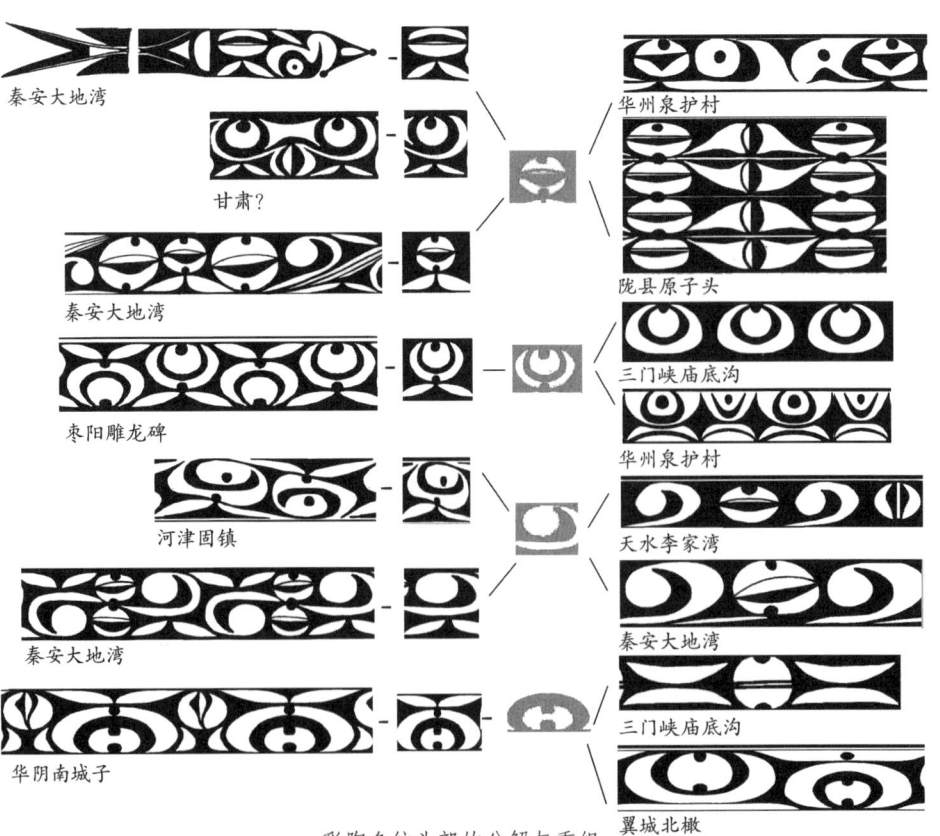

半坡文化
（秦安大地湾）

庙底沟文化
（秦安大地湾、陇县原子头）

陇县原子头　　陇县原子头

秦安大地湾

甘肃？

秦安大地湾

枣阳雕龙碑

河津固镇

秦安大地湾

华阴南城子

华州泉护村

陇县原子头

三门峡庙底沟

华州泉护村

天水李家湾

秦安大地湾

三门峡庙底沟

翼城北橄

彩陶鱼纹头部的分解与重组

它给史前人带来过多少慰藉。

大象无形，鱼纹无形，鱼符无鱼，彩陶纹饰的这种变化让我们惊诧。

循着艺术发展的规律，许多彩陶纹饰经历了繁简的转换，经历了从有形有象到无形无象的过程。从鱼纹的有形到无形，彩陶走过了一段绚烂的路程。

在中国考古中发现的彩陶，不论时代早晚，纹样一般都是几何形，主要元素无非是点、线、方、圆和三角之类。直观告诉我们，由几何形元素构成的图案，它们都应当是一种抽象的表现，这些几何形纹饰许多都有特别的来历。

关于彩陶上几何形纹饰的产生，过去的研究似乎已经有了定论，即大量的几何形纹饰都是来源于象形纹饰，是象形纹饰逐渐简化的结果。到了后来，纹饰简化到只表现局部特征，而且明显夸张变形，意存而形已无，得其意而忘其象隐其形矣。纹饰如何简化，简化的原则是什么，是否完全依从由抽象到象征变化的规律，这样的问题还需要研究。由彩陶上的鱼纹我们发现，彩陶纹饰不仅有象形与抽象纹饰的结合现象，更有纹饰的替代现象，这样的结合与替代是象征性的改变或是延展，还有待进一步的研究。

从半坡文化和庙底沟文化彩陶鱼纹看，简化到只表现局部特征，明显夸张变形，意存形无，这是简化的又一重要原则，不是一般的抽象，也不是一般的象征，也可以说是更高层面的艺术表现。

人类善于制造和使用各类符号，用符号交流思想和认识事物，表达特定的含义，传递丰富的信息。所以有人说，制造和运用符号是人类的基本特征之一，这也是人类文化的重要体现。彩陶上大量的几何纹饰，其实大多都是这样的人造符号，而且不少符号都是由写实的纹饰简化而成。一个符号制作出来的同时，也经历了认同的过程，只有认同的符号才有传播信息的功能。当那些最早的模仿因素被历史的选择完全淘汰，它就完成了一个从量变到质变的过程，程式化的符号也就不再是模仿对象的再现，而成为一种逻辑式的抽象表现。彩陶鱼纹的变化，也正是经历了这样的符号化过程，后来虽然还会有鱼的含义，但是它却没有了鱼的形态。

彩陶鱼纹几何化以后，变成了若干种符号，它们大多失去了鱼的形体。这种演变本身就具有非常重要的文化意义。我们可以将彩陶纹饰的演变放到符号学范围做些考察，这对于进一步理解史前彩陶的意义会有一些帮助。研究符号首先要做分类，吴越民先生2007年发表《象征符号解码与跨文化差异》一文，提到美国符号学创始人皮尔斯关于符号的三分法思想，三分法将符号分为图像符号（icon）、指索符号（index）和象征符号（symbol）三大类。"图像符的表征方式是符号形体与它所表征的符号对象之间的肖似性。这就是说，图像符号的符形是用肖似的方式来表征对象的。指索符号的表征方式是符号形体与被表征的符号对象之间存在着一种直接的因果或临近性的联系，使符号形体能够指示或索引符号对象的存在。由于指索符号的这一特征，使得它的符号对象总是一个确定与时空相关联的实物或事件。象征符号的符号形体与符号对象之间没有肖似性或因果相承的关系，它们的表征方式仅仅建立在社会约定的基础之上，是基于传统原因而代表某一事物的符号。"

从彩陶纹饰看，既有图像符号，也有象征符号，前者是象形类纹饰，后者是几何类纹饰。至于指索符号的有无，在彩陶上还不能确指，需要更深入的研究。

在彩陶上大量绘出的是具有象征意义的纹饰，这也许可以称为"象征行为"。就像吴越民先生指出的那样，"透过符号具体形象的表层意义赋予某种特定的象征意义，以传递与符号具体形象相似或相近的观念、思想，或寄托某种特别的感情，我们称之为象征行为。其中具有象征意义的符号叫象征符号。象征符号至少具有双层意义：第一层是符号的本意，即理性意义；第二层是符号经过类比或联想获得的具有象征性价值的意义，即象征意义"。

吴越民先生对象征符号的存在背景也有讨论，他说："象征符号也只有在传播的互动中才能实现价值，只要传受的任何一方出现不协调，符号就会失去象征意义。没有传受双方的互动关系，也就没有什么象征意义。在这里'意义—互动—解释'正是象征意义得以产生和实现价值的三个前提性的环节。"

吴越民先生还特别强调象征符号在传播过程中的解码环节："对中介符号形态的解码涉及两个方面：一是对意象群的重组、变形或创造；二是对意象隐喻意义的解码。由于艺术隶属于文化，各种文化传统都渗透到艺术活动中来。每一种文化中的宗教、神话、历史等传统都留下了大量具有隐喻性的象征符号，这种象征符号由于具有内容凝练、意味深长的优点，常被艺术家作为表意功能单位组合到艺术品中，成为某些特定的有机功能整体的组成部分。当这种象征符号形成意象后，就必须对其隐喻意义进行解码，才能深入体味意象群的意味。这种解码大多涉及经验性理解力，即一种由文化传统和日常生活经验赋予的理解力。但对不了解该文化的传统欣赏者来说，可能会发生解码失败或转而求助认知理解力，这种欣赏必然发生某种中断，或未能充分体会其中的意味。"[1] 如

---

[1] 吴越民：《象征符号解码与跨文化差异》，载《浙江大学学报》（人文社会科学版）2007年第2期。

此看来，彩陶的传播当初也会有解码过程，如果这个过程并不顺畅，一定会影响传播的完成。由于文化背景的差异，解码会发生偏差直至失败，传播过程自然便会中止。我们现在研究彩陶，也有一个解码问题，发生解码失败应是常有的事，事实上我们是在"求助认知理解力"，而无法依赖彩陶固有的文化传统背景。而这种认知能力会存在很大的局限性，解码成功的概率一定不会很高。

有很多学者都曾经试图解释彩陶纹饰的演变脉络，非常关注那些介于象生形与几何形之间的纹饰。以一些考古学家的认识来看，从写实的形象到抽象的几何形纹饰的变化脉络，是在地层关系和类型学研究的基础上认识到的，某种几何形纹饰是由某种象生类纹饰演化而来，演变的轨迹有的似乎非常明晰。有的研究者很明确地指出："仰韶文化的鱼纹、鸟形纹、蛙纹等都是由一种比较写实的图形逐步演化为几何纹样。"[1]李泽厚先生也认为："仰韶、马家窑的某些几何纹样已比较清晰地表明，它们是由动物形象的写实而逐渐变为抽象化、符号化的。由再现（模拟）到表现（抽象化），由写实到符号化，这正是一个由内容到形式的积淀过程，也正是美作为'有意味的形式'的原始形成过程。""这个由动物形象而符号化演变为抽象几何纹的积淀过程，对艺术史和审美意识史是一个非常关键的问题。"[2]彩陶纹饰由写实演变为几何形之后，人们看到的形式变得非常简约，而内心领会的含义却变得比较隐晦，甚或非常隐晦。

彩陶纹饰的演变，尤其是庙底沟文化彩陶纹饰的演变，在相当多的情况下，其实就是一个符号化过程，是一个由写实到写意的渐进过程。写实与写意的象征性其实都没有改变，改变的只是表达形式。这种改变由形式上看是向着简约的符号化发展，由有形向无象变化；由含义上看是向着象征性发展，由明示向隐喻转变。从有形到无形无象的转变，所经历的路程也许并没有那么漫长，也许并没有太多的曲折。

彩陶上无象的图案，象征意义却不曾削弱，甚至还有增强。我用"得意忘象"来表述彩陶的这种变化，以为再贴切不过。《庄子·外物》有"得意而忘言"，魏晋时的王弼在《周易略例·明象》中引申为"得意在忘象"，所谓"言者，所以明象，得象而忘言；象者，所以存意，得意而忘象"。得其意之后而忘其象，这是早在彩陶时代创立的艺术哲学，不用说，这个"象"是有意忘却的，是为着隐喻而忘却的。无象而意存，这是彩陶远在艺术之上的追求。

---

[1] 尚民杰：《史前时期的偶像崇拜》，载《中原文物》1998年第4期。
[2] 李泽厚：《美的历程》，中国社会科学出版社，1984年，第22—23页。

末了，我们还是回到鱼纹上来。我们将很多的几何纹彩陶与鱼纹联系到了一起，鱼纹对于半坡人和庙底沟人为何如此重要？当然是在于鱼纹的象征，是鱼纹的象征性决定了它强大的生命力，决定了它在半坡人和庙底沟人心中的位置。

鱼纹的象征

半坡文化与庙底沟文化的彩陶，都有不少的鱼纹。虽然半坡文化的鱼纹风格更接近写实，庙底沟文化鱼纹则更趋于图案化，但这种艺术传统却是一脉相承的。半坡人与庙底沟人为何要在彩陶上表现这样多的鱼形呢？

在以往的研究中，彩陶上鱼纹的喻义被归结为两种：图腾崇拜与生殖崇拜。无论图腾论或是生殖崇拜论，都有深入的探讨。在《西安半坡》发掘报告中，根据彩陶上广泛见到的鱼纹，发掘者认为半坡氏族可能是以鱼为图腾。[1]石兴邦先生认为："彩陶纹饰是一定的人们共同体的标志，它在绝大多数场合下是作为氏族图腾或其他崇拜的标志而存在的。"根据彩陶纹饰的不同，他认为"仰韶文化的半坡类型与庙底沟类型分别属于以鱼和鸟为图腾的不同部落氏族"。[2]何星亮先生则认为半坡类型彩陶上的鱼纹、蛙纹、鸟纹、鹿纹等都是图腾，或者是氏族、部落的图腾，或者是个人、家庭的图腾，也可能有一个氏族或家族崇奉两个图腾的现象。[3]将半坡文化彩陶中的鱼纹认作半坡人的图腾标记，以图腾崇拜理论对彩陶主体纹饰进行阐释，在研究者中有广泛的认知基础。[4]不少研究者都认为仰韶文化时期盛行图腾崇拜，彩陶上见到的各种动物纹很多可能就是图腾标志。如半坡文化大量人面鱼纹彩陶的发现，使得许多研究者认为鱼可能为半坡人的图腾[5]。有的研究者进一步认定，姜寨遗址的半坡人氏族至少有三个图腾标志，可能代表着三个以上的氏族，这三个标志绘在彩陶盆内，它们被分别埋入各自的氏族墓地。在这三种标志中，都包含有鱼的图形，表明氏族之间可能存在特别的关系。[6]汝州阎村遗址出土的彩陶缸上的《鹳鱼石斧图》，其

---

[1]中国科学院考古研究所、陕西省西安市博物馆编：《西安半坡》，文物出版社，1963年。
[2]石兴邦：《有关马家窑文化的一些问题》，载《考古》1962年第6期。
[3]何星亮：《半坡鱼纹是图腾标志，还是女阴象征？》，载《中原文物》1996年第3期。
[4]钱志强：《试论半坡期彩陶鱼纹艺术》，载《史前研究》1988年"陕西省考古研究所、西安半坡博物馆成立三十周年纪念特刊"。
[5]宋兆麟、黎家芳、杜耀西：《中国原始社会史》，文物出版社，1983年，第470页。
[6]高强：《姜寨史前居民图腾初探》，载《史前研究》1984年第1期。

中的鹳和鱼被有的研究者认作死者氏族的图腾。[1]

不过彩陶图腾论，也有一些问题需要回答。张光直先生1993年发表《谈"图腾"》一文，似乎就表达了不大相同的观点，他说："在考古学的书籍论文里面，常常看到'图腾'这个名词，是指称在古代器物上动物的图像的。例如，半坡村的仰韶文化的陶钵上画着鱼形，于是鱼便是半坡村住民的图腾。殷商青铜器上铸有虎、牛、蛇，或是饕餮的纹样，于是虎、牛、蛇、饕餮这些实有的或是神话性的动物，便是殷商民族的图腾。但是'图腾'有什么意义呢？我们怎样来证明它是图腾呢？这些个问题便很少见有人加以处理。"张光直先生特别指出，在中国考古学上"图腾"这个名词"必须小心使用"。他说如果认为半坡的氏族是以鱼为图腾，就必须将鱼与个别氏族的密切关系建立起来，同时还要将其他氏族与其他图腾的密切关系建立起来。可是在现有的材料中，建立这两项关系却并不那么容易。同样，殷商青铜器上的虎、牛、蛇和饕餮也适用于这个道理，所以张光直先生认为"在中国考古学上要证明图腾的存在是很困难的"。[2] 这无异于是说，过去的彩陶图腾论，还有进一步检讨的必要，还并不是定论。

半坡文化彩陶上的人面鱼纹，还被一些研究者认为是女性生殖崇拜的证据。到了半坡文化晚期，女性生殖崇拜可能已转化为男性生殖崇拜，姜寨遗址的彩陶上发现的男根图形便是证明。在其他一些遗址发现了陶祖和石祖等，是当时普遍流行男性生殖崇拜的表现。汝州洪山庙遗址瓮棺上的彩绘纹饰有男根图形，与仰韶文化彩陶上的图形相同，揭示了洪山庙人生殖崇拜的具体内容。

赵国华先生是彩陶生殖崇拜论的力倡者，他在发表论文《生殖崇拜文化略论》[3]之后，出版了专著《生殖崇拜文化论》，他研究的主要对象是史前艺术遗存，彩陶图案中的许多纹饰，都被他解释为生殖崇拜的象征。他批评了图腾说的泛化现象，学术界广泛地、无保留地接受了图腾理论，说半坡母系氏族公社以鱼为图腾，实行图腾崇拜，后来由半坡原始氏族以鱼为图腾说，又引出了河南庙底沟远古先民以蛙为图腾说、以花为图腾说，其他原始社会遗存中的以鸟为图腾说，还有葫芦图腾说、龙蛇图腾说等，不仅有考古学家和历史学家提到图腾，民族学家、宗教学家、古文字学家、哲学家、美学家、美术史专家、神话学专家、民间文学专家和民俗学专家也几乎都在讲图腾。"许多著述往往是将'图

---

[1] 严文明：《〈鹳鱼石斧图〉跋》，载《文物》1981年12期；郑杰祥：《〈鹳鱼石斧图〉新论》，载《中原文物》1982年第2期；牛济普：《鹭鱼石斧图考》，载《中原文物》1985年第1期。
[2] 张光直：《考古人类学随笔》，生活·读书·新知三联书店，1999年，第117—118页。
[3] 赵国华：《生殖崇拜文化略论》，载《中国社会科学》1988年第1期。

腾'一词做简单的套用，普遍缺少应有的论证和具体的说明。"[1]赵国华先生批评图腾说，是为着引出他的新说。他认为：从表象观察，是半坡先民崇拜鱼类；从深层分析，则是他们将鱼作为女阴的象征，实行生殖崇拜，其目的是祈求人口的繁盛。[2]在一些研究者看来，生殖崇拜论让图腾论已经有了动摇。

赵国华先生说彩陶鱼纹是女阴崇拜，鱼纹是女阴的象征。他的论证也并不是很充分，类似的旁证实在是太少，有人认为将一切都归因于"原欲"，将贝壳、石祖、柱头、鱼纹都看成生殖器的象征，也有推理过度的嫌疑，类似的研究也表现有简单化倾向。后来还有一些研究者发展了生殖说，特别强调庙底沟文化"彩陶图案的中心主题是生殖"，认为"弧边三角"看阳纹是鸟、是阳器，看阴纹是花、是阴器。[3]不用说，这是一种先入为主的误读，解释的依据也是很难令人信服的。

我们在这里并不准备将纹饰意义的探讨铺展开来，是因为这个问题眼下不可能有准确的答案，包括下面提及的与鸟纹和蛙纹相关意义的解释，都不会很快有最终的结论。在进行彩陶纹饰变化的讨论时，虽然也感到纹饰一定包含有深层的含义，但并没有企图解开那些眼前并不能完全解开的谜。

其实，像半坡文化彩陶中的鱼纹，也许并非图腾，也不是与生殖崇拜有关。

首先，将分布地域这样广大的鱼纹归结为与生殖崇拜相关，也许有将问题简单化的倾向。我们知道半坡人的儿童死亡率非常高，他们的出生率应当并不低，人口增殖并不是社会关注的重要问题，相反过快的人口增长可能反而让他们感到更大的压力。从大量存在的儿童瓮棺葬看，半坡人也许实行过包括杀婴在内的种种限制人口增长的方法，而杀婴的结果，造成了男多女少两性比例的严重失调，客观上抑制了人口增长的速度。男多女少的高性别比在半坡时代及以后，在整个黄河流域是普见现象，半坡人的性别比高达1.74∶1，这样的性别比有可能是为抑制人口无序增长而有意控制的。[4]半坡人不应当有多产的愿望，将鱼纹解释为生殖崇拜的象征也就没有了立论的基础。

其次，图腾标志必须为一个规模有限的氏族所拥有，而在半坡文化中它却是普见的纹饰，分布范围很广，明显不可能为某一氏族专有。这样看来，鱼纹

---

[1] 赵国华：《生殖崇拜文化论》，中国社会科学出版社，1990年，第145页。
[2] 赵国华：《生殖崇拜文化论》，中国社会科学出版社，1990年，第168页。
[3] 余西云：《西阴文化：中国文明的滥觞》，科学出版社，2006年，第17—20页。
[4] 王仁湘：《中国新石器时代人口性别构成再研究》，见《中国史前考古论集》，科学出版社，2003年，第217—232页；陈铁梅：《中国新石器墓葬成年人骨性比异常的问题》，载《考古学报》1990年第4期。

有可能为更大人类集团的徽识之类，这个集团正是半坡人的联盟，也许就是一种政治或军事组织，它应当是初期文明的一种形式。当然，半坡人为何要选择鱼纹作为这种标识，还值得深入研究。

近年关于彩陶鱼纹意义的研究，又有研究者提出了"鱼龙说"，认为"中华龙的母题和原型是鱼"，由仰韶文化彩陶上的鱼纹发展演变而成，以为夏族的来源与鱼族有紧密的联系。这也许可以作为解开鱼纹彩陶象征意义的一个非常重要的新切入点，很有希望得出有价值的结论。

半坡人的鱼纹为庙底沟人所沿用，虽然构图有了很大改变，但传统却是一脉相承，那鱼纹徽识给我们透露出来的信息，就有了更值得关注的内容。

游鱼在水，鱼水相得。绘着鱼纹、盛着清水的彩陶盆，也许真就不是一件平常的日用器皿。这种彩陶绝少出现在成人墓葬中，在西安半坡遗址是这样，在秦安大地湾遗址也是这样，它当初应当是一种圣器。彩陶上的鱼纹图案，可能还是一个谜。

由彩陶艺术表现方式研究，鱼纹的演变经历了观物取象、得意忘象和大象无形的艺术过程，无象之美成为彩陶最大的魅力所在。由彩陶确立起来的艺术传统，对中国古代艺术的发展产生了深远的影响。

史前彩陶鱼纹的流行与扩散，有深刻的文化背景做支撑，在这一次艺术大潮涌起的背后，显示了东方古老文化趋同的发展态势，也是政治趋同的开端，这为后来一统帝国的兴起奠定了深厚的根基。

鱼纹认同：一统中国的文化基础

鱼纹：不是图腾

说到鱼纹彩陶，最早也是最深入人心的，便是西安半坡遗址出土的人面鱼纹盘。20世纪50年代刚一面世，人们便纷纷猜测这"鱼身人面"的图案，这件有着6500年左右历史的彩陶，在向我们透露着怎样的秘密。鱼是半坡人的图腾吗？这种对鱼的感情在之后又是怎样延续发展的？

在以往的研究中，彩陶上鱼纹的寓意被归结为两种：图腾崇拜与生殖崇拜。图腾是部族的象征，生殖则是史前人类的向往。乍看之下，都有道理，但仔细分析，则都站不住脚。

考古学家张光直分析指出，若认为半坡的氏族是以鱼为图腾，就必须将鱼与个别氏族的密切关系建立起来，同时要将其他氏族与其他图腾的密切关系建立起来。而以现有的材料，这两步都是实现不了的。同样，殷商青铜器上还有虎、牛、蛇、饕餮等动物纹样，也不能草率地将

半坡文化人面鱼纹彩陶盆（陕西西安半坡遗址）

564 | 追踪信仰：艺术考古中的动物图像

之理解为图腾。

至于认为人面鱼纹为生殖崇拜，是将鱼纹视为象征女阴的。而仅凭此一点，将地域分布广阔的彩陶鱼纹归结为生殖崇拜，有将问题简单化的倾向。

另外，原始人的图腾是本部落不能伤害的，是至高无上的，而鱼是半坡人可以随时吃的。半坡虽然有那么多表现鱼的图案，但是也出土了数量惊人的鱼骨，还有渔网图案以及鱼钩出土，鱼显然是半坡人的食物之一，而不是他们敬而远之的神物。

无体的鱼头与无头的鱼体

主持西安半坡遗址发掘的石兴邦先生，在编写宏著《西安半坡》时，注意到了彩陶上鱼纹图案有简化发展的趋势，还发现鱼头与鱼尾有分别演变的现象。继承半坡文化而发展起来的庙底沟文化，当然也继承了这一演变。

艺术的境界，有形似和神似之分。若两相比较，神似也许可以看作至高的或曰终极的境界。"得意忘形"这个词，便是神似的境界。就此看来，庙底沟文化时期彩陶上无体的鱼头图案，也许其最初的用意很单纯——用鱼头来表示鱼。对史前画工来说，这应是一个很好的创意，同时它会启示画工进行更多大胆的创作。比如无头的鱼体、无体的鱼尾，甚至仅用鱼眼和鱼唇，都可以表示全形的鱼。

庙底沟之后，具象的鱼纹（尤其是鱼头）渐渐幻化为其他图案，直至失踪。由彩陶鱼纹的无头案，引发我们思考很多彩陶之外的问题，让我们进一步了解到彩陶的深刻意义。

庙底沟文化彩陶纹饰鱼头的这些变化，让我们追踪出了一些相关纹饰，如圆盘形纹、双花瓣纹、重圈纹、单旋纹等，都是鱼头失踪之后取而代之者。它们为我们追寻鱼纹的意义提供了重要线索。

由这些线索，至少我们可以认定，庙底沟文化与半坡文化之间，在精神生活

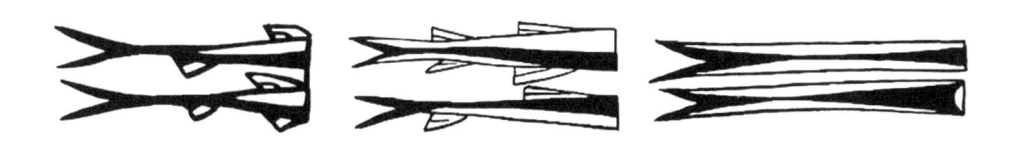

彩陶上的无头鱼纹（陕西西安半坡遗址）

与艺术生活中有着非常密切的联系，即鱼是他们共同的艺术主题，在两个文化的精神世界中都占据重要地位。彩陶上鱼纹的种种变异，让我们进一步相信鱼纹在史前所具有的文化内涵是非常深刻的，彩陶的意义也由鱼纹得到清晰展现。

而彩陶上大量的几何纹，本是来源于象形纹饰，是其逐渐简化的结果。直至简化到只表现局部特征，并且明显夸张变形，意存而形已无，是谓得其意而忘其象隐其形矣。

反观：知其白，守其黑

我对彩陶的一个重要的解读方法，即确认地纹彩陶。看纹饰不要看画上去的色块、图形，而是要看没有画上的，那才是他们想表现的。

各地出土的属于仰韶文化的彩陶，有一半以上需要用此法观察。若要表达三角，史前人是把三角空出来，将周围填色，表现三角。若画圆，他们将圆周围涂色。为什么呢？因为彩陶的陶体多为红色，而绘制笔触为黑色，为了直观地在陶体上表现图案，当时的陶工需要用这样隐晦的手法。就此，过去包括苏秉琦先生提出的玫瑰花、蔷薇花的俯视花瓣纹样说，我认为都是看错了。他看的是着彩部分，而不是虚空部分。

那么，这些花瓣纹样的虚空处，是什么图形呢？我叫它旋纹。

什么是旋纹呢？比如凤凰卫视的台标，我认为古人想表现的就是那个图形。

庙底沟文化彩陶是黑、红、白三色的配合，主色调是红与黑、白与黑的组合。这很容易让我们想到古代绘画艺术中知白守黑的理念。"知白守黑"，出自《老子》，所谓"知其白，守其黑，为天下式"，本是道家提倡的一种处世态度，与"知雄守雌"是一个意思。

主要以墨色表现的中国画就是这样，未着墨处饱含着作者的深意，观者细细品味，一定会有意想不到的收获。

研究者认为，在中国画中无笔墨处的白，并不是空白无物，画外之水天空阔之处，云物空明之处，都是以白为景。对于高妙的捉笔者来说，那空白之处不仅可以为景，更可以抒情。

画家要擅于把握虚实，运黑为白，可根据形式需要，化虚为实，化实为虚。在画作中虚实可以互相转变，黑白亦能互相转变。很多有中国画观赏经验的人都会发现，一幅好的绘画作品，笔墨自是妙趣无穷，而画中的留白，往往更具神韵，黑与白的对应，时常会成为引导观者深入的路径。能够运实为虚、虚实

河南陕州庙底沟

山西洪洞？

陕西华州泉护村

河南陕州庙底沟

双旋纹彩陶

互用、黑白互衬、引人入胜，凡此种种，皆缘于画家对"知白守黑"理念的运用。

那么，有一双知白守黑的眼睛，以虚实扭转的眼光，再来审视庙底沟文化彩陶，尤其是被命名为花纹的图案，我们能看到什么呢？

是旋转。

其渊源，则是鱼目。

我们知道，鱼目是圆目，不论生与死，鱼都不会闭眼，一般也不会将眼珠转向某侧，所以也不会形成偏目。彩陶鱼纹中将鱼目绘成偏目，是一种艺术加工——画工赋予鱼一种特别的表情，它可能含有我们现在无从得知的某些意义。

惹人联想的是，远在千里之外的长江下游，与此几乎同时的良渚文化的玉琮上，狰狞的神面最终也仅有眼目被保留。这不仅是纹饰的简化，还是人类对于抽象艺术的一种认同。纹饰虽然更简约，但其含义不减，甚至其象征意义被更加强化，所传达信息也更明朗。嗣后，商周青铜器上的饕餮纹，也以眼目最

与人同行 | 567

为突出，却很少有人注意到，这种以眼目代形的指代手法，最早是出现于彩陶艺术中。

而一些之前我们释读得莫衷一是的纹样，就此也可以有焕然一新的统一认识。我们将这种旋转的眼目式的纹样称为旋目纹。

我们发现，早在龙山时代（距今约 4000 年）之前，已经出现了旋目神面。而过去为学者定性了的庙底沟花卉纹，我认为大体都属于旋纹。

旋纹广泛见于庙底沟文化、大河村文化、大汶口文化、红山文化、大溪文化、马家窑文化、凤鼻头文化等的彩陶上。旋纹结构非常严谨，是史前陶工最富韵味的创作。这种图案结构影响了整个古代中国的艺术生活，还在继续影响着现代人的艺术生活。

旋纹不是普通的装饰纹样，也不是某一个文化独有的纹样。它从一时一地形成，在完成起源的过程后，迅速以不变的方式或变化的方式向周围传播，几乎覆盖了中国史前文化较为发达的全部地区。这不单单是一种艺术形式的传播，而且是一种认知体系的传播。正是由旋纹图案的传播，我们看到了中国史前时代在距今 6000 年前开始拥有一个共有的认知体系。

旋纹是表现力很强且极具魅力的一种图案形式，在更多的史前彩陶上，我们见到了类似的旋式图案，那旋动的韵律感如此有力，很容易让我们想到太阳。旋转的太阳，炫目的光芒，我们现在也经常可以看到将太阳处理成带有光芒的螺旋形状，而这样的螺旋形太阳图案早在史前陶器上即能见到。

垣曲下马　　　　　　　　　　　　　　陕州庙底沟

庙底沟文化彩陶旋目纹

大汶口文化旋纹彩陶盆（江苏邳州）

人类对天体运行的观察，应该是在史前时代就早已开始了，《春秋纬·元命苞》说"天左旋，地右动"，这未必就没有包纳史前的认识成果。

将各地出土彩陶按照时间排列比较，可以得出一些有趣的演变规律。除刚才介绍的以外，常见的菱形图案，也有证据显示是由鱼尾纹演变而来的；著名的西阴纹来自鱼唇的轮廓；张朋川先生认为，四瓣花的图形也是鱼体几何化的结果。就此，我们对鱼纹彩陶的认识向前迈进了一大步：鱼纹在彩陶上真好似一个百变金刚，它存留在彩陶上的面孔如此丰富！

彩陶"一统"的中国

由河南三门峡庙底沟向西，驾一辆越野车，驶入高速公路G30，再转G70……1068公里之后，可到达青海民和。而在几无交通工具的6000年前，两地已经有相同的彩陶图案。1980年，青海民和阳洼坡遗址的发现，将人们对庙底沟文化彩陶的认识又向西推进了。

山高水远，两地绝不可能生活着同一群人。而相似的图案，几乎吻合的存续时间，使我们必然认识到：史前同类彩陶的分布，有时会超越某一个或几个考古学文化的范围。

彩陶的这种越界现象，为我们理解它的意义和魅力提供了重要的启示。越界即是传播，这传播一定不仅只是一种艺术形式的扩散，它将彩陶艺术中隐含的那些不朽的精神传播到了更远的地域。在庙底沟文化中,这样的彩陶越界现象发生的频率很高,若干类彩陶纹饰分布的范围,远远超过了这个考古学文化自身分布的范围。

我们感觉到,似乎有一股强大的推动力,将庙底沟文化彩陶的影响播散到了与它临近的周围的考古学文化中,甚至还传播到更远的考古学文化中。这样的推力,也许只有用"浪潮"这样的描述最贴切。

美国人类学家博厄斯在他的《原始艺术》一书中指出:"无论是绘画和造型艺术中的几何纹样,还是音乐中的旋律或乐句,只要具有某种含义,就能唤起人们一定的感情甚至观念。……只有某些众所周知的,具有一定意义的象征符号才能产生象征艺术的效果。"[1]

某些彩陶纹饰的传播范围广大,在这广大范围内的人们,一定在纹饰的含义与解释上建立了互动关系,发明者是最早的传播者,受播者也会成为传播者。彩陶原来存在的文化背景,也就随着纹饰的传播带到了新的地方。

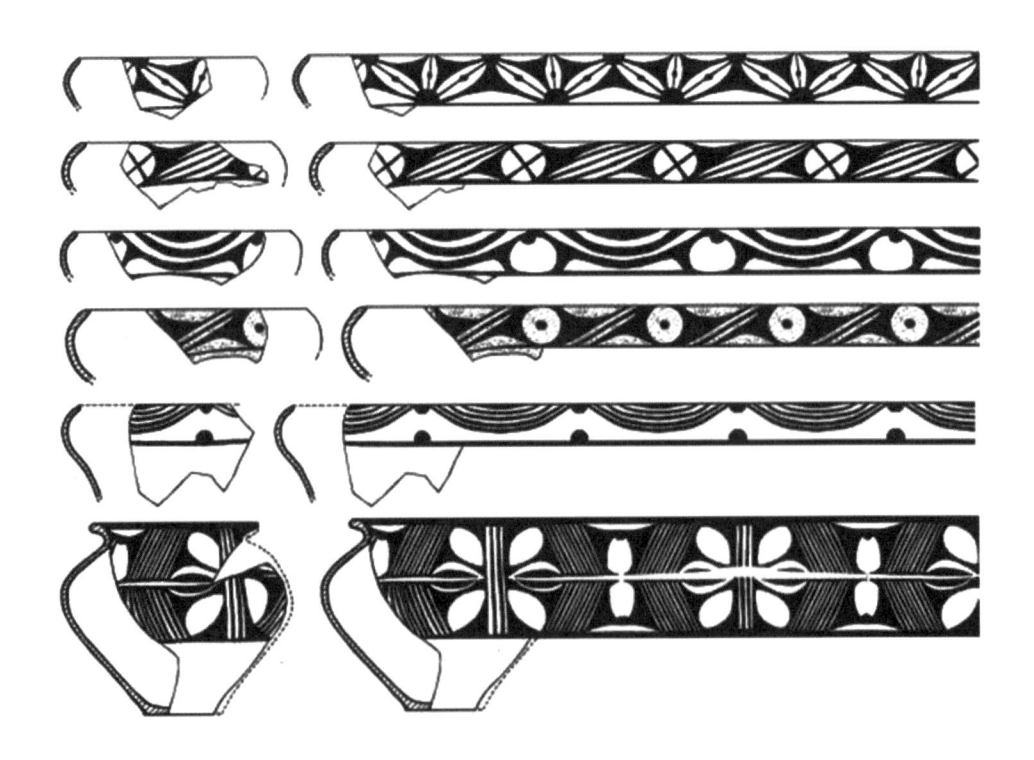

彩陶纹饰(青海民和阳洼坡遗址)

---

[1] [美]弗朗兹·博厄斯:《原始艺术》,金辉译,贵州人民出版社,2004年,第239页。

当某些彩陶纹饰传播到了不能生根的地方，互动关系就此终止。也就是说，如果此地之人不能解释或者接受彩陶纹饰所具有的象征意义，传播也就中止了。

当我将数种庙底沟文化彩陶纹饰在中国的发现地点绘制在地图上，再将数张地图重合在一起时，我被眼前所见震惊了：其分布范围向东临近海滨，往南过了长江，向西到达青海东部，往北则直抵塞北。

庙底沟文化彩陶散布到这样大的区域，意味着什么呢？这样一个范围很值得注意，因为这也恰恰是后来中国历史演进的核心区域。

传播是文化趋同的过程，而文化趋同的结果，则是主体意识形态的成功建构。我不禁想起上述博厄斯的言论，文化中国形成的基础，是与我所总结的大鱼纹系统脱不开干系了。鱼纹的演变与传播，是中国文明形成过程中的一次大范围的文化认同，让我们感受到了史前这席卷一切的艺术浪潮的威力，其内动力是彩陶文化自身的感召力。

蝉 的 复 生

成都古蜀时代的金沙遗址出土大量玉器,引来一些研究者的目光,但有一件曾经引起注意又被逐渐淡忘的小玉件,就是那件出自梅苑称作昆虫纹玉片的玉器,还没有人认真进行过研究。

这件玉器雕刻技法有什么特点?

玉器上刻画的是什么昆虫?

这是神虫还是自然界中的虫?

这昆虫在古蜀文化中的象征意义是什么?

从昆虫纹玉器可否看到古蜀文化与外界的联系?

这里,想就这样一些相关问题展开讨论,由于牵涉的不仅是考古学领域,还要进行动物学等非常规知识方面的探讨,所以不一定能顺畅表达讨论的逻辑过程,结论也未必准确,就算抛小玉引大玉吧。

一块稀奇古怪的玉

成都金沙遗址出土的昆虫纹玉片,原编号2001CQJL6:174。金沙博物馆常年将其作为重点文物展出,在先后出版的几部著作中已经著录。

在《金沙:再现辉煌的古蜀王都》(2005)一书中,公布了这件玉器的图片,它的定名是"阳刻昆虫类动物纹玉片"。附有最初见到的具体描述:长5.5厘米,宽5.23厘米,厚0.46厘米,为灰白玉质,"受埋藏环境影响,器内外有大量黑、白色沁斑。器呈圆角方形,一面以阳线技法雕刻出一变形昆虫类动物纹样,刻纹线条极其流畅,加工工艺十分精湛"。[①]

在《金沙玉器》(2006)一书中,它的定名没有改变,描述也没有改变。

在《从三星堆到金沙》(2008)展览图录中,它的名称是"金沙昆虫纹玉片"。在文字描述中有这样几句话值得注意:玉片"一面阴线浅刻有一只展翅飞翔的昆虫,……身躯前部两侧有三对翅膀,……这是哪种昆虫,还需要仔细

[①] 成都文物考古研究所编著:《金沙:再现辉煌的古蜀王都》,四川人民出版社,2005年,第97页。

比较分析后才能得出结论"。没有明确昆虫纹饰的种属，推测它是一片镶嵌玉件，而且风格与金沙其他玉器"迥然异趣"。

十多年过去，这件玉器并没有被专门地进行研究。也许在明确所刻画昆虫的种属之前，我们先要讨论一下雕刻技法问题。因为在上引著作中，虽然对于昆虫纹的判断没有分歧，但在技法描述上出现了阳刻和阴线浅刻的不同，这差距太明显了。

对比实物和图片观察，我们觉得毫无疑问是阳刻，是商代出现的两面坡式减地阳刻，体现了非常高超细致的琢玉水准。这种大面积减地阳刻，阳线如此匀齐流畅，构图严谨美观，较之商代那种简单的两阴夹一阳的技法，显然更胜一筹，这是商周并不多见的玉工作品。

这样的阳刻技法，在金沙其他玉器上没有表现，这是很奇怪的，在大量玉器中它显得有点格格不入。由此一端，就让我们心生疑惑：这是金沙人的作品吗？

这应当不是金沙人的作品，它甚至原本并不属于古蜀文化，因为在三星堆和金沙出土的大量玉器中，基本没有见到阳刻玉件。它应当是外来的输入品，它会是从何而来，我们在后文中还要探讨。

当然引起研究者对阳刻和阴刻做出不同判断的原因，除了对实物的观察有欠缺，可能还有发表的线描图造成的误导。现在看来，这张线描图只是一张简图，只用单线条描绘了昆虫的形体。

对照图片将线描图进行改绘，用封闭的双线表示阳刻图案，可以一目了然。同时改绘的还有原图不够精准之处，主要是改方形双目为圆形，加绘了头顶的菱形纹，补上了翅间的连接线，还有就是加绘了昆虫的管状长吻（喙管），这样应当更接近原器一些了。

其实这件玉器的雕刻技法虽然重要，但我们最急切想知道的是，玉器上刻画的究竟是什么昆虫？

玉器上的图案带有飞翅，一对翅是鸟，两对翅是虫，在动物界似乎没有例外，明显它不是鸟，非鸟即虫，判断为昆虫没有错。可是我们现在看到玉器上出现的是三对翅，果真是虫，它显然也不是自然界能看到的一般昆虫了。

神话中的大天使至少有三对翅膀，这只小虫子也有三对翅膀，我们除了将它看作神，也许不能有别的选择了，这是一种虫神或神虫吧。

就看长着三对翅膀，能确立这虫子的神性吗？这理由不可谓不充分，后面还会提到更充分的理由，这里再点明一条理由，就是昆虫的额顶刻画有一个菱

与人同行 | 573

形纹，这可是商周时代龙虎之类的兽面纹上常见的图形，是神性的重要标志。有许多证据表明，这昆虫在商周时代还是与神龙、神凤、神虎共舞的主儿，没有神性的它自然是不可能有那样的资格和境遇的。

真是一块神奇的玉，一块刻画有神虫的玉。它与自然界中的昆虫有无关联？如果有，它又究竟关联着什么昆虫呢？

一种众说纷纭的符

这件昆虫纹玉片上的神虫，确与自然界中的一种昆虫有关联，它关联的是蝉，也即是俗称的知了。

让我们的视线暂时离开昆虫纹玉片，先看看其他几件文物上的相关资料。

第一件是出土于金沙遗址的一件玉璋，原编号2001CQJC：141。

在《金沙：再现辉煌的古蜀王都》（2005）一书中，公布这件玉璋的图片和线描图时，重点描述是"在器身两面分别阴刻有对称的两组人面纹"。

在《金沙玉器》（2006）一书中，文字描述较为详细："在器身两面分别阴刻有两组人面纹，这种人面纹曾见于三星堆遗址中，金沙遗址出土的一件残玉璋上也以镂空技法表现出了与此相同的图案，一件金器上亦有同类的图案出现。这种纹饰也常装饰于中原地区青铜礼器上，通常被称为蝉纹。"

在《从三星堆到金沙》（2008）展览图录中，有这样的文字描述："器身中部的两面分别阴刻有对称的两个人面纹"，"在三星堆遗址和金沙遗址中，单独的人头像都不是普通的人面是神"，应是古蜀人祖先的形象。

第二件是出土于金沙遗址的一件金箔，原编号L8：16。

《从三星堆到金沙》（2008）展览图录将其称为金神面，而且展开进行了讨论。金箔外形为镂雕的心形，上端左右是对称的卷云纹，下端为尖弧形。被认为是人形神面，与上述刻画有类似纹饰的玉璋比较，"肯定是人的形象而不是虫的形象。……也应当是神面"。

第三件是出土于三星堆1号坑的一件琥珀，原编号K1：9。

发掘报告中的描述是：高5.1厘米，略呈心形，上端残缺，中有穿孔贯通，应当是一件坠饰。"两面阴刻纹饰，一面为蝉背纹，一面为蝉腹纹"。所说蝉背纹，与金沙心形金箔和人面纹玉璋纹饰相同。

第四件是出土于三星堆1号祭祀坑的一件青铜尊，原编号K1：158。

这是一件龙虎尊，与其他地点发现的同类器基本相似，表现有"虎食人"

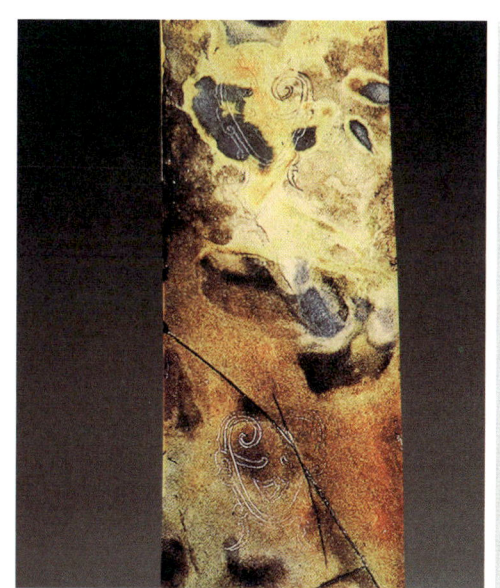

金沙玉璋上的蝉纹（四川成都金沙遗址）

金沙蝉纹金箔（四川成都金沙遗址）

的图形。需特别关注的是人形胸部的纹饰，主体构图恰与上述心形或人面相似，这在以往还没有被关注。

第五件是出土于三星堆 2 号坑的一件青铜方罍，原编号 K2：205。

这件器身和器盖的兽面纹颔下，均出现一心形纹，这也是罕见的一种表现方式，原报告没有描述。这个心形纹与前述龙虎尊人形胸部纹饰相同，与上述几例标本上的纹饰属同一类。

列举的五件文物标本，都出自三星堆遗址和金沙遗址，都属于古蜀文化，都见到同一类装饰图案。它是一种特别的图案，在古蜀文化中并非稀见，它到底是什么图案，是人还是虫？是人面，是神面，或是其他？

绕了这么一个圈子，现在可以回头看看金沙那件神虫玉雕了，这几例发现均与它有非常密切的联系。将视线集中到神虫的背部中间，就可以看到一个熟悉的图案，心形外廓，带对称的双卷云纹，这正是前面反复说到的那个图案。

这附于神虫身上的图形，并非一个没有意义的刻画，它显然是古代艺术家提炼出来的一个符号，我们倾向于"蝉纹说"，而且是蝉背纹。如是观之，我们就又找到了一个重要的证据，认定玉雕神虫为蝉，这个符号非常重要。

这是古蜀人独创的符号吗？将蝉视为神虫，是古蜀人独创的信仰体系吗？

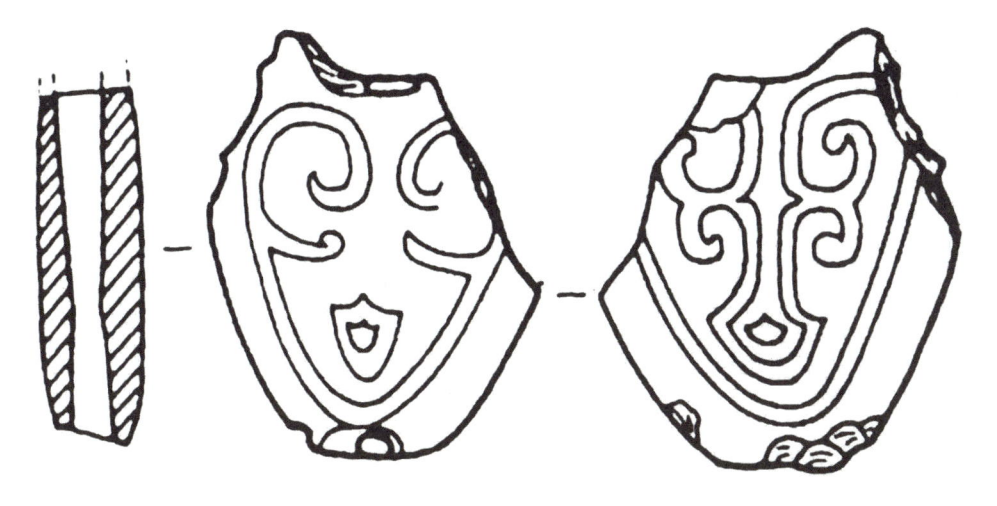

蝉纹琥珀（四川广汉三星堆遗址）

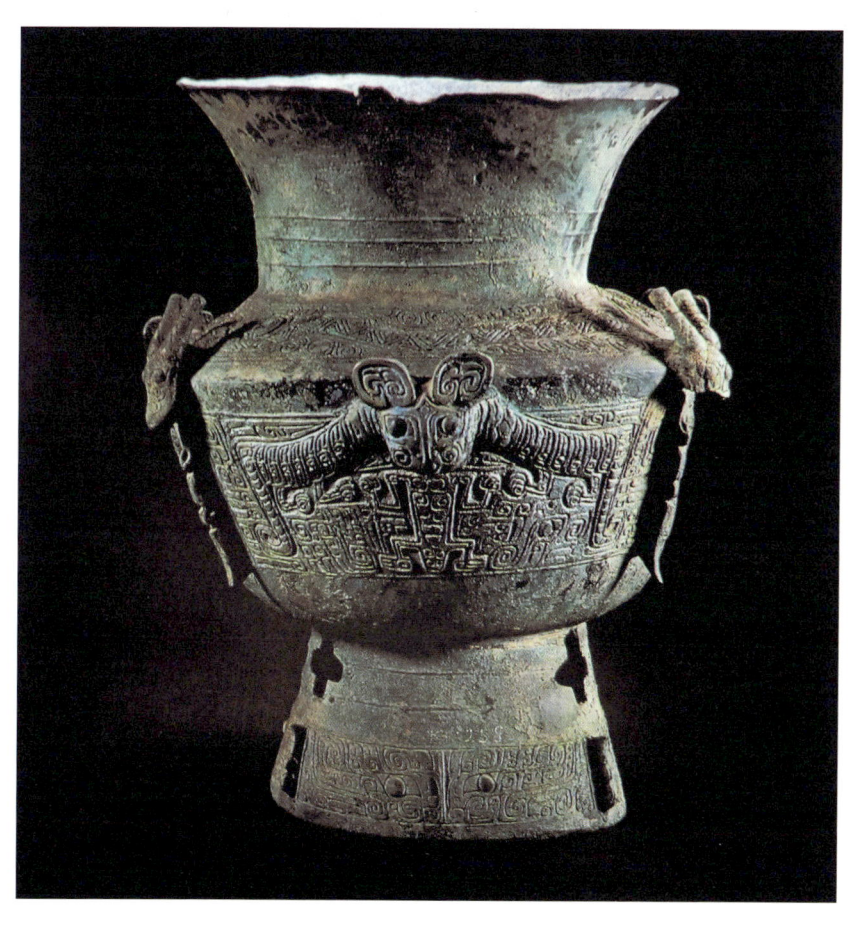

青铜尊（四川广汉三星堆遗址）

青铜尊上有蝉纹

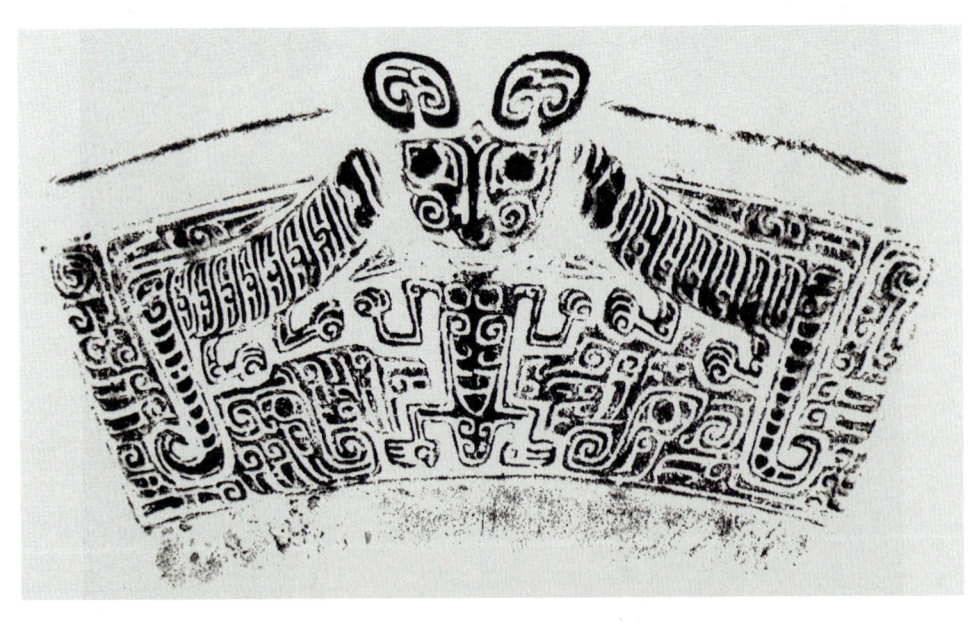

青铜尊上的人形胸部蝉纹

578 | 追踪信仰：艺术考古中的动物图像

青铜方罍上有蝉纹（四川广汉三星堆遗址）

金沙蝉纹玉佩线描图（四川成都金沙遗址）

一个不大不小的谜

将一只蝉虫看得如此之重，将它艺术化后仔细雕琢在贵重的玉料上，精心用金箔锤揲出来，这样的匠心背后，一定是信仰的力量在支撑。

由蝉产生出信仰，并非古蜀人的独创，有先行者，也有后来者。江汉地区的史前石家河人，已经开始批量雕琢玉蝉。石家河文化玉蝉多为扁平形，造型抽象，但有的制作极精。蝉体的头型、双目、吻凸、双翅、体节多有体现，蝉头、尾或胸穿孔便于系挂。

在南方商代晚期的青铜文化中，蝉纹线索也有发现。最值得关注的是江西新干大洋洲商墓的发现，相关文物有铜器，也有玉器。一件长条形青铜大刀，长67.9厘米，两面近脊处分饰首尾相接的蝉纹11组，是很少有的发现。

大洋洲商墓出土的铜钺和镈上，也见到了蝉纹。在偌大铜虎的尾椎末端，也是以蝉体纹为饰。同时发现了一件绿松石蝉，是一件精致的圆雕，一双大眼、一对小翅，多层体结，表现的是幼虫蝉体。

中国国家博物馆收藏的湖南宁乡的四羊方尊，这件著名的商代晚期青铜器上，也能看到蝉纹。可以看到亭亭玉立的凤鸟纹的足上，用的是典型的蝉纹做装饰，这是一例无头蝉纹。

更多的发现是在中原及邻近区域，与三星堆和金沙古蜀时代大体相当的商周文化中，蝉也已经进入信仰领域，蝉神化后与神龙、神凤、神虎共舞，在许多青铜器上都见到它的影子。

商周青铜器上的蝉纹，蝉体多作垂叶状的三角形，呈俯式，构图简练，背部有节状纹，少见足与翅，形近幼虫。蝉纹盛行商周之际，较多装饰在鼎足、爵流上。

多位研究者对这些蝉纹进行过分类研究。刘敦愿先生在《中国古代艺术品所见昆虫崇拜——论商周时期"蝉纹"含义》一文中将蝉纹分为繁体蝉纹和简体蝉纹两类。辛爱罡在《商周青铜器上的蝉纹》一文中将蝉纹分为无足蝉纹、有足蝉纹和变形蝉纹三类。

无足蝉纹见到较多，无翅或有翅，吻分箭形、心形、羊角形几种。有足蝉纹有两足和四足的区别，两足者前伸，四足者前后各二足。变形蝉纹繁简不一，但大头、三角形体、大足俱备。青铜器纹饰中也有一些无头无目无足蝉纹被研究者忽略，如果加上这些极简蝉纹，感觉蝉纹用于青铜器装饰的出现频率会更高。

研究表明，蝉纹最早出现在青铜器上是在商代晚期，而且主要见于安阳殷墟。青铜器上的蝉纹似乎是突然出现的，一出现就显得很成熟，这说明蝉形图案先前已经定型，可能是装饰在其他材质上。青铜器上各类蝉纹都有，有的是主纹，较多见的是辅纹。

殷墟妇好墓出土的青铜器，包括鼎、尊、罍、壶、斗和一些小件器物上，很多都以蝉纹做装饰。那件精致的鸮尊，喙面上就铸着蝉纹。

妇好墓又有一件圆鼎，在兽面纹的下方沿器腹装饰一周蝉纹。

妇好墓几件尺形器上，正反面都有无头蝉纹。

另有两件斗的柄部，也见到典型的蝉纹。

还有一件玉器器柄上，在兽面纹的下方有无头蝉纹。

安阳大司空村遗址发现的一件弓形器上，在中心位置铸有左右相对的四个蝉纹。

蝉纹青铜刀（江西新干大洋洲商墓）

扁椭圆形镈（江西新干大洋洲商墓）

带銎铜钺（江西新干大洋洲商墓）　　　　绿松石蝉（江西新干大洋洲商墓）

伏鸟双尾铜虎（江西新干大洋洲商墓） 　　　　四羊方尊上的蝉纹

京鼎（山东博物馆藏）

妇好铜鸮尊（河南安阳妇好墓）

妇好铜鸮尊上的蝉纹（河南安阳妇好墓）

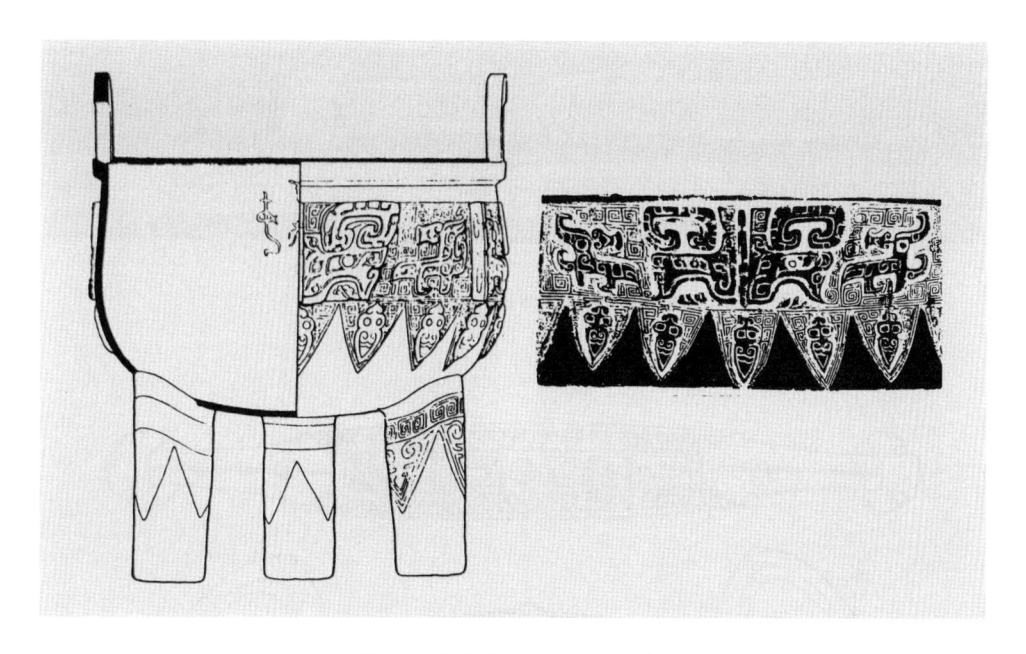

妇好圆鼎上的蝉纹（河南安阳妇好墓）

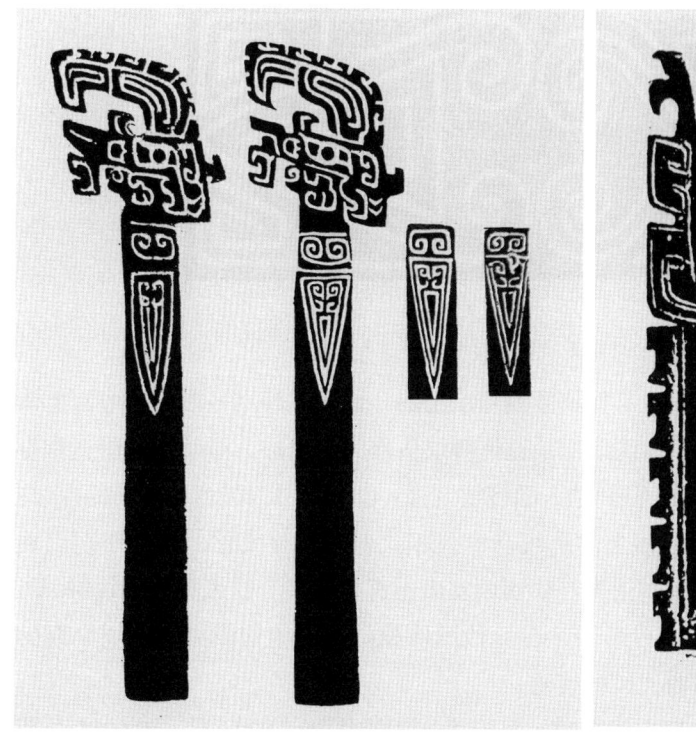

妇好尺形器上正反面上的无头蝉纹（河南安阳妇好墓） 　　妇好蝉纹玉柄（河南安阳妇好墓）

与人同行 | 585

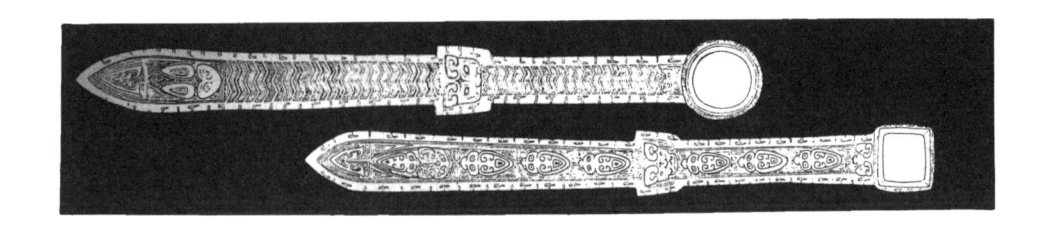

妇好蝉纹斗（河南安阳妇好墓）

商蝉纹弓形器（河南安阳大司空村遗址）

其他地点也有类似发现，如陕西铜川出土的一件商代晚期弓形器，弓面上铸造两个头对头的蝉纹，值得注意的是这例蝉纹头部为人面形。弓形器的用途难得正解，有了这蝉纹的装饰，特别是人面蝉纹装饰，也许又可以进行一些新的探讨。

到了西周早期，青铜器上的蝉纹与商代相比并无明显变化，西周中期以后比较少见，东周时蝉纹基本消失。陕西西安出土有蝉纹盘，扶风见有蝉纹觯。

西周也见到饰蝉纹的弓形器，与商代风格相似。河南信阳见有西周早期的父乙彝，所饰蝉纹也与商代风格接近。

山西曲沃晋侯墓地出土铜器中，见到个别用蝉纹装饰的例子，如6081号墓中的一件青铜盘，就铸有典型的四足蝉纹。

586 | 追踪信仰：艺术考古中的动物图像

商周青铜器上趴着那么多的蝉形，当然不只是为着美观而已。

蝉纹突然出现，出现后构图就很固定、简练、完美，而且在不同的地域也愿意接受这样的装饰。

古蜀文化中的蝉纹，与中原青铜文明高度一致，它不是自己独创和独享的艺术符号。蝉纹及蝉的信仰，是古蜀文化受外部特别是中原文化影响的一个重要例证。

从纹饰构图看，古蜀金沙玉雕蝉符和其他蝉符，更接近商代青铜器上的蝉纹，上部的双卷云纹如耳形，这特点不见于西周，是商代的特征。在此我们再看看殷墟的几例发现，妇好墓的一件玉人下腹位置刻有疑似蝉符。

妇好墓出土的一件双面雕玉鹰，一面胸部刻着蝉符。

殷墟另一件玉蝉，背部刻画着一个相同的蝉符，在蝉身再加刻蝉纹，这样的情形并不多见。

从琢玉技法看，金沙蝉纹玉雕，与石家河和大洋洲玉蝉相比，似乎更胜一筹。

有蝉形、蝉纹，特别是还提炼出了蝉符，这蝉纹、蝉符真是一个不大不小的谜，它是怎么出现的，最早出现在何地，都需要研究。更重要的是，它究竟象征着什么，商周时代它已经成为人格化的神灵，弓形器上的人形蝉纹，龙虎尊上的蝉形装扮，应当会引导出最终的答案。

商蝉纹弓形器（陕西铜川）

西周蝉纹盘（陕西西安）

与人同行 | 587

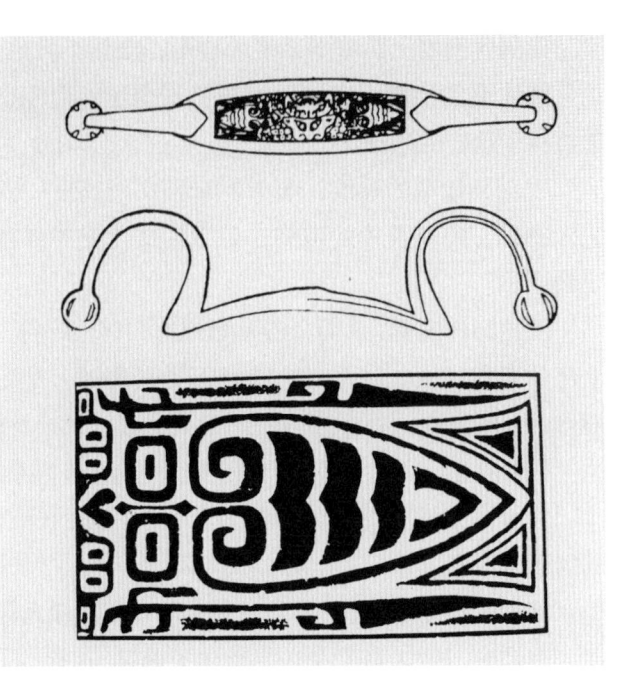

西周蝉纹觯（陕西扶风庄白村） 西周蝉纹弓形器

西周父乙彝蝉纹

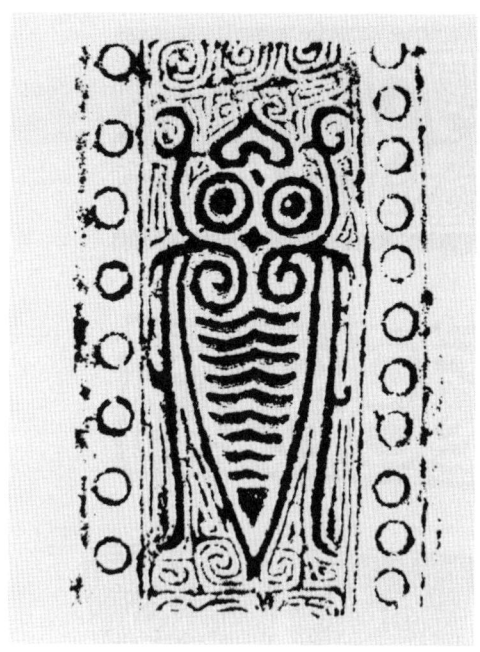

蝉纹青铜盘（山西曲沃晋侯墓地M6081）　　　　　妇好壶蝉纹

妇好鼎足蝉纹

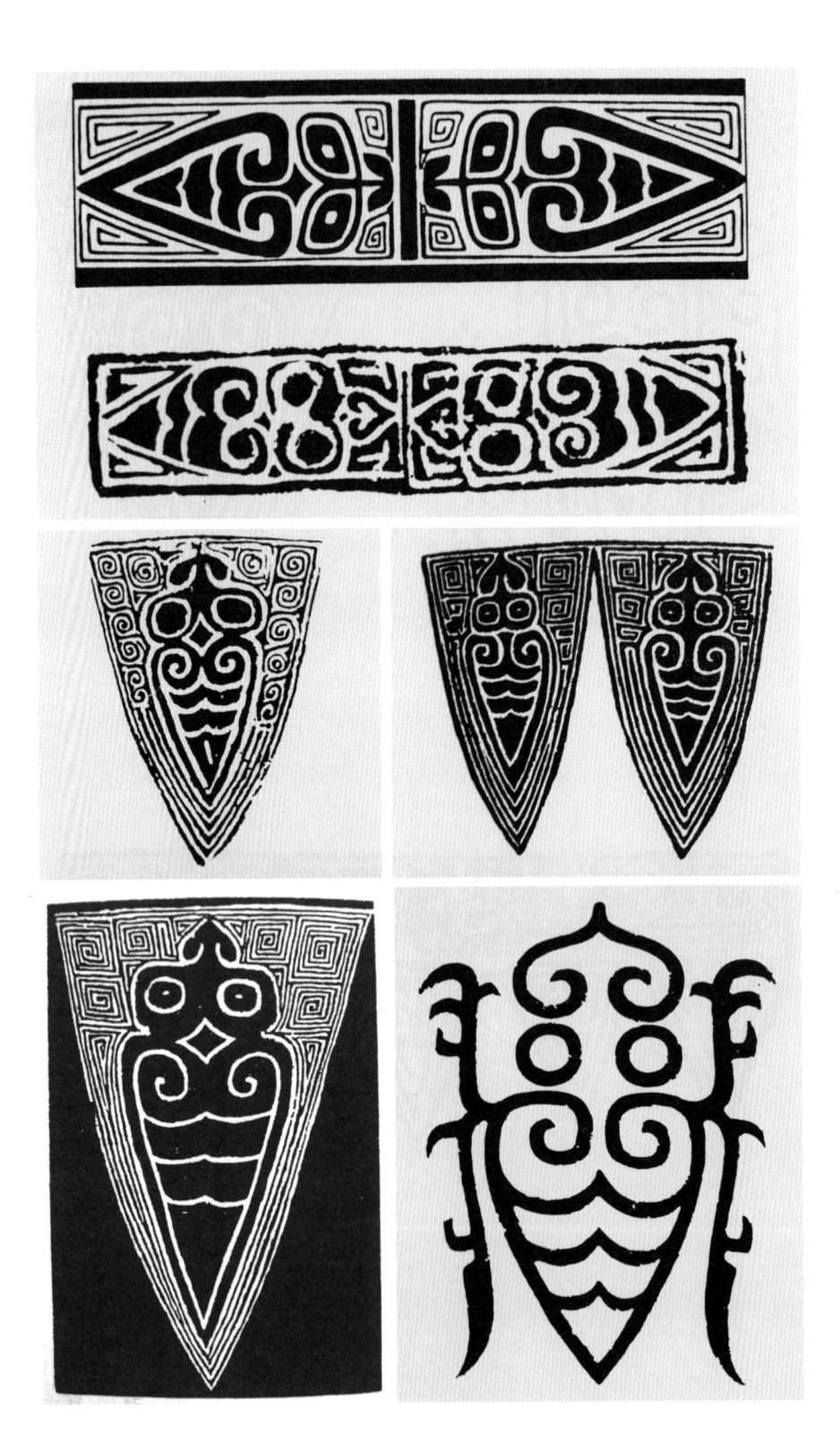

590 | 追踪信仰：艺术考古中的动物图像

商代蝉纹

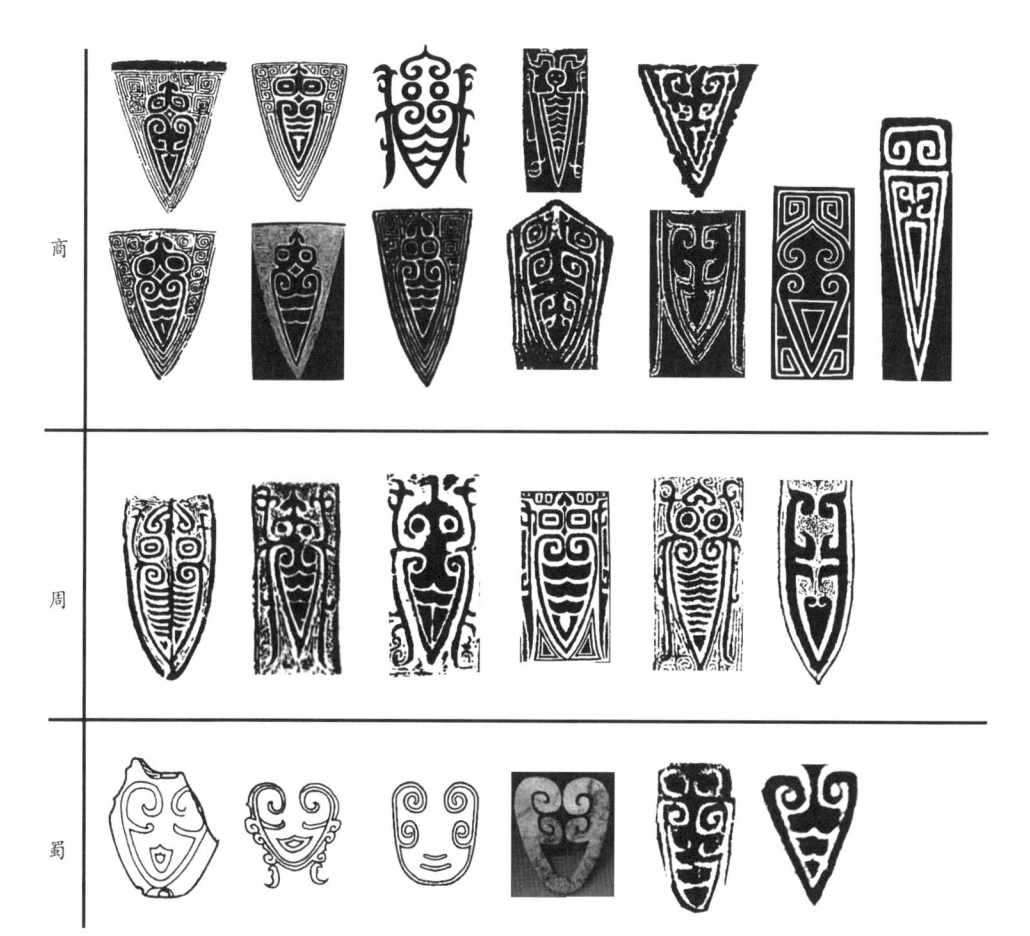

古蜀与商周蝉纹比较

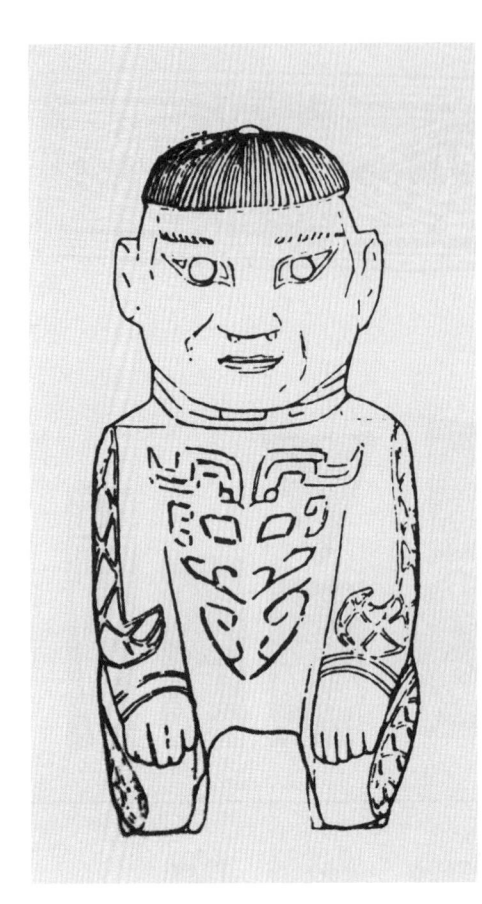

妇好玉人上的蝉纹（河南安阳妇好墓）　　妇好玉鸟上的蝉纹（河南安阳妇好墓）

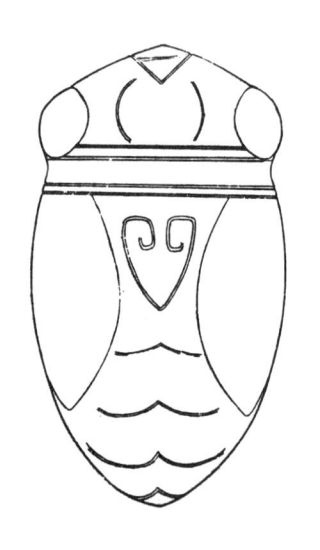

石蝉线描图（河南安阳妇好墓）  　　玉蝉线描图（河南安阳殷墟）

592 | 追踪信仰：艺术考古中的动物图像

商代人形蝉纹弓形器（陕西铜川红土镇）

一只清雅绝尘的虫

一只虫子,想要得知它的象征意义何在,一定要先认知一下它的真实面目。

蝉是形体较大的一类昆虫,全球有2000余种,中国有120种左右。夏天到来,它就会在树上叫着"知了",所以得俗名为知了。雄蝉腹部有发声器,能连续发出响亮的叫声,雌蝉不能发声。

蝉的一生经过卵、幼虫和成虫三个生长时期,卵产在树上,幼虫入地下,成虫重回树上。雄蝉在交配后很快死去,雌蝉用尖状产卵器在树枝上刺出小孔产卵,产完卵很快也会死去。卵在树枝里越冬,第二年夏季孵化出幼虫。幼虫孵化后掉落到地上,它会钻入土壤,以管状长吻吸食植物根汁为生,一般在地下生活3—4年之后钻出地面,幼虫才脱壳展翅为成虫,响噪一时。有的蝉在地下生活长达10多年之后,才爬出来见阳光,经历一个新的轮回。

蝉的幼虫在地下慢慢长大,每长大一些就蜕一次壳。幼虫生有两对翅芽,每蜕一次壳,翅芽也随之长大一点。当它出土上树最后蜕化,翅膀才完全成形伸展开来,就可以在林间任意快速飞行了。

蝉并没有吃食的嘴巴,却有一个针状管吻,用于吸取植物汁液。商周铜器上的蝉纹,很多都对这管状吻有刻画。仔细观察金沙玉雕上的蝉纹,它的前部也刻画有明显的管状吻,只是发布的线描图上表现不明确,对比图片做了修改之后管状吻看得非常清晰,这是又一个重要证据,进一步证实它确实是蝉纹图像。

另外,我们看到商周铜器上的蝉纹,许多是有足无翅,觉得它刻画的是幼虫,还没有完成最后的羽化。那样的时代为何要重点表现幼虫而不是成虫,这又是一个需要考量的问题。

由蝉的羽化,冷不丁想起了那个一鸣惊人的楚庄王。《韩非子·喻老》说:"楚庄王莅政三年,无令发,无政为也。右司马御座而与王隐曰:'有鸟止南方之阜,三年不翅,不飞不鸣,嘿然无声,此为何名?'王曰:'三年不翅,将以长羽翼;不飞不鸣,将以观民则。虽无飞,飞必冲天;虽无鸣,鸣必惊人。……'"

这其实可能是一个励志寓言,右司马给楚庄王打的隐语,让我们可以想到蝉。虽然说的是一只"鸟",可它是止于土山,三年都没长翅膀,不飞也不鸣,这是什么鸟呢?有没有可能是知了?是蝉?还真有可能。楚庄王说,三年不飞就是为着长好翅膀,什么鸟要花三年时间长翅膀,知了,它在地下蜕一次壳翅膀就长大一些。

蝉可以叫作鸟吗？可以的，古时虫子还真有叫作鸟的，如丹鸟、白鸟，都是虫名。《大戴礼记·夏小正》说："丹鸟者，谓丹良也。白鸟，谓闽蚋也。"晋人崔豹《古今注·鱼虫》有解释："萤火……一名丹良，一名磷，一名丹鸟"。萤火虫可以叫作鸟，蝉当然也可以叫作鸟。

在概念上蝉与鸟之间的关联，也可以上溯到商周时期。前面提到的妇好鸮尊，鸮嘴上饰有蝉纹。殷墟出土的另一件鸮尊，腹部也饰有蝉纹。

就像四羊方尊一样，其他一些青铜器上的凤鸟纹的足部，也饰有蝉纹。山西曲沃晋侯墓地出土的鸟尊，足部同样饰有蝉纹。

还有妇好墓出土的一件玉鹰腹间，也刻出一个清晰的蝉纹。

鸟身上的蝉符，应当有特别寓意，似乎蝉要借一对翅膀去飞翔。

谈到鸟与蝉，骤然想起《渔火对韵》中的"鼓对锣，饼对馍，跳蚤对飞蛾，鸥鹀对蝮蜟，海藻对池荷"。鸥鹀对蝮蜟，蝮蜟就是蝉，不只是作诗文的对韵，它们早就被当作生死冤家了。

从古至今，蝉有许多名号，现在最通行的是叫知了，也写作知鸟，或又称麻吉鸟，仍然是冒鸟之名。其实它还冒有走兽之名，又称知了猴、马猴、马知了、知了龟、马吉溜，别称还有爬杈、知拇吖、蛞蟟、蛸蟟、哗蝉、海咦等，不同地域有不同的叫法。

读一博客文章说蜘蟟，北京话叫唧（季）鸟儿，你可以理解成"唧唧鸣叫的、飞鸟一样的大虫子"，或者是"季节性的（仅夏天有）、飞鸟一样的大虫子"，蝉与鸟就这样脱不了干系。

蝉的名号，自古就有不同。《尔雅·释虫》云：蜩蜋、蜩蟧，舍人曰皆蝉也。方语不同，三辅以西为蜩，梁宋以东谓蜩为螗，楚地谓之蟪蛄。所以《楚辞·招隐士》有"蟪蛄鸣兮啾啾"，《庄子·逍遥游》也有"朝菌不知晦朔，蟪蛄不知春秋"这样的句子，与楚语有关。

又有《庄子·达生》记入的寓言故事孔子游楚问捕蝉之技，《说苑》说吴王欲伐荆的、螳螂捕蝉黄雀在后的寓言，也都与楚有关，说明蝉与南人生活关系更为密切，与之相关的文字与艺术的出现，更有信仰精神的形成，应当都是可以理解的。

古今取蝉为食、取蝉蜕为药的大有人在，不过比德于蝉的人也不少，也许这是蝉进入崇拜领域的一个重要原因。

《荀子·大略》说："饮而不食者，蝉也。"不染凡尘，不享食物，这样的超凡脱俗，成了君子们完善操行的象征。

司马迁在《史记·屈原列传》中，高调颂扬屈原"其志洁"，洁如蝉，所谓"自疏濯淖污泥之中，蝉蜕于浊秽，以浮游尘埃之外，不获世之滋垢，皭然泥而不滓者也。推此志也，虽与日月争光可也"。他远离污泥浊水，像蝉蜕壳一般摆脱污秽，超然凡尘之外，不染世俗污垢，真是一尘不染的洁净之人，他比日月之光还要明亮。司马迁如此佩服屈原，用一个蝉来比喻高洁，也许是那时最高的褒奖了。

古人比德于蝉，以为蝉有至德，还可由晋代陆云的一篇诗序中读道："昔人称鸡有五德，而作者赋焉。至于寒蝉，才齐其美，独未之思，而莫斯述。夫头上有绫，则其文也。含气饮露，则其清也。黍稷不享，则其廉也。处不巢居，则其俭也。应候守节，则其信也。加以冠冕，则其容也。君子则其操，可以事君，可以立身，岂非至德之虫哉？"有了蝉的节操，可以事君，可以立身，可以做完人了。

唐代骆宾王《在狱咏蝉》诗小序说："每至夕照低阴，秋蝉疏引，发声幽息，有切尝闻，……嗟乎！声以动容，德以象贤。故洁其身也，禀君子达人之高行；蜕其皮也，有仙都羽化之灵姿。候时而来，顺阴阳之数；应节为变，审藏用之机。有目斯开，不以道昏而昧其视；有翼自薄，不以俗厚而易其真。吟乔树之微风，韵姿天纵；饮高秋之坠露，清畏人知；仆失路之艰虞，遭时徽纆。不哀伤而自怨，未摇落而先衰。闻蟪蛄之流声，悟平反之已奏。见螳螂之抱影，怯危机之未安。"

如此对于蝉的理解，不仅是自况，也是士大夫们为人为官的一个榜样吧。

一场蜕变轮回的梦

人品如蝉之高洁，这样的追求，可能是春秋时代"比德于玉"的一个结果。对于蝉更早产生的关注，应当与它另一个特质有关，即它周期的复生。三五年乃至十多年一个轮回，蝉给人带来了怎样的启示呢？

在古代蝉的幼虫又名为"复育"，或写作"蝮育""蝮蜟"，汉代王充《论衡·无形》说："复育转而为蝉，蝉生两翼。"《论衡·论死》又说："蝉之未蜕也，为复育；已蜕也，去复育之体，更为蝉之形。"《广雅·释虫》也说："蝮蜟，蜕也。"这是说蝮蜟指的是蝉蜕，并不是蝉的幼虫本身。

不论怎样理解，这样一个蝉蜕的过程，古人是很明了的，蝉正是通过这蜕变之后获得了新生，进入生命的最高阶段。

古代蝉纹中有的无足，似蛹，可能表现的就是复育，揭示的正是蜕变的过程。

或者说多表现的是幼虫，即将蜕变为带翅的成虫，预示着再生，含有象征死而复生之意。从周汉时代的葬仪中可以见到，死者口中放有一只玉蝉，寄托的正是复生的希望。

人不能改变模样，可蝉却能改变，由复育变为蝉，完全改变了，这便是蜕变。由只会爬行到长翅膀会飞行，很多昆虫都有类似蜕变的过程，为何只有蝉如此受关注呢？

一鸣惊人，蝉能鸣叫，是所有昆虫中少有的本事，这可能是它受到特别关注的另一个原因。《诗经·小雅·小弁》中的"菀彼柳斯，鸣蜩嘒嘒"，说的是蝉鸣。《诗经·大雅·荡》中的"如蜩如螗，如沸如羹"，说的也是蝉鸣，是群蝉群鸣。汉代枚乘《柳赋》中的"蜩螗厉响，蜘蛛吐丝"，更是群蝉群鸣的写照。初唐虞世南所写的《蝉》诗，专写鸣叫："垂绥饮清露，流响出疏桐。居高声自远，非是藉秋风。"《唐诗别裁》说："咏蝉者每咏其声，此独尊其品格。"

蝉的鸣叫，与气象变化有关，人觉得它知天时晴雨，蝉身上又多了些神秘色彩。

从《庄子·达生》中说的"灶有髻"，人们读出蝉是灶神。医家又发现蝉蜕有神奇疗效，具有疏散风热、透疹利咽、明目退翳和祛风止痉的功效，可主治风热感冒、咳嗽头晕、麻疹不透、咽痛音哑、目赤翳障、风前瘙痒和小儿夜啼。李时珍说取蝉为药，"古人用身，后人用蜕"，"大抵治脏腑经络，当用蝉身，治皮肤疮疡风热，当用蝉蜕，各从其类也"。最奇怪的用法是用它来治咽哑，治小儿夜啼，因为蝉是"昼鸣而夜息也"。

将人的品格与蝉的习性并提，要比德于蝉，比志于蝉，甚至比身于蝉。蝉在中国文化中，也是一

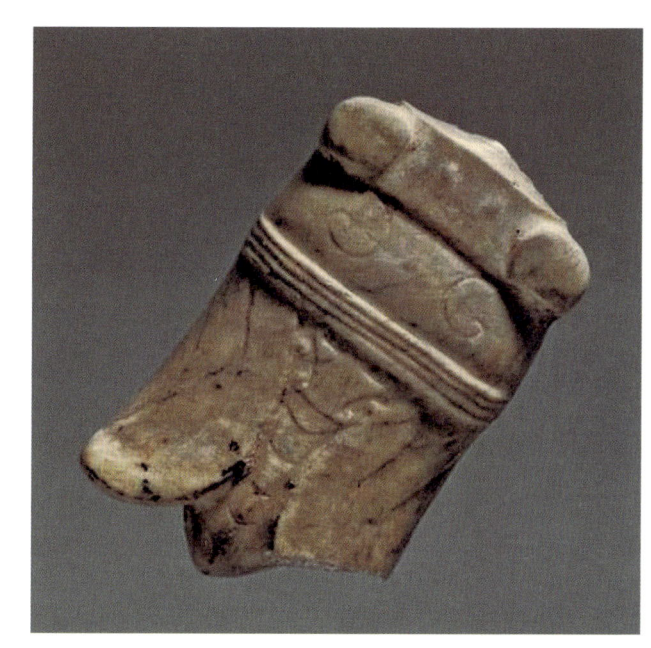

石家河文化玉蝉（湖北天门石家河遗址）

个重要的角色。玉莹铜绿一知了，蝉与鸟关联、与人关联，蝉的信仰在史前已经确立。

古代对蝉的观察，可谓细致入微。末了可以再列举一例，在石家河文化玉蝉背板上，我们发现有"W"和其他形状刻画。

细观蝉的活体，背部确有类似图形，可见玉蝉制作在细节上也是很写实的。

时值盛夏，正听闻着窗外蝉鸣，我写完了这篇蝉的颂歌，以为自己越位做了动物考古学家才可以做的事。当然这样简单的讨论并不深入，也不完善，但有了一些初步的结论，相信有些认识还是可取的。

这些结论是：

金沙这件玉器雕刻技法是属于精细的减地阳刻，它不是属于古蜀文化的作品。

玉器上刻画的昆虫是神虫，额顶刻有神性标志，长有自然界中昆虫见不到的三对翅膀。

这神虫是从自然界中的蝉神化而来，身上有明确的蝉的符号，这个符号广泛见于商周时期的南北文化中。

从金沙蝉纹玉器可以看到古蜀文化与外界的联系非常密切，蝉崇拜作为一个信仰体系已经在商周之际覆盖到南北广大地域，古蜀与外界大致同步接纳、高度认同。

蝉在古蜀文化乃至古中国文化中象征有高洁意义，更有复育再生的意义。这应当是它进入信仰领域的重要原因。

古蜀金沙蝉玉觅踪

成都古蜀金沙遗址出土的昆虫纹玉片，已有专文研讨。开始提出了下面这几个疑问：

这件玉器雕刻技法有什么特点？

玉器上刻画的是什么昆虫？

这是神虫还是自然界中的虫？

这昆虫在古蜀文化中的象征意义是什么？

从昆虫纹玉器可否看到古蜀文化与外界的联系？

通过最新看到的由邓聪先生拍摄的微距照片，我将原来发表的线描图进行了改绘，确认玉片上所饰为阳刻图案，特别是发现了昆虫纹背部一个熟悉的图案——蝉纹图案，从而认定所刻昆虫为蝉。这是一块蝉纹玉饰，可以简称为"蝉玉"便了。

又通过梳理考古资料，得知古蜀文化中的蝉纹，与中原青铜文明高度一致，它并不是蜀人独创和独享的艺术符号。由此推测蝉纹及蝉的信仰，是古蜀文化受外部特别是中原文化影响的一个重要例证。也提到可能有其他更早时代的渊源，但没有展开讨论。

结合后世文献的记述，前文还就蝉纹的象征意义进行了讨论。最后得出的初步的结论是：

金沙蝉纹玉器雕刻属于精细的减地阳刻，它不是属于古蜀文化的作品。

玉器上刻画的昆虫是神虫，额顶刻有神性标志，长有自然界中昆虫见不到的三对翅膀。

这神虫是从自然界中的蝉神化而来，身上有明确的蝉的符号，这个符号广泛见于商周时期的南北文化中。

从金沙蝉纹玉器可以看到古蜀文化与外界的联系非常密切，蝉崇拜作为一个信仰体系已经在商周之际覆盖到南北广大地域，古蜀与外界大致同步接纳，高度认同。

蝉在古蜀文化乃至古中国文化中象征有高洁意义，更有复育轮回的意义。这应当是它进入信仰领域的重要原因。

金沙蝉玉（四川成都金沙遗址）

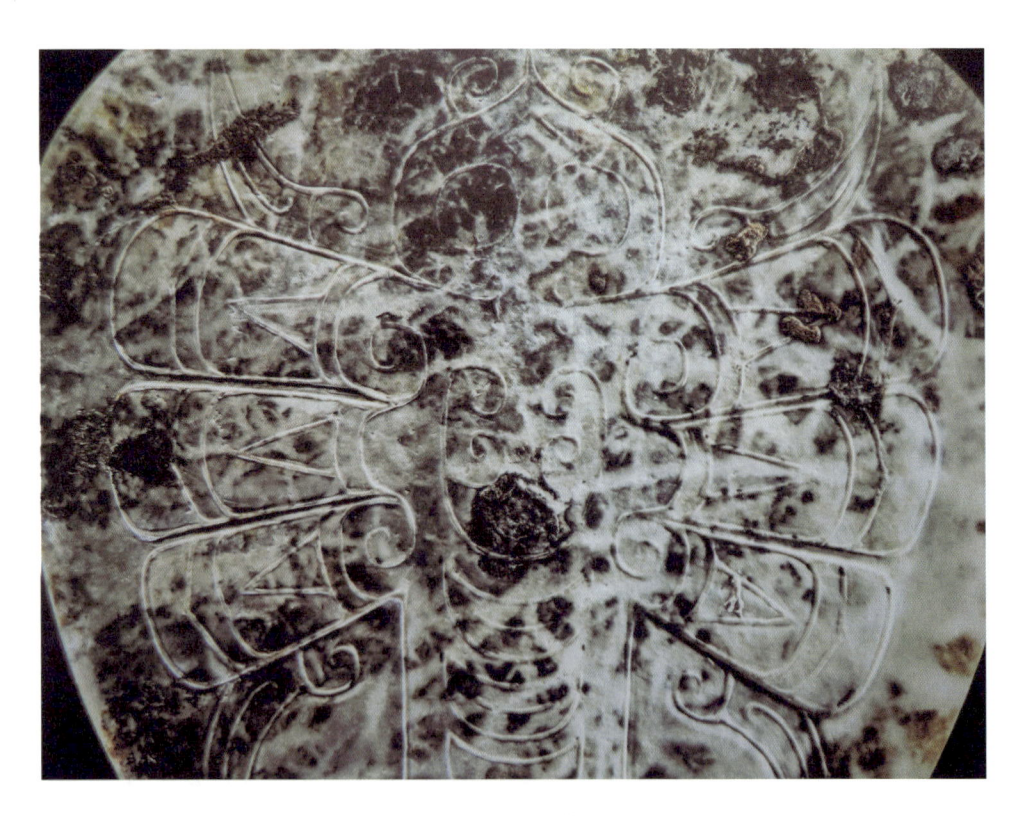

金沙蝉玉上的蝉符局部

600 | 追踪信仰：艺术考古中的动物图像

在前文中还曾特别指出：由纹饰构图看，古蜀金沙玉雕蝉符和其他蝉符，更接近商代青铜器上的蝉纹，上部的双卷云纹如耳形，这特点不见于西周，是商代的特征。如妇好墓出土玉鸮的背部，刻着标准的蝉纹。

妇好墓出土的一件双面雕玉鹰，一面胸部刻着蝉符。妇好墓出土的另一件石蝉，背部刻画着一个相同的蝉符，在蝉身再加刻蝉纹，并不多见。

而且又由琢玉技法看，金沙蝉纹玉雕，与石家河和大洋洲玉蝉相比，似乎更胜一筹。但它所体现的阳刻技法，暗示金沙蝉纹玉雕有更早的渊源可寻。

前文留下的疑问是：有蝉形、蝉纹，特别是还提炼出了蝉符，这蝉纹、蝉符真是一个不大不小的谜，它是怎么出现的，最早出现在何地，都需要研究。

考古表明，由蝉产生出信仰，并非古蜀人的独创，有先行者，也有后来者。江南良渚文化中有圆雕玉蝉，江汉地区的史前石家河人已批量雕琢玉蝉。石家河文化玉蝉多为扁平形，有的造型抽象，有的制作极精。蝉体的头型、双目、吻凸、双翅、体节多有体现。

与古蜀在时空维度上更为接近的，应当是石家河文化和后石家河文化，蜀的蝉信仰更可能是由后者传承得来。当然，将蜀的蝉玉同石家河的玉蝉进行比较，我们似乎找不到太多的相似之处，蝉的造型风格明显不同。不过由琢玉技术出发进行比较，我们有了意想不到的收获。

首先要关注的是琢玉技法上的阳纹表现风格，金沙蝉玉采用减地阳刻技法，可资比较的是年代更早的石家河文化和后石家河文化的玉器。如天门罗家柏岭遗址出土的玉凤和天门石家河遗址出土的对鸟玉佩，都是减地阳刻作品。

我们发现在石家河遗址新近出土的，还有以往出土或流传到异域的，以及传承至商周时代的一些可以归属石家河文化和后石家河文化的相关玉器，都有与金沙蝉玉相吻合的风格，除了技法上的相似，还有构图上的类同。

最值得关注的是，在金沙蝉玉图案的头翅结合处，有一左一右两个双钩形，这是一种比较特别的构图。在商周铜器、玉器纹饰上流行单钩构图，很难见到这种双钩构图，不过在石家河却比较多见，可以断定这是早期风格的一个代表特征。

关于这一点，可举证几例进一步说明：

如石家河遗址出土的展翅玉鸟玉佩，外形为圆牌形，阳刻一只展翅欲飞的立鸟，翅根位置刻相对的两个双钩，这个双钩构图与金沙的非常接近。

如石家河遗址出土的对鸟玉佩，两鸟相对而立，翅根处都刻有双线合股的双钩形。

如石家河玉神面，在冠顶位置左右都刻有双钩形，只是为阴刻。

玉鸮线描图（河南安阳妇好墓）

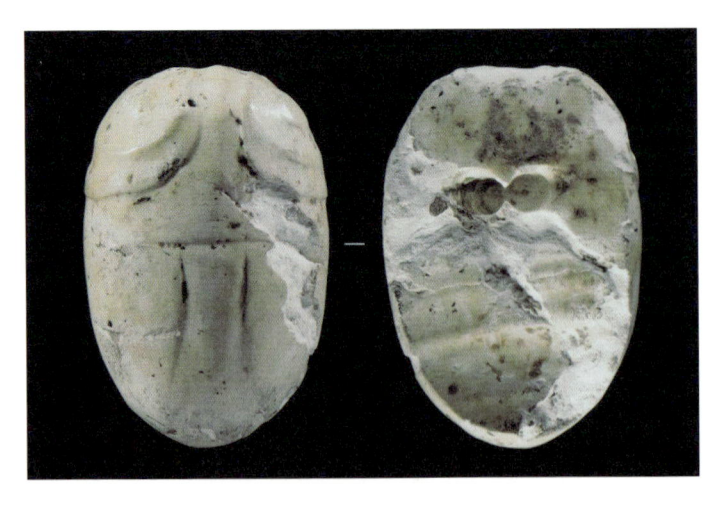

玉鹰（河南安阳妇好墓）

良渚文化玉蝉（浙江余杭反山遗址M14）

602 | 追踪信仰：艺术考古中的动物图像

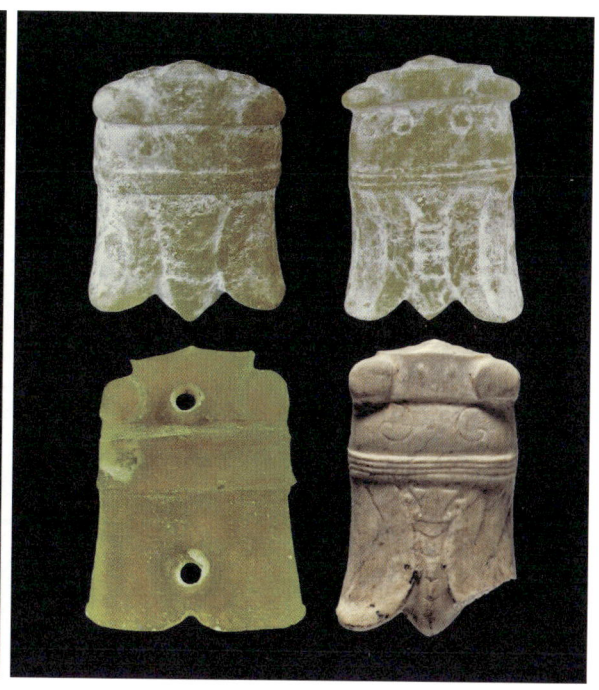

石家河文化玉蝉（湖北天门石家河遗址）

金沙蝉玉阳刻局部（四川成都金沙遗址）

金沙蝉玉阳纹双钩头

再如陶寺遗址出土的史前玉牌饰，也是在头颈接合处阳刻左右相对的双钩形。类似的一件收藏残器，左右双钩形刻画更为清晰。

又如西安丰镐遗址西周墓葬中出土玉神像，分析认为也是石家河文化遗物，在神像耳根处左右也见到阳刻双钩形。

还有商代妇好墓出土的那件玉凤，在翅根位置有双线合股的双钩形。当然

石家河文化神面（湖北天门石家河遗址）

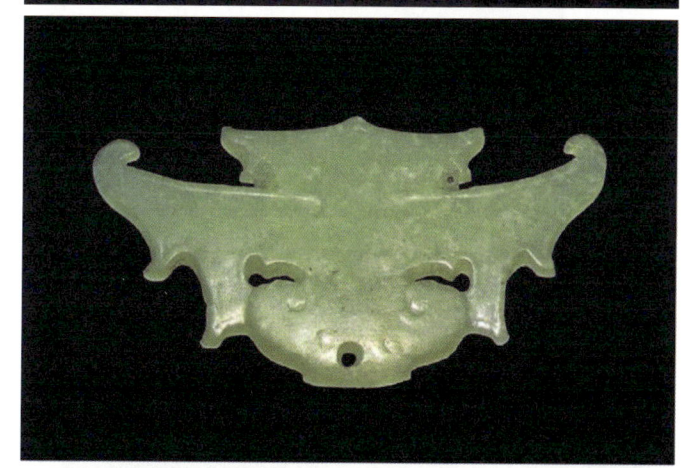

史前玉牌饰（山西襄汾陶寺遗址）

玉牌饰（私家藏品）

与人同行 | 605

这一件稍有不同,不同于前述的单线双钩,却暗合石家河遗址出土的对鸟玉佩的双钩,进一步证明这是石家河人的作品。

另外还有一件流传至国外的双面雕玉神面,两面神像的脸颊位置左右对刻双钩形,而且将鼻头也刻为双钩形,是少有的表现方式。

如此看来,金沙蝉玉与石家河文化玉器之间的联系是非常紧密的,或者说它们原本属于一个体系,我们甚至可以做出前者是来自后者的推断。

当然这一番讨论,似乎证据确凿了,不过还有一个明显的疑问暂时还

玉神像线描图(陕西西安丰镐遗址西周墓)

双面雕玉神面(美国国家博物馆藏)

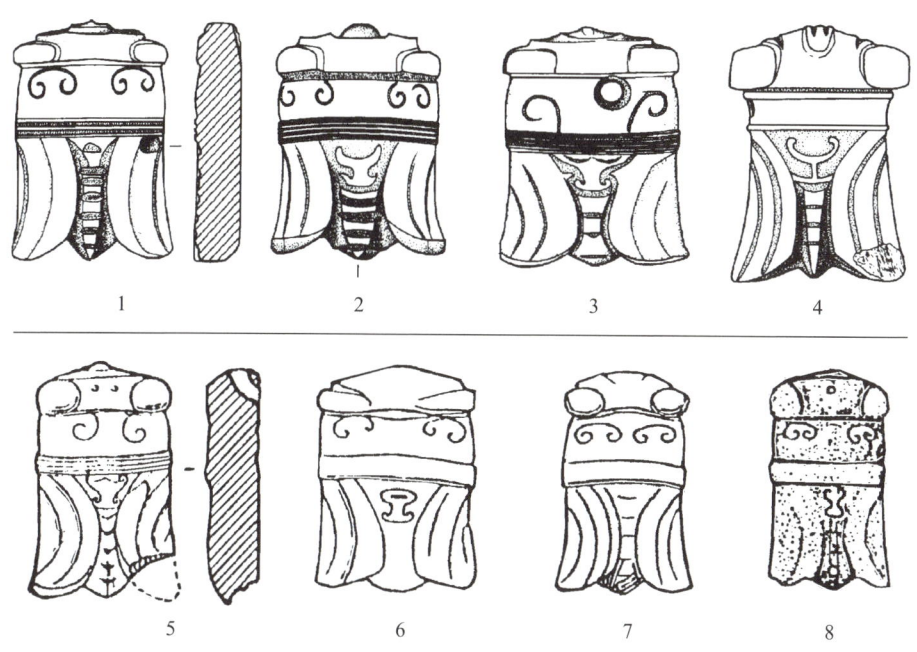

1. 肖 W6:8　2. 肖 W6:12　3. AT132（1）:1　4. 肖 W71:2
5. 罗 T7（1）:4　6. 罗 T14（3）:1　7. 罗 T7（1）:7　8. 肖 T27（3）:4

石家河文化玉蝉（湖北天门肖家屋脊遗址、罗家柏岭遗址）

没有答案，就是金沙蝉玉上的那个蝉符，我们在石家河文化玉器上还没有发现它。虽然石家河文化玉蝉也雕刻有一些纹饰，但并没有见到类似的蝉符。在盘龙城遗址楼子湾早商墓中出土的四面体玉蝉，蝉背有纹，却也不是蝉符。

这种蝉符目前似乎只能追溯到商代中晚期，还没有更早的证据。这样的证据，我们要静心等待它的出现，也许它最早真就出现在石家河文化或后石家河文化中。

玉蝉（湖北黄陂盘龙城遗址楼子湾M4）

与人同行 | 607

射猴与射鸟

战国和汉代的一些文物上，有时可以见到猴与鸟共在的景象，如铜灯如钱树，如石阙如画檐，如砖画如石刻，细心地观察就会发现，猴与鸟如影随形。

鸟为何与猴同在，猴为何与鸟同处，让人百思不得其解……

猴鸟多情？多义？猴鸟除了都在林子里行动，彼此并无太多关联，为何要这样特别表现它们？

当读到《太平御览》卷九一六引《抱朴子》的文字时，以为找到了一个可能的答案。文本叙述了一个奇特的传说："周穆王南征，一军尽化，君子为猿为鹤，小人为虫为沙。"唐吴筠《玄猿赋》引作"君子变为猿鹤，小人变为虫沙"，韩愈诗《送区弘南归》中也有"穆昔南征军不归，虫沙猿鹤伏以飞"的句子。军士中高贵者变作猿鹤，低贱者化为虫沙，这传说成为成语"猿鹤虫沙"之来由。

君子为猿为鹤，我们并不相信有这样的事，但将猿和鹤与君子相提并论，似乎可以看作解释文物中猴鸟共处的合适依据。

古人以君子自况，用猴和鸟作君子符号，似乎也在情理之中。宋《云笈七签·连珠》有云："玃鸟鹦鸽，不相畏恐；狸犬兔鼠，不相避忤。故君子自处，不群不党，不曜不动，不利不害，常守静不移，故成君子也。"用猴与鸟比附君子，它们作为君子的符号，似乎古人都是乐于接受的。

猴和鸟，又喻隐士。如唐皮日休《奉和鲁望樵人十咏·樵家》诗："空山最深处，太古两三家。云萝共夙世，猿鸟同生涯。衣服濯春泉，盘餐烹野花。居兹老复老，不解叹年华。"又宋代释文珦《赠隐僧》诗："禅居既高静，道气尤凄清。不褒市朝路，深谙猿鸟情。"猿鸟情，指隐士之情，如猿如鸟，乐在山林。以猿和鸟喻隐士，也是古人的情怀。

但是，用猴与鸟喻君子，喻隐士，这能解释透彻文物上见到的相关图像吗？

不能，真的不能，当看到文物中出现弯弓搭箭射向猴与鸟的人物时，我们知道君子与隐士之论都不是真正的答案。

猴与鸟，原来是古人提炼的两个象征符号，是人们内心的一份希冀。它们是人们曾经的一种向往、一种追求。

灯光下猴鸟歌唱

宴会的气氛，比较午宴和夜宴，这夜宴在暗黑中闪亮，灯红酒绿，迷幻的色彩更胜一筹。虽然霓虹曼妙，但许多人似乎更欣赏烛光的悠忽，明里暗里风光无限。灯烛是古人很早就有的发明，他们在这烛光下度过千年计的夜宴时光，黑暗里的烛光，也闪烁有文明的光束。

夜宴依赖灯烛照明，初时应当是独灯一盏盏，战国时造成多灯连盏集束大灯，称为多枝灯或连枝灯。出土物中最壮观的是河北平山中山王墓出土的十五连枝灯，高大与复杂的构型显示出王者气派。连枝灯形如同一株大树，树枝支撑着十五个灯盏。灯盏错落有致，枝上饰有游龙、鸣鸟、腾猿，至少有八猴二鸟。看猴来猴往，听鸟儿歌唱，这灯柱成了快乐的森林。

在大型灯具上出现猴和鸟，并不只见于这十五连枝灯。中山王墓出土的另一件铜人俑擎灯，灯柱上也出现有猴。此灯铸造十分精致，三盏灯盘九支灯签，

十五连枝灯（河北平山中山王墓）

铜人俑擎灯（河北平山中山王墓）

火烛高低错落，见一猴在柱上翻腾，得趣在灯影摇曳中。此外又见贵州出土东汉连枝灯，横出的四个分枝上，分列着几只猴和鸟。猴与鸟立在灯枝，犹如身处林间，自得其乐。

在参观一个饮食博物馆时，我看到展位上有两具复制的十五盏连枝铜灯。柱灯与横枝上光光的，没有见到猴和鸟。我对馆主说，这是个问题，要加上这两种精灵，不然这灯的意义还有味道就没有了。馆主很痛快就答应了，马上嘱人记录改正，希望再去参观时能看到猴和鸟。

猴与鸟的形象出现在灯柱和灯枝上，在战汉之际已不是偶然现象。灯柱和灯枝象征林木，猴与鸟在其间

东汉连枝灯（贵州兴仁交乐6号墓）

610 | 追踪信仰：艺术考古中的动物图像

跳跃歌唱，这难道只是当时工匠在表现自然之趣吗？显然不是，因为这猴与鸟，一定是作为特别的文化符号出现的，它们也一定有特定的象征意义，这种象征意义正是需要进一步考察的。

摇钱树上的狂欢

看到灯柱和灯枝上的猴与鸟，很容易让人联想到汉代的摇钱树，因为摇钱树上也常见这两类精灵的身影。

汉代的摇钱树，有树干、树枝，以青铜铸成。树上最多见到的是铜钱，还有西王母和东王公，不过猴和鸟也是少不了的角色，鸟立枝头，猴穿行在枝间，或者弯臂钩挂在枝上。这些猴形是单铸后挂上树枝的，成群结队地出现，使得冰冷的摇钱树凸出一种活力。有的猴与鸟同在，铸成一体，别有一番情趣。摇钱树上的铜鸟们，嘴里衔着鱼，背上是

汉代铜摇钱树上钩挂的猴形

汉代铜摇钱树局部

汉代摇钱树（四川绵阳）

一串铜钱。四川绵阳出土的汉代摇钱树，树上的中心角色是鸟，枝上挂满了铜钱，重要的是还出现了骑马的射手。这射手又是什么角色？

树下双射侯与爵

如果说将灯柱理解为一棵树有点主观，若是看到更多的猴与鸟在树上的汉画图像，也许就不会觉得这是主观想象了。

汉画中有一种特别的主题被称为"树下射鸟图"，因为出现频率较高，所以受到关注，吸引了不少研究者。画面构图常为一棵大树，树上有鸟集止、有猴攀缘，树下有马，还有弯弓射鸟与猴的射手。

汉画中的射鸟图，很明确表现的多是射鸟，因为鸟可以是阳鸟，所以画面被有人理解为后羿射日。又因为有时猴也出现在画面上，所以又被理解为养由基射猿的故事。

故事见于《淮南子·说山训》的记述："楚王有白猿，王自射之，则搏矢而熙。使养由基射之，始调弓矫矢，未发而猿拥柱号矣。"楚王养了一只白猿，他要射猿取乐，白猿却夺过箭与楚王嬉戏起来。楚王令养由基射这白猿，在他调弓搭箭还未发箭时，白猿就抱着柱子悲号起来。养由基善射，应当不是虚传，《史记·周本纪》和《战国策·西周策》都有记述，百步穿杨、百发百中这样的成语正是因他而得来。

虽然汉画表现的是射猴，但画面上的射手未必就是养由基。对射鸟意义的解释，让研究者很费思索。

曾经专攻汉画的信立祥先生在《汉代画像石综合研究》中，对树下射鸟图的意义这样解释：子孙祭祀墓主前在墓地周围射猎，因为要以猎物为牺牲。邢义田不认同这个说法，以为树下弯弓射鸟（猴）的这类图像，意义是"射爵射侯"。他从内蒙古和林格尔一幅射鸟图的榜题（"立官桂 ×"）出发，认为桂、射雀、射猴与贵、射爵、射侯谐音，图像又与"立官"有关，是保佑子孙得官爵、得显贵之意。内蒙古和林格尔汉墓壁画"立官桂（树）"的榜题，确实让人觉得这树下射鸟图就是一幅励志图。

河南郑州汉画树下射鸟图，因为树下有人骑着马，也容易让人想到"马上封侯"，虽然树上只见鸟没有猴。不过要注意的是，这里表现的树应当是连理枝，别有深意。山东微山两城山也有一幅汉画，连理枝上有众鸟，树下有马，一人在树下搭弓射鸟。微山两城山另一幅射鸟图，可以明确画中的树是连理枝，

壁画射鸟图（内蒙古和林格尔汉墓）

汉画树下射鸟图（河南郑州）

枝头不仅有鸟，而且有多达 13 只的猴。树下有马，而且有羊，左右各有一人正在射猴、射鸟。这一幅图角色描绘完全，对于理解"射侯射爵"的说法很有启发作用。

四川成都发现的一方汉画像砖，画面表现了荷塘捕鱼和树下射鸟，很容易理解为渔猎图，但只要注意右边的树上不仅有鸟也有猴，这就不能看作一

汉画树下射鸟图（山东微山两城山）　　汉画射鸟图（山东微山两城山）

汉画像砖荷塘渔猎图（四川成都）

幅简单的生产图景了。还是树下射鸟、猴,也捎带着采莲捕鱼。河南南阳汉画和山东某地见到的双人树下射鸟图,一图有鸟有猴,一图只见鸟。看来鸟是一定要有的,猴在画面上有时可以缺位。

安徽萧县一汉画像石上,树上有猴和鸟,形体比较夸张。值得注意的是,这样的树并非固定的品种,这两株树非桑非桂,也可以表现同样的主题。不过这里射手缺位了,这是并不多见的。河南郑州出土汉画中的一幅射鸟图,表现的似乎是武士射鸟,英姿勃发的样子跃然眼前。而山东滕州出土的汉代画像石射鸟图,见一人射中树上鸟,一猴立于马背,被称为马

汉画双人树下射鸟图(河南南阳)

上封侯图,也算是名副其实。

将汉代画像石中常见的树下射鸟、射猴之像,定义为"射侯射爵",这个说法的依据,是《礼记·射义》中"射者,射为诸侯也"的说法。郑玄注曰:"天子中之则能服诸侯,诸侯以下中之则得为诸侯。"

古者以射选贤,射中者获封爵,因谓之诸侯。射技好不好,真是一件很重要的事,射不中就没得为诸侯的资格。这个"侯",本又写作"矦",《说文解字》释为"春飨所射矦也",是个象形字,"从人,从厂,象张布,矢在其下",也就是箭靶。所以《小雅·广器》说:"射有张布谓之矦。"《诗经·齐风·猗嗟》云"终日射侯",就是终日练习射箭。

至于将鸟解为"雀",再解为"爵",如《集韵》释为爵位也,似乎于理可通。公侯伯子男卿大夫士,都是爵位。射鸟即是射雀,即是射爵,射鸟成为求取爵位的艺术表现形式,也许在汉代是非常深入人心的。大丈夫居士,生当封侯,死当庙食,这是汉代男子们的志向。不过将射鸟这样的励志图画装饰到墓室,显然并非为死者表达这种志向,一定是为子孙求福祉的吧。

河南洛阳吉利区西晋墓葬石刻,也能见到射鸟图,可见汉代人的观念在后来依然延续着。

双人树下射鸟图（山东）

汉画像石树上的鸟与猴（安徽萧县）

汉画射鸟图（河南郑州）

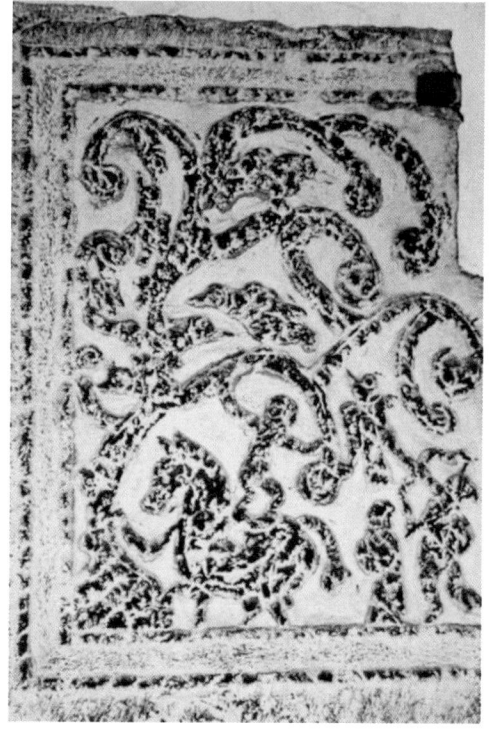

汉画像石射鸟图（山东滕州）

石刻射鸟图（河南洛阳吉利区西晋墓葬）

屋檐上的祥瑞

汉画上不仅树上可见猴与鸟，建筑上也能见到猴与鸟。

安徽萧县汉墓中见到的建筑图像，建筑下层有鸟形人像，有站立马（羊？）上的猴，屋檐上歇着鸟，居然有一鸮。汉画中常见建筑上绘双鸟图像的画面，应当是祥瑞之象。四川发现的一些汉阙，上面的刻画有时也见到射鸟图像。四川成都羊子山出土的一方画像砖，表现的是单阙图像，阙体造型非常优美，檐下有双猴晃动，也是祥瑞意境。有鸟有猴的汉画，虽然不一定都有射手出现，但它们的意境应当是一样的。

汉墓中见到的建筑图像（安徽萧县）

汉阙射鸟图（四川成都羊子山）

婚媾里对子嗣的希冀

张晓茹硕士学位论文《汉代画像中的"树木射鸟图"研究》，在前人研究基础上另辟蹊径，认为这类汉画题材与生命传承繁衍有关，射鸟意为得子，表现的是生殖崇拜。她在论证中提到了高禖，也述及桑树、桑林，这样的认识较以前诸说，又明显深入了一步。

禖，本是天子求子之仪。按《礼记·月令》所述，"仲春之月，……是月也，玄鸟至。至之日，以大牢祠于高禖，天子亲往，后妃帅九嫔御。乃礼天子所御，带以弓韣，授以弓矢，于高禖之前"。

求子于天，是在玄鸟飞来的春日，不仅要享以太牢之礼，还要授以弓矢。这个细节过去易于忽略，不过郑玄注意到了，他说是"求男之祥也"。天子是带着有孕在身的嫔妃，将具有象征意义的弓矢授予她，冀望她生下男子。后来民间求子，也行禖礼，上行下效也。

有象征生育的玄鸟，有象征男性的弓矢，所以说射鸟之图与求取子嗣相关，联系到生殖崇拜，是很有道理的。不过这论证也留下一个遗憾，可惜忽略了野合图。汉画中见有野合图，一幅发现于四川新都的，最为著名。过去定义为高禖桑林之会，也很贴切。以往人们注意较多的，是汉代这种春天流行的古俗，仅限于野合之俗的讨论，没有更深层次的开掘。

我们仔细看去，虽然男女的交媾占据了画面的中心，但不可忽略画面中对环境的交代。注意那一株不大不小的树，也不论它是桑是桂，它上面有两只攀缘的猴和几只溜达的鸟！这让我们恍然大悟，桑林之会，猴、鸟出现，求子的仪式感那么浓烈。

汉风如斯，汉代以后又如何？甘肃高台骆驼城魏晋壁画树下射鸟图可以给出答案，依然如斯。房前一棵树，树上歇着鸟，树下有人弯弓，树下射鸟，与汉时一样的追求。还有甘肃嘉峪关魏晋砖画，被取名为驱鸟护桑图，其实依然是树下射鸟的含义。采桑妇人还在采桑，不过她的孩子已经长大，是一个可以持弓的男子汉，如愿以偿了。

而甘肃酒泉魏晋墓发现的另一幅壁画，则让人生出更多想象。一株繁茂的大树上有鸟有猴，树下一裸身女子半匍匐地上，有人称之为"生命之树"，也非常切题。这样的表现方式，较之用箭射似乎更易理解，孕育生命的期盼，有很高的目标，非侯即爵。

猴和鸟就这样成了两个象征，这两个由动物提炼出的象征符号，被汉代人模刻在砖石上，牢记在心眼里。

汉画野合图（四川新都）

魏晋壁画树下射鸟图（甘肃高台骆驼城遗址）

魏晋砖画驱鸟护桑图（甘肃嘉峪关）

魏晋壁画鸟猴裸女图（甘肃酒泉）

冷暖猴情说千年

从形体到颜色，从动作到声音，任何一类动物都会以它们独到的一面打动作为人类的我们。未见其形，悦耳的声音传来，也会给我们以音乐般的享受。但并不是所有动物的声音都那么动听，例如猴的叫声，不论悲调喜调，音调都不能用美妙这样的字眼来形容。虽然科学家可以分辨出猴语的方言特点，甚至用乐声模仿它们的快乐与悲伤，可我们常人听到的猴叫并没有太大分别，总感觉都是以一种哀腔为主调。在唐宋诗词中，猴也是常常出现的角色，偶尔它们的叫声也会入诗，也都被描述为凄厉哀鸣之声，如唐杜甫就有"风急天高猿啸哀，渚清沙白鸟飞回"这样的诗句。古代诗文称猿常常指的是猴，猿之名在文人看来略雅一点，并不是真的就区分开了猿与猴。

古人对于猴声的感受也有例外之时，李白的那一句"两岸猿声啼不住"，将他听到的那叫声化成了一种人生的快乐，留给阅读吟诵的后人以非常深刻的印象。李白的身影两度出现在三峡，在第二次出峡时两岸连绵的猴声打动了他，他将那叫声写进诗中。话说李白晚年因在安史之乱中参与永王叛乱而受惩处，被判长流夜郎（今贵州桐梓）。已经58岁的李白在浔阳（今江西九江）告别了妻儿，乘船溯江而上，由春夏而至秋冬，旅步沉缓，慢慢行进到三峡。郁闷中的李白写了《上三峡》，发出"不觉鬓成丝"的感慨，觉得青天并不那么宽，江水也流到了尽头，人生如此，已是无望又绝望了。不承想船过瞿塘峡口，在白帝城下传来长安的大赦令，真真是绝处逢生，李白感觉这天地又顿时变得无比宽广了。第二天一大早，李白回舟东行，归心似箭，竟是一日就到达千里外的江陵。绝处逢生的他是怎样的一种感觉，我们从《早发白帝城》中读到了："朝辞白帝彩云间，千里江陵一日还。两岸猿声啼不住，轻舟已过万重山。"彩云、猿声，给予李白那忧伤心灵的慰藉该是多么大呀，原来猿猴的叫声是那样悦耳、那样快活！

李白在猴声中快乐地到了江陵，离亲人也越来越近了。不过，远在夜郎故地的桐梓人也许就有了世代留下的遗憾，若是李白真就发配到了那里，那唐诗中一定会多了许多吟咏桐梓山水的篇章，一定又多了许多的离愁别恨。

李白听到的猴叫也许真的全是快乐之声，但在比他早出约400年的晋代，有人在三峡听到了猴的悲怆之声。晋将桓温和他率领的队伍溯江入蜀，船进三峡，部将逮到一只小猴在船上嬉戏。猴母失子，急切切沿岸追着船队跑了100多里，在巫峡时跳到船上气绝身亡。军士剖开母猴察看，见腹内"肠皆寸寸断"。桓公得知此事，因猴之母子情深而感动，同时对军伍虐杀动物的行为非常气愤，当即罢免了相关人员。这是刘义庆《世说新语·黜免》中记述的人与动物的一个故事，这个故事中的猴给人留下了一个"肝肠寸断"的成语，对猴性的敬畏，用人性相比附，动物也是可以做人的老师的。只是斗转星移，我们早已忘却了那悲怆的叫声，以至于现在往往会忘记了那只断肠的母猴。人类由此生出对猴性的敬畏之心，似乎也是很自然的吧，浓烈的亲情，猴们原本是不输人类的。

关于人类对猴性敬畏之情的生发，我们还可以找到更古老的渊源，这个渊源仍是在三峡找到的，也当是李白和桓温听到过悲欢猴声的那一带。考古在三峡发现了大溪文化，这是新石器时代的遗存，首次发现地就在距三峡瞿塘峡口不远的大溪遗址。大溪遗址出土了许多陶石类文物，其中有一件1959年出土的墨色玉器，高不过6厘米，长圆形片状坠饰，中心琢刻出一个猴面的图案，上端穿有两孔，这显然是一件随身佩带的护身符。这是距今5000多年前的作品，以猴面作为护身的神器，表明在当时猴已经被神化，是大溪人敬畏的神兽，它已经被赋予超人的力量。

后来在大溪文化的其他遗址又发现了一些猴形艺术器，如有用黑曜石雕刻的石猴，还有用墨玉制作的母子猴。器高6厘米多的母子玉猴也出土自巫山，一只

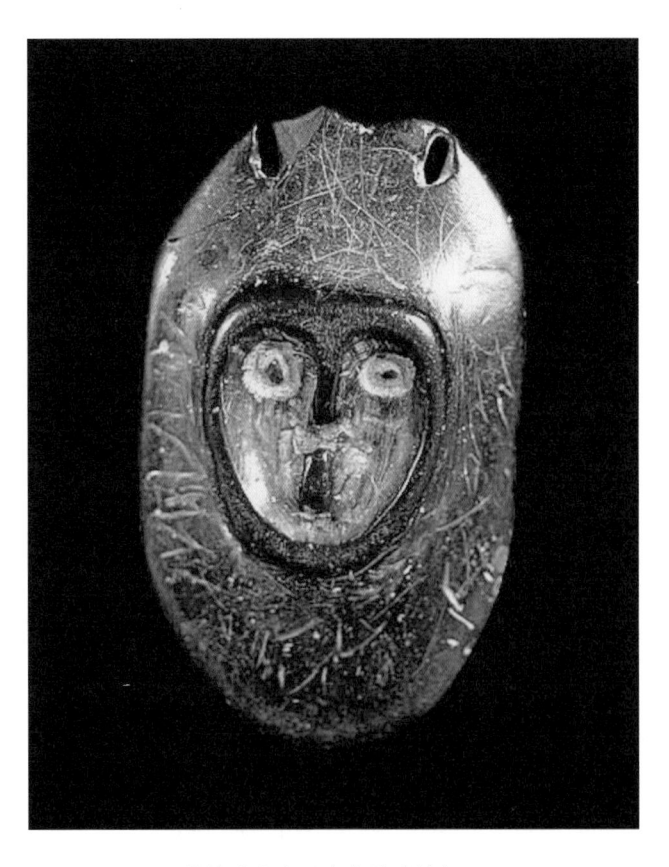

玉猴坠（重庆巫山大溪遗址）

散步的大猴背着一只小猴，萌态可掬、亲情盎然，可见猴类母子情深，已经为史前人所关注。

在距今 8000 多年的江苏泗洪县顺山集遗址，也发现了几件陶土猴面坠饰，应当也属护符之类。也许还有更多的这类护身符没有被发现，或者根本就没有保存到我们发现它的时候。

对猴的敬畏，在一些古代民族看来，是出自一种特别的情怀，这情怀的生发，与创世记传说有关。《北史》《隋书》称"党项羌者，三苗之后也。其种有宕昌、白狼，皆自称猕猴种"，羌族民间故事里也有猴子变人的传说，说猴子冉必娃被山火烧掉全身毫毛而变成了美男子。

在高原生活的藏族也有类似猴崇拜的创世记神话。在布达拉宫主体建筑走廊上的壁画中，在罗布林卡新宫的经堂里，都能见到猴子变人的画面。山南泽当之地，正是因"猴子玩耍之地"而得名。泽当人都知道泽当贡布日山上有猴洞，传说附近的撒拉村有一块猴子扒出的青稞地，播种季节人们都要在这里祈求丰收。考古告诉人们，这一份对猴子的特别情感，也许可以追溯到很早的年代。在拉萨曲贡遗址，出土了一件陶器破碎后遗下的浮塑，那上面是一个生动的猴面，它圆睁双目，微张双唇，似乎在轻声呼唤着。曲贡陶猴是近 4000 年前的艺术品，它让我们想到藏族古代的祖先崇拜，也许就是这样由史前时代就形成了自己的模式，这个模式经过佛教的浸润，一直传递到了当代。

将猴的形象作为人祖崇拜，暗合进化论的推理，也传递着远古时代先人对

玉雕母子猴（重庆巫山大溪遗址）　　　　陶猴面（江苏泗洪顺山集遗址）

人自身起源的哲学思索。这样的崇拜不仅在一些少数民族中传承有序，其实在中原华夏族的传说中，也能寻找到一些证迹。如传说能言善乐的夒，甲骨文字形像人亦像猴，是一个人猴形象的祖先神。王国维视之为殷人先世高祖，也有人认定是亦人亦猴的夏人先祖。

出现这样的始祖崇拜，应当是人与猴之间漫长交往的结果。在更早的年代，如长江中游的石家河人，用泥土捏塑烧成的许多小动物中就有

陶猴面（西藏拉萨曲贡遗址）

猴子。这些陶猴姿态各异，或行或止，生动传神。

猴出现在人们的生活中，自然也会出现在不同时代的艺术作品中。在史前，猴的形象出现在陶器和玉器上，青铜时代以后它们自然就有了铮铮金属之身。在青铜器上可以见到猴们灵巧的身影，它们或是被铸上灯柱，或是被制作成带钩样式，似乎与人形影不离。在山东曲阜出土一件战国猴形带钩，钩体设计成攀缘中的一只成年猴，显出它原本的灵动与活泼。

云南省石寨山发掘的汉墓中，发现兵器和装饰物上铸有灵动的猴，有时一只，有时一群，猴气十足。如有的青铜扣饰一周环绕着十多只猴，它们首尾相连、似歌似舞、亲密无间。

在故蜀之地，汉代时兴铜铸摇钱树做摆设，树上挂满了圆圆的五铢钱，有时会铸群猴攀缘其间，烘托出吉祥活泼的氛围。

要感受猴与人之亲近，可读唐人卢仝《出山作》的句子，"家僮若失钓鱼

陶猴（湖北天门石家河遗址）

战国猴形银带钩（山东曲阜鲁国故城）

群猴青铜扣饰(云南昆明石寨山遗址)

竿，定是猿猴把将去"，这是多么生动的人猴关系写照。还可从"野宾"的故事，认识一位五代时的动物保护主义者。后唐诗人王仁裕在汉中做官时，友人送给他一只小猿取名"野宾"。经一年多喂养后，王仁裕用一条红绸带系在猿颈，将它放归山林。后来王仁裕调职蜀中，在经过汉水时遥见山高处一群猿猴在嬉戏，只见一只猿向自己走来，它的颈上挂着红绸带。王仁裕唤它"野宾"，它发出了愉快的应答声，好似旧友相逢一般。王仁裕作诗记其事，"数声肠断和云叫，识是前时旧主人"，人猿之情竟能如此之亲近。

山中无老虎，猴子称大王。在人的世界，猴的王气没有了，可是它带给人的那些猴气还是有特别的感染力的。人的世界有许多动物做伴，也应当为猴留下一个位置。我们的精神里不能少了它，我们的生活里也不能没有它。现代社会也有些悲哀之处，许多动物同猴一样，与人渐行渐远了，好在猴进入了十二生肖的序列，我们有将近十分之一属猴的人，它不会被人忘却。而且我们时常在前人的艺术和文学作品中，感受到猴带来的率真与良善，还有谐趣与快乐。

摇钱树部件（四川绵阳）

人气与牛气

——读汉画：借得牛气冲云天

生肖一轮又一轮，熬过了新冠病毒肆虐的鼠年，到了充满希望的牛年。牛年说牛，这回主说"牛气"如何？

汉语里有"牛气"这个词，也就有了"牛气冲天"这样的词组。牛气何谓？显贬义有傲气的含义，而显褒义指气势之大。"牛气哄哄""牛气冲天"，在我们的语汇里都可以形容了不得。及至于成语说的"气冲斗牛"，虽然与牛并无直接关联，我们还是会想到牛的冲天气势来。

这些词里所说的牛气，其实所指皆为人气。人气借了牛气，要不厉害都难。好事者觉得生肖属牛，也会借来牛气，有些厉害的历史人物就是属牛的，如武有霍去病、邓艾，文有李白、苏轼等。而更了得的是双属相，属牛兼属虎，这也是"周虎夏牛"这个成语的来历所在。

一个人怎么会有双属相？传黄帝时建正于孟春，至夏禹颁夏历敬授民时，谓之"寅正"，至商代改建"丑正"以十二月为岁首，而周代又建"子正"以十一月为岁首，此即三代历法之"三正"。不过人的生肖归属，倒都是以夏历寅正为准，这样本命生于周历子正的正月、二月的人，生月实为上年夏历的十一月、十二月，也即是说如生于周历寅虎年二月，实际算作上年丑牛岁夏历的十二月，所以就会有周虎夏牛两属相并同之说。

历史上具有周虎夏牛属相的人物，值得提到的有老子和秦始皇二位。春秋时的老子，生于公元前631年庚寅二月，周历肖虎夏历肖牛。秦嬴政公元前259年壬寅正月生，也是周历肖虎夏历肖牛。如果这样推算，生肖兼属牛虎的人自然会有许多吧。

依着生肖沾些牛气，有这样的愿望也能理解。其实古人也并没有忽略，牛气是可以直接由牛身获得的。牛是人类最好的六畜朋友之一，当然在生肖里也是如此，牛、马、羊、鸡、犬、猪六畜之名全都在列。人与牛又显得更为亲近，牛是农耕重要的力役，又是传统仪式中最重要的祭品。虽然耕牛驯养得与人比较服帖，不过非耕牛却性子倔强，双角更是赋予它一种异常威猛的气质。牛所具备的冲天气质，常常为勇士所欣羡，所以自古就有斗牛风习，并形成了一些特别的仪式。在这样一些非常张扬的仪式中，人们会直接受到牛气感染，受到勇猛气势的熏陶。

古代这样的仪式，有剽牛或椎牛之名，见于文献记述，也见于一些出土图像资料。让我们先来观赏几幅汉画斗牛图，领略一番汉代艺术家作品中牛的雄壮与勇士的健美。

牛，是各地汉画中常见的题材。汉画上见到的牛，除了耕地拉犁的牛，最多的还是斗牛场上的斗牛。斗牛又分二牛互斗、人与牛斗、人与牛虎同斗几类场面。我们特别注意到，很多场面的人牛相斗，其实人手都是握有武器的，锤子、短匕和长矛都有。不难辨认，这些是剽牛和椎牛场景的再现。

剽牛和椎牛都有斗牛的过程，也是勇者练武壮胆的过程。那些雄壮的牛，受了重伤也没有倒下。那些高大的斗牛士，英姿勃发、力大无比，以战胜猛牛为荣。看汉画上的牛，就是力量的象征，一头比一头凶猛，牛是用鲜血与生命传递给勇士力量与豪气。当然壮士也未必没有失手的时刻，偶尔也会流血，以致失去生命。这是勇敢者的游戏，是锻炼勇力与胆略的游戏，是人与牛借胆借气的游戏。

汉画牛耕图（陕西绥德）

汉画斗牛图（河南南阳）

汉画二牛相斗图（山东邹城）

汉画二牛相斗图（河南新密）

汉画二牛相斗图（河南南阳）

632 | 追踪信仰：艺术考古中的动物图像

汉画斗兽图（河南南阳）

汉画椎牛图（河南郑州）

汉画椎牛图（山东滕州）

汉画斗牛图局部（河南新野）

汉画斗牛图局部（河南南阳）

汉画斗牛斗马图（河南南阳）

汉画斗牛图（河南南阳）

汉画斗牛图局部（河南南阳）

汉画斗牛图局部（河南新密）

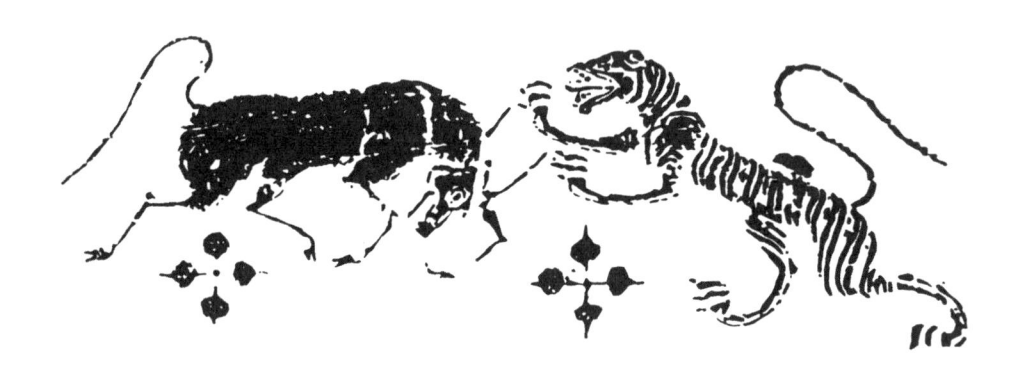

汉画牛虎斗图（河南新野）

我们知道在汉代将"扛鼎抃牛"作为大力士的绝技，《史记·项羽本纪》说项羽身高八尺余，"力能扛鼎"。扬雄《法言·渊骞》说："秦悼武、乌获、任鄙扛鼎抃牛。"

扛大鼎、抃壮牛，这也是比试勇力的象征性项目。抃牛，是将两头斗得正来劲的牛徒手分开，这是比单斗一牛更凶险的游戏。

商纣王也曾是一位了不得的斗牛士，司马迁在《史记·殷本纪》说他"材力过人，手格猛兽"。唐张守节《正义》引晋人皇甫谧的《帝王世纪》说："纣倒曳九牛，抚梁易柱。"斗牛与斗兽，在汉代比较风行。西汉时皇帝会亲阵自搏，东汉时成为平民游戏，皇帝只是坐看热闹了。西汉皇家有"兽圈九，彘圈一，在未央宫中"，并在兽圈上修建供观赏楼观的相关记载。《汉武故事》说"未央宫中设有角抵戏"，天子登楼榭观战，有时也亲自下场，武帝能"手格熊罴"。

当然汉画像石上出现的斗兽者多为平常武士，无冠而短衣或赤膊，贵族们则在一旁欣赏。想起安阳高陵出土"魏武王常所用挌虎大戟"铭牌，可知汉末这斗兽斗牛之戏也仍未绝迹。

汉乐府《古歌》有"东厨具肴膳，椎牛烹猪羊"的诗句，椎牛成为肉食的代名词。椎牛斗牛，没有相当财力与地位的贫寒之家，不可能有这样的梦。《史记·张释之冯唐列传》记"魏尚为云中守，……五日一椎牛，飨宾客军吏舍人"，似乎说明这是贵族们的一种生活常态。

1000多年之后，到了宋代，诗人们依然偶尔会吟诵椎牛故事，如梅尧臣《送陆介夫学士通判秦州》中的"从来戎马地，飨士日椎牛"，司马光《送龚章判官之卫州·新及第》中的"淇园春竹美，军宴日椎牛"，应当都是真实生活的写照。

礼失求诸野。在南方特别是西南一些少数民族中，至今斗牛之戏依然盛行，椎牛、剽牛也时有施行。剽牛或椎牛在有的民族中成为非常隆重的祭仪，在苗族为隆重的还愿仪式。苗族的椎牛祭仪，是先在地上立五彩神柱，纵水牛疯狂奔突，几个握着长镖的男子快速向水牛刺去。祭牛倒地后，众人割分牛肉，跳舞对歌通宵达旦。

独龙族的剽牛仪式，是在狂舞中进行的，巫师左手举酒杯，右手拿标枪，在舞动中瞄准牛的心脏部位猛刺，直到牛倒地。接着众人解牛分肉，牛主人家会将牛角留下悬挂在室内，作为富有和勤劳的标志。

这样看来，椎牛与剽牛一样，人们以神的名义，将牛拿来喂养自己。这神欢人喜的太牢之飨，不仅振作了人们的勇气，也滋养了人们的体魄。

现代在一些地方也有定时组团参赛的牛与牛互斗的斗牛节，这又很有些全球风的感觉。这当然很容易让我们想到西班牙的斗牛节，当奔牛随着人群一起在街巷左冲右突，人与牛一起血脉偾张，我们感受到牛对人们情绪的影响是多么强烈。

人气与牛气，在斗牛场上是如此息息相通。人由牛那儿借得牛气，如牛一般勇猛，无所畏惧，一往无前。

牦牛遗踪

——从西藏及邻近地区古代岩画的发现说起

动物是古代岩画中的一个中心题材，在不同地区不同时代的岩画中，所表现的动物种群有一定的区别。一般来说，岩画中的动物图像是岩画作者所见动物的真实写照，也是岩画作者所处时代生态环境的真实反映。在中国古代岩画中，有一种特别的动物形象——牦牛，它基本不见于世界上其他地区的岩画，在中国境内也只在特定的地域发现。研究中国岩画中的动物图像，牦牛是一种值得特别关注的动物。

中国牦牛图像岩画具有特定的分布地域，集中发现于青藏高原及邻近地区。在西藏地区发现的岩画，一般都有牦牛图像，以藏西地区发现的牦牛岩画数量最多。在西藏以外的甘肃、青海、宁夏及新疆地区的少数地点，也发现了一些牦牛岩画。

对于西藏地区的岩画，李永宪先生在《西藏原始艺术》中有全面研究。西藏岩画的系统考察与深入研究，迟至20世纪80年代才开始全面展开，90年代有了较大收获。西藏发现的岩画地点已有60多处，分布遍及整个高原，其中以西部的日土和北部的文部、申扎较为丰富。西藏发现有露天岩画，也有岩厦和洞穴岩画，有凿刻岩画，也有涂绘岩画，后者流行的时代较为晚近。在西部的日土、札达、革吉和改则四县发现岩画点20余处，岩画所处的海拔在4200—4800米之间，属高原荒漠区，以露天凿刻岩画为主。藏北高原大部分地区为无人区，在文部、申扎、那曲、班戈、当雄等地临近河湖的山地发现了28处岩画，以洞穴涂绘岩画多见，海拔一般在4300米以上。藏南定日和贡嘎的低山河谷发现3处凿刻露天岩画，海拔为3600—5100米。藏东南地区的八宿和墨脱发现2处露天凿刻岩画，海拔分别为4800和900米。西藏岩画时代早期属于公元前的青铜时代，中期属于吐蕃王朝建立前的部落时期，晚期则属于公元7世纪以后的吐蕃时代或更晚。[①]

[①] 李永宪：《西藏原始艺术》，四川人民出版社，1998年；西藏自治区文物管理委员会编：《西藏岩画艺术》，四川人民出版社，1994年。

西藏岩画的题材，早期多为狩猎、动物、争战演武和神灵崇拜，中期增加了动物群、畜牧和部落生活的题材，晚期则又出现了佛教题材。西藏不同时期的岩画都涉及表现牦牛的内容，有狩猎野牦牛的，也有放牧牦牛的，还有不少单纯表现牦牛的岩画，如日土等地

岩画牦牛图（西藏日土日姆栋）

所见。牦牛是西藏岩画艺术表现的一个中心，也许可以这样说，没有牦牛就没有西藏岩画。

根据《西藏岩画艺术》发表的资料，西藏西部的岩画以日土的发现较为集中，在鲁日朗卡、阿垄沟、康巴热久、日姆栋、那布龙和多玛等地的岩画上都有牦牛和狩猎牦牛的图像。在多玛见到一幅动物岩画，图中绘牦牛、鹿、羊群，在一只母牦牛的腹下还绘有吮奶的小牦牛。在那布龙的一幅0.7米×0.5米的岩画上，绘有不大的三头牦牛，一前二后，正朝着同一方向行进。康巴热久有一幅骑手猎牦牛图，一个骑马的猎手正在追赶前方的两头野牦牛，牦牛前面还有一只奔鹿。革吉县的盐湖发现20余幅岩画，有牦牛群、狩猎牦牛和放牧牦牛的图像，还有骑牦牛的图像。其中有一幅牧牛图，中部凿刻三个骑马牧人，周围绘六头牦牛表示牛群，表现了一个很大的放牧场面。盐湖另有一幅围猎图岩画，四个猎手围住一头牦牛，牦牛已是无路可逃。在文部的加林山发现60余幅岩画，其中有一幅猎牦牛图，一骑手追赶着牦牛，正由牛后持弓射击，牛身下凿刻有许多小点点，可能表示受伤的牛已是鲜血淋漓。在班戈县纳木错湖西岸其多山的两处天然洞穴中，发现了用红色涂绘的大幅壁画，其中1号洞绘有动物、人物、符号200多个，包括不少牦牛图像。有一个部位表现了狩猎牦牛的场面，用夸张对比手法绘两条庞大的牦牛，上方绘形体极小的三个猎手，牦牛背部还绘出了射中的箭头。

青海地区的岩画上，据估计牦牛图像在所有动物图像中占半数以上，多用通体敲凿的方式表现大角、小头、隆肩的侧视牦牛形象。[1]在天峻县的卢山南部

---

[1] 汤惠生：《试论青海岩画中的几种动物图案形象》，见四川联合大学西藏考古与历史文化研究中心、西藏自治区文物管理委员会编：《西藏考古》（第1辑），四川大学出版社，1994年，第109—110页。

发现 30 多处岩画，有静态牦牛和猎牦牛图。其中一幅狩猎图画面上出现有单辕马车，猎人站立在车上向牦牛射击，看画面像是牦牛攻击马车在先。格尔木市野牛沟发现 45 幅岩画，岩画中的动物以牦牛为主，多数为静态牛群和单体牛。德令哈市怀头他拉发现 100 多幅岩画，单体动物亦以牦牛为主要表现对象，还见到古藏文刻画。刚察县舍布齐山顶上发现一幅狩猎岩画，一骑马人正用弓箭射杀一头牦牛。[1] 刚察县哈龙沟发现有牦牛、鹿、獐、野猪混群的岩画。[2] 据研究，青海省的岩画时代多属吐蕃时期（公元 7—8 世纪），是古代藏族人的作品。

甘肃省嘉峪关西北的黑山，1972 年发现 30 余处共 150 多幅岩画，半数地点都有牦牛图像和猎牦牛的图像，这里的岩画以表现狩猎活动为主，狩猎的对象有野骆驼、野羊、鹿、虎和牦牛，以猎取牦牛为主。这些资料在最初报道时，牦牛被称为野牛、野兽或野猪。[3] 有一幅狩猎图中，众猎手在围猎一群牦牛和鹿，图中牦牛绘得很大，鹿和猎手形体较小，有三头黑牦牛和一头白牦牛。在另一幅狩猎图中，一骑手正策马追击一头牦牛，画面上方还绘有四只展翅飞翔的鸟，以衬托牦牛奔跑的速度之快。这批岩画的时代，最初被认为属于"狩猎时代"，年代当与青海地区岩画大体相同。

宁夏的贺兰山报道有 15 个地点发现了牦牛岩画，但确定的地点是 6 处，它们是石嘴山市麦如井、惠农翻石沟、平罗、贺兰、中卫和大麦地。除一些表现与其他动物杂处或个体活动的牦牛外，岩画上少有人物出现，画面都不大。个别确定为猎牦牛的岩画，牦牛形象特征并不明显。在公元 7—8 世纪之际吐蕃势力到达贺兰山一带，推测这里发现数量不多的牦牛岩画可能属于吐蕃人的作品。[4]

此外，有研究者提到新疆地区的动物岩画中见到一些家牛、野牛和牦牛图像。实际上牦牛图像在新疆岩画中并不多见，只是在靠近西藏和青海的且末县木里恰河岸一幅狩猎岩画上见到牦牛，图中七头牛至少有三头体现有明显的牦牛特征[5]。

还有报道说内蒙古的阴山和乌兰察布地区的岩画中也发现有牦牛图像。经

---

[1] 汤惠生、张文华：《青海卢山、野牛沟、怀头他拉、舍布其岩画调查及研究》，载《青海文物》1989 年第 2 期。
[2] 许新国、格桑本：《青海省哈龙沟、巴哈毛力沟的岩画》，载《文物》1984 年第 2 期。
[3] 嘉峪关市文物清理小组：《甘肃地区古代游牧民族的岩画——黑山石刻画像初步调查》，载《文物》1972 年第 11 期；本社编：《中国岩画》，文物出版社，1993 年，图 51。
[4] 许成、卫忠编著：《贺兰山岩画》，文物出版社，1993 年。
[5] 苏北海：《新疆岩画》，新疆美术摄影出版社，1994 年。

岩画车射牦牛图（青海天峻卢山）

岩画骑射牦牛图（青海刚察舍布齐）

岩画牦牛图（甘肃嘉峪关黑山）

过仔细比较，那里的岩画中确定的牦牛图像数量极有限，过去认定的一些牦牛图形更有可能属于野牛。①

牦牛在岩画中只出现在西藏及邻近的一些地区，牦牛对西藏地区和藏族是非常重要的，对于研究这一区域内的岩画也是十分重要的。我们由岩画看到了藏族先民猎获和放牧牦牛的真实历史，看到了作为高原之魂的牦牛在古代岩画中出现的意义。我们还知道，牦牛作为艺术形象，不仅出现在古代藏族的岩画上，还出现在雕塑和绘画艺术中。

最近我去了一次青海，在西宁一些艺术品的殿堂里看到了许多牦牛玉雕，晶莹剔透、温驯可爱。我想起以往考古发现的牦牛艺术文物，有陶土塑像，也有青铜塑像，与玉牛意境相去甚远。青海都兰县的诺木洪遗址，在1959年出土一件牦牛陶塑，它的年代约为距今3000年前，属于青铜时代遗物。②位于青藏高原边缘地带的甘肃天祝藏族自治县，20世纪80年代曾出土一尊罕见的巨大牦牛青铜雕像，雕像长120厘米，高61厘米，重75.5千克。③发现者判断这件牦牛艺术品的制作年代约为公元14世纪，由于没有对比研究的参照物，这个年代判断并没有足够的依据。

在雪域其他艺术品中，我们也常常可以发现牦牛的身影。西藏地区的佛教寺庙中，一般都绘有大幅壁画，牦牛也是壁画中经常出现的形象。在阿里古格故城的公元16世纪前后的壁画中，就有牦牛图像。如红殿的佛传降魔壁画，下方见到与虎豹为伍的牦牛。在贡康洞的东壁，也见到同虎豹一起奔走的"供养宝"壁画。在古格王国遗址发现的玛尼石刻上，还见到足蹬牦牛做牦牛化身的大威德金刚像。④在其他现存的寺庙壁画上，绘有追述吐蕃早期历史的画面，我们不难发现狩猎牦牛和野牛的场面，也有放牧牦牛的场景。⑤同样在西藏佛教寺庙中大量收藏的另一种艺术品唐卡，也有与壁画相似的内容，牦牛也是经常被描绘的对象。

在西藏地区的考古发掘中，还曾出土牦牛骨骸。20世纪90年代发掘的拉萨曲贡遗址，就发现了家牦牛的遗骸。居住在拉萨附近的曲贡居民，他们生活在距今4000年前的时代，当时已经有了以农耕为主、以畜牧为辅的经济生活传统。

---

① 盖山林：《阴山岩画》，文物出版社，1986年；盖山林：《乌兰察布岩画》，文物出版社，1989年。
② 青海省文物管理委员会、中国科学院考古研究所青海队：《青海都兰县诺木洪搭里他里哈遗址调查与试掘》，载《考古学报》1963年第1期。
③ 钟长发：《甘肃天祝县出土大型铜牦牛》，载《文物》1981年第11期。
④ 西藏自治区文物管理委员会编：《古格故城》，文物出版社，1991年。
⑤《西藏概况》画集编委会：《西藏概况》，西藏人民出版社，1987年，第43、118页。

陶牦牛（青海都兰诺木洪遗址）　　　　古代牦牛青铜雕像（甘肃天祝）

他们用砍伐类石器砍伐灌木丛、开垦河谷的土地，用切割类石器收割谷物，用石磨盘和石磨棒粉碎谷物。曲贡居民在农耕之余，还驯养家畜以补充生活来源。曲贡遗址出土的大量兽骨中，经鉴定属于家畜的有牦牛、藏绵羊和狗。曲贡家牦牛个体不大，细角，是迄今所知的最早的家牦牛遗存。[①]

牦牛在英文里写作"yak"，与藏语完全相同。从语源学的角度追溯，牦牛确实是起源于西藏高原的，曲贡遗址的发现提供了确切的答案，家牦牛的驯养在曲贡文化时代就已经完成了。牦牛遗骸的出土，表明农牧结合的经济模式在西藏地区很早就出现了，推测牦牛驯化成功的年代，肯定要早于曲贡人生存的年代。西藏地区发现的放牧家牦牛的岩画，能大体与曲贡人生活的时代相当的，现在还不能确定。

大威德金刚玛尼石刻（西藏阿里古格王国遗址）

牦牛生态圈在现代收缩到了青藏高原一带，延及川西、甘南等邻近地区，

[①] 王仁湘：《关于曲贡文化的几个问题》，见四川联合大学西藏考古与历史文化研究中心、西藏自治区文物管理委员会编：《西藏考古》（第1辑），四川大学出版社，1994年，第63—76页。

较之牦牛岩画分布的范围缩小了一些。牦牛与青藏高原、与藏族有着不可分割的联系。多数牦牛毛色纯黑,也有白牦牛,数量较少。对居住在雪域高原的藏族人来说,牦牛是高原之舟,牧民为驮运毛皮和盐巴,经常赶着成百头的牦牛组成驮队,牦牛能登高又耐寒,可以负重上百千克。牦牛在农区用于耕地的力役,二牛拉一犁,是农人强有力的帮手。牦牛与马匹一样,还被用于民族传统节日的赛跑。牦牛更是藏族肉食和黄油的主要来源,肉色鲜红,质地细嫩,味道超过黄牛。对藏族人来说,在生活中一天也离不开牦牛。

在古代,牦牛是藏族人的食品,也是神灵的祭品。数年前,已有研究者注意到牦牛与西藏古代神话、传说和宗教的联系。对西藏岩画进行过田野考察的李永宪先生认为,牦牛是西藏动物岩画经常表现的对象,当地的人们在岩画上非常生动地描绘了牦牛弯角、拱背、大尾和长毛的体态。有时岩画上的牦牛被夸大成几倍的样子,表现了高原居民对牦牛所拥有的一种特别的感情。[1]致力于青海地区岩画研究的汤惠生先生注意到《旧唐书·吐蕃传》说吐蕃最早起源于牦牛羌,在藏族民间传说中白牦牛代表山神或大地之神,佛教传入以后,牦牛又成了佛教的护法神。[2]这些对后来藏族人的宗教活动还有一定影响,在当代西藏的一些地区,每年放生成百头的牦牛贡献山神。

我曾多次深入青海和西藏地区考察,在冰峰下的宽阔草场,在河谷上的肥沃田野,随处可见牦牛的身影。一次在翻越巴颜喀拉山以后,我还小心地靠近牦牛同它合影留念。现在有机会从考古的角度谈论牦牛,想起来还真是一个难得的纪念。

(本文据1998年9月在联合国教科文组织于印度尼西亚举办的东南亚和太平洋区域岩画保护培训班上的讲演改写而成)

---

[1] 李永宪:《西藏原始艺术》,四川人民出版社,1998年,第205页。
[2] 汤惠生:《青海动物岩画和吐蕃苯教崇拜及仪轨》,载《青海文物》1990年第5期;汤惠生:《试论青海岩画中的几种动物图案形象》,见四川联合大学西藏考古与历史文化研究中心、西藏自治区文物管理委员编:《西藏考古》(第1辑),四川大学出版社,第109—126页。

三星堆：合体顶尊青铜神坛

三星堆六座祭祀坑的发掘，2023年初又传出新消息。三星堆考古发现的青铜顶尊跪坐人像，出土自3号坑，初步整理时被确认可与8号坑出土的一件青铜神兽拼合为一体。这消息有些意外，同一组器物被分埋在不同的坑中，又一次提示人们进一步思考这一组坑的关系与性质问题。

关于青铜顶尊跪姿人像，我写过一篇《三星堆遗址铜顶尊跪坐人像观瞻小记》，刊登在《四川文物》2021年第3期，中国考古网有转发。文字有如下描述："铜人像是这件器物的主体，粗眉、大眼、鼻梁高耸、鼻翼宽大、阔嘴、方颌、大耳、颈部修长、躯干挺直，双臂平举于身前，双手合握，原应持物，所持物尚未发现，双腿呈跪姿。这样的铜人面像，其实是三星堆人铸造的标准像，大眼大鼻大嘴大耳，夸张的五官与其它人像没有明显的不同之处。但铜人像的手势却是非常特别，双手合围，右手在里，左手在外，作拱手环握状，似握物又不能肯定握何物。也许是一种空拳环握姿势，表示的是一种特别的敬意。更重要的是铜人像的跪姿，这比起手势更显出敬重的意义。人像双腿分开，双膝跪立，以这样的姿势出现，恭敬与肃穆的心境立时表露出来。左腿已经远离原位，右腿也与身躯裂开有缝隙。人际尊卑之间，卑者跪尊者，在古时是规范仪礼，……由过去发现的那件小型铜顶鼎人像看来，这一件顶尊人下面应当还会有个底座，不会直接跪在地面上。……分析结果是，这件顶尊人全器其实还并不完整，上没到顶，下没到底，它全貌的原真形态还要等待未来完成发掘后的最终观察。"

当时的判断，应当是客观的。果然，现在证实铜人原本是跪立在神兽的背上。让人特别关注的是，这件神兽埋藏在另外的8号坑中。

四川电视台在跨年综艺节目里，率先公布了这个消息。新华社2023年1月2日发布消息如下：

> 记者2日从四川省文物考古研究院获悉，考古学家利用数字三维模型实现了三星堆3号"祭祀坑"铜顶尊跪坐人像与8号"祭祀坑"神兽的成功拼对。
>
> 四川省文物考古研究院三星堆考古研究所所长冉宏林介绍，这两件铜器都是从三星堆新发现的6个"祭祀坑"出土的，非常具有代表性。

此次拼合作业中，工作人员充分利用了数字三维模型技术，创新了保护、研究文物的技术手段。

"对文物进行扫描，然后利用三维模型在电脑上进行虚拟拼对，这个新方法不仅能避免现场挪动文物可能造成的损伤，还能保证数据精准，让拼对研究更加便捷了。"冉宏林说。

冉宏林告诉记者，8号"祭祀坑"神兽刚出土的时候，考古学家和文物保护专家通过仔细观察发现，神兽尾巴部分有两个凸起，其细节、尺寸与3号"祭祀坑"出土的铜顶尊跪坐人像相合。再结合1986年2号"祭祀坑"出土神坛上的神兽顶人、人顶尊的造型，判断这两件文物可以拼对在一起。

此次三星堆出土文物的"跨坑"成功拼对，说明3号"祭祀坑"和8号"祭祀坑"形成年代大体一致。神兽是大地的代表，人是祭祀者，人顶尊代表着祭祀者对神和祖先祭祀的诚意。神兽顶人、人顶尊形象在三星堆的反复出现，再现了三星堆古蜀祭祀场景，反映了古蜀人在祭祀活动中对世间万物、天地宇宙的认识，同时也体现出中原文化和古蜀文化因素的融合。

需要注意的是，神兽角色是什么含义。"神兽是大地的代表"，这个认识显然并不能完全确立。

考古学家们为这件合体器的名称着难，该怎样称呼它呢？它其实也是一座神坛，是一座顶尊人神坛，或直称顶尊神坛。过去和现在在三星堆几座坑中，陆续出土了几件神坛，而且大多有神兽出现，它们或是作为底座抬举着神坛，或是被力士高高抬举起来。它们的形象高度一致，大头宽体、四肢壮硕，可是却无法比对某类动物。

这样的神兽，是三星堆人的艺术创作。这让我想起屈原《离骚》有云："吾令丰隆乘云兮，求宓妃之所在。"丰隆，在古时指称云神或雷神。在神坛上出现的神兽，扮演云神的可能性很大。神人跪立在神兽上，如同乘云飞天，岂不快哉！

三星堆人用青铜铸成了我们在诗文中读到的神界，这是伟大的艺术创造。

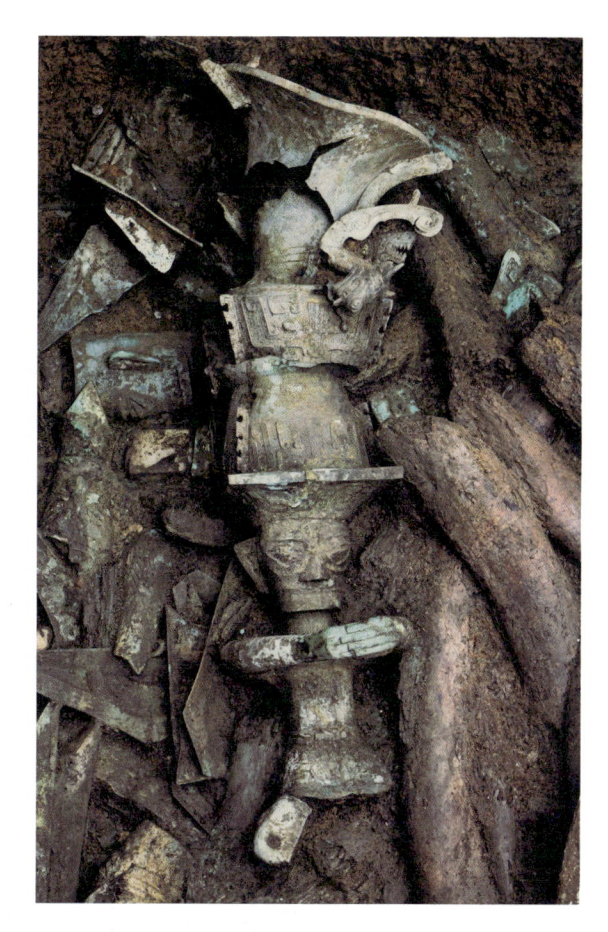

青铜顶尊跪坐人像（四川广汉三星堆遗址3号坑）

神兽（四川广汉三星堆遗址8号坑）

虚拟合体的顶尊青铜神坛 　　青铜神坛神兽底座（四川广汉三星堆遗址2号坑）

青铜神坛顶端神兽（四川广汉三星堆遗址8号坑） 　青铜神兽（四川广汉三星堆遗址8号坑）

648 | 追踪信仰：艺术考古中的动物图像

人 和 老 鼠

说说人和老鼠，看老鼠如何成了人类文化中抹不去的记忆。

无论是飞禽走兽，还是游鱼爬虫，许多动物都以特别的途径进入人类视野，融入人类生活与文化。更有一些动物进入人类的信仰体系，成为人类崇拜的对象。鱼鸟龟蛇、猪鹿熊虎，都曾经作为神灵，进入神圣行列。其实这中间还有老鼠，它也曾经有这样的待遇，在人类文化中留下了抹不去的记忆。

从古至今，老鼠似乎并不受人类待见，它带来的问题让人类伤透脑筋。老鼠过街，人人喊打，这是它命运的写照。老鼠有夺人之食的卑行，更有传播鼠疫的劣迹，人类与老鼠的对立由来已久。世界历史上三次鼠疫大流行曾致死约一亿三千五百万人，发生在6世纪至8世纪、14世纪至16世纪、19世纪至20世纪，一次鼠疫竟要经历几个世纪的煎熬。中国古代最早记录鼠疫病的是《黄帝内经》，称为恶核病，这是鼠疫学界公认的对腺鼠疫的科学描述，也是医学史上最早的记录。研究认定中国大范围的鼠疫流行有过三次，每次死亡人口以千万或百万计。

人类起初并不知道鼠疫与老鼠相关，后来又常常会将鼠疫的传播全都归罪于老鼠，其实其他啮齿类动物也脱不了干系。我们与老鼠不共戴天，但是老鼠也有其特别之处，躲过天敌捕食和人类围剿的老鼠后代，依旧在这个地球上繁衍着，它的痕迹已经深印在我们的文化中。

老鼠有大有小，即使多数很小，也不可小视。老鼠有着未必已经被人类数清的庞大种群，统计全世界现有鼠类1700多种，中国有170多种，占到十分之一。据考古发现研究，人类出现之前，老鼠就在地球上生活了4700多万年，老鼠是动物中非常古老的活化石。

我们一般都不会注意到，老鼠是现存最原始的哺乳动物之一，世界的各个角落都有老鼠活动的踪迹，它与人类有不解之缘。更让人感到意外的是，研究发现老鼠和人类99%的骨骼结构相同。有报道说研究人员公布的《老鼠骨骼断层扫描图》，若将老鼠骨骼按比例放大并舒展开来，除脸部、足部和尾巴外，它的架构同人类几乎没有什么区别。又何况在病理上老鼠和人类的骨细胞也有很多共同之处，这也是它常常被用来做医学实验的主要原因。就说老鼠为人类

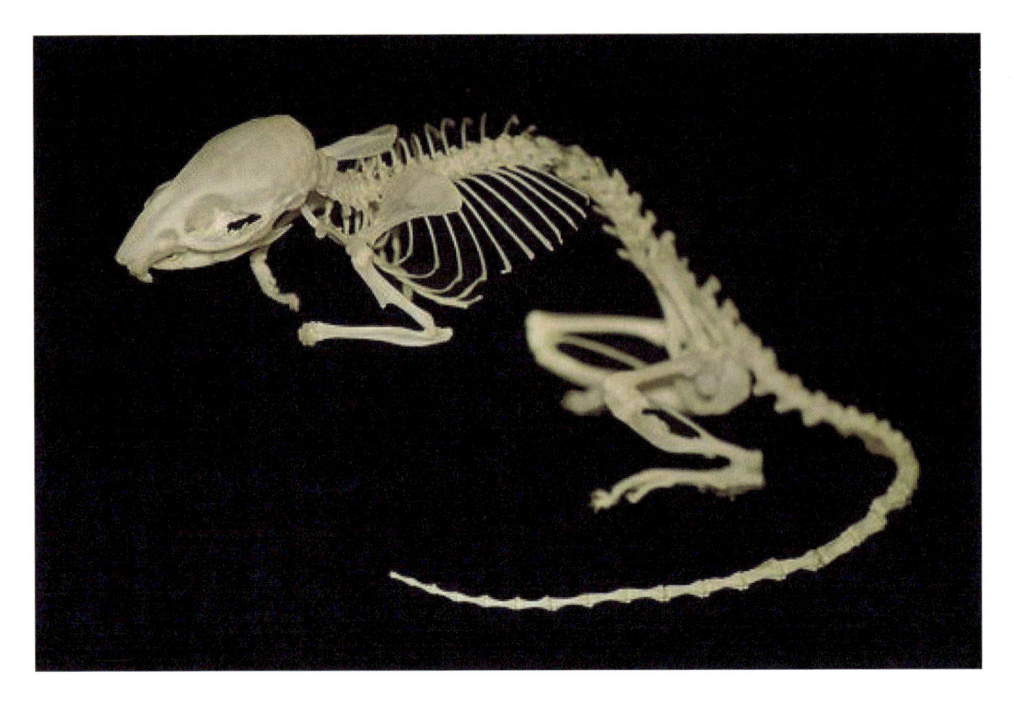

老鼠骨架标本

提供了无数药品实验数据一项,我们对它在恨之切时也该偶生点点爱意。

现代科学研究还得出了更加令人惊奇的结论,老鼠基因密码链的长度与人类相差无几,老鼠核苷酸为 25 亿对,略少于人类的 29 亿对。80% 的人类基因与老鼠完全相同,99% 的人类基因与老鼠非常相似。而这样的关键指标,却是被人类认作近亲的猴子所达不到的。

我们不想见到它,总是想远离它,可又放不下它,这就是老鼠留在我们心上显眼的疤痕。

前些时在飞行的半空中观看了电影《狮子王》,注意到最先出场的是一只寻觅午食的老鼠,它差一点成了老狮王的午餐。狮子与老鼠,在西方文化中是作为事物悬殊对比的两面出现的。古老的伊索寓言中有《狮子与老鼠》,小老鼠被狮子捉住了,求狮子放了它,还说将来一定要报答狮子。狮子虽然并不相信老鼠可以救得了自己,还是放过了它。后来狮子被猎人捉住,小老鼠咬断绳索放走了狮子,真的就报答了狮子。

生活在东方大地的我们的先人,视野中没有狮子,但有林中的老虎,还有心头臆想的龙,所以在我们的文化中,有时也会将龙虎与小老鼠作为事物的两面做比喻,也编出了一些老虎与老鼠的寓言故事,其中隐含的意义非常深刻。

在有的人眼中，鼠与虎的差别似乎并不大。汉东方朔有《答客难》，说到那了不得的苏秦、张仪，感慨"用之则为虎，不用则为鼠"，正所谓"彼一时也，此一时也"。读唐代曹邺《东武吟》中的诗句："心如山上虎，身若仓中鼠"，是虎是鼠，时势造就。

还有一个"人鼠之叹"的典故，出自《史记·李斯列传》。司马迁开篇就说，秦相国李斯本是楚国上蔡人，年轻时曾在郡里当小吏，他看到厕中老鼠吃脏东西，人或狗来时它会受惊逃走。李斯又注意到粮仓中的老鼠，它吃的是干净的粟米，住的是高大的屋宇，也不用担心人或狗来惊扰，因此叹曰："人之贤不肖譬如鼠矣，在所自处耳！"这是说一个人有无出息，就像这老鼠一样，是自己所处环境决定的。这"人鼠之叹"，叹出了一篇励志文章。

有趣的是，河南新野出土的一方汉代画像石上，刻画着两只跳跃的大老鼠，画面的场景恰是一座高大

汉画老鼠与大仓图（河南新野）

的仓房，而近景却见到一位表情惊诧的吏士，真可以看作司马迁写的李斯关于"人鼠之叹"的情景再现，我相信此图彼文之间可以画上一个等号。

老鼠为一害，主害还是因为它与人争粮，它可以直接就在田地里吃，也可以稳扎在粮仓里吃。有统计资料说，全球农业鼠害造成的损失，价值相当于世界谷物总产的20%左右，再加上对林场和草场的损害，更是不可估量，可见老鼠威力之大。

老鼠，对于人来说一直是个大麻烦。在《诗经》里，就出现了祸害的老鼠，而且是大个的老鼠，称为硕鼠。《魏风·硕鼠》全诗三章，都发出了对硕鼠的控诉之声：

> 硕鼠硕鼠，无食我黍！……
> 硕鼠硕鼠，无食我麦！……
> 硕鼠硕鼠，无食我苗！……

虽然经学家们说，诗中的"硕鼠"不过是个比喻，如朱熹《诗集传》说，"民困于贪残之政，故托言大鼠害己而去之也"，如此老鼠的形象也就成了官场贪腐的一个符号象征。但是鼠为农人之害，在诗中表露的也是充分明白的。西周墓葬中还出土过精致的玉雕老鼠，肥肥壮壮的，可以看作《魏风·硕鼠》文本的实解图像。

看到这玉鼠，还要说说与鼠相关的玉。《尹文子·大道》与《战国策·秦策三》都记有一事，说郑人谓玉未雕琢者为璞，而周人谓鼠未腌腊者为璞，有一周人怀璞问郑国来的一个商人："想要买璞吗？"郑人回答说"想呀"，他以为是玉璞。取出璞一看，原来是死老鼠，他也就不买了。同物异地有不同的名称，

西周玉鼠（河南三门峡虢国墓）

652 | 追踪信仰：艺术考古中的动物图像

这并不奇怪，而将老鼠叫作璞，却是很容易让人误解的。这个典故告诉我们，周人吃过鼠肉，而且要做成腊肉。考古出土过老鼠肉干，如长沙马王堆和满城汉墓就有发现，也许就是"腊"过的肉干，这就不能叫作"璞"了。宋人戴埴撰有《鼠璞》一书，考名物典故之异同，也正是取了周人与宋人同名异物的典故之义。

老鼠出现在许多汉语成语中，如投鼠忌器、抱头鼠窜、鼠目寸光等。老鼠也出现在许多俗语中，如"鸭见砻糠空欢喜，猫哭老鼠假慈悲""一粒老鼠屎坏了一锅粥""龙生龙，凤生凤，老鼠生儿会打洞"等。

汉画猫与老鼠图（江苏徐州）

我们在过去批评唯成分论时曾广泛引用过一句俗语，就是"龙生龙，凤生凤，老鼠生儿会打洞"。其实这话里更多体现的是一种遗传学原理，与成分无关。而且这也不是现代人创造的俗语，它可能在千年前的社会上就很流行了。如宋代释深《偈颂六首其一》中，就出现了"龙生龙，凤生凤，老鼠养儿缘屋栋"的句式，而它又被收入宋代正受编的《嘉泰普灯录》一书中，写成"龙生龙，凤生凤，老鼠养儿沿屋栋"，只改动了一个字，意义没有变化。

自然生态，每每是一物降一物。从食物链上看，老鼠有天敌，还不止一二种。老鼠的天敌有狐狸、猫头鹰、蛇、黄鼠狼和猫等，前几类对付野鼠，而家猫则是对付家鼠的主力，汉代画像石上就见到有猫捉老鼠的画面。家猫的担子比较重，有时也会有助手，这就是家狗。据称一只猫头鹰一年可捕食一千多只老鼠，唐代刘恂《岭表录异》记述桂林一带的人用网捕取猫头鹰出卖，"家家养使捕鼠，以为胜狸也"，说这猫头鹰的捕鼠本事比猫还大。

老话说"狗逮耗子多管闲事",因为这活路是猫们分内的事。其实狗也曾承担捕鼠的正事,有人认为应当是在有猫捕鼠之前,那会儿可不是闲事。汉代石刻中并不稀见狗影,它不是以猎狗身份出现,便是以看门狗身份出现。在四川三台县郪江镇,有大片的汉代崖墓群,在一座崖墓的墓门旁边,就发现有狗拿耗子的石刻图像。这一只狗蹲坐在地上,嘴里得意地含着一只老鼠,长长的鼠尾似在摆动。

后世还有养狗捕鼠的事,清代施补华有《蓄犬代猫》诗为证:"辜恩猫久去,群啮任猖狂。有职专司夜,兼能捕跳梁。"

汉画狗逮老鼠图(四川三台郪江)

为何猫要捕鼠,有一种说法这样解释:有研究称猫的饲料中若缺少牛磺酸,会导致其视网膜变性,长期缺乏会导致失明。猫以及猫头鹰捕食老鼠,是因老鼠体内含有丰富的牛磺酸,多食可保持锐利的视觉。想一想现代养尊处优的猫为何不会捕鼠了,很大可能它的食物中已经有足够受用的牛磺酸了,它不再需要老鼠的供给了。牛磺酸是猫科动物必需的氨基酸,猫体不能合成牛磺酸,只得依靠从外界摄取,除了老鼠,还有鱼类也富含牛磺酸,这也是猫爱食腥的原因。

有一种传说提到了鼠胆的特别用途,古时两军开仗,在敌军水源处放入老鼠胆汁,敌军饮用了鼠胆水后胆子变小,会丧失战斗力。这类似于巫术的战术有无实战例证尚不可知,这得取多少胆汁才有作用也值得怀疑。我们知道胆小如鼠似乎不仅是形容老鼠的胆子小,老鼠的胆也真的是小,小到你可能看见都比较困难。唐段成式《酉阳杂俎续集·支动》说:"鼠胆在肝,活取则有。"鼠胆在古代还被发现有特别的药用价值,明李时珍《本草纲目·兽三·鼠》中说:"诸家《本草》不言鼠胆治聋,而葛洪《肘后方》甚称其妙,云能治三十年老聋,若卒聋者不过三度也。"老聋和卒聋均可治愈，非常神奇。这鼠胆古方治耳聋也用以治眼疾，现代有无实例尚不知晓。

老鼠生性胆小，这是因为它面对的都是强敌。老鼠的胆小，也会用来形容胆小之人，就有了成语胆小如鼠，语出《魏书·汝阴王天赐传》："言同百舌，胆若鼷鼠。"还有一个成语首鼠两端，也是类似的用意，语出司马迁《史记·魏其武安侯列传》。原本是说西汉丞相田蚡娶小妾时，窦婴与灌夫等前往祝贺，田蚡因怠慢灌夫遭到大骂，田蚡拘捕灌夫要满门抄斩，窦婴力保灌夫，而御史大夫韩安国却说杀也可不杀也可，田蚡埋怨韩安国这是首鼠两端。

"首鼠两端"一词，一般理解是老鼠探首出穴，常会左右两顾。也有人说"首鼠"即为踌躇之意，拿不定主意。服虔注《汉书》曰："首鼠，一前一却也"，是说老鼠生性多疑，出洞时畏首畏尾，进退不定。《三国志·吴志·诸葛恪传》中已有"缓则首鼠，急则狼顾"的说法，有人将"首鼠"理解为迟疑，甚至还有说"首鼠"是"踌躇"的音变，首鼠两端即"踌躇两端"的意思。同样形容顾头又要顾尾，首鼠两端更能生动表明迟疑的心态，这一只老鼠出现自然还包含明确的贬义。

其实首鼠两端，老鼠左顾右盼，恐怕还有另外的原因，老鼠的视力不好，所谓鼠目寸光。老鼠目光只有一寸之远，这么说当然也未必如实，不过比喻它的目光短浅也是可以理解的。几类家鼠都是全色盲，但它们的听觉、味觉、嗅觉和触觉都发育得很好，这有助于增强行动的灵敏度。

老鼠因视力不好，它的触须就是导盲棒，这让它能获得一定的安全感。不过这鼠须还有别的大用途，在古代被制作成鼠须笔，写出的书法为其他笔所不能匹敌。晋王羲之所书被称作"天下第一行书"的《兰亭序》，传闻即是用鼠须笔写成。所以，有人断言鼠须笔大约是老鼠留给人类唯一的美好贡献。

鼠须笔的故事在唐宋时还在流传，唐何延之《兰亭记》说：王羲之书《兰亭序》，用鼠须笔，蚕茧纸。南朝刘文庆《世说新语》载："王羲之得用笔法于白云先生，先生遗以鼠须笔。"宋代钱选《题复州裂本兰亭》有"鼠须注砚写流觞，一入书林久复藏"的句子，又苏东坡撰《宝月塔铭》特意用鼠须笔，并在《题所书宝月塔铭》中说："予撰《宝月塔铭》，使澄心堂纸、鼠须笔、李庭珪墨，皆一代之选也。"他还将鼠须笔送予朋友王定民，并赋诗"欲寄鼠须并茧纸，请君章草赋黄楼"。杨万里有诗也提到鼠须笔，所谓"龙尾研磨碎苍璧，鼠须飞动出晴虹"。宋以后，鼠须笔还有使用，清代黄景仁《岁暮怀人》诗句"乌丝阑格鼠须描，爱我新诗手自抄"，即是一个证明。

不过观传世的王羲之《笔经》所记，他说："世传张芝、钟繇用鼠须笔，笔锋劲强有锋芒。余未之信。鼠须用未必能佳，甚难得。"王右军自己不信有鼠须笔，也不信它就那么好用，后世的传说也颇让人怀疑，所以有人猜测鼠须笔可能就是狼毫笔，它的材料取自黄鼠狼。

老鼠还有耗子的外号，这个外号的得来，与一段历史有关。五代时捐税巧立名目，老鼠也成了一个由头。《旧五代史·食货志》记载除常规税项之外，还有许多附加税，如盐税、蚕税等。此外，还有一项名为"雀鼠耗"，规定缴粮谷一石加损耗两斗，缴银十两加耗半两。后来雀鼠耗由纳粮一石加耗两斗增到四斗，借口赖到了老鼠身上，老鼠就得名为耗子了。

小耗子如何以"老"为名，老鼠之名其实也有点特别。李时珍在《本草纲目》中说鼠"其寿最长，故俗称老鼠"。老鼠平均年龄2岁多，其实寿命很短。不过它的繁殖力强，一只母鼠一年生育七八次，仔鼠三四个月后又能生育，古人误以为鼠寿命很长，所以就有了老鼠的名称。其实这个说法比较牵强，"老"字作为词头，用于表示排行，或加在某些动植物单名前构成多音节词，如老大老二、老鹰老虎。老鼠也是同理得名，老土老外，也都是一样的约定俗成。

那么老鼠何时才有了这个称呼呢？有人说是始于唐代，唐代朱揆撰《谐噱录》，在"大虫老鼠"条提到，"陆长源以旧德为宣武军行司马，韩愈为巡官，同在使幕。或讥年辈相悬，陆曰：'大虫老鼠，俱为十二属，何怪之有？'"这是说，十二生肖中，老虎与老鼠并无大小之别，说明唐代有老鼠这个名。唐人寒山的《诗三百三首》有"失却斑猫儿，老鼠围饭瓮"句，曹邺诗《官仓鼠》有"官仓老鼠大如斗，见人开仓亦不走"句，裴谞诗《又判争猫儿状》有"猫儿不识主，傍家搦老鼠"等，都是确定的例证。

老鼠一名的出现，其实应当远早于唐代。晋人陆机有无题诗曰："老蚕晚绩缩，老女晚嫁辱。曾不如老鼠，翻飞成蝙蝠。"老鼠与蝙蝠对提，是老鼠一名更早出现的例证。

老鼠的艺术形象，在古代十二生肖体系形成之前就有，有玉鼠，也有铜鼠和陶瓷鼠。老鼠进入十二生肖序列，也真是一个大意外，牛、虎、兔、龙、蛇、马、羊、猴、鸡、狗、猪，哪一个都比鼠要有来头。有人推测半夜"子时"老鼠胆量最壮，活动也最频繁，所以将子时与老鼠搭配，这便是"子鼠"的由来。十二生肖的选择，已经找到的原初档案，是湖北云梦和甘肃天水出土的秦简文书，十二生肖体系与现今版本并不全同，但"子鼠"列首位，还是古今无改。至于为何将这不起眼的老鼠排在首位，我们现在只能看到后世编出的故事，不必信以为真。

西汉衔物铜鼠（陕西兴平茂陵1号丛葬坑）　　曹魏陶鼠（山东东阿曹植墓）

瓷鼠（山东临沂洗砚池晋墓）　　明代灰陶鼠（昆明市博物馆藏）

唐代十二生肖俑（陕西历史博物馆藏）

与人同行 | 657

唐代生肖鼠陶俑（陕西历史博物馆藏）　　　　　圆明园十二生肖铜鼠首

658 | 追踪信仰：艺术考古中的动物图像

老鼠嫁女画

老鼠嫁女剪纸

　　说来也有些让人诧异，老鼠居然还与我们的传统春节习俗有些关联。旧时民俗中要在正月举行祀鼠活动，称为"老鼠嫁女"，或在初七，或在二十五日，也有选在初十的，各地风俗小有不同。如山西平遥正月初十以面饼置墙根，为的是贺老鼠嫁女。湖南宁远则以正月十七日为老鼠嫁女日，这一日忌开启箱柜，怕惊动老鼠。前一天晚上，儿童将糖果、花生等放置阴暗处，并用锅盖、簸箕等大物大敲大打，为老鼠催妆，第二天早晨，将鼠穴闭塞，认为从此以后鼠可以永远绝迹。还有的地区于老鼠娶妇日很早就上床睡觉，也为不惊扰老鼠，俗谓"你扰它一天，它扰你一年"。

　　陕西扶风和千阳民间以正月十五日为老鼠嫁女日，家家要做老鼠馍。有人隔窗把老鼠馍扔进新媳妇房中，传言新媳妇吃了老鼠馍的鼠尾便可怀孕，这样演变成了祈子习俗。

　　北方一些地方将老鼠嫁女设定在正月二十五日晚上。夜里家家户户不点灯，全家人坐炕头一声不响，摸黑吃着用面粉做成的老鼠爪爪等，希望老鼠平安嫁女。

　　在老鼠嫁女夜晚，湖南资兴一带则在屋角、过道遍插蜡烛，意思是将老鼠娶亲途经之路照得通亮。

老鼠花馍 　　　　　　　　　　　　秦川老鼠馍

老鼠剪纸 　　　　　　　　　　　　老鼠生肖剪纸

老鼠嫁女，看来颇有些神秘色彩，其实是为了送瘟神、送窃贼。在春节的喜庆时光里，人们将对老鼠的怨恨化成了一个欢乐的节目。

还要提到的是，有学者认为老鼠嫁女的故事最先出现在印度，古印度梵语文学作品《五卷书》第三卷讲了一个故事：一苦行者在恒河里洗澡，有一只小老鼠从鹰嘴里掉下来，正好落在他手掌上，于是他利用自己苦行的力量，把小老鼠变成了小女孩。女孩长大后，苦行者想把她许配给一个知识、财产、相貌和门第都相当的强者。他想要太阳娶她，太阳说云更厉害，云却说风更了得，风又说山更强大，山告诉他老鼠最合适。苦行者最后用他的神力将女孩变回老鼠原形，将它嫁给了一只老鼠。

印度流传的这则故事，与四川民间的《老鼠嫁女》如出一辙。季羡林曾研究指出，《五卷书》编纂于公元1世纪至12世纪，相当于中国古代西汉末年至

与人同行 | 661

北宋末年。这一时期，古南方丝绸之路早已贯通，那些在南方丝绸之路上行走的商贾和僧侣，就给中国西南地区的人们带来了这些有趣的民间故事。其实在中国故事里有一个最大的不同之处，那老鼠最后是嫁给了猫，所包容的含义有了根本的改变。

印度现代还有老鼠神庙，供养着成群结队的大小老鼠。老鼠在中国古代传说中，也穿戴过神圣的外衣，唐李朝威《柳毅传》中有记，洞庭君歌："狐神鼠圣兮，薄社依墙。"人要将老鼠供为神奉为圣，古代还直接供作仓神行祭礼，将它纳入十二生肖体系，真不知经历过怎样的担当与纷争才想出了这么多招数。

印度老鼠神庙里狂欢的老鼠

招风知雨说鸣鸢

尘霾，雾霾，生活在现代工业社会的我们，已经司空见惯，这种气象类型，古已有之，只是从前不如现在如此频繁出现而已。

霾之碍事，严重时让人忍无可忍。那样的昏天黑地，不论古今，霾都是不受欢迎的天气类型，影响身体健康，也影响情绪，易生事端。

古时之于尘霾，也有一些应对方法，在文献中仔细一点也能找到相关线索。

据东晋人王子年的《拾遗记》记载，十六国时的后赵国君石虎（295—349），曾在太极殿前建起一座四十丈的高楼，"结珠为帘，垂五色玉佩"，楼上置一空腹大铜龙，龙腹盛酒数百斛。把酒送到这样的高度，却并不是为了饮用，而是用它来制造酒雨洒尘。"使胡人于楼上嗽酒，风至望之如露，名曰'粘雨台'，用以洒尘"。粘雨台，这名字有点怪怪的，应当是粘尘吧。

这显得很是奢侈，竟是用酒来洒尘，为何不用水而非要用酒呢？看来石虎追求的就是这种自来酒雨的效果，不单单是为了洒尘而已。当然既然要洒尘，让我们想到当今时不时还要肆虐的沙尘暴与雾霾，在1600多年前的石虎时代也有这种困扰。王子年记述的是与他同时代的事，应当不是虚构。

以酒洒尘霾，这办法不仅成本高昂，而且只是局部解决问题，其更强调的是仪式感，效果不会太明显。

对付尘霾，古代还有精神战胜之法。

这可以在《礼记》中读到，而且与猫头鹰有关，有点神秘。在《礼记·曲礼上》中有"前有尘埃，则载鸣鸢"。经学家的注疏说："鸢，鸱也。鸢鸣则将风，画鸱于旌首而载之，众见咸知以为备也。"什么意思？说的是，队伍行进的前方，如果尘埃涌起，就挂起画有张嘴叫唤的鸢的旗。

这个鸢可不是纸鸢风筝之类，而是猛禽鸱鸮，也即是现代俗称的猫头鹰。挂起一面绘有猫头鹰的旗帜，不用传令，兵士们也能明白，知道如何进行防备了。

鸢，《说文解字》说是鸷鸟也，《玉篇》明说是"鸱类也"。《尔雅·释鸟》又说："鸢鸟丑，其飞也翔。"它能飞翔，当然是没有问题，《诗经》就有"鸢飞戾天"的句子。

突然想起后来的风筝取"鸢"为名，称为风鸢，恐怕是与鸢旗有些关系的。

《新唐书·田悦传》记述"以纸为风鸢,高百余丈",为书达马燧营,说的是风筝传信。《续博物志》说:"今之纸鸢,引丝而上,令儿张口望视,以泄内热。"这方法借用治小儿热症,也是别出心裁。

还是回头说这鸣鸢吧。

前引《礼记》文,只是断章,不能完整领会原意。扩展引文,《礼记·曲礼上》的原文是:

> 前有水,则载青旌;前有尘埃,则载鸣鸢;前有车骑,则载飞鸿;前有士师,则载虎皮;前有挚兽,则载貔貅。行,前朱鸟而后玄武,左青龙而右白虎。招摇在上,急缮其怒。进退有度,左右有局,各司其局。

"前有水,则载青旌",唐孔颖达疏曰:"青旌者,青雀旌,谓旌旗。军行若前值水,则画为青雀旌旗幡,上举示之。所以然者,青雀是水鸟,军士望见则咸知前必值水而各防也。"举起绘有青雀水鸟的旌旗,军士就知道前方有水,可以预备应对办法。孔颖达依次解释青旌—水流、鸣鸢—尘埃、飞鸿—车骑、虎皮—士师、貔貅—挚兽这五组对应关系。简单说,这些画旗与虎皮,似乎就是信号旗,是告知军士情报的一个方式。

但是,这样的理解,可能并不那么完整,也许只揭示了一半信息。

细作分析,青旌—水流、鸣鸢—尘埃、飞鸿—车骑、虎皮—士师、貔貅—挚兽这五组对应的事物,并不仅仅指示着关联信息,而且还有胜战的概念在里面,青旌—水流、鸣鸢—尘埃、飞鸿—车骑、虎皮—士师、貔貅—挚兽,其实是一物降一物,青旌敌水流,鸣鸢敌尘埃,飞鸿敌车骑,虎皮敌士师,貔貅敌挚兽。

有了这样的理解,再看孔颖达对"前有尘埃,则载鸣鸢"的解说,可能觉得有些欠缺。

孔颖达说:"鸢,今时鸥也。鸥鸣则风生,风生则尘埃起。前有尘埃起,则画鸥于旌首而载之,众见咸知以为备也。"鸥鸣则风生,风生则尘埃起,这话显然逻辑有误。《礼记》是说前方尘埃已起,要挂鸣鸢(鹢、鸥)警示,而不是说让鸥鸣生风,风生再起尘埃,显然是说反了。一物降一物,那这鸥鸣生风,恰恰是要吹散尘埃的。

李贤注《后汉书·马融列传》之"揭鸣鸢之修橦",云"鸢,鸥也,音缘。鸣则风动,故画之于旌旗以候埃尘也",说得很准确。挂起鸣鸢之旌,就等着尘埃一起,风生尘散。这待风驱霾,以鸣鸢之旌驱霾的法子,可能在汉代前后被认真实施过，人们对其效果也许深信不疑。

我们会发问，这近于巫术的做法，真的那么管用吗？倒不必那么较真，这只不过是一种精神胜利法，也许常常有碰巧的事，鸣鸢之旌一挂，大风真的就来了，雾霾也就散了。赶上这么几回，偶尔变必然，不信的人也就相信这法力了。

其实，这个以风对霾的办法说奇也不奇，今天我们身处尘霾时，也是盼望大风快来，风一到问题就解决了。还有消息说，像大城市，也在考虑设计城中风道，为驱霾增加动力。

鸣鸢，鸮鸣，其实从汉代开始已经被视作不祥之声，这观念一直延续到当代，似乎一听到猫头鹰的叫声，就会大难临头。不过在汉代艺术中，也见到鸮形出现，它并非恶鸟，甚至还被当作家的守护神。

鸢不仅招风，还知雨，有雨将至，它会预先修补窝巢。《诗经·豳风·鸱鸮》云："迨天之未阴雨，彻彼桑土，绸缪牖户。"注疏以为是鸱鸮在阴雨之前，取桑根缠绵牖户筑巢。

绸缪是先雨而行，后来又演成"未雨绸缪"一词，词意是很容易让人接受的，用时也觉得很自然，只是未必都知晓绸缪原本的意思了，更不知它是因知雨的猫头鹰而生成的一个词。

"绸缪"这个词，《诗经》里说的是束薪，后世这绸缪又转用到了人身，说成束带。绸缪的意义更有另外引申，有了情感色彩，汉古诗《别诗》"独有盈觞酒，与子结绸缪"，诗关李陵，似乎还只是涉及友情。

到了再晚一些的时候，这里的"结绸缪"就成了男女私情的代称了，如唐韦应物《寄令狐侍郎》诗："始自风尘交，中结绸缪姻。"又有宋代张耒《读太白感兴拟作二首》诗说："乃复结绸缪，伫车心伤悲。"更有元曲《赵盼儿风月救风尘》中的"似这般燕侣莺俦，畅好是容易恩爱结绸缪"，以及清纳兰性德《沁园春》所说的"欲结绸缪，翻惊摇落，减尽荀衣昨日香"。

这一次次的"结绸缪"，显然说的是男女之情了。结的就是红丝带，情深意浓。回头再读读《诗经》里的句子，那里的绸缪可是一点儿情爱的影子也没有的，有的就是猫头鹰的影子。

汉代瓦当上的"家"字与鸮同在，鸮是守护者？

那仰韶文化出现的鸮形艺术品，是否也表示有同样的意义呢？

汉代瓦当上的家字与鸮同在

汉画上的虎与鸮

666 | 追踪信仰：艺术考古中的动物图像

羊 大 则 美

羊，与人类一同走过历史。羊用它的皮毛给人类带来温暖，用它的身躯给人类带来美味，还用它的象征给人类带来精神抚慰。在迎来又一个预示吉祥的羊年（2003）之时，我们在此说道膳羊似乎有点不恭不敬。我想我是应命为文，虽是不恭，却也是心怀感激的。去年一年，我去了新疆，穿塔里木，攀昆仑；去了内蒙古，走满洲里，游呼伦贝尔；去了青海，过日月山，再上昆仑；去了山西，访忻州，登雁门关。这一次次的远行，在在都有羊的陪行，是它给我滋养，给我力量。如果算上往年在雪域西藏的经历，那手抓羊肉我可以说是吃遍了大半个中国。

今天我们在涮在烤，在焖在炒，是古法依旧还是花样翻新？我想看看，不知羊努力喂壮自己后在历史上是怎样奉献着自己，也想看看古人如何将吉祥写上眉梢之时又将这美好的象征变作美味抬上了餐桌。

九 鼎 珍 羞

羊的驯化在史前时代后期即已完成，龙山时代人们的膳食中就有了家羊烹调的美味，包括山羊和绵羊。到了文明时代，羊是贵族阶层最平常的肉食，他们在祭仪中也广泛用羊作牺牲。甲骨文中的"羞"字，是个会意兼形声字，形如以手持羊表示进献之意。这个字后来用于代言美味的馔品，我们就有了羞膳、羞味、羞服、羞肴和羞鼎这些词语。这个羞后来加了偏旁，变成了馐，就成了一个指称食物的专用字。

在出土商代青铜器中，见到一些装饰有羊图形的鼎和尊等，表明了商人对羊的特别关注。具有羊形的鼎，自然应当是所谓羞鼎了。

说到羞鼎，我们自然会想到象征周代贵族等级的九鼎之制。当时用鼎有着一套严格的制度，据《仪礼》和《礼记》的记载及大量的考古发现，这种象征大致可分为一鼎、三鼎、五鼎、七鼎、九鼎五等。一鼎盛豚，规定卿大夫之下的士一级使用。三鼎或盛豚、鱼、腊，或盛豕、鱼、腊，有时又盛羊、豕、鱼，称为少牢，为士一级在特定场合下所使用。五鼎盛羊、豕、鱼、腊、肤，也称

商代双羊尊（大英博物馆藏）　　　　商代三羊尊（故宫博物院藏）

商代四羊方尊局部（湖南宁乡）

为少牢，一般为下大夫所用，有时上大夫和士也能使用。七鼎盛牛、羊、豕、鱼、腊、肠胃、肤，称为大牢，为卿大夫所用。所谓大牢，主要指包括有牛，再加上羊和豕，而少牢主要指羊和豕。九鼎盛牛、羊、豕、鱼、腊、肠胃、肤、鲜鱼、鲜腊，亦称为大牢。《周礼·春官·膳夫》说"王日一举，鼎十有二"，注家以为十二鼎实为九鼎，其余为三个陪鼎。九鼎为天子所用，东周时国君宴卿大夫，有时也用九鼎。周代天子的饮食分饭、饮、膳、馐、珍、酱六大类，据《周礼·天官·膳夫》所说，王之膳用马、牛、羊、豕、犬、鸡六牲，其中羊膳有羊炙和羊臡等，放置在豆中。

代表周代烹饪水平发展高度的是所谓"八珍"的烹调，八珍中有三珍要用到羊肉，可见周人对羊的喜好程度是很高的。《礼记·内则》记录了八珍的具体烹法，其中炮豚、炮牂采用了不止一种烹饪技法。做法是将整只的小猪、小羊宰杀料理完毕，在腹中塞上枣果，用苇子等将猪、羊包好，外面再涂上一层草拌泥，然后放在猛火中烧烤，此即为"炮"。待外面的黏泥烤干，除掉泥壳苇草，接着用调好的稻米粉糊涂遍猪、羊全体即放入油锅煎炸。最后将切块的猪、羊及香脯等调料都盛在较小的鼎内，将小鼎放入大汤锅中连续烧煮三日三夜。食用时，还要另调五味。实际上这全猪、全羊的烹制经过了炮、煎、蒸三个程序，集中了中国古代烹调术之精华。《礼记·内则》还记有糁食制作方法，是取牛、羊、豕等量，切成小块，再用多一倍的稻粉拌为饼后煎成，这是美味肉排。

亡国的羊肉羹

东周时北方有羊羹羊炙，南方楚人也爱食羊，楚有美味炮羔。屈原在《招魂》中开列的美食有炖得烂熟的肥牛蹄筋，有清炖甲鱼、全烤羔羊，有醋熘天鹅、红烧野鸭、煎炸大雁肉，还有卤鸡和用大龟做成的羹汤等。

羊肉的诱惑力，在东周时代是非常大的，从这里的两个故事中我们可以充分领略到这一点。

据《左传·宣公二年》所述，郑国公子归生受命于楚，前往攻打宋国，宋国华元带兵迎战。开战之前为鼓舞士气，华元杀羊慰劳将士，结果忘了给自己的御手羊斟吃肉。开战后羊斟生气地说："前日里给谁吃羊肉由你华元说了算，今日这胜负之事可得由我说了算！"于是驾着华元所乘的战车直入郑国军阵，转瞬间宋师没了统帅，遭到了惨败。就这样，一碗羊肉就决定了一场战事的胜负。

后人还将此事镌在汤匙上，正所谓"羊羹不遍，驷马长驱"。

又据《战国策·中山策》说，中山国君有一次宴请他的士大夫们，有个叫司马子期的也在座。大家热热闹闹，唯有子期不乐，就因为有一道羊肉羹没给他吃上，他心里十分窝火。子期一气之下跑到楚国，请楚王派兵讨伐中山国。兵临城下，中山国君弃国出逃，他一面逃一面叹气，十分感叹地说：我因为这么一碗羊肉羹而亡了国，这是怎么了？

华元败阵，中山亡国，都是羊儿惹的祸。败阵与亡国，其实并不关羊什么事，但至少是一个由头，由此我们知道不仅美人能惹出大事件来，美味也会引发出大事件来。

羊 酒 馈 赏

羊肉与酒，是古时赏赐馈赠的常品。在《汉书》《后汉书》《三国志》中，不时都能读到"羊酒"，如养老臣、病臣，有"常以岁八月致羊酒""遣主簿奉书致羊酒之礼""岁以羊酒养病""使出就太医养疾，月致羊酒"等；如犒师劳军，有"奉羊酒，劳遗其师"等。当然馈赏之礼，羊酒之外也有牛酒之属，如"赐牛酒""百姓争致牛酒"等。

还有一个关于羊酒的故事，《史记》和《汉书》多次提到。说的是汉高祖刘邦与卢绾是同乡同里，两人同日出生，于是乡亲们"持羊酒贺两家"。后来这两人长大在一起念书，相互又非常友爱，于是乡亲们"复贺两家羊酒"，一时间传为佳话。

又据《后汉书》记汉时风俗，在朔日前后两天"皆牵羊酒至社下以祭日"。当然祭日用过的羊酒，人们最后还是要纳入自己腹中的。

汉代富贵人的生活中，是离不了羊酒的，至少北方人是如此。君臣相待，朋友往来，都有"羊酒之礼"。我们在讲究的汉墓中，也发现过羊酒壁画。河北望都的一座汉墓中，在前室两壁就绘有羊酒的图形，一只黑漆酒壶，一头肥硕的绵羊，这画面表现的一定是以羊酒祭奠墓主人。当然南人也养羊食羊，在云南晋宁石寨山古墓群出土的汉代贮贝器上，就有牧羊者和羊群的图像。

汉以后羊酒之礼并未废止，读东坡诗就有"何时花月夜，羊酒谢不敏"这样的句子。在《水浒传》和《红楼梦》里也能读到羊酒，还有"折羊酒的银子"。

壁画羊酒（河北望都东汉墓）

西汉贮贝器牧羊图（云南晋宁石寨山古墓群）

鱼 羊 为 鲜

汉字中的"鲜"字，是一个会意字，基本意义指的是鲜鱼。习惯上又用来指称美味食物，字从鱼从羊，鱼表类属，羊表味美。古人以鱼羊为鲜，所以在汉代画像石上，能看到摆着全鱼与羊头的食案图形，应当是"鲜"字最形象的解释。

汉时所传《古歌》说："东厨具肴膳，樵牛烹猪羊。主人前进酒，弹瑟为清商。"这是汉代人嗜羊的文献证据。我们在画像石上看到一些剐羊图景，作为六畜之一的羊在汉代也是筵宴上的佳品，这是商周时代遗留下的传统。画像石上反复看到一些烤肉串的场景，可以想象那一定烤的也有羊肉串，所用的设备与现在新疆地区的几乎一样，让我们难以确定烤肉串的吃法是从中原传过去的，还是由西域传进来的。

我们又从长沙马王堆汉墓出土遣册中，读到了许多羊膳名称。其中记羹二十四鼎，羹有五种，即大羹、白羹、巾羹、逢羹、苦羹。大羹为不调味的淡羹，原料分别为牛、羊、豕、狗、鹿、凫、雉、鸡等。逢羹可能指用麦饭调和的肉羹，古时将煮麦名为"逢"。逢羹主料为牛、羊、豕。古时羹食在膳食中占有很大的比重，"羹"字从羔从美，也许是觉得用羊羔肉煮出的羊羹味道最为鲜美，

汉画鱼羊图

汉画羊首

汉画烤肉串图

所以也成就了这"羹"字。

马王堆遣册还记有脯腊五笥,有牛脯、鹿脯、胃脯、羊腊、兔腊。又有脍四品,原料为牛、羊、鹿、鱼。另有火腿八种,分别用牛、犬、羊、豕的前后腿制作。汉时南人依然爱羊,于此见到明证。

羌煮貊炙胡炮肉

在汉代时,上自帝王,下至市民,有一阵子非常喜爱胡食。胡食就是古代少数民族的饮食,胡食中的肉食,首推羌煮貊炙,具有一套独特的烹饪方法。羌和貊代指古代西北的少数民族,煮和炙指的是具体的烹调技法。羌煮就是煮鹿头肉,要蘸肉汤吃。貊炙为烤全羊,在地炉中烤熟,吃时各人用刀切割,原本是游牧民族惯常的吃法。

在胡食的肉食中,还有一种胡炮肉,烹法也极别致。用1岁的嫩肥羊,宰杀后立即切成薄片,将羊板油也切细,加上豆豉、盐、碎葱白、生姜、花椒、荜拨、胡椒调味。将羊肚洗净翻过,把切好的肉、油灌进羊肚缝好。在地上掘一个坑,用火烧热后除掉灰与火,将羊肚放入热坑内,再盖上炭火,在上面继续燃火,只需一顿饭工夫就熟了,香美异常。此外还有一种胡羹,为羊肉煮的汁,因以葱头、胡荽、安石榴汁调味,故有其名。

羌煮貊炙、胡炮肉,所采用的烹法实际上是古代少数民族在缺少应有的炊器时不得已所为,从中可以看到史前原始烹饪术的影子。这种从蒙昧时代遗留下来的文

三国青瓷羊形烛台(江苏南京清凉山)

化传统,反而为高度发达的文明社会所欣羡、追求,也真是文化史上的一种怪事。

上述羌煮貊炙等胡食的烹饪方法完整地记录在北魏贾思勰的《齐民要术》一书中。《齐民要术》还记有其他用羊肉蹄肠肚肝烹出的多款名馔,如有羊蹄臛、蒸羊、跳丸炙及鳖臛等。鳖臛的制法是,先把鳖放进沸水内煮一下,剥去甲壳和内脏,用羊肉一斤、葱三升、豉五合、粳米半合、姜五两、木兰一寸、酒二升煮鳖,然后以盐、醋调味。不用说,这是一款大补的药膳。跳丸炙实是猪肉、羊肉合做的肉丸,放在肉汤中煮成。

烧尾羊肴

宋代陶谷所撰《清异录》说,唐中宗时韦巨源拜尚书令(尚书左仆射),照常例官位上迁后要上烧尾食,他上奉中宗食物的清单保存在传家的旧书中,这就是有名的《烧尾宴食单》。食单所列名目繁多,《清异录》仅摘录了其中的一些奇异者,共五十八款,其中就有羊馔若干款。如通花软牛肠,是用羊骨髓为拌料做的牛肉香肠;羊皮花丝,为拌羊肚丝,肚条切长一尺上下;逡巡酱,为鱼肉羊肉酱;红羊枝杖,可能指烤全羊;升平炙,为羊舌、鹿舌烤熟后拌合一起,有三百舌之多;五生盘,是羊、猪、牛、熊、鹿五种肉拼成的花色冷盘;格食,用羊肉、羊肠拌豆粉煎烤而成;遍地锦装鳖,是用羊脂和鸭蛋清炖的甲鱼。

这说明唐皇也是极爱羊膳的，不然烧尾食中就不会有这么多的花样。

唐代人食羊，还有一些新奇的办法。如有一人姓熊名翻，每在大宴宾客时，酒饮到一半，便在阶前当场收拾一羊，让客人自己执刀割下最爱吃的一块肉，各用彩绵系为记号，再放到甑中去蒸。蒸熟后各人认取，用竹刀切食。这种吃法称为"过厅羊"，盛行一时。

许多文人也爱食羊，而且还将用膳的情景写入自己的诗文。他们还特别喜欢往胡人酒店中食羊，如贺朝《赠酒店胡姬》诗云"胡姬春酒店，管弦夜铿锵。……玉盘初鲙鲤，金鼎正烹羊"，听着胡音，吃着手抓羊肉，彻夜地快乐着。我们熟识的李白有一曲千古绝唱《将进酒》，他唱着"人生得意须尽欢，莫使金樽空对月。……烹羊宰牛且为乐，会须一饮三百杯"，虽是行乐羊酒，实际上心灵深处回荡的是一曲痛苦的悲歌。

羊 大 则 美

美，金文字形从羊从大，人们想象古时以羊为美食，肥壮的羊吃起来味道很美，于是成就了这个"美"字。《说文解字》释"美"曰："甘也，从羊从大。羊在六畜，主给膳也，美与善同意。"宋人徐铉作注，直言"羊大则美"。王安石曾作《字说》，解"美"字亦说"羊大为美"。清人段玉裁注也从此说，云羊大则肥美。

羊大则美，在汉代时好像还没有这个说法，而宋人这么说，恐怕与当时嗜好食羊有关。据《武林旧事》卷九所记，在绍兴二十一年（1151）十月，宋高宗亲临"安民靖难功臣"府第，接受张俊进奉的御筵，以示宠爱之至。张府专为宋高宗准备的果食馔品达100多款，馔品中有羊舌签、片羊头、烧羊头、羊舌托胎羹、铺羊粉饭、烧羊肉等，比较注重羊肉，证实羊肉在宋代肉食中占有举足轻重的地位，尤其是所谓"北食"，更是以羊肉为主。

《后山谈丛》说"御厨不登彘肉"，只用羊肉，这是宋代皇宫内的规矩。宰相吕大防曾对宋哲宗赵煦说："饮食不贵异味，御厨止用羊肉，此皆祖宗家法，所以致太平者。"皇帝只能吃羊肉，还是祖宗的家法，那是不能违拗的。宋仁宗赵祯时，宫中食羊数量惊人，以至一日宰杀380只，一年需用10余万只，这些羊多数是由陕西等地外运到京的。宋仁宗死后，为他办丧事时竟将京师存羊捕尽了。

南宋时临安的食羊多来自两浙等地，由船只装运到都中。皇上赐宴以羊肉为大菜，臣下进筵给皇上自然也是如此，羊肉成了官场的主菜。宰官的俸禄中有"食料羊"一项，是特别的赐物。御厨每年都有办理赏赐群臣烤羊的事务，算得上是宋代的独创。在尚书省所属的膳部，下设牛羊司，掌管饲养羔羊等，以备御膳之用。神宗熙宁十年（1077），御厨共支用羊肉10多万公斤，猪肉仅有2000多公斤，比率为50∶1。

对于一般的士庶贫寒人等而言，羊肉自然不会是常享之物，但年节时也会满足一下口福。有一寒士韩宗儒，尽管清贫如洗，却十分贪食，于是便将苏轼给他的书信，拿去给酷爱东坡真迹的殿帅姚麟换羊肉吃，黄庭坚便因此戏称东坡书为"换羊书"。又见《老学庵笔记》卷八说，南宋人崇尚苏氏文章，研读精熟，作得妙文，就可中进士得官，于是乎流行这样一句谚语，叫作"苏文熟，吃羊肉；苏文生，吃菜羹"。吃羊肉在那时成了做官的代名词。

为了满足市民们的口腹之欲，宋代时的酒肆食店也竞相推出羊膳。据《西湖老人繁胜录》说，临安每逢清明节，食店供游人们选用的肉食馔品是以羊及禽类为主，很少用猪肉。羊肉品类有羊头鼋鱼、煎羊事件、鼎煮羊、盏蒸羊、羊炙焦、羊血粉、羊泡饭、美醋羊血、蒸软羊、羊四软、酒蒸羊、绣吹羊、五味杏酪羊、千里羊、羊蹄笋、细抹羊生脍、改汁羊攛粉、细点羊头、大片羊粉、五辣醋羊、糟羊蹄、灌肺羊、羊脂韭饼、羊肉馒头、批切羊头、羊腰子、乳炊羊、炖羊、闹厅羊、入炉羊、软羊面等。

清 真 羊 馔

元代时蒙古族入主中原，当时元大都为世界著名的大都会。居住在大都的有蒙古人、色目人、汉人和南人，色目人包括蒙古以外的西北各族、西域以至欧洲各族人，他们带来了草原风味和西域风味。元大都的饮食以北方风味为主，也吸收有南方风味，还融合了许多蒙古族食品和西域回族食品。

蒙古族自古以畜牧和狩猎为生，是北方草原上的马背民族。他们的饮食以肉奶制品为主，烹调方法多采用烤、煮、烧，名肴有烤全羊、烤羊腿、手把羊肉、蒙古馅饼、奶豆腐等。在成吉思汗时代，由于远征需要而推行了一种快速熟肉法，即随地挖坑烧烤，称为"锄烧"。此外还有铁板烧，也都是与成吉思汗有关的具有特色的蒙古族烹调方法。从1219年成吉思汗西征，到1258年旭烈兀攻陷巴格达，先后征服了葱岭以西、黑海以东信仰伊斯兰教的各民族，大批波斯人、阿拉伯人和中亚各族人，迁徙到东方来。这些人在元代都被列为色目人的一种。阿拉伯人和波斯人的先世，特别喜吃羊肉。他们的东迁，在带来伊斯兰教的同时，也带来了回族食品，这就是我们现在所说的清真菜。回族食品在元大都的流行，可以在元代饮膳太医忽思慧的《饮膳正要》中看到。《饮膳正要》94款聚珍异馔中，73款与食羊有关，主要有羊皮面、炙羊心、炙羊腰、攒羊头等。

明代万历年间的太监刘若愚，因受牵连遭到囚禁，他为了给自己辩护，写成《酌中志》一书。书中有"饮食好尚"一节，叙述了深宫内岁时饮食风尚，提到许多以羊肉烹制的清真食品。如元宵所食珍味中，有冷片羊尾、爆炒羊肚、羊双肠、羊肉包子、乳饼、奶皮等。十月初四要吃羊肉、爆炒羊肚、乳饼、奶皮、奶窝。十一月兴吃羊肉包。十二月初一开始，家家吃烩羊头、爆炒羊肚。

清真菜烹调方法，早先以炮、烤、涮为主，后来大量吸收汉族风味菜点的烹调技法，如涮羊肉就采用汉族涮锅子的方法，成为北方清真菜的代表菜。北京的清真馆东来顺，就以涮羊肉著称。清真菜为了去掉羊肉膻味，用葱、蒜、糖、醋、酱等调料调味，取得了很好的效果。清真菜烹制羊肉最为擅长，全羊席脍炙人口。风味羊馔有烧羊肉、蒜爆羊肉、扒羊肉条、扒海参羊肉、水晶羊头、涮羊肉、烤羊肉片、五香酱羊肉、酥羊肉、麻条羊尾、炸羊尾、烩口蘑羊眼、黄焖羊肉、水爆肚等。

古人爱羊，除却上面所说的例证，于"羊头狗肉""羊头马脯"这样的俗语中，也是可以领略到的。今人爱羊，在很大程度上自然是与古人给我们的示例有关，羊给我们的滋养与愉悦，看来还会继续，羊还会同我们一起走向未来的历史。

国家出版基金项目
NATIONAL PUBLICATION FOUNDATION

"十四五"国家重点出版物出版规划项目

神话学文库
叶舒宪 主编

王仁湘 著

追踪信仰
艺术考古中的动物图像（下）

TRACES OF FAITH
ANIMAL IMAGES
IN ART ARCHAEOLOGY

陕西师范大学出版总社　西安

造 神 灵 感

人类造神的灵感，常常来自动物，将动物神化，是造神的主要路径。人类造神也以人自己为模特，所以神灵常常是半人半兽的样子。一种动物图像，在给它安上一个人面之后，它便有了神格，半人半兽，也就成了神形的固定格式。

在史前艺术中，有一些半人半兽的艺术形象。这样的形象都被我们认作神面，是神灵人格化的偶像。这样的神面，是史前人制作的神灵的简化图形，是以头以面代表神灵的本体，头面是神灵完形的一个象征，是一个简约的造型。

神像、神面都是人创作的作品，是以人与动物做模特，这样就有了人神同样而又有区别的样子。

仰韶：与神同在

考古对仰韶的了解，经历了100多年的时光。从发现仰韶村，到发现双槐树，我们并不能说考古已经完全得知仰韶文化的所有关键信息，也不能说对已经获得的信息都有了恰当的解释，或者说我们还在误解中反复说道那些不够完善不够成熟的结论。

就考古发现的现状而言，我们远不能说已经对仰韶了如指掌。半个多世纪前大家在讨论半坡和庙底沟的文化特征时，就觉得掌握了可以说明问题的资料，可是后来的发现却不断改变着已有的认知。近些年发现的那些仰韶城址，就已经足以让我们重新评价仰韶的社会进程了。2020年提出的"河洛古国"概念在很大程度上就颠覆了关于中原中心论的认识。

河南巩义河洛镇的双槐树遗址，是距今5300年前后的仰韶文化中晚期超大型聚落遗址，一些学者建议命名为"河洛古国"。在这里，发现仰韶文化三重大型环壕城址，出土大批仰韶文化时期的遗物。李伯谦认为："河洛古国的地理位置和所处时代太重要了，伊洛汇流后在这里汇入黄河，遗址呈现出的景象与内涵，契合了《易经》'河出图，洛出书，圣人则之'的记载。"李伯谦说不排除双槐树遗址是黄帝时代的都邑所在，至少是早期中国的酝酿阶段。他将距今5500年至5000年这一阶段，称为黄帝时代或五帝时代。在这个时代，有了双槐树遗址这样的重大发现，这里就是黄帝文化的核心所在，它是这个时期的都邑遗址。遗址的地理位置、规模、文化内涵及所处时代无不凸显其在中华文明的中心地位，应是仰韶文化中晚期至少是黄河流域政治文明核心。王巍也认为"双槐树遗址的重要考古发现，实证了河洛地区在5300年前后这一中华文明起源的黄金阶段的代表性和影响力，填补了中华文明起源关键时期、关键地区的关键材料，也表明以双槐树遗址为中心的仰韶文化中晚期文明，的的确确是黄河文化之根"。[①]

由新发现引出的这一番新认识，无异于重返仰韶文化时期的中原中心论，无异于是说仰韶文化中期已经开始迈入文明门槛。即便如此，我们依然还不能

[①] 新华社：《"河洛古国"掀起盖头，黄帝时代的都邑找到了？》，载《新华每日电讯》2020年5月8日第9版。

说仰韶文化再不会有更重大的发现了，以为最重要的中心城邑已经找到了。其实河洛古国的定名本不必如此着急，现在找到的也未必一定就是都城遗址，也不能确定就是唯一的都城遗址。新的发现，仍然可以期待。

在我的心里，一直有一个大疑问：我们在许多地点已经发现了诸多庙底沟文化大房址，平面为五边形的大房址，面积可以大到200多甚至是500多平方米，可是至今却没有见到与之匹配的大型墓葬。这样的墓葬一定会有，只是暂时还没有线索。设想一旦发现这样的墓葬，一个时代的文化发展高度就可能得到更全面的揭示。试想如果良渚文化没有发现那些大型墓葬，没有发现那些随葬的精美玉器，我们对良渚文化的了解又怎么会有现在这般清晰？虽然在西坡遗址也发现了一批比较重要的墓葬，但感觉等级还不够高大，随葬品也不够丰厚。相信与大房址相对应的大墓葬，在庙底沟文化时期是一定存在的，我们要耐心等待它面世。

我们期待仰韶大型墓葬的发现，还有另外一个缘由，是希望由此获得仰韶人关于精神生活方面更多的新信息，特别是信仰方面的信息。

关于南北宗教信仰方面的差异，赵辉有过反复探讨，他说："南方环境良好，资源丰富，社会安定，等级分化明显，中间阶级数量最多，在稳定的状态下，手工业发展得早，水平也高，社会更宗教化。北方资源条件不如南方，社会分化不那么明显，是一种金字塔型的社会，动荡不稳，战争、暴力的现象突出，政治、军事都紧紧围绕生存，更世俗化。两者之间有融合和借鉴，八方辐辏的中原地区尤其具有一种灵活的态度，最后中原在广泛联系、交流的基础上发展起来，成为现今世界整个东方体系的源头。宗教不发达、工商业不发达、血缘为主的家长制等特征构成了中华文明的基因，影响至今。"[1]这样的比较研究结论还需斟酌，一方面是我们获得的资料有局限，另一方面是我们对现有资料的理解也有局限。就北方的红山文化而言，那样的神权现象体现的宗教不可谓不发达，南北分论这个问题可能还存在辩证的空间。

关于宗教信仰表现的主要形式神灵崇拜，我们需要由史前艺术的解读获得了解。我说过：史前艺术是信仰飘扬的旗帜。我将史前白陶、彩陶和琢玉艺术，视为史前造神运动中兴起的三次艺术浪潮，艺术在传播中使得信仰获得大范围认同。

---

[1] 参见赵辉于2017年2月26日在上海博物馆举办的以"中国考古学对中国文明起源的探索历程"为题的讲座。

南方白陶上频繁出现的飞翔神鸟和獠牙神兽，是 8000 年前高庙人创造的神灵，是当时高庙人普遍的信仰。

东南和长江中游玉器上精致的獠牙神像，是 4000 多年前良渚人和石家河人分别创造的神灵。虽然这可能只是社会上层的信仰，却也一定是代表了平民的意志。

黄河流域及邻近区域的彩陶，主要是仰韶文化彩陶，我们习惯上一般没有将其归入信仰范畴进行研究，或者只是少有选择地进行了研究，其实这也是造神运动中的艺术作品。最近的研究确认仰韶文化彩陶至少流行鱼纹与鸟纹主题，由于大多数纹饰都是以几何形的象征图形出现，它们远没有被研究者认知，所以人们不易认定仰韶人的主要崇拜对象是鱼神与鸟神。

在仰韶人通过彩陶表现的信仰图景中，我们还发现了日神与月神崇拜，日与月的化身是飞鸟和蟾蜍，彩陶上不难见到它们的影子。除鸟、鱼、蟾蜍这些符号之外，仰韶彩陶上拟人的动物神像还有猪。甘肃西和县西峪镇下坪村出土一件深腹陶罐，属半坡文化晚期，器腹黑彩绘大幅面的四眼神面，也可能表现的是四面神像。神像半睁着眼睛，斜翘着双眉，大张着鼻孔，额面绘花朵样图形，表情肃穆庄重，气场威严神秘。神像眼睛似鱼纹之眼，鼻孔又似猪。由口腔内的痕迹可知，原本应有镶嵌的牙齿，或者带有獠牙。仰韶文化这种大幅面的神面像是首次发现，感觉非常震撼。这个发现提示我们，现在所能认知的仰韶其实距离真相与全貌可能还很遥远。

如果以下坪村发现的彩陶神像重新检索旧有彩陶资料，我们又会有一些新发现。神像的鱼纹之眼和猪鼻形陶塑与彩绘过去是见到过的，陕西临潼姜寨等遗址

神面彩陶及神面图像（甘肃西和下坪村）

造神灵感 | 683

有半闭式鱼眼，姜寨等遗址发现有猪面彩陶，高陵杨官寨遗址有猪头陶塑，甘肃天水师赵村遗址也见到猪面形神像陶塑，后者与下坪村的神面彩绘创意完全相同。

在黄河下游大汶口文化的彩陶上发现过神面像，山东兖州王因遗址和江苏邳州大墩子遗址都有同类构图的神面彩陶。神面绘双旋眼，眉心绘花朵形，这个花朵形与下坪村的神面像所见非常接近。再看看过去出土的那些残碎的彩陶片，上面留存的局部纹饰，也都包含神像的影子，其中就有多例类似的花朵形构图。

仰韶文化彩陶上其实并不少见构图简略的神面纹，有时就出现在权杖类器具上。最简略的神面有时只表现眼形，很容易被我们忽略。

猪面陶塑（甘肃天水师赵村遗址）

仰韶文化彩陶（陕西临潼姜寨遗址）

大汶口文化彩陶（山东兖州王因遗址）

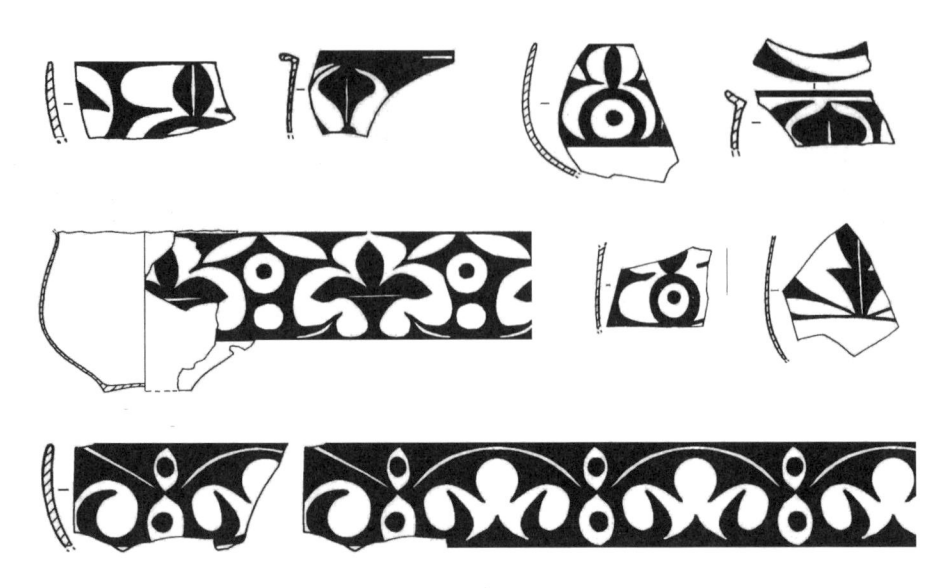

花朵纹彩陶（甘肃秦安大地湾遗址）

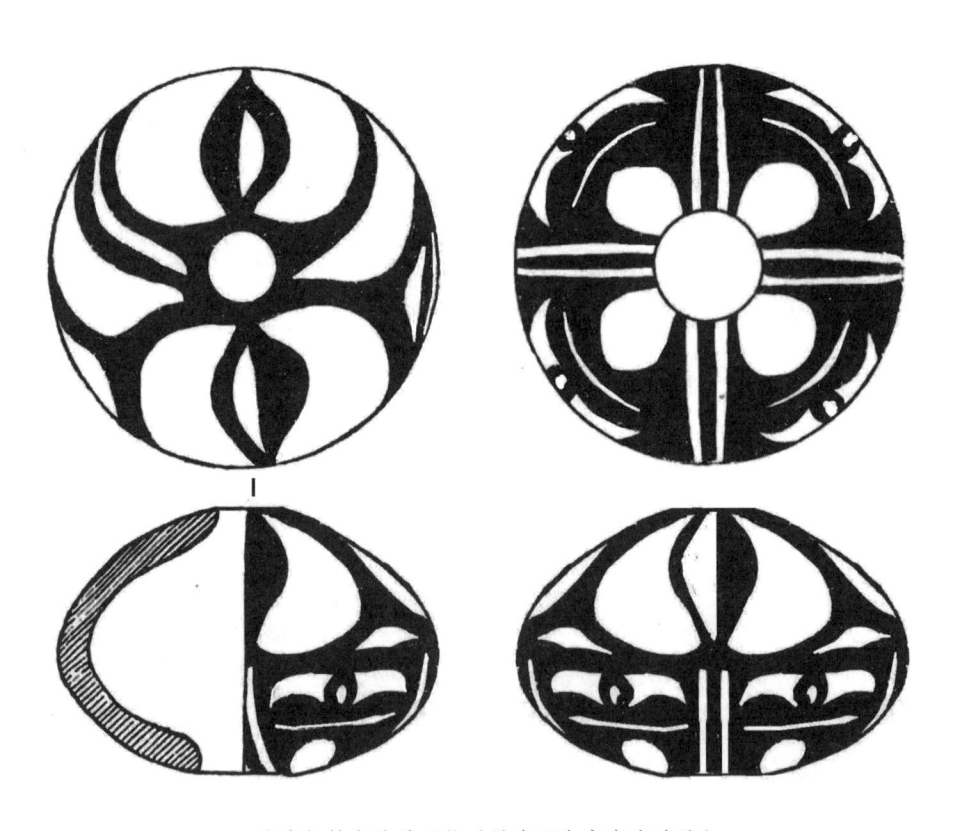

彩陶权杖上的神面纹（甘肃西和宁家庄遗址）

简略神面彩陶（甘肃秦安大地湾遗址）

眼形纹彩陶（河南三门峡庙底沟遗址）

眼形纹彩陶（山西夏县西阴村遗址）

仰韶文化变形神面纹彩陶（陕西西安南殿村）

仰韶文化眼形纹彩陶（湖北郧阳大寺遗址）

仰韶文化彩陶上的神面像有时简化为几何纹，或者还会出现猪鼻形构图，这种双重属性的意象也值得研究。鱼和猪被仰韶人取作神灵的造像原型，应当是具有深意的，而鱼和猪之间出现的合体艺术创意也非常值得研究。想起处在淮河之滨的双墩文化中，陶器上不仅见到大量繁简不一的鱼和猪形刻画，有的鱼刻画在十字形上，表明这不只是艺术，更是信仰。特别是双墩文化中也见到猪和鱼纹合体刻画，可以想象不同的考古文化之间在信仰上也自有相通之处。

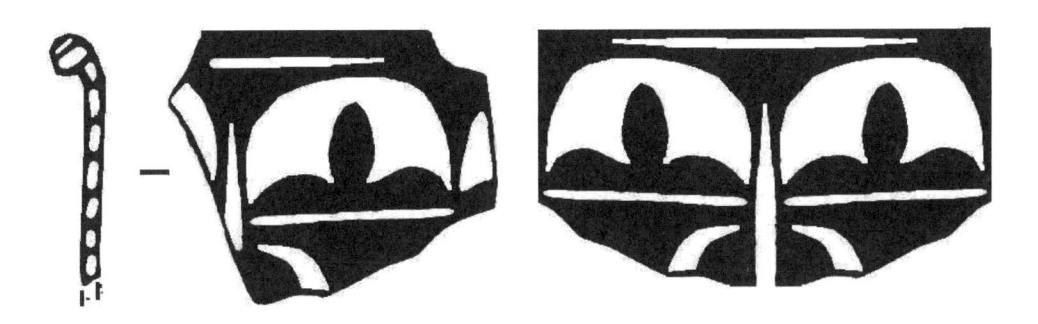

简化神面彩陶纹饰（甘肃秦安大地湾遗址）

猪面彩陶纹饰（陕西临潼姜寨等遗址）

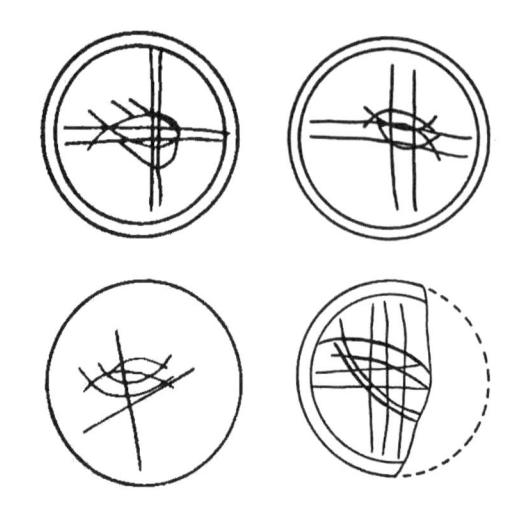

陶器上的鱼纹与十字刻画（安徽蚌埠双墩遗址）

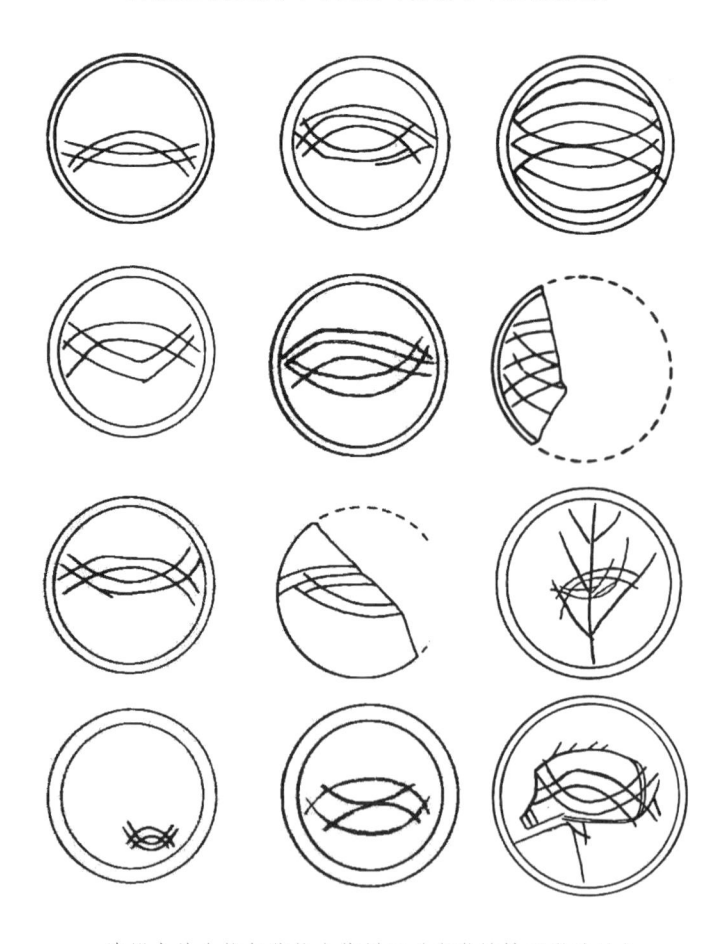

陶器上的鱼纹与猪纹合体刻画（安徽蚌埠双墩遗址）

690 | 追踪信仰：艺术考古中的动物图像

现在看来，我们对良渚文化玉器表现的信仰笃信不疑，但对彩陶上的信仰却视而未见。这样一来，自然会明显左右我们对仰韶文化精神层面的判断。

与人同行的动物们，天上的飞鸟，水里的游鱼，还有同在屋檐下的猪，被人奉为神灵，都曾经给先人带来无尽的慰藉。

我们注意到赵辉说过，"由于中原社会在性格上是一个务实的社会，无论对内还是对外，巩固军事首领的世俗权力都是最直接的目的，所有的政治手段都是围绕这个目的而设。……在对待宗教的态度上，中原社会似乎是仅仅将其作为巩固加强世俗权力的手段之一，却不允许宗教和自己并驾齐驱，出现一个凌驾整个社会之上的神权"[1]。对于仰韶社会的神权制度，我们的认知还有提升的空间，如果深化了对彩陶意义的认识，对仰韶整体内涵的认知也一定会有很大改观。

史前新石器时代，是一个艺术时代。史前艺术的真谛，是信仰认同，艺术是信仰飘扬的旗帜。仰韶时代，仰韶彩陶没有理由被排除在信仰范畴之外。一些新发现与再发现，让人确信仰韶的真面目，部分还掩藏在面纱之后。这面纱会一点点揭开，仰韶的真相会越来越清晰。

在谈及文明探源的复杂性时，我写过一篇短文发表在《光明日报》上[2]，众多学科的考古学者经过10多年的合作，努力追寻中国文明的源头，但是这个源头似乎还那么遥不可及。

源头在召唤，其实在探源学者的眼中，各自眼里的源头处在并不相同的方位。我在自己的短文里是这样表述的："文明的出现，经过了漫长的孕育过程，放宽一点视野，在中国，这个过程经历了：人类社会产生与发展，由婚姻组成家庭，由氏族社会进入等级社会；发明农业种植和家畜饲养业，从采集游猎经济转入农业和畜牧经济；发明建筑技术，由自然洞穴居所进入人工建筑居所，由时常迁徙进入定居生活；因血缘氏族形成聚落，又因部落联盟筑城而居；城邑居民因生活出现分工，因贫富形成等级，因社会复杂化导致邦国建立；逐渐形成埋葬死者的墓葬制度，信仰祖先神崇拜，这是史前造神运动的开始；发明制陶技术，烹调水准提升；发明煮盐，有了基本的调味品，促进了体格健康；发明酿酒，主要用于信仰祭祀仪式；艺术由萌芽到发展，刻画和雕塑艺术渐趋成熟，彩陶奠定了跨越史前至历史时期的艺术传统，这是由造神运动掀起的艺术浪潮；

---

[1] 赵辉：《中国的史前基础——再论以中原为中心的历史趋势》，载《文物》2006年第8期。
[2] 王仁湘：《一把手铲让古今没有距离》，载《光明日报》2018年5月30日第5版。

琢玉由装饰器转向礼器制作，将造神运动推向又一个高潮，这是东方独有的文化传统；中心城邑出现，宏大的治水工程见诸实施，建构起初级国家管理机构；最后发明文字，发明冶金术，人类终于走出混沌，文明诞生，王权与神权结合，国家出现。"

  我还表达了这样一种想法："考古学研究的目标，过去关注较多的是物质文化，是陶器、石器之类，讨论的是文化传播、进化和发展模式，后来开始关注经济形态，关注环境、人口、资源与消费，资源影响到消费，进而不平等现象出现，又影响到文明与国家的形成。人们因共同利益聚集到一起，又因不同利益分化为阶层，社会结构模式提升，国家与文明出现。关注文明形成，梳理文化传统，成为考古人一个重要的科学课题。"

  其实这是不够的，有关精神文化的建构、信仰认同的研究，我们多少有些忽略了。我们忽略的恰恰可能是比物质文化更重要的东西，是更能体现文明特质的所在。

彩陶：鱼鸟向右看齐

平铺直叙的纹饰图案，似乎不会涉及方向感的问题。不过由史前彩陶纹饰的绘制看，纹饰方向应当是存在的，画工在陶器上会有绘制的始点和终点，因为纹饰一般都是环绕陶器一周，所以这个始点和终点是紧接在一起的，它们都隐藏在图案中。有时画工也会引导观者的观察方向，某些特别的图案会特别强调方向感。相当多的彩陶纹饰是这样的，它们有固定的走势，有明确的方向感。

在庙底沟文化彩陶大量的二方连续构图中，纹饰有没有方向？不同纹饰布列时在方向上可能有不同考虑，由整体观察有没有倾向性的方向？确定这样的方向的出发点又是什么？这是几个相关联的问题，我们可以通过纹饰的观察找到确定的答案。

我们不妨先看看庙底沟文化之前的半坡文化彩陶纹饰有无确定的方向。

不须仔细观察就会发现，半坡文化彩陶中的图案化鱼纹，几乎全是头右尾左的右向，这是一个很有意思的现象。不论是在西安半坡遗址，还是秦安大地湾遗址，或是其他的半坡文化遗址，同类图案化的鱼纹，基本都是剪刀尾向左，大嘴大头向右。

庙底沟文化彩陶的图案有没有这样明确的方向感呢？也是有的。

陇县原子头遗址见到的类似半坡文化的鱼纹，同半坡文化中的一样，鱼头也向着右边，鱼尾向着左边。几处遗址发现的庙底沟文化早期简化鱼纹，以圆点示意的鱼头也是无一例外地向着右边。华阴南城子和铜川李家沟发现的彩陶鱼纹，也是头向右边。

在华州泉护村遗址见到的10多例鸟纹，几乎全是头向右边。在扶风案板遗址、华阴西关堡遗址和陇县原子头遗址见到的鸟纹，无论是飞鸟立鸟，也都无一例外地头向着右边，尖尖的翅与尾向着左边。

彩陶几何纹的方向不易判断，但也还是有迹可循的。

叶片纹的方向，基本上是向右上倾斜，大体为40度左右的倾角。如此地始终如一，如此地大范围趋同，不是一种思维定式就是一种行为定式，这已经是一个传统了。还要提到的是，叶片纹与其他纹饰同时出现时，一般也是取右上

造神灵感 | 693

西安半坡

秦安大地湾

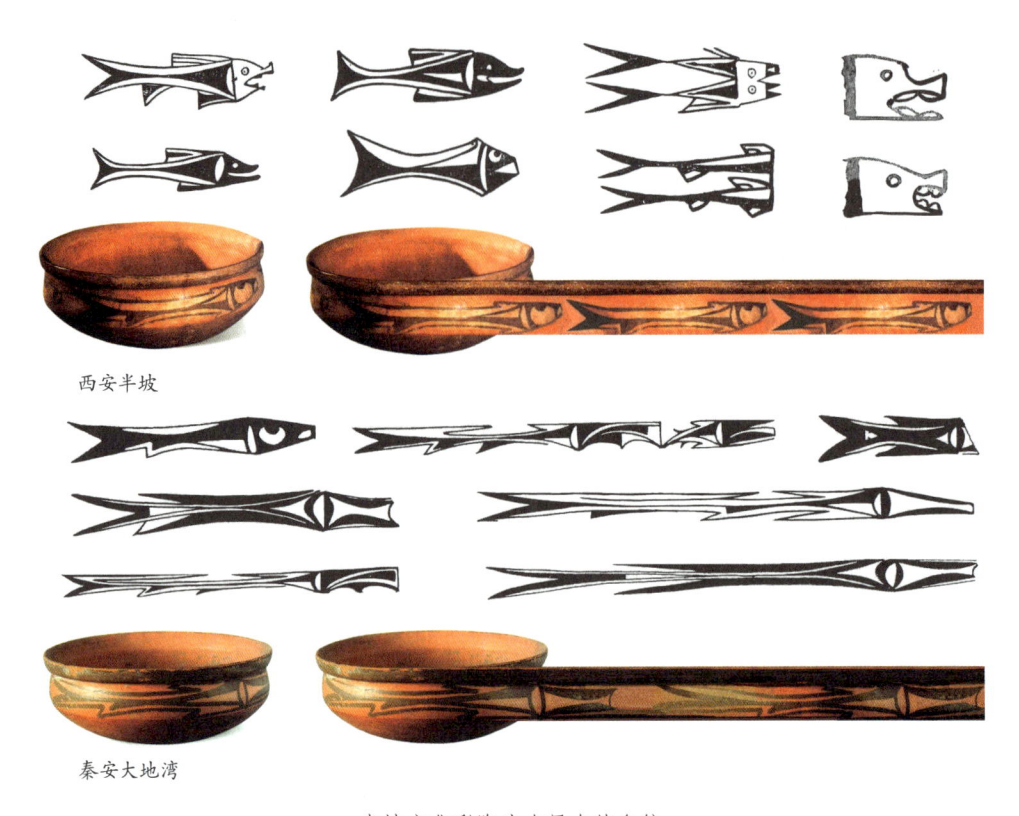

半坡文化彩陶头右尾左的鱼纹

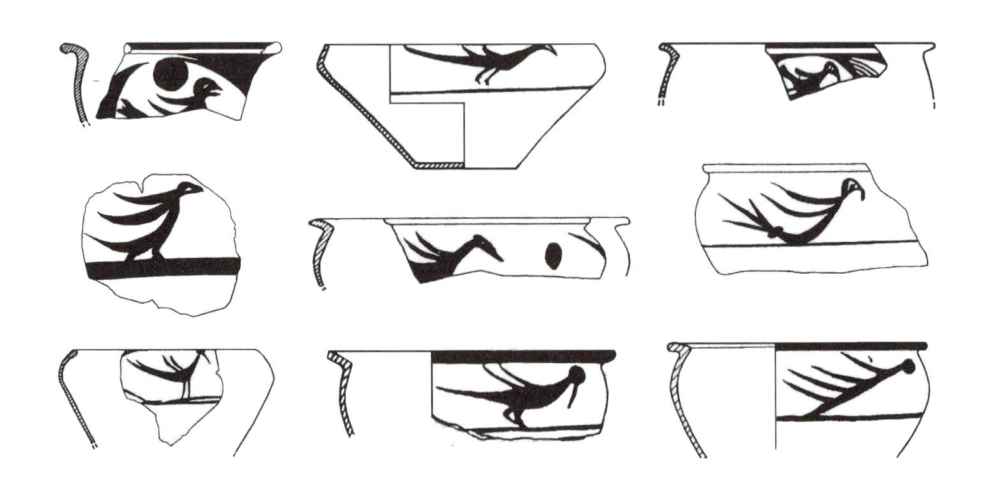

庙底沟文化彩陶头右尾左的鸟纹

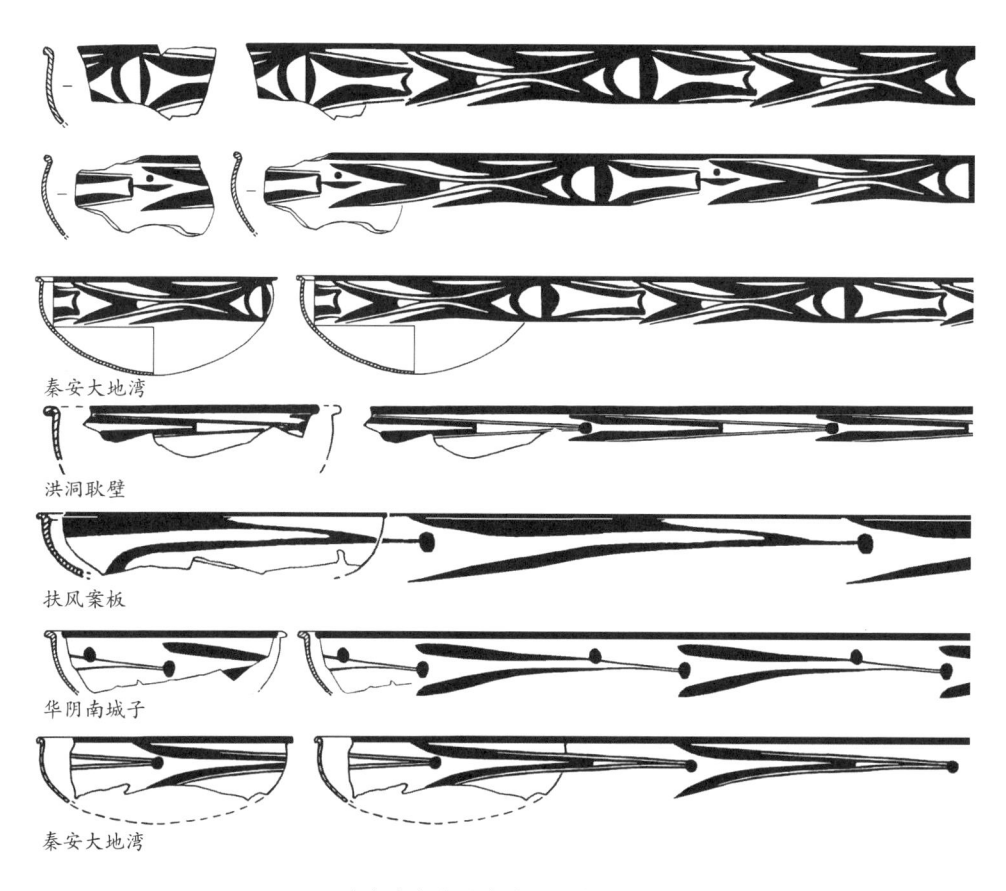

秦安大地湾

洪洞耿壁

扶风案板

华阴南城子

秦安大地湾

庙底沟文化彩陶头右尾左的鱼纹

倾斜的角度。类似的纹饰在与其他纹饰组合出现时，只是偶尔才见到右下倾斜的角度。

各处发现的西阴纹，它起翘的尖角总是指向右边，在大仰韶的分布区域，在它的影响区域，甚至在其他文化中见到的西阴纹，也都是这样的方向。尖角向左的西阴纹也并非绝对不见，但真想找出哪怕是一例来，也非常不容易。

彩陶中的单旋纹，旋臂不论是向上还是向下，一般都是按照顺时针方向旋转，是一种右旋态势。

彩陶中大量见到的双旋纹，两个旋臂旋转的方向，也常常是顺时针方向，与单旋纹方向一致。双旋纹的旋臂只是偶尔见到逆时针旋转的例子，如陕州庙底沟遗址、灵宝西坡遗址和华阴西关堡遗址就有发现，但总体旋动趋势是顺时针方向。

造神灵感 | 695

陕州庙底沟

夏县西阴村

河津固镇

芮城西王村

华州泉护村

秦安大地湾

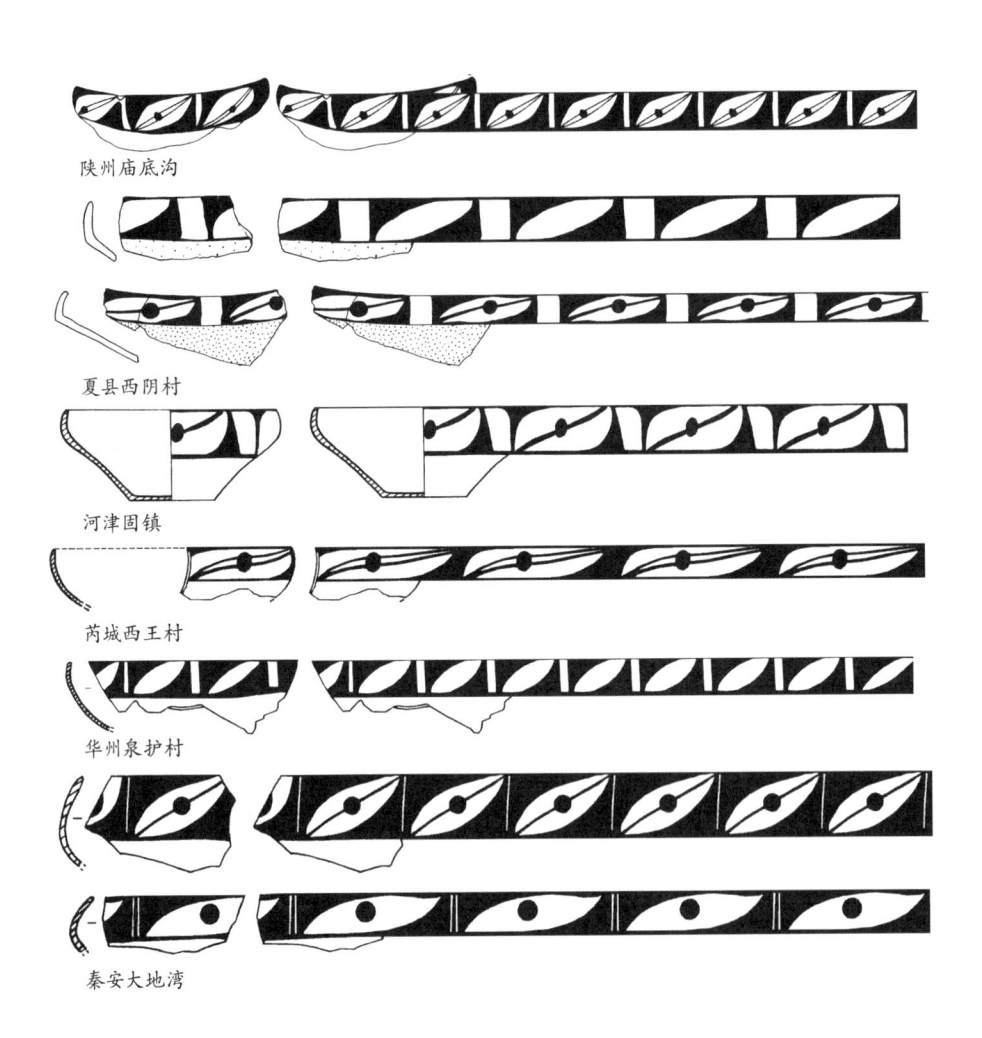

向右倾斜的叶片纹

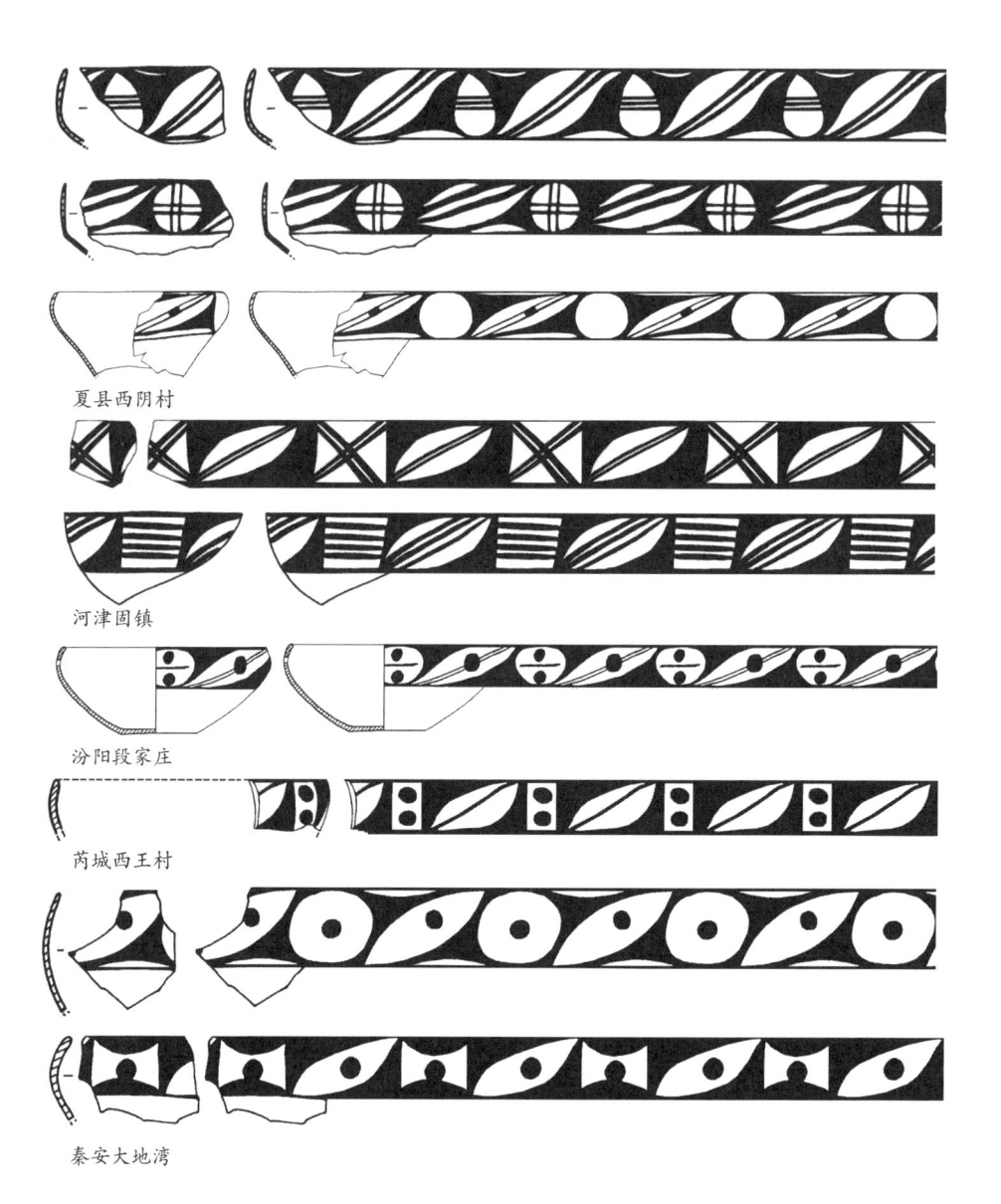

夏县西阴村

河津固镇

汾阳段家庄

芮城西王村

秦安大地湾

组合纹饰中向右倾斜的叶片纹

造神灵感 | 697

陕州庙底沟

河津固镇

芮城西王村

华州泉护村

华阴西关堡

秦安大地湾

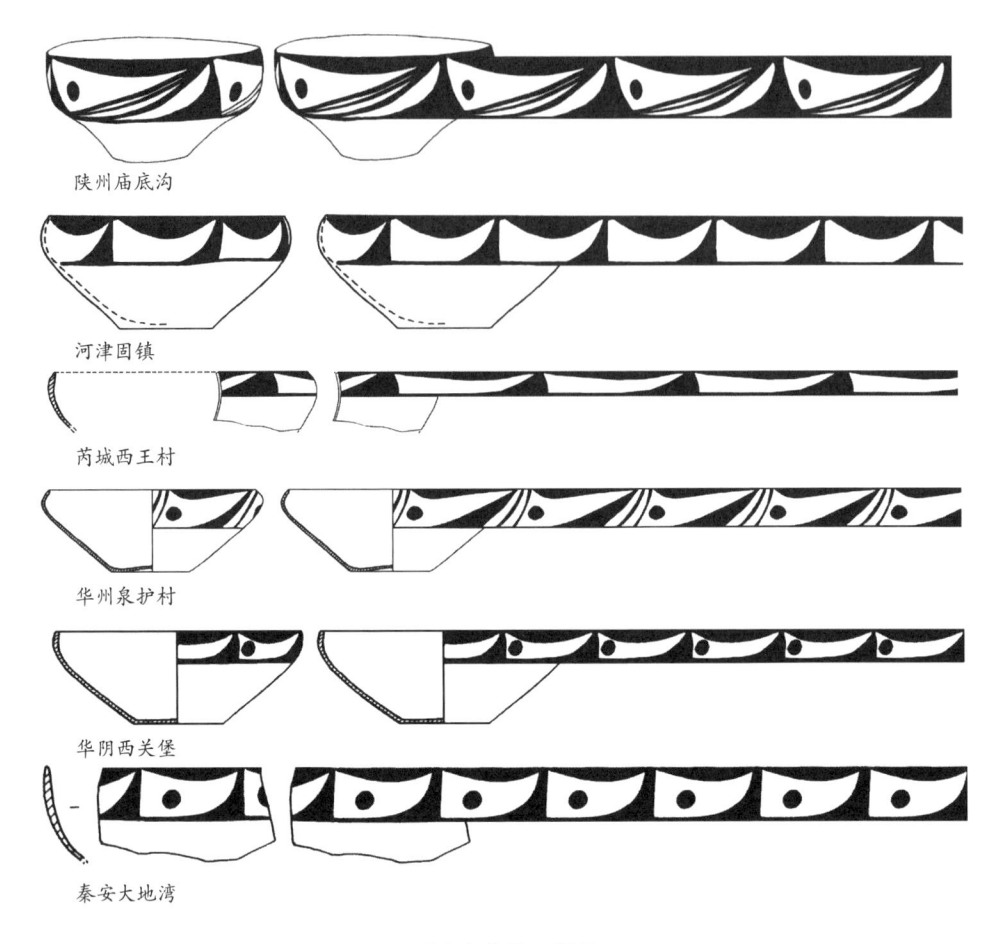

顶尖右指的西阴纹

除了这样一些明显的例证，我们还看到有些带有斜线的纹饰单元，整体倾斜的方向大多也是取右上斜趋势。

就彩陶而言，不论是庙底沟文化还是半坡文化，纹饰的这种右向走势值得关注。考虑到偶尔也有相反的情形，我们也可以将这种右势作为纹饰的主导走势来认定。这种右势的确定，除了画工的传统习惯以外，也许还有其他一些文化背景。

这是一些很重要的信息，也是很有意义的一些信息。

我们首先想到的是，这会不会与绘画的方式有关，会不会与画工运笔的主体方向有关。推测画工绘画的始点，从几何纹饰看，应当是从左到右的可能性最大，动笔方向是由左向右。不过从写实类的鱼纹和鸟纹看，如果还是这样的次序，那就要从尾部起绘，这样似乎增大了绘画的难度，那是舍易求难了。

汾阳段家庄

华阴南城子

华阴西关堡

秦安大地湾

单旋纹彩陶旋臂的方向

夏县西阴村

汾阳段家庄

秦安大地湾

双旋纹彩陶旋臂的方向

造神灵感 | 699

以绘法而论，画鱼鸟图案应当是头左尾右，这样描绘才觉得更便利，这当然是从右利手的角度而言。我查阅了手边的一本《儿童绘画大参考》[①]，将书中的鱼纹做了统计，在合计33例鱼纹中只见到6例头向右的图形，其他全向左，向左的鱼纹约占到82%。这就是说，现代人对于鱼类的绘画与观赏倾向是左势的。由右手绘画，一般情况下一定是先由左边起笔，画鱼这样的动物起笔要以头嘴开始，那自然多数的鱼纹都朝向左边方向游动了。更有意思的是，这本书中还有三种鱼的绘画动作程序的指导图示，无一例外地从头嘴部位绘起，也无一例外地头向着左边。

左向游动的这些鱼纹，毫无疑问是因为右手握笔的结果，是右利手习惯的必然作品。如此想来，对于庙底沟文化彩陶上右向游动的鱼纹来说，它的出现

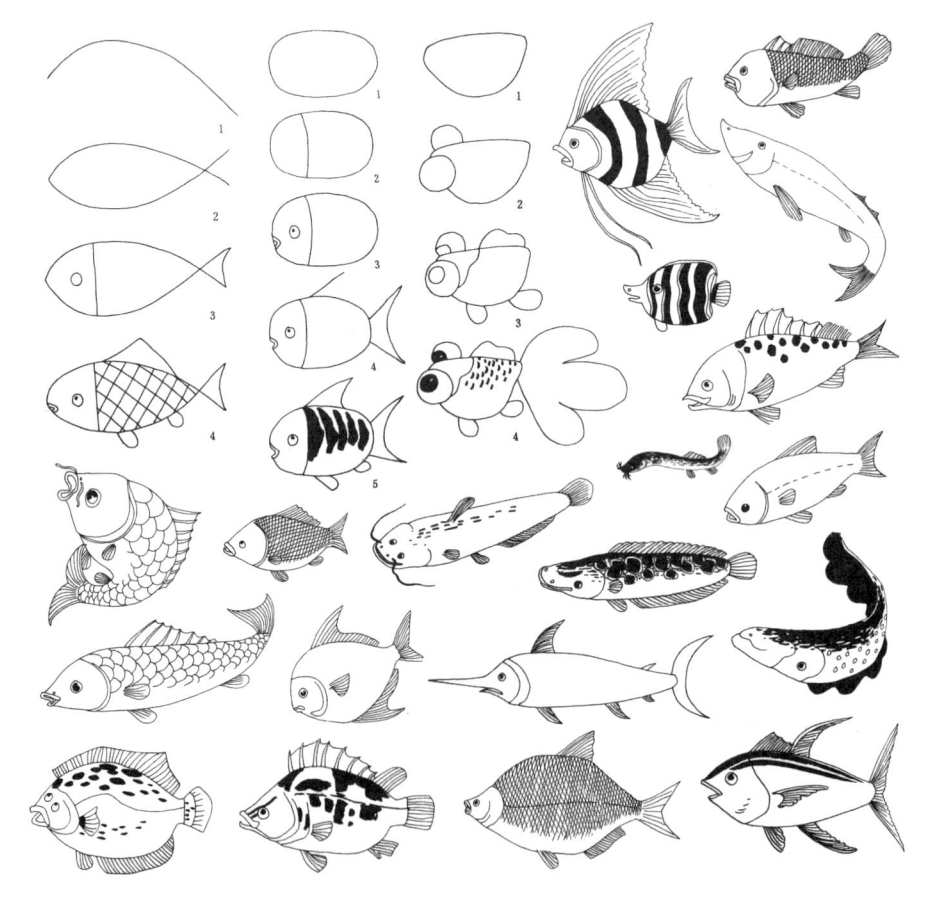

《儿童绘画大参考》中的鱼纹

[①] 周光荣编著：《儿童绘画大参考》，湖南美术出版社，2003年。

是否存在相反的前提条件？也许有这个可能，让我们觉得可能在彩陶绘制中存在左利手，用左手绘彩。左手绘彩，鸟头鱼头向右就是很自然的事了，尤其是那鸟翅鸟尾，运笔的走势一定是由右至左，起绘点应当是鸟头部位。

这也许涉及古老的人类利手问题。

此前有一些研究者提到史前人类的利手习惯问题，以为制作石器时已经有了明显的利手倾向。也有研究者通过对野生黑猩猩的考察，认定黑猩猩惯用左手钓白蚁，统计出多数黑猩猩都是左利手。在一篇散文《那一个史前女人的手印》[1]中，作者提及一些相关的探索结果，其中的说法颇有借鉴意义。

作者现场考察岩画时有一种感受，看到人面岩画全是正面头像，而动物岩画则全为侧面全身，一幅幅的动物岩刻让作者影影绰绰觉得"头朝右的动物比头朝左的动物要多"。后来翻检《贺兰山岩画》，一个动物一个动物地数，共统计了1866幅图，"可以分辨出朝向的动物3871只，发现头向右的2514只（占总量的64.94%），头朝左的1375只（只占35.06%），两者之比为1.85比1"。结果发现头向右的动物图形约是头向左的两倍，不过作者做出了一个不准确的判断，认为这些动物图形是牧人用右手凿出来的。同彩陶一样，如果用左手来凿刻这些头向右的动物，想必会更加得心应手。

其他地区的动物岩画，与贺兰山的情形相似。阿拉善发现的一处岩画，五六十个动物大多数都向着右方，向着左方的只有五六个，占10%左右。

这个发现与彩陶有些相似，似乎表明史前绘画艺术上的这种右势倾向具有普遍意义。

旧石器时代的人类已经非常看重手的作用，手印频繁出现在岩画中。我们看到他们表现的主要是左手的图形，这恐怕不是出自偶然。法国和西班牙旧石器时代手印岩画就是如此，多数表现的是左手。法国加果斯洞穴岩画中的158个手印，居然有136个是左手。[2]我在印度尼西亚苏拉威西旧石器时代洞穴中见到的手形岩画，也多是左手的图像。左手的意义，对于古人而言可能超过了右手。

现代人大多数习惯用右手。有学者根据石器推断，早在猿人时代人类右利手已明显多于左利手，而且支配右手行为的左半脑也比右半脑略大。这也许不是最终的结论，因为由岩画和彩陶证据，我们看到的是一种明显的史前左利手倾向。

---

[1] 詹克明：《那一个史前女人的手印》，见《散文选刊》选编、王剑冰主编：《那一个史前女人的手印》，广西人民出版社，2000年。

[2] 美国时代生活出版公司编：《人类的黎明》，赵沛林译，吉林人民出版社、吉林美术出版社，2006年。

古代岩画中动物的头向以右向为主（阿拉善岩画）

左利手和右利手，是一种偏侧性表现。意大利神经科学家葛瑞格里·瓦勒蒂格娜（Giorgio Vallortigara）和澳大利亚新英格兰大学神经科学家莱斯利·罗杰斯（Lesley Rogers）称，动物王国普遍存在偏侧性，而且偏侧性会带来某种优势。动物的偏侧性可以是先天遗传得来，一些科学家认为偏侧性可以作为一个更大基因包的一部分被传承。偏侧性也可以从后天获得，动物生存的环境与社会赋予这种偏侧性以合理性。先天的偏侧性属于本能，后天获得的偏侧性与生存状态有关。对人类来说，后天的偏侧性与文化传统有关。我们用右手使用餐具和写字，完全是接受教导的结果，这就是传统，也是社会规范。

如果史前陶工绘制彩陶的左利手现象可以最终认定，那我们也许要对人类早期艺术行为做一些新的思考，史前的许多不朽艺术作品说不定真的是用左手创造出来的。当然这也会连带出来一个新问题，是什么时候又是哪些原因使得人类完成了左利手向右利手的转变？

当然，这就不是本书所能回答的问题了。

也许还需要变换一个角度来看待这个现象。说不定还有这样一种可能，这种右势并不是出于制作的习惯，而是出于观赏的习惯。

有一种说法认为，在人的感觉上，左右有微妙的差别，观看画面时会感觉右下角有一个吸引力特强的点。将画面或图案最重要的元素放在这个位置，似乎是一件非常自然的事情。那岩画上动物头向着右边，彩陶上的动物头也向着右边，也就都成为非常自然的事情了。

当然这只是一种说法。就观画的角度而言，也许古今有过一些变化，或者画者引导着观者的这种改变。我们在国画中看到的奔马是向着左边狂奔，出土汉代的雕塑青铜奔马拍成照片时也是向左边飞奔着。古老的右书格式改为了左书，这可能是右势变左势的一个最生动的例子。我们已经习惯了这种左势的潮流，这已经作为一种传统存在了。那更早呢，是不是曾经有过左势变右势的那么一个过程呢？

良渚文化神兽与神祖像

对于良渚玉器特别是玉琮上纹饰，学界有一个渐进的认识过程，也是一个逐渐深化的过程。方向明先生的《良渚玉器神人兽面像的真相》[①]一文对此进行了回顾，下面让我们顺着他的思路了解一下这个认知过程。

良渚玉器很早就有出土，但是直到20世纪七八十年代吴县草鞋山、苏州张陵山、武进寺墩、青浦福泉山等遗址连续出土良渚玉琮，学者们才开始对玉琮纹样进行描述，认识到兽面纹的存在。

"1986年反山、1987年瑶山发掘取得了重大突破，大量刻纹玉器的发现对图像的解读有了转折性的认识。反山考古队在《文物》1986年第10期的介绍中，称'不少器物上琢有考究的花样图案，其中以饕餮纹最为常见'"。《文物》1988年第1期及时公布了反山、瑶山简报，由于大量刻纹玉器的发现，新命名了玉器纹样母题，如"神人兽面纹"和"龙首纹"，反山M12：98琮体中部纹样定名为"神人兽面纹"，并称为"神徽"，判断出琮角（射面）为中轴线展开的纹样是"简化神徽"。

玉琮上这一图像的含义是什么，一时间众说纷纭，有认为兽面纹是虎、鳄鱼、猪等等，有认为神人兽面纹是鸟和猛兽的复合体。张光直先生在论述中国古代美术人兽母题时指出，类似的神人兽面像，人就是巫师的形象，兽是"蹻"（与健行、迅行有关，指可以上天入地与鬼神来往的龙、虎、鹿，语出《抱朴子》《道藏》），"巫蹻说"以为神像分为人像和兽像两大母题，上部人像表现的是巫师的形象，下部兽像则是协助巫师沟通天地的伙伴——蹻。

"除了龙首纹元素的植入，兽面大眼直接移植了滥觞于崧泽文化中晚期的圆和弧边三角组合纹样，以瑶山M7：55牌饰、反山M16：3璜形器最典型。这样的眼部斜上下的弧边尖喙元素，在纹样细节最为繁缛的反山M12：98琮上，琮节面兽面纹大眼的填刻也依旧保持斜上下的尖喙刻画。如果说玉龙的基本构成植入到了兽面纹中，那么主宰良渚玉器的兽面纹某种程度上也可以称之为'龙'；如果说圆和弧边三角组合纹样直接移植到了兽面大眼，那么圆和弧

[①] 方向明：《良渚玉器神人兽面像的真相》，载《大众考古》2015年第6期。

边三角组合纹样的寓意就是'龙'的灵魂。这一图像反映了良渚原始宗教和信仰的神灵。"

方向明认为，兽面像下肢的姿势很特别，最初描述为"作蹲踞状"，其实没有一个动物可以正面做出这样蹲踞造型的定格。如果把正视的兽面像一分为二，那么恰好是两幅相向的蹲踞神兽形象的拼合图。这样的拼合方式体现在琮上就是琮的折角上的纹样，琮与神人兽面纹自始至终有机结合，神人兽面纹是琮的核心因素。余杭玉架山遗址M28：4三叉形器兽面纹仅为一个眼睛，还有一个前伸的鼻吻，表现了兽面纹的侧面。良渚古城葡萄畈出土的陶豆刻纹也有侧面兽面纹，可见侧面的兽面纹是存在的。神人兽面纹以良渚遗址群出土的数量最多，纹样之间的一致性或程式化程度也最高，良渚遗址群出土的神人兽面像就是当时的标准像。在良渚遗址群内部，除了反山、瑶山之外，汇观山、凤山出土玉器上所见的兽面纹也完全相同，说明在良渚遗址群内已经达到了高度的一致。远在长江南岸的江阴高城墩墓地，M13：13琮从玉质到刻纹细部均与瑶山M10：19非常一致，高城墩出土玉器与良渚遗址群的一致性还不是个例。

方向明特别指出，在近1000年的发展中，神像一直贯穿了良渚文化的始终，可谓"一像独尊"。

我们在良渚文化玉琮上，充分感觉到了神像的神圣和威严。虽然神像画幅是那样小，到后来又简化得那样抽象，但一点也不影响我们的感受。后来这样的简略神像，又随着玉琮一起远行至大西北，相信这信仰也一定远播到了那里。

关于良渚玉琮上的兽面与神面纹饰的变化趋势，已经有一些学者进行过探讨。我曾经由双子琮的辨识，提出了这个问题，觉得以往研究者在玉琮纹饰的认识上存在明显偏差。我们有许多的研究者都想解开玉琮纹饰的秘密，但遗憾的是过去人们都误解了良渚人。

就一般情形而言，良渚玉琮上的纹饰单元有弦纹、简目、繁目、阔嘴这几种。所谓简目，就是简化的眼目，一般是一个圆圈，或者再附加两个三叉形眼角，这便是人们认定的神人面纹。而繁目则是那种扁圆的多重圈眼，中间常常填有繁复的涡漩纹，与它一起出现的是阔嘴，组成人们常说的神兽面纹。这兽面与人面，成了研究者描述良渚玉器纹饰约定的词汇。

玉琮纹饰有以下几种组合形式：

a. 弦纹

b. 弦纹＋简目

c. 弦纹＋简目＋阔嘴

简单组合	a	b	c
复杂组合	d	e	f

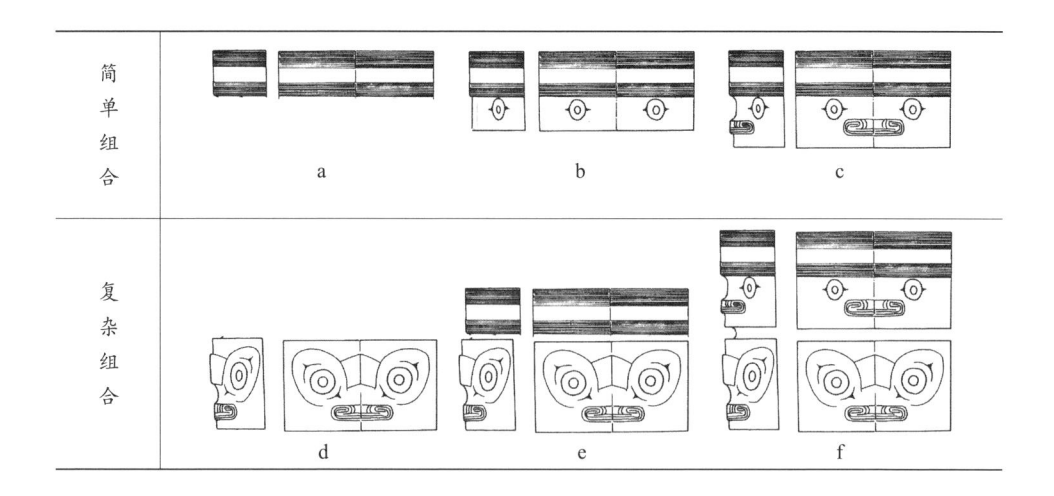

良渚文化玉琮纹饰组合分类

d. 繁目＋阔嘴

e. 弦纹＋繁目＋阔嘴

f. 弦纹＋简目＋阔嘴＋繁目＋阔嘴

在这样的六个组合中，可以粗分为两大组，第一组是 a、b、c，第二组是 d、e、f。第一组为简单组合，第二组为复杂组合。

简单组合中，a 为最简组合，b 为一般组合，c 为完全组合。

复杂组合中，d 为最简组合，e 为一般组合，f 为完全组合。

在这些组合中，应当体现时间序列，这个问题留待以后再进行讨论。我们在此重点关注一下多数组合中都能见到的成组弦纹，弦纹由若干条平行线组成，一般是两组合成，它是冠的简略表现形式。

我们要特别强调的是，玉琮上出现这种冠，有简略的表现形式，也有复杂的表现形式。所谓复杂的表现形式，就是在两组弦纹间再刻出一对简目和一张简单的阔嘴。这样的组合纹饰出现在繁目兽面纹上方时，它应当表示的就是神兽面的冠。

在史前和文明时代前期的艺术中，人神之冠常常表现为兽面的样式，这是一种威武的象征。良渚大型墓葬中的墓主人头部有时会发现 4 枚兽面玉牌饰，它们正是死者的冠面装饰。[①] 我们意识到死者的这种装束，其实正是玉琮纹饰一个很好的图解。

[①] 牟永抗：《良渚玉器上神崇拜的探索》，见《庆祝苏秉琦考古五十五年论文集》编辑组编：《庆祝苏秉琦考古五十五年论文集》，文物出版社，1989 年，第 184—197 页。

良渚文化玉兽面半圆饰（反山 M12）

如此看来，在我划定的第二组复杂组合中的完全组合 f，所表现的其实是一个神兽面戴着一个兽面冠。不作如是观，我们很难解释为何一个繁目组合一定要配上一个简目组合，更没有办法解释为何一个神兽面一定要配上一个人面。

兽面纹琮绝少见纯兽面纹饰，它一般都配有冠。检索玉琮和其他玉件上发现的各类冠的表现形式，大略有如下数种样式：

a. 双组弦纹平冠

b. 双组加饰弦纹平冠

c. 双组弦纹兽面冠

d. 双组加饰弦纹兽面冠

e. 纵梁羽冠

玉琮上最常见到的是双组弦纹兽面冠，这是最典型的冠式，或者说是玉琮上标准的图式。

关于玉琮上的人面纹，陈星灿产生过疑问，他解释上面的人面纹"其实正应该是鸟的面相，因为除了排齿不类以外，溜圆的眼睛正是鸟类的特征，所以制作者大概是以圆睛和利爪作为鸟的象征。从这个意义上说，所谓'神人兽面

a	1	2	3
b		4	
c	5	6	7
d	8	9	
e		10	11

1. 反山 M15：10　2. 反山 M21：4　3. 瑶山 M7：34　4. 瑶山 M10：16
5. 瑶山采 2787　6. 瑶山 M10：19　7. 瑶山采 2816　8. 瑶山采 2789
9. 瑶山 M2：22　10. 反山 M12：103　11. 瑶山采 2808

良渚文化玉器上的兽面冠式

纹',其实表现的主要是鸟和猛兽的复合形象"[1]。这样的认识,应该是颠覆性的。与此相关的讨论,是对良渚玉器神徽图像的重新认识。一般研究者都以为,神徽像上高大的羽冠下那张并不生动的脸,便是神灵原本的模样。而杨伯达认定那只不过是一个假面具,是巫师扮作神灵的一个道具而已。[2]

杨伯达的这个说法虽然还没有引起明显的反响,但这种改换角度的新观察,却是不可忽视的。在玉琮所见的冠式上,其实也出现了这样的图像,如良渚瑶山采2789玉琮上面冠饰兽面纹,虽然没有标出眼鼻,但它明显就是神徽人面的摹写,这是最清晰的冠饰。

见到了这样的兽面,我们再回头看看那些神徽,就会知道那所谓的"神人面"一定只是一个装饰,它就是冠上的一个兽面图案。这是一顶完美的兽面冠,它的后面并没有藏着一张脸,神或巫师的脸是在这兽面冠的下方。

我们由双子琮的探讨,由双子琮纹饰的组合特征观察,论及玉琮纹饰的结构与意义,指出玉琮之神兽面与人面的组合其实是一个整体,所谓的"人面"其实依然是一个兽面,它只是神兽的冠面装饰图案而已。良渚人在玉琮和其他玉件上雕刻了兽面,这兽面常常还戴有兽面冠,这样的构图形式虽然并没有过于深奥之处,但它还是迷惑了我们的眼睛,让我们将一个简单的事物复杂化了。

良渚文化玉器上的人面冠图像(浙江余杭瑶山遗址)

---

[1] 陈星灿:《兽面玉雕·兽面纹·神人兽面纹》,见《远望集——陕西省考古研究所华诞四十周年纪念文集》,陕西人民美术出版社,1998年,第393页。
[2] 杨伯达:《玉傩面考》,载《中原文物》2004年第3期。

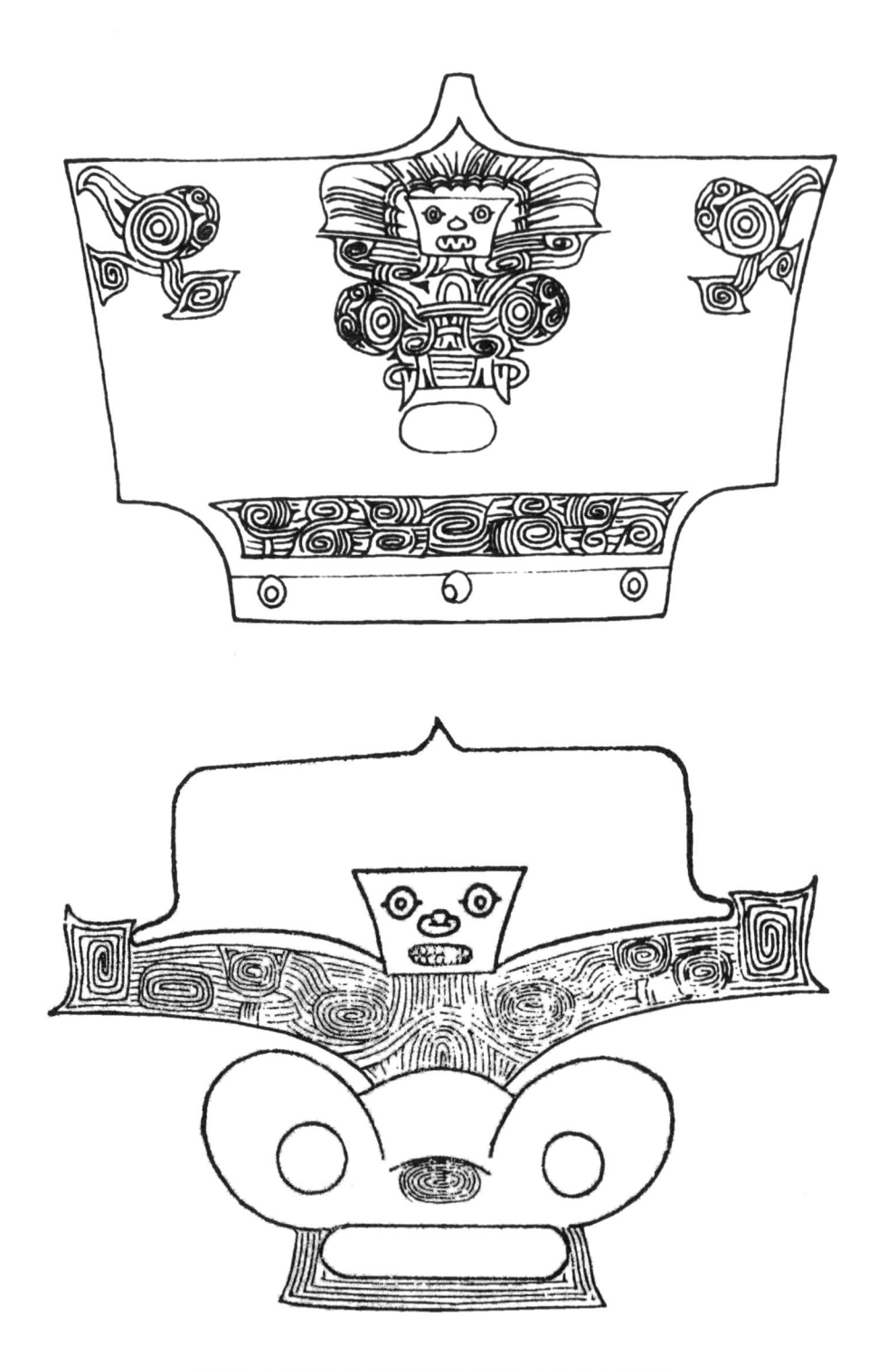

良渚文化玉器上的人面冠图像（浙江余杭反山遗址）

710 | 追踪信仰：艺术考古中的动物图像

良渚阳纹微刻图像

良渚文化玉工的微刻非常精致,不过对于这精致的认识,我们也不是很到位,有一个渐进的过程。我的研究就经历了由阴刻到阳刻的认识过程,所不同的是,这是一个顿悟的过程。

年老带来的眼弱,看不很远,看不清晰,让人慨叹岁月之急促。不过想起也曾有年少之时,也曾有过一双清亮的眼睛,那会儿面对诸事诸物,即使是阳光灿灿,也未必过眼留影,也不一定就真相毕现。这样一想,似乎觉得眼力强也未必就能立现真相,不赖清眼,也不赖明光,偶尔也是可以看到真相的,达到洞悉透彻的观览效果。

偶尔读到一则朋友圈的微信,看到一件良渚玉器线描图,是方向明先生的作品。看到严谨的构图、秀雅的线条,尤其在琢磨中发现微刻纹饰的对称布局

方向明先生的良渚文化玉器绘图

之后，有了一点小小的激动。这激动是良渚玉工带来的，当然也是精于考古绘图的方向明带来的。

我当时的感悟是：微刻时难画亦难，初有蓝本亦是必然。而且觉得看出了一点新的秘密，急切着要与学人交流。那天天空灰蒙蒙的，不过我心里却非常敞亮，总在想着良渚的玉，想要求证更多资料，当我翻开书本，又看到那些本来十分熟悉的玉器图片时，却突然觉得它们变得如此生疏，生疏得有如初次相见！异样感受突如其来，这是怎么回事呢？

当时已是黄昏时分，本来灰蒙蒙的天，光线更加暗淡。我很感谢这暗淡的光线，它让我看到了良渚人制作的本真神像。也得亏这双昏花老眼，那时那刻，清亮的眼神未必能直抵要冲。说来别人会不相信，确实是昏光再加昏眼，引导着我进入了良渚人本真的玉世界。

我们其实从没有看到良渚玉器上神像的真容，有一副假面遮掩着他的脸。这假面方颐宽额，圆睁着双目，龇着两排牙齿，摄魂撼魄。神的冠高高大大，尖顶出脊。神的坐骑兽面鸟爪、圜眼阔鼻、咧嘴露齿，威之武之。当然这些感觉，并不是那会才有的，这还不是我要说的所看到的本真神像。

面对熟悉的神人像，突然觉得装束变得更加华丽起来。高冠的冠沿，神的双臂，神兽眼鼻双足，遍体都是微刻的旋纹。不过，此刻我看到的旋纹，却是与以往全然不同。在暗淡的光线下，这些密密匝匝的阴刻细线条，突然间变作了阳纹纹饰，变成两阴夹阳的纹饰。

我不敢相信自己的眼神，反复翻看了几本书，看了许多的良渚玉器图片，竟无一不是"阴变阳"，原先的那些线沟隐没了，满眼上浮动阳线，

玉器纹饰"两阴夹阳"刻画法之一示意图

真是太神奇了。

这顿悟很快便确认了，良渚玉工微刻出的旋纹，全都采用的是"阴夹阳"的技法，这个技法在微刻上是难上加难。知道了这阳纹的宽度，才能真正懂得良渚玉工的高超技术。所有的阴线都是作为阳纹的衬纹出现的，必须一丝不苟，才能功成画就。这些排列密集的旋纹，完全可以与现代计算机软件类似的作品相媲美，如果填满青紫，也一定无比绚烂。

这样一幅华丽的神像，却只有3—4厘米见方大小，在1毫米之内刻画有表现阳纹的3—5根阴线，良渚人做到了。我非常疑惑，在坚硬的玉石上，在目力难以企及的微小画面上，他们又是怎样创造出奇迹的？

我们通常见到的良渚玉刻神人像引用频度最高的画面，并不是这次观察的依据，我的依据都是来自彩色图片和墨拓。现在就用选择出来的12件良渚微刻玉器，逐个做一些细致的观察，重新认识良渚玉工高超的微刻技能。这里选取的只是关注度高一些的重点玉器，不过它们足以让我们看到全新的景象。

1. 玉钺王神鸟图（反山M12：100）

这件反山12号墓出土的玉钺王，在正背两侧靠近刃缘位置，微刻神人像和神鸟图各一。我们由较为简单的鸟图观察，品赏良渚人的微刻作品。神人像在另外的玉件上还有更精彩的图形，留待后面细论。

玉钺王（反山M12：100）

神鸟纹采用浮雕方式成形，再微刻加画纹饰。微刻纹饰主纹是如同捆扎的绳索，我想用绳束纹来描述，它是良渚玉工在微刻中常常取用的纹样。绳束纹大体勾勒出鸟形，同时加刻各式 17 组旋纹填充，图案显得非常丰满，具有明显的动感。旋纹有方圆之分，以略为方形者为多。有正旋，也有反旋，各占约半数。

旋纹和绳束纹均以阴夹阳的技法刻成，放大观察阴线虽然显得并不是十分流畅，但可以看出所有的阴线在雕刻时都照应了阳纹的存在，预留出的阳纹较之阴线更加匀称，阴线起到很好的衬托作用。

鸟纹体形很小，遗憾的是原报告没有标明尺寸，根据附图量度，判断是不超过 1.5 厘米见方。细数 1.5 厘米范围内的微刻线，约是 55 条，平均 1 毫米内是 3—4 根。在 1 毫米坚硬的玉石上，用阴刻方式表现出 2—3 条阳线效果来，实在是不可思议。

玉钺王鸟纹（反山 M12：100）

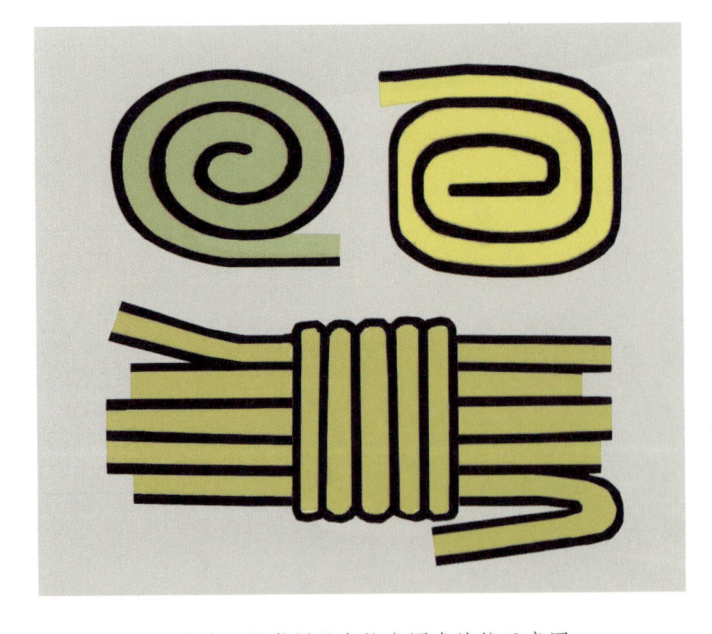

良渚玉器微刻绳束纹方圆式旋纹示意图

714 | 追踪信仰：艺术考古中的动物图像

2. 玉琮王神鸟纹（反山M12：98）

反山12号墓出土的这件玉琮王，每面刻有神人像2个，共8个，绝无仅有。每一面都有4个鸟纹，共刻画出16个鸟纹。神人像随后讨论，在此还是先议鸟纹。

这件玉琮王上的鸟纹造型一致，也是一只神兽眼形，制作方法还是阴夹阳，与上述那件相同。鸟体共刻有6个旋纹，以方形为多。眼眶为绳束纹环绕而成，中间没有刻画旋纹。

玉琮王（反山M12：98）

玉琮王鸟纹（反山M12：98）

3. 玉三叉形器（瑶山M7∶26）

良渚文化玉三叉形器被发现后，人们对它的用法很长时期以来都迷惑不解。

两个神人像都只表现了身体的上部，脸上蒙着假面，身上刻画有3个旋纹，彼此以绳束纹连接在一起。值得注意的是，两个神人像相对位置上的旋纹是互逆方向，旋纹的构图方向，后文还要讨论。另外中间的神兽，刻画的是一双旋眼，要细细观察才能看到。

4. 玉冠状器（瑶山M2∶1）

良渚文化玉冠状器发现不少，它的用途经过研究者反复探讨，倾向于原本是作插梳背使用的。瑶山2号墓的这件玉冠状器，玉质和制作技术并不算上乘，但刻纹比较清晰，便于观察。中部是稍显简略的神人像，两侧是对称的鸟纹。

神人像雕刻不甚精致，线条显得较为粗率，少有附加图案。神人像用4个两两相对的旋纹装饰，神兽鼻眼也都有对应的旋纹，一共是6个。眼睛一只为圜眼，一只为旋眼，大眼旁的小眼均为旋眼。将两只大眼刻画成两种形式，如果不是玉工大意，可能另有含义，有待探讨。

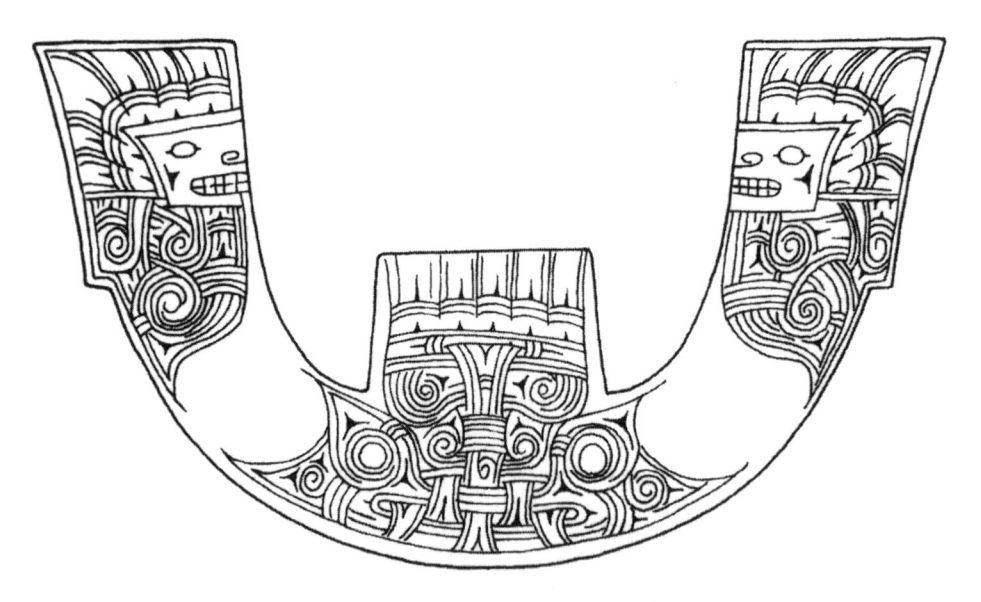

玉三叉形器线描图（瑶山M7∶26）

玉冠状器（瑶山M2∶1）

玉冠状器中部纹饰（瑶山M2∶1）

造神灵感 | 717

再看玉冠状器两侧的纹饰，对称刻着一对所谓的神鸟，其实还是神兽的大眼，线条比较简略。细观鸟纹其实是一对大旋眼，一左旋、一右旋。大眼的旁边是一对小旋眼，也是一左旋、一右旋。大眼的上方是被认作头颈的尖状图形，下方是被认作鸟翅或鸟足的2个一大一小的旋纹。

玉冠状器的底侧还有一组纹饰带，由11个大大小小的旋纹和绳束纹构成。纹饰带中心是一个双旋纹，这在良渚玉器微刻中还不多见。其他10个旋纹都是方向不一的单旋纹，排列似乎也有对应关系，有3组上下旋纹间的旋臂，最后如手掌般合拢在一处，也是不多见的构图。

冠状器上出现了双旋，出现频率虽然不高，但很值得重视。这里更难得的是还出现了旋眼，是明确的单旋眼，只有一条旋线。

还要特别提到的是，在底侧纹饰带中，有几组相邻的旋纹伸长的旋臂扩展呈手掌状，两两相对，似两掌相合，这样的构图可能也有特别的寓意。

玉冠状器两侧纹饰（瑶山M2∶1）

玉冠状器底侧纹饰（瑶山M2∶1）

718 | 追踪信仰：艺术考古中的动物图像

双旋纹示意图

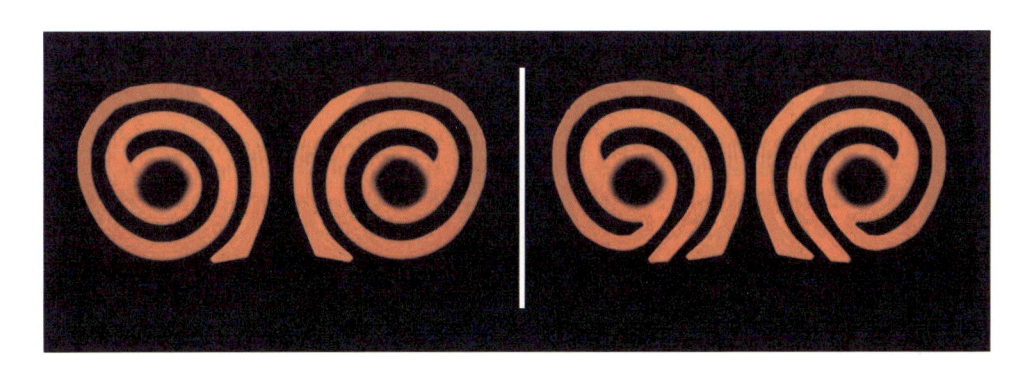

旋眼之单旋与双旋示意图

玉冠状器底侧纹饰旋臂合掌图（瑶山M2∶1）

造神灵感 | 719

5. 玉权杖镦（反山M12:91）

反山12号墓出土的玉权杖镦，遍体饰满微刻纹饰，体量小巧更显精致。全器以两个神兽为重心，兽身与背景布满旋纹与绳束纹。神兽与其他玉器上的同类纹饰接近，只是没有神人像。绝大多数的旋纹都是正旋或反旋的单旋，也很容易见到几例双旋，而且一般都是一个双旋连接着另一个小些的单旋。双旋的分布也看不出有什么规律，不过似乎应当会有特别的含义，不会与单旋同义。

6. 玉权杖瑁（反山M12:103）

反山12号墓出土的玉权杖瑁，也是一件罕见的玉作精品。它与上面提到的玉镦一样，都是权杖上的附件，都是一样的精致。这件权杖瑁也是通体刻满纹饰，以两个骑神兽的神人像为重心，神人神兽及背景满饰旋纹和绳束纹。拓片和反转的图片上，纹饰细节毕见，可知制作之精工精心。

玉瑁上的纹饰风格与玉镦类似，不过在旋纹中见到的双旋纹更多一些，不知是玉工技巧更高，还是在设计上要保持这种区别。单独看这各种旋纹，感觉像是一堆线团一样，须得仔细观察，方能分辨它们的近邻关系。更特别的是，旋纹丛中还出现了两例大双旋，位置是在两个神人像之间。中间一块长圆形空地，如同一个运动场，周边的双旋犹如跑道。这样的构图值得特别关注，它也许可以提供解读双旋纹的线索。

至于玉瑁上的神人骑兽纹，与它器所见并无明显不同，此处不备细述。

玉权杖镦局部（反山M12:91）

玉权杖镦旋纹（反山M12:91）

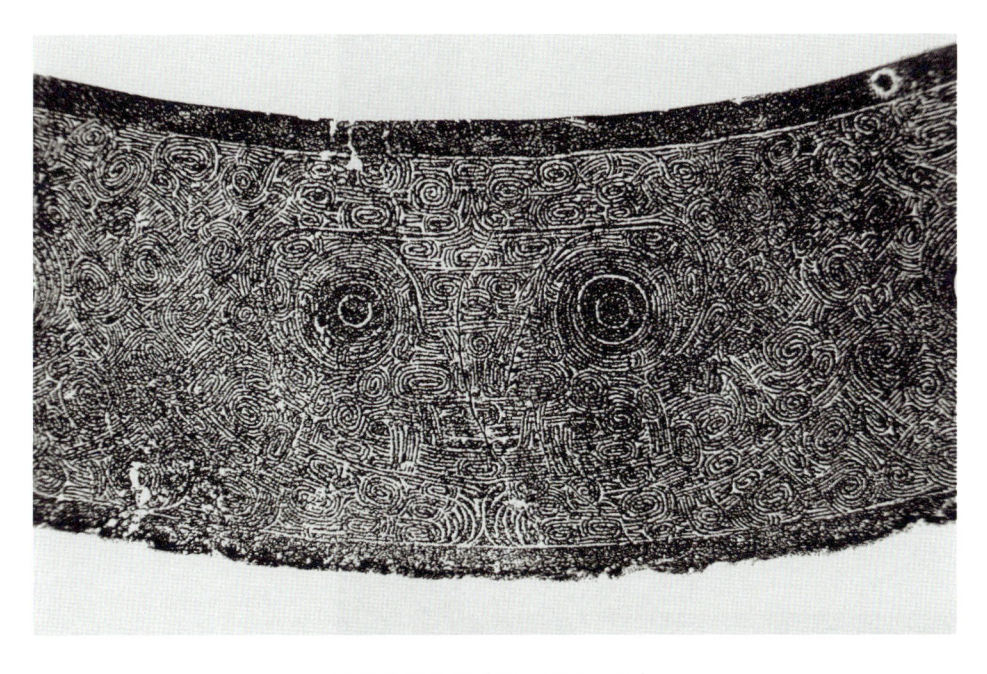

玉权杖镦纹饰（反山M12:91）

玉权杖瑁（反山M12：103）

玉瑁局部（反山M12：103）

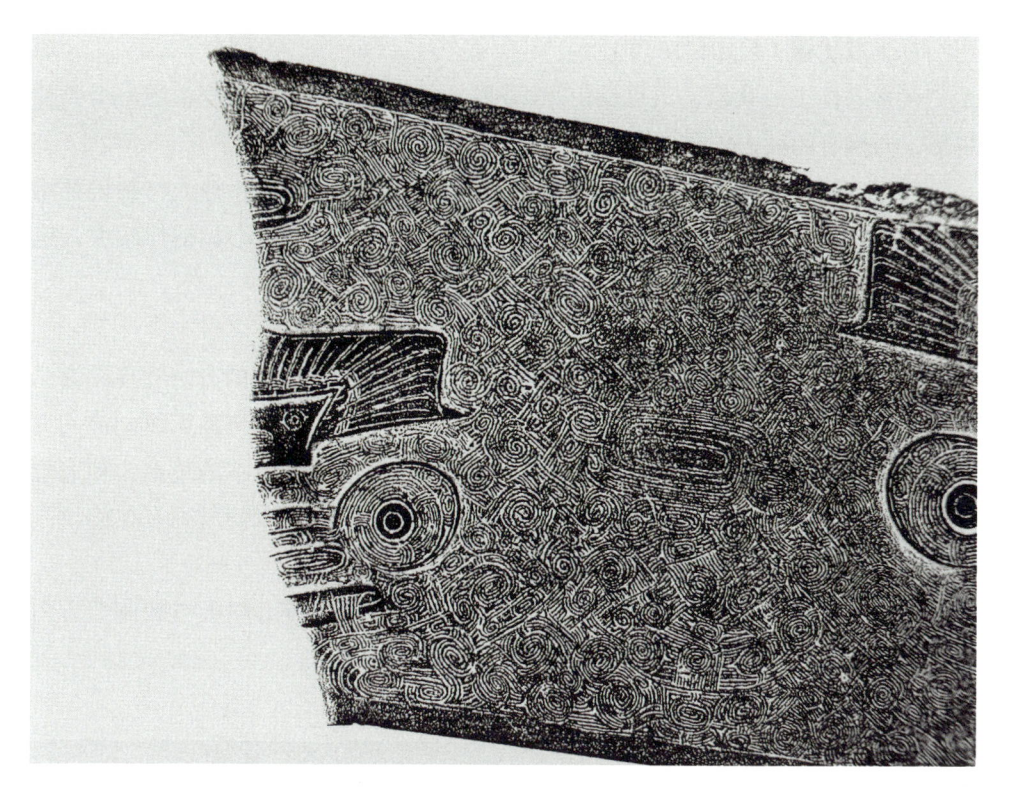

玉权杖瑁纹饰（反山M12：103）

玉权杖瑁旋纹（反山M12：103）

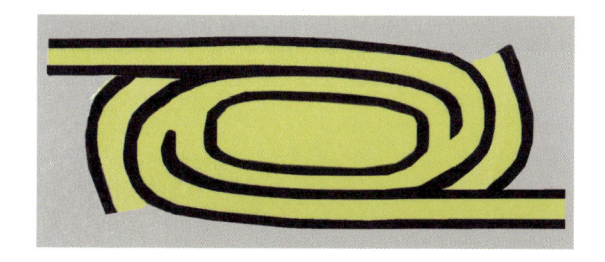

大双旋纹示意图

7. 玉冠状器（反山M16:4）

又是一件玉冠状器，出自反山16号墓。此器透雕成形，中间镂雕一个大神兽形，两侧有两神人作结伴起舞状，充满喜感。

仔细观察大神兽的双眼，是对称的旋眼，而且是双旋眼。神人与神兽都用微刻做装饰，依然以旋纹和绳束纹为组合。其中单旋纹的旋心显得比较大，也算是一种显得更有力度的旋纹。

8. 玉冠状器（反山M15:7）

反山15号墓也出土一件玉冠形器，也是采用透雕加微刻的方法表现纹饰，纹饰主题是无坐骑的假面神人，神人及周边刻画飞动的旋纹与绳束纹。神人方脸形假面虽然刻画比较简单，却让我们可以更清楚地看到原本的装束，神冠也是用阳刻方式表现，看似是用一条完整的彩帛编缀而成。双臂刻画有单旋纹，左右反向对称。

神人像左右的配饰，也是绳束纹和单旋纹，单旋纹旋心略大且较圆，方向正反交错。

玉冠状饰（反山M16:4）

玉冠状饰局部（反山M16：4）

玉冠状饰（反山M15：7）

玉冠状饰局部（反山M15：7）

造神灵感 | 725

9. 玉镯（汇观山M2∶34）

汇观山2号墓出土的玉镯，宽大厚实如琮，环镯面微刻有5个神兽面。每个兽面除眼圈用绳束纹表现外，其余部分全用单旋纹做装饰。

此器单旋纹外形有方有圆，且都不见明确的旋心，旋臂回旋繁复，刻画非常细致。看明白了前述各器纹饰，这一件便可看得非常明白，它是真正标准的阴夹阳式阳刻，不仅阴线刻画较深且线线到位，阳线的边缘也打磨得光滑圆润。我甚至觉得，这件玉镯在当时真可能就是一件样本，是玉工练功的一件标准器，是良渚玉刻极品。

10. 玉琮王神人像（反山M12∶98）

被称作玉琮王的反山编号为M12∶98的琮，因为纹饰较多且精美，一直为研究者所瞩目。我在前面谈论了它上面的16个鸟纹，现在要说的是它上面的8个神人像。方向明研究认为8个神人像并非出自一个玉工之手。他认定雕刻此件的是位居王位的智者能者，而另一位参与者被戏称为"二王"。

虽然仔细分辨，8个神人像细部会存有差异，即使是同一人所为，差异也在所难免，不过整体风格还是一致的。

神人像以旋纹和绳束纹为主要元素，与前面述及的神人像大体一致。如果看黑白图片，对阴夹阳的阳刻纹饰会获得更清晰的印象。

玉镯（汇观山M2∶34B）

玉镯（汇观山M2∶34C）

玉镯局部（汇观山M2∶34）

神人像上旋纹的排列有左右对称的格局，左旋与右旋两两相对，从这样的细节上可以看出意匠之妙。

顺带再观察一下玉琮王四角的神兽面，眼鼻处采用较多旋纹装饰，绳束纹居次要位置。取两个兽面对比观察，可知纹饰布局细节差别明显。如果是同一人所为，说明把握整体风格时还留有一定的自由度，玉工可以保有一些个人发挥的空间。

玉琮王神人像（反山M12：98）

玉琮王四角的神兽面（反山M12：98）

11. 玉冠状器（反山M17：8）

在良渚文化玉器中，玉冠状器进入微雕范畴较多，表明它虽然有实用功能，也兼有礼器用途。反山17号墓出土的这件玉冠状器，只刻画了一个神兽面，省略了神人像，线条稍觉稀疏，便于观察制作工艺。从纹饰墨拓图看，所饰旋纹和绳束纹线条都比较流畅，旋纹也表现有左右对应方向不同的特点，可见这是一个基本的构图原则。

12. 玉琮神兽面像（瑶山M9：4）

瑶山9号墓出土玉琮，环器刻有4个相同的神兽面像。神面没有表现肢体，是神兽图的简化样式。

虽然简化了附加部分，却细化了面像，这也就造就了一个相当精致的神面像。大瞪的眼睛、大咧的嘴巴、宽宽的鼻头、长长的獠牙，一副狰狞的模样。眼睛表现的也是旋眼，一左旋一右旋。左右的旋纹也观照了方向上的对应，呈对称旋动样式。

这是我列举的最后一件标本。它用功夫循阳纹点染了兽面，将神性的感觉终于完全呈现出来了。不敢说良渚人如果用色彩画出心中之神，是否也是这样的感觉，但我相信他们一定画出过彩色的神像，当然不会是在玉器上，也许是在飘扬的旗帜上。还要强调的是，这神面仍然是用阴夹阳的阳刻方式成图，没有例外。

造神灵感 | 729

玉冠状器（反山M17：8）

730 | 追踪信仰：艺术考古中的动物图像

玉琮（瑶山M9：4）

玉琮线描图（瑶山M9：4）

造神灵感 | 731

以上一共列举了 12 例玉器图像标本，它们多数是良渚人的微刻精品，代表了当时玉工的最高水准。就纹饰题材而言，选材的重点是神人像和神兽图。构图的主要元素是旋纹和绳束纹。微刻的核心技巧是阴夹阳的阳纹雕刻。

玉作上的旋纹有各种样式，有单旋有双旋，有方旋有圆旋，左旋右旋对称，看似繁杂却秩序井然。看惯了的阴纹，突然变作阳纹呈现出来，要说服以往和现在的一双双眼睛，我觉得很有难度，要有一定的时间来觉来悟。要让已经习惯了"成见"，特别是发表了不少高论的学者转换视角，我觉得会更有难度，还需要等待些时日。

旋纹表现的象征意义是什么？我曾由彩陶的旋纹，谈到良渚文化中发现的旋纹彩绘和刻画，感觉到不同文化间存在的联系。我也曾指出过旋纹与眼目的关系，讨论过旋眼图像，这次在良渚玉刻中确认旋眼存在，也是一个大收获。我觉得良渚人画出的旋纹，与眼睛是大有关系的，用旋纹刻出旋动的神眼就是这密切关系的体现。

旋纹与绳束纹组合示意图

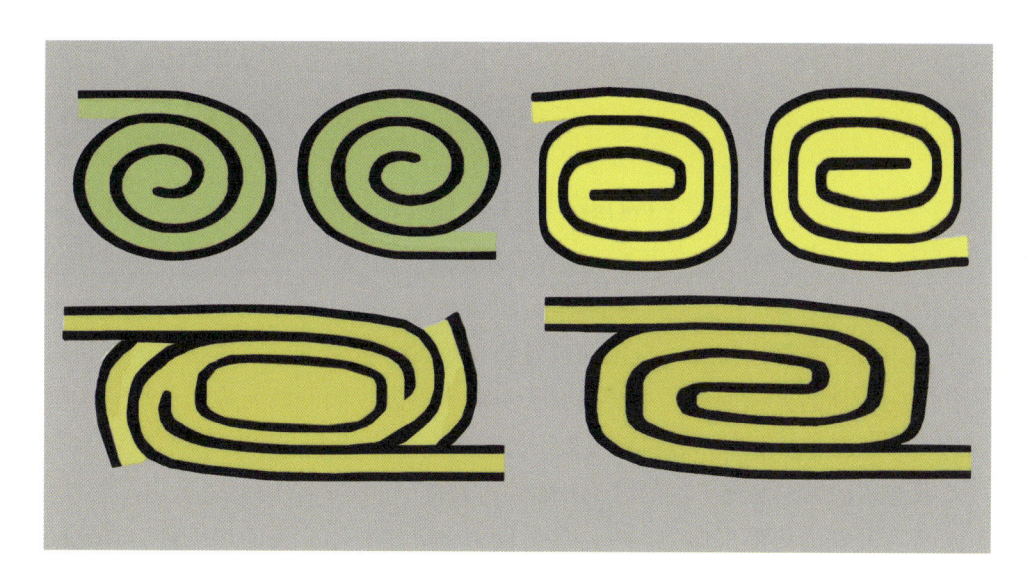

良渚玉器微刻旋纹示意图

类似指纹的旋纹示意图

造神灵感 | 733

两面神与双神柱

——关于石峁石雕的延伸思考

几年前在湖北天门讨论石家河遗址新发现的一批玉器，我讲了一个题目，叫作《发现神的另一面》，主要研究了史前玉器上见到的两面神雕像。这次是因为石峁石雕的新发现，想在原来认识的基础上延伸讨论两面神问题。

我想从回顾先前那一次的讨论开始，再延伸到研究石峁的发现。

考古发现的史前玉器中，有一些兽面玉件，也有不少人面形玉件，在这两类玉件中可以区分出人与神的不同来，分别称为神像与人祖像。我在石家河文化玉器中见到了不少玉人面和神面，区别人与神的标志，看看牙口就行了。人不能有獠牙，獠牙出现了，就应当是神像了。神像上的獠牙取自动物，人显出了动物性，动物具有人性，这就是神的图像。

史前先人造神，在艺术上的表现常常是人面加上獠牙，这成了距今8000—4000年前造神的基本规则。考古发现的一些神面，陶上刻绘和玉上雕刻都有，人形人样，因长长的獠牙而显得神色狰狞。石家河新出的一件玉神面就是如此，鸟形冠和长长的獠牙，就是明显的象征。不久前在湖南澧县孙家岗遗址出土的一件石家河文化玉神面，也表现了鸟形冠和长长的獠牙，采用精细的阳刻技艺刻画，是非常难得的艺术品。

石家河文化的玉神面，在商周时代还是贵族们追求的收藏品，他们的墓葬中偶尔会发现这些属于前代的随葬品。江西新干大洋洲商代墓葬的随葬品中，就有一件高冠獠牙玉神面，它是商代人收藏的石家河人遗物。而山西曲沃羊舌村西周晋侯大墓出土一件两面神玉雕像，正面与背面的神面在牙和眼形上构图不同，毫无疑问也是石家河人的作品，并不是西周人崇奉的神灵，也许只是因为制作精美，经过千年传递，它被周人收藏后进入墓葬。有了这一件西周时代的珍藏，我们就有了两面神艺术品的证据，也就得知石家河人创造的崇拜方式，于4000年后真相大白，喜乐嗔怪、虔诚与期待，在玉石上合为一体，是那样纯净而透彻。

这样的玉两面鸟冠獠牙神像，在收藏品中也能见到。国外收藏的几件高冠长颈神像，应当也是属于石家河文化。如美国国家博物馆藏的一件玉神面，长

玉神面正背面线描图（山西曲沃羊舌村西周墓）

颈高冠，正面是杏眼带獠牙的神面，背面是圜眼无獠牙的神面。同馆收藏的另一件玉神面，是带虎面的长颈造型，正面是杏眼带獠牙，背面是圜眼无獠牙。

我们又在2016年出版的《加拿大皇家安大略博物馆藏中国古代玉器》中，见到若干件石家河文化风格的玉器，其中就有一件高冠两面神像。这一件双面雕神像，同以往见到的石家河风格的神像有类似之处，玉神头戴高冠，两侧有鸟尾饰。两面的神脸，一面是阳刻，作小眼形状；一面阴刻，作大眼形状。由于神面没有刻画嘴部，所以没有看到獠牙构图。

由上述这些玉神面观察，正反面两个神面看似相同，实则在眉眼和嘴牙上有明显不同，特别是眼形的长与圆、獠牙的有与无。这样的分别让我们可以做出一个非常简单的判断：正反面的神可能有阴与阳的区别，或者雌与雄的区别。

这样的区别非常重要，有可能说明正反面的神有不同的职掌，有不同的意义，有何意义我们在后面再作推论。

我们还注意到，石家河遗址新出土有另一种玉两面人像，是一种连颈的双头人像，这可能是另一种造型的两面神，当然左右神面的区别并不很明显。这又让人想到河南光山春秋时期黄君孟夫妇墓，墓中出土玉人面蛇身双面神像两件，有说原本为一件，后来被剖成两件。造型为石家河风格，人面作侧面构图，一面阴刻，一面阳刻，正背面相近似，眼形有杏仁眼和圜眼的不同。这又是两面神，而且有两件，石家河两面神又添新证，毋庸置疑。

其实双面神的造型，还不只限于这两种。不论是正反合一的两面神，还是左右合一的两面神，都只是表现神面。其实两面神造型还会以全形方式出现，如殷墟出土的龙虎纹双面骨雕，在正反面雕刻的就是有头有尾的全形龙虎，当然嘴形不同，头顶的冠式不同，更明显的是体表纹饰不同，而各以方圆元素作

造神灵感 | 735

体表纹饰恰恰是阴与阳相区别的符号象征。

此外又见安阳侯家庄 M1001 出土的一件蛇纹骨匕，也是在正反面刻画出全形蛇纹，其头面部位残损不辨形状，但体表纹饰是一方菱一圆弧，恰也是阴与阳两个符号的象征，自然这也是一例两面神全形像，而且有明确的阴阳之别。

近年在陕西神木石峁发现的神面石柱，当媒体刚一透露就引起极大轰动，学界内外都感到非常意外。现在所知类似石柱已经发现两件，均为圆形，有半人高大小。石柱是在正反各采用浮雕技法雕刻一个神面，正反神面在眼形、嘴形和齿形上都有区别，不过都没有明确的獠牙出现。这无疑是双神石柱，属于双神崇拜的另一种艺术造型，它以大体量的造型带来视觉与心灵冲击。

石峁的发现非常重要，双面石柱承袭了早先的两面神崇拜传统，也向后来的三代传递了这个传统。当然在石峁的双神柱的神面上已经看不到獠牙，两面神崇拜及艺术创意也隐约发生了一些变化。

根据已有的考古发现梳理，两面神崇拜的形成应当早于石家河文化阶段，在年代相当的龙山文化中也能发现一些线索。如山东日照两城镇出土的一件玉圭，正背都刻画着神面，神面眼形与嘴形互有区别，这就是一件两面神玉圭。更早的证据还可以前溯至长江中游地区的大溪文化，重庆巫山大溪遗址出土过一件大溪文化两面神石雕像，是在一片长圆形石片的正背面雕刻出相似的神面，正反两个神面并没有明显的不同。

史前中国两面神信仰与崇拜的形成，应当不会晚于距今 6000 年前。分析推断古代传说中的伏羲与女娲、西王母与东王公这样的对偶神崇拜，当与更早的两面神崇拜存在关联，这种关联的意义还有待进一步研究。

过去我们只关注神像的一面，现在我们看到了神的背面，发现神还拥有另一副面孔。有可能是石家河人创造了最精致的两面神像，或者说他们流行两面神崇拜。当然这崇拜的出现年代其实还要早得多，它传承的年代也十分久远。

这两面神像意义何在，它又给石家河和石峁人带去了怎样的精神慰藉呢？我想到古罗马时代神话中的两面神，可以给我们一个提示，两面神象征前与后、善与恶、吉与凶、是与非、成与败、弃与取、阴与阳、天与地，在神示神断中生活的人们，不论距离多么遥远，都会产生相似的思维。古罗马钱币上铸有两面神，古波斯帝国金酒杯上也有两面神，东西方都有两面神崇拜。

石家河新出土的那件双头人面玉饰，与罗马人的两面神像意境相似。石峁双神石柱，与波斯两面神酒杯的意境也没有什么不同。两面神崇拜的起因、起源及传承，中西两面神崇拜是否存在关联，都是值得进一步研究的课题。

双面雕玉神面（美国国家博物馆藏）

双面雕玉神像（加拿大皇家安大略博物馆藏）

玉两面人像（湖北天门石家河遗址）

738 | 追踪信仰：艺术考古中的动物图像

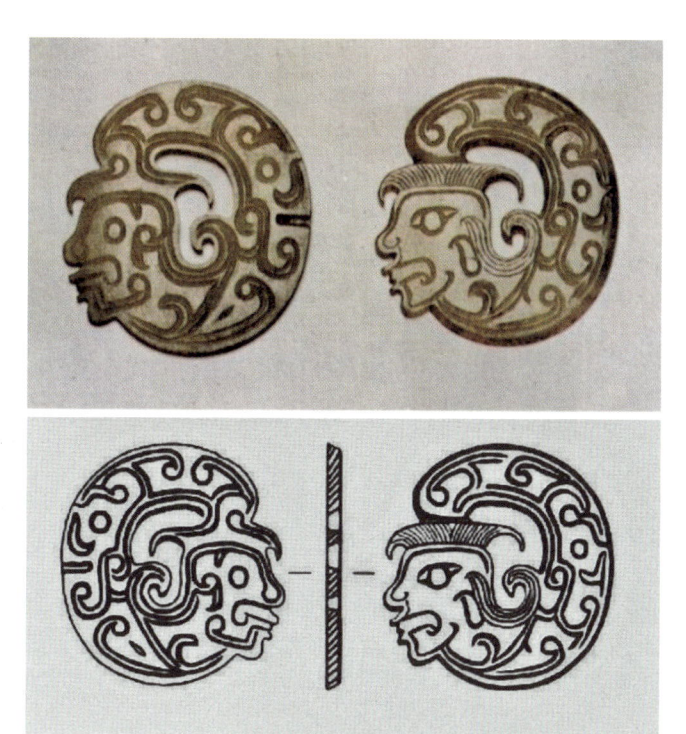

玉人面蛇身双面神像
（河南光山春秋时期黄君
孟夫妇墓）

殷墟龙虎纹双面骨雕

造神灵感 | 739

陕西神木石峁双神石柱

740 | 追踪信仰：艺术考古中的动物图像

古罗马钱币上的两面神

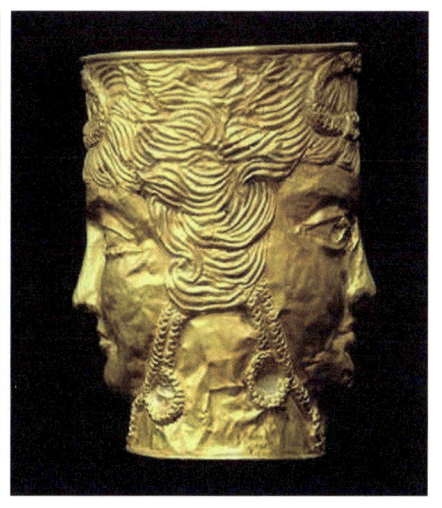

古波斯帝国两面神纯金酒杯，距今约2500年

大溪文化两面神石雕像（重庆巫山大溪遗址）

造神灵感 | 741

方菱额花：神性标识

湖北武汉盘龙城遗址杨家湾17号墓有一个重要发现，出土一件绿松石与金片组合镶嵌的龙形器，时代属于商代早期，发现的时间是2014年1月1日。

由于这件龙形器在埋葬和发掘过程中经历了不同程度的扰动，已经失去了原貌，复原研究成为当务之急。至2018年的5年时间里，有若干研究者参与复原研究，但始终没有找到理想的复原方案。

近年南方科技大学的唐际根教授公布了他的一个复原设计方案，这是他领导的一个研究小组科技攻关得到的结果。我们注意到在研究过程中，他们通过对原件1厘米范围的微发掘取得关键资料，发掘得到了一片方菱形金饰。

这件方菱形金饰，是龙形器的重要构成元素，也是商代多数龙虎类图形的构成元素。它是频频出现在龙虎额间的一个标志性符号。我相信这个发现给了

绿松石龙形器（湖北武汉盘龙城遗址）

唐际根教授莫大的信心，他因此最终完成了这个不易得来的复原研究。

在冠帽前面缀上一个标识，我们将它定义为头徽。头徽的源起，我们已经讨论过了，这一次又涉及一个相关问题，与头徽相关但并非它，而是定义为额花。额花形形色色，这里专门讨论的是方菱额花。

在额头位置装饰的方菱形，我们称之为方菱额花。额花出现在额头位置，在双眉之间的上方，是一种很单纯的菱形图案◇，而且多呈竖立状。

方菱额花与头徽的不同，首先是主体的区别，头徽与人及人神图像装饰有关，而方菱额花主要与动物神像有关，是出现在动物神像额头的装饰，也是流行如一的装饰，更是中国古代文明史前期动物神的固定神性标识。

方菱额花最为流行的时间是商代至周代前期。方菱额花所见的载体，主要是青铜器和玉器上的动物形雕刻。估计装饰有方菱纹的艺术品，应当占到

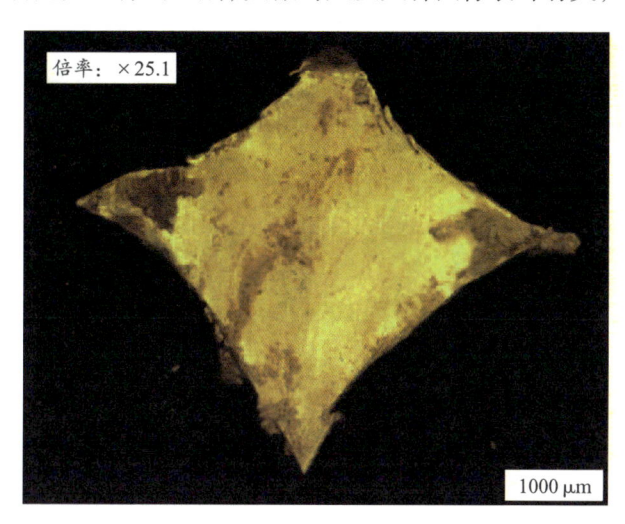

复原研究过程中重新发掘出的方菱形金饰

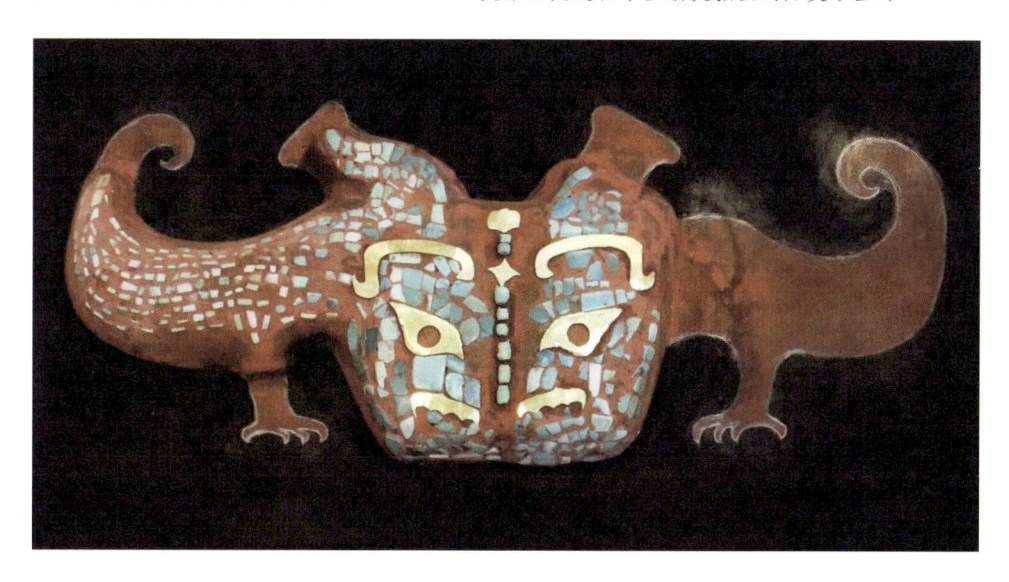

盘龙城遗址兽形饰复原研究结果

造神灵感 | 743

石峁双虎拥人石雕所见头徽

半数左右或以上。

方菱额花较早的发现，是在二里头文化中。二里头遗址出土陶片上的双体蛇纹，额角上出现了方菱形。二里头文化发现铜器不多，铜器纹饰也少见，所以相关证据还没有见到。

商代早期，青铜纹饰中的兽面纹已经不少，但很多并不装饰方菱额花，兽面纹鼻梁位置立着一条扉棱，左右并无方菱形。到二里岗期，铜器上兽面纹装饰方菱额花的例证逐渐多起来，兽面纹中间无论是否有扉棱，都可以加饰方菱额花，如湖北黄陂和河南郑州铜器上的虎面纹都见有加饰方菱额花的例子，其中还包括一件牛头纹也装饰有方菱额花。

商代后期到晚期，方菱额花成为兽面纹常见的风格，这样的例子可举出不少，盘龙纹和虎面纹都有加饰方菱额花的。

商代晚期殷墟的发现更值得关注，兽面纹加饰方菱额花已经非常流行。除了容器，头盔、兵器、工具、车饰和乐器上都出现有方菱额花兽面纹，而且并不限于铜器装饰，还有木器、陶器、玉石器。

类似的例子在河南安阳妇好墓中也有很多，兽面纹加饰方菱额花的有不同质料的不同器具，有青铜容器，也有玉器等。

由河南安阳妇好墓的发现观察，商代晚期兽面方菱额花有分有合的不同，有时中间的扉棱将菱花分作左右两半，更多的时候是合为一体。

除常见加饰方菱额花的龙虎类兽面纹外，牛首纹、龟纹、蛙纹和蝉纹也有加饰方菱额花的，可见方菱额花非龙虎类兽面纹专用。

商代前期青铜鼎纹饰（江西清江）

商代早期二里岗期青铜罍纹饰（湖北黄陂盘龙城遗址）

商代早期二里岗期青铜罍纹饰

造神灵感 | 745

商代前期青铜罍纹饰

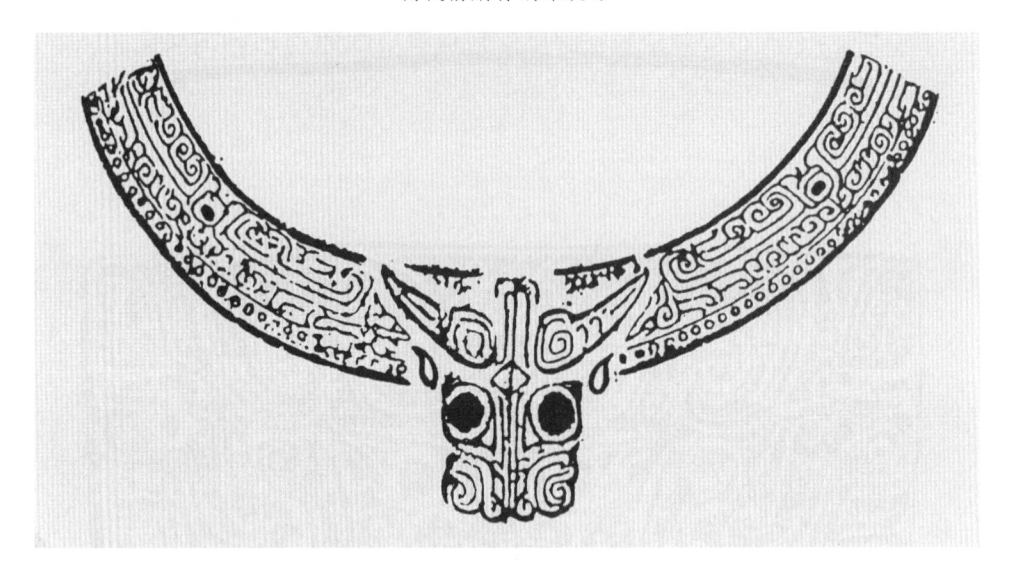

商代早期二里岗期青铜牛首尊纹饰（河南郑州）

商代蟠龙纹铜盘　　　　　　商代青铜器兽面纹（陕西渭南）

商代晚期青铜鼎兽面纹

商代后期方彝纹饰（河南安阳大司空村遗址）

铜铲线描图（河南安阳殷墟）

商代兽面木鼓线描图（河南安阳侯家庄 M1217）

748 | 追踪信仰：艺术考古中的动物图像

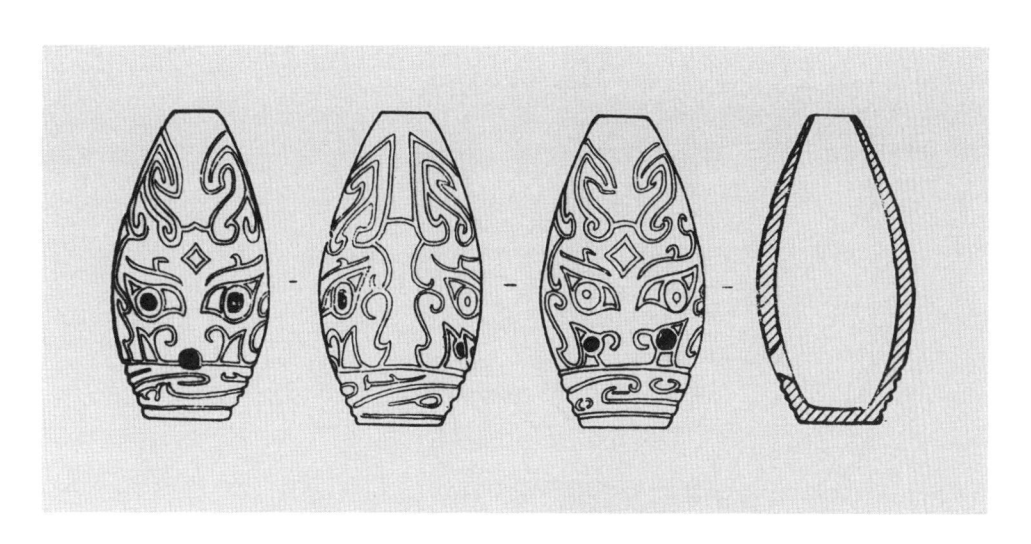

商代兽面纹骨埙线描图（河南安阳侯家庄 M1001）

商代兽面纹青铜钺（河南安阳大司空村遗址）

造神灵感 | 749

商代石虎面饰线描图（河南安阳侯家庄 M1001）

商代青铜头盔纹饰（河南安阳侯家庄 M1004）

商代青铜兽面线描图（河南安阳郭家庄）

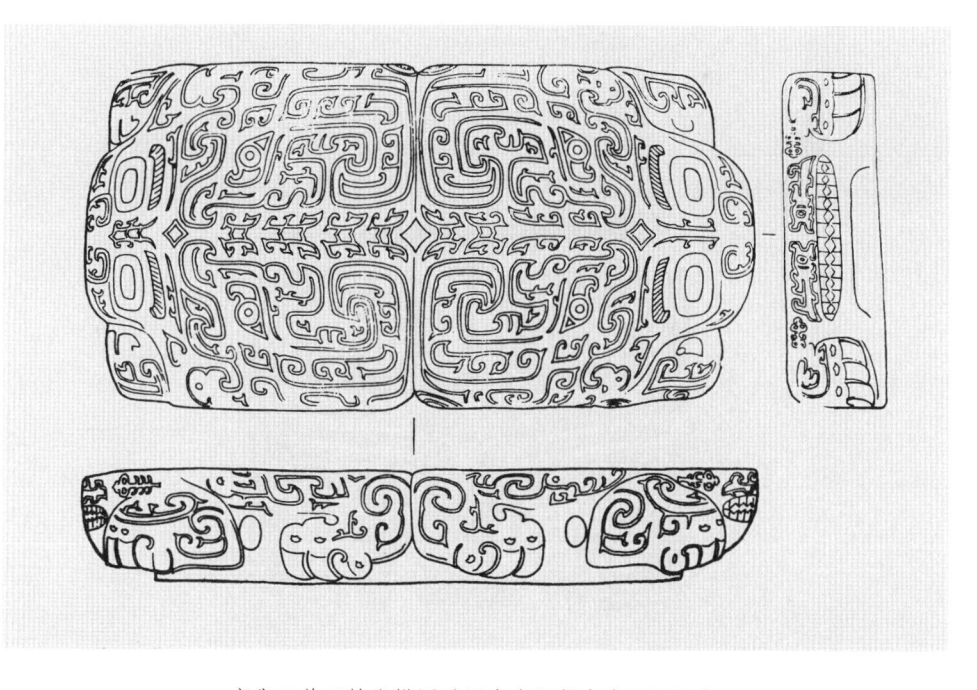

商代双兽石枕线描图（河南安阳侯家庄 M1001）

造神灵感 | 751

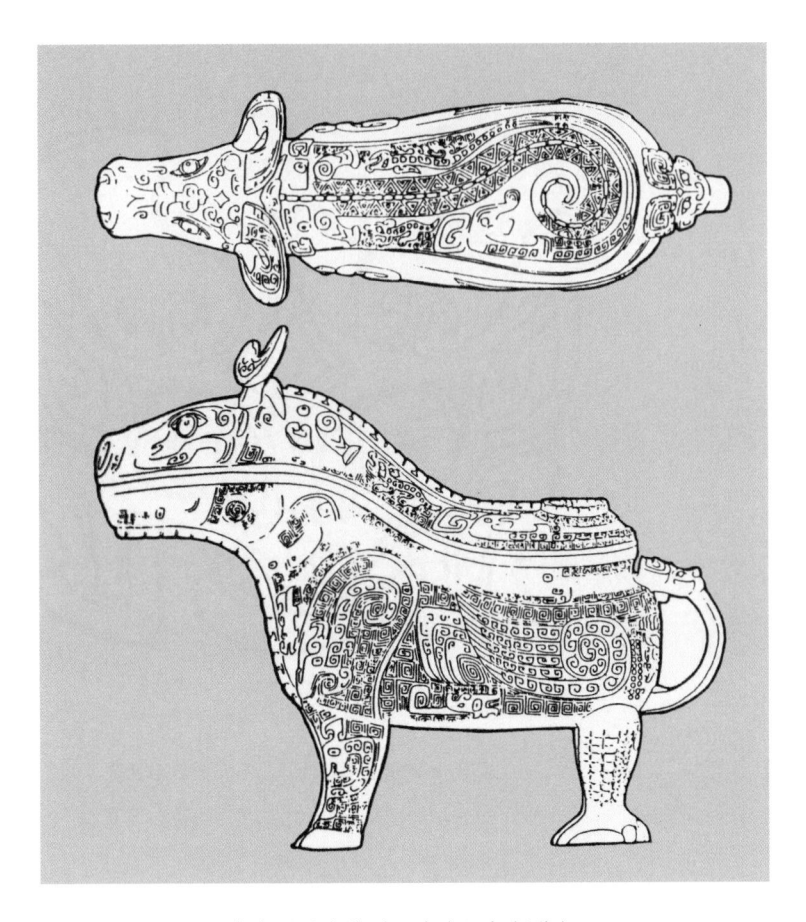

商代司母辛觥（河南安阳妇好墓）

商代兽面玉斧纹饰（河南安阳妇好墓）

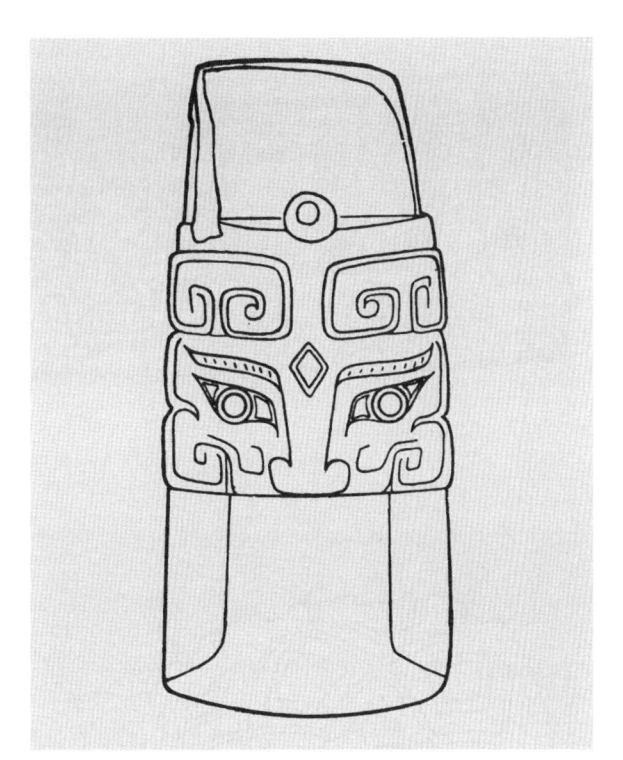

商代晚期玉斧线描图（河南安阳妇好墓）

商代偶方彝纹饰（河南安阳妇好墓）

造神灵感 | 753

商代青铜小圆鼎纹饰（河南安阳妇好墓）

蟠体玉龙线描图（河南安阳妇好墓）

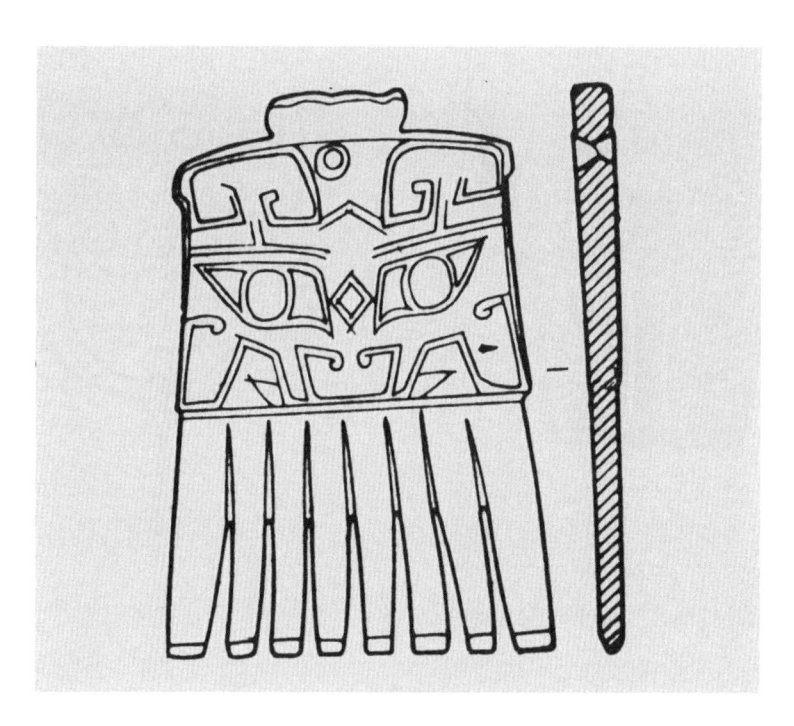

商代玉梳线描图（河南安阳妇好墓）

商代兽面方菱额花纹饰（河南安阳妇好墓）

商代晚期青铜鼎纹饰　　　　　　　　　商代青铜器龟纹

商代青铜器蛙纹

756 | 追踪信仰：艺术考古中的动物图像

商代晚期青铜鼎上的蝉纹

四川三星堆出土青铜器的兽面纹上，也出现了方菱额花，与中原风格无异。

在一些地点出土的商代铜胄上，饰有兽面纹的额部位置，也出现了方菱纹。它只是兽面纹的一个组成部分，并非独立的装饰。

方菱额花兽面纹的艺术传统延续到了西周，西周早期铜器上的兽面纹也多见方菱额花，风格与商代相近。也见到少量以类似扉棱的隔断将菱花分为左右两半的例子，有时即便没有隔断菱花也明显分列左右。方菱额花多见于虎类兽面纹，也有牛类兽面纹和鸟首类纹。

西周时期也有一些不明归属的兽面纹加饰有方菱额花，纹饰小而规整。也有蝉纹加饰方菱额花的，成都金沙的昆虫类纹也加饰有方菱额花。

这样看来，青铜器与玉器艺术中出现的许多动物图像，如龙虎牛鸟蛙蝉等，都有加饰方菱额花的，说明方菱额花不是某一类动物纹的专享，它应当具有一种较为普遍的意义。

三代之初方菱额花已经成为兽面纹上的固定表现程式，商代早期青铜器上出现了完整构图的兽面纹，但加饰方菱额花还并不普遍。到商代后期至西周早期，兽面纹多见有方菱额花。西周晚期青铜器随着兽面纹的退出，少有方菱额花出现了。

我们还注意到，商周时期人面形基本不见方菱额花，可以确定它是动物图像的一种专用标识。

我曾经试图解构青铜兽面纹，也注意到了方菱额花的存在。当初的认识是，商周青铜器制作有模有范，纹饰也有专范。起初兽面的左右两范常常并没有完全对正，所以出现的那个兽面左右并不完全对称。后来出现的整范动物头面，可以看到有一个特别的方菱形额标，当时有考虑它是很特殊的一个象征标志。但又做出推测说它是早先两侧面动物头面额角的轮廓线，两额角对顶合体会自然形成一个菱形线框。

现在看来，这个推测有所欠缺，需要重新认识。由于这样的方菱额花是出

造神灵感 | 757

现在较早的年代,是在二里头文化时期,还没有范模铸造的兽面纹,但在陶器的刻画中却见到了方菱额花,所以说它的出现与铸造技术无关。

其实,方菱额花并不始于二里头文化。方菱额花的出现,有相当长时间的酝酿。我们知道菱形纹本来就很不平常,在彩陶纹饰上就已经见到不少,但并没有见到出现在人或动物额头的方菱形。

但是在彩陶之后,当成熟的玉器艺术开始表现信仰观念的时候,我们见到了方菱额花。我们知道商周时期人面形基本不见方菱额花,但在石家河文化晚期(或称后石家河文化)却有发现,湖北天门石家河遗址出土的玉器中,有一件玉神面像的额部镂刻出一个空心"十"字,它接近方菱额花的形状。美国弗利尔博物馆藏品中的一件石家河文化玉神面,则镂刻着标准的方菱额花。湖南澧县孙家岗遗址瓮棺出土石家河文化玉神面,在额部位置突起一个方菱形,只是不能确认是方菱额花。

有意思的是,湖南澧县孙家岗遗址同时出土的一件玉蟾,它的背部出现了一个方菱形,这是一个很有意义的发现,表明那个时代方菱形一定是一个广为认同的特别符号。这种方菱形还出现在了龙山文化玉鸟的背部,这让我们可以判断出石家河遗址玉鸟形佩的鸟背纹也应当是方菱形。

显然,早期的方菱形出现的位置并不固定,在动物形象上如鸟和蟾是在背部,在神面则是明确的方菱额花。

其实追索到石家河文化,似乎还不是方菱额花最早的源头。良渚文化玉器纹饰中有一种龙首纹,在余杭反山、瑶山玉器中发现不少。方向明先生论及于此,注意到了龙首纹鼻梁部位的菱形刻符,这个非常重要。这是非常标准的方菱形纹,但刻画的位置是在鼻梁上而非额部,作为标识的意义与后来的方菱额花应当没有什么不同。

方菱额花的出现,其实还可以追溯到良渚文化以前。最近承顾万发先生告知,他反复观察了江苏常州新岗遗址崧泽文化墓葬中出土的一件陶猪,它的表面刻画有装饰意味浓厚的条带纹,而且在额头刻画了两个内外典型的方菱形,也是将这种特别纹饰与猪联系在一起的例证,是非常重要的发现。

古代艺术中如此流行的方菱额花,定型于石家河文化,源头可以追溯到良渚文化以至崧泽文化,那么它的意义何在?

此前一些学者注意到了这个问题,萧兵先生比较了各家之论,提出了自己的认识。[①]最早发表意见的是林巳奈夫,他认为方菱形原出于排列在扬子鳄头下

[①] 萧兵:《中国上古图饰的文化判读——建构饕餮的多面相》,湖北人民出版社,2011年。

方的鳞板，◇象征雷和雨。邵望平 1997 年在上海一次龙文化研讨会据此以为龙的起源是鳄。

尤仁德认为◇形是鳄或鳄神所特有的，这种纹饰也是蚩尤、饕餮的特别标记。他甚至断定，只有额上具备此纹的才是饕餮纹。①

又据钱志强分析，商代二里岗期它已出现。《商周青铜器文饰》一书收录青铜器 1006 件，其中商周兽面纹额部有菱形纹者 45 件，占兽面纹总数 262 件之六分之一多。据钱志强统计，以商周之际这种菱形纹最为流行，他认为"这种菱形符号的含义之一是表示人们赖以生存的谷物"。他说，西周中期以后转移到凤鸟的头上。它可能"还有表示天地四方的意义"。②

萧兵指出，南方良渚文化所谓"龙首纹"或"蛙形纹"已有"十字纹"，即类似菱形开口。台北故宫博物院所藏的 17 节高体琮也有菱形符号。张弛注意到，良渚画有心形的"龙首"或"蛙形"的璜与环，多系女性墓，此种物品多为妇女佩戴，"可能暗示着瑶山与反山墓地中部分女性出自另一族系"③。

萧兵认为，这种"开口"，当初也可能主要与女性相关。他援引靳之林的话说，它是生殖孔的变形。民俗艺术学家如范明三、赵国华等都注意到，古今许多蛙蟾图形背有一个巨大◇形开口，它是"破裂坼碎"的生殖孔④，被移植到显眼的背部⑤。这有时被称为"蛤蟆嘴"或"蛙口"，是北方农村女阴的隐语。它也发现于新石器时期器饰之上，靳之林认为诸如辛店文化羊头鼻梁正中的◇，正是商周双角饕餮兽面鼻梁正中的生命之源符号◇。⑥如果这个假说得以成立，则菱形纹与饕餮纹蚌贝化的鼻梁或额饰，就是相补且互动的生命符号，是繁育记号。这无异于是说，菱形纹表现的是生死崇拜观念。

以上诸说，值得多方面推敲。由方菱额花探寻龙之源起，认识显然并不完备，何况许多的兽面还有人神都用它作为标识，并非龙形特有。谷物之说更属臆断，很难服人。就中以"生殖孔"之论，似有可取，但却于理不通，在额头上开个这样的孔道，堂而皇之，很难理解。

---

① 尤仁德：《古代玉器通论》，紫禁城出版社，2001 年，第 108 页。
② 钱志强：《西周青铜器兽面纹上菱形符号试探》，见《周秦文化研究》编委会编：《周秦文化研究》，陕西人民出版社，1998 年，第 493 页。
③ 张弛：《良渚文化大墓试析》，见北京大学考古系编：《考古学研究（三）》，科学出版社，1997 年，第 64 页。
④ 范明三：《中国的自然崇拜》，香港中华书局，1994 年，第 131 页。
⑤ "负子蛙"更在背部负卵育儿。
⑥ 靳之林：《生命之树与中国民间民俗艺术》，广西师范大学出版社，2002 年，第 182 页。

方菱形由鼻花、脊花，再到额花，从游移不定的位置到固定在额头，这是一种信仰认同，可不仅仅是艺术表现方式的趋同而已。不过对于方菱额花性质的判定，我们还有很多研究要做。当然首先是方菱形图案意义的判定，前些时候，我在探讨龙虎性征时，总结出圆弧形为阳、方菱形为阴的艺术表现规律，如果与上面所言"生殖孔"之论对照，真是暗合起来了。

但是，我觉得并不能如此简单地在两者之间画等号。主要是诸多例证中，不能排除体表饰圆弧纹被判定为阳性的龙虎，却也有加饰方菱额花的，这两者的混搭抵消了等同的可能性。

我们最有可能认可的结论为：作为重要符号的方菱额花，是中国古代文明史前期动物神的固定神性标识，在史前末期它还曾是人神的神性标识。

商代青铜四牛尊纹饰（四川广汉三星堆遗址）

商代青铜尊纹饰（四川广汉三星堆遗址）

铜胄（河南安阳）　　　　　商代铜胄（山东滕州前掌大遗址）

西周早期铜辕饰纹饰（陕西宝鸡）

西周早期铜罍纹饰（四川彭州）

西周早期铜觥线描图（河南信阳）

762 | 追踪信仰：艺术考古中的动物图像

西周早期铜提梁卣纹饰（陕西扶风）

西周早期铜鼎纹饰（陕西扶风）

西周早期父丁簋纹饰（河南信阳）

西周早期兽面纹簋（陕西宝鸡）

西周早期青铜饰纹饰（陕西宝鸡）

764 | 追踪信仰：艺术考古中的动物图像

西周早期青铜鼎纹饰（陕西长武）

西周早期兽面纹甗（河南新乡市博物馆藏）

造神灵感 | 765

西周成王时期利簋纹饰

西周恭王时期师眉簋纹饰

西周早期牛头纹钺（四川彭州）

766 | 追踪信仰：艺术考古中的动物图像

西周早中期圉方鼎纹饰

西周早中期凤纹卣 　　　　西周晚期车饰纹饰（河南浚县）

西周晚期四马方座簋纹饰 　　西周成王时期保卣底蝉纹

造神灵感 | 767

石家河文化玉神面（湖北天门石家河遗址）

石家河文化玉神面（美国弗利尔博物馆藏）

石家河文化玉神面（湖南澧县孙家岗遗址）

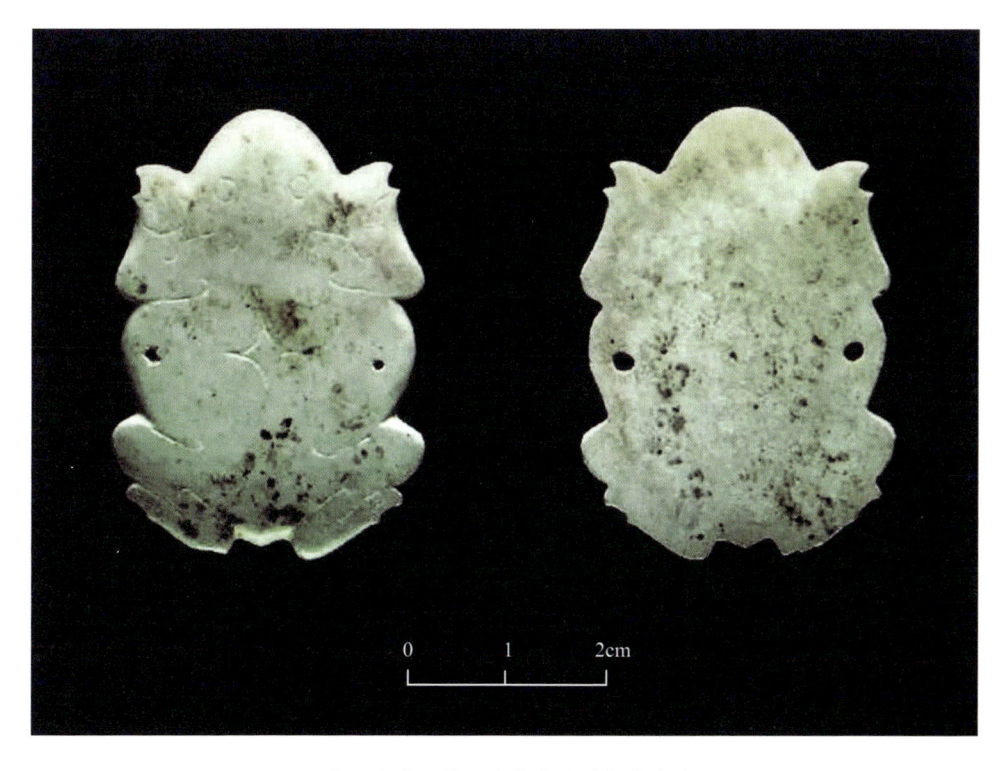

石家河文化玉蟾（湖南澧县孙家岗遗址）

造神灵感 | 769

龙山文化旋目玉鸟饰（天津艺术博物馆藏）

良渚文化龙首玉管（余杭瑶山 M9） 良渚文化龙首玉管（余杭瑶山 M10）

770 | 追踪信仰：艺术考古中的动物图像

石家河文化玉鸟饰（湖北天门石家河遗址） 　　良渚文化龙首玉镯（余杭瑶山M1）

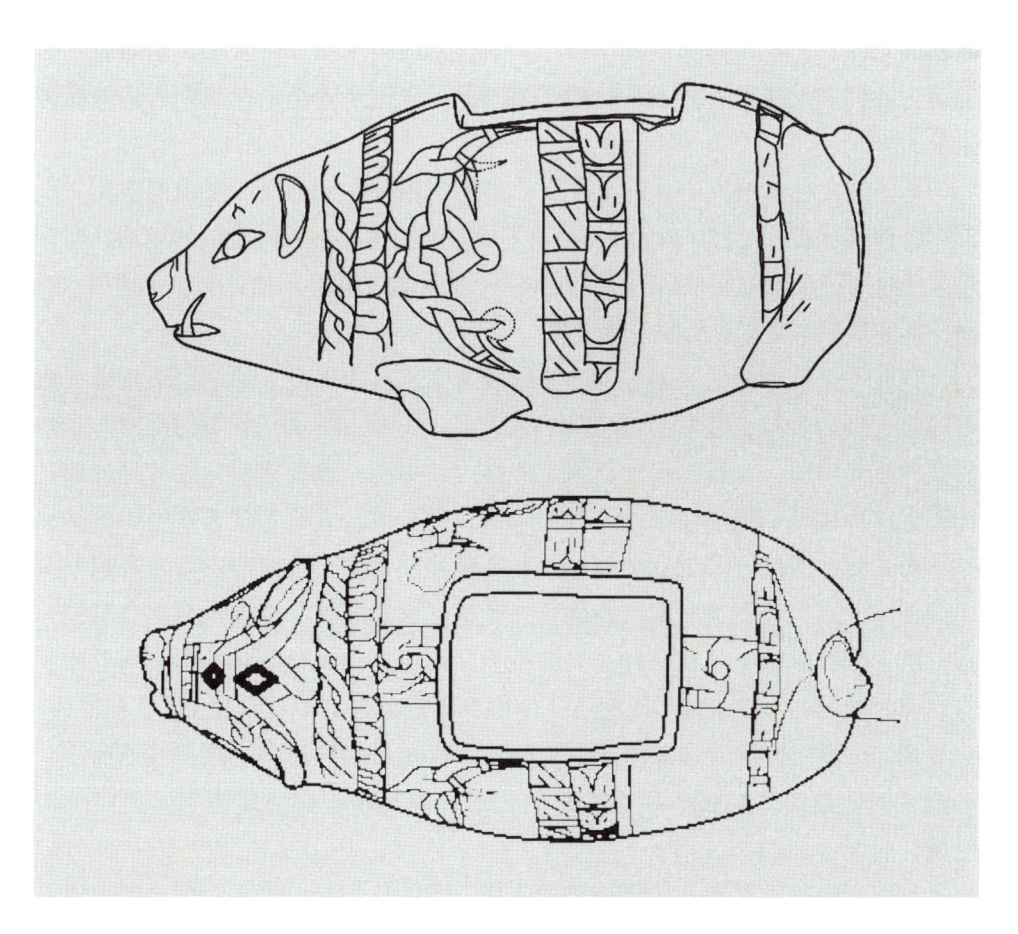

崧泽文化陶猪线描图（江苏常州新岗遗址）

造神灵感 | 771

史前造神运动中的三次艺术浪潮

人类之所以是人类，非常重要的一个方面是因为拥有信仰，拥有与信仰相关的艺术。关于艺术的起源，当代学人还没有追溯到它真正的源头，在追寻中不能否认我们可能忽略了信仰这个理由。特别是我们要讨论的造型艺术，它不是一般的再现艺术，不是偶尔的摹写现实，而是一种灵魂艺术、造神艺术。

我们在这里要讨论的并不是起源阶段的艺术，而是关注史前中国出现过三次艺术浪潮。三次浪潮具有共同的主题，都是在造神运动中涌起，这是非常成熟的艺术。对这三次艺术浪潮的认知，是随着考古发现资料的积累逐渐深化和清晰起来的。艺术在信仰中升华，在不断提升的技术支撑中发展，史前时代的创造为我们今天遗留下数不胜数的艺术珍品，也记录着那个时代先人们的精神追求。

对于三次艺术浪潮的认知，我自己经历了由一次到两次、再由两次到三次浪潮的理解过程。近20年以来，我用了较多的精力梳理黄河流域的史前彩陶，用5年时间撰成《史前中国的艺术浪潮——庙底沟文化彩陶研究》，首次用"浪潮"形容庙底沟文化彩陶的传播过程。

我在《史前中国的艺术浪潮——庙底沟文化彩陶研究》的结论中指出，史前同类彩陶的分布，有时会超越某一或者某几个考古学文化分布的范围。彩陶的这种越界现象，为我们理解其意义和魅力，提供了重要启示。这种越界即是传播，这种传播一定不仅只是一种艺术形式的扩散，它将彩陶艺术中隐含的那些不朽的精神传播到了更远的地域。在庙底沟文化中，这样的彩陶越界现象发生的频率很高，若干类彩陶纹饰的分布范围，远远超越了考古学文化自身的分布范围，让我们感觉到有一种强大的推力，将庙底沟文化彩陶的影响播散到了与它邻近的考古学文化中，甚至还会传播到更远的考古学文化中。这样的推力，只有用"浪潮"这样的词来描述最为贴切，彩陶激起的浪潮一波一波地前行，一浪一浪地推进，它将庙底沟文化的艺术传统与精神文化传播到了更广大的区域。

对于彩陶这种浪潮式传播现象的实质，我的认识是：这是中国文明形成过程中的大范围文化认同，庙底沟文化彩陶有一种巨大的扩散力，它让我们清楚地感受到了中国史前时期出现的一次规模强大的艺术浪潮。这个艺术浪潮的内动力，是彩陶文化自身的感召力。传播是一种文化趋同的过程，而文化趋同的结果，是主体意识形态的成功建构。彩陶作为一种艺术，在庙底沟文化时期它形成振荡史前人心灵的一次大浪潮。这一次彩陶艺术浪潮的影响，大大超越了彩陶的范畴，也大大超越了艺术的范畴。这次艺术浪潮不仅超越了地域，也超越了历史，使得古今传统一脉相承。

《史前中国的艺术浪潮——庙底沟文化彩陶研究》出版于2011年，书中特别提到是史前造神运动推动了彩陶的传播。后来抽出其中的论点，写成一篇短文《看远古如何造出神模样》，发表在2015年11月18日的《光明日报》上，文中简略提到白陶、彩陶和玉器三段式造神的异同与变化。这篇短文强调："在史前艺术中，有一些半人半兽的艺术形象，不论是绘在彩陶上的还是刻画在器物上的，这样的形象都被我们认作神面，是神灵人格化的偶像。这样的神面，表现有特别的恐怖感，你觉得它像人，但并非人。神面的狰狞模样，在史前艺术的表现上大约是一个通例。圆瞪的大眼，龇出的獠牙，恐怖之态令人惶惑。这样的神面是史前人制作的神灵的简化图形，它并不只是表示一个头面，而且是以头以面代表神灵的本体。头面是神灵完形的一个象征，是一个简约的造型。"

特别值得注意的是，像龙山、良渚和石家河文化玉器上雕刻的那些神面，神面装饰在一些玉牌、玉钺和玉琮等礼器上，神面刻有向上与向下龇出的獠牙，显出庄重与威严之感。从良渚人制作的神面看，有的神面是有体有面的完形，而大多都是简化得只有嘴与眼的脸面。大量的神面都是这样简化的结果，而最经典的简化，就是最后只留下了神的一双眼睛。玉琮上许多神面，只有眼或嘴的刻画，或者连嘴也不见了。这样看来，对于良渚人来说，神的眼睛应当是最受他们关注的。

文章进一步指出，更早的发现是湖南黔阳高庙白陶上刻画的神面，那神面的构图已非常完整，且已经是很固定的形态，都显露着龇出的獠牙，狰狞之态跃然眼前。发掘者将这个遗址早期遗存命名为"高庙下层文化"，年代早到距今7000多年前，这是中国史前陶器上见到的年代最早的神面刻画。

虽然是在7000多年前，有的神面也已经相当简化，简化到只留下一张龇着獠牙的嘴。这与后来的良渚文化显得不同，良渚人简化的神眼已经没有了狰狞的模样，而高庙人简化的神面因为獠牙尚存，依然还显现着狞厉的神态。

半坡人绘在彩陶上的类似神面不多，最可能的解释是，半坡人与庙底沟人

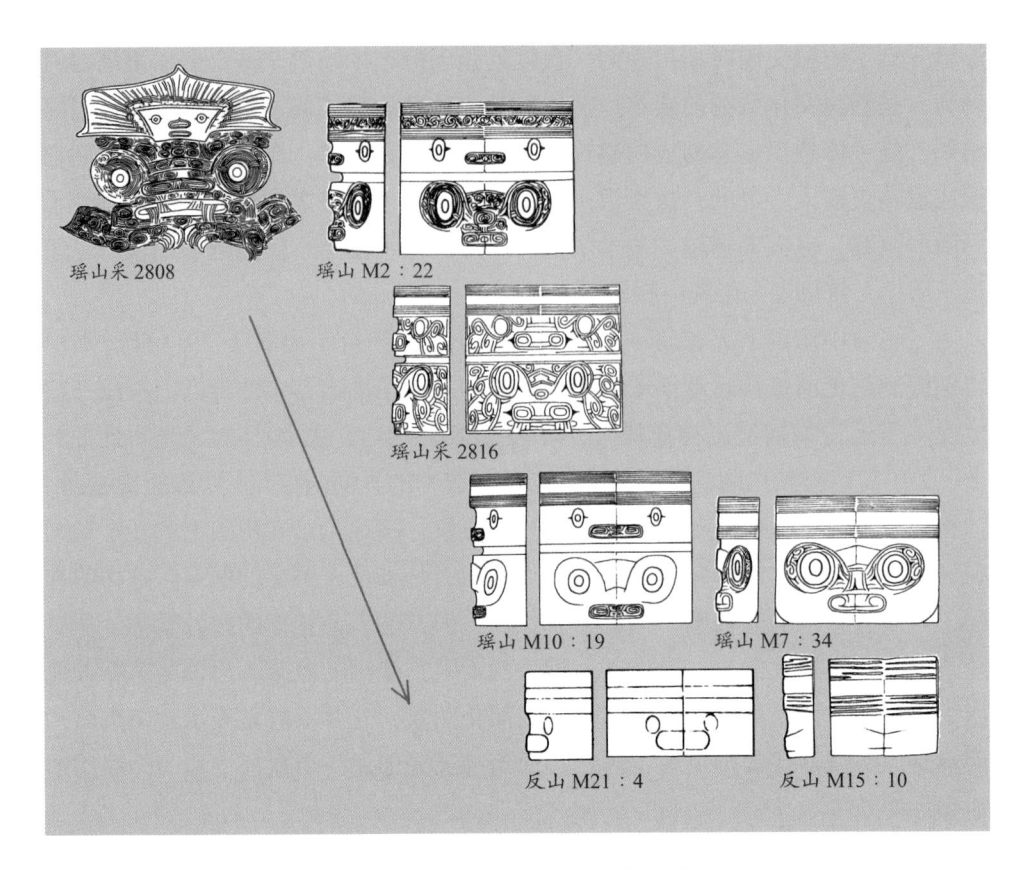

良渚文化玉器上神面简化趋势推测

一般并不在彩陶上描绘神面，即使要绘出这类神面，也只是绘成简省的样式，以简化的图像替代。虽然如此，彩陶上偶见的神面也画有尖尖的獠牙，与白陶和玉器一样，遵循着同样的艺术表现模式。

短文中还发出了这样的疑问：到底神面图像简省到什么程度，是保留眼睛还是獠牙？这些目前并不能了解得很清晰，这个问题的解决，还需要更多的论据和更细致的论证。

2016年11月在杭州举行的纪念良渚遗址发现80周年研讨会，我应邀做了《彩陶与刻画：史前之旋在南国》的演讲，将彩陶与琢玉的纹饰做比照，认识到这是史前中国的两次艺术浪潮。次年在陕西和南京又分别做了三次公开演讲，进一步明确彩陶与琢玉是史前中国曾经涌起的两次艺术浪潮，两次浪潮具有前后相续的共同传统。

我在这几次演讲中明确提出："6000年前彩陶掀起史前中国的第一次艺术浪潮，带来黄河流域及邻近区域大范围信仰认同，东方文化重要基因开始组成。

继彩陶之后的琢玉是史前中国出现的第二次艺术浪潮，波及从北到南四大河流域，玉礼器成为文化高度认同的象征，东方文明序幕由此开启。"对于这两次艺术浪潮的联系，我特别强调了这样的认识："彩陶与琢玉具有一脉相承的艺术传统，使用同一的旋式元素掀起造神运动，形成以阴阳观为主导的宇宙观，奠定了一统华夏的文化基础。"

2018年初在与赤峰学院红山文化研究中心负责人所做的访谈中，我再一次将彩陶与玉器艺术主题合并探讨。在彩陶中因为地纹彩陶的确认，读解出主体纹饰旋纹。接着又循着这样的思路，在良渚文化玉器中解读了大量存在的旋纹，提出了彩陶与玉器之间艺术传统存在内在联系。特别在认识这种旋纹构图的同时，明晰良渚玉器雕琢中精密的阴夹阳工艺，而这种工艺不仅影响了龙山文化和石家河文化，也影响了三代时期的琢玉纹饰表达体系。

在这次访谈中，我还特别强调了对考古资料认知的难度："对于彩陶纹饰的重新解读，是在彩陶发现80年之后。对于琢玉工艺的重新解读，是在良渚玉器发现80年之后。这两个时间节点似乎可以给出这样一个提示：许多经历了长时间反复研究的材料，其实可能还存在不少没有解开的结，对它们的研究还远没有抵达终点。"

良渚博物院2018年重新开放，我受邀前往参加"良渚文化周"系列活动，又以《天目炯炯：良渚艺术之灵魂》为题，重申了旋纹表现的象征意义。由20多年前讨论旋纹与眼目的关系确认了旋眼图像，进而在良渚玉刻中确认了旋眼的存在。良渚人刻画的旋纹，与眼睛大有关系，用旋纹刻出旋动的神眼，良渚神面上的眼睛，是旋目，是天眼。天眼是太阳的象征，旋眼在玛雅文化中是太阳神的特征所在，所以可以认定彩陶与玉器上的旋眼神像应当就是太阳神，相关图像都是太阳崇拜的意象表达。

彩陶近些年的关注度有所提升，我知道前两年在山东博物馆和金沙遗址博物馆举行过专题展览，甘肃省博物馆也有彩陶常设展，这些展览反响都不错。2018年在长沙博物馆又揭幕一个彩陶展，再次展示黄河史前彩陶，我有幸应邀前往参观，并为公众做了一场演讲，重点也是由彩陶和玉器上的旋纹谈到史前太阳崇拜观念。

在这次演讲之前，我参观了省市两个博物馆，意外看到了不少湖南出土的白陶，为那些精致神秘的纹饰动容。这次公众演讲的主题是为着进一步诠释彩陶与玉器中的共有旋纹主题，定义"史前造神运动中的艺术浪潮"，我明确对听众说，史前中国经历了三次艺术浪潮，有相同的主题、相同的艺术元素。三

造神灵感 | 775

次艺术浪潮的表现形式不同，艺术的介质不同。压划纹白陶与骨木雕刻为第一次艺术浪潮的作品，彩陶和玉器为第二和第三次艺术浪潮作品。

离开长沙不到两天，我又去了杭州萧山跨湖桥遗址博物馆，再次与那里展出的湖南白陶近距离接触，感受到了一种震撼的美感，白陶上用篦点压印出来的图案可以如此美，美得无以复加，也神秘得无以复加。

在跨湖桥的湖南白陶研讨会上，我奉出的演讲是《人神之间：史前造神运动中的三次艺术浪潮》。至此，三次艺术浪潮的认识框架完整确立。我用了三种颜色来形容三次艺术浪潮，即白、骝、青三色，白自然是指白陶，骝则指兼具红黑色的彩陶，而青指的是玉。这恰似三匹神马，它们的出现各逢其时，各显其美，来势如大潮翻涌。

有意思的是，这三色艺术时代差距很大，却贯通着和遵循着相似的表现方式，即阳纹与地纹方式。白陶有相当多的图案都是采用篦点压印衬出阳纹，彩陶则多采用地纹方式表现，地纹原理与白陶阳纹是相通的。而玉器纹饰也多用阴夹阳的阳刻方式刻画，它又更接近白陶的表现方式，而河姆渡文化诸多艺术作品也采用的是阳刻方式。

巧合的是，在为这次湖南白陶展图录所作的序中，刘斌先生采用了"三次艺术高潮"这样的定义，表达的也是相似观点，我们的认知可谓不谋而合。

史前造神运动，七八千年前潮起大江之南，这个我们过去没有想到。当白陶发现许多年以后，我们才开始有了关注，才觉得需要认真解读。这也在提醒我们，对于南方史前文化的发展高度，过去明显是低估了，若是南北同期对比，高下立辨。

黄河彩陶之美，我们已经见惯不惊，很长时间以来我们都将它作为史前巅峰艺术来领悟。可面对较之彩陶晚发现半个多世纪的更精致的玉雕与白陶压划艺术之美，我们在哑然之后许久，才开始学习接纳它们，将它们重新建构在史前艺术传统体系之中。

艺术在史前是信仰飘扬的旗帜，白陶、彩陶和玉器就具有这样的旗帜意义。那些旋纹、眼目、獠牙、神面，那些八角纹、鸟纹，还有蟾蜍纹、鱼纹，都是这旗帜上的标识。说来这些图形也并不神秘，它们都是先人造出的神灵，取之于天地之间，藏之于胸臆之内。

三次艺术浪潮，为何要有那么精致细微的表现，此刻想起我在评述良渚人玉器微刻时写的话来：

> 为何一定要雕刻出这么小的神人像？为何要花这样的工夫，刻大

一点难道不成么？

精细之中见精神。也许就是为着追求一种常人达不到的境界，这是一条精巧的通神之路。一刀刀一遍遍刻着，一天天一月月刻着，不厌其烦，不废其功，不累不倦，无寒无暑。

如果不是坚信神明在天，如果没有那一份虔诚，良渚人不会做、也做不到这样的事情，我信。

玉器的微刻是如此，白陶和彩陶艺术制作也是如此，都是这种精神的结晶。在史前时代，艺术固然是信仰的表达形式，也不能忽略科学的支撑。陶器的烧造，彩陶色料的选择，玉石的切磋雕琢，都离不开科学思维。有人说艺术是最不科学的科学，科学是最不艺术的艺术，这话并不科学。又有人说艺术的最高境界是科学，科学的最高境界是艺术，这在史前是千真万确的。当艺术展开科学的翅膀，就能远走高飞，打动更多的心灵。

在史前也许曾经只有这三次艺术浪潮，或许还会有更多的发现证实并不是只有这三次。例如岩画艺术，它更多的表现为再现艺术，能不能列入浪潮序列，也还可以探讨。如果将来有了新发现，我们一定会重新调整史前艺术架构，也一定可以真切地了解造神运动中更多的细节。

图符象征

图符具有象征意义，符号的出现，可以追溯到史前。彩陶上大量出现的几何纹饰，其实都是象形纹饰抽象的结果，经过了"得意忘象"的创作，剩下流行开来的就只是那些代号了。更早的白陶纹饰也是如此，只是用一些图形指代崇拜的对象，无疑都是符号。

人类为何要创制符号，符号对于人类又有何意义？有学者明确地把人定义为"符号的动物"，这话里已经道出了答案。人和动物的根本区别就在于：动物只能对一些特别的信号做出条件反射，而人能够把这些信号改造成有意义的符号。

借助于语言体系，人类构建了一个符号世界，正是在这个世界中，人类获得了空前的自由，从而不再受制于环境的束缚。人类种种文化形态，如宗教、艺术和科学等，就是符号功能的集中表现。符号创造了一个脱离于现实世界的虚拟世界，符号的出现使得人类从现实世界走向更广阔的虚拟世界。

人类的符号不是现实性的，而是理想性的。正是有了这个符号功能，才使人从动物的纯粹自然世界升华到人的文化世界。人与动物的分界，我们似乎又找到了一个证据，有无符号就是重要的分野。人是符号的动物，人的本质就是发明和运用各种符号，创造出一个符号宇宙。如古中国人用天与地、阴与阳的象征符号，构建了自己的宇宙观。

符号在交流过程中传达人类的思想，传达信仰，也传达艺术。

时代越早，符号体系会越简单、越直白。符号是人类的创造，是人类思维的产品，也是与人类一直成长的知识体系。这样说来，史前是符号的初生时代，相信也一定有一个专属史前的符号时代。史前已经出现了纯粹的符号系统，史前创制的符号并不是文字，却具有准文字意义，甚至发挥了比文字更重要的作用。

发现两面神

新石器时代石家河文化玉器有过许多重要发现，2015年石家河遗址又有了一次空前的大发现，突然出土的200多件玉器，给我们带来了再一次的震撼。

中国玉里留下许多未解之谜，这一次又冒出一些新谜来，等待着我们去寻找谜底。

虎首：虎与神的距离

石家河文化玉器中的虎首，构形非常精练，其艺术影响十分深远。玉虎面形体很小，半立雕，左右对称，大耳，眼分长圆两种。

动物是史前玉器取材的重要目标，一些特定的动物又成为重点目标。虎正是重点之一，也因此成了一个重要的文化标识。

春秋至汉代，许多带钩的造型，都离不了这样的虎首，不论是王者之钩，还是平民之钩，似乎无虎不成钩。带钩虎面的构图，与石家河玉虎面基本一样。

王者将虎首装饰在玉枕两旁，是虎视眈眈，还是狐假虎威？

汉代四神造型中的虎，也是这样的头面造型，显出一种威风凛凛的架势。

虎作为一个最为重要的象征，它在石家河文化与后石家河文化里具有怎样的意义？石家河人将虎首与神面雕刻在一块玉石上，让神一下子就威风起来，这虎不也具有神性了吗？更何况后来它成为四神标志之一，它就是神，就是灵。

在现代生活中，这样的虎影也是随处可见的。真正的老虎很难出现在人们的视线里，可是它的影像却深深地叠印在我们的脑海里，游走在我们的血脉里。

石家河文化玉器虽然以虎首造型最是流行，但全形卧虎也能见到。这也是石家河人建立的一个高水准艺术范式。商周时代的玉虎，也都是这样伏卧着，尽管可以张牙，却并不那么舞爪。

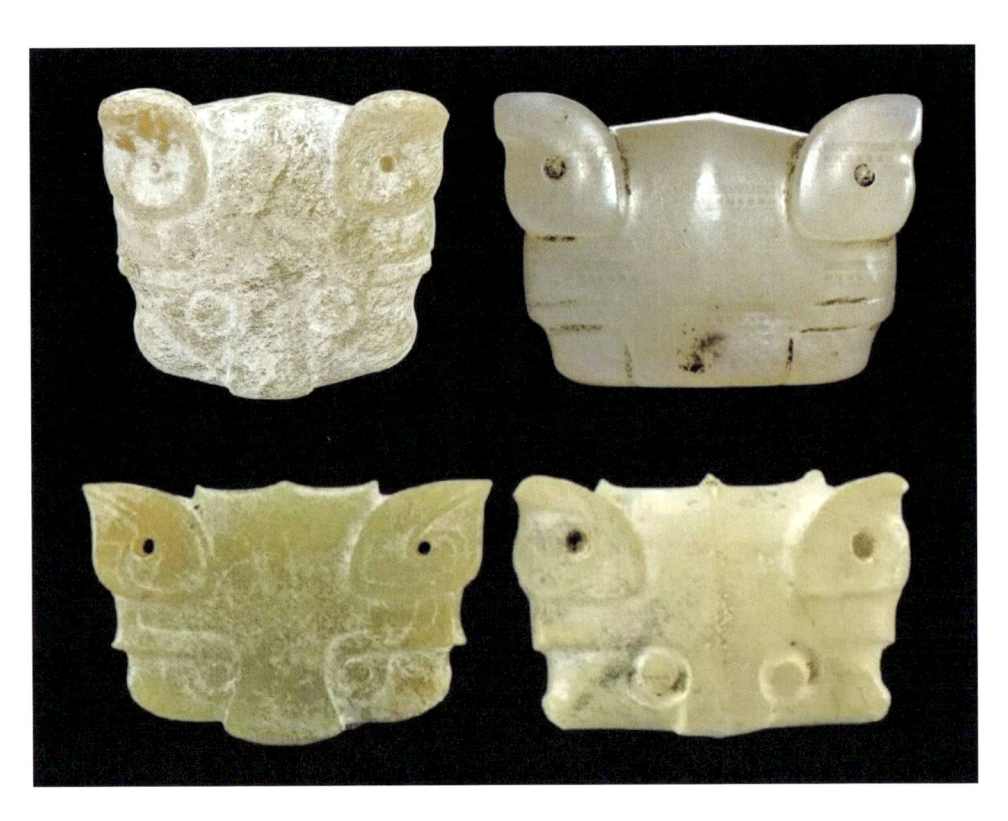

石家河玉虎面（湖北天门石家河遗址）

石家河玉虎面（湖北天门石家河遗址）

782 | 追踪信仰：艺术考古中的动物图像

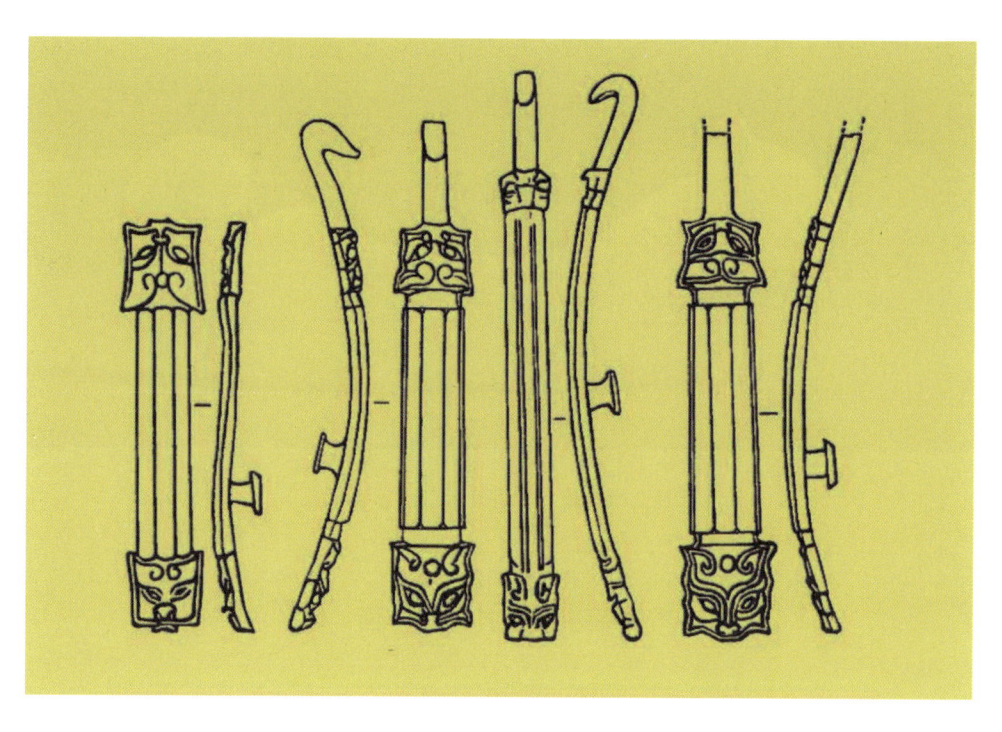

战国和汉代虎面饰带钩线描图

西汉四神纹青玉铺首（陕西咸阳）

石家河全形玉卧虎（湖北天门石家河遗址）

神面：发现神的另一面

史前玉器造型中，也发现有一些兽面玉件，也有不少人面形玉件，在这两类玉件中可以区分出真人与真神来，分别称为人祖像、神像。

石家河文化玉器中见到不少玉人面，我觉得区别人与神的标志在于牙。人没有獠牙，是人祖之像。獠牙出现了，就是神。人显出了动物性，动物具有人性，这就是神的图像。

有一些都是神面，人形人样，神色狰狞。有些可能就是兽面，不明确人神归属。

石家河新出土玉品，也有一些我们一时分辨不明的巧件。这是新品中的谜品之一，也许是鸟形，构图奇诡。另有一件珍品，造型更奇，一时叫不出确定的名字。它有何特别用途？它附带一个虎首，虎首下端有一榫眼，为我们解谜指示了方向。

虎首的下端，会与什么连接呢？兴许就是一具神面，神面上也见过这样的榫眼，这不会是巧合。与神面一连接，一具巍巍神像就出现在眼前。原来那是神的高冠，高不可测。

新出土玉件中，还有这样一件高冠，也带有一个虎首。

在收藏品中，见到了这样的高冠神像，这是一个旁证。还要注意神面的长颈，这也是石家河文化神像的一个特色。国外收藏的几件高冠长颈神像，带有虎面，也应当属于石家河文化，与前面的复原构思非常接近。

784 | 追踪信仰：艺术考古中的动物图像

再想想那些平顶低冠的神面，它们应当是脱落了附件，或许原本带有长颈或高冠。

有人会说那些收藏品并不可信，那就看看这件江西新干的出土品——长颈高冠玉神面。它是商代人收藏的石家河人遗物，我们这么认为，应可作如是观。

复原了这样的高冠神面，我们会思考这样的问题：它又是怎样一个用途？只是一种单纯的信仰吗？仔细看一看就会发现，神面是有不同表情的，有长眼，也有圆眼；有高兴的，也有不高兴的。这是怎么啦？

鸟形玉佩（湖北天门石家河遗址）

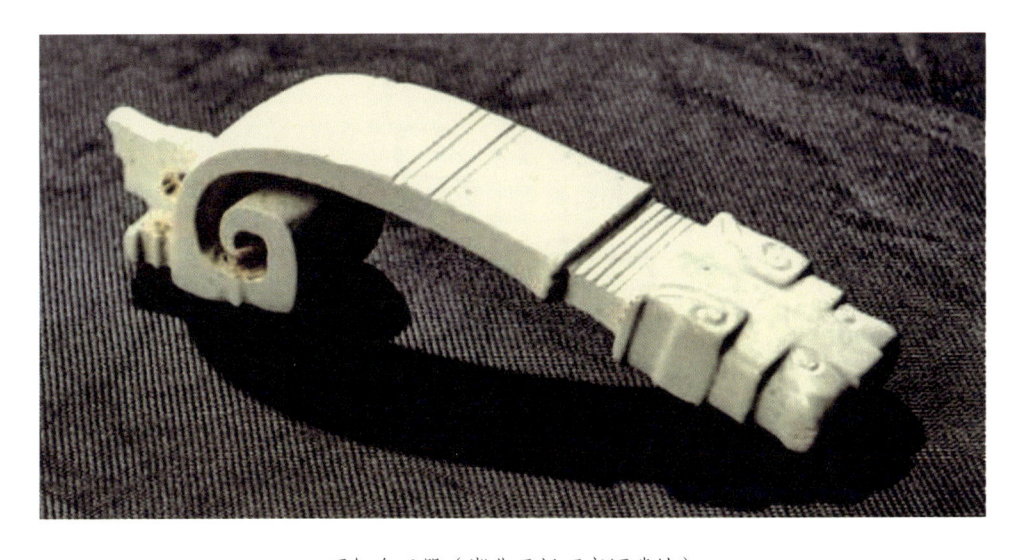

不知名玉器（湖北天门石家河遗址）

神面与高冠的组合复原图

平顶短颈玉神面（上：美国芝加哥艺术博物馆藏、台北故宫博物院藏，下：美国国家博物馆藏、湖北天门石家河遗址）

玉神面（江西新干大洋洲商代墓）

图符象征 | 787

孙家岗玉两面神

从2018年的报道中，我们得知湖南澧县孙家岗遗址出土了非常重要的史前玉器，人们特别关注的是一件玉神面像。刚又读到发掘者赵亚锋先生的研究论文，文中重点介绍了这件玉神面像，有图有照片，又让我们获得了一些新信息。

赵亚锋介绍这个发现说："遗址2018年度发掘中，从编号M149的长方形土坑墓中出土了一件玉牌饰，编号M149：1。该玉牌饰呈灰白色，不透明，表面多黄色和褐色玉沁。外形略呈方形，片状，残宽7.9、高4.7、厚0.3厘米。整体造型颇为精致。最引人注目的是其平面上雕刻的纹样，人面形象，眉眼耳鼻口，五官皆备，却在嘴部突出表现上下两对獠牙，显得狰狞而神秘。"玉雕为人面形象，但却刻画有獠牙，这当然应是神面像。

赵亚锋接着说："人面两侧耳下有穿孔耳环，顶上有冠，冠檐长伸飞卷。但一侧冠檐有残缺，残断处重新打磨并斜向钻孔。玉牌前后两面的纹样完全一致，并可对应，区别在于一面为减地阳纹，显得立体厚重，另一面为阴刻，显简洁凝练。另外玉牌顶、底两面皆平，顶面正中有钻孔，底面则见有三个钻孔。"正反都是相同的神面像，一面阳刻、一面阴刻，技法不同。最初报道时，选择展示的是阳刻的一面，我们甚至不知道背面也有神面雕刻，而且采用的是阴刻技法。

赵亚锋说："这种在人面口中突出獠牙，实为肖家屋脊文化玉器群中典型的神面形象，可称之为'獠牙神面'。……汉东石家河遗址群中肖家屋脊遗址和谭家岭遗址中，以往便出土过造型纹样与孙家岗遗址M149：1玉牌饰类同的玉器"。[1]

对于孙家岗遗址及玉器的文化属性，有后石家河文化和肖家屋脊文化的不同定性，其实只是名称不同，也有人直称为石家河文化，暂可统入大石家河文化体系。

大石家河人创造的玉两面神像，虽然可以寻到更早的源头，但精美的玉作却是以此时为最，发现数量多，说明当时最为流行。精选美玉，精雕细刻，这

---

[1] 赵亚锋：《澧县孙家岗遗址獠牙神面玉牌饰：以獠牙凸显神性》，"湖南考古"微信公众号，2020年8月22日。

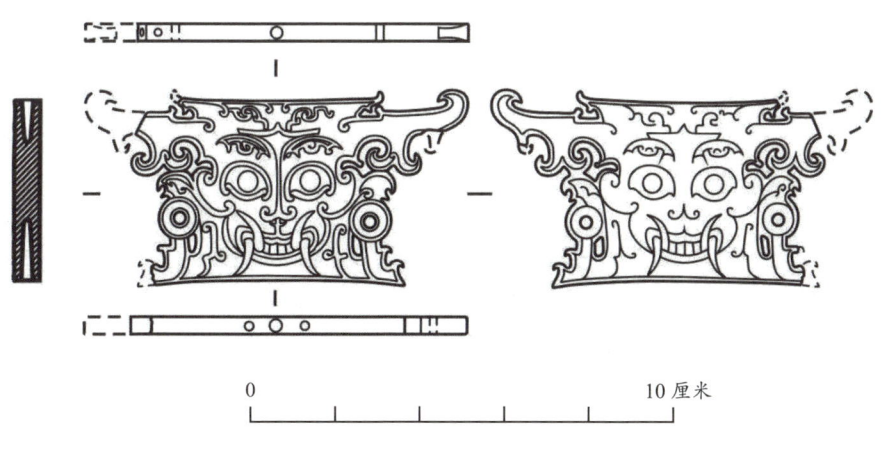

玉獠牙神面牌饰（M149∶1，湖南澧县孙家岗遗址）

是大石家河人的至尊之神。

我已经多次谈论过玉或石两面神像，本文由孙家岗的发现，还想再有所深究。这次重点关注的是神面上獠牙的数目与布列形式。

玉雕獠牙两面神，我们过去注意到一般是一面神像有獠牙，一面没有獠牙。现在来看这个观察并不全面，或者说这并非獠牙神面的全部。仔细观摩后发现，两面神面獠牙的数目与布列形式，大概包纳以下三种情形：

（1）双獠牙，正反各四，二上二下。
（2）单獠牙，正面四，二上二下。
（3）单+双獠牙，正二上二下，反二下。

第一种为双獠牙神面像，正反都有四颗，二上二下布列。这一次孙家岗的发现就是最为典型的一例，也是不多的一例。

第二种为单面獠牙神面像，只在阳刻的一面有四颗獠牙，二上二下布列。这一类可列举的例证，在国外收藏品中可以见到。

第三种单+双獠牙神面像，正面同第二种，阳刻有四颗獠牙，二上二下布列；反面阴刻有两颗向上的獠牙，应为下獠牙。这一类最典型的例证，是山西曲沃晋侯墓出土的一件玉高冠两面神像。

玉獠牙神面全形复原（湖南澧县孙家岗遗址）

石家河文化玉两面神像（美国国家博物馆藏）

这三类玉神面像獠牙的配置与布列样式，不应当看作玉工偶尔乘兴而为，原来所具有的含义容日后再接续讨论。

大石家河人玉神面像阳纹与阴纹雕刻方式，这是技术定式，也一定是一种象征定式，暗合我们今天的认知模式，这个方面的意义显然并不难理解，阴阳燮合，相生相依。

最后还有一点要讨论的是，孙家岗神面像顶部和颈下都钻有很深的榫孔，表明神面的上方还接续有高冠，颈下则延展有长柱形装饰。这样的高冠和柱颈玉神面像过去也发现有实例，在石家河也见到过脱离神面的玉高冠。我曾经将这高冠与平顶神面做出拟合复原，觉得没有什么违和感。这表明神面的高冠可以连为一体制作，也可以分体制作，可能取决于玉料取材和雕琢技术。

大石家河人玉两面神像的意匠及崇拜理念，值得再深入探究。

图符象征 | 791

玉两面神像（山西曲沃晋侯墓地）

石峁逆射图

　　石峁石雕中出现的题材，应当是以神面和神像为主，不过在神界之外，也出现了尘世或称俗世的风景，其中最引人注意的是一幅射箭图，画面虽然非常简单，而且是以浮雕的方式成图，但内容却非常明晰。

　　这是一幅表现有情节的石雕作品，我们先简单描述一下画面。石面上的场景表现了两个主体，左边是一个马首，右边是一个弯弓搭箭的人，他的箭头正向马首迎面射去，这是一幅逆射图。虽然马首没有雕刻出四肢与躯体，但马首的特征还是很明确的。那个射箭的人形已经不太清晰，但弓箭却很明确，弓、弦、箭一样不少。

　　这个逆射场面，应当也记录了一段历史。也许我们最急于弄清楚的是，这是谁在射谁，这明确表现的是一种对立状态。我最初设想的是一个狩猎者，他正在射一匹马，可以想象那是一匹野马。如果是这样，那么这个石雕记录的，就是一个猎人或他的部族的狩猎场景。

　　那我们也许要关心一下野马的问题了，那个地方那个时代会有野马生存吗？

　　我国西北历史上有过野马生存，野马原产于我国新疆准噶尔盆地和蒙古国干旱荒漠草原地带，具有6000多年的进化史，有说是比大熊猫还要珍贵的动物。西方一些动物学家早就宣布世界上不再存在野马，不过俄国探险家普尔热瓦尔斯基于1876年率探险队在新疆阿尔泰山南麓可可托海周边区域，发现一群群野

石峁石雕逆射图

马在戈壁上飞驰而过，野马因此重现世间，中国野马也就有了一个外国名字"普氏野马"。

在北方发现的岩画中，见到最多的狩猎类题材，也常见用弓箭射猎的图像，甚至有骑马射猎的，但是狩猎的对象，虽然偶尔会包括老虎等猛兽，但最多的还是羊和鹿等。只有极个别的画面可以怀疑是在射马，可见猎马并不是经常会有的事。

那如果石峁逆射图中射者面对的是一匹家马呢？那个时代有驯化的马和骑马部族吗？研究表明，马广泛分布于世界各地，原产于中亚草原，6000多年前就被人类驯养，最早的马匹驯养遗址于乌克兰草原被发现，现代饲养的马是由欧洲野马驯化而来的。野生的马已经灭绝。在东亚数百处经科学发掘的史前遗址中从未发现马的骨架，只有零星的马齿或马骨出土，一般都不能确定为家马的遗迹，很可能是普氏野马或其他动物的遗存。也就是说，和西亚一样，东亚

岩画狩猎图（内蒙古阿拉善）

岩画狩猎图（内蒙古乌兰察布）

岩画狩猎图（新疆天山南麓）

没有发现 4000 年前的家马骨骼和其他证据，确凿无疑的家马和马车见于商代。学界认为，家马的野生祖先主要分布于欧亚草原的西端。乌克兰和哈萨克草原新石器和青铜时代文化遗址中大量马骨的出土，显示了从野马到家马的驯化过程，而骑马和马车技术可能源于西亚的骑驴和牛车制作技术。

比较新的研究成果表明，石峁人生活的时空范围里，家马已经驯化成功，当然数量会比较有限。如果石峁逆射图中被瞄射的是一匹家马，它记录的可能是一场战事，应当是农人与游牧人之间的战争。

如果这样一种背景被进一步证实，石峁人留下的历史就有了更多变化纷繁的章节。

图符象征 | 795

岩画狩猎图（宁夏贺兰山）

良渚神像"羽冠"的疑问

良渚玉器上的微雕神像，一眼看过就不会忘却。刻画微小，却觉得无比高大；兼形人兽，更显得非常神秘。这是良渚之神，只那一种庄严，就让人不由得肃然起敬。

我们认定玉刻神面只是一个假面，惯于以假面扮神，人类在世界的各个角落都遵循这个通则，古中国人所谓的傩，正是这假戏真做的典范。虽然玉雕神像只是个假面，不过良渚人心目中的神，也应当就是这个样子。

这是个什么样子？圜眼、阔嘴，当然最重要的是，一定要拥有一顶高冠，一顶漂亮的大帽子，应当称作华冠。华冠锦服，方可得配，所以神应当拥有一顶高冠。

在先人的想象里，高贵的神，他的模样、他的打扮，一定同比于高贵的人，是万众之上的人。世上诞生了王者，最高贵一级的神就有了王者之相，这大约不会有什么疑问。这样说来，常人见到的王，也便是神的模样，所以被我们说成神的玉雕造像，其实也就是王者的模样了，这神的高冠，应当也就是王冠吧。

神冠即是王冠，这道理说得过去。我们看到的良渚神冠，正是一顶宽大的高冠，原本应当是真实存在的王者之冠。这神冠相当宽大高广，冠面中部耸起如脊，沉稳巍然。

初观神冠，这冠式很容易让人想到羽冠。也许受这直观印象的引导，神像便真的就被复原成了羽冠，倒也不失巍然，似乎合乎逻辑。以鸟羽为冠，在远古也有例可循，在龙山和石家河文化中就有许多玉神面戴着对鸟形装饰的高冠，后世也不稀见鸟冠，是勇武的象征。

可以想见的是，良渚神冠的复原可能借鉴了印第安人酋长的冠式，那是标准的羽冠。将各色的鸟羽连缀成冠，确实相当漂亮，也很威武。可是这样的羽冠，尽管鸟羽的根部可以排列得非常整齐，但羽尖却是张开的，顶端不能形成整齐的冠顶轮廓，这是与玉刻神冠最大的不同之处。当然我们可以设想，羽尖也能修剪齐整，编缀起来也是有形有样的。再说玉雕也不必要将一根根鸟羽刻画得那么逼真，毕竟采用的是图案化表现手法。

于是，我们就看到了这样的良渚神面复原像，高冠塑成或画出"羽冠"，

图符象征 | 797

印第安人羽冠像　　　　　　　　　　　印第安人羽冠

虽然气势非凡，却似乎并不符合玉雕的意象。在复原的场景中，良渚之王和他的臣下都戴着这样的羽冠，让人自然想到优雅的神冠。

我们还注意到，最近面世的一些良渚题材文创产品中，也见到有羽冠造型的神像，可见影响已经较为深远。

关于良渚的神冠，在论玉工微刻时，已经提出非为羽冠的认识，但没有展开讨论。这里专为申论，希望对这冠

良渚神面复原图

798 | 追踪信仰：艺术考古中的动物图像

式的新认识能落到实处。

细细观察，神冠上被看成羽毛的线条根部并没有鸟羽的特征，看不出它是鸟羽。它们倒更像是左右相连成一体的某种材质，应是纺织物之类，或许就是绸带，这神冠的冠面是由绸带回旋编缀而成，而且是用一整根绸带编成。

首先我们可列举一件玉三叉形器（瑶山M7∶26）来说明，由线描图可以清晰看到，刻画出的正视和侧视神面都戴着高冠，冠式相同。冠面上看不到鸟羽构图，却是很明确的带状织物连缀起来的样式。

又如一件玉冠状饰（反山M15∶7），全器采用透雕和线刻技法，表现出高度图案化的神像，高大的神冠也看不到鸟羽构图，冠面依然也是绸带编缀而成。

再如一件镯式玉琮（瑶山M9∶4），四面刻画出相同的神面，虽然并没有出现高冠，但在额部位置表现有类似前两器神冠的构图，比较简约，也应是绸带编缀装饰，看不出是鸟羽的样子。

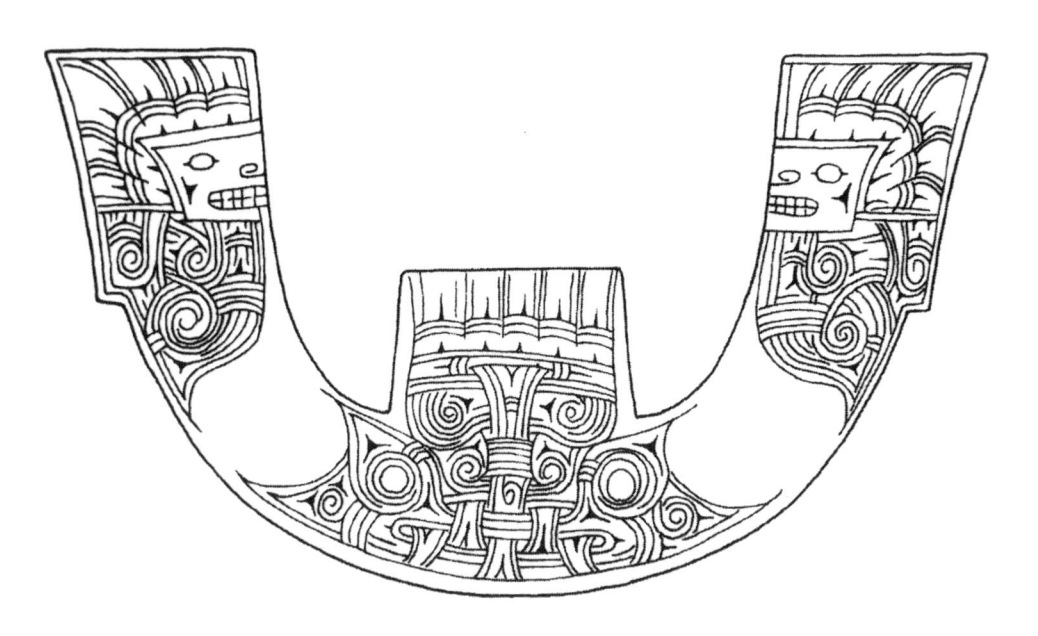

玉三叉形器线描图（瑶山M7∶26）

玉冠状饰（反山M15∶7）

玉琮纹饰涂彩效果图（瑶山M9∶4）

当然还要提及的是那件玉琮王（反山 M12：98），它的四面出现有 8 个基本相同的神像，神像也都戴有相同的高冠。因为神像较小，画面刻画较为简约，高冠的构图并不如上述诸器那么明晰，但基本还是能看出冠式是同样风格，依然是绸带编缀而成，看不出与鸟羽有关。

良渚人的王者之像、神灵之像，当然可以如印第安酋长一样，戴着高高的鸟羽华冠。可是在良渚玉雕上见到的华冠，却并非如此。希望这王冠与神冠，不再被视为"羽冠"，那是更高品质的王冠与神冠，是丝绸华冠。

玉琮王神人像（反山M12：98）

追问青铜：鼻子的故事

商周青铜器上常见兽面纹，兽面的鼻子变幻游离，结果带来了一个新物件的出现。

说鼻子与鼻祖

话说从前有一对玩家，甲某将白泥涂抹在鼻尖上，立定后让乙某用斧斤快速削掉白泥。乙挥动斧子如疾风掠过，甲面不改色，鼻尖上白泥被削净，鼻子却完好无损。这是庄子留下的一个故事，"运斤成风"便是这个故事留下的成语。庄子要讲的道理是高手要逢高人玩起来才有意思，一旦甲某不在，乙某的功夫也就等于废了。不过那位拿鼻子来冒险的玩家，他的心该有多大，鼻子就是脸面，万一出点偏差，那还了得！

人不能不要鼻子，那是脸面的核心。现代责人不知羞耻，谓之不要脸，不要鼻子，也有说不要鼻子两边的。不要鼻子，那成何体统？鼻子非常重要，在古人眼里和心里，鼻子很重要，因为它除了呼吸，还有一层特别的意义。

鼻子的功能，按《说文解字》云，"鼻，主臭者也"，是用来闻气味的。所以《黄帝内经》说："天食人以五气，地食人以五味。五气入鼻，藏于心肺，上使五色修明，音声能彰；五味入口，藏于肠胃"。但在古人看来，鼻子还有更重要的意义，《扬子·方言》说："鼻，始也。兽初生谓之鼻，人初生谓之首。梁益间谓鼻为初，或谓之祖。"

"鼻祖"这个词似乎就是这样来的。宋人王应麟《汉制考·说文》说"今俗以始生子为鼻子"，将第一个儿子称为"鼻子"，是首子之意。而明代张自烈的《正字通·鼻部》更有这样的解释："人之胚胎，鼻先受形，故谓始祖为鼻祖。""鼻祖"一词，其实在汉代已经有了，《汉书·扬雄传》说："有周氏之嬋嫣兮，或鼻祖于汾隅。"

"鼻"字在早为"自"，甲骨文和金文中的"自"字正像人鼻之形，《说文解字》中直接说："自，读若鼻"。其实"鼻祖"一词，有研究者认为与生物学并无关联。现代生物学认为鱼类、两栖类、爬行类、鸟类、兽类和人类早期胎儿的形状极其相似，都有一个圆形头部和一个长条的尾部，头上有眼、耳，而人的胚胎并不是最先长出鼻子。

虽然如此，我们觉得古人提出鼻祖一说，是对鼻子重要认知的一个见证。我们这次要讨论的就是鼻子问题，当然主要不是人的鼻子，而是神像与兽面的鼻子，后者会是讨论的重点。

青铜器上频频见到的兽面纹，学人与非学人都很熟悉。说熟悉只是表面认知，事实上并不会都很熟悉，有一些了解而已。兽面纹在许多学术著作中都被称为饕餮纹，也许人们对饕餮或兽面的角与耳、眼睛与嘴巴比较眼熟，但是问到鼻子，那就不一定知其所以然了。

兽面纹的鼻子，表面上人们也有简单认知，两个鼻孔与左右鼻翼就是最基本的构图。可是有相当多的兽面纹鼻子上另有附加装饰，我们大都不太注意它。这个装饰说来话长，有图有真相，我们还是来一次看图说话式的探讨吧。

何物立于双兽双鸟间？

商周时代的青铜器上，一般都铸有繁复神秘的图像与纹饰。最引人注目的，当然是被认作饕餮的兽面纹。其中的一些兽面纹，其实是双兽或双禽拼合而成的图形，容易被误认作兽面。为了说明这一点，让我们先来看一些不大容易引起误解的例证，就从西周早期的铜器说起。

首先要提到的是西周早期的两件兽面纹青铜罍，它们都出土自四川彭州竹瓦街。第一件铜罍盖上铸有一对前肢相向跪立的牛，两牛张嘴面对着一个带有装饰物的鼻子图形。这个鼻形似曾相识，却又不能这样立着，这样的构图让人不解。

竹瓦街另一件铜罍有高高的盘龙盖，上腹部铸有相向的蜗体兽，两兽之间也立着一个鼻子形状的物件。类似的图形还见于陕西岐山等地发现的西周早期铜簋，出露着獠牙的两个蜗体兽之间都立着一个鼻形物。

西周早期铜器上较多见到双鸟构图的纹饰。河南信阳狮河港发现一件铜器，器体上铸有罕见的叠体龙凤纹，两凤相对，中间是一个被扉棱分作两半的竖立鼻形物。而另一件铜器的回首双鸟纹之间，也出现了一个壮实的鼻形物。西周铜器上出现双鸟纹时，中间时常会有这种鼻形物，这成为铜器纹饰构图的一个定式。

西周早期兽面纹铜罍局部（四川彭州竹瓦街）

西周早期铜罍上的双牛纹（四川彭州竹瓦街）

西周盘龙盖兽面纹铜罍（四川彭州竹瓦街）

西周早期蜗体兽面簋纹饰（陕西岐山王家嘴）

西周早期蜗体兽面簋纹饰

西周早期铜器上的龙凤纹（河南信阳狮河港）

西周早期铜器上的双鸟纹

西周恭王时史懋父壶上的双鸟纹

西周中期铜簋上的鸟纹

图符象征 | 807

除了双鸟图形，有时在双龙图形之间，也会出现鼻形物。如陕西扶风庄白发现的西周中期铜鼎，回首的双龙之间，就有这样的鼻形物。

到西周晚期，一些非常简化的双龙形之间，也保留着这样的鼻形物。

当然西周铜器这类纹饰构图，是承袭商代艺术传统的结果，并非周人的创造。周代流行的双鸟之间树立鼻形物的构图，在商代铜器上已经成为风尚，那种回首鸟纹也不少见。

商代晚期铜器上的兽面纹，中间明显表示的是鼻子，形状与双龙双鸟纹之间的鼻形物是一样的。这一点非常重要，让我们有十足的理由断定，西周铜器装饰中常见的鼻形物，取义应当就是鼻子，其用意可能是取左右兽形的双眼形成一个简略的兽面，是一种比较特别的艺术创意，但这又不是以前那种标准的兽面纹，有一些基本不能看作兽面纹了。

这种鼻子和鼻形物，除了下方有卷云式双鼻翼，重要的是鼻梁中间左右有歧出的钩状装饰，上端有直立的左右对称的羽状装饰。整体造型大同小异，很少见到明显的变化，只是有时会有扉棱将鼻形分为左右两半。

我们还注意到，商代晚期铜器兽面纹的鼻子形状，除了这样的标准样式，有时会代以小兽面纹，如山西灵石旌介铜簋上的纹饰，下部圈足双虎纹之间和腹部大兽面中间都是鼻形物，上部的双鸟纹之间出现的是小兽面纹。另一件铜方罍纹饰，中腹的大兽面鼻子上面另立有一个鼻形物，上腹的双鸟纹之间也有鼻形物，而最上面的双虎纹之间是兽面纹。

其实我们回头再观察一下前文提到的竹瓦街的铜罍，在双牛尾部之间，也出现了一个小兽面，恰也可以看出与商代装饰风格之间的联系。

在以上这些例子中，我们看到商周之际铜器装饰上见到的鼻形与鼻形物具有同等的意义。特别是在西周时期，当标准的兽面逐渐消失时，鼻子的形状依然保留着。这鼻形物也可以由小兽面取代，或者说它就是先前兽面的一个缩影吧。

商代晚期铜鼎上的双鸟纹

西周中期铜鼎纹饰（陕西扶风庄白）

西周晚期铜簋纹饰

商代后期壶颈纹饰

图符象征 | 809

商代后期铜器鸟纹

商代晚期铜器兽面纹

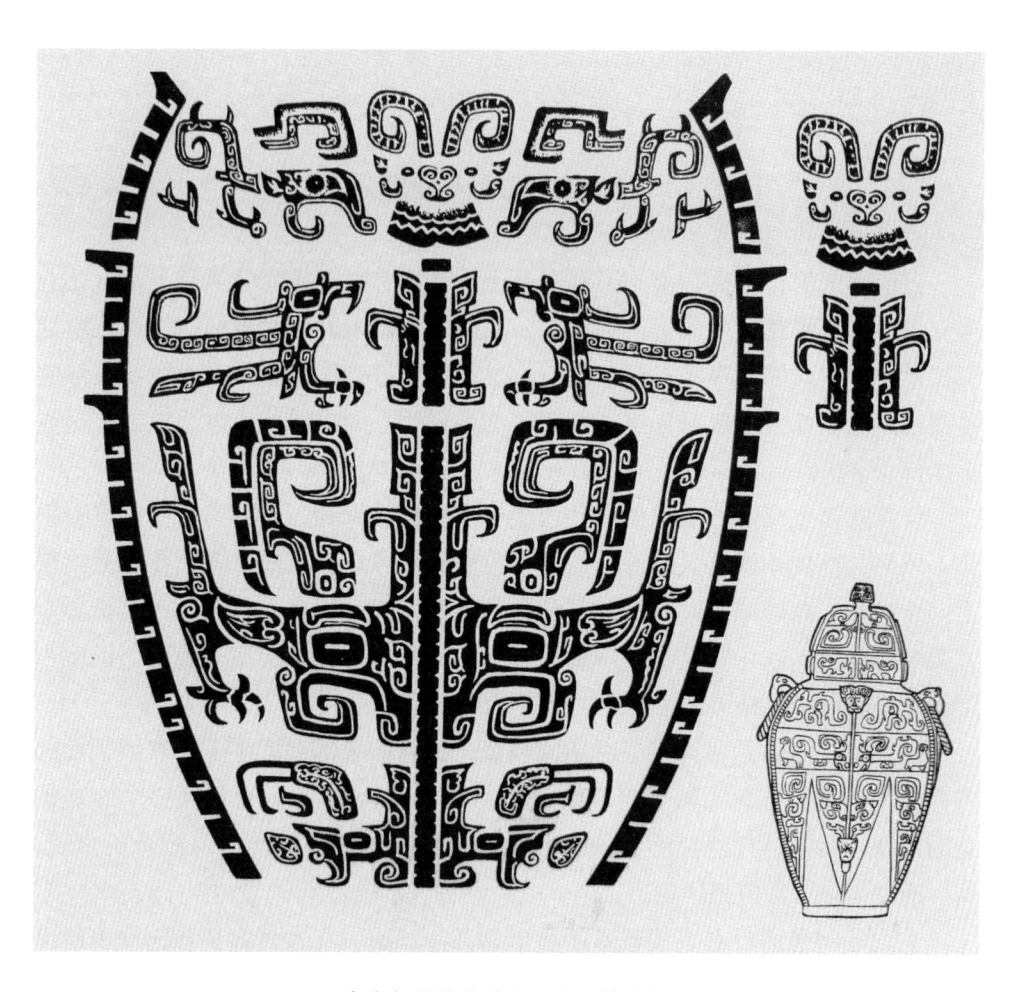

商代铜罍纹饰（山西灵石旌介）

商代晚期铜方簋纹饰（山西灵石旌介）

兽面纹的自鼻与他鼻

青铜器上的兽面纹，少不了有个鼻子，不过有时在兽面的鼻子上端，还会再立上一个鼻形物，变成了一种额饰。我们先看山东寿光发现的一件商代晚期铜提梁卣，大兽面的鼻子显得很长，长过额头。另有一件商代晚期铜尊腹部的兽面纹，除了鼻子，额上还有一个明显的鼻形物，如果看作一整个鼻子，这鼻子显得非常长。

再看陕西宝鸡硖石发现的一件西周早期兽面纹铜鼎，兽面的鼻子也显得很长，风格与商代相同。另一件西周早期兽面纹铜方尊，眉间方菱额花之上出现了一个鼻形。西周昭王时兽面纹方鼎，也是在眉间方菱之上出现了一个鼻形。方菱额花在兽面纹中是常见的额饰，在它上方的图形虽然类似于鼻形，但应当不属于兽面自己的鼻子，而是另一个附加的鼻形饰。

最值得关注的是西周成王时期的利簋，在它的腹部和底座上都有大幅面的兽面纹，两个大兽面的鼻子上端各出现了一个小兽面纹，它已经是一个相对独立的装饰，虽然它可能与鼻子仍然存在某种关联。大兽面额头这个小兽面的出现，这一明显变化非常值得注意。

独立的与兽面没有直接联系的鼻形物和小兽面，在大兽面从青铜器上淡出时开始，它们有了独立存在的机会。西周早期铜器上的对鸟纹和铜禁上的双龙（虎）纹，对鸟对兽之间树立着形体很大的鼻形物，这个位置上没有必要出现鼻子，鼻子却稳稳地待在那里。

后来青铜铸造者干脆让这鼻子游离出去，最终与兽面没有了直接联系。在商周之际的青铜器上，本来五官齐全并不缺少鼻子的兽面纹，却还要再添加另一个鼻形，自鼻之外多一个他鼻，用意何在？也许这鼻子就是兽面的一个象征，是它的灵魂之所在。鼻祖的理解，是不是在铜器时代已经根深蒂固了呢？

游离变幻不离其宗的鼻子

青铜器兽面上鼻形的变幻与游离，对于这样的改变我们还可以有更多的例子来细作说明。

商代早期兽面纹的鼻子，形状比较简单，形体也并不太大。当然二里岗期兽面纹鼻子上端，有的已经见到如立羽般的对称装饰。

商代晚期铜提梁卣纹饰（山东寿光）

商代晚期铜尊腹纹饰

西周早期兽面纹铜鼎（陕西宝鸡硖石）

西周早期兽面纹铜方尊

西周昭王时兽面纹方鼎

西周成王时期利簋

西周成王时期利簋局部

西周早期铜器上的对鸟纹

西周早期铜禁上的龙（虎）纹

兽面纹在商周时代各类铜器上都可能出现，当然最常见于一些大型容器。商代食器与酒器兽面纹上的鼻子构图，除了鼻孔和鼻梁，鼻梁左右都有对称的弯钩类装饰，顶端有竖羽如旗，这是最基本的鼻式。到西周早期，铜器上兽面纹的鼻式与商代没有什么明显的不同，沿袭着没有太大变化的构图。

商代晚期除了容器以外，其他青铜器上的兽面纹，如湖北阳新等地出土青铜铙，所见鼻形或繁或简，大体轮廓与容器上的样式也没有明显区别。

商代一些大型铜钺，山东青州亚丑铜钺，钺面铸出一个大兽面，鼻子的形状与铜容器上所见相似。其他地点见到的兽面大钺，纹饰风格也非常接近，兽面上的鼻形完全相同。西周早期的兽面铜钺，兽面风格同于商代晚期，鼻式也非常接近，没有明显变化。

如果说在青铜容器上见到的兽面纹鼻子还没能给我们留下深刻印象，那这钺上的鼻形却是非常清晰的，包括那些附加装饰。

说到这里，我们还想回看一下西周利簋的纹饰，在兽面鼻形上端出现的那个兽面饰，会给我们一些什么提示呢？利簋的纹饰并非孤例，同出于河南信阳的铜觚和父丁簋，在大兽面的额头也都立有一个小兽面，它们的时代也都属于西周早期。

商代铜器兽面纹

商代二里岗期铜器兽面纹

商代晚期兽面纹铜觚

818 | 追踪信仰：艺术考古中的动物图像

西周早期父丁簋纹饰（河南信阳）

商代晚期铜铙纹饰（湖北阳新）

商代晚期兽面纹青铜铙

商代亚丑铜钺（山东青州）

商代亚丑铜钺局部（山东青州）

商代晚期兽面大钺纹饰

西周早期铜钺兽面纹

西周早期兽面纹铜鼎

西周早期铜觥兽面（河南信阳）

从颅饰到当卢的猜想

对于商周兽面纹的研究，学界比较注意兽面整体意义的研究，并不在意对五官的解构，眼耳口鼻的细部特征似乎也无关紧要。不过也有学者对鼻子及其装饰有过关注，萧兵先生讨论时便列举了一些学人的看法。

如钱志强和靳之林说兽面纹带装饰的鼻子有通天柱的意义，可以"上通天，下接地"。孙机说那是龙头上的尺木，也是通天的一个阶梯。王大有也说，那就是通天尺木。萧兵有保留地赞同通天柱之说，但却不能认可所有的兽面都有龙的属性。

萧兵注意到林巳奈夫称这兽面鼻子上的图形为箆形纹，认为是一个太阳意义的符号。当然其他学人也有说它是蝉纹或鸱鸮纹的，或又说是龙凤头上的荣饰，并没有指明含义之所在。

所以萧兵又提出箆形纹是"干侯"或"斧钺"之说，进而由斧钺认定与王相关，也都需要进一步论证。萧兵也注意到独立于兽面之外而又与双兽双鸟同在的鼻形物，他觉得这支持了他对这类图形属王的定性。[1]

尺木之说，始于汉代王充《论衡·龙虚》所记："短书言：'龙无尺木，无以升天'"。又见《三国志·吴志·太史慈》裴松之注引晋人虞溥《江表传》有"出教曰：'龙欲腾骧，先阶尺木者也'"。唐人段成式《酉阳杂俎·鳞介篇》更有明说："龙头上有一物，如博山形，名尺木。龙无尺木，不能升天。"

以形如博山的尺木为阶升天，这样的龙神话具有浓厚的象征意义，其实也无法拿来解释兽面所见的鼻形饰，因为与鼻形饰共在的除了龙形之外，更有其他种属的鸟与兽之类。况且许多龙头上也并没有见到这尺木之形，可见有必要从另外的角度寻求答案。

观察商周两代铜器上兽面纹的鼻子及其附加装饰，虽然有高低、宽窄和繁简的区别，可以按形态分出几个不同的类型，前后也能看出一些变化，但总体特征基本一致。这个总体特征是：下端为鼻头，中段为带左右钩状装饰的鼻梁，上端为竖立的左右对称的羽状装饰。有一种特例是，西周早期在上端另加饰有一个小兽面，造型比较繁复。

这样的鼻形及装饰，还有它在兽面上出现的位置，让我立时想到了马首装

---

[1] 萧兵：《中国上古图饰的文化判读——建构饕餮的多面相》，湖北人民出版社，2011年。

商早	
商晚	
周早	
周晚	

商周兽面纹鼻形及装饰构图比较

饰之当卢。

古代马额之当卢,考古虽多有出土,但见诸文献的记述却非常少。《诗经·大雅·韩奕》曰"钩膺镂钖",这"钖"依汉郑玄笺说"眉上曰钖,刻金饰之,今当卢也"。孔颖达疏:"钖,马面当卢,刻金为之。所谓镂钖当卢者,当马之额,卢在眉眼之上,所谓镂钖指此文也。"一些学者并不赞同汉唐学人的说法,认为"钖"与马之当卢没有关联。

或又以为当卢有"珂"之名,马用之珂。晋张华《轻薄篇》诗曰:"文轩树羽盖,乘马鸣玉珂。"梁简文帝《采桑》诗云:"连珂往淇上,接幰至丛台。"唐李贺《马》诗曰:"汗血到王家,随鸾撼玉珂。"以这样一些诗句来说明珂为马首之饰是可以的,但确认为当卢却难成定论。

古时"当卢"又写作"当颅",这倒是对的。如北周王褒《日出东南隅行》说:"高箱照云母,壮马饰当颅。""卢"可以看作"颅"的简写,"卢"亦能通"颅",汉代"头颅"又写作"头卢"。

古代马首之当卢的起源与变化一直缺乏系统研究,虽然在一些相关论述中也会提到它。有研究说,当卢只在中原地区多见,商代晚期当卢出现,但北方

824　追踪信仰:艺术考古中的动物图像

地区很少见，后来包括骑马民族也极少见到当卢，推断当卢是中土产物。①

现在所见系统研究当卢的论述出自时西奇的硕士论文，他对出土当卢进行了类型、分期、分布的分析，按形制特征分为歧角类、长条类、马面形、鱼形等四类。他认为当卢的发展分为两期，早期为西周早中期，歧角类和长条类当卢大量出现，分布遍及今河南、甘肃、宁夏、陕西、山西、河北、辽宁、山东等地区。晚期年代为西周晚期至战国中期，当卢形制发生诸多变化，已经不见歧角类、长条类当卢。②

西周时期的歧角形当卢一般都没有更多的装饰，但有的已经出现有兽面图形。更有一些当卢整体铸作兽面形，而且一般也都保留歧角形状。再观兽面上的鼻形饰，不难认定它与当卢的外形之间具有太大的相似性，而且有些当卢还保留着鼻翼的轮廓，由此我们有理由怀疑当卢的出现与鼻形饰有密切的关联。

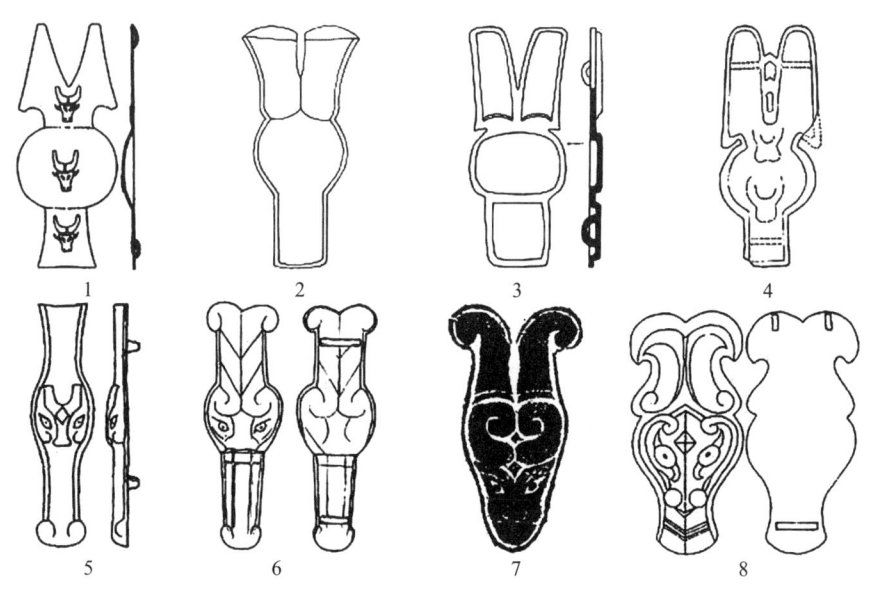

1. 宝鸡石鼓山 M3∶60　2. 洛阳北窑 M311∶6　3. 洛阳北窑 M419∶2
4. 北京昌平白浮 M3∶11　5. 洪洞永凝堡 NM9∶5　6. 天马－曲村 M6384∶49
7. 宝鸡国强 BZM7∶115　8. 宁县焦村西沟 M1∶13
（1.Bc 型；2—3.Ca 型；4.Cb 型；5.DaⅠ式；6.DaⅡ式；7—8.Db 型）

歧角类 Bc、Ca、Cb、DaⅠ、DaⅡ、Db 型当卢

---

① 崔大庸：《山东章丘洛庄汉墓出土的鎏金铜当卢》，载《文物世界》2002 年第 1 期。
② 时西奇：《中国北方出土商周时期当卢研究》，硕士学位论文，吉林大学，2016 年。

西周当卢（宁夏固原）　　　　　西周铜当卢（上海博物馆藏）

西周早期铜当卢纹饰（北京琉璃河）

西周铜当卢（私家藏品）

东周铜当卢（私家藏品）

我们再看看当卢在马首的佩挂效果，与在兽面上观看鼻形饰感觉完全相同。所以我们可以有这样一个初步的假设：当卢的创意来自兽面的鼻形饰。当然还有一些细节需要深入探讨，现在还没有到得出定论的时候。

如果未来可以得出定论，我们还要回答的问题会更多，最重要的是两者之间为何出现这样的关联？

图符象征 | 827

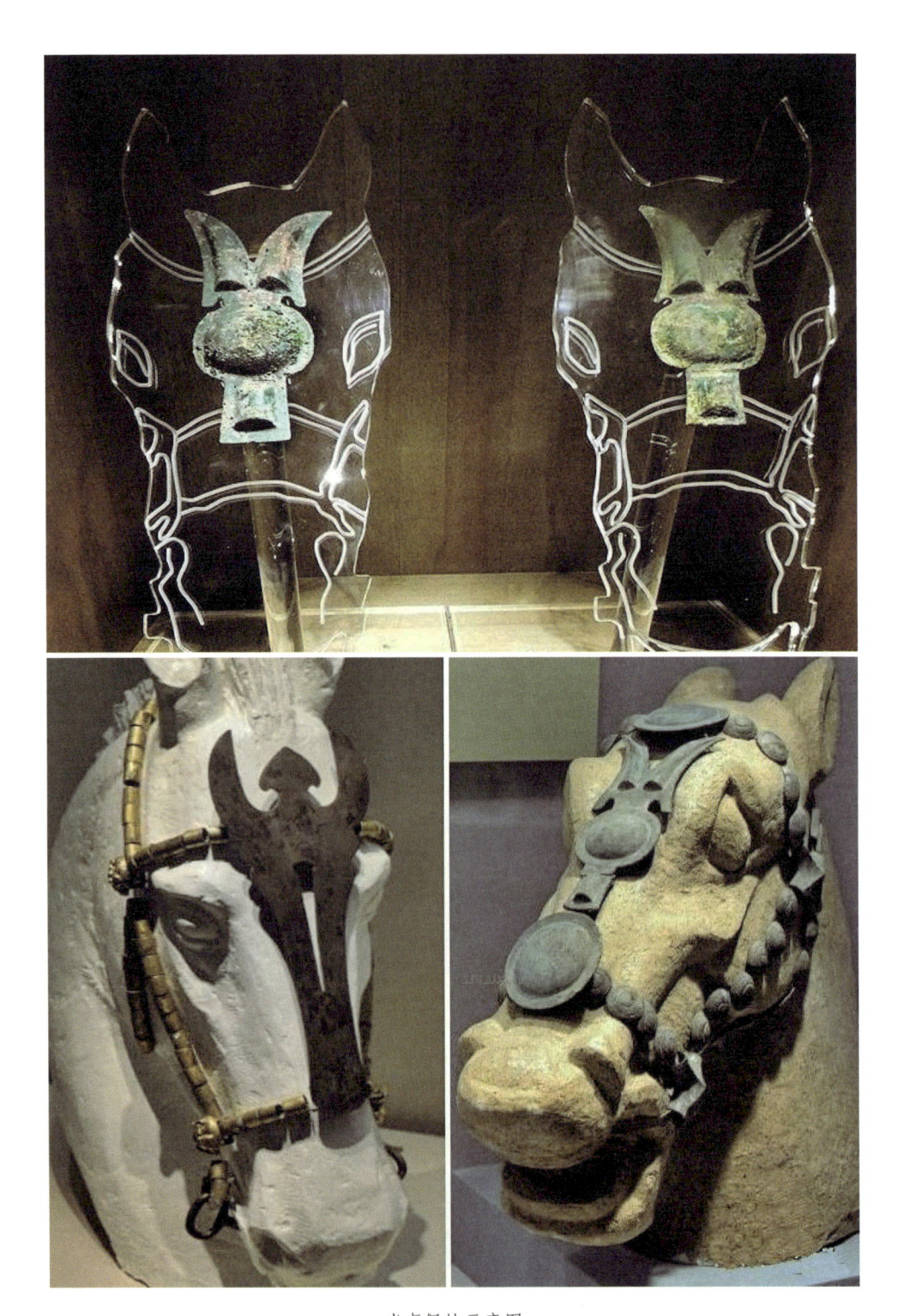

当卢佩挂示意图

828 | 追踪信仰：艺术考古中的动物图像

秦始皇陵铜车马上的当卢（秦始皇帝陵博物院藏）

寻 找 源 头

如果说当卢与青铜器上的兽面有密切关联，我们其实还可以多问一句，青铜兽面纹的特别鼻饰最早出现在什么时代，会比商代更早吗？

会，最新的考古发现，又给我们带来更多的讨论空间。这就是陕西神木石峁古城的双面神石柱，有一件石柱是在正反各采用浮雕技法雕刻一个神面，正反神面在眼形、嘴形和齿形上都有区别，不过鼻形及装饰却相同，有鼻翼夸张的大鼻头，还有带左右双钩的鼻梁装饰。这个鼻梁装饰轮廓恰如青铜兽面的鼻饰一样，后者的源头一定存在于前者之中。

石峁神面石雕是青铜兽面鼻饰图形的一个可能的源头，这个细节的发现非常重要，它为探讨三代青铜艺术的起源，寻找到一个确定的切入点。

双面神石柱及神面鼻子与装饰（陕西神木石峁遗址）

耳饰：石峁石雕杂论

我们在石峁石雕中见到一个非常特别的画面，一个人面左右伸出弯肘的双手，似撑在膝上，这显然是一个力士图像，他的脊背扛着沉重的负担。这并不是现在要讨论的重点，我们关注的是他的手臂近旁似有一个带尾的心形图案，这个图形非常打眼。

熟识古代巴蜀艺术的研究者不必思索，就会由此想到那些铜器上出现的大量手心纹。我自己看到这个画面疑惑了好些天，不明白怎么会有这样的发现，石峁与巴蜀之间难道存有如此紧密的关联？

后来细审画面，发现起先理解有误，支撑的双手没有问题，但那看作心形图案的部分其实是刻画的耳朵，而且耳下还坠有耳环，正是这耳朵与耳环一起组成了"手心形"图案。这应是一尊佩有耳环的力士像，或者就是一尊神像，也是明确见到耳环的神像。

在石峁石雕另外的神面上也是有耳环的，有一个正面神像左右耳垂处见到方形耳环，在双面神柱的四个耳廓下方也都坠有耳环。可见耳环神面在石峁的发现，应当不会是力士像一个孤例。

这类戴耳环神像在南方石家河文化和后石家河文化中有较多发现，只是石家河所见全为精致的玉雕。值得注意的是，不仅仅是神像都有耳环，而且耳形

石雕6号　　　　　　　　　　巴蜀铜器上常见的手心纹

与耳环整体构图几乎完全一样,表明具有相同的艺术思维,两者之间的联系有待进一步探讨。

石峁石雕神面像

石峁双面神石柱

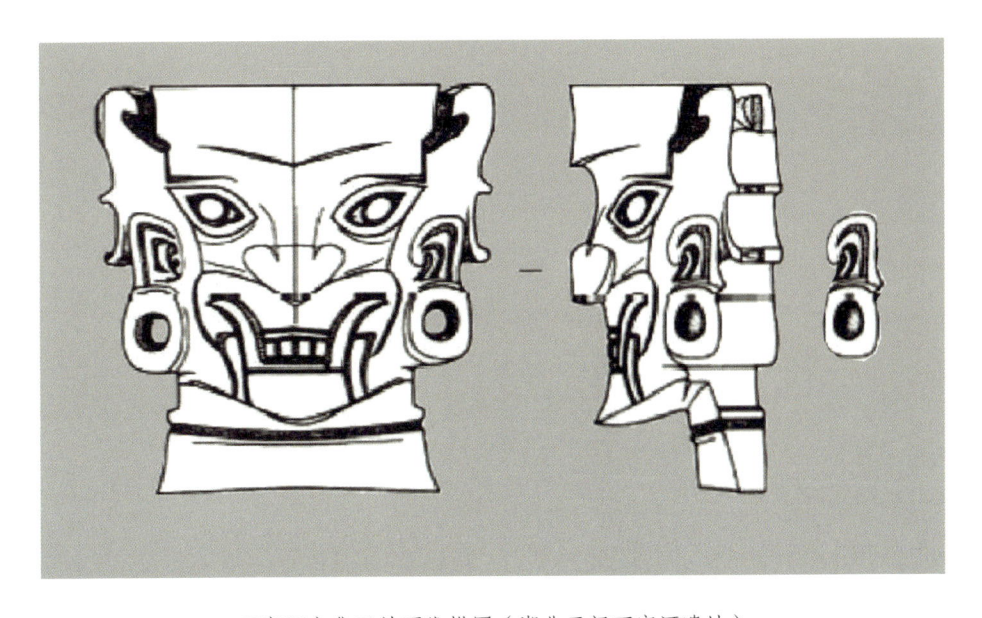

石家河文化玉神面线描图（湖北天门石家河遗址）

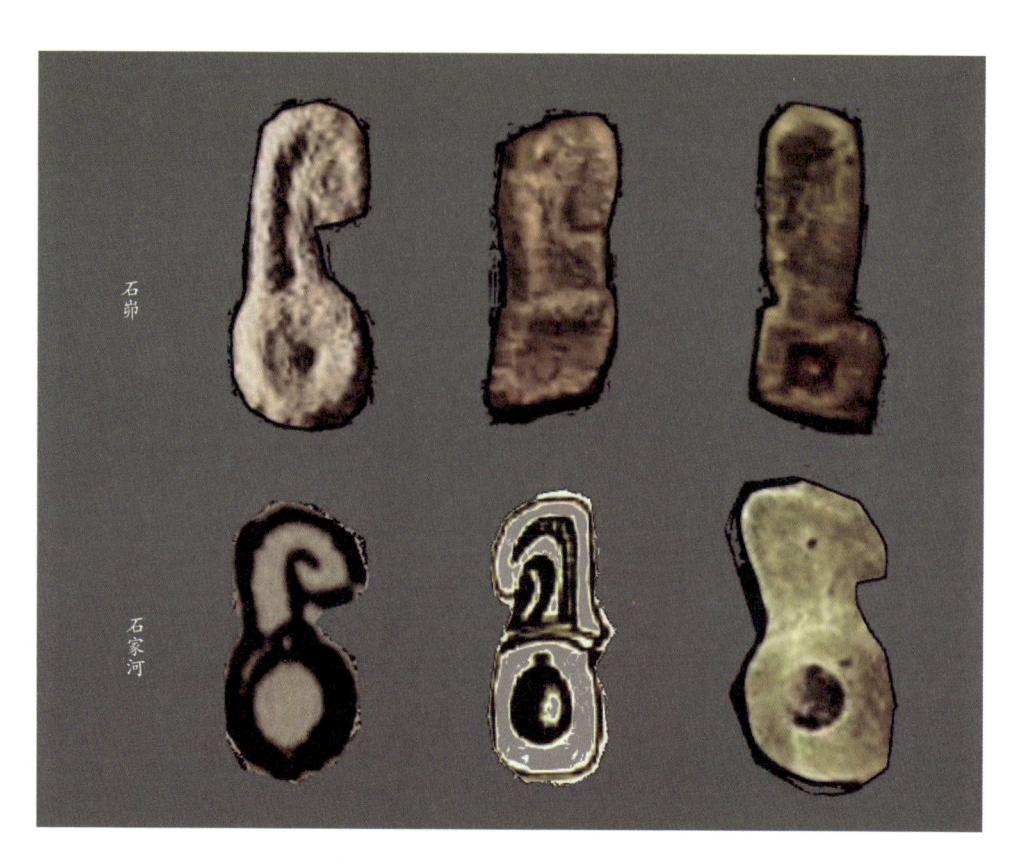

石峁和石家河神面耳形与耳饰构图比较

巴蜀徽识研究[①]

在战国至汉初的巴蜀铜器上，主要是在独具一格的兵器、工具和印章上，常常刻铸着一些具有鲜明特色的图形，包括人形、动植物形和几何形等。各类图形往往复合成不同的画面，富于变化，给人一种很强的力量感，让人觉得神秘莫测。

几十年来，研究者们从不同的角度，对这些独特的巴蜀图形进行了反复的研究。本节正是以许多已有的研究成果为基础，主要拟对巴蜀图形的单元、组合、性质等方面的问题，从考古学的角度出发，进行初步研究，谨以此求教于各位学者和专家。

发现史概说

尽管巴蜀兵器及其刻铸图形早就引起过学术界的注意，但真正科学的发现，却是自1954年发掘巴县冬笋坝和昭化宝轮院的船棺葬时才开始的。两地共发掘战国至汉初墓葬57座，墓中大都随葬有刻铸巴蜀图形的兵器、工具和印章，引起了学术界的广泛注意。[②]

大约也就是从那个时候起，即20世纪50年代以来，成都地区陆续出土了几批铸有巴蜀图形的兵器及其他器物，如北郊羊子山[③]、成都无线电机械学校[④]、西郊百花潭[⑤]、青羊宫[⑥]、东郊圣灯[⑦]、新西门外枣子巷[⑧]、京川饭店[⑨]等，都曾有重要发现。

在成都周边地区，也时常有相关重要文物出土。如郫县红光曾两度出土铸

[①] 本节中的地名与区域划分为尊重当时发掘报告所记录的实际情况，不做修改。特此说明。
[②] 四川省博物馆编：《四川船棺葬发掘报告》，文物出版社，1960年。
[③] 四川省文物管理委员会：《成都羊子山第172号墓发掘报告》，载《考古学报》1956年第4期。
[④] 四川省文物管理委员会：《成都战国土坑墓发掘简报》，载《文物》1982年第1期。
[⑤] 四川省博物馆：《成都百花潭中学十号墓发掘记》，载《文物》1976年第3期。
[⑥] 四川省博物馆：《成都西郊战国墓》，载《考古》1983年第7期。
[⑦] 成都市文物管理处：《成都市金牛区发现两座战国墓葬》，载《文物》1985年第5期。
[⑧] 四川省文物管理委员会：《成都市出土的一批战国铜兵器》，载《文物》1982年第8期。
[⑨] 成都市博物馆考古队：《成都京川饭店战国墓》，载《文物》1989年第2期。

刻文字和图形的兵器①；新都马家木椁墓出土大量兵器、工具和 1 枚印章，大都刻有巴蜀图形。蒲江东北一座墓中出土刻有 5 种图形的印章②；大邑五龙既出印章，也出兵器，都有铸刻的巴蜀图形③。此外，在简阳④、彭县⑤、新津和广汉也有一些发现，有的材料还未及正式报道。

在成都盆地北缘的绵竹清道⑥和绵阳⑦，西南部的芦山⑧、峨眉⑨、荥经⑩、犍为⑪，也不断有所发现，大部分地点都进行过科学发掘，出土了不少带有巴蜀图形的兵器、工具和印章。另外在峨边、雅安、汉源，也曾有一些零星发现⑫。

在川东地区，除了巴县以外，涪陵小田溪⑬、奉节盔甲洞⑭也有相当重要的发现，奉节为四川境内出土巴蜀兵器的东限。

这些发现大体分为川东和川西两个大区，川北大体归属于川东大区，这是古代巴蜀活动的主要区域。四川以外的地区也曾出土一些类似的巴蜀兵器，由于材料不大系统，这里不拟进行过多讨论。

---

① 李复华：《四川郫县红光公社出土战国铜器》，载《文物》1976 年第 10 期；郫县文化馆：《四川郫县发现战国船棺葬》，载《考古》1980 年第 6 期。
② 四川省文管会、蒲江县文物管理所：《蒲江县战国土坑墓》，载《文物》1985 年第 5 期。
③ 四川省文管会、大邑县文化馆：《四川大邑五龙战国巴蜀墓葬》，载《文物》1985 年第 5 期；四川省文管会、大邑县文化馆：《四川大邑县五龙乡土坑墓清理简报》，载《考古》1987 年第 7 期。
④ 四川省博物馆、简阳县文化馆：《四川简阳出土的战国青铜器》，见文物编辑委员会编：《文物资料丛刊》（3），文物出版社，1980 年，第 207—209 页。
⑤ 四川省文管会、赵殿增、胡昌钰：《四川彭县发现船棺葬》，载《文物》1985 年第 5 期。
⑥ 四川省博物馆、王有鹏：《四川绵竹县船棺墓》，载《文物》1987 年 10 期；四川省博物馆、绵竹县文化馆：《四川绵竹县西汉木板墓发掘简报》，载《考古》1983 年第 4 期。
⑦ 何志国：《四川绵阳出土战国铜兵器》，载《文物》1986 年第 3 期。
⑧ 陆德良：《四川芦山县发现战国铜剑及印章》，载《考古》1959 年第 8 期。
⑨ 陈黎清：《四川峨眉县出土一批战国青铜器》，载《文物》1986 年第 11 期。
⑩ 李晓鸥、刘继铭：《四川荥经县烈太战国土坑墓清理简报》，载《考古》1984 年第 7 期；四川省文物管理委员会、荥经严道古城遗址博物馆：《四川荥经同心村巴蜀墓发掘简报》，载《考古》1988 年第 1 期。
⑪ 四川省博物馆：《四川犍为县巴蜀土坑墓》，载《考古》1983 年第 9 期；王有鹏：《四川犍为县巴蜀墓发掘简报》，载《考古与文物》1984 年第 3 期。
⑫ 王有鹏：《犍为巴蜀墓的发掘与蜀人的南迁》，载《考古》1984 年第 12 期。
⑬ 四川省博物馆、重庆市博物馆、涪陵县文化馆：《四川涪陵地区小田溪战国土坑墓清理简报》，载《文物》1974 年第 5 期。
⑭ 童恩正：《记瞿塘峡盔甲洞中发现的巴人文物》，载《考古》1962 年第 5 期。

巴蜀图形单元分类

铸刻在巴蜀兵器上的图形，表现为各种不同的单元，或称作母题。图形以多单元的组合形式为主，少数情况下以独立的单元出现。四川省博物馆的刘瑛，曾将所见巴蜀图形归纳为 17 种[①]，这 17 种包括了不少组合形式，并不全是单个的母题。我将出现较多的图形单元区分为 27 种，其他出现频率较低的不在此列。我们先来排比这 27 种图形单元，以便进一步对它们互相之间的组合规律及分布地域做初步探讨。

1. 虎形（A）

巴蜀图形的主体，在多数情况下都是虎形，大部分铸有图形的兵器都少不了虎形。虎形不仅较大，而且往往出现在最重要的位置，居于其他图形的上方，铸刻也较为精细。

虎形大体可分为侧式、俯式和虎头三类。以侧式最常见，凡出土巴蜀兵器的地点，几乎都有发现。侧式虎形的虎头向上，虎尾微上卷。虎背有时并铸双翼，有翼虎见于昭化宝轮院、成都圣灯和无线电机械学校、简阳、广汉、犍为金井、涪陵小田溪。此外，还有一种长舌虎形，长舌如齿带，主要见于川西的成都、郫县、荥经、简阳、犍为等地，川东川北没有发现。

俯式虎形不多见，仅在川西有发现。成都京川饭店出土的一件矛上，骹两面均铸有伏虎。犍为五联的一件戈上，则铸有背饰双翼的伏虎，时代约可早到战国前期。

虎头形上有大耳，下有獠牙，一般与其他图形组合在一起，见于峨眉符溪、巴县冬笋坝和涪陵小田溪。

虎形几乎同其他图形都存在组合与共存关系，仅除鱼形外。但是虎形与其他图形的组合，似乎也看不出明显的内在联系，它的位置有时被其他图形所取代，对此后面有详述。

2. 鸟形（B）

鸟形同虎形一样，在常见的巴蜀图形还没大量出现时，它就已经出现在兵器的铸纹中了。鸟形分侧式和俯式两种。侧式以成都百花潭 M10、京川饭店和

[①] 刘瑛：《巴蜀兵器及其纹饰符号》，见文物编辑委员会编：《文物资料丛刊》（7），文物出版社，1983 年，第 13—23 页。

绵竹清道所见最为特别，呈大头长喙形，鸟体显得极小。这类鸟形大约时代稍早，晚期不多见。侧式飞鸟形还见于犍为，与手形共存。

俯式鸟形在战国早期的戈上可以见到，峨眉符溪的一件戈上也有。广汉征集的一件矛上也见到俯式鸟形，与虎形同在。巴县冬笋坝M56剑上的被当作人体的图形，可能也是俯式鸟形。

鸟形少见于川东地区，它没有进入太复杂的图形组合，可能在战国后期即行消失。

3. 蝉形（C）

蝉形可以说是矛上的专用图形，其他器物上极少见到。蝉形皆为俯式，注重图案与写实相结合，刻画细腻。

单体蝉形见于犍为和符溪，与其他图形组合的蝉形见于绵竹、犍为、郫县、成都和简阳。可见蝉形主要也分布在川西地区，与鸟形相同。

在成都出土的带鞘双剑上，见到一种左右对称的几何图形，它的一半与蝉形相似，被认为是图案化的蝉形，大概问题不大。不过，蝉形一般是不用于剑体铸纹的，这算是一个例外。

4. 鱼形（D）

最形象的鱼形见于巴县冬笋坝，M9所出两件钺上都铸有鱼形。绵竹清道土坑墓所出土数十件兵器工具，大都铸有鱼形。彭县太平出土的钺上，也见到类似鱼的图形。这些有鱼形的巴蜀兵器和工具，大部分时代早到战国中期上下，没有太晚的例证。鱼形的消失是否为别的图案化单元所取代，现在还没有发现可靠线索。

5. 鹿形（E）

鹿形虽然铸刻甚小，但是写实性很强，角、尾毕具，身饰圆点纹。

鹿形从不单独出现，一般都合铸在复杂的图形组合形式中。

6. 蛇形（F）

蛇形标本发现并不是很多。写实的蛇形见于巴县冬笋坝M52的剑，不与其他单元组合。昭化宝轮院M14的剑上，蛇形与手形共在，一望而知，它与常见的手心形组合（K1）相似。蛇形不与心形同组，在这里却占据着心形的位置，这为我们了解心形的原型提供了比较重要的线索。

在新津机场和峨眉符溪的矛上，还见到双触角式蛇形，都包含在比较复杂的组合形式中。川西地区的蛇形与川东川北的区别，可能正在这里。

7. 人形（G）

人形铸刻比较抽象，往往仅见一轮廓。有人头形，也有全体形，基本为裸体或着紧身装的式样，跪姿、立姿都有。所见近20例人形，主要根据头饰的细微区别，分为下面6种：

一是无发式。头面光光，仅见凸出的双耳。见于大邑五龙M1的剑、M3的戈和矛，巴县冬笋坝M65的剑。还见于刘瑛文章著录的一件矛，可能在成都附近出土。无发式人形分布广泛，仅不见于涪陵小田溪。新都马家大墓方印上的两个人形，似乎也没有头发。

二是披发式。头面一侧飘散着发丝，且仅见一侧。在郫县红光的一件矛上，正背均有披发的人头。

三是平帽式。头戴平顶冠，腰佩短剑，呈跪姿。涪陵小田溪M1的剑上有一例，刘瑛文章著录一件，不明出土地点。

四是独髻式。头顶有略为倾斜的尖角状发髻，或者不是发髻，只是头饰。独髻人形见于郫县红光刻有巴蜀文字的戈上，又见于方濬益《缀遗斋彝器考释》著录的一件錞戈上[1]。巴县冬笋坝M4的矛上见一独髻人首形；还有万县出土的一件錞于上[2]，也铸刻着相同的人首。昭化宝轮院M14的矛头上也有一独髻人首，但没有明显的尖角。峨眉符溪一矛，也有独髻人形。成都白马寺也有相似的发现。

五是丫髻式。头顶双髻呈丫形，铸有这类人形的兵器发现较多，至少已有7件。峨眉符溪见到2件，一戈一矛，人形有跪有立，腰均佩剑。巴县冬笋坝见到2件，一剑一矛，剑上只见人首，戈上为佩剑立人。卫聚贤《巴蜀文化》提到成都白马寺出有一矛[3]，铸有一持剑丫髻立人。刘瑛文章中也著录有一件铸丫髻人头的矛，出土地点不明。

六是山冠式。头戴标准山形冠的人形，仅见2例。其一即成都白马寺出土的一件戈，著录于卫聚贤《巴蜀文化》一文。白马寺戈铸有四龙，有两龙背上各骑着一个持剑的人，首戴山形冠。巴县冬笋坝M6的一件矛上，也铸有一个戴山形冠的立人，但没带兵器。

---

[1] 方濬益：《缀遗斋彝器考释》，商务印书馆，1935年。
[2] 卫聚贤：《巴蜀文化》，载《说文月刊》1942年第7期。
[3] 卫聚贤：《巴蜀文化》，载《说文月刊》1942年第7期。

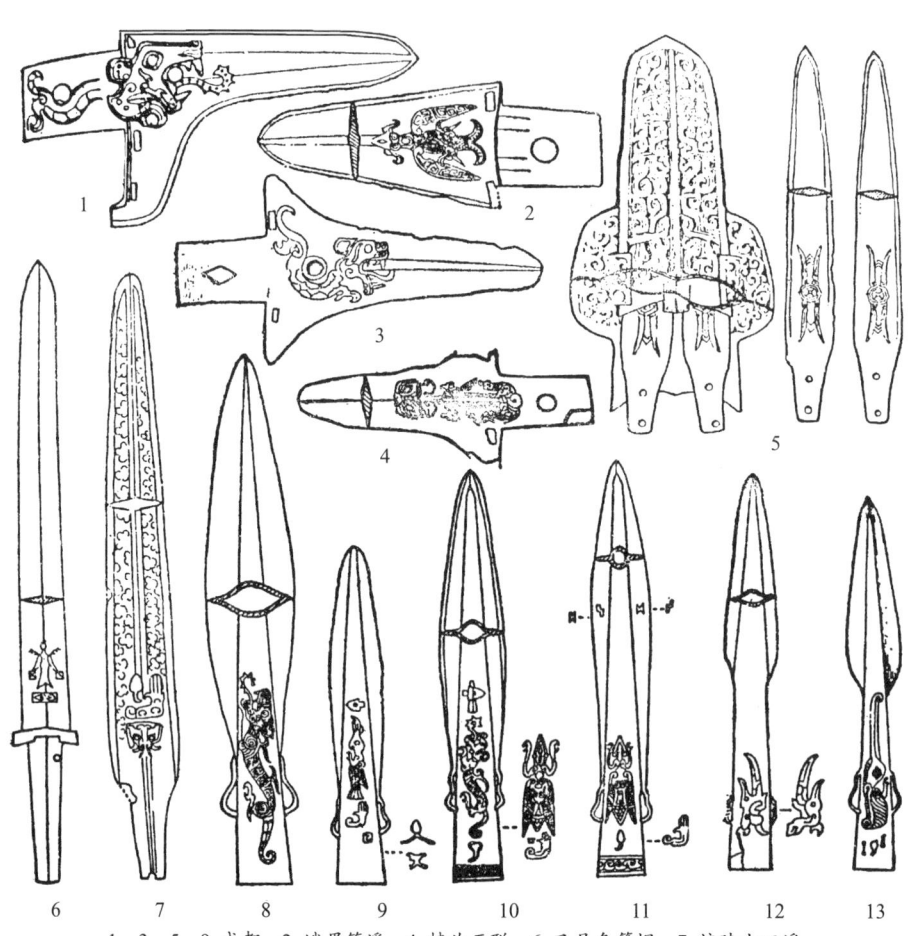

1、3、5、9.成都　2.峨眉符溪　4.犍为五联　6.巴县冬笋坝　7.涪陵小田溪
8.刘瑛文章著录　10、11.简阳糖厂　12、13.绵竹清道

虎形、鸟形和蝉形

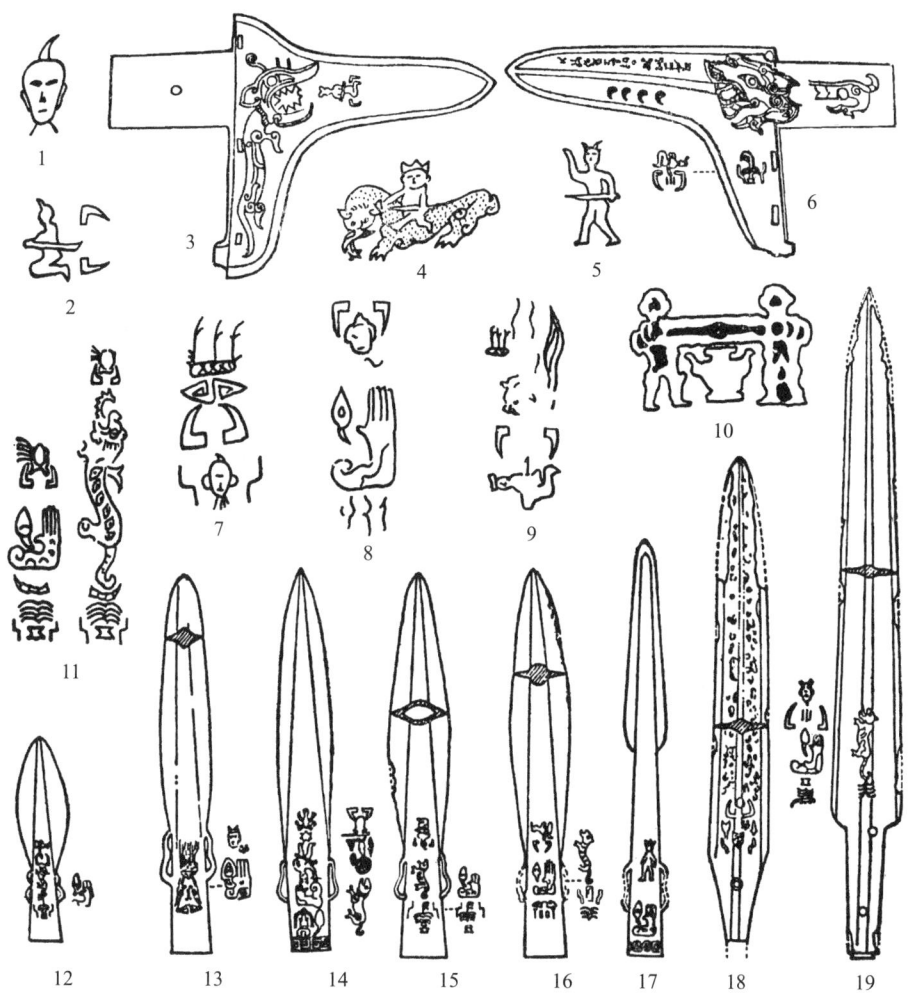

1. 四川大学藏　2、4、5. 成都白马寺　3、14、15. 峨眉符溪　6、11. 郫县红光
7、17—19. 巴县冬笋坝　8. 昭化宝轮院　9. 涪陵小田溪　10. 新都马家
12、13、16. 刘瑛文章著录

人形及其组合

图符象征 | 841

8. 亚腰形（a）

有四个尖角的亚腰形，是巴蜀图形中常见的几何图形。亚腰形除了个别矛锋上见到单体外，多与双弧形一起构成复合图形。较早的亚腰形可在新都马家的箭镞上看到，要早到战国中期以前。亚腰形在战国中晚期兵器上广为铸刻，印章上偶尔也能见到。它没有特定的分布范围。

9. 双弧形（b）

双弧形曾称波浪纹、虎形花纹等，其基本构成为两条相连的弧线，所以我们称之为双弧形。双弧至少以平行的两排出现，通常为三排或四排。双弧形出现也在战国中期以前，新都马家的耳杯和绵竹清道的戈上，都见到过两排或三排的双弧形。

双弧形通常在较复杂的组合中出现，与亚腰形、双折线等构成固定的组合形式。它也没有特定的分布范围，使用广泛。

10. 笋尖形（c）

笋尖形或称虎尾、竹笋形，究竟为何物，不好论定，或许确为虎尾。

笋尖形从不单独出现，一般横在双弧形上方或下方，构成更复杂的双弧式组合。铸有笋尖形的兵器只见于川北的昭化宝轮院和川东的巴县冬笋坝与涪陵小田溪。郫县红光也曾发现一例，由于是孤证，不排除它的原产地也是川东。

11. 双折线（d）

一对左右相对的折线，拐了两个直角形的弯，很像一双捧物上举的手，也像一个兽面下颌的外廓。双折线也极少以单独的形式出现，经常在兵器上的双弧式组合中见到。在印章和其他铜器上也能见到双折线，都是作为复杂组合中一个包在外围的单元出现的，表现出一种大一统的意味。

带有双折线的组合图形，以川西地区发现的为多。

12. 尾羽形（e）

像鸟尾的羽毛，又像扫帚形状，由十分简练的线条构成。尾羽形见于峨眉符溪、郫县红光和广汉，均用于复杂的组合形式中。

尾羽形不与鸟形共存，但分布地域与鸟形相同。鸟形消失后，可能由尾羽形代之，尾羽也成了鸟的象征。尾羽形仅见于川西地区。

13. 网格形（f）

所谓网格形，指外框大致为方形的网格形状，网线并不垂直，网眼不规则，有大有小。网格形出现的机会较多，大邑五龙见过这样的石印章，断代为战国早期。它还见于巴县冬笋坝 M4 的戈上，与豆荚形同在。它更普遍运用于复杂的双弧组合，遍于川东川西，是一个很值得注意的图形。

14. 栅栏形（g）

下部像圈围的栅栏，上部有三枝草木形。巴县冬笋坝 M4 的矛、M50 的戈，涪陵小田溪 M1 的兽头构件和剑、M3 的矛，绵阳的剑，都铸有这样的栅栏形。刘瑛文章著录一矛一剑，以及上海博物馆收藏的一戈，[①] 也都铸有栅栏形，只是出土地点不明。

估计栅栏形的分布仅限于川东和川北，具有明显的地域特征。

15. 草木形（h）

在两三根平行线象征的大地上，树立着两根枝杈，这就是我们说的草木形。大邑五龙 M2 见到单独铸在剑上的草木形，也有与心形组合在一起的草木形。另外，在广汉、犍为、昭化宝轮院及巴县冬笋坝，也见到组合复杂的草木形，表明它的分布也没有特定的地域。

16. 回形（i）

整体为菱形的回形，在兵器上单独出现的例子不多，仅涪陵小田溪 M3 的矛上有一例。回形多与虎形组合，见于犍为金井和绵竹清道等地。也有与鸟形（巴县冬笋坝 M56 的剑）、蝉形（成都圣灯的矛）、手心形（刘瑛文章著录的矛）组合的例子。回形的分布，也没有特定地域。

17. 王形（j）

王形问题，已有多家辨明，它不一定是汉文的王字。见于兵器上的王形并不太多，有郫县红光的矛、成都京川饭店的矛、巴县冬笋坝 M50 的戈与钺。涪陵小田溪 M2 的钲、M3 的斤，成都羊子山 M172 的罍，也都铸有王形。

王形更多见于印章，有一些固定的组合形式，此处不拟做进一步的讨论。

18. 心形（k）

心形是个比较神秘的图形，它出现的机会多，而且常常居于各类图形组合的醒目位置，所以很受研究者重视。

心形类似扑克牌的黑桃，最早是卫聚贤所定的名称。人们根据它的形状，充分发挥自己的想象，为立论寻找根据。有的说它是花蒂，也有的说它是白海螺，还有的说它是蛇首，很少进行严格的论证。我们认为它应是蛇形的缩影，巴蜀以外的许多战国铜器上都有蛇形，蛇首大而呈心形。简阳糖厂出土的戈上，

[①] 沈之瑜：《𩵋𥪡果戈跋》，载《文物》1963 年第 9 期。

铸有数条大头的蛇（或龙），蛇首也是心形，吻前还伸出了尖尖的舌头。前述昭化宝轮院 M14 的剑，蛇形代替心形而与手形组合，也表明心形与蛇形的对等关系。我们说的心形，大约真是蛇首的图案化。为了便于阐述，也因为没有仔细论证，我们仍称它为"心形"，但并不是认为它就是心脏的形象。

心形与手形的组合是最常见的形式，川东川西都可见到。不与手形组合的心形也有例子，巴县冬笋坝有，广汉、简阳、新都、绵竹、峨眉、成都均有发现，有一些例证的时代肯定偏早。不与任何图形组合的独立心形，仅见于绵竹清道，时代早到战国中期。

心形有时还成对出现，这在器具上不多见。新都马家的耳杯上见到这样的双心形，绵竹清道的铜削上也有双心形，时代都比较早。双心形惯常在印章上使用，成为不可缺少的单元，巴县冬笋坝还发现过独心形的圆形小印章，是少见的单图印章。

19. 手形（l）

兵器上所铸的手形实际上是一整个手臂，五指毕具，手指平伸，大拇指翘起。手臂一般向器锋右边弯曲 90 度上举，少数向左或向下。手形和心形大量铸刻在剑和矛上，绝不用于戈和钺。另外，手形也极少在印文中使用。

我们已经谈及手形与心形的"伙伴"关系，它们常常形影不离。手形也有单独出现的时候，如巴县冬笋坝 M7 和 M9 的剑，还有简阳糖厂的矛。手形在少数情况下也与别的单元组合，如犍为的剑（手与鸟）、符溪的矛（手与铎）、郫县的矛（手与蝉、王）、广汉的矛（手与虎）、新津的矛（手与王）、成都的剑与矛（手与虎、手与蝉、手与鸟）、绵竹的矛（手与蝉）等。此外，还见到双手形，如巴县冬笋坝征集的剑等。

20. 戈形（m）

包括其他兵器图形钺和矛等在内。矛形见于巴县冬笋坝 M11，钺形见于峨眉符溪。无胡戈形见于简阳和成都无线电机械学校，长胡双戈见于昭化宝轮院、峨眉符溪、广汉以及方濬益《缀遗斋彝器考释》，均与鹿形和手心形等构成复杂组合形式，也算是一种比较固定的组合。

21. 双丫形（n）

双丫形指两个并列的丫形，它们之间往往夹带有别的图形。见于彭县太平的钺，可早到战国中期；刘瑛文章著录的一件矛上也有双丫形，中间夹带两个小方形，上面还有回形、人形和手心组合，时代可能较晚；巴县冬笋坝 M4 的钺也有双丫形，M65 的钺上则见到一例单丫形，时代晚到汉初。

看来，双丫形多铸刻在钺上。

22. 丫角形（o）

形如分叉的鹿角，见于成都圣灯的矛、涪陵小田溪M2的钲。丫角形也是印章上常用的单元，有时出现在很重要的位置。

23. 铎形（p）

铎形也只是铎的一个大致轮廓，在大邑五龙M3的矛、峨眉符溪的矛、巴县冬笋坝M65的剑上都能见到，均与其他单元组合在一起。

铎形更多见于印章，详见后述。

24. 双齿形（q）

双齿形是一对直角形的图样，一端尖锐，一端平齐，它被认作虎牙，未必是实。它常与人形同铸，也是一种比较固定的组合形式。

成都无线电机械学校出土的一件带钩上，也铸有双齿形，但不见人形，是少有的例外。在印章上偶尔也见到双齿形，亦不与人形同在。

25. 凸形（r）

凸形外廓为凸字形，见于新津机场的矛、绵竹清道的矛和涪陵小田溪M3的矛，偶尔也见于印章。

26. 小方形（s）

小方形可能属于网格形的简化形。它与网格形一样，经常出现在双弧式组合中，大邑、郫县、绵竹、犍为都能找到这样的例子，主要分布在川西地区。

27. 豆荚形（t）

弯弯的豆荚，末端还连带蒂柄。虽说比较形象，但也不一定真的就是豆荚。单体的豆荚形见于大邑五龙M1的斤；巴县冬笋坝M4的戈上，豆荚形与网格形同在；犍为金井剑上的豆荚形为一对，连为一体。其他地点还没有见到铸有这种豆荚形纹的兵器。

我们所见到的图形单元还有一些，如耳形、尊形、船形、山形等，由于例证较少，而且在兵器上也不多见，所以不再细列。

各类图形单元相互组合的关系及共存的机会，我们已概略谈到一些。详细情形，可参见表6，各单元相互间的关系，在表上反映得比较清楚。

巴蜀图形组合特征

在分别叙述了图形单元的特征之后，我们可以比较便利地来研究它们的组

表 6　各类图形单元组合及共存关系

注：√表示组合关系；▲表示共存关系。

合规律及特征了。巴蜀图形的组合形式极多，经过对比分析，我们归纳出 9 种比较重要的代表性组合，它们也是比较常见的一些组合。

1. 双弧组合

双弧组合是最常见的组合之一，以双弧形、亚腰形和双折线为基础构成，然后再配以其他互为区别的单元图形，构成不同的组合形式。有时，也有省却双折线的例子。

双弧组合又有 4 种主要的形式：

第一种为双弧、双折、亚腰形与网格形组合（abdf），见于涪陵、巴县、荥经、大邑、郫县、成都、昭化宝轮院，分布最广。新都马家一枚箭镞上铸有这种组合（无双折线），是出现较早的一种组合形式。

第二种与第一种大体相同，改网格形为小方形（abds），见于绵竹、大邑、

846 | 追踪信仰：艺术考古中的动物图像

郫县、犍为等地，主要见于川西地区。

第三种也与前两种结构相同，改网格形为笋尖形（abdc），见于涪陵、巴县、昭化宝轮院，主要分布在川东川北地区，川西的郫县发现1例，是个例外。

第四种也基本与前几种相似，改网格形为尾羽形（abde），见于郫县、广汉和峨眉，为川西地区所特有。

双弧组合的几种形式，以及它们与虎形的组合形式，还有它们的区域分布，参见表7。

表7 几种双弧纹组合的地区分布

地点	1	2	3	4	5	6	7	8	9	10	11
巴县			√					√		√	
涪陵								√			
昭化宝轮院								√			
绵竹									√		
成都		√	√	√							
广汉						√		√			
大邑		√							√	√	
郫县					√		√		√		√
新都	√		√								
峨眉						√					
荥经			√	√							
犍为									√		
其他			√		√		√	√	√		

注：组合形式中虎形有时为手心形；"√"表示有。

2. 虎形组合

重要的虎形组合，都是在上述双弧组合基础上再配一个侧式虎形，所以也可分为4种组合形式（Aabdf、Aabds、Aabdc、Aabde），它们的分布规律也与对应的4种双弧组合相同。

3. 手心形组合

手心形组合主要有简式和复式两种。简式指唯有手形与心形的组合（kl），多见于昭化宝轮院、涪陵小田溪、巴县冬笋坝、绵竹清道、峨眉符溪、荥经同

图符象征 | 847

心村和成都附近。

更多的时候，这种手心形组合又与其他单元进行新的组合，构成复式组合，较常见的是手心双弧式组合（abcdekl、abcdfkl）。实际上，这与虎形双弧组合完全相同，只是以手心形替代了虎形而已。我们通过查证，得知这种替代可能是一个通例，经常可以看到在同一件兵器上，正面为手心形双弧组合，而背面却是虎形双弧组合，透露出虎形与手心形的对应关系，这一点十分重要，令人感到非常有趣，对弄清众说纷纭的手心形组合的真正意义极有帮助。这类例子可举出不少，如昭化宝轮院的剑、绵竹清道的剑、郫县红光的矛、荥经同心的剑、峨眉符溪的矛、巴县冬笋坝的剑、大邑五龙的剑，都有以手心形替代虎形的组合。

还值得提到的是，手心形与虎形除极个别例子外（成都圣灯），绝不在一起出现。表明它们确实可能具有相同的意义，不必同时出现。当然也见到几例虎头与手心形组合的证据，虎头在手心形下方，似乎是一个注解，说明人手如虎。

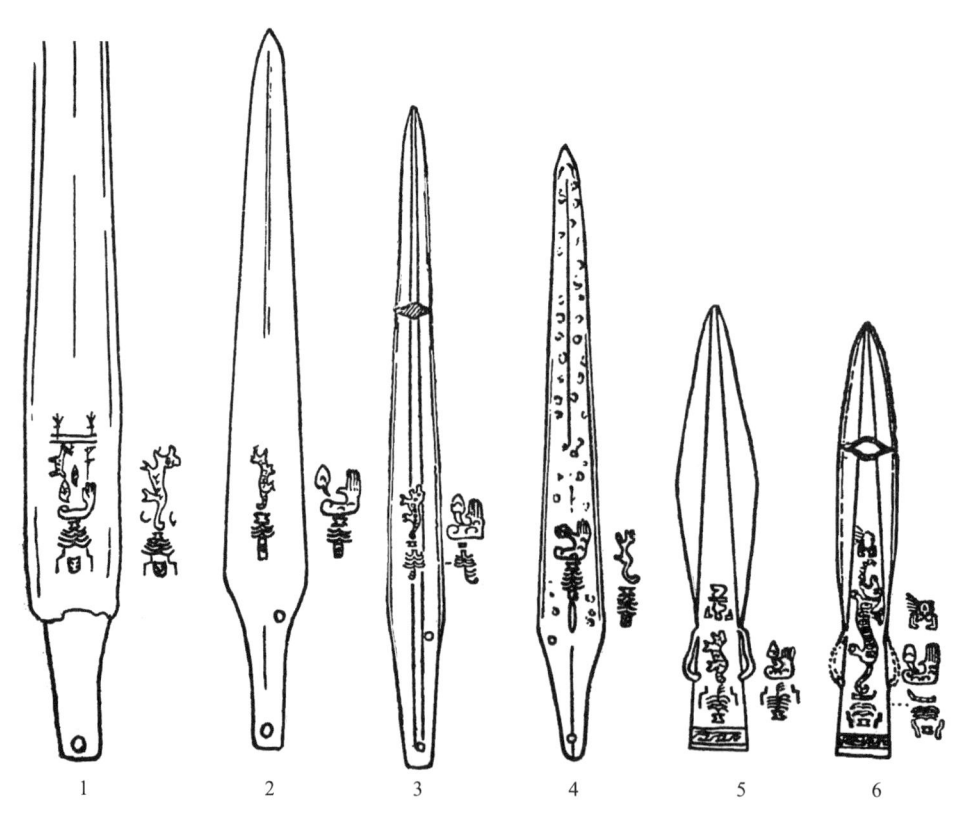

1. 昭化宝轮院 2. 绵竹清道 3. 刘瑛文章著录 4. 大邑五龙 5. 峨眉符溪 6. 郫县红光

虎形与手心形替代举例

848 | 追踪信仰：艺术考古中的动物图像

如此看来，手心形并没有那么神秘的意义，它只是虎的一个替形，不必拐很大的弯子对它细做解说。

手形除与心形组合外，在通常该是心形出现的位置，也能看到亚腰形（成都、简阳、犍为）、蛇形（昭化宝轮院）等，但这类例子并不太多。

4. 人首与人形组合

人首与人形最常见的组合，是人形双齿式组合（Gq），有人形必有双齿形，很少有例外。遗憾的是双齿形意义不明，有人释为虎牙，缺乏论证。人形组合形式大体有以下几种：

第一种为单体人形双齿式组合（Gq），双齿形中间夹带一个人形，见于峨眉符溪和郫县红光的戈，还见于方濬益《缀遗斋彝器考释》的著录。戈上虽同铸有大头虎形，但与人形并无直接的联系。

第二种为人形手心组合，有近10例，也可分简式组合和复式组合两种。简式组合只有人形和手心形（Gkl），见于巴县冬笋坝M6的矛和昭化宝轮院M1的矛，还有刘瑛文章著录的一件矛。复式组合是在简式组合基础上另加双弧组合（Gklabdcq、Gklabdeq）等，见于巴县冬笋坝M34的剑、郫县红光的矛。

第三种为人虎双弧式组合（GAabdcq、GAabdeq），也是一种复式组合，是在第二种复式组合基础上变化而成，以虎形替代了手心形，见于郫县红光的矛和刘瑛文章著录的一件矛。

人手心双弧组合与人虎双弧组合，是最完备的组合之一，有的标本（如巴县冬笋坝M34的剑）要晚到秦汉之际，可以认为这是巴蜀图形组合愈来愈繁的结果，这种发展趋势的脉络比较清晰。

还有其他一些人形组合，形式也比较复杂，组合单元在4个以上，也不大规则，见于大邑、峨眉、巴县和涪陵等处。峨眉符溪的发现很值得注意，那里的人形组合多且全，几乎包罗了全部几种形式。

5. 蝉形组合

蝉形一般不用于比较复杂的组合形式中，也可能我们还没有识别出它的简化形状，不知复式组合中是否包括蝉形。

蝉形与手形的组合机会较多，大致有下面几种：

第一种为蝉手亚腰形组合（Cla），见于成都无线电机械学校、简阳和犍为。

第二种为蝉手王形组合（Clj），见于郫县红光。

由于蝉形只见于川西，所以这些蝉形组合也都限于川西地区。

6. 鹿戈形组合

这也是最复杂的组合形式之一，为9种单元的组合。典型的发现见于广汉和昭化宝轮院，都是9种单元的组合。8个相同的单元：草木形、鹿形、双戈、心形、手形、双弧形、亚腰形、双折线。1个不同的单元：广汉的为尾羽形，排列为 ehmklabde；宝轮院的为网格形，排列为 ehmklabdf。符溪的一件矛上也有鹿戈形组合，但上缺草木形，下缺双弧组合，可能年代略早。方濬益《缀遗斋彝器考释》也著录有鹿戈形组合，但缺中部的手心形。

7. 双折线组合

双折线组合最常见的形式，都已包括在前述双弧形组合之中。除了那几种常见组合外，双折线还以同样的方式，同其他单元构成更广泛的组合形式。这些组合形式有：

一是双折线凸形组合（dr），见于涪陵小田溪。

二是双折线王形（dj），见于涪陵小田溪。

三是双折线小方形和栅栏形组合（dsg），见于刘瑛文章著录。

四是双折线双心亚腰形组合（dka），见于成都无线电机械学校。

五是双折线双心回形组合（dki），见于荥经烈太和刘瑛文章著录。

六是双折线矛形戈形组合（dm），见于巴县冬笋坝。

其他双折线组合尚有10多种。一共有20多种，遍见于川东和川西。

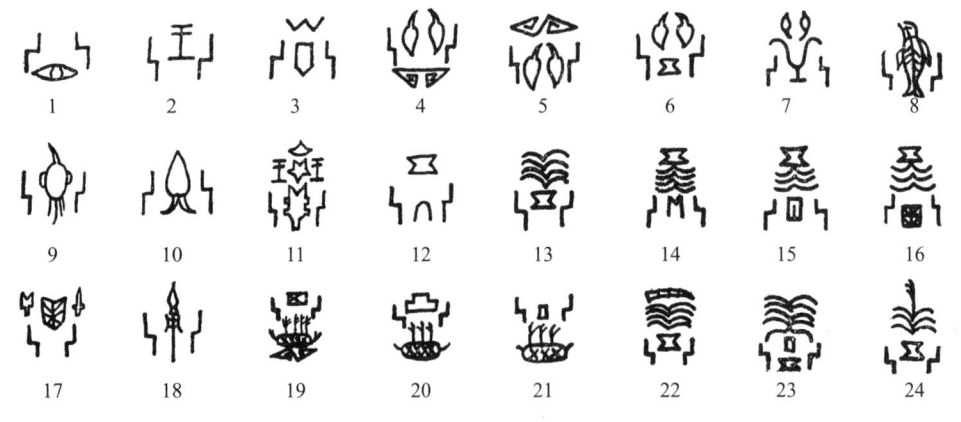

1、3.芦山清仁　2、20.涪陵　4、14、21.刘瑛文章著录　5、6、11.荥经烈太
7.犍为五联　8、9、17、18.巴县冬笋坝　10.成都　12.犍为金井　13.广汉
15.犍为五联、大邑五龙、广汉、绵竹清道、郫县红光　16.成都、荥经烈太、昭化宝轮院
19.上海博物馆藏　22.郫县红光　23.方濬益《缀遗斋彝器考释》著录　24.广汉、郫县红光

双折线组合样式

8. 栅栏形组合

栅栏形仅见于川东的涪陵和巴县以及川北的绵阳，它与其他单元的组合不大规则，也就是说，同一种组合形式不易重复发现。但也有一些值得注意的规律，如栅栏组合中不止一次地出现回形，见于冬笋坝M4的矛和上海博物馆收藏的戈，与回形共存的例子还见于小田溪M3的矛。它还有与双折线和小方形同组的例子，见于上海博物馆的戈和刘瑛文章著录的剑。

栅栏形组合是川东川北地区特有的组合形式，具有重要意义。

9. 铎形组合

铎形在兵器上不多见，在大邑五龙M3的戈和峨眉符溪的戈上，它均与心形组合在一起，这种情形也见于印章。铎形更多出现在印章上，所以在此我们主要谈谈刻有铎形组合的印章。

铎形组合印章出土较多，见于巴县冬笋坝、犍为五联和金井、蒲江东北、荥经那太、新都马家，也有一些传世

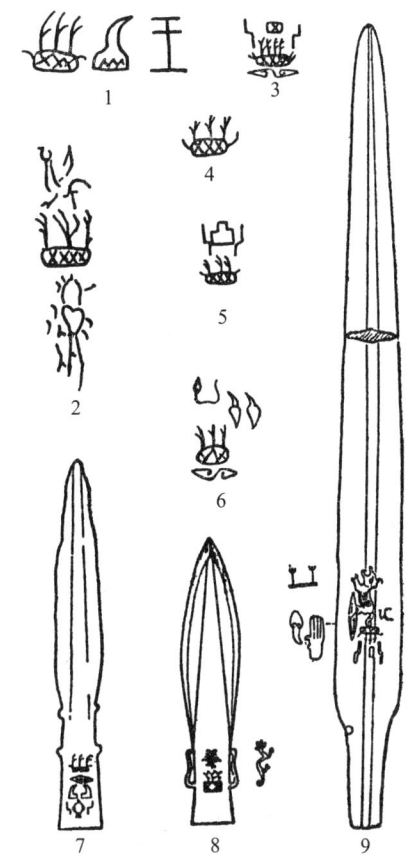

1、2、7.巴县冬笋坝 3.上海博物馆藏
4、5.涪陵小田溪 6.绵阳 8、9.刘瑛文章著录

栅栏形组合

品①，共有10多枚。其中以新都马家大墓所出大方印最为重要，印文上方为对称的双铎，刻双铎的印还见于犍为金井。其他印仅刻单铎，有时居中，有时靠边。在印中与铎形存在较多组合机会的，有王形、心形和回形等。

通过对巴蜀图形各种组合形式的初步分析，我们可以得出这样几点认识：

（1）各种组合的地域分布比较明确，可以分为广泛分布与局部分布两种情况，这与各图形单元分布的规律相同。完全相同的组合可以在不同的地点重复出现，从大的分布上观察，基本可以分为两个大区，即川东地区和川西地区，川北从属于川东地区。

---

①康殷辑：《古图形玺印汇》，河北美术出版社，1983年。

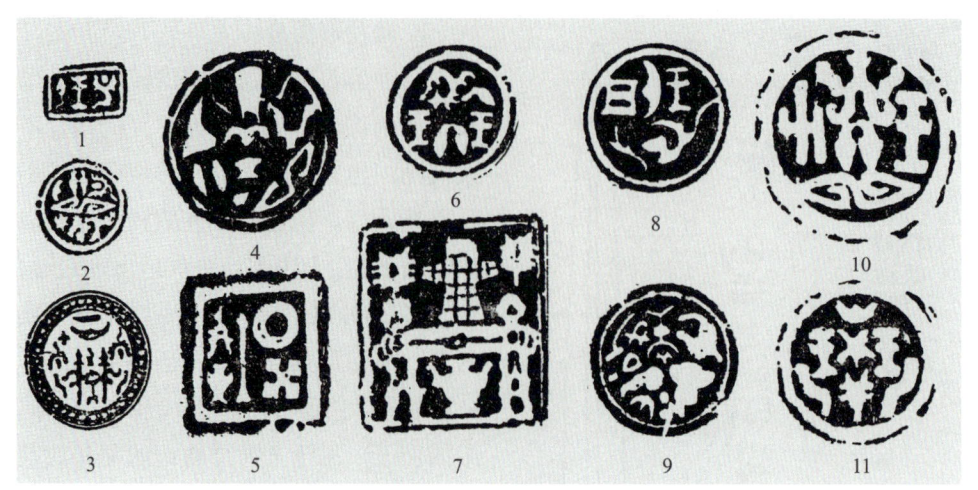

1. 巴县冬笋坝 M50　2、10. 犍为五联　3. 犍为金井　4.《古图形玺印汇》著录
5. 蒲江东北　6、9. 重庆中国三峡博物馆藏　7. 新都马家　8.《宾虹藏印》著录　11. 荥经烈太

铎形组合印章

巴蜀符号印章（四川新都）

（2）组合方式，各地遵循着统一的法则，组合结构大体相同，仅在关键单元上互为区别。对我们来说，在研究复杂组合时，实际上只须注意这些关键单元就足够了，否则很容易被表面的繁杂迷惑，分不清主次。

（3）组合形式的发展趋势，大约是由简到繁。简式组合分布区域较小，复式组合分布广泛，遍布川东川西两大区。一般来说，尽管晚期也见到一些比较

852　｜追踪信仰：艺术考古中的动物图像

简单的组合形式，但有更多的复杂组合形式；而早期主要见到的则是简单组合形式，不易见到很复杂的组合形式。所以，简单组合有时代较早的特征。当然，目前一些墓葬的断代还不是太精确，这个问题还不便进行系统论证。我们分析了几种双弧式组合的发展变化情况，发现的确有由简到繁的规律，可用作研究其他组合的参考。过去，曾有人勾画出巴蜀图形由复杂向简单发展的脉络，没有考虑所取标本的时代，所以得出了完全相反的结论。

（4）组合中某些特定的单元有明显的替代关系，为这些有争议的单元的释义提供了很重要的线索。还有一些单元的必定组合与绝少组合的特点，也是对它们进行释义的重要钥匙。

（5）各类组合形式往往并不通铸在所有种类的兵器上，某种组合专铸于某类兵器，很少出现串铸现象。

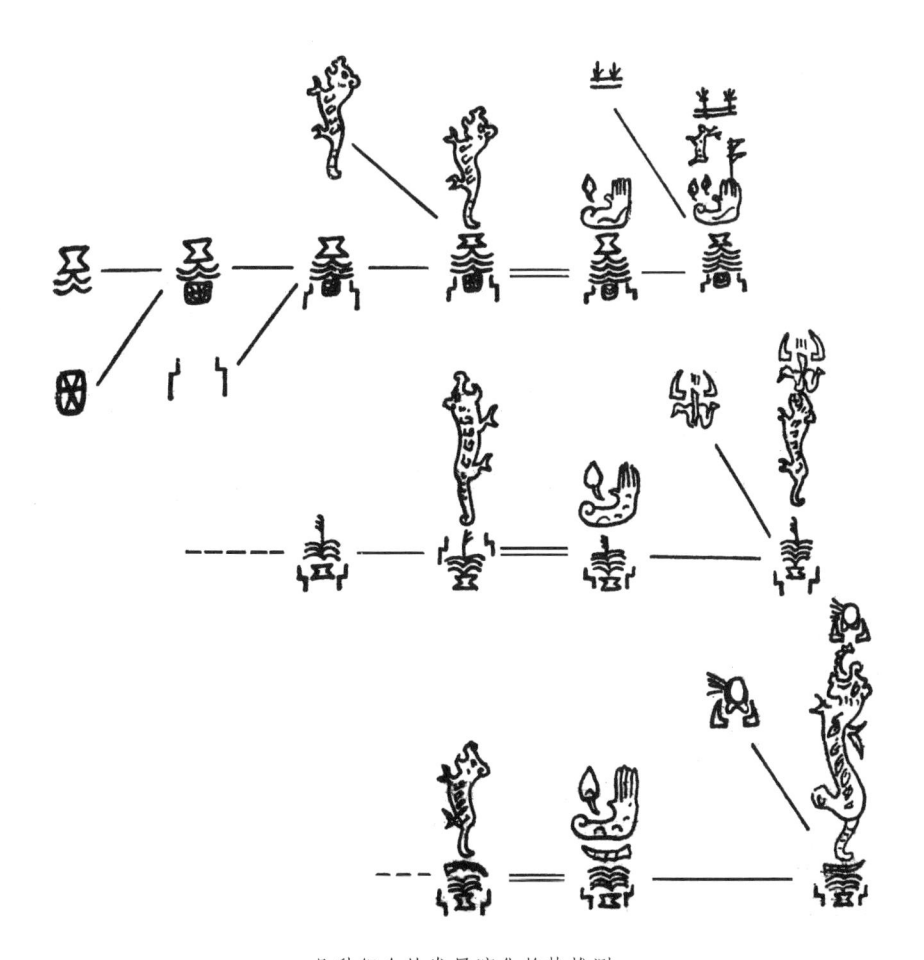

几种组合的发展演化趋势推测

性 质 蠡 测

最先注意到巴蜀兵器所铸图形并做出解释的，是卫聚贤。他从古董商手中购得一批成都白马寺出土的巴蜀兵器，那里自20世纪20年代开始陆续出土过数百件这样的兵器。卫聚贤对兵器上铸刻的虎形、手形、心形进行了研究，他认为这是文字，古代巴蜀有自己的文字。①

自从经过科学发掘船棺葬而获得大量铸有巴蜀图形的兵器以后，研究工作才开始有了可靠的基础。徐中舒先生认为，白虎是巴人板楯的族徽，兵器上铭刻的即是巴文，并肯定那是一种文字而不是图画。②其后他又进一步指出，巴蜀图形是一种夏代通行的文字。③清人陈经早已有类似说法④，定巴蜀图形为夏文，巴蜀兵器为夏器。

《四川船棺葬发掘报告》出版时，编者认为兵器上的图形可能是代表氏族或部落的记号，也许还有文字意义。⑤近20年之后，童恩正先生出版了《古代的巴蜀》一书，认为将巴蜀图形笼统地称为文字并不恰当，它们与巴蜀兵器上另外见到的一些文字有明显区别，而"类似殷周青铜器铭文中的图形族徽"⑥。也有人认为巴蜀图形不少是表意文字，如彭静中先生就曾比照金文释读了一些字形⑦。李学勤先生认为巴蜀图形应属文字范畴，有的是表音符号，有的则是表意符号。⑧

刘瑛在将他收集的150多件戈、矛、剑、钺等巴蜀兵器图公布时，将兵器上的图形进行了初步分类，分列出180多个单元，这是首次系统分类，但他没能做更深入的研究。⑨比较系统地进行专门研究的有孙华、李复华和王家祐。孙华认定巴蜀图形不是文字，而是原始巫术吉祥符号。⑩李复华和王家祐认为巴

---

① 卫聚贤：《巴蜀文化》，载《说文月刊》1942年第7期。
② 徐中舒：《巴蜀文化初论》，载《四川大学学报》（社会科学版）1959年第2期。
③ 徐中舒：《巴蜀文化续论》，载《四川大学学报》（社会科学版）1960年第1期。
④ 陈经：《求古精舍金石图》，说剑楼刻本，1818年（清嘉庆戊寅年）。
⑤ 四川省博物馆编：《四川船棺葬发掘报告》，文物出版社，1960年。
⑥ 童恩正：《古代的巴蜀》，四川人民出版社，1979年，第133页。
⑦ 彭静中：《古代巴蜀铜器文字试释》，见《四川大学学报丛刊》（第5辑），四川人民出版社，1980年，第173—176页。
⑧ 李学勤：《论新都出土的蜀国青铜器》，载《文物》1982年第1期。
⑨ 刘瑛：《巴蜀兵器及其纹饰符号》，见文物编辑委员会编：《文物资料丛刊》（7），文物出版社，1983年，第13—23页。
⑩ 孙华：《巴蜀符号初论》，载《四川文物》1984年第1期。

图形组合虽然难于构成篇章词句，但当是人们当时表达语意的特殊符号——图像语言，因而可称之为"巴蜀图语"。[1]

巴蜀图形的研究也吸引了民族学者，他们有认为是族徽的[2]，也有认为是原始图腾艺术或宗教绘画的[3]。

虽然这首先是一个考古学上的问题，但是却不大有人从考古学角度研究。陈显丹将常见的巴蜀图形概括为动物、植物和人像三类，指出巴地蜀地的图形种类及组合都有一定区别。[4]这个认识尽管只是初步的，但却是很重要的。刘豫川专门研究了出土的50多枚巴蜀印章，主张采用"巴蜀符号"来称呼巴蜀图形，认为它们至少处于狭义文字的上源，应归入文字范畴。[5]

综上所述，人们对巴蜀图形的性质主要有这样几种不同的认识：

一是文字；

二是巫术符号；

三是图像语言；

四是图腾、族徽。

巴蜀图形不是常见于青铜器的那类装饰纹样，它们全然不是为美观的目的而铸刻在兵工器具上的。实际上在许多铸有这类图形的青铜器上，同时见到了许多流畅繁复的纹饰，两者的风格截然不同。

巴蜀图形似乎也不是具有严格定义的成熟文字。一半以上的图形是象生形及其变体，这极容易被认定为象形文字。在铸有这些图形的器具上，我们不止一次地发现还同镌刻着一种确定的文字，它的结构与风格同图形有明显的不同，例如郫县红光的两件戈、万县新田的一件戈[6]、昭化宝轮院M13的戈、新都马家的戈、成都羊子山和白马寺的戈等，都有这种文字。这些文字虽然也有很浓的象形意味，但与巴蜀图形的区别却十分明显。只是现在要破译它还有困难，数量毕竟太少了。值得注意的是，这类巴蜀人创制的文字大都出现在戈上，而戈上的巴蜀图形又相对少见，这是一个饶有兴味的问题。

---

[1] 李复华、王家祐：《关于"巴蜀图语"的几点看法》，载《贵州民族研究》1984年第4期。
[2] 邓廷良：《巴人的图腾——兼论图腾的并存》，载《四川史学通讯》1983年第2期；陈宗祥：《巴蜀青铜器"手心纹"试解》，载《贵州民族研究》1983年第1期。
[3] 胡大权：《巴蜀符号是图腾艺术》，四川省社科院历史所，1986年。
[4] 陈显丹：《略说巴、蜀墓葬的随葬品组合和纹饰符号的异同》，载《四川史学通讯》1984年第5期。
[5] 刘豫川：《巴蜀符号印章的初步研究》，载《文物》1987年第10期。
[6] 童恩正、龚廷万：《从四川两件铜戈上的铭文看秦灭巴蜀后统一文字的进步措施》，载《文物》1976年第7期。

图符象征 | 855

当然巴蜀图形与确认的巴蜀文字并非毫无关联，很可能不少图形单元都有单字意义，有些单元已不属象形范畴，有显而易见的表意功能，可以看作一种泛文字体系。

我们认为，巴蜀图形——主要指各种组合形式，多数当是巴蜀人的徽识，包括部落联盟的徽识，也有部族徽识，甚至还有家族及个人的标记。其理由如下：

1. 巴蜀图形的使用有严格的禁约现象

一些图形单元只出现在某一地区，或者集中出现在某一地区，他地不见或极少见到，其使用受到严格的限制，形成一种禁约。这些便是构成徽识图案的

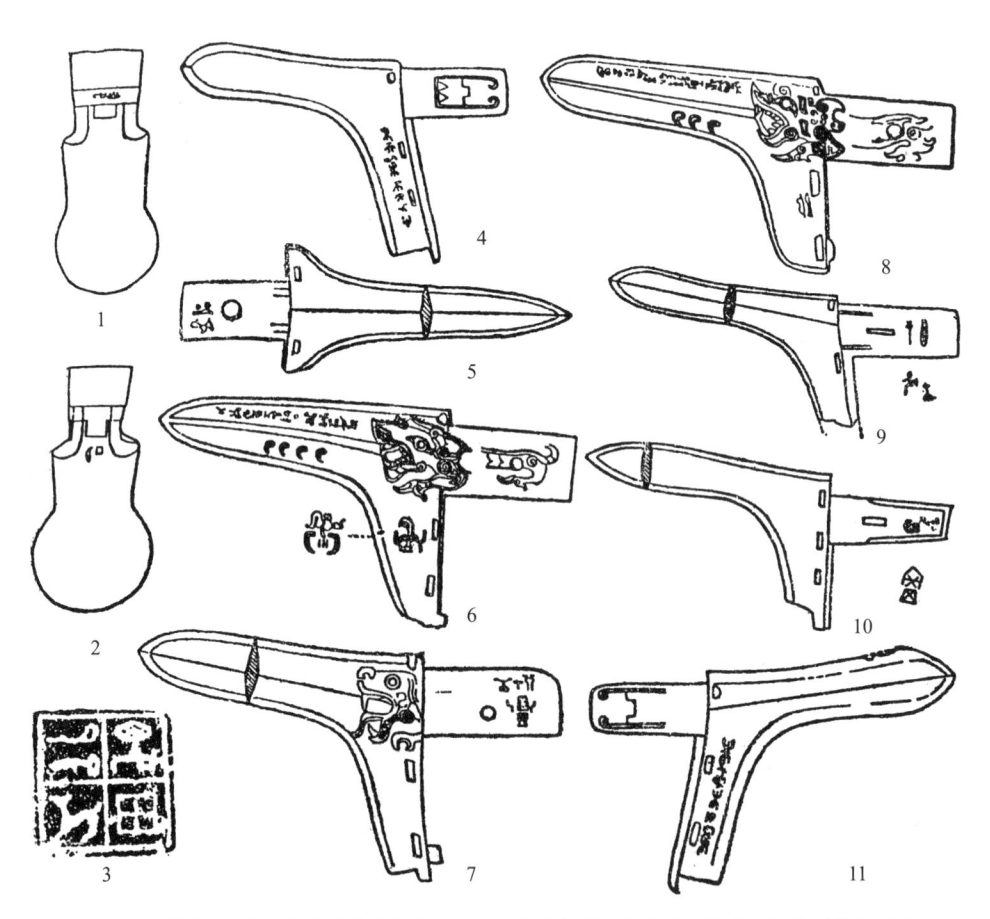

1、2.刘瑛文章著录 3.昭化宝轮院 M6 4、6.郫县红光 5.成都白马寺 7.成都博物馆藏
8.万县新田 9.成都羊子山 10.昭化宝轮院 M13 11.新都

巴蜀铜器上的巴蜀文字

刻有字符的巴蜀青铜兵器（私家藏品）

最关键的图形单元，反映着不同部族固有的历史传统与文化心理，表现出它们独特的信仰。

根据现有资料，我们找到了一些可能是构成巴蜀徽识的关键图形单元，其区别在地域分布上表现得相当明显。如川东川北的笋尖形和栅栏形，川西的长喙鸟形、蝉形、尾羽形等，而川东地区这类关键图形略少，相关工作开展不多是主要原因。

如果巴蜀图形仅仅是一种较原始的文字符号，或者只是图像语言，就无法解释这种使用中的禁约现象，而这种禁约只有在徽识图案上才可能得到充分体现，徽识上的关键图形不可能不互相区别，否则就失去了徽识存在的意义。

2. 巴蜀图形的组合有特定的分布地域

这是与上述禁约现象密切相关的一个问题。由组合形式的讲究，我们发现使用频率较高的一些组合都有固定的分布地域，恰与不同部族的分野大体吻合。

从双弧式组合的分布看，四种组合中，带尾羽形的和小方形的组合主要见于川西，带笋尖形和栅栏形的组合主要见于川东川北，川东川西两大区的划分大体与巴族和蜀族的活动区域相一致。

主要活动在川西地区的蜀族，具有崇拜鸟的传统。研究者认为，蜀陶器中的鸟头柄和兵器上的长喙鸟形，即为鱼凫（鱼鹰）。鱼凫本是《蜀王本纪》所记的蜀族先王的名字，实际上是蜀地占统治地位的部族名称[1]。三星堆一号坑金杖上刻有戴王冠的人像和鱼鸟图形，被认为是鱼凫王的象征，颇有些道理。[2] 川西蜀兵上的鸟形和尾羽形，也是蜀人崇拜鸟的最好证明。蜀人抽象出一尾鸟羽来作为徽识上的主要图形，尾羽形双弧组合（abde）即是蜀族完整的徽识。

以川东为主要活动区域的巴族，有崇拜虎的传统。《世本》说巴王廪君死，"魂魄世为白虎"，表明白虎可能为巴人王族的象征，它自然也会是巴人徽识中的主要图形。虽然巴人各部族并不全是崇拜白虎的，但作为巴族联盟，以虎作为联盟的统一标志也是可能的。巴人的徽识也是双弧组合，关键图形为笋尖形（abcd），这笋尖形应当就是虎尾形，与蜀人尾羽形相对应。

其他一些仅见于川东或川西的图形组合，当是两地一些小部族的徽识，是巴蜀联盟中的成员。

川东川西两地还曾见到同样的图形组合形式，即网格形双弧组合（abdf），可能是巴蜀大联盟的标志，是两族共同的徽识。巴蜀结盟是否是事实，前人已有肯定的结论[3]，在此不赘。巴蜀联盟的徽识主要特点在于网格形，其他构成原则等与巴族或蜀族徽识完全相同。这网格形的意义我们无法明白，它出现甚早，最早见于川西。由于这种大联盟的徽识创制较早，而巴族与蜀族各自的徽识则略为晚出，所以它们都有统一的结构也就不难理解了。

3. 巴蜀图形有严谨的组合法则

巴蜀图形的组合并非杂乱无章，大都遵循着一致的、固定的法则。在我们认定的徽识中，基本都是由双折线双弧组合构成，这一般为较大部族或部族联盟的徽识，数量多，分布也较广。还有相当一部分徽识，都是仅以双折线为标记，在折线之间饰以互为区别的图形。这类徽识分布范围小，局限性大，可能是小部族或家族的徽识。

商周金文所见族徽，多框以大亚字形，一望而知为族徽。巴蜀徽识显然也接受了类似表现手法，以双折线代替亚字形作为外框，而且这双折线可能还是亚字的半形，两者当具有相同的意义。

另外，早见的徽识结构比较简单，后来愈加向复杂方向发展。如果这种发

---

[1] 张勋燎：《古代巴人的起源及其与蜀人、僚人的关系》，见四川大学博物馆、中国古代铜鼓研究学会编：《南方民族考古》（第1辑），四川大学出版社，1987年。

[2] 陈显丹：《论广汉三星堆遗址的性质》，载《四川文物》1988年第4期；陈显丹、陈德安：《试析三星堆遗址商代一号坑的性质及有关问题》，载《四川文物》1977年第4期。

[3] 董其祥：《巴史新考》，重庆出版社，1983年；蒙文通：《巴蜀古史论述》，四川人民出版社，1981年。

展趋势能最终确认，则可以从中寻找到部族融合与结盟的重要线索，可补史籍记载的不足。据蒙文通先生考述，巴蜀境内活动的小部族达四五十个乃至百十个，"古时的巴蜀，应该只是一种联盟"，而巴和蜀则是诸多部族联盟的首领，其中以蜀的作用最为重要。[①]有大联盟的徽识，也有小部族的徽识，从这些徽识上便可看到部族与部族联盟的存在。

又由巴蜀同一的徽识构成法则，我们也可看到两地文化的统一特性。至于徽识上其他附加成分，如虎形、手形、心形等并没有太重要的实际意义，至多只是象征部族的勇武而已。

4. 巴蜀图形有微妙的孤证现象

在巴蜀图形的各类组合形式中，既有大区域的共存现象，也有小范围的孤证现象。所谓"孤证"是指那些仅见于某一座墓，而且铸刻在两种或两种以上兵器工具上的图形组合。如：

巴县冬笋坝 M50 的钺和戈及印章上，都见到王形与一种尖帽形的组合；冬笋坝 M9 的两件钺上，都有双折线鱼形组合。

新都马家大墓出土的缶、印章、戈、锥刀、箭镞、纺轮形器、大小铜凿、斤、斧、钺、刀、削等 20 多件器物上，都刻有同一种网格形。

大邑五龙 M2 的两支剑上，都有草木形。

绵竹清道土坑墓出土的四件戈、矛、斧、锥，都有相同的鱼形心形组合。

以上这些例证，很可能是属于某家族或某个人的标志，它们大都与部族徽识的结构不同，少见双折线双弧组合，表现出级别上的差异。

此外，涪陵小田溪 M1 的四柄剑上，都铸刻着同样的虎形双弧式组合；成都羊子山 M172 的两个铜盘的唇部都铸有相同的双折线双弧式组合。这也可能是家族标志，也可能是部族徽识。

过去，人们还曾通过巴蜀图形组合中的人形，企图弄清楚兵器所有者的族属。如看到独髻人形，就以为是巴人，是《史记·西南夷列传》所说的巴蜀境内的夷人。这个问题实际上并不是这么简单，巴蜀兵器上的独髻、丫髻和山形冠人形，在中原战国铜器上都能见到，而且同铸一器，说明这些是战国时军队常见的装束，或许只是军士等级的区别标志，不一定有族属意义。不过由此也可看出，巴蜀军队具装可能已与中原相似，吸收了较多的中原文化因素。

综上所述，巴蜀图形大多是部族徽识和家族标志，这些徽识可能与图腾崇

---

① 蒙文通：《巴蜀古史论述》，四川人民出版社，1981 年。

拜有关，也未必一定有关，更不是纯图腾崇拜的产物。我们看到的徽识间的明显区别，并不都是显而易见的图腾标志物，至多只是它的变体，或是图腾生物的某一特定部位。由于这些都是军队所用的徽识，与图腾崇拜未必会完全吻合。徽识主要铸刻在兵器上，这是频繁战争带来的结果，部族联盟主要是军事联盟，我们在兵器徽识上，看到了这样的军事联盟。

结　　论

在没有进行全面系统研究之前，想对巴蜀图形进行准确的释义，是不容易办到的，往往无从下手。在进行了图形的分解与组合形式的研究之后，我们发现巴蜀图形看起来似乎是杂乱无章堆砌群，原来却是一组组有紧密结构的集合体。普遍铸刻在巴蜀兵器上的巴蜀图形，不仅有严密的复合结构，还有清晰的发展脉络和明确的分布地域。

大部分图形组合形式，都可能是战国时代巴蜀两族及其附庸的徽识。由结构大体相似的徽识，可以窥见巴蜀部族的高级联盟和一般联盟。又由徽识的些微差别，展示出了联盟中的部族的本来标志。

我们相信，通过更深入的研究，大部分徽识都会找到文献中对应的名称，这对复原巴蜀古史体系，不会是没有帮助的。

由于徽识也可能具有文字的意义，今后资料积累到一定程度，巴蜀文字体系的破译也一定会最终完成。

关于巴蜀徽识的研究，本书只能算是个开始，还有一些问题没有解决。例如，一定的图形只铸刻在某一两种兵器上，我们不知用意何在。另外，本书也不可能对全部巴蜀图形及组合做出解释。

彩陶：史前人的心灵之约

有一种古物叫作彩陶，这是现代人给出的称呼，它们大多出现在遥远的史前时代。作为一个事物的名称，彩陶对于一般人而言，接受起来也许不会十分顺畅，感觉不知所云何物。彩陶与彩电一样，都是外来语汇的汉化版，不是我们传统里寻得见的。从前没有"彩陶"这个词，但彩陶却是早早就为我们拥有了。在陶器上绘出繁简不一的纹样，显示出独特的时代与地域风格，这便是考古发现的彩陶。

科学与艺术，是社会文化发达程度的两个重要标志。科学让物质变化，艺术使精神升华，艺术较之于科学，是更难理解的人类创造。彩陶是艺术加科学的一项创造，陶器制作技巧和彩陶构建的艺术原理传承至今，惠及我们当今的科学与艺术，我们却将它们产生的时代划归野蛮时代，也许是我们的归纳法则有缺憾，抑或是别的什么原因左右了我们的思维。

一

先人们凭借怎样的智慧制作出来这美妙的艺术品，这样的艺术品又传达着怎样的信息？西安半坡遗址出土的人面鱼纹彩陶，我们现在给出的解释答案有20多个，也许其中有一个是正确的，但对于它的论证却真的很不容易。我们解读彩陶，一般会就某一件彩陶的图案找出一些可能的解释，见仁见智，缺乏全面了解。当我们再深入一些，多多查考一些资料，在对实物有了更多观察之后，认识就会更深一层。当我自己在西北地区进入几个文物库房，看到那些未及上架堆积如山的彩陶，除了惊诧就是茫然，觉得该下多大的工夫才能读懂它们呀？西北地区出土彩陶数量很多，有时会在一座墓葬中发现100多件用作随葬器的彩陶。画出如此多的彩陶做什么，在某一时期流行同类纹样，仅仅是为着艺术欣赏吗？要解读彩陶的原本含义，须得进行时空的纵横梳理，了解它的演变与传承。

进行彩陶研究最关键的一点，是全面了解资料，构建好彩陶的时空坐标。多数彩陶纹饰不会只在局部区域孤立存在，也不会毫无改变地延续存在千百年，

半坡文化瓮棺葬具人面鱼纹彩陶盆（陕西西安半坡遗址）

都会在时空分布上产生变化。在一个考古学文化中，彩陶会在这样的时空变化中，逐渐形成一个严密的体系，把握住这个体系的运行脉络，我们也就等于掌握了解读彩陶奥秘的钥匙。如庙底沟文化彩陶就拥有自己的体系，它以自己的方式维系自身的发展，同时影响到周邻几个考古学文化彩陶的发展。庙底沟文化彩陶引领了史前艺术潮流，它作为成熟的艺术传统也为历史时期艺术的发展奠定了坚实的基础。

在彩陶研究中，我们首先会急于确定一个图案像什么，然后就赋予它包含的种种含义。例如见到一个圆形图案，张看到的可能是太阳，李看到的也许是眼目，圆可能是阳，又可能是目，难辨是非。又如见到一个半圆形图案，你看到的也许是月亮，他看到的却是一个花瓣，花非花，月非月，争执不止。其实彩陶匠人当初不一定是要明明白白表现某个客体，他们绘出的一些几何图形也许更多的是象征而非象形。那时代的画工显然并不以"相像"的象形作为追求的目标，而是以"无象"的象征作为图案的灵魂。又何况更多的复合图案是通过拆解和重组构成，这都不是通过简单直观的象形思路所能获得正解的。彩陶图案的象形与无象，都以象征性合式与否为取舍，象形为明喻，无象为隐喻。研究彩陶的象征意义远重于研究它的象形意义，当然由象形的研究入手也无可厚非，因为象征的本源取自象形。史前人正是由彩陶形色之中，传导了形色之外的信仰。在彩陶中寻找由象形出发行进至象征的脉络，这是我们解读大量几何形纹饰的必由路径。

二

中国史前彩陶的风格，在色彩与纹样上，集中体现在红与黑双色显示纹样和二方连续构图上。绘制彩陶的陶胎一般显色为浅红色，绘彩的显色为黑色，

反转来看的庙底沟文化地纹彩陶（河南三门峡庙底沟遗址，上正色下反色）

黑红两色对比强烈。有时也会先涂一层白色作地色，黑白两色对比更加鲜明。我们通常看到的彩陶图案，大多是无色的黑白图形，对它们原本的色彩功能，一般是感觉不到的。或者说我们看到的仅仅只是彩陶的构图，而不是彩陶本来的色彩。如庙底沟文化彩陶的色彩，由主色调上看是黑色，大量见到的是黑彩，与这种主色调相对应的是白色地子或红陶胎色。陶器自显的红色，成为画工的一种借用色彩，这种借用红色的手法，是一个奇特的创造，它较之主动绘上去的色彩有时会显得更加生动。庙底沟文化中少见红彩直接绘制的纹饰，但却非常巧妙地借用了陶器自带的红色，将它作为一种地色或底色看待，这样的彩陶就是地纹彩陶，这是史前一种很重要的彩陶技法。

庙底沟文化彩陶是黑、红、白三色的配合，主色调是红与黑、白与黑的组合。红与白大多数时候都是作为黑色的对比色出现的，是黑色的地色。从现代色彩原理上看，这是两种合理的配合。不论是红与黑还是白与黑，它们的配合明显增强了色彩的对比度，也增强了图案的冲击力。有时画工同时采用黑、白、红三色构图，一般以白色作地，用黑与红二色绘纹，图案在强烈的对比中又透出艳丽的风格。由彩陶黑与白的色彩组合，很容易让我们想到中国古代绘画艺术中的知白守黑理念。主要以墨色表现的中国画就是这样，未着墨之处也饱含着作者的深意。同样，在彩陶上黑是实形，白是虚形，它们相互排斥，又相互依存，

图符象征 | 863

相辅相成。可是对观者而言，那白是实形，黑是虚形，画工的意象完全是颠倒的。在彩陶上挥洒自如的史前画工，一直就练习着这样一种"知白守黑"的功夫，他们的作品就是地纹彩陶。

从艺术形式上考察，庙底沟文化彩陶的二方连续构图就是最明显的特征之一。纹饰无休止地连续与循环，表现出一种无始无终的意境，这是庙底沟文化彩陶最基本的艺术原则，这也是中国古代艺术在史前构建的一个坚实基础。二方连续是用重复出现的纹饰单元，在器物表面一周构成一条封闭的纹饰带，它是图案的一种重复构成方式，是在一个纹饰带中使用一个或两个以上相同的基本图形，进行平均而且有规律的排列组合。彩陶上的纹饰，其实是一种适形构图，它是在陶器有限的表面进行装饰，二方连续图案也就往往呈现首尾相接的封闭心思。画工在有限的空间表述一种无限的理念，那二方连续构图就是最好

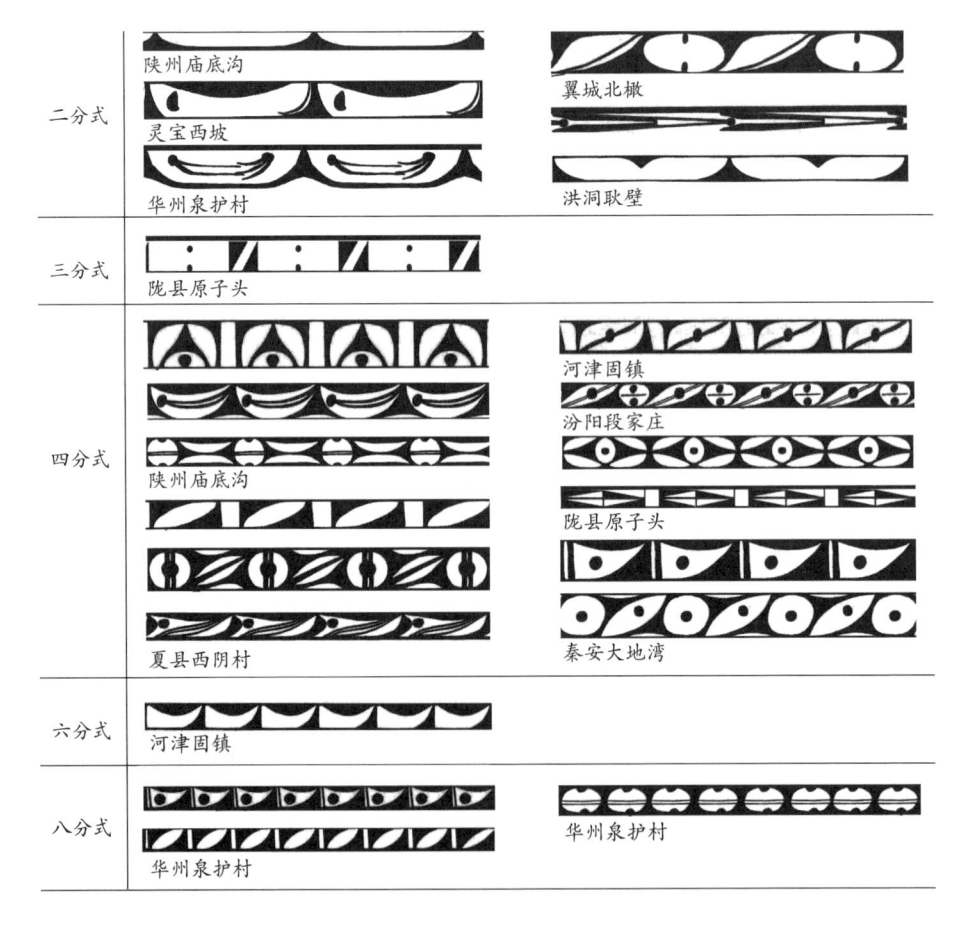

庙底沟文化彩陶二方连续图案的单元布列程式

864 | 追踪信仰：艺术考古中的动物图像

的选择，它循环往复、无穷无尽，无首无尾、无始无终。彩陶图案的二方连续形式是一种没有开始、没有终结、没有边缘的非常严谨的秩序排列，表现出连续中的递进与回旋。

三

中国彩陶最早的纹样，只见简单的点线及其组合，它们出现在 7000 年前的前半坡文化时期。到了半坡文化和庙底沟文化时期，鱼和鸟的象形图案及相关几何形纹饰成为彩陶的流行元素，地纹表现方法与多变的几何图案组合形式构建了彩陶的基本风格。到了马家窑文化时期，旋式连续构图以及由此演化出的四大圆圈纹成为新的主体风格，彩陶经历了由盛而衰的发展过程。

从总量上看，彩陶上的纹饰以几何形居多，象形者极少。象形图案很少，这并不是说这样的图案绘制很困难，其实规范的几何纹饰比起并不严格的象形图案绘制难度一定更大，显然史前人并不是由难易出发进行了这样的选择。看来只有这样一种可能，史前人就是要以一种比较隐晦的方式来表现彩陶主题，不仅仅要采用地纹方式，更要提炼出许多几何形元素，也许他们觉得只有如此才能让彩陶打动自己，打动自己之后再去感动心中的神灵。庙底沟文化彩陶上无鱼形却有象征鱼的大量纹饰，应当就是在这样的冲动下创作出来的，它们是无鱼的鱼符。无鱼的鱼符，在彩陶上看来有若干种，变化很多，区别很大，是通过纹饰拆解的途径得到的。例如鱼纹全形的演变，在完成由典型鱼纹向简体鱼纹演变的同时，又创造出了均衡对称的菱形纹，菱形纹属于结构严谨的直边形纹饰系统。变形的鱼唇在拆解后，分别生成了西阴纹和花瓣纹，这是庙底沟文化彩陶非常重要的两大弧线形构图系统。鱼纹头部的附加纹饰拆解后，分别提炼出旋纹、圆盘形、双瓣花和加点重圈纹等元素，构成了庙底沟文化点与圆弧形彩陶纹饰体系，组合出更多的复合纹饰。

这样看来，彩陶上的许多纹饰都能归入鱼纹体系。鱼纹的拆分与重组，是半坡与庙底沟文化彩陶演变的一条主线，这条主线还影响到这两个文化的时空之外。彩陶上有形与失形的鱼纹，在我们的眼中完全不同，也许对于史前人而言，它们并没有什么区别。它们具有同一的象征意义，有着同样大的魅力。彩陶纹饰的这种变化让我们惊诧。循着艺术发展的规律，许多的彩陶纹饰经历了繁简的转换，经历了从有形有象到无形无象的过程。从鱼纹的有形到无形，彩陶走过了一条绚烂的路程。

陇县原子头				◆◆	
铜川李家沟	◆			◆	◇
淅川下王冈	◆	◆	◆	◆	
郧阳大寺			◆◆		
	a	b	c	d	e

各地彩陶菱形纹的比较

彩陶花瓣纹和西阴纹（均为庙底沟文化，河南三门峡庙底沟遗址）

　　从半坡和庙底沟文化彩陶鱼纹看，简化到只表现局部特征，明显夸张变形，意存形无，这是简化的又一重要原则，不是一般的抽象，也不是一般的象征，可以说是更高层面的艺术表现。人类善于制造和使用各类符号，用符号交流思想和认识事物，表达特定的含义，传递丰富的信息。所以有人说，制造和运用符号是人类的基本特征之一，这也是人类文化的重要体现。彩陶上大量的几何纹饰，其实大多都是这样的人造符号，而且不少符号都是由写实的纹饰简化而成。一个符号制作出来的同时，经历了认同的过程，只有认同的符号才有传播信息的功能。当那些最早的模仿因素被历史的选择完全淘汰，它就完成了一个从量变到质变的

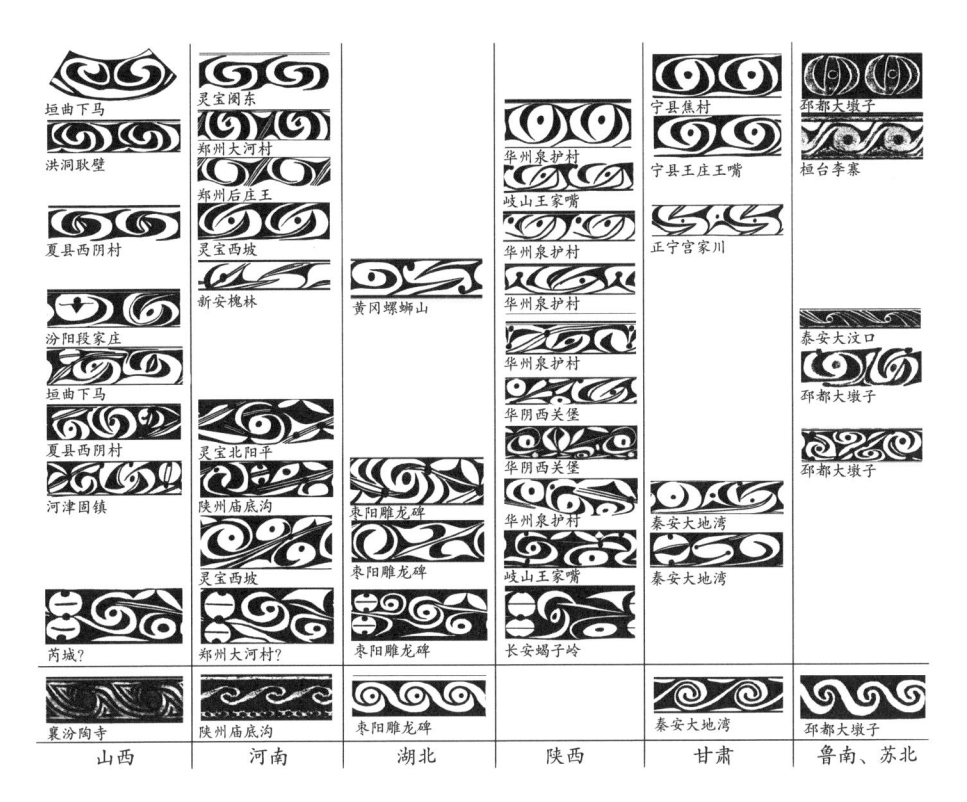

各地彩陶双旋纹比较

过程，程式化的符号也就不再是模仿对象的再现，而成为一种逻辑式的抽象表现。彩陶鱼纹的变化，也正是经历了这样的符号化过程，后来虽然还会有鱼的含义，但是它却并没有了鱼的形态。彩陶鱼纹几何化以后，变成了若干种符号，它们大多失去了鱼的形体，这种演变本身就具有非常重要的文化意义。

某些彩陶纹饰的传播，而且是大范围的传播，在这样范围的人们一定在纹饰的含义与解释上建立了互动关系，发明者是最早的传播者，受播者又会成为传播者。彩陶原来存在的文化背景，也随着纹饰的传播带到了新的地方。当某些彩陶纹饰传播到不能生根的地方，互动关系终止。也就是说，如果不能解释或接受这彩陶纹饰所具有的象征意义，传播也就中止了。彩陶的传播当初也会有解码过程，如果这个过程并不顺畅，它一定会影响传播的完成。由于文化背景的差异，解码会发生偏差直至失败，传播过程自然便会中止。以彩陶作为载体的信仰体系也是一种资源，这个资源取之不尽、无须掠夺、认同即可，传播成为输送这资源的主导形式。

彩陶纹饰由写实演变为几何形之后，构图变得非常简约，含义变得比较隐晦，

图符象征 | 867

甚或非常隐晦。史前彩陶中的鱼纹，大体分为三种样式：一种为具象，写实性很强；一种为变形，介于写实与抽象之间；还有一种为抽象，不过是符号而已。半坡文化与庙底沟文化的彩陶，都有不少的鱼纹。虽然半坡文化的鱼纹风格更接近写实，庙底沟文化鱼纹则更趋于图案化，但这种艺术传统却是一脉相承。半坡与庙底沟居民为何要在彩陶上表现这样多的鱼形呢？

过去有学者将彩陶鱼纹解读为图腾崇拜或生殖崇拜信仰，可能都没有解开真正的谜底。近年关于彩陶鱼纹意义的研究，又有研究者提出了"鱼龙说"，认为"中华龙的母题和原型是鱼"，由仰韶文化彩陶上的鱼纹发展演变而成，以为夏族的来源与鱼族有紧密的联系。这也许可以作为解开鱼纹彩陶象征意义的一个非常重要的新切入点，很有希望得出有价值的结论。

游鱼在水，鱼水相得。绘着鱼纹，盛着清水的彩陶盆，也许真就不是一件平常的日用器皿。这种彩陶绝少出现在成人墓葬中，在西安半坡是这样，在秦安大地湾也是这样，它当初应当是一样圣器。

四

在庙底沟文化之后发展起来的彩陶文化，是西北地区的马家窑文化。西北地区马家窑文化彩陶发现数量之多，在中国乃至于世界上看都是绝无仅有的。我们甚至可以推想出马家窑人的彩陶艺术，是一种全民艺术，当时人们不仅全都推崇彩陶、珍爱彩陶，而且可能很多人都会制作彩陶，很多人都是绘制彩陶的能手。

西北史前彩陶演变的一条主线可以确定是：旋纹圆圈纹组合—折线大圆圈纹组合—四大圆圈纹，这是黄河上游地区前后相续一脉相承的彩陶纹饰主题元素，也是主要的演变脉络。它的源头确定无疑是庙底沟文化，旋纹与圆圈纹组合正是承自庙底沟文化彩陶已经出现的构图。马家窑文化早期彩陶以圆圈为旋心，圆圈纹之间以多变的旋线连接。最引人关注的是，这种旋线可能是借鉴于鱼纹图形，在某些彩陶上找到了确切的证据。这样看来，马家窑文化彩陶一部分也是可以纳入大鱼纹纹饰系统的。后来作为旋心的圆圈越画越大，旋心饰以圆点、十字及三角等纹饰，旋线也越绘越细。到了晚期旋纹的圆心变作大圆圈，圆圈中的纹饰变化多样。最终圆圈之间的旋线消失，成为明确的四大圆圈纹。

对于甘肃史前彩陶的象征意义，以往许多学者做过阐述，多认为与鸟崇拜有关，有研究者强调了鸟纹和蛙纹的意义，追溯了日月崇拜的原始图景。那么

马家窑文化彩陶壶（青海民和核桃庄）

彩陶上旋纹的象征性何在？它既非自然物的摹写，亦非自然现象的描绘，更非一般的抽象图案，它的意义确实非常费解。其实在庙底沟文化彩陶上本来就有一种很成熟的旋纹构图，属于地纹表达方式，多为双旋结构。这种双旋纹其实是一种勾连式构图，左右两旋臂呈彼此勾挂式。马家窑文化中更多见到的有以圆圈为旋心的旋纹，构图上借鉴了早先庙底沟文化的双旋纹，旋纹一般都直接绘出，很少采用地纹方式表现。关于彩陶旋纹的意义，我们还可以用反推的方法考察。我们知道由旋纹演变而成的四圆圈纹，在圆圈中填绘有各种纹饰，较多见到的是网格纹和十字形纹，这些就可能是太阳的象征，十字形应当是一种明确的太阳符号。更值得注意的是，有时四圆圈纹直接被绘成四个太阳图形，在青海乐都柳湾就有发现。太阳的旋转运行与升降，都由旋纹表现出来了，这一艺术形式表达的动感，是古人对宇宙的一种非常质朴的认识，也是一种非常理性的逻辑归纳。

　　太阳崇拜是一种天体崇拜，天体崇拜在史前时代出现较早，在彩陶上有明确的体现。大河村文化和大汶口文化居民的天体崇拜，也以日月崇拜为主要表现形式，彩陶上绘有明确的太阳图形。河南汝州洪山庙遗址瓮棺上的彩绘纹饰有红日和白月，郑州大河村遗址彩陶上有太阳纹、日晕纹、月牙纹和星座纹，都是当时人们天体崇拜的证据。庙底沟文化时期的天体崇拜已有了深化，人们崇拜的天体已有了明确的标志物，一些研究者认为彩陶上的鸟纹和蟾蜍纹，很可能就是日与月的标志，象征太阳神和月亮神，它是当时天体崇拜的一种方式。

图符象征 | 869

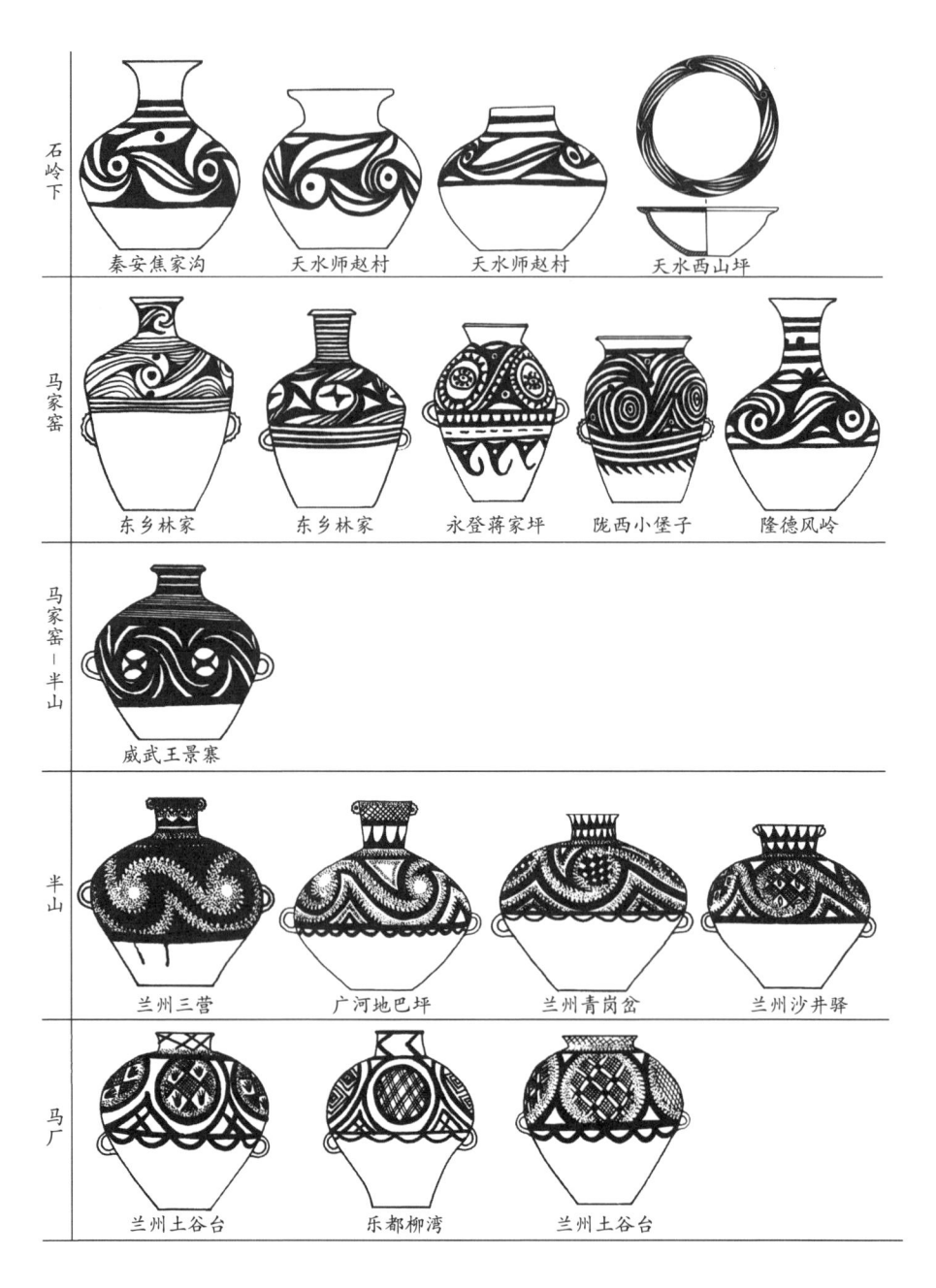

马家窑文化彩陶由旋纹向四大圆圈纹的演变（依张朋川原图改绘）

而马家窑文化彩陶旋纹的出现，则可以看作太阳崇拜的一种更艺术的表现方式。到马厂时期彩陶上大量出现的四圆圈纹，是旋纹的一种简略绘制形式，两者的象征意义应当是相同的。

五

　　我以为中国古代艺术的发展史，可以划出两个大的阶段。前一阶段关乎神界与灵境，表达的是幻象，主要目的是娱神。后一阶段关乎人本与自然，师法的是现实，主要目的变成了娱人。两个阶段的分界，大体应当是在两周嬗递之际，而东周至汉代之时，则是两类艺术的混装时代。当然我们可以这样理解，前后两个阶段的艺术，其实要表达的是同一的主题，这就是心之声，艺术是娱悦心灵的重要方式，艺术产品是精神之餐。彩陶正是表达了心之声的主题，它是史前时代的精神大餐。将彩陶放在整个艺术发展史的层面考察，它当然是处在前一发展阶段。彩陶关乎的是神界与灵境，表达的是幻象，主要目的是娱神。娱神的目的，也还是娱人，愉悦人的性灵，所以彩陶表达的还是人们心灵之约的主题。

　　彩陶在史前存在与传播的意义，在以往被低估了。彩陶浪潮般播散的结果，在将这种艺术形式与若干艺术主题传播到广大区域的同时，它所携带和包纳的文化传统，将这广大区域居民的精神聚集到了一起。这个范围内的人们统一了自己的信仰与信仰方式，在同一文化背景下历练提升，为历史时代的大一统局面的出现奠定了深厚的文化基础。彩陶的传播，标志着古代华夏族艺术思维与实践的趋同，也标志着更深刻的文化认同。从这一个意义上看，彩陶艺术浪潮也许正是标志了华夏历史上的一次文化大融合。

　　史前人营造在彩陶上的是精神家园。那一时代许多的文化信息都储存在彩陶上，都通过彩陶传递到远方。这些信息也随着彩陶的重见天日，逐渐显现到了我们的眼前。彩陶的魅力，绝不只是表现在它是一门史前创立的艺术形式，它是随着史前社会为着传承那些特别信息的需要而创造出来的，更重要的是这些信息本身给史前人带来的那些喜怒哀乐。不论是题材的选择，还是纹饰的构图，彩陶已经达到非常完美的境界。彩陶的构图法则，彩陶的用色原理，彩陶所建立的艺术体系，对中国古代艺术的发展产生了深远影响。即使是在今天，类似彩陶构图的一些商标图案，装饰图案中的许多元素，可以发现它们最先都可以在彩陶作品里寻找到渊源。不少现代所见的时尚元素，与彩陶对照起来观察，我们会发现它们并没有发生什么根本的改变，艺术传统就是这样一脉相承。

合欢同心结

平安祥和，吉祥如意，合欢同心，要将这样的愿景用一种图形符号表达，一定会有种种设计，也一定会有许多的不同。不过最好的设计早已出现在历史中，而且传承到当代，就成了我们熟知的中国结。

我们今天所说的中国结，一般也称为平安结、如意结、同心结，当然曾经还有许多相似的名字，有的已经不是那么熟悉了。其实这个"结"在历史上出现很早，文献上确定的上限不会晚于汉代，由南朝萧衍诗句中的"绣带合欢结"一语，我想将它最初的古称定义为"合欢结"，大约不会有什么异议。

这合欢结在古代是什么样子，去古久远，它的样子我们今天又何从知晓？我们就由考古发现入手，去欣赏它的模样，寻找它的源头。

我注意到这个"结"，是先前四川发现的一方汉代画像砖，画像的中心是一个顶天立地的高阙图像，两旁分立着恭敬的门吏，重点是画面的右上方出现了一个麻花式图形。网友问我这个麻花式图案有何含义，我没有立时回复，告之来日再考。

这两天终于闲出点工夫，也琢磨出了一些头绪，准备就它的定名与源头做一番考论。首先是查到了那方画像砖的出处，是四川成都城北出土的汉代画像砖，在四川省博物馆的展厅里可以看到它。不难判断，网友所询问的那个图形，构形确实比较特别，是一个连环式绳结，有编织成结的特点，类似我们今天所说的平安吉祥结。

在汉代画像石和画像砖上，不难发现这样的"结"的图形。搜寻手头的资料，找到不少可供比较的图像，觉得首先要提到的是河南新野出土的汉画像砖悬璧图，在丝带悬挂的两件联璧的下面有一个带结，这是一个很标准的可以称为合欢结的结。珠联璧合、丝带合欢，是一种吉祥景象。汉画中悬璧图见到不少，但这样的悬璧合欢结却并不多见。

说它是标准的合欢结，这里需要给出一个结构图形来说明，其实也非常简单，它是由双股线绳编结而成，最简单的结构是出现有一个井字形中心结。有了这个基础结构，可以继续循环向外扩展，编成复式结。复式结可以编得很大，但取三纵三横的交叉编结最为常见，这在汉画上屡有发现。

汉代门阙画像砖（四川成都）

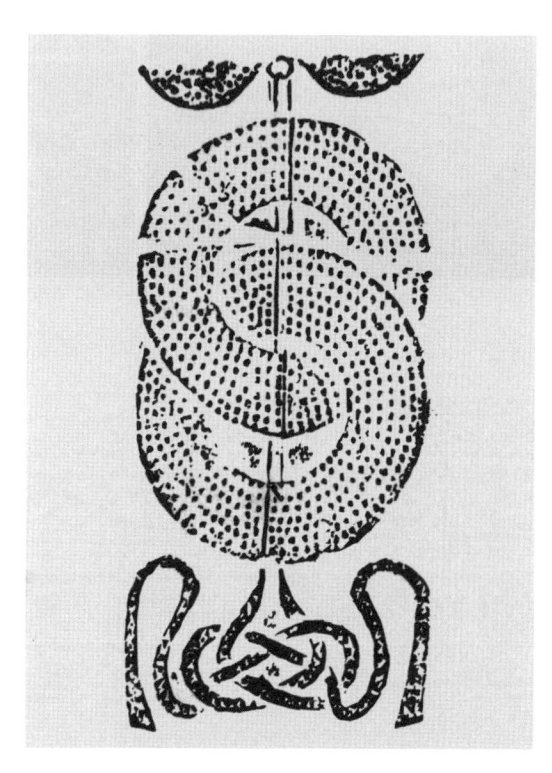

汉画像砖上的悬璧结（河南新野）

汉时这样的合欢结在其他场合还是不少见的，在此略举几例。河南南阳出土汉代几何纹砖上，有明确的合欢结纹，呈二方连续构图。山东诸城一方汉画石上的合欢结，同时呈现有方菱形和圆弧形两种构图，对我们识别不同的合欢结很有帮助。

当然将合欢结赋予活力的，最受重视的角色是龙形。汉画在建筑图形上见到不少构件上的装饰，一般为双龙合抱式，相互缠绕成合欢结，龙体横行和竖立者都有，龙体缠绕多比较松散。

仔细一点观察，在汉画中也容易发现一种双龙穿璧构图，非常有特色。双龙穿璧的构图，又恰是一个合欢结，显得生机勃勃。这个构图的汉画在很多地

三纵三横合欢结　　　　　　汉代几何纹砖（河南南阳）

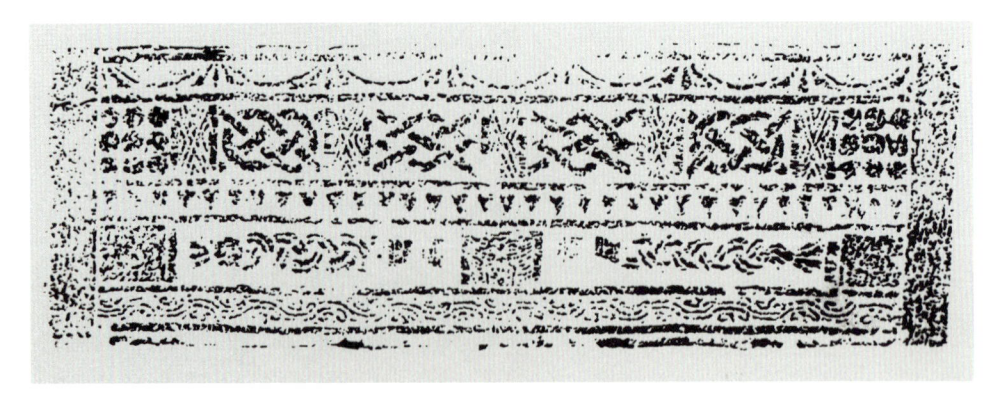

汉画上的方圆合欢结（山东诸城）

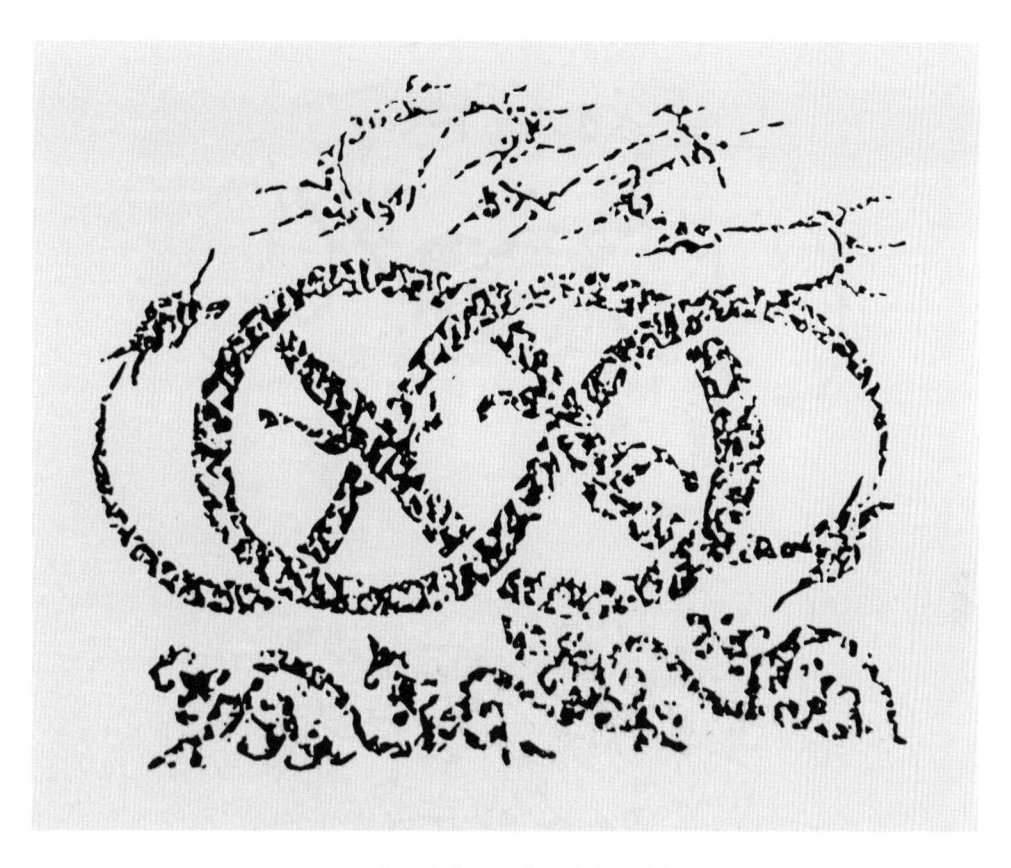

汉画像石上的双龙结（山东安丘）

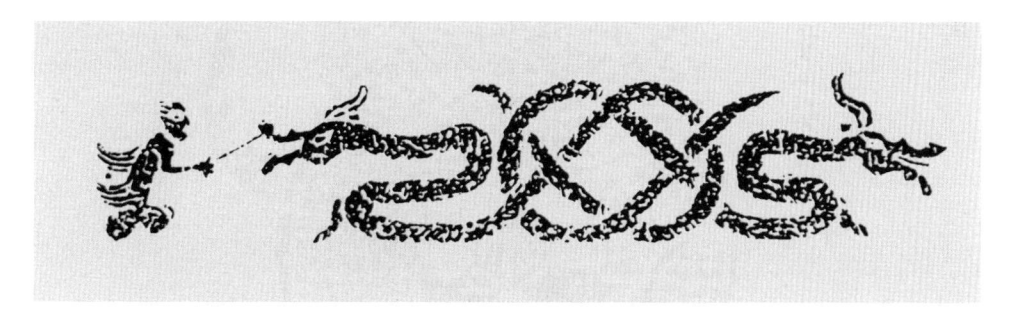

汉代仙人牵龙画像石（河南唐河）

点都有出土，山东、江苏、河南都有发现，都是双龙纠缠，穿一璧、三璧，多至五璧，以三璧为多见，龙体缠绕多较为紧密。少数图像看不清楚是否为穿璧图形，但双龙彼此缠绕着，与穿璧图形并无明显不同。

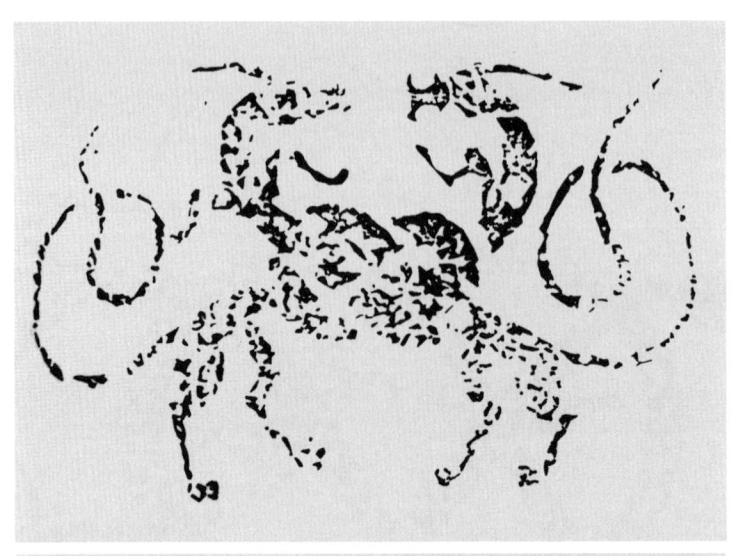

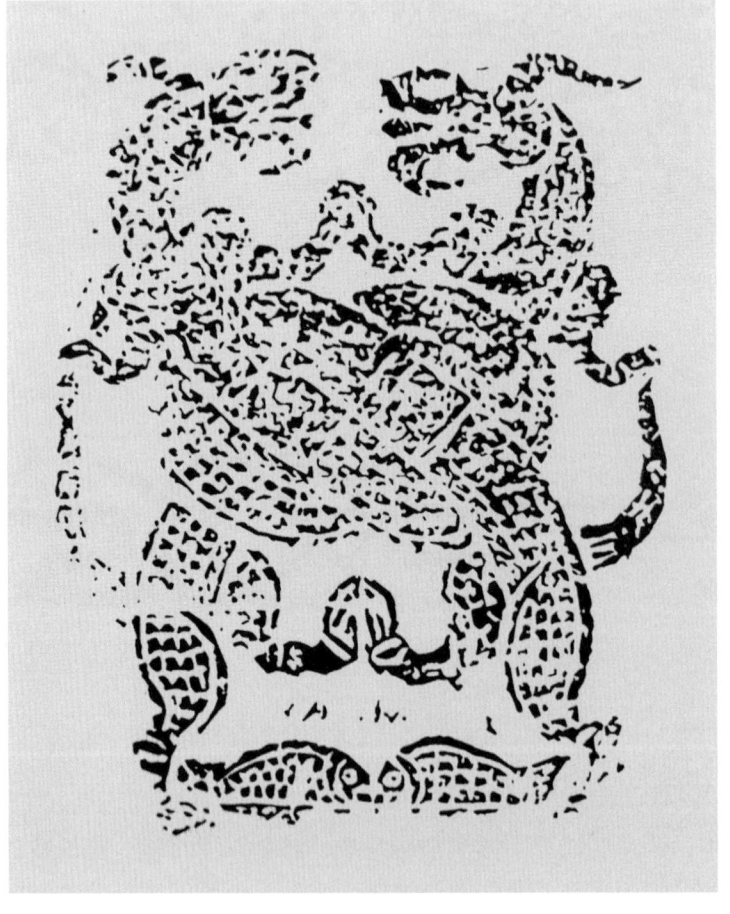

汉画像石上的双立龙结（山东滕州）

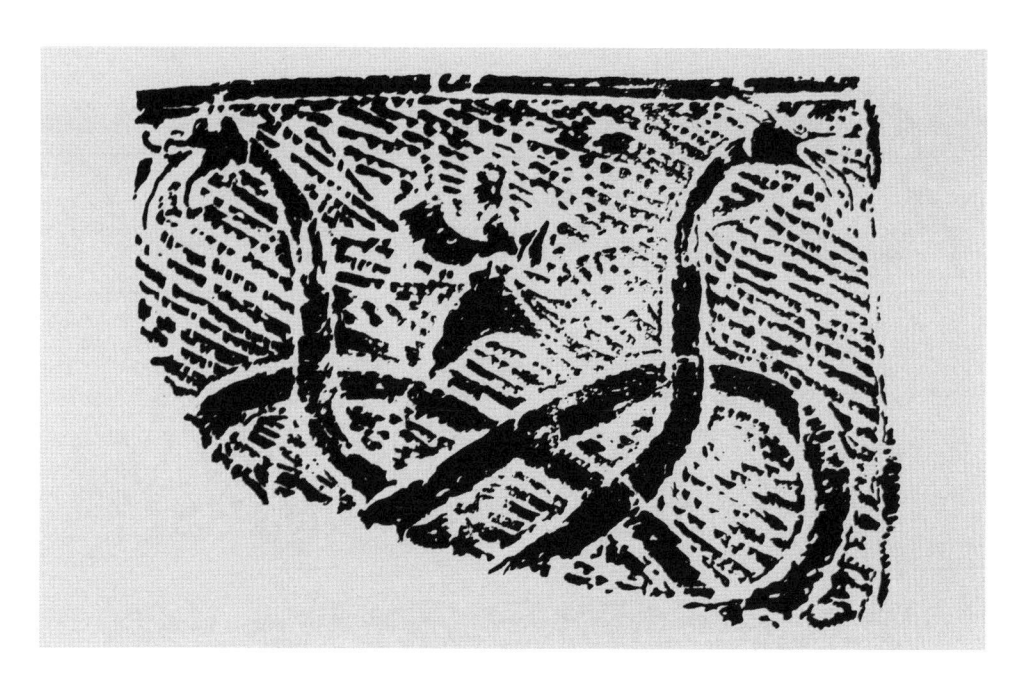

汉代双龙画像石（河南南阳）

汉代双龙穿璧画像砖（河南新野）

汉代双龙穿三璧画像石（河南新野）

图符象征 | 877

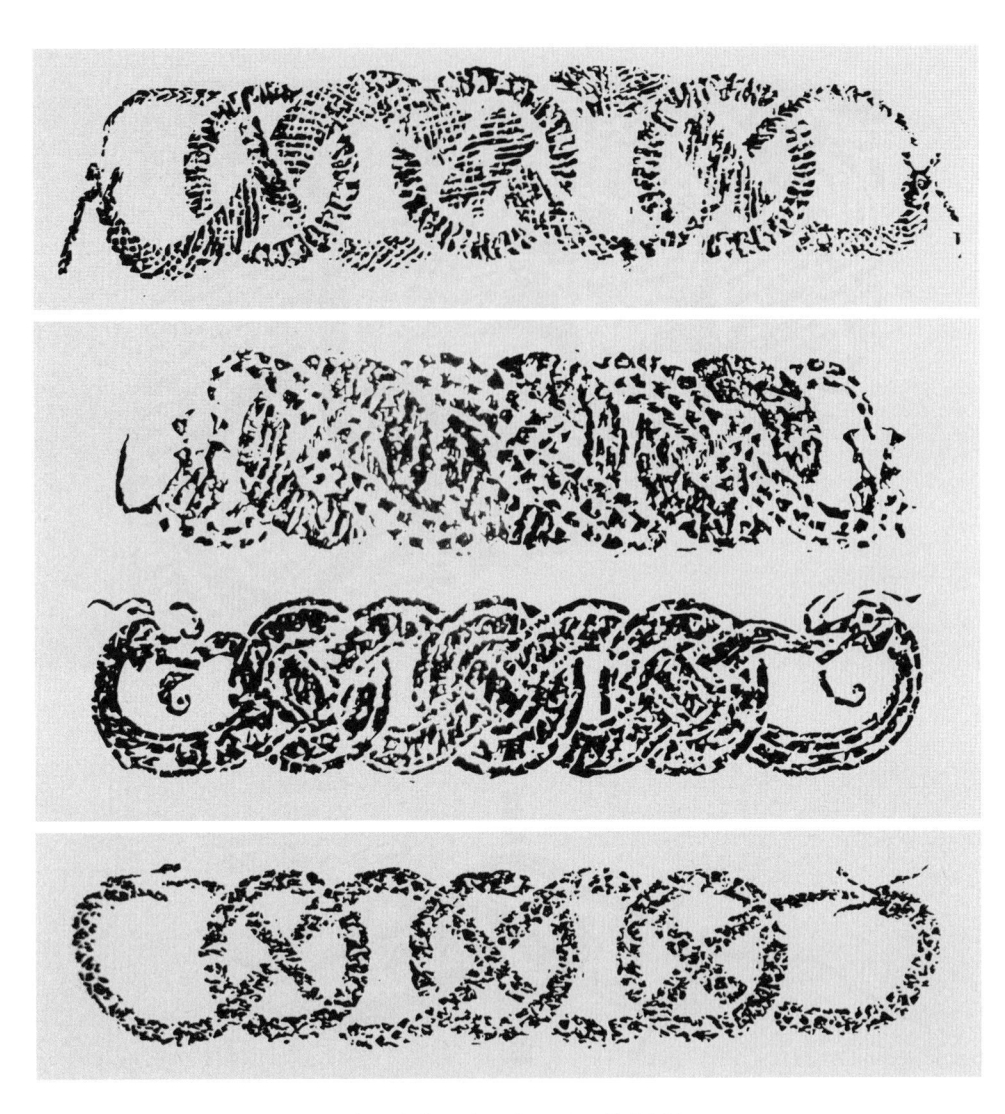

汉代双龙穿三璧画像石（江苏徐州）

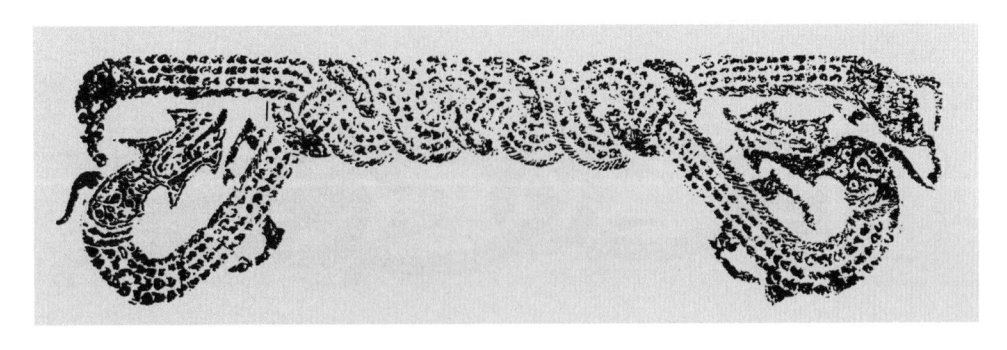

汉代双龙穿三璧画像石（山东微山）

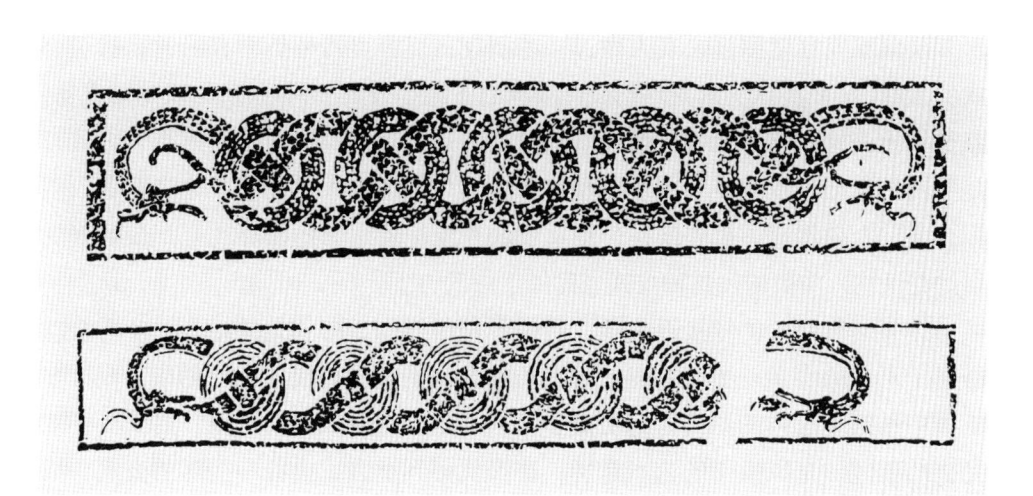

汉代双龙穿五璧画像石（江苏徐州）

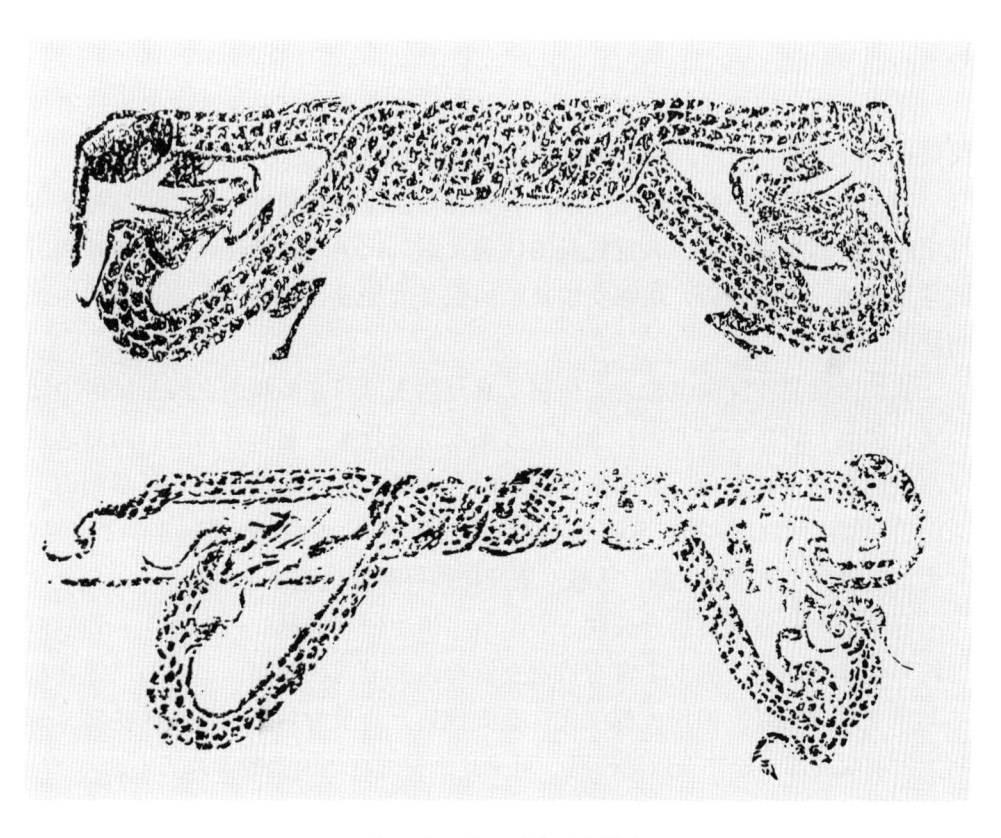

汉代双龙画像石（山东邹城）

汉画双龙穿璧图过去有人做过一些研究，但很可惜他们中有的人错过了合欢的主题。吴佩英认为双龙穿璧装饰纹样的主题是升天。[①]孙狄认为双龙即交龙，象征天地交媾、化育万物。他强调圆璧是沟通天地的媒介，是阴阳交合之处，是女阴的象征。双龙穿璧图形的整体意象不仅象征着天地交感、化育万物、阴阳合气、人神沟通、祖先崇拜，最重要的是象征着生命的循环往复，最明确的目的是汉代人希望通过这种仪式来完成生命的再生。[②]

孙狄的研究，比较接近主题，但还不是很透彻。璧和龙的结合，使得合欢结有了不凡的含义。璧与龙在艺术上的融合，是战国时代才有的创造，在许多玉器中见到了这样的题材。起初更多见到的是一种双凤合璧玉佩，后来见到双龙拱璧玉佩，龙凤拱璧的艺术意境，在汉代得到承袭，也有一些新的变通。战国时期的龙凤多出现在玉璧外沿，汉代则在璧内外都有龙凤身影，构图更为活泼灵动。如广州南越王墓出土一龙一凤玉佩、三凤玉璧、一龙二凤玉璧、双凤玉璧，构图多样。有一件一龙二凤璧，外有二凤拱璧，璧心一龙昂首挺胸，气势不凡。

汉画上双龙所穿的璧，有一、三、五数量的区别，璧出现的多少也许不仅仅只是气氛烘托的区别，也许表示墓主有等级的差别，在此不拟展开讨论。

考古所见汉画中的合欢结图形，其实并不仅仅与龙和璧相关，还与神话传说中的伏羲和女娲有关。人首蛇身的伏羲女娲，长尾纠缠交合在一起，如四川郫县发现的一方画像砖，伏羲女娲长长的蛇身缠绕成合欢结，头部还表现为接吻状。

我们注意到在汉画上常常有伏羲女娲与西王母同在的画面，西王母居中间位置，伏羲女娲在左右两侧，画面下方见双尾交合在一起如合欢结。当然这些汉画上的交尾合欢画面，看起来与标准的合欢结还有一定距离，不过看到山东微山的一幅汉画以后，我们也就不会存有什么疑问了。画面中间是端坐的西王母，两旁是打扇侍立的伏羲女娲，伏羲女娲交尾作标准的合欢结。

合欢结与伏羲和女娲有关联，即是与生殖生命有关联，可以看作一种信仰的符号化。又因为汉画上常常有伏羲女娲与西王母同在的画面，也可以说合欢结与西王母有关联。四川成都汉代伏羲画像砖，化身为鸟展翅飞翔的伏羲，翅膀上的羽纹局部也绘作合欢结形状，可见这个符号在当时是很深入人心的。

---

① 吴佩英：《从具象图案到抽象装饰纹样的演变——陕北东汉画像双龙穿璧纹的母题研究》，载《民族艺术研究》2010年第4期。

② 孙狄：《汉画像石双龙穿璧图形的象征意义》，载《美术教育研究》2012年第1期。

双龙双凤玉璧（河南洛阳西工区）

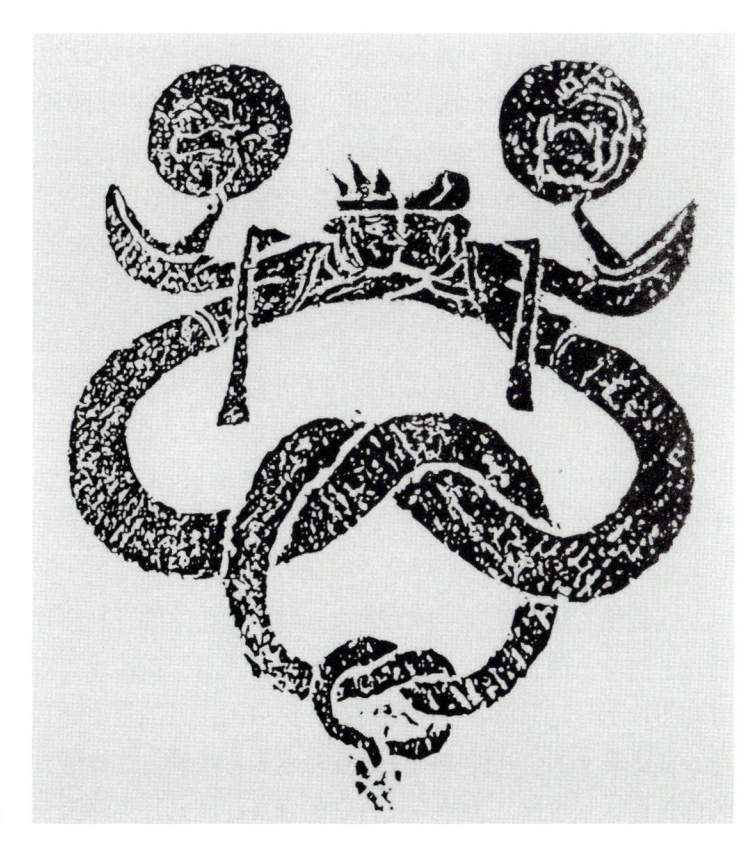

汉代伏羲女娲画像砖（四川成都郫县）

汉代伏羲画像砖（四川成都）

当然合欢结更多出现在汉代人的生活中，如河南郑州汉画像砖井栏上的图像，描绘有火警之类的警示图像，书有"戒火东井"四字，加绘两个菱形合欢结图形。其他一些地点也有类似发现，表达了祈求平安的心境。

二十八宿之一有井宿，玉井在东，《礼记·月令》云："仲夏之月，日在东井。"《史记·张耳陈馀列传》说："汉王之入关，五星聚东井。东井者，秦分也，先至必霸。"《史记·天官书》说："东井为水事。"《史记索隐》引《元命苞》云："东井八星，主水衡也。"因之有研究认为东井星是用来"做禳火镇火的符号"，"东井"之铭也就出现在了井栏上，有以井水戒火防火保平安的意思，井栏上同时见到平安（合欢）结符号也就不足为奇了。

在更多的建筑装饰上，也不稀见合欢结纹样。河南邓州见到的一方建筑图汉画像砖，高大的阙楼下部，出现了一个非常显眼的合欢结，也是表示冀望家宅平安，这也可以看作平安结。

汉画像石还可见到一种方花合欢结，如山东安丘和嘉祥所见，大小四瓣方花叶片上都绘出最简单的合欢结。山东肥城一石，刻画着与双鱼同在的带合欢结的方花图，明显是标示着吉祥的寓意。更引人注意的是安徽宿州的一方汉画，将方花绘在伏羲女娲合欢图中间，合欢写意非常明确。这样的方花，是汉代很常见的装饰图形，一般称之为柿蒂纹，它的意义在此只是约略提及，也值得专文探讨。

汉画像砖
井栏上的图像
（河南郑州）

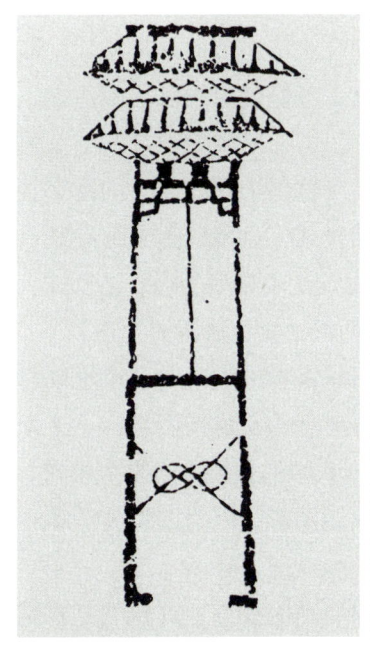

汉画像砖建筑合欢结（河南邓州） 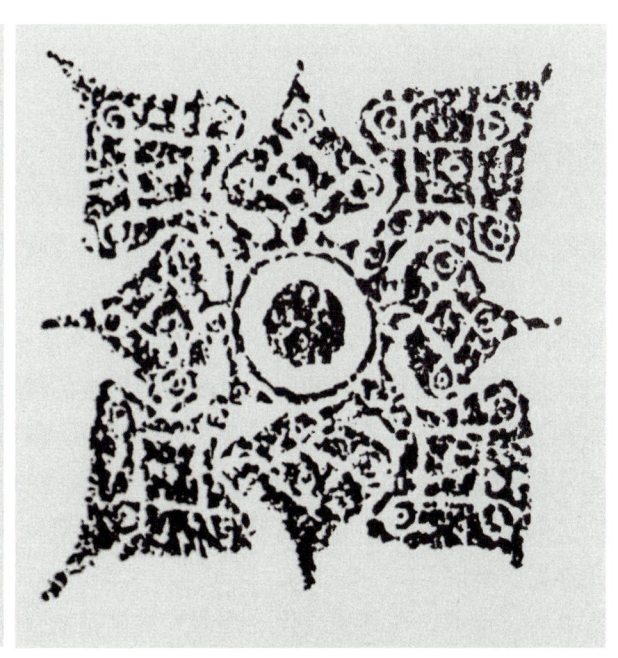　　汉画像石上的方花合欢结（山东安丘）

图符象征 | 883

汉画合欢结图（山东肥城）

　　还有一个很意外的发现，在洛阳汉画中的一匹马身上，见到了标准的合欢结图形。另外有一件类似用作缠线的铜器，也做成了很标准的合欢结样式。这说明汉代合欢结在社会上有很高的认同度，所以图案才会频繁使用。

　　说到合欢结，我们还想到汉画上经常可以看到的连理枝图像，那种夸张地将树枝连成合欢结的样式，也是揭示合欢结意义的生动体现。其中又以山东微山的一石最为典型，画中的连理树枝节相连，绕成一个个结，下面有人正射向树上的猴与鸟，这画题与高禖古俗有关，我曾将它解释为一曲生命颂歌，也正合了合欢之意。

　　我们以上检索的主要是汉代而且是东汉的资料，因为合欢结在汉代被普遍认同、普遍使用，所以发现的材料比较丰富。但是合欢结出现的最早年代，却并不是汉代，它可能要早到战国甚至春秋时代，以下我们就由西汉往前追索，看看最早的合欢结出现在何时何地。

　　有关西汉时期的发现，可以由湖南长沙马王堆汉墓出土丝织品上的图案找到线索，特别是那种双菱形图案，比较接近合欢结样式，也可以称为方胜纹。而在云南永胜的一件被认定为战国时代的铜鼓上，见到比较典型的合欢结纹饰。这件铜鼓时代是否能早到战国尚可存疑，如果属于西汉之物也属重要发现。

　　往前追溯到战国时期，在河南信阳出土的楚国丝织物上发现与马王堆同样式的方胜纹图案，表明汉代承袭了战国传统。战国典型的合欢结图案，见于湖南常德楚国漆器，它是井字形结构，与东汉见到的合欢结的缠结方式完全相同。

　　属于战国时代的一些陶器上也见到了疑似合欢结图形，因为图像欠清晰还不能完全确定。

　　再往前看，在春秋时代的铜器上常见龙蛇双双纠结的纹饰，这样的艺术题材很容易为衣带结模仿，当然也可能是相反的模仿。这样的动物纠缠图案，有的已经很接近合欢结的形态。事实上春秋时代已经编成了非常典型的合欢结,这样的例证在山西太原赵卿墓出土铜高柄小方壶上见到了。它的四面满布井字形心结构的合欢结,这些合欢结扩展成四方连续图案,环环相扣,显得非常精致和严谨。在结与结图形之间还填铸了大小胜纹,稍觉遗憾是绘图者因为不大理解将胜纹绘变了形,好像被切割了一样。

还要特别注意的是,这件方壶的盖顶出现了方花图形,这也是年代相当早的方花图形。而且在方花的中心,还有一对欢快交合的龙形,将本器物的核心要义点明。双龙、胜纹与方花,都是具有特定意义的纹饰,它们出现在同一件器物上,又都包含有相近的寓意,再与合欢结融为一体,用不着更多的解释,

汉代双龙合欢结铜饰(安徽亳州)

汉代走马画像砖(河南洛阳)

汉画连理枝图局部（山东微山）

西汉丝织图案（湖南长沙马王堆汉墓）

战国（？）铜鼓纹饰（云南永胜）

楚国丝织图案（河南信阳）

楚国漆器图案（湖南常德）

它所体现的含义非常明了，所体现的情感也非常动人。

其实合欢结的创意形成，可能比我们想象的还要久远得多，甚至可以早到史前。新石器时代一些陶器刻画上可以见到相似构图的纹饰，只是还没有单独明确的构图。在后石家河文化的玉器中，见到不止一例大环包容小环的玉坠，构形虽然与后来战汉时期完形合欢结有所不同，但视之为同类象征符号大约也是可以成立的。

更早的良渚文化藤编和陶艺，也发现有相似的编织构形。而前良渚时期的崧泽文化陶纹中，也见到不少类似的编织图形，我们如果将合欢结的出现判定为近6000年前，似乎也没什么理由来否认。

根据以上梳理，可以有这样几个比较清晰的印象：

首先是年代，汉代非常流行的合欢结，原来在春秋时期就已经完成标准化定型。其次是一开始就有明确的象征意义，象征吉祥、欢乐和美满，更是表达

图符象征 | 887

战国陶鼎盖纹饰（河北易县？）

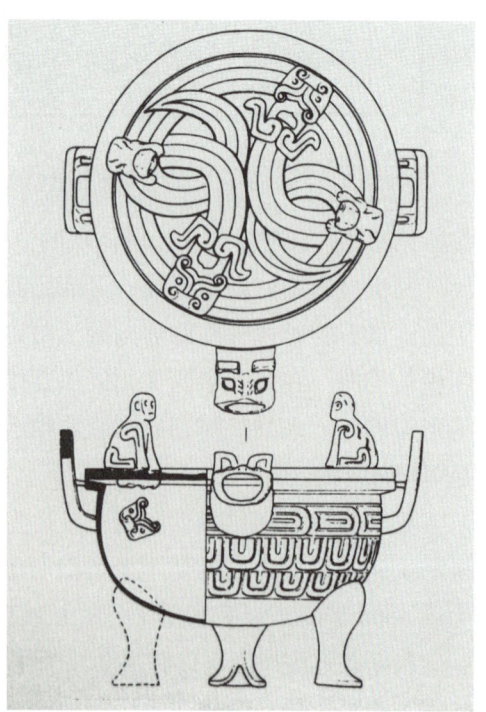

战国黑附后壶图（河南洛阳？）

春秋铜盖鼎（山西闻喜）

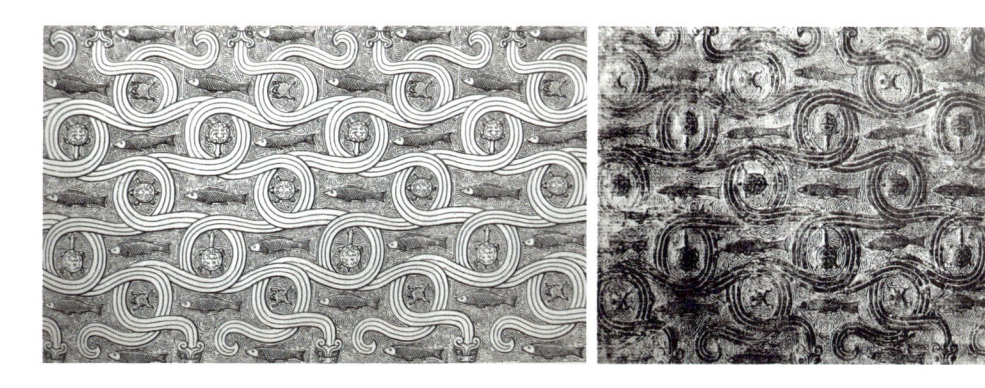

春秋铜方盘纹饰（故宫博物院藏）

春秋铜高柄小方壶（山西太原）

图符象征 | 889

了对新生命的期盼，还与神灵信仰融合在一起，完成了一项非常精彩的艺术创造。

掠过2000多年时光，当历史行进到今天，你随处都有可能发现合欢结的存在。合欢结也因为融入不同的情境生活，造型有了许多变化，名称也有了不少变化，近些年又有了一个大名，叫中国结。

平安结或吉祥结，也是常用的名称。各种名称，除了缠结形状上的细微差别，也与使用的场合有关。如盘长结，或又称为黄花结、庙宇结，寓意循环与轮回，它还被藏传佛教引为吉祥八宝中的八吉祥结。

以往有人列出中国结的各类存在过的名字，并解释了它们蕴含的意义，我做了合并整理，可以归纳为以下义项：

平安结：如意平安。

吉祥结：祥瑞美好。

如意结：吉祥如意。

方胜结：一路平安。

盘长结：长寿百岁。

双喜结：双喜临门。

同心结：永结同心。

团圆结：团圆美满。

双钱结：财源亨通。

双鱼结：吉庆有余。

祥云结：好运绵长。

团锦结：前程似锦。

桂花结：高贵清雅。

双蝶结：比翼双飞。

福字结：福运满堂。

寿字节：寿比南山。

可惜也可憾，这么多的名字，唯独没有合欢结。我们称之为合欢结，也是经过一番考证取舍的结果。吉祥、平安和如意，都属近现代名称，可选的古称有连理、同心、双胜、合欢，以古意度之，选定后者，确定称为合欢结。

结，古代一般指衣带之结。《汉书·五行志》："衣有襘，带有结。"注云："结，缔结之结也。"女子临嫁，母亲为她结巾，如《诗经·豳风·东山》所言："亲结其缡。"后来以结缡代指结婚，这个小小的"结"，还真的是不一般。

当然衣带之结有解有结，后来为方便做成了纽结纽扣。《说文解字》云：

春秋铜高柄小方壶壶盖纹饰（山西太原） 　　后石家河文化玉坠（湖北天门石家河遗址）

良渚文化黑陶杯（浙江余杭卞家山） 　　藤条编（浙江安溪严家桥遗址）

良渚文化陶器柄（浙江余杭卞家山） 　　崧泽文化陶器点染图（嘉兴石马兜）

藏传佛教艺术中的吉祥结　　　　　　　　　　中国结

"结，缔也"，"缔，结不解也"。纽结可解，结而不可解者曰缔。缔结婚姻、缔结合约，一个小"结"可以喻说大事。还有《管子·枢言》所言"诚信者，天下之结也"，交结朋友，结拜兄弟，结义结合，以诚信为结。我们现在常用的小结、总结这些词，想来与衣带结多少是有些语义关联的。

在周代时，一个这样的"结"，已经用于比喻君子之德了，如《诗经·曹风·鸤鸠》所咏："淑人君子，其仪一兮。其仪一兮，心如结兮。"心结，后来演变为解不开的结了。

又见《集韵》说"结"，"激质切，音吉，义同"。似乎点明了这个字的来由并不简单，它本来就具有吉祥的含义。所以这个"结"，也就越发不简单了。当艺术的合欢结出现以后，它可不是简单的衣带结，而是心心相连的结。

我们接着来读读汉诗。汉代辛延年《羽林郎》诗云：

昔有霍家奴，姓冯名子都。

依倚将军势，调笑酒家胡。

胡姬年十五，春日独当垆。

长裾连理带，广袖合欢襦。

这里出现了"连理"与"合欢"两个词，多好的词，连理带似乎有衣带结的意思。再晚到南北朝时期，我们又见到了让人兴奋的词。北朝庾信《题结线袋子》写道：

交丝结龙凤，镂彩织云霞。

一寸同心缕，千年长命花。

追踪信仰：艺术考古中的动物图像

我觉得这诗里所咏的，应当是一个带有龙凤结的香囊吧。"交丝结龙凤"，是指丝编龙凤结，这是汉代就有的流行风。"一寸同心缕"，则一定说的是同心结了。也许读者觉得这样理解，恐怕有点牵强，那就读读比庾信年代更早一些的梁武帝萧衍的诗，他的《有所思》有句曰："腰中双绮带，梦为同心结。"同心结之名，那个时代确定是有了。

当然我们更关注的是梁武帝的《子夜四时歌·秋歌》，因为诗里出现了"合欢结"：

绣带合欢结，锦衣连理文。

怀情入夜月，含笑出朝云。

这个合欢结，与同心结是一个含义。确定以合欢结为我们讨论的主题取名，正是来自梁武帝此诗。不必犹豫，合欢结一定是最好的名字。当然在隋唐以后，诗文中更多出现的是同心结，但这不妨碍选取合欢结作正名，它出现得早，也更符合我们列举的那些图形的义理。

但是，我们还是要读几则诗例，感受一下历代诗人们经久不衰吟咏同心结的热度。如南朝江总《杂曲》："未眠解着同心结，欲醉那堪连理杯。"同心结、合欢结，都与情爱关联。这个结，是"结爱"之结。唐代孟郊的《结爱》，我们要完整地读一读：

心心复心心，结爱务在深。

一度欲离别，千回结衣襟。

结妾独守志，结君早归意。

始知结衣裳，不如结心肠。

坐结行亦结，结尽百年月。

"结衣襟"，"结衣裳"，那是表面文章，都"不如结心肠"。结爱，一定要爱在心里头。读到了唐代，自然避不开李白，他的《捣衣篇》有"横垂宝幄同心结，半拂琼筵苏合香"，《去妇词》有"君恩既断绝，相见何年月。悔倾连理杯，虚作同心结"。这同心结，就是情人们的信物了。

又有一首李群玉的《赠琵琶妓》：

我见鸳鸯飞水上，君还望月苦相思。

一双裙带同心结，早寄黄鹂孤雁儿。

同心结寄相思之情，也是唐人的风流故事。类似的诗意还有王建的《赠离曲》："若知中路各西东，彼此不忘同心结。"

宋代诗人也将同心结吟来诵去，如范成大的《五杂俎》：

图符象征 | 893

五杂俎，同心结。

　　往复来，当窗月。

　　不得已，话离别。

又有姜特立的《古意》：

　　共绾同心结，那知有别离。

　　对人争忍说，不敢画蛾眉。

还有李石的《醉落魄》"朝期暮约浑无据，同心结尽千千缕"，更有耶律铸的《同心结》"除是结同心，同心最长久"，以及吴礼之的《霜天晓角》"连环易缺，难解同心结"。

同心结两结相连，为爱情的象征，取意同心永结。当然它很早也成了年节吉庆装饰，如北朝宗懔的《荆楚岁时记》即说："正月七日为人日，……又造华胜以相遗，登高赋诗。"又如《辽史·礼志六》也提到："五月重五日午时，……以五彩丝为索缠臂，谓之'合欢结'。"宋人也一定不能少了这合欢结、同心结，所以前引范成大诗中也出现了五彩同心结。

合欢结与同心结有如此深厚的历史积淀，有如此完美的构图，怎样的词汇才能形容合欢结的完美呢？温馨、雅致、亲欢、缠绵、欢爱、欢合，都不为过。我相信它最初不会是群体的创造，它只能是出于一个智者之手，然后就传播到了很远，传承了很久，传到了现在。将理想的情感追求，化作一种符号来表达，合欢同心结是绝美的创造。

让现代变幻多姿的中国结回归历史，我们会发现最早可以前溯到春秋时代。再往前的商周时代有无它的踪影，我们还要接着寻找，我相信它的源头至少是可以追溯到西周时代的，或者可以前溯到文明史的初期。

想到如若重新为中国的非物质文化遗产选定一个标识，我以为这个合欢结——中国结，应当是首选，也是唯一之选。可惜，还不知道会不会有这样的机会。

众神之像：人面蛇身

创世神话，引领着我们神游往古。中国的创世神话，包含着一个众神之像为人面蛇身的共享主题。

古代中国神话中有龙蛇崇拜，其中又将灵蛇列入始祖神信仰体系，规格至高无上。人文始祖伏羲女娲就是以人面蛇身的形象出现在神话中，我们在汉画中看到了大量的蛇身人面刻画，其中多数是伏羲女娲的艺术画像。与此同时发现有其他一些神灵画像也是人面蛇身，它们也曾经出现在神话文本中。

众神共享人面蛇身，集合成为始祖群像，这是一个饶有兴味的问题。灵蛇崇拜的源头在哪里，蛇身又为何成为众神构形共享的素材，这个神灵密码有待细细研究。

创世神话中蛇身共享主题图考[①]

下面我们要见识神话艺术中的人面蛇身始祖神群像，这是创世神话中的蛇身共享主题。

众神共享密码解译

人类与动物，共享着同一个地球。人类将动物融入自己的世界，包括物质世界与精神世界，从动物世界获取物质与精神滋养。我们其实很难分清，在物质与精神这两个世界，人类由动物那里到底哪方面收获更大。

这里切入的是精神层面的话题，在早期人类社会，在史前期人类社会，融入精神世界的动物为人类带来了许多慰藉，人类所崇拜和造作的众神，主要来自动物们所具有的威势与灵性，而且多是人类自身所不具备的能力。

出现在众神世界的动物，即是被神化的动物，可以说是形形色色，但大约以它们的特点可区分为丛林猛兽类、空中飞翔类、水中游动类和两栖爬行类这几种，如虎、鸟、鱼及龟和蛇等，当然也有少数通过想象造出的龙和麒麟等。

龙、虎、鸟及龟和蛇很自然地进入古代中国的四方神信仰，形成完美的四神体系。许多动物就这样进入人类的大脑，被人们神化，掀起一波又一波的造神运动。在这样的造神运动中，出现许多半人半兽的创意神像，常常是以人为主体，辅以动物某些体征，造出非人非兽的神。

这样的神像从动物那儿得到的灵感，有来自动物体态的，也有来自角牙和眼目的，这些都是众神密码。我曾经分别讨论这些密码的传承路径，这次要说道的蛇，也正因为这造神运动进入人们的信仰体系，蛇形或作为神本体的蛇形也就出现在了神话中，出现在了古代绘画与雕塑艺术中，这在考古中有许多的发现可资论证。

在古代中国创世神话文本中，存在一个人面蛇身的始祖神群体，这个群体以伏羲和女娲为主要象征，但数量上远不止这二位。

[①] 本节图片主要选自《中国画像石全集》编辑委员会编《中国画像石全集》。

作为人面蛇身的人神，不仅存在于久远的传说中，也出现在久远的艺术中。人神为何要设计为人面蛇身的模样？有多少人神共享蛇身形体？这样的神话艺术最早又能追溯到什么年代？

我们要通过考古发现，来尝试回答这些疑问。

伏羲女娲蛇身人面

在古代中国创世神话中，一个最核心的体系是伏羲与女娲始祖传说。人文初祖在神话文本中，在艺术构图中，都是人首蛇身的样子。现在就让我们先由古代绘画中见到的伏羲和女娲说起。

在新疆吐鲁番阿斯塔那唐代墓葬中出土多幅绢画伏羲女娲图，伏羲女娲为人面蛇体，蛇体双双盘桓在一起，他们的上下分绘着日月。虽然伏羲女娲的面容体现着西域民族特点，服饰也多是胡服样式，我们并不会怀疑这是中原文化强烈影响的结果，甚至可以想象这种影响至迟从汉代就出现了。

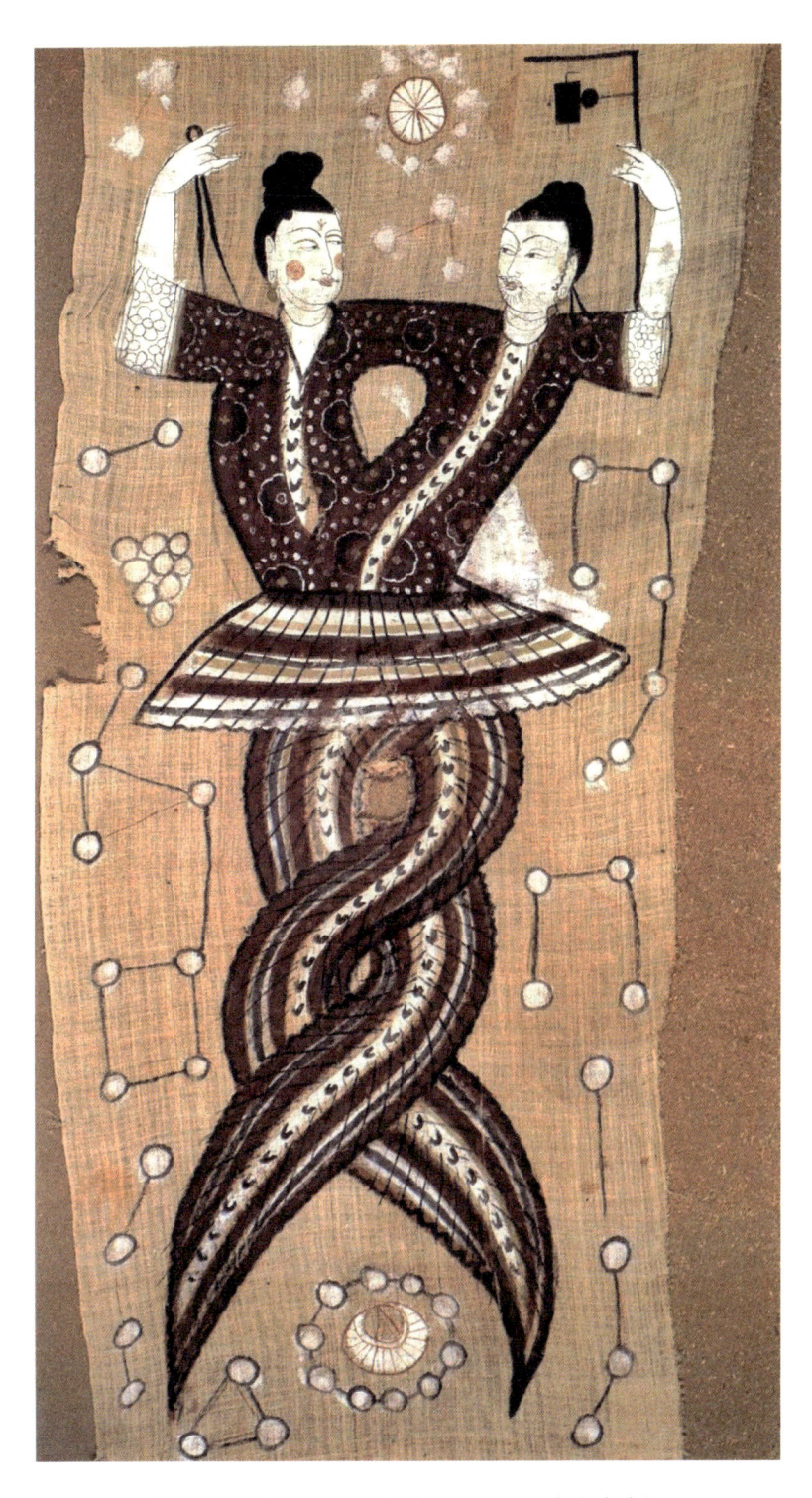

绢画伏羲女娲图（新疆吐鲁番阿斯塔那唐代墓葬）

甘肃敦煌佛爷庙湾西晋墓画像砖，有四神图，也有伏羲女娲图，二人单独被绘制在方砖上，也都是人面蛇身，日月分别挂在他们胸前。再看他们的面容与服饰，中原特点非常明显。

再往前溯，我们要列举大量汉代画像资料，由于伏羲女娲在汉画中是一个惯常表现的题材，考古发现的相关图像也就特别丰富。

常见的几种构图形式，伏羲女娲或在相对位置分立左右，或作翻飞腾挪状，或相拥纠缠在一起，一般都与日月同在，或者与西王母、东王公同在，但都是人面蛇身的造型，极少见到人面鸟身形状。

河南南阳出土一方汉画，通常称之为"嫦娥奔月图"，奔月者为蛇身人面之像，是为女娲。当然独行的女娲像并不多见，也容易令人误读。其实与这图对应的伏羲像在同地也有发现，只是没有引起注意而已。

汉画上更多见到的是伏羲女娲形影不离的构图，有的图旁还刻有他们的大名。山东嘉祥武梁祠的伏羲女娲图，一旁有"伏羲仓精，初造王业"榜题，所以将画像认作伏羲女娲没有什么疑问。其他地点也见到二者带榜题的画像，所以一般研究者将类似的蛇身人面的二人像认作伏羲女娲，也在情理之中。

汉画中频繁出现伏羲女娲画面，一般都是蛇身人面，分别手捧日月，或者手执规矩，一阳一阴形影不离。凡是发现汉画较多的地区，都会见到这样的蛇身人面像，这是汉画中一个必须有的题材。

如鲁南汉画中就有较多的发现，山东邹城的一幅汉画上，伏羲女娲与东王公在一起，中间的东王公头顶有一轮太阳，左右两旁是伏羲女娲。

滕州的一幅汉画上也描绘的是伏羲女娲与东王公在一起的画面，二位侍候着端坐在中间的东王公，手里还拿着便面，表现了一种主仆关系。

临沂汉画上见到的一对伏羲女娲像，是少见的比较富态的形象，人面蛇身，蛇体粗短。二人各自怀抱日月，分执规矩。

河南南阳汉画上也见有伏羲女娲与东王公出现在一起的画面，行走着的高大的东王公，左右肩头立着人面蛇身的伏羲女娲。

不能忽略的还有四川地区的发现，成都一幅汉画上的伏羲女娲画像，修长的蛇体没有交尾，都是单手举着日月，另一只手举着规矩，彼此似乎还打着招呼。彭山汉画中的伏羲女娲像显得比较静雅，交尾时似乎说着话。值得注意的是二位的下方，还有一对交尾纠缠的龙。

陕北发现的汉画，也常常见到伏羲女娲题材，画面上的二位或者两手空空，或者手持日用之物，有时举着规矩。陕西汉画上也经常出现日月图形，但却并

伏羲女娲画像砖（甘肃敦煌佛爷庙湾西晋墓）

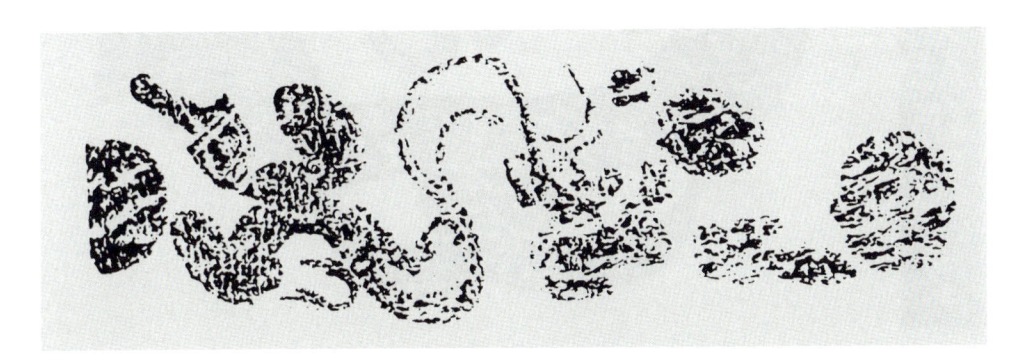

汉画伏羲图（河南南阳）

汉代女娲画像石（河南南阳）

众神之像：人面蛇身

汉画伏羲女娲图（山东嘉祥武梁祠）

不是被伏羲女娲举着。绥德一幅汉画上捧着日月的二人，又并非蛇身模样，这还是比较少见的。

往前追溯到西汉时期，在马王堆汉墓出土的帛画上，见到了一位蛇身人面女子像，位置是在月亮近旁，会让人联想到女娲，不过其身份尚存有争议。

汉画中的伏羲女娲图还有很多，我另集录了一些图像在此，供有兴致者赏鉴。

伏羲女娲为何是传说中的人面蛇身的样子，汉画又为何要特别再现他们的样子，我们在后面再作理论。当然前面列举的这些图像中，也未必全为伏羲女娲的画像，古代传说中的神灵还有不少也是同样的人面蛇身模样，这要甄别起来还要花些工夫。

汉画伏羲女娲与东王公图（山东邹城）　　汉画伏羲女娲与东王公图（河南南阳）

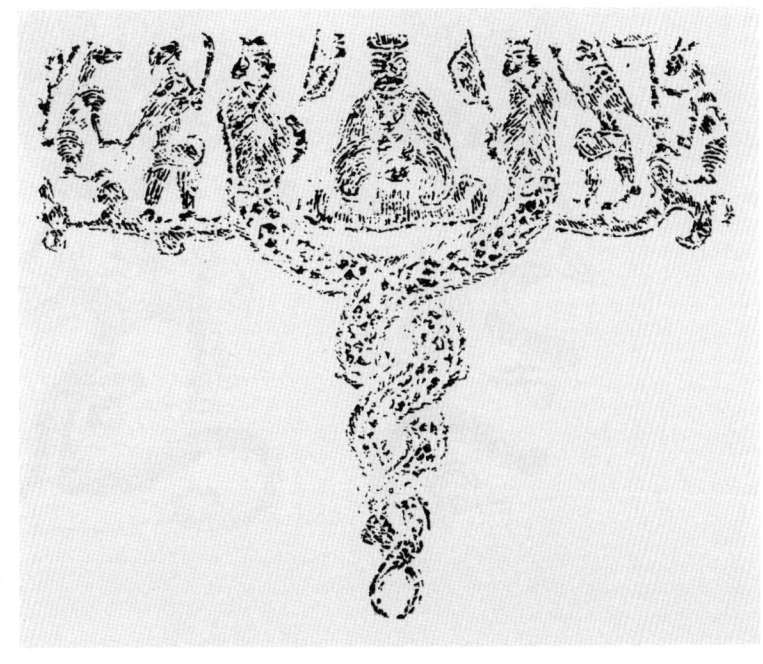

汉画伏羲女娲
与东王公图（山东
滕州）

众神之像：人面蛇身 | 903

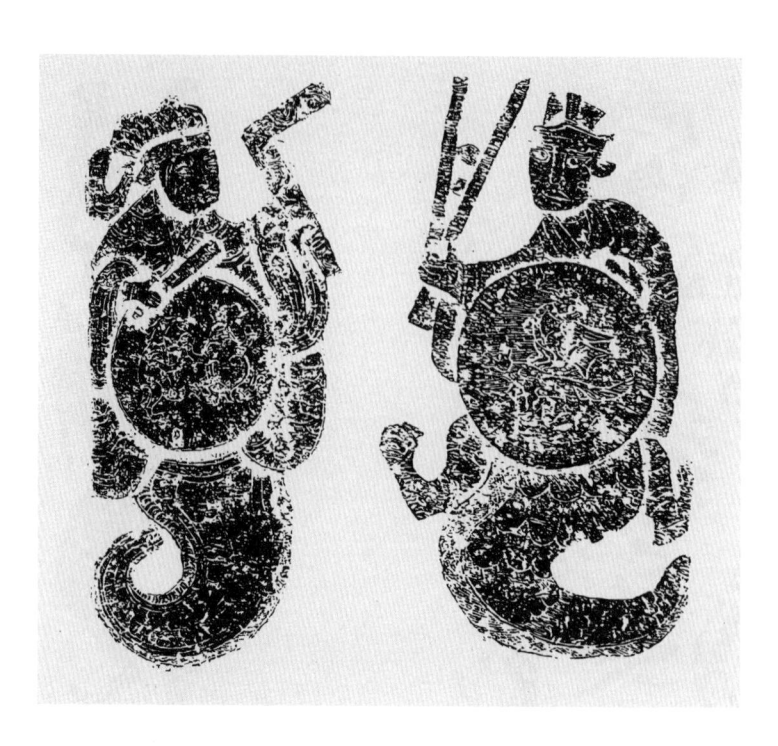

汉画伏羲女娲图（山东临沂）

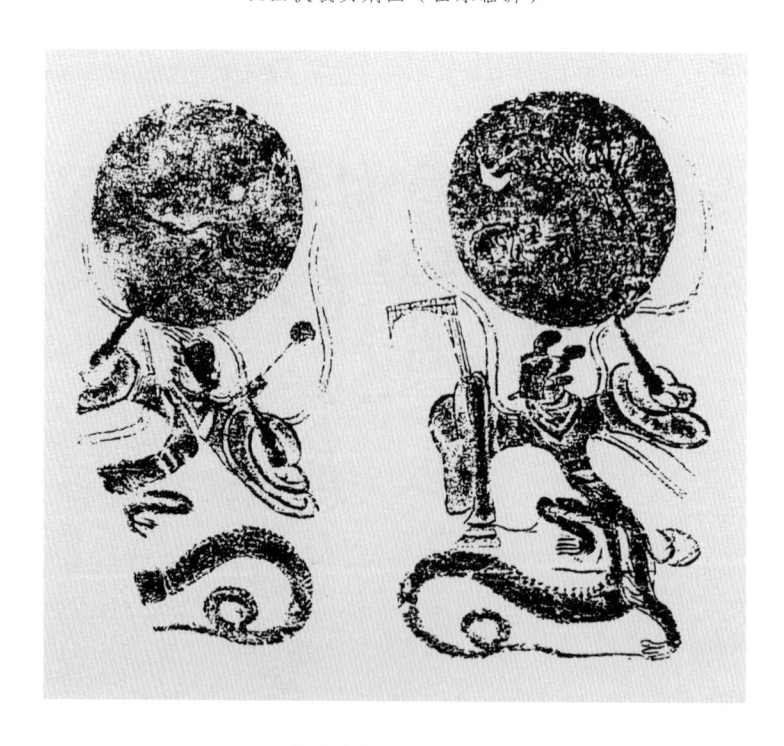

汉画伏羲女娲图（四川成都）

汉画伏羲女娲图（陕西绥德）

汉代伏羲女娲画像石（四川彭山）

汉画伏羲女娲图（陕西神木）

马王堆帛画局部

汉画人面蛇身图（河南南阳） 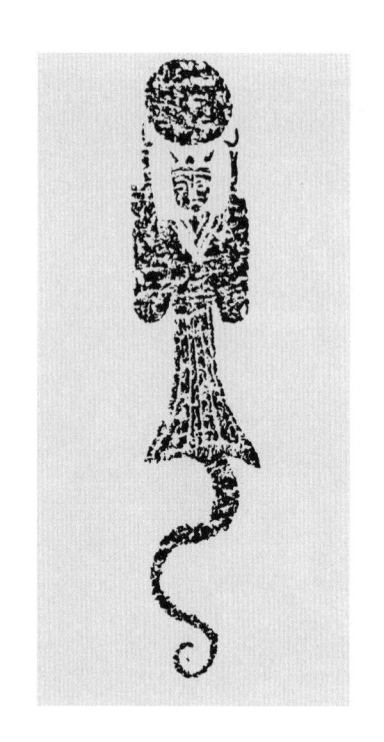　　　　汉画人面蛇身图（江苏徐州）

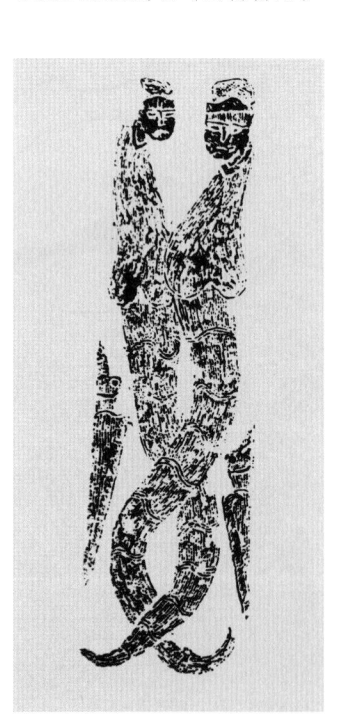

汉画人面蛇身图（山东临沂） 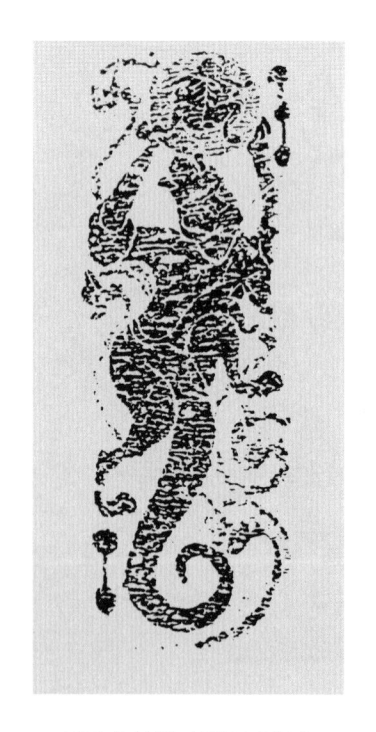　　　　汉画月神图（河南南阳）

908 | 追踪信仰：艺术考古中的动物图像

众神共享蛇身人面

古代神话中的伏羲女娲是人面蛇身的形象，但并非只有这二位才有人面蛇身的特征。有人说，中国古代众神中以人面蛇身和人首龙身者为最多，龙蛇同一，或以足的有无区分龙蛇，也并不能完全确认。

先前已经有一些学者进行过梳理，发现人面蛇身的神形在古代神话传说中存在诸多例证，《山海经》《淮南子》《史记》《天中记》《玄中记》《神异经》等文献中均有记述，最引人注意的人面蛇身之神主要有伏羲、女娲、烛龙、共工和贰负等，就中又以伏羲女娲最是著名。

先说伏羲。传说伏羲是雷神的儿子，是母亲华胥氏踩踏了雷神留下的"大迹"所孕生。《山海经·海内东经》说"雷泽中有雷神，龙身而人头"，龙身古时常混同蛇身，伏羲因此就遗传蛇身了。

而女娲的形体，在《楚辞·天问》中问出"女娲有体，孰制匠之"这样的话，王逸注说"传言女娲人头蛇身，一日七十化"，王延寿的《鲁灵光殿赋》说"伏羲鳞身，女娲蛇躯"，说明伏羲女娲人面蛇身在汉代时是很流行的传说。《帝王世纪》也说女娲氏蛇身人首，《列子·黄帝》说女娲氏蛇身人面，曹植的《女娲画赞》也有伏羲女娲"人首蛇形"之说。

除了伏羲女娲，下列传说也是人面蛇身的神话角色。

首先要提到的是烛龙。烛龙是传说中主宰昼夜、变换四季、掌控风雨气候、照亮九阴之神。《山海经·海外北经》中的描述是："钟山之神，名曰烛阴，视为昼，瞑为夜，吹为冬，呼为夏，不饮，不食，不息，息为风。身长千里，在无䏿之东。其为物，人面，蛇身，赤色，居钟山下。"《山海经·大荒北经》曰："西北海之外，赤水之北，有章尾山。有神，人面蛇身而赤，直目正乘，其瞑乃晦，其视乃明，不食，不寝，不息，风雨是谒，是烛九阴，是谓烛龙。"

烛龙即烛阴，照亮黑暗。郭璞说烛阴即"烛龙也，是烛九阴，因名云"。烛龙传说还见于《楚辞》和《淮南子》。《楚辞·天问》说："日安不到，烛龙何照？"《淮南子·地形训》说："烛龙在雁门北，蔽于委羽之山，不见日。其神人面龙身而无足。"

烛龙，有一个儿子名叫鼓，也是人头蛇身，父子遗传。

共工是另一个人面蛇身形象的重要角色。水神共工被看作神界的恶神，《山海经·大荒西经》说他是人头蛇身、红色头发、性情凶暴的神。

水神共工有个臣子叫相柳，也是人头蛇身，《山海经·海外北经》："共工之臣曰相柳氏，九首，以食于九山。……相柳者，九首人面，蛇身而青"。

共工的先祖神农氏，传说也是人面蛇身，共工也属基因遗传。

还有两位天神也是人头蛇身，他们是贰负和猰㺄。这样的人面蛇身之神，在《山海经》中都有记述。如：《山海经·海内西经》："开明东有巫彭、巫抵、巫阳、巫履、巫凡、巫相……。蛇身人面"。《山海经·海内北经》："鬼国在贰负之尸北，为物，人面，而一目。一曰贰负神在其东，为物，人面蛇身。"《山海经·大荒北经》："西北海之外，赤水之北，有章尾山。有神，人面蛇身而赤。"《山海经·海内经》："有人曰苗民。有神焉，人首，蛇身，长如辕。"《山海经·北山经》："凡北山经之首，……其神皆人面蛇身。"《山海经·北山经》："凡北次二经之首……其神皆蛇身人面。"

当然更耸人听闻的是，《山海经·海外西经》说："轩辕之国，……人面蛇身，尾交首上。"

黄帝是雷神的儿子。《列子·黄帝》说："庖牺氏、女娲氏、神农氏、夏后氏，蛇身人面，牛首虎鼻。此有非人之状，而有大圣之德。"因为是这般模样，才拥有大圣之德。

传说炎帝与黄帝都是人面蛇身。有熊国头领少典娶了姓乔的两姐妹，姐姐女登，妹妹附宝。女登见到一条神龙从天飞过就怀孕了，生下了炎帝。附宝在大雷雨中被一条电光缠身就怀孕了，生下了蛇身人面的黄帝。

还要提到黄帝之孙颛顼。《山海经·大荒西经》："有鱼偏枯，名曰鱼妇。颛顼死即复苏。风道北来，天乃大水泉，蛇乃化为鱼，是谓鱼妇。颛顼死即复苏。"颛顼死后复活，是魂灵离开已经成为死蛇的身体，附身到半干枯的活鱼身上。因此有人说传说中的颛顼原本也是人面蛇身。

道教传说认为，初三皇具人形。中三皇则人面蛇身或龙身。后三皇中的后天皇人首蛇身，即为伏羲。后地皇人首蛇身，即女娲。后人皇牛首人身，即神农。天皇氏，十二头，也是人面蛇身。《洛书灵准听》说："地皇，十一君，皆女面龙颡，马蹄蛇身。"人皇氏，即九头氏，人面蛇身。

还有大禹，"禹"字的中心是个"虫"字，《说文解字》言：禹，"虫也"。顾颉刚认为"禹"字的字源与龙有一定的关系。吴锐新论考定"禹＝娰＝虫＝龙"，说禹就是娰，娰就是虫，虫就是龙，龙就是禹。

其实还有后来造出的大神盘古，也是蛇身造型，《广博物志》引《五运历年记》说："盘古之君，龙首蛇身，嘘为风雨，吹为雷电，开目为昼，闭目为夜。"盘古是神话中晚出的造物神，也贴有众神蛇身的标识。

这样一看，传说中的人祖神祖，伏羲女娲，三皇五帝，直到大禹，几乎都是人面蛇身的模样，要找出一个例外都比较困难。由此我们就有了这样一个深刻印象：创世时代的众神都是人面蛇身，共享的蛇身是他们共有的密码。

在汉画中，蛇身人面之神不只有捧日月举规矩的伏羲女娲，还有与这二位同时出现的其他人面蛇身的角色。由传说而论，三皇五帝等许多的人面蛇身初祖，在汉画上应当是有所表现的，但却并不能如伏羲女娲那样易于辨别。

汉墓中出现的伏羲女娲画像，常常是成对出现，二位不一定并排在一起，但会设定在相对应的位置，没有尊卑主次之分。当然可能因为一些特别的原因，有时也会出现落单的情况，单独见到的神像又因附加特征不明显，也不容易判断身份，也可能是另外的人面蛇身神像。如山东莒南汉画见到单体人面蛇身神像，就不能确定身份。又如山东嘉祥汉画双头带翅蛇身神像，也是不多见的造型。

山东嘉祥武梁祠的一幅汉画，画面上出现三对人面蛇身神像，除分别手执规矩的伏羲女娲以外，另两对飞舞着的不知是什么身份的神，其中有一对同伏羲女娲一样表现为交尾的造型，显然也是对偶神，这让我们更加相信传说中的人面蛇身神并不只有伏羲女娲这么一对。类似的群像还见于山东滕州汉画，画面中心为西王母，左右有三对人面蛇身神，应当有一对是伏羲女娲，另两对身份不明，下方是蟾蜍玉兔。

汉画上成对表现为交尾构图的人面蛇身像，一般应当就是伏羲女娲，但因为附加特征不明显，有时也并不能确认。如河南新野汉画中的一对蛇身人面神像，正在合欢交尾，但不知明确身份。河南南阳汉画中的一对人面蛇身像，分别怀抱着日月，应当是伏羲女娲图。南阳另两幅汉画出现的人面龙体神像，是少见的形态阿娜的这类神像，虽然在一些论述中都被认作伏羲女娲，但附加特征实际并不明显。南阳还见到一些类似汉画蛇身人面神像，也不能明确判断身份。

汉画中也见有一些蛇身人面神像带有飞翅，如山东微山汉画伏羲女娲与西王母图，伏羲女娲的蛇身纠缠成了合欢结，同时他们又长有翅膀，便成了飞蛇。

另外河南南阳汉画中怀抱日月的人面龙身神像，被看作传说中的日神羲和与月神常羲。南阳汉画中还有日月神交尾图，这又让人怀疑他们还应当是伏羲女娲。

汉画双头带翅蛇身神像（山东嘉祥）

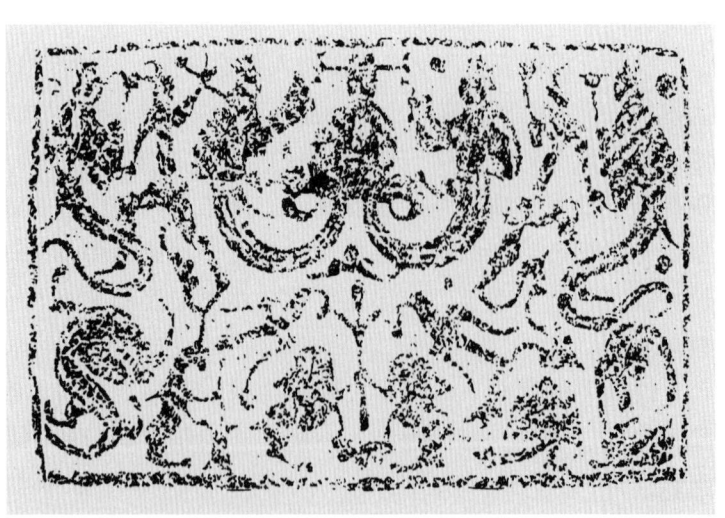

汉画单体人面蛇身神像
（山东莒南）

汉画伏羲女娲与西王母图（山东滕州）

汉画伏羲女娲图（山东嘉祥武梁祠）

汉画蛇身人面神像（河南新野）　　汉画伏羲女娲图（河南南阳）

众神之像：人面蛇身 | 913

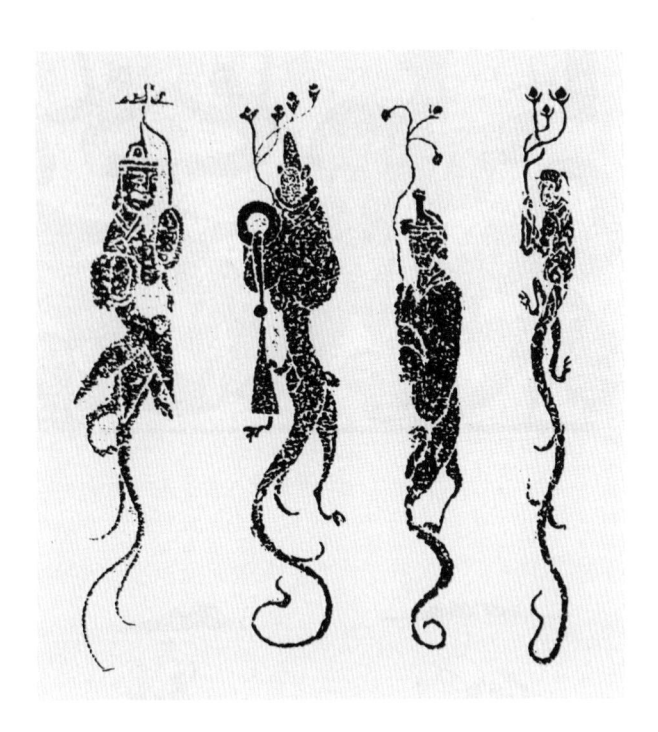

汉画龙体女娲图（河南南阳）　　　　　　汉画蛇身人面神像（河南南阳）

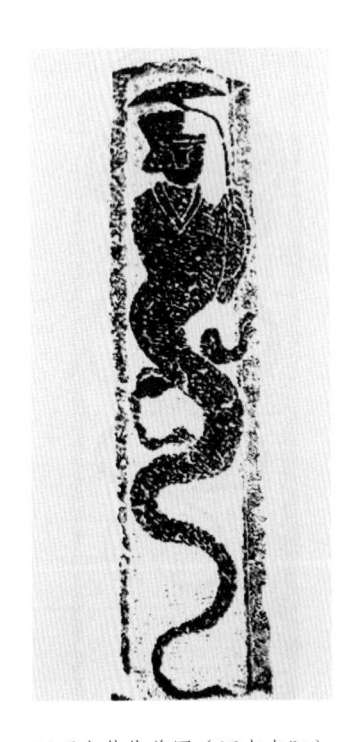

汉画龙体伏羲图（河南南阳）　　　　　　汉画伏羲女娲与西王母图（山东微山）

一些研究者认为汉画像石中另有一双对偶神与伏羲女娲很相似，这就是羲和与常羲。羲和手捧日轮，常羲手捧月轮，两神皆为人面蛇身并两尾相交，这是羲和、常羲的典型图像，可是却与伏羲女娲的图像非常相似，所以学术界有"三羲混同"的说法。

研究者也曾指出，毕竟这两对神的内容是不一样的，伏羲女娲是生育神，而羲和、常羲是日月神，所以学术界又有一种最简便的鉴别方法，就是凡手举日月的就是羲和、常羲，凡不举日月的就是伏羲女娲。羲和与常羲，日月之神，但并无蛇身传说，所以汉画图像举日月者尚不能确定表现的是这二位。其实也有日月规矩并举的画像，那又如何认定呢？

汉画中的日神与月神（河南南阳） 　　　　汉画日月神交尾图（河南南阳）

汉画伏羲捧日图（山东临沂）

生命颂歌灵蛇创世

人祖的神化，是古代神话的重要内容，这样的神化常常是以半人半兽的创意实现艺术形象设计。在这个过程中，中国创世之神可选择的动物体有许多，那为何偏偏选择了蛇体？又为何众神大多都是这人面蛇身的模样？

范立舟《伏羲、女娲神话与中国古代蛇崇拜》一文，探讨过世界性的灵蛇崇拜风俗。他说："世界上的许多民族流传的神话中都有有关蛇的传说和崇拜。澳大利亚北部阿纳姆地爪哇人的神话说，世界是蛇形母神艾因加纳创造的，北美回乔尔人（Huichol）崇拜的大女神 Nakawe，也被视为周身围绕着许多的蛇，她被称作'我们的大祖母'，给这个世界带来了生命。中美洲阿兹特克人的女神 Chiuacoatl，同样是蛇形而又为地母与生育之神的。"[1]

在世界范围内，象征着繁殖和生育的神灵形象往往被想象为蛇形的女神。就连《圣经》中都说，蛇是引诱亚当和夏娃偷吃伊甸园禁果的角色。

中国上古神话传说中的蛇，同样被赋予生殖力和吉祥如意的象征意义。研究者特别关注人面蛇身女娲神话，注意到蛇是卵生动物，蛇的生育力很强，女娲在神话中作蛇身应当主要是这样的寄托。女娲在汉画像石中一般与伏羲以对偶神的形象出现，而且常常在与伏羲、西王母一起的构图中出现，寓意阴阳谐和，子孙蕃昌。

神话中的女娲是人类繁衍的始祖神，她造人的方式有化生人类、抟土作人和孕育人类几种。汉画中伏羲女娲人面蛇身交尾，既传承了神话意境，表达了汉代时的生殖崇拜，也是当时对再生转世的追求。人死到重生，在人们的想象里有如蛇的蜕皮，也是转世重生。

伏羲女娲又与西王母同在，更是寓意永生世界欢乐无限。我们注意到在汉画上常常有伏羲女娲与西王母同在的画面，西王母居中间位置，伏羲女娲在左右两侧，画面下方见双尾交合在一起如合欢结。山东滕州汉画中的伏羲女娲与西王母，就是表现了这样一种其乐融融的场景。

又如山东滕州的另一幅汉画，画面中间是端坐的西王母，两旁是打扇侍立的伏羲女娲，伏羲女娲作交尾状。滕州还有类似汉画伏羲女娲与西王母图，让

---

[1] 范立舟：《伏羲、女娲神话与中国古代蛇崇拜》，载《烟台大学学报》（哲学社会科学版）2002年第4期。

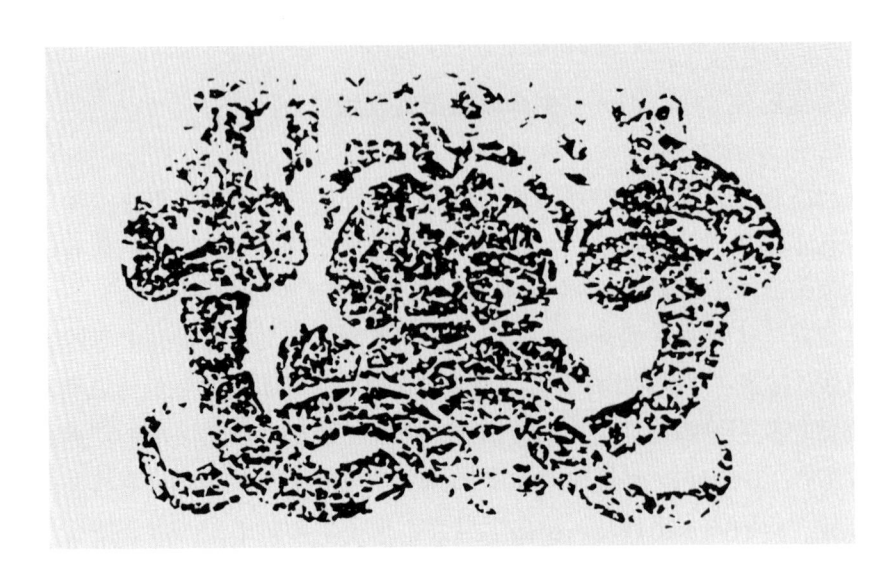

汉画伏羲女娲与西王母图（山东滕州）

人觉得西王母的地位显然要高得多，如家长一般。而山东嘉祥汉画中的人面蛇身众神像，都环绕在西王母身边，更是象征子孙蕃昌。

安徽宿州发现的一幅汉画，表现的是伏羲女娲围绕一朵莲花作舞蹈状。莲花在民间有多子的寓意，伏羲女娲围绕着它而舞蹈，生育的特征非常明显。这莲花其实可能是汉画中常见的方花，一般又称为柿蒂纹，山东嘉祥汉画像石上见到饰有合欢结方花图，辅以多条游鱼作装饰，也是揭示生殖崇拜的生动例证。

当然汉画上还见到不少双龙双蛇交欢图像，这与伏羲女娲蛇身交尾的意境相同。河南郑州汉画像砖中见到双蛇结图像，双蛇纠结为合欢结，近旁有鱼龟为饰，也表达了对生命长寿的热切期盼。

重庆璧山汉画上见到的伏羲女娲图比较特别，分别手捧日月的伏羲女娲虽然并不是蛇身，但他们的胯下却各有一蛇，蛇身作交媾状。四川成都新津汉画则直接表现了伏羲女娲蛇身交尾，也是各自手捧着日月。

汉画上还见到不少双龙双蛇交欢图像，这些图像也不能说与伏羲女娲没有什么联系。山东莒南汉画双龙交欢，构成一个很标准的合欢图，下方还有月宫场景，很容易让人想到可能就是伏羲女娲合欢图。山东苍山汉画交龙合欢图，双龙纠缠为三个合欢结的样式，夸张的艺术构图让人也能想起伏羲女娲。

山东莒县沈刘庄汉画双龙合欢图，二龙纠缠为两个合欢结，还各自口衔一个合欢结要献礼对方。山东济南大观园汉画双龙合欢图，二龙纠缠成一个标准合欢结样式。汉画类似的图形非常多，虽然并没有直接描绘伏羲女娲，但它们都会让人想起伏羲女娲来。

古代三皇的排序，有一种是伏羲、神农和女娲，这个排序将伏羲女娲并列。汉画将伏羲和女娲结合在一起，被奉为造人的生育神。汉画上大量见到的双龙双蛇交欢图，以及合欢结图，都与伏羲和女娲相关联，即是与生殖生命相关联，可以看作一种信仰的符号化。包括伏羲女娲在内的众神人面蛇身，不只存在于文本的神话中，也广泛存在于汉代的造型艺术创作中。

汉画人面蛇身众神像（山东嘉祥）

众神之像：人面蛇身 | 919

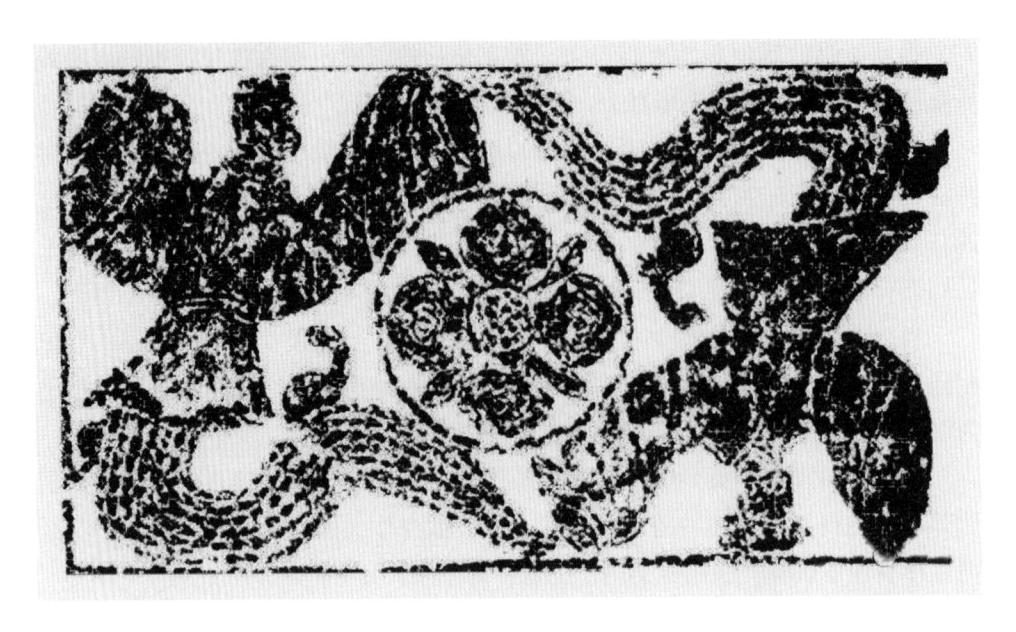

汉画伏羲女娲合欢图（安徽宿州）

汉画像石上的方花合欢结（山东嘉祥）　　汉画像砖上的双蛇结（河南郑州）

　　西南古代巴蜀有蛇崇拜风俗，《说文解字》说："巴，虫也，或曰食象它（蛇）。"《山海经·海内南经》说："巴蛇食象，三岁而出其骨。"神话中这吞象之蛇，形体该有多大？有学者认为"蜀"字的甲骨文也是蛇形，含义应当是人首蛇身。成都金沙遗址出土过一些蛇形石雕，具体寓意还有待解读。

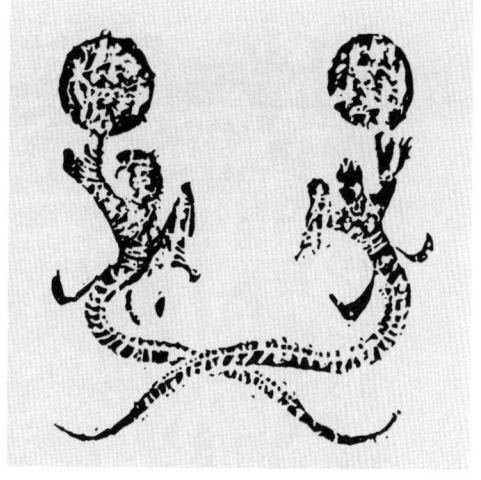

汉画伏羲女娲图（重庆壁山）　　汉画伏羲女娲交尾图（四川成都新津）

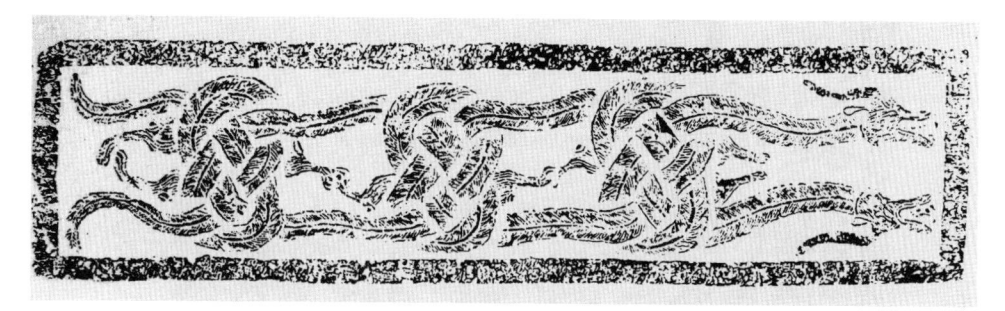

汉画双龙合欢图（山东苍山）

汉画合欢图（山东莒南）　　汉画双龙合欢图（山东莒县沈刘庄）

众神之像：人面蛇身 | 921

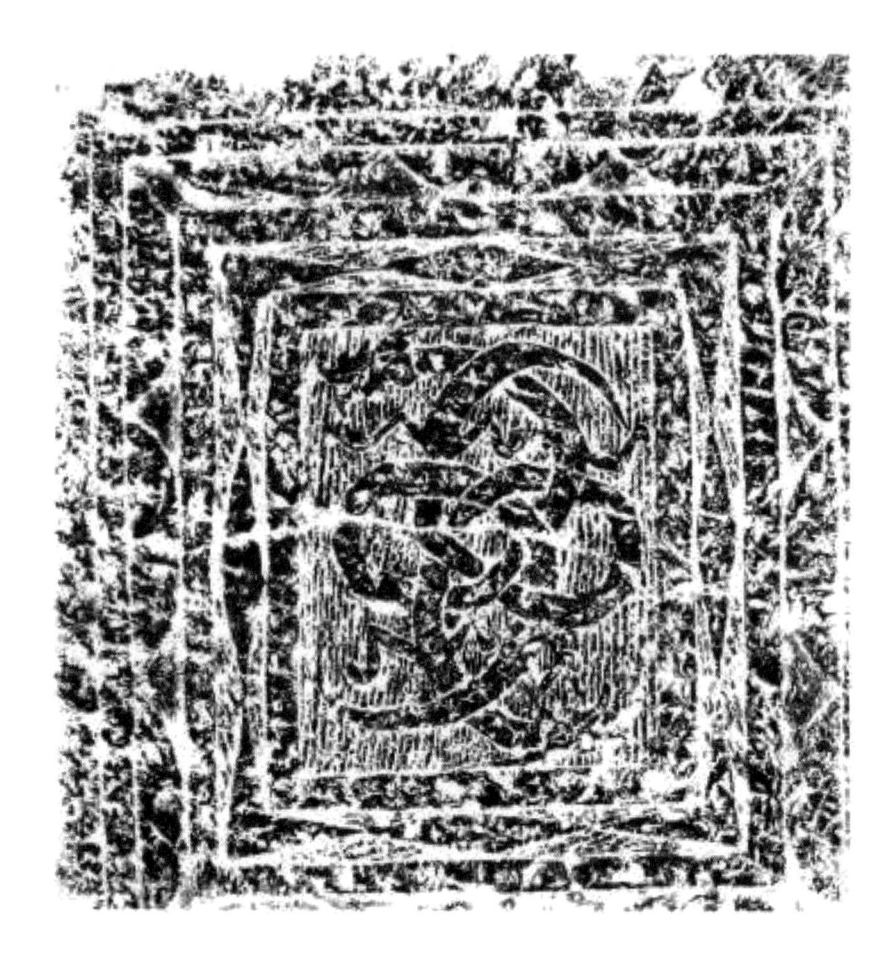

汉画双龙合欢图（山东济南大观园）

人面蛇身神的起源

人面蛇身的众神，是东方创世记神话的一道奇观。这样的神话，应当不会形成于汉画的时代，也不仅仅只能追溯到更早一些的《山海经》书写的时代。

人面蛇身的众神怎么起源，只由传说文本的考证，不会有明确的结论。好在还有一个不断丰富的图像艺术宝库，它是我们进入古老神话领域的宝库。

在史前艺术中，虽然抽象艺术已经非常发达，但具有写实特点的形式艺术创作也一直都在发展中。许多抽象的几何构图，其实也都是由写实图形中提炼出来的，而写实的对象又常常是人们看得到的动物。当灵感出现，半人半兽的神灵也就被创造出来了。

人面蛇身的众神，就是被这样创造出来的。一旦有了蛇身这个选项，艺术再没有轻易改变它。艺术品质有遗传，神性也自然有遗传，蛇身就自然成了创作众神像的艺术选项。

考古中发现过一些动物形体的艺术器和刻画纹饰，龙、蛇、虎、鸟、龟之类很多都是常见的表现题材。以龙蛇题材而论，三代时期双体交错、双体纠缠的艺术题材还没有引起特别的注意，一些双蛇、双龙、双虎形铜玉图形需要重新定义。

我们先看河南登封汉画的双蛇图，两蛇并行纠缠在一起，无论怎样理解，它都不能只是表现了两条自然的蛇而已。又看湖南长沙战国楚墓出土的木雕双蛇，两蛇盘曲在一起，当时也一定有明确的寓意。再观湖北随州战国漆琴纹饰，中间有神人高高在上，胯下有双蛇纠缠交尾，蛇身带足，也可以看作龙。看到这样的构图，很容易让人想起汉画上的伏羲女娲与西王母同在的画面，也许这就是汉画同类题材的前期版本。

汉画双龙图（山东）

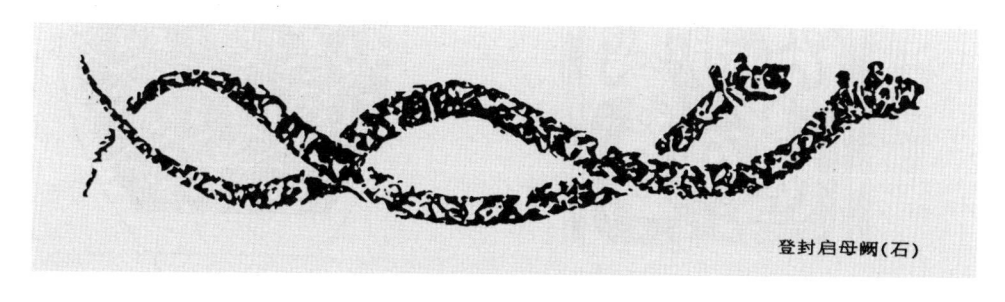

汉画双蛇图（河南登封）

类似的交龙图像还有更早的发现。山西太原春秋铜高柄小方壶，壶盖上铸二龙交尾，二龙应当有性别的不同。

往前还可以追溯到商代。河南安阳殷墟双面骨雕龙蛇（虎）纹，虽然并无合体之形，但雌雄特征却在体表上表现明确。安阳侯家庄 M1001 龙虎纹骨匕，也是在两面刻画相似的龙蛇形，体表用不同的纹饰表现性别的不同。特别要注意的是头面显示有人面特征，这也很容易让人想到人面蛇身神，有没有可能是早期的伏羲女娲呢？

殷墟还发现过一件双体蛇木雕，两蛇卷尾相交，类似汉代所见交龙图形，应当有相同的寓意。

河南偃师二里头遗址四期的刻纹陶片，也见到有龙蛇之形。龙蛇体表刻画有一溜菱形纹，这是商代龙纹常见的装饰。二里头四期另一件刻纹陶片上有双体蛇纹，蛇身也是一溜菱形纹，更重要的是额顶也有一个更显眼的菱形纹，这是商代流行的神性标识。

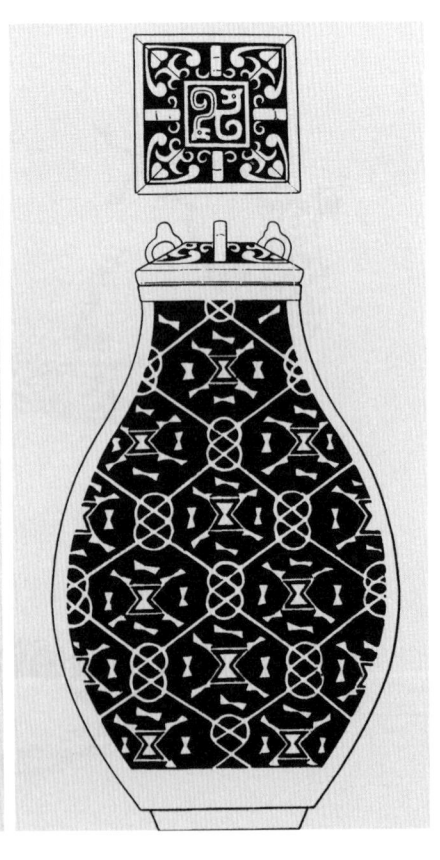

战国漆琴纹饰（湖北随州）　　　　春秋铜高柄小方壶纹饰（山西太原）

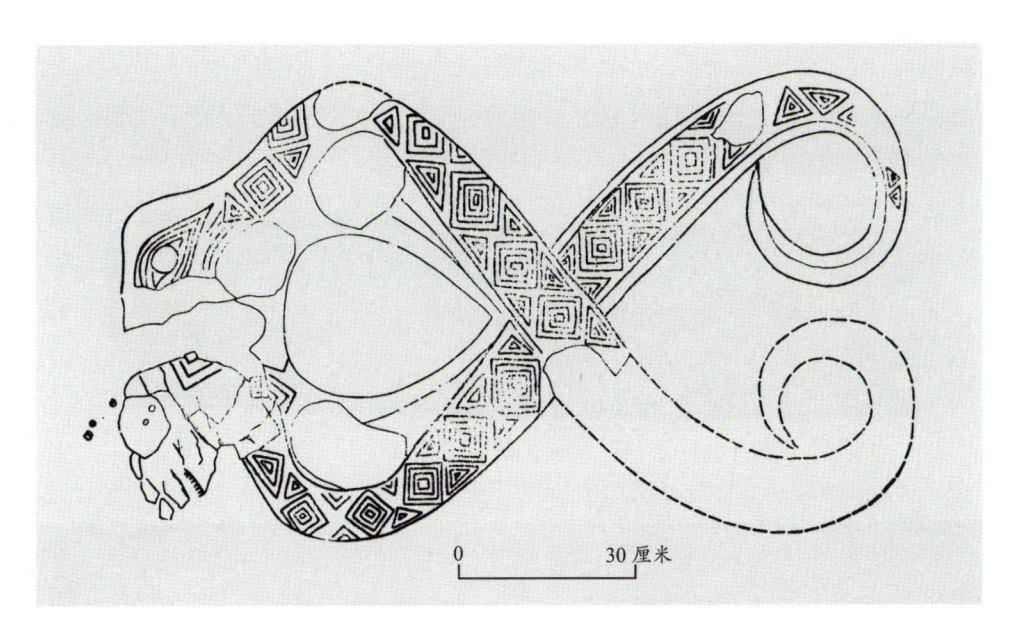

双体蛇木雕线描图（河南安阳殷墟）

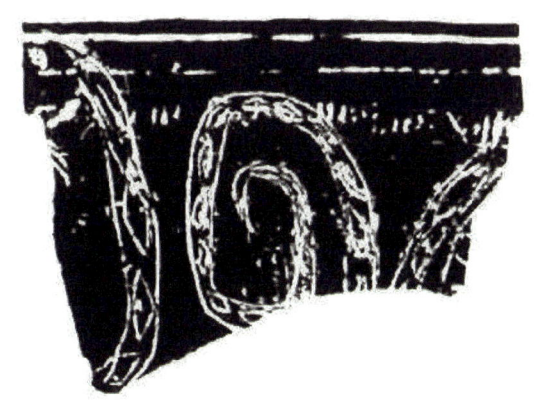

二里头四期刻纹陶片（河南偃师二里头遗址）　　陶片上的蛇纹（河南偃师二里头遗址）

　　再往前就追溯到了史前，史前一般只见单体造型，双体并行和双体纠缠的构图很难见到。但发现有蛇体人首形的作品，这是很值得关注的。

　　陕西神木石峁遗址新发现的石雕中，见到了单体长蛇纹。神木石峁还有一例双龙纹石雕，双龙背向而行，尾部并没有接触。双龙雕刻出大方图形，并无双角，应该表现的是双虎，虎体如蛇身，与后面要提及的二里头绿松石虎相类似，都是非常重要的发现。

众神之像：人面蛇身 | 925

石雕蛇纹（陕西神木石峁遗址）

双虎石雕（陕西神木石峁遗址）

再往前要说的就是彩陶发现了。甘肃武山傅家门和甘谷西坪都发现了庙底沟文化人面龙蛇纹彩陶，蛇身粗细不同，但人面画得很明确，可定义为最早的人面蛇身像，当然应当是神像，是传说中的哪位尊神还有待进一步研究。

更重要的发现是，陕西临潼马陵遗址出土的一件半坡文化人面蛇身纹彩陶壶，粗短体蛇身，人面大眼獠牙，应是很威武的人面蛇身神，但也还不能确认是哪位尊神。

人面蛇身之神，标准的造型出现在仰韶文化时代，是6000年前在彩陶上完成的艺术创造。你可以说那未必是伏羲或女娲，但却必定是某一个人面蛇身之神，是五帝或三皇时代的众神们。

当然，还会不会见到更早的人面蛇身图像，一时还不能有确定的结论。我的初步研究结论是，史前造神运动的开始时间不晚于距今8000年前，已经发现的大量图像资料证明了这一点。但是人面蛇身之神的出现，却还没有见到如此早的证据。

庙底沟文化动物纹彩陶（甘肃甘谷）

众神之像：人面蛇身 | 927

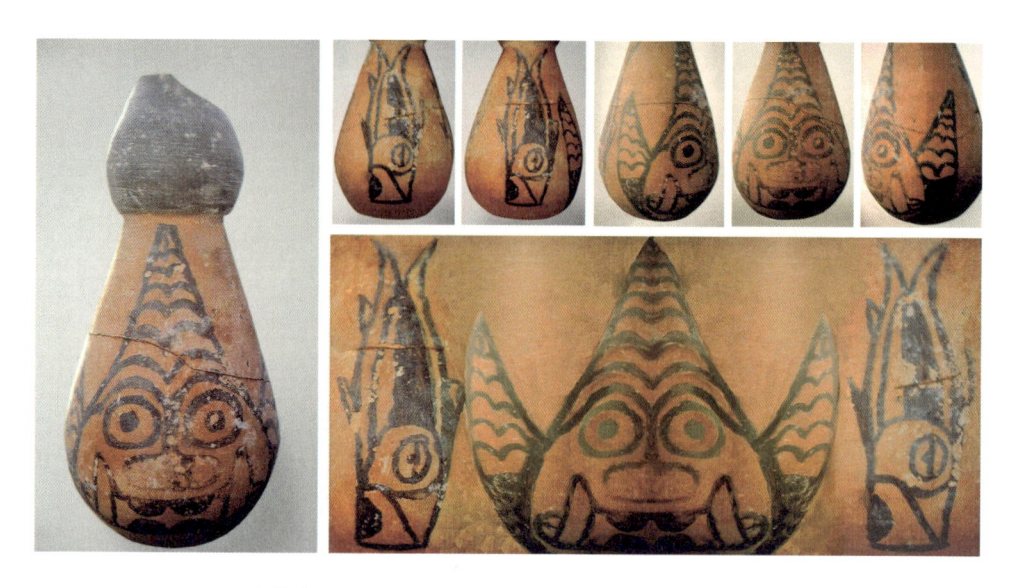

半坡文化人面蛇身纹彩陶壶（陕西临潼马陵遗址）

龙虎蛇体艺术启示

在商代铜器和玉器纹饰中，龙蛇之形都很常见，甚至虎也是蛇身形状，让观者时常龙虎不分。龙虎纹饰的基本形状，其实就是取形于蛇身，只是在头部以角的有无进行区分。

汉画中的伏羲女娲，一般都是人面，上半身亦为人形，有双手，有衣着，下半身为龙蛇形。汉画中偶尔也能见到全龙蛇体人面的神像，如山东临沂人面龙身神像便是如此，周围还刻画着几只飞鸟。这样的画面也许是为着更好地还原文本传说，也是工匠自己对神话的理解，强调人面蛇形，不加衣饰。

河南辉县琉璃阁 M60 出土佩玉图案，为双龙颠倒缠绕之形，表现有明确的角，所以定名为双龙形。美国哈佛大学艺术博物馆收藏的西周镶绿松石龙虎纹铜剑鞘，上有龙虎并列缠绕之形，龙虎体都鎏金并嵌有绿松石体纹，非常华丽。这是两周时代的龙蛇交尾意象，虽然并没有出现人面，依然能让人想到伏羲女娲。

安徽阜南常白庄龙虎尊卷尾龙纹，龙形蛇形，但戴有双大角。山西石楼桃花庄商代晚期铜觥盖和河南安阳侯家庄 M1001 蛇纹骨匕，特别值得关注。前者是双龙合体交尾，后者是双龙或双虎同在一器正背面。

商周铜器上的卷尾龙纹和虎纹还能举出一些例子，龙虎构形一样，仅在头部略有区分。二里头遗址发现的那件绿松石镶嵌器，构形作卷尾蛇体形，一般

汉画人面龙身神像（山东临沂）　　　　佩玉图案（河南辉县琉璃阁 M60）

西周镶绿松石龙虎纹铜剑鞘
（美国哈佛大学艺术博物馆藏）

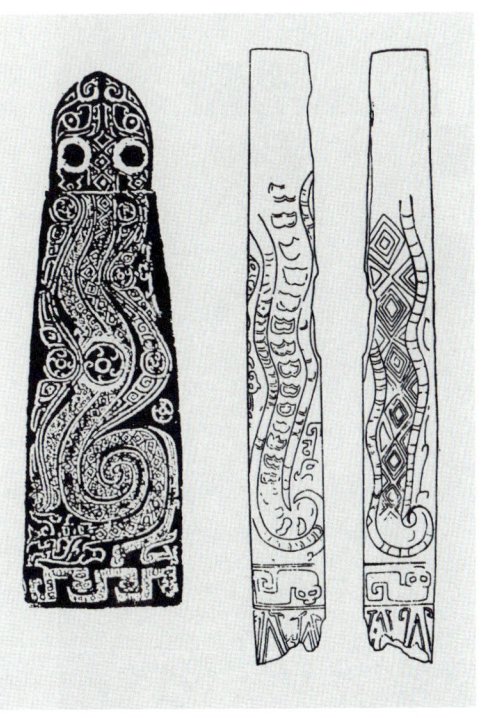

山西石楼桃花庄商代晚期铜觥盖纹
饰和河南安阳侯家庄 M1001 蛇纹骨匕

众神之像：人面蛇身

龙虎尊卷尾龙纹（安徽阜南常白庄）

认作龙形，因为没有见到双角，我认为应当是虎形，这是龙虎蛇形不易分别的一个特例。

三代艺术中龙虎之形这样附于蛇身，表明蛇的意象非常之重要，这种重要性由众神蛇身的传说得到印证。

这些龙虎蛇之形，有独行者，也有双交者，双交者会让人想起创世神话，未必不能与伏羲女娲传说相联系。

在文献中可以读到双龙故事，《周礼·春官·司常》说："交龙为旂。"注者以为交龙者即蛇也，交龙即是交尾的蛇。

团蛇团龙造型联想

龙蛇之象，有直体卷尾形，也有蜷曲团身形，写意在动静之间。在史前至三代铜玉纹饰中，也可见到这不同的龙蛇之形，神话图像的创作也体现有现实主义色彩。文物中那些团蛇团龙图像，应当是表现特别意象的作品，我想对此进行简略考察。

先来检索一些具有典型意义的图像，由晚及早举例如下。

二里头绿松石虎

930 | 追踪信仰：艺术考古中的动物图像

河南安阳妇好墓出土一件蟠体玉龙，构图为环形，尾尖回环至吻部不远。妇好墓还出土一件带扉牙环形玉龙，尾与吻几近连接，雕刻非常精致。

铜器中的纹饰也有团龙纹，或者径称为蟠龙纹。妇好墓有一件，龙纹体尾环绕龙头一周。另一件鱼虎纹铜盘上的虎纹也曾被称为鱼龙纹，虎体作蛇形环绕虎头一周，与前件龙盘类似。

团龙团蛇构形在史前艺术中就已经出现。湖北天门石家河遗址早年发掘出土的石家河文化玉龙，环状，首尾接近，形体较小。

山西襄汾陶寺遗址出土几件龙山文化彩绘蟠龙纹陶盘，龙体作重圈环绕构图，更像是蛇形。

安徽含山凌家滩出土凌家滩文化环体玉龙，龙首刻画明确，角、耳、吻毕具，龙体内环，尾尖与吻相接。

北方红山文化发现环体玉龙较多，分细体和粗体两型。内蒙古翁牛特三星塔拉C形玉龙为细体型，首尾相离稍大。辽宁建平牛河梁玉龙为粗体型，首尾相接。

团蛇团龙构形在史前艺术中出现，在商周之际还能见到，它让许多研究者感到迷惑不解。已经发表的一些见解，猜度的成分更多，似乎还没有见到公允的认识。

龙蛇崇拜中的这种团龙团蛇意象，其实在《山海经》中是可以找到踪影的。《山海经·海外西经》说："轩辕之国，……人面蛇身，尾交首上。"轩辕一国，人皆同黄帝一样，都是人面蛇身，而且是尾交首上。在《史记·天官书》注中也有这样的说法："（黄帝）人首蛇身，尾交首上，黄龙体。"其实蛇身蛇尾，只是一种象征标识，并非说人长成这般模样。这样看来，创世记中的神话传说，并非都是无源之水，黄帝时代"尾交首上"的标识，在史前艺术中发现了可靠例证。当然在《山海经·大荒北经》还提到："共工臣名曰相繇，九首蛇身，自环，食于九土。"这里的"自环"，应当就是自盘，如龙蛇蟠曲。这也进一步给我们一种提示，神话文本中的许多细节根据十足，需要进一步仔细解读。

神话与长蛇如此亲近，蛇之于人类创世神话非常重要。我们由古代神话传说文本发现了创世记众神人面蛇身的共同特征，又由古代艺术器中的影像初步得到证据，使文本与图像有了更多互证的途径。由汉画常见伏羲女娲合欢交尾图，又找到双龙双蛇纠缠合欢图，继而发现商周交龙图和平行卷尾双龙图，更有史前时代团龙团蛇图，初步认为这应当都是传说中的创世记众神的标识，它们共享蛇身都是蛇龙之传人，这是类似考古图像原真意义之所在。

蟠体玉龙（河南安阳妇好墓）

带扉牙玉龙（河南安阳妇好墓） 　　　　石家河文化玉龙（湖北天门石家河遗址）

蟠龙纹铜盘（河南安阳妇好墓） 　　　　鱼虎纹铜盘（河南安阳妇好墓）

凌家滩文化玉龙（安徽含山凌家滩）　　红山文化玉龙（内蒙古翁牛特三星塔拉）

红山文化玉龙（辽宁建平牛河梁）

众神之像：人面蛇身 | 933

汉画：谁在伏羲女娲之间

北京曾举办了一场汉画大展，我在展厅里遇到一位说是认识我的研究生。观展间隙，他问到一个问题：在汉画伏羲女娲之间的第三位是谁？我说应当是西王母，当然有时也不是西王母，还可能是别的神。

在汉画中伏羲女娲是神，是惯常表现的主题，在他们之间也会有西王母或其他的神出现，三者亲密无间。过去已有学者就此进行研究，当然引述的资料有限，探讨多集中在西王母与伏羲女娲之间的关系，有些认识并不成熟，举证的资料也有很大局限，还有进一步讨论的空间。

伏羲和女娲

汉画上不稀见伏羲与女娲成对出现的画面，或者可以说这亲密的一对是汉画上的重要主题，在几大主要汉画出土区域都能见到相似的作品，尽管艺术风格并不完全相同。

传说中的三皇，一般是指伏羲、女娲和神农，是我们的人文初祖。《风俗通义》引《春秋运斗枢》说："伏羲、女娲、神农，是三皇也。"汉画上较少表现神农，更多见到的是伏羲和女娲出现在一起的画面。

伏羲和女娲被看作中华始祖神，传说由兄妹结成夫妻繁衍后代。这样的创世神话，成为汉画的题材，象征着再生、重生。汉画将伏羲和女娲都表现成蛇身或龙体的样子，也是寓意蜕变与新生。

伏羲传说是燧人氏之子，又有宓羲、庖牺、伏戏、牺皇、皇羲、太昊之称。传伏羲母华胥氏履大足迹感孕，见于晋皇甫谧《帝王世纪》所述。唐司马贞《补史记·三皇本纪》说伏羲"蛇身人首，有圣德"，蛇身人首是他的标准像。

《淮南子·说林训》中，提到女娲与诸神共同造人传说，所谓"黄帝生阴阳，上骈生耳目，桑林生臂手，此女娲所以七十化也"。这里说的是造人是个技术活，非一人之功能成。

当然还有《楚辞·天问》中的"女娲有体，孰制匠之"，《风俗通》的"天地初开辟，未有人民，女娲抟黄土为人"，也都说的是造人一事。将人类起源如此神化，形成一种创世记忆，也是很有意思的思维。

汉王逸注《楚辞·天问》明确说"女娲人头蛇身"，晋郭璞注《山海经·大荒西经》也说"女娲古神女而帝者，人面蛇身"。人面蛇身，也是女娲的标准像，与伏羲相似。

这人面蛇身，并非只是伏羲和女娲的标准像，而是传说中圣王的共同特征，又以伏羲和女娲为代表。大圣必须有这非人之像，即是非凡人之像也。

汉画上见到的大量蛇身或龙体的人面神像，多数都是成对出现的伏羲与女娲像。二神分立或作交尾造型，双手分持规与矩，或是高捧日月，显示两者分别为日、月与阴、阳的象征。

四川成都郫都区一方画像石上的伏羲女娲，两吻相亲，长尾相纠，单手分托日月，彼此相依，气氛非常欢喜。不难理解，这都是人间亲情的写照，也是石工自我真实情感的抒怀。

《补史记·三皇本纪》说："女娲氏亦风姓，有神圣之德，代宓牺立，号曰女希氏"。女希氏这个称号比较特别，四川简阳汉画上的伏羲题为"伏希"，似乎由此能看到女希氏之来由。不过同石上的女娲却标作"女娃"，或是"女娃"之讹，民间工匠或另有所本亦未可知。

其实，伏羲女娲龙蛇之身的造型，在史前时期似乎已经出现，甘肃发现的2例人面蛇身纹彩陶，属于庙底沟文化时期，其形体写意与汉画同工，是追溯创世神话初始起源年代的重要实证。

汉画伏羲女娲图（四川成都）　　汉画伏羲女娲图（四川简阳）

西王母和东王公

很多人都知道西王母大名，也可以想象出她的模样，不过她在神话中的造型，只有观察过汉画的人才能留下确定的印象。

有研究者认为，西王母是汉代崇奉诸神中最重要的一位。西王母之名，最早可追溯至殷卜辞中"西母"二字，至西周青铜器上有了"王母"字样，西王母传说见于《竹书纪年》《穆天子传》《山海经》，至汉代时应当是家喻户晓了。

汉代官府将西王母列为专祀对象，《太平御览·礼仪部》引《汉旧仪》说"祭西王母于石室"。汉哀帝建平四年（前3），朝野出现西王母崇拜热潮，《汉书·五行志》记载说是当年正月时，因传言四起而致人人惊惶，纷纷奔出家门"行诏筹"。京师郡国人们聚会里巷阡陌，设祭礼、张博具，载歌载舞，惶恐祈祷求告西王母。又有人发起传递护身符，言说西王母告知佩符者平安无事。这是因天大旱兴起的宗教活动，又称"传行西王母筹"，也是一段历史奇观。

出土汉画表现有西王母在场的数以百计，可见她在汉代人心目中的崇高地位。崇拜西王母还因传说她掌管着不死之药，指引着凡人成仙的通道。

古人编织过许多的故事，将西王母一步步神化。西王母接受过周天子的来访，与汉武帝约会，由半人半兽的长寿老妇到美丽年轻的贵妇人，再到救难、保佑、法力无边的神，不同时代有不同的表现。

在《山海经》《史记》等早期文献里，只记有西王母而没有东王公。东王公大约东汉时才出现在传说里，而且是作为西王母的对偶神出现，他们是伏羲女娲之外的另一对神灵。东王公与西王母相配，传说代表阴阳中的阳神。汉《吴越春秋》说，越人"立东郊以祭阳，名曰东皇公；立西郊以祭阴，名曰西王母"。东皇公，便是东王公了。

关于东王公的模样，《神异经·大荒经》的记述是："东荒山中有大石室，东王公居焉。长一丈，头发皓白，人形鸟面而虎尾，载一黑熊"。汉画上见有东王公，东王公头戴山形冠，肩头有双鸟，两侧有双龙，左右侍者有鸡首和马首人身像。

汉画上西王母和东王公常常成对出现，虽然东与西有时相距很远，但也是遥遥相对。一般都是成东西相对的构图，偶尔也有南北相对的画面。有时东王公与西王母成对出现在同一幅画像中，河南南阳汉画有东王公会西王母图，东王公与西王母端坐在悬圃上，一旁有玉兔捣药。

西王母和东王公在画面上布置的方位，不难理解为东与西两方向的对倚，当然也会有例外，而且可能明确表现为南北对倚。如重庆巫山出土汉代金棺饰上，在主体表现四神图像的构图中，西王母和东王公分别出现在朱雀与玄武方位，即分处南与北方位，这让人有些费解。

在汉画像石上，往往以西王母或东王公为核心，辅以捣药兔、羽人、蟾蜍、九尾狐等图像。汉画像中西王母独特的标志之一往往就是坐在龙虎座或悬圃上。如成都一方砖画上，西王母端坐在龙虎座上，近旁有三足乌、蟾蜍、兔、九尾狐和仙人等。

当然更多见到的是单独出现的西王母图像，没有东王公在场，很多时候背景描绘得非常热闹。西王母身边的陪衬，无非是仙人、玉兔和蟾蜍，这是传说的月中景象。由此观之，西王母这个角色与女娲似乎体现了一种重叠关系，都有月神的神格。

单独出现的东王公，见于山东临沂的一幅汉画，他头戴山形冠，左右双翅展开，还有双鸟护持，近旁居然也出现了捣药的仙兔。重庆巫山出土的一件汉代金棺饰，在天门双阙间出现了一位阍人，他一手握刀，一手执盾，是守护天门的勇士。不过看看他头上的山形冠，会让人联想到东王公，也许他真的就是东王公。

西王母戴胜，东王公着山形冠，记住这两个主要特征，我们在汉画上就不难找到他们的踪影。

棺饰南北方位上的西王母和东王公（重庆巫山）

众神之像：人面蛇身 | 937

汉画西王母图（四川成都）

汉画上的东王公与西王母（河南南阳）

汉画东王公图（山东临沂）

938 | 追踪信仰：艺术考古中的动物图像

棺饰上的东王公线描图（重庆巫山）

伏羲、女娲和西王母

　　西王母与女娲，虽然有重叠的神格，不过两者也有同时出现在画面上的时候，这让人觉得有些疑惑。在汉画上伏羲和女娲之间常会出现第三神，常见的就是西王母。

　　汉画上常常有这样的画面：西王母端坐中间，左右为人首蛇身的伏羲和女娲，伏羲女娲的尾部通常交缠在一起。山东滕州一汉画像石上，画面中心是戴胜的西王母，两旁是伏羲女娲，他们的长尾如麻绳一般紧紧纠缠在一起，更远处有蟾蜍、玉兔和九尾狐。

滕州另一汉画像石上西王母处在画面中心位置，稍远的画面上有蟾蜍、玉兔和九尾狐，左右是交尾的伏羲女娲，有意思的是这二位手拿着便面，好似在伺候西王母。为西王母打扇的伏羲女娲，在其他一些汉画上也能见到，有研究者认为他们的身份未必是伏羲女娲，不过要说不是也很难。

山东微山一汉画像石上刻画的西王母，也是处在画面中心，没有戴胜，但头上却出现了一只鸟，如果不是肩侧有"西王母"三字榜题，身份认定会有麻烦。西王母左右的伏羲女娲也打着扇子，他们多股纠缠的蛇身向下延展，化成两只立鸟。不知这是表达另外不为我们所知的内涵，还是石工雕刻时的突发奇想。

西王母是汉画中地位最高的神，汉画中的西王母地位要高于伏羲、女娲。[①]西王母在伏羲女娲之间，处在尊者位置，体现出一种特别的关系。有一种看法是，西王母本来称西母，最初身份当为羲母。[②]不过，西王母可以是西母，应当不会是羲母，他们没有这样亲近的关系。

汉画伏羲女娲与西王母图（山东滕州）

[①]韩炜炜：《河南画像砖石墓中的西王母、东王公和女娲、伏羲形象》，载《华人时刊》2014年第6期。
[②]陈金文：《东汉画像石中西王母与伏羲、女娲共同构图的解读》，载《青海社会科学》2011年第1期。

汉画伏羲女娲与西王母图（山东滕州）

汉画伏羲女娲与西王母图（山东微山）

伏羲、女娲和东王公

伏羲女娲的身旁，还出现过东王公，虽然他没有西王母出现的频率那么高，但也并不难见到这样的画面。

区别汉画上的西王母与东王公，主要从头饰和冠饰考量。四川成都汉画上伏羲头戴山形冠，其他地点也有类似冠式的伏羲像，值得注意。

山东滕州一汉画像石上刻画的东王公，也是戴着山形冠，他坐在中央位置，伏羲女娲分立两侧稍远的位置，附近还有一些神兽与仙人。

江苏徐州一汉画像石上刻画的一条站立的汉子，戴着山形冠，因为近旁有九头神兽出现，可以判断是东王公。东王公将蛇身伏羲女娲双双抱在怀中，漫溢着少见的亲密气氛。与通常端坐的西王母不同，东王公在这样的时候通常是站立着，显得力大无边。如河南唐河一汉画像石画面的构图也大体类似，站立的东王公双手搂着伏羲女娲。

山东沂南一幅汉画上的东王公，更是紧搂着伏羲女娲，显得亲密无间。当然画面上的东王公戴的是一个尖顶冠，与山形冠明显不同。

东王公站立在伏羲和女娲之间的汉画，在山东邹城的一块汉画像石上也见到了。在三神的上方，为日月合璧之形。

最引人注意的是，河南南阳的以多块石头拼刻而成的一幅巨型汉画，在以四神为主体的构图中心，坐着一位戴三叉冠的人神。这三叉冠应当是山形冠的另一种形式，在其他画面上也见到过，也应是东王公的装束。这样看来，

汉画伏羲女娲（四川成都）

画面中心的神灵就是东王公。当然更让人关注的是，在四神的外围，是分别捧着日月的伏羲女娲。

如果戴三叉冠的神是东王公，类似的图像还见于江苏徐州和山东滕州的发现。前者画面中的东王公为立姿，伏羲女娲分立两旁。后者东王公取蹲姿，伏羲女娲的长尾分别绕过东王公两腿。两个画面上的伏羲女娲，并没有交尾的构图。

由这些画像石观察，东王公与伏羲女娲同处的画面也不少。虽然伏羲和女娲可以与西王母同在，可以与东王公同在，但却不见四者同处的画面。

西王母和东王公，是比伏羲女娲高一个层次的神。有研究者说能够主宰伏羲的天神，应当是天帝太乙或高禖，所以坐立在他俩身边或紧紧搂着他俩的，就是这两个角色了。当然还有"盘古"一说，不过论据显得更薄弱一些。

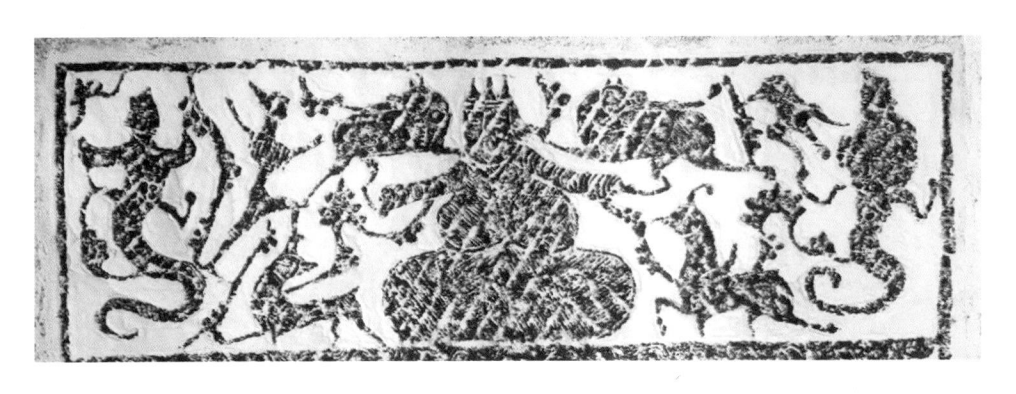

汉画伏羲女娲与东王公图（山东滕州）

汉画伏羲女娲与东王公图（江苏徐州）

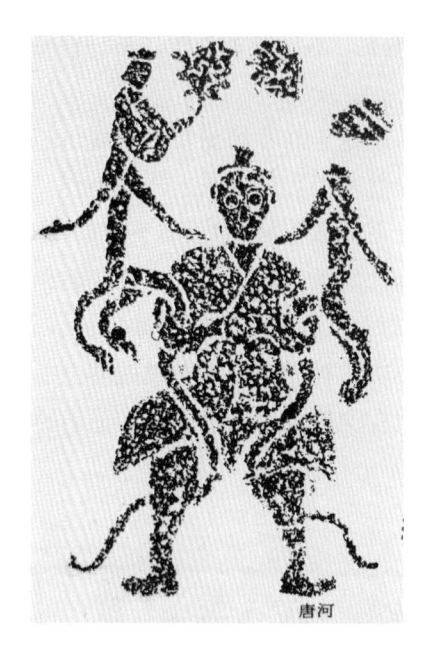

汉画伏羲女娲与东王公图（河南唐河）  汉画伏羲女娲与东王公图（山东沂南）

汉画伏羲女娲与东王公图（山东邹城） 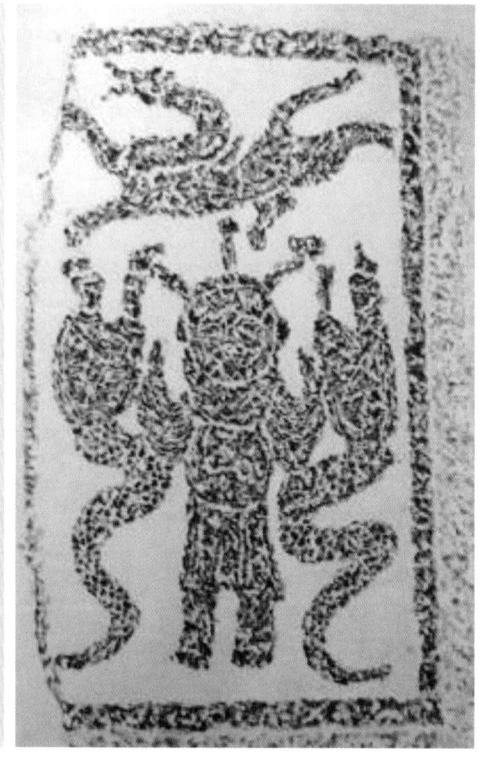 汉画伏羲女娲与东王公图（江苏徐州）

汉画伏羲女娲、东王公与四神图（河南南阳）

汉画伏羲女娲与东王公图（山东滕州）

众神之像：人面蛇身 | 945

伏羲、女娲和他神

伏羲和女娲身边除了东王公和西王母之外，还出现过其他的人或神。

汉画上的西王母端坐在中间，在伏羲女娲交尾之下又有两只九尾狐背向而立，它们的尾部也相互叠压在一起。这样的画面在有些研究者看来，觉得与汉代人的生殖崇拜有关。汉代人视西王母为生育之神，民间还有祭西王母求子之俗，如《焦氏易林》即云："西见王母，拜请百福，赐我嘉子。"

我们也看到有一些画像上可能表现了伏羲女娲的后代，或者描述的就是祈子活动的意境。如山东嘉祥武梁祠一汉画像石上的伏羲女娲中间，有一个小儿拉着他们的衣袖，透出一种少有的喜感。旁边还有榜题，明确指示图像上是"伏羲仓精"。而武梁祠的另一块汉画像石上，在伏羲女娲身旁更是出现了一群长尾小人，小人中甚至有带翅的仙人，也表现成交尾的样子。

特别要提到的是，一些地点见到了伏羲女娲与铺首同构的图像。如徐州一汉画像石的中心，是一个铺首衔环的画面，左右两旁是伏羲女娲，两条长尾双双穿过圆环，只是没有交尾。因为铺首上的神面有类同的山形冠，它会让人想到东王公。相似的画面还见于滕州一汉画像石，中间的铺首也是类似的山形冠，但两旁穿过圆环的伏羲女娲长尾作交缠状。

值得注意的是，鲁南、苏北、河南与陕北画像石上大量见到的铺首图像雕刻，神面大体都是山形冠的造型。环铺首装饰，虽然在商周青铜器上就已经出现，但在汉代才出现"铺首"一词，如《汉书·哀帝纪》有"孝元庙殿门铜龟蛇铺首鸣"的记述。唐颜师古注说："门之铺首，所以衔环者也。"考古也有汉代铺首实物出土，它是当时很受重视的一个建筑部件。因为装饰在大门上，可以理解为它是门户守卫者。

对于铺首上的山形冠，有研究者认为"这种'山'字冠不是国产的服饰，而是来自西亚或南欧的影响。在希腊罗马地区，'山'字冠是王冠，是神圣之冠，是权力和威力的象征"[①]。另有一说是衔环的兽，名叫椒图，也是龙子，排行第九，宁静喜闭门不动，善于守卫，被赋予驱鬼逐魔的意义。

山形冠是天神的象征，是东王公的象征，自然也应当是太阳的象征。

[①] 张从军：《黄河下游的汉画像石艺术》（下），齐鲁书社，2004年，第236页。

汉画伏羲女娲图（山东嘉祥武梁祠）

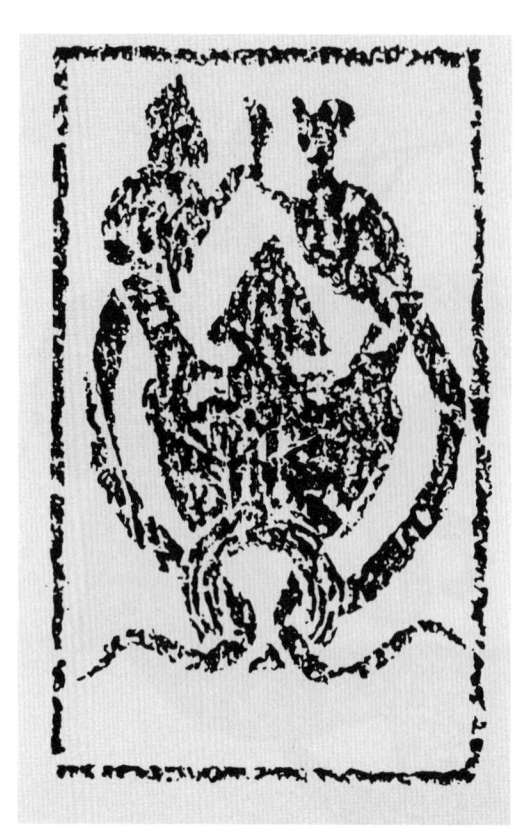

汉画伏羲女娲与铺首图（江苏徐州）

汉画伏羲女娲与铺首图（山东滕州）

948 | 追踪信仰：艺术考古中的动物图像

人道与神道

伏羲女娲是神化的人文始祖，在神话中是具有人格的神灵。西王母东王公是人化的神仙，是神话创造出来的神灵。这两套体系的神话在汉代被杂糅在一起，重叠与互动就成为汉画上出现的奇观。

这样的对偶，两两同时出现，费去研究者许多的心力，到底也没有理顺他们之间的关系。其实在文献中女娲的出现比伏羲早，神话中西王母的出现也早于东王公，两对夫妻都属于拉郎配，这是没有必要较真的。

有研究者根据考古发现认为，汉画中西王母的形象大概出现于西汉中期，东王公形象的出现比西王母晚，在画面上多见以独立的形象出现，少见对偶出现。东汉早期画面上东王公、西王母对偶同时出现，被看作夫妇一般。[①]

伏羲女娲交尾图像出现于西汉晚期，人首蛇身举日月规矩象征阴阳。东汉早期又手执灵芝，表达对仙道长生的追求。

在汉代神话体系中，西王母的形象出现较早，地位也要高于其他神。从汉画看，西王母占据伏羲女娲图像的中心，显出更高贵的地位也在情理之中。正是如此，作为与西王母对偶出现的东王公也享有同等地位，他有时也会占据那个中心位置也就不足为奇了。

神界是由凡世的需求创造的，也是根据凡世的需求完善的。

汉画上与伏羲女娲同在的另外的第三者，都有足够的理由。神界的表演都是由凡世导演的，所以理解凡世才是开启神的秘界的钥匙。

[①] 韩炜炜：《河南画像砖石墓中的西王母、东王公和女娲、伏羲形象》，载《华人时刊》2014年第6期。

四神体系之变

四方神，四灵，在古代中国信仰体系中是一个重要的次级体系，也是一个精致的符号体系。这个符号体系的形成，经历了漫长的演变过程，也许如有的研究者认为的那样，这个体系的初现往前可以追溯到7000多年前的史前时代。

　　因为时间与地域之别，四神形成多种不同的版本体系，不过到了战汉时期，已经大体一致，当然也小有分别。

　　青龙、白虎、朱雀、玄武，这个标准的四神版本直到两汉之际也还没有完全统一，可想在此之前的7000—2000年间出现的中间版本一定也不少。

四神：良渚文化新体系猜想[①]

也许四神体系存在过这么一个特别的版本。

我有一个猜想，猜想良渚文化中已经有了四神信仰，而且它是一个稍显独特的四神体系版本，也是一个中间形态的版本。

良渚人有四神信仰并不奇怪，稍觉奇怪的是他们的四神符号体系。我们先来观察一件浙江余杭卞家山遗址出土的黑陶双鼻壶，器物编号 G1 ②:87，壶的形制并无特别之处，但在筒口外部一侧刻画有几个动物图形。动物图形的分布显然有规律可循，应当是方菱形排列方式，动物图案处在菱形的四角位置。

在上角位置，刻画的是一只鸟，头尾分明，头顶有羽冠。

在下角位置，刻画的是一只龟，龟背纹路清晰准确，存三足与尾巴，一足与头部残失。

在右角位置，因陶器残损，只留下一个半体动物之形，暂不能判明是何种属。

在左角位置，由于陶器残缺，没有看到什么图形。

从发掘报告看，对这件器物的描述比较简单，也没有更多的评论。只是确定地提到陶器刻画的动物中有一个是龟。

这是一组动物纹饰，纹饰为菱形角状四向布局，这个布局应当是可以确认的，推定它原本刻画有四个动物形体，一个动物占据一个角点。现在我们所能看到的图形是三缺一，左角图形因陶器缺损而不能明晰。

这一组动物纹饰，缺少了一个，又有一个不能判明种属，明确的只有鸟与龟。这鸟与龟的组合本来就很引人思索，而且它们的占位也很特别，鸟上龟下。这个占位与后来的四神完全相同，不能不让人往四神信仰上产生联想。上朱雀下玄武，与后来四神是一样的占位布局。

这个联想就很自然地带来了一个猜想：是否良渚人的时代也拥有四神信仰，也创造出了四神符号体系？

这是可能的。除这一件陶器外，良渚其他陶器上还发现了其他一些动物形刻画，有猪、狗、鹿、鳄鱼之类，也有一些不能辨明种属的动物，它们中有的可能会被确定为四神中的符号。

[①] 本节图片主要选自张炳火主编、良渚博物院编著：《良渚文化刻画符号》，上海人民出版社，2014年。

G1②:87

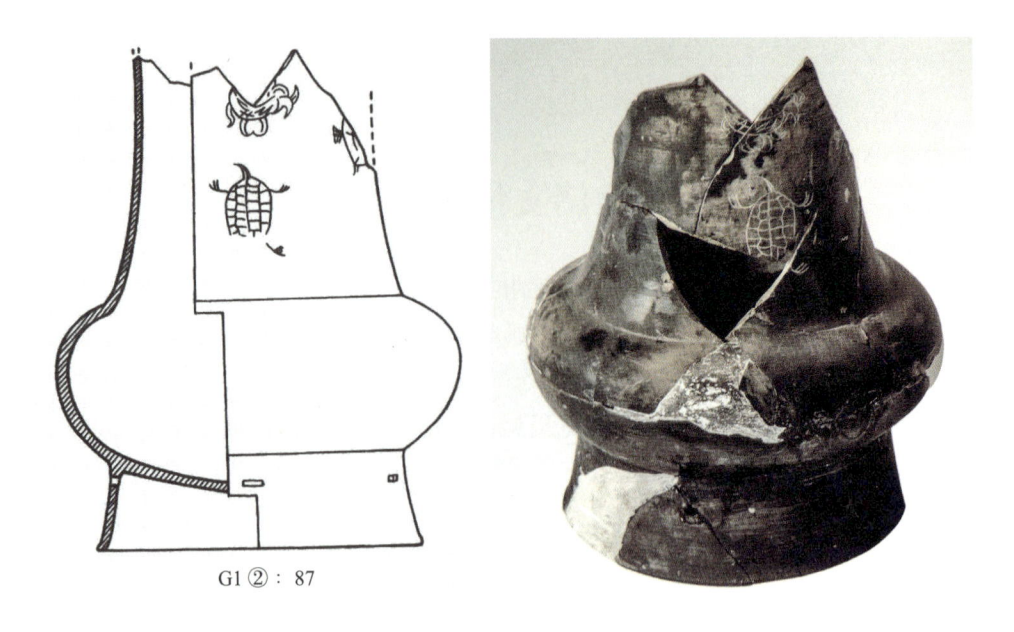

良渚文化黑陶双鼻壶上的四神图（浙江余杭卞家山遗址）

三图形位置

954 | 追踪信仰：艺术考古中的动物图像

上角图形

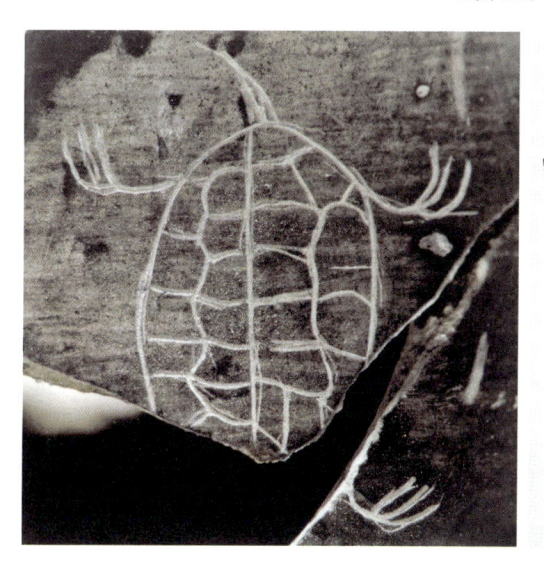

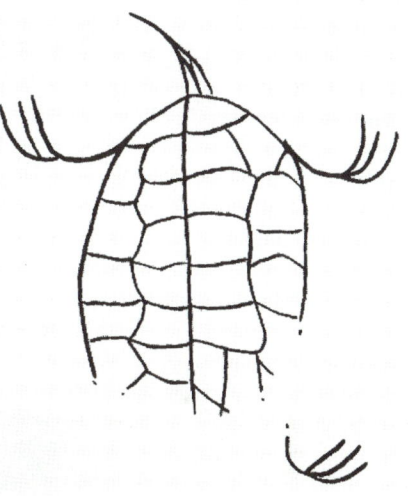

下角图形

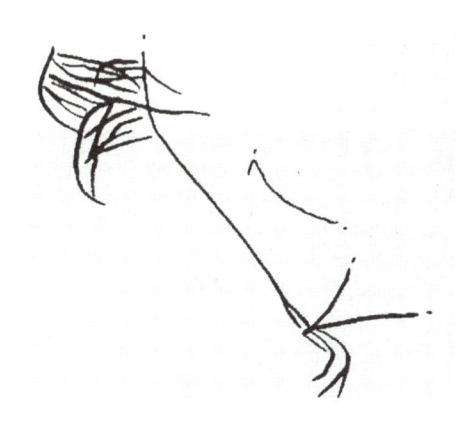

右角图形（残）

四神体系之变 | 955

四灵全形布局示意图

黑陶杯上的鳄鱼纹（浙江余杭葡萄畈）

良渚文化陶罐上的动物纹（浙江余杭南湖）

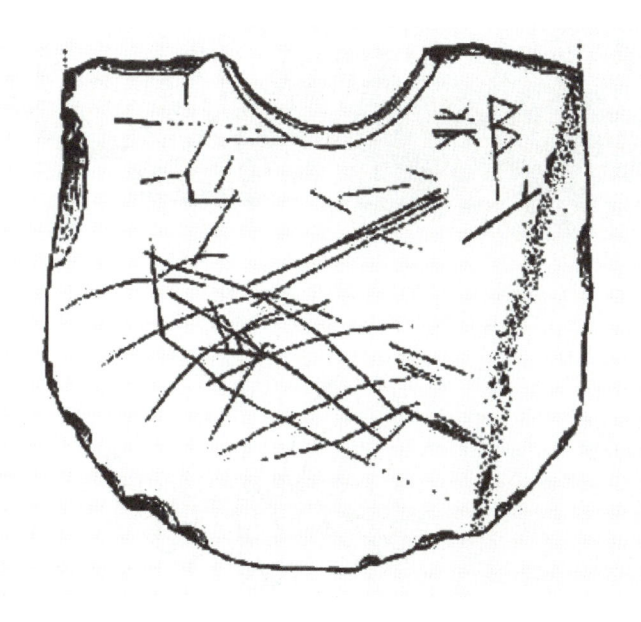

良渚文化石钺上的动物纹（浙江嘉兴庄桥坟遗址）

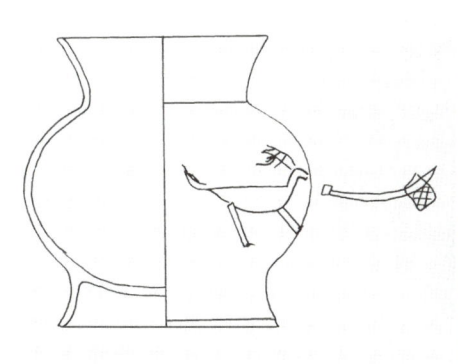

陶尊上的动物纹（上海松江广富林遗址）

四神体系之变 | 957

罐上的动物纹（浙江桐乡新地里遗址）

腹片上的动物纹（浙江余杭卞家山遗址）

958 | 追踪信仰：艺术考古中的动物图像

陶片上的动物纹（浙江余杭茅庵里遗址）

从卞家山这件陶壶的刻画观察，良渚人的四神符号，除了鸟和龟，另两个符号还不能确定，但可以做一个初步的推断。

可以设想处在东方位置的，也许是鳄鱼。良渚陶器上见到明确的鳄鱼刻画，不少学者认为鳄鱼是龙的原型，所以它出现在这个方位并不奇怪。

而处在西方位置的则可能是猪，是野猪。野猪为山林动物。这个位置后来由虎接替，虎是山林猛兽。在先前的研究中我提到过猪崇拜到虎崇拜的转变，没有想到这个转变在四神体系中可能得到进一步的印证。

这样一看，天上飞的鸟、地面爬的龟、水里游的鳄、山中行的猪，代表了不同空间界面的动物。这与后来的四神符号也比较吻合，除龟、鸟外，龙取代了鳄，虎取代了猪。

为着旁证上面的推想，我还要列举江苏澄湖发现的一件刻纹陶罐来进一步说明。这件器物编号为74WCH采231，它的外表刻满了变形动物图纹。发掘者将器周刻画图形依次定名为猫、鸟、蝶、鸡、蛇。因为图形夸张变形，所以种属定名很不容易确认。

这其实也有可能是一个四灵组合，分别是虎（猪）、龟蛇（？）、鸟、虫（？）。真正能确认的，只是鸟的图形，但变形也很大。

可以猜想，今后的良渚考古中也许会有比较完整的画面发现，我们会见到

四神体系之变 | 959

陶器上的动物纹（江苏澄湖）

四面图案展开线描图

鳄、猪、鸟、龟图形组合在一起。这是一个新的四灵版本，它似乎可以让人相信，是良渚人最先确定了"上朱雀下玄武"的选项。

我们耐心等待着新发现到来的那一天。

海昏四灵

双子玉带钩

江西南昌汉代海昏侯刘贺墓出土诸多非常精致的玉器，媒体报道过一件玉带钩，整体观察工艺虽精，但形制与纹饰平平。我们曾评价说缺乏王者之气，而且推测应当有更精致的带钩出土。

果不其然，内棺又出土数件玉带钩，让我们看到了盼望中的王者之气。

内棺左右两侧，在中腰附近，各出土一件玉带钩。两带钩玉质通透，呈翠绿之色，光滑润泽，做工极精，系用同一块玉料制作。从大小取材及纹样布局与风格观察，我们可以判定两钩出自同一玉工之手。

纹样选取四神为题材，钩作龙首螭尾形，钩面浮雕长尾凤形，钩纽面上线刻一龟形。龙螭呼应，凤龟相对，合四面方位。

因两钩同料同工同大同式同纹，可以称作"五同四神双子玉带钩"。

双子玉带钩（海昏侯刘贺墓）

四神玉带钩（海昏侯刘贺墓）

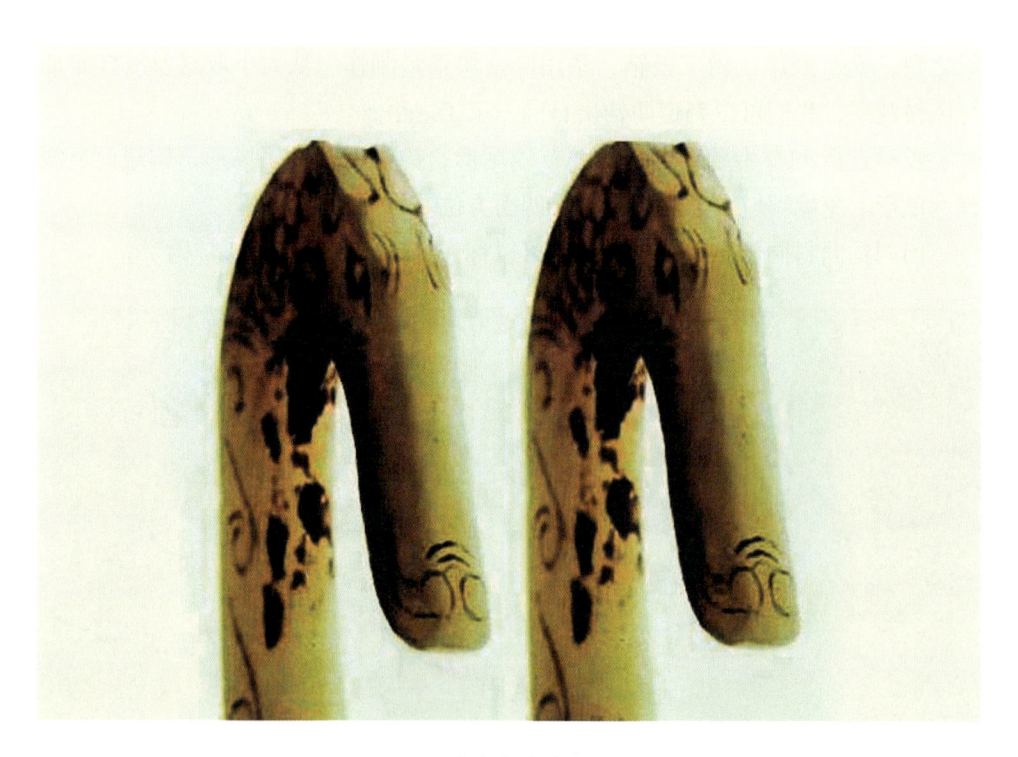

钩头上的首

钩纽上的玄武

　　这四神双子玉带钩，考古也是首次发现。过去出土过双子铜带钩，但一般都是并联使用，可以加强带钩的拉力。刘贺的四神双子玉带钩，出土时并没有合并在一处，虽然它们并非捆绑使用，但还是可以称作双子钩，如双胞胎一般。

　　这也可以被称为王者之钩，王者爱双钩，也是有故事的。

　　巴蜀带钩有自己的特色，也受到中原人的喜爱，一定是通过不同途径流入了王庭。魏文帝曹丕《与王朗书》："不爱江汉之珠，而爱巴蜀之钩。此言难得之贵宝，不若易有之贱物。"曹丕似乎引用了当时的流行俗语，所谓"不爱江汉之珠，而爱巴蜀之钩"，即不追求高贵的江汉珍珠，而更喜欢平常的巴蜀带钩。曹丕在书中为这两句话做了注解，在他看来，与其追求很难得到的宝物，不如求取容易得到的实用之物。类似的言语见于早出很多年代的《吕氏春秋·重己》："人不爱昆山之玉、江汉之珠，而爱己之一苍璧小玑，有之利故也。"

　　贵重的珍宝，一般人当然是很难得到的，并非不爱，正像《吕氏春秋》所说是爱不着。曹丕将江汉之珠与巴蜀之钩对提，是将贵与贱对比，将难得与易

四神体系之变 | 963

得之物对比。《吕氏春秋》提到的对比物是苍璧小玑，而曹丕提到的是巴蜀之钩，可见巴蜀之钩在当时是易得之物，在中原也成了流行时尚用品。古时比喻细小寻常事物都拿带钩说事，如"盗钩者诛""以钩注者惮""钩金舆羽"等，曹丕的话正是用了这样的古意。

魏文帝还有一纸《答刘备书》，透露出了一点相关信息。文曰："获累纸之命，兼美之贶，他既备善，双钩尤妙。前后之惠，非贤兄之贡，则执事之贻也。来若川流，聚成山积，其充匮负、顿府藏者，固已无数矣。"信中说刘备给曹丕写了一封长信，送来了许多礼物，几乎是应有尽有，礼物多得像流水像山堆，其中最让曹丕留意的是双钩，用了"尤妙"这样的词称赞。

曹丕偏爱的双钩，应当是他曾提到的巴蜀之钩中的一种。所谓双钩，即是双子钩，也就是对钩，是成组打造同时使用的带钩。这样的带钩，有可能是一钩两首的双钩连体，也可能是两枚相同的带钩并联使用，有时或者多枚并列使用。

双子玉带钩

考古发现了战国时代连体的双首带钩，在战国墓中也屡见双钩或多钩并用的实例。如河北邯郸百家村3号墓三殉人，一人腰部并列横置两枚带钩，另两人腰部也横置两枚带钩，57号墓一殉人腰部也横置并列的两枚带钩；[①]河南辉县褚邱2号墓人骨腰部也见并列的两枚带钩；[②]山西长治分水岭25号战国墓发现四枚并列的等长带钩，钩背除纽以外，中部还有一方环形鼻穿，这样的带钩无疑是并联使用的。[③]并用带钩与连体带钩是为了改进带钩的张力，以增强束带的力度。

双钩之制在战国已不稀见，只是汉初以至汉末巴蜀双钩妙在何处，我们还不得而知。

曾有文考证，双子带钩有可能最先出现在吴国，吴国故地有良渚先人，他们是4000多年前带钩的发明者，吴地制作带钩有久远的传统。至战国时中原也流行双子钩，巴蜀之地后来居上，也造出让登上帝位的曹丕赏识的双钩。

现在又意外见到刘贺精致的双子带钩，这玉钩较之铜钩，又珍贵了许多。而且钩上雕琢有精致的四神图形，这就让它又成了不一样的带钩，带有了特别的文化符号。

四 神 之 外

当卢，一个怪怪的名词，现在可能只有考古学家知道它的意思是什么。

当卢，正写应作"当颅"，是古代马额头上的饰品。

汉代时已写作当卢，懒得写那么繁的字吧，"颅"省写了。

看看秦始皇陵出土的铜车马，高昂着的马头，额上的那片装饰，正是当卢。

汉代当卢出土不少，当卢最流行的款式有尖叶形和圆盘形两类，一般以青铜制作，有的鎏金，有的造型和纹饰都很精致。

满城中山王刘胜墓及妻窦绾墓出土两件当卢，尖叶形，纹饰精细，制作精美。

圆盘形的当卢，镂刻各种动物纹饰，有的温文尔雅，有的龇牙咧嘴，风格迥异。

[①] 河北省文化局文化工作队：《河北邯郸百家村战国墓》，载《考古》1962年第12期。
[②] 中国科学院考古研究所编著：《辉县发掘报告》，科学出版社，1956年。
[③] 山西省文物管理委员会、山西省考古研究所：《山西长治分水岭战国墓第二次发掘》，载《考古》1964年第3期。

秦始皇陵铜车马上的当卢（秦始皇帝陵博物院藏）

圆形当卢

汉代长条大当卢（山东济南）

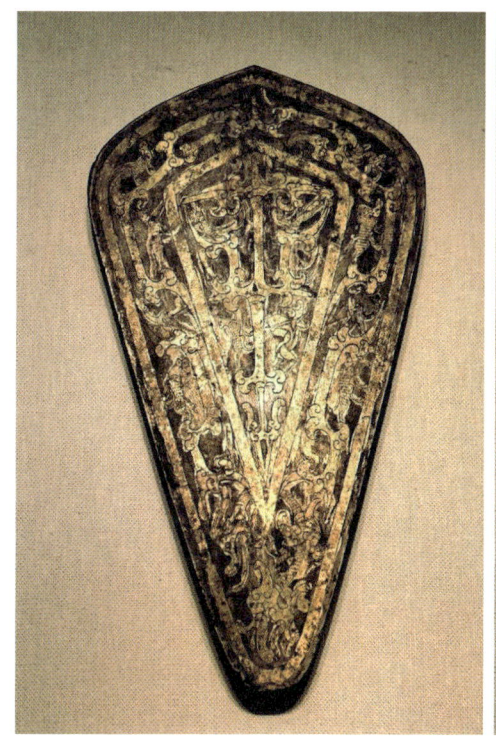

随葬当卢（刘胜墓）　　　　　　　随葬当卢（窦绾墓）

四神体系之变 | 967

这家什挂上马头，更像是标志一般，刘家的马，李家的马，互不混淆。

海昏侯墓也出土了当卢，出土了多少，会有多少，目前还不得而知。见于媒体报道的有一件当卢，虽然保存非常不好，但修复后显示精美异常。

海昏侯墓葬有真车马，自然就有这样的当卢了。这件当卢精致之极，制作方法还不是很清楚，复原出来的纹饰非常细腻，应当是金银镶嵌的作品。整体图形取材四神，有龙、虎、雀、玄武，构图活泼严谨。

我们来由上往下看刘贺墓出土的四神当卢。

龙，这可是双龙，是交龙。中间居然有个御龙的把式，神人，长肢细腰，肌块不彰，却是力大无比。他可是长着翅膀，所以能随着龙体一起飞腾。

青龙，是东方神龙。

飞人的下面，出现的是虎。虎头高昂，长尾如鞭，足跨龙体，气势汹汹。

白虎，是西方神虎。

跳过一图往下瞧，我们看到的是一只鸟儿，在两龙尾梢头亭亭玉立，尖喙长尾，双翅半展，萌态可掬。

朱雀，是南方神鸟。

再往最下端看看，是一只大龟。图片不甚清晰，龟体明确，但不知前伸的头颈是不是属于那条伴蛇。有龟之象，无疑应当是玄武。或者是一只单龟，它似乎也曾经单独出演过这一角色。

玄武，是北方神。

青龙、白虎、朱雀、玄武，这样四神就齐备了。

不过，这件当卢要表现的似乎不仅仅限于这四神四象。在这四神的行列里，我们看到了一位"侵入者"。这位"侵入者"是一只鹿，头上耸立两角，身上有明确的斑点，而且作奔突中的回首状，仪态有些生动。它的位置，是在虎和鸟之间，处在四神的中间，这是怎么回事——难道它也是一方神灵？

我们可以确认，在四神的团队中出现了"侵入者"。如果它也是一方神灵，这四神变作了五神，前朱雀后玄武，左青龙右白虎，鹿的位置在哪里，它又是什么色彩，是黄鹿吗？

从甲骨文的发现看，四方与四方风观念的形成，不会晚于商代。但将四方配以象征性的动物形象，甚至绘出它们相聚一起的图形，那就晚了许多时代，前朱雀后玄武，左青龙右白虎，恐怕也只能追溯到汉代或汉以前不久。就说在西汉时代，玄武的出场似乎也并不平顺，考古甚至在相关图像上见到的是鱼而不是玄武。

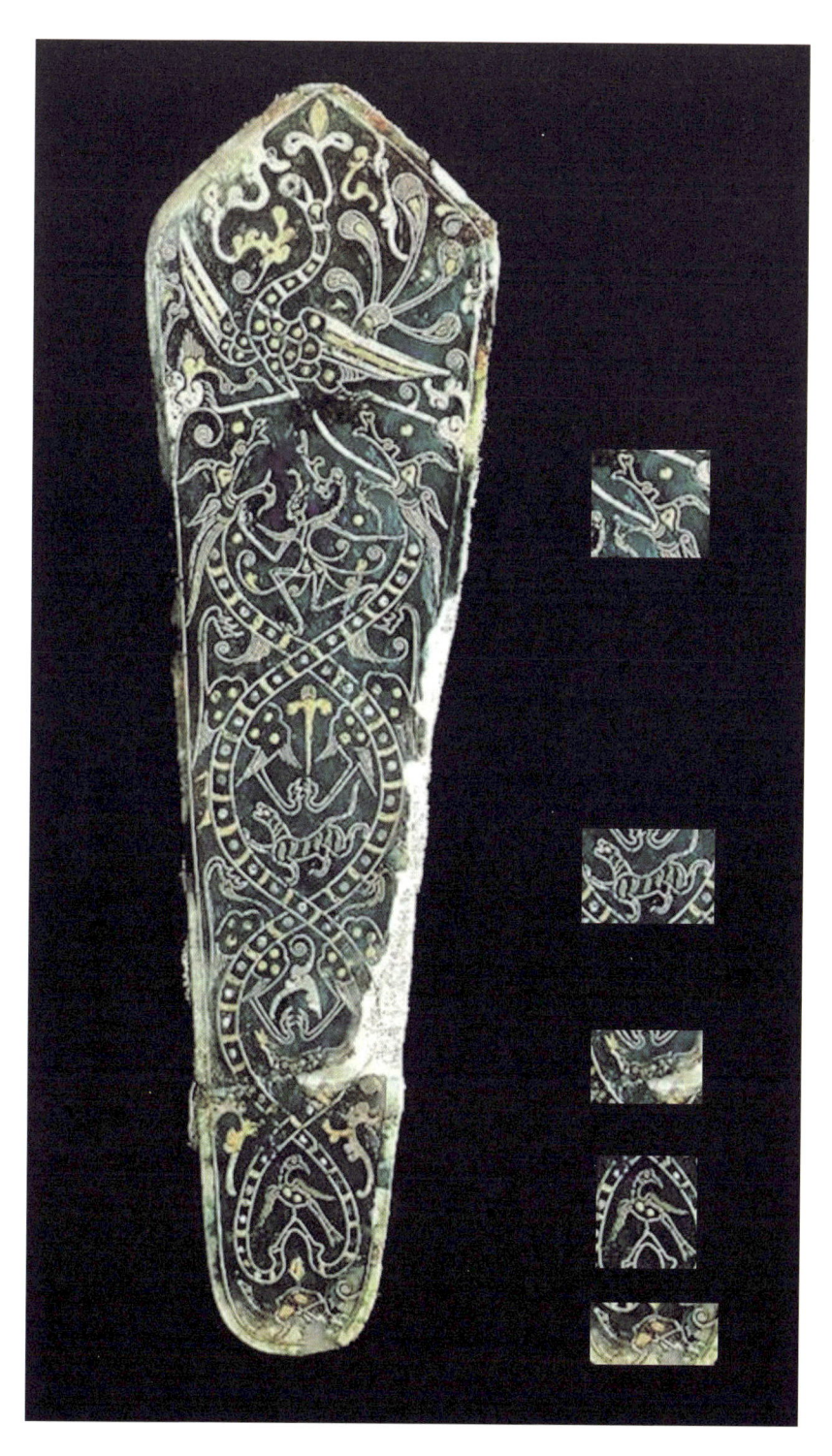

四神当卢（海昏侯刘贺墓）

四神体系之变 | 969

墓室顶部壁画《四神图》（河南永城芒砀山梁孝王王后墓）

在河南永城芒砀山梁孝王王后墓中，墓室顶部有大型壁画《四神图》，中间绘一条7米长腾龙，东有朱雀，西有白虎，北绘一鱼。这鱼显然是北方神之象，这是西汉早期的作品，是四象中的另一个版本。联想到《山海经》说北方神禺强是鱼身，也许鱼形就是北方神的另象。

北方神有多面性，不仅鱼扮演过这个角色，鹿也曾被用作北方之象，对此冯时在《星汉流年——中国天文考古录》一书中申论明确。他说四神中的玄武，最早只见于汉初成书的《淮南子》，在这之前则有《吕氏春秋》中提及的龟。他认为四象起源很早，可以早到6000年前，不过最初玄武没有出现，它的前任有蛇、龟、鹿。这个鹿即是后世说的麒麟，当麒麟被玄武取代以后，它又被移作中央神，这样第五方神就出现了。麒麟应当是黄色，与先前的四神互为关照。这跟五行家的学说有关联，中央土、后土，毕竟是人的立足之所，设计出一个护卫神，也是理所当然。

四神之外，见到第五方神，神鹿，黄色麒麟。刘贺墓出土当卢上的鹿，不就是这一方神灵吗？它真的被安置在中央位置，暂时还不可撼动。

回头再看看海昏侯墓发现的这件当卢中御双龙的那个飞人，兴许就是东方神的化身，《山海经·海外东经》说："东方句芒，鸟身人面，乘两龙。"句芒，是他吧？

五神是特定时代的创意，这个创意并没有太久的影响，东汉时代的艺术品出现的是一统的四神图像，玄武也牢牢立定在北方，奔鹿没有回归原位，在中央位置也很难见到它的身影了。

四方，五方，其实还有第六方，六合之谓。第六方即是上天，那是什么样的神？

六神无主，道家有六神之说，有六神之象。考古有无影踪，看看新发现再说。

我们注意到，一则新闻中报道了海昏侯墓新出土的另一件铜当卢。这件当卢不仅有新神现身，还印证了前件当卢涉及的推论，非常难得。

比较两件当卢，有异曲同工之美，外形与工艺、纹样风格与题材相同，应当是出自同一工匠之手。不过纹样取材也有些微区别，同是表现的四神，四神却并不全同。

新出土当卢纹饰局部

新出土当卢（海昏侯刘贺墓）

两件当卢纹样重要的不同在于：

新出土当卢出现了日月图形，并描绘出了日月神。上面左为月，月中见奔跑的兔和跳跃的蟾蜍。右为日，日中有展翅飞翔的阳鸟。前件当卢的四神图为龙、虎、雀、龟，再加上鹿，合成五神。新出土当卢的四神图为龙、虎、雀、鱼，不见了龟、鹿，加上日月神，合成六神。

新出土当卢中见到的日月神图像比较好理解，这是汉画中见惯的图像。最引人注意的是鱼的出现，它可能会使许多观者百思不解，鱼也曾是四神体系中的一员吗？

鱼，还真的曾经是四神之一。讨论前件当卢时，已经提及鱼是更早的北方神的标志。

北方神有多面性，鱼的确扮演过这个角色。过去在讨论汉画四神之车时，提到在龙车、虎车、鸟车之外，也见到鱼车，那就是北方神的宝车。

海昏侯当卢的出现，又为我们认知古代的四神体系开了半扇窗。感觉还会有更多的当卢，还会有更多的故事，我们依然还要等待新发现带来的新消息。

玉韘神影

刘贺墓和刘充国墓出土多件玉韘佩，制作工艺非常精致。

根据相关信息判断，刘贺墓出土玉韘佩至少有三件，其中在首都博物馆公开展出过两件。刘充国墓出土一件，有现场照片披露形制。

首都博物馆展出的两件海昏侯墓出土的韘形佩一件青白玉、一件青玉，玉质纯净，采用镂雕技艺雕刻出龙纹、凤纹和螭虎纹，工艺精湛。其中青白玉韘形佩中穿一圆孔，中心造型如扳指之形，常被形容为鸡心形，上尖下弧，阴刻云气纹，所以也称之为鸡心佩。这件韘形佩左侧镂刻龙纹，右侧为螭虎纹，顶端为凤纹。螭虎头下尾上作回首状，龙身头上尾下作张嘴状，凤首高冠与龙作嬉戏状，构图非常严谨。

青玉韘形佩外廓略近圆形，中心仍是上尖下弧的扳指造型，也是采用透雕技法装饰左龙右螭上凤纹饰，稍有不同的是龙首和螭首均朝上方伸展，分列凤纹两侧。这一件雕刻更加精致，是少见的同类器。

这两件韘形佩均为双面透雕，正背观看效果相同，没有确定的正反之分。

有研究认为，汉代韘形佩一般镂雕双龙、龙凤、龙螭于一器，但将龙、凤、螭三者合雕于一器的例子非常少见，并由此判断这反映出海昏侯特殊的身份。

其实这还不仅仅是身份问题,它还是一个信仰问题。

再看刘充国墓新出土的那件玉韘佩,材质为上好的白玉,造型有了明显不同。整器呈条状,中心的扳指形也因为拉长而有较大变形。左右的纹样如卷云之形,隐约还能看出龙虎轮廓,但已经没有了明确的头眼。而且因一侧可能有残损,左右显得不太对称。当然这件玉韘佩还有一个少见的亮点,是在它中间的上端阳刻有一个兽面,特别表现了双眼,这个兽面的出现非常重要。

玉韘,是玉器研究者的一个恒常话题,很多人对由韘到玉韘佩的演变进行过研究。一般的认识是,韘形佩的形态来自韘,两类功能各异的玉器在战国时期同时并存,一种是射箭专用的扳指,一种纯作佩玉使用。

东周时代韘器的形制有了改变,同时出现了以韘器为雏形的韘形佩。原来具有射箭实用功能的韘,分化出佩戴装饰功能的韘形佩。汉初开始韘形佩比较流行,没有了韘的扣弦功用,变成一种新的玉佩。

刘贺韘形佩

  两汉时的韘形玉佩纹饰丰富,中间穿孔由大向小变化,透雕技巧的采用将韘形玉佩的制作推向高峰。一般研究者注意到龙凤纹韘形佩,只是将它们作为一类吉祥动物形象看待。

  西汉晚期的韘形佩器身渐变为狭长形,穿孔较小,龙凤类纹饰更具写意风格。刘充国的玉韘形佩正属此类,时代特征非常明显。刘贺的韘形佩则具有更早时代的风格,说明它们可能是稍早年代的制品。

  由实用的扳指,演变到佩饰,扳指变成了鸡心佩,我们的重点并不是探讨器形的演变,而是关注它装饰的纹样。

四神体系之变 | 975

刘充国韘形佩

汉代韘形佩常常装饰的是龙、凤再加螭的纹饰，这个螭即是螭虎，有龙凤虎三种神兽纹样。说到这三兽，当然我们会很自然地想到四神，汉时惯常见到的四神组合，为何变为三神了呢？

也许这是四神的一种减省表现手法，省去了玄武形。汉时韘形佩最初见到较多的龙凤共饰，后来增加螭虎，四神共器的并不多见。江苏宝应戴墩西汉墓出土一件韘形玉佩，青白材质，体下方浮雕飞翅螭虎，左右分别镂雕龙与凤，龙凤之间有一蛇形纹，应当是与中间的心形一起表示玄武，为一件四神玉韘形佩。这是我们判定三神佩为四神佩的一个重要参照，刘贺的韘形佩其实就是四神佩。

湖南安乡刘弘墓出土一件韘形玉佩，白玉材质，条形，主体鸡心形，上尖部位雕刻一对兽眼，周边镂雕龙、凤、螭，另有一动物形体特征不明显，也可能象征蛇形，与中间的变形鸡心合构成玄武，也是一件四神佩。特别引人注意的是，中间的心形是带有双眼的，应当是作为龟体的象征。

这两例发现表明，中间的心形应当是象征龟形的，在龟首位置有时会雕刻出象征性的双眼，一般并不明确表现，这样一来，有具象的四神也就常常只见到三神了，但对于当时人而言，应当对中间的心形会有共同认知的，一定会将其整体看作一件四神玉佩。

身佩四神玉佩，尤其是四神玉韘形佩，有四神护体，也是一件平安符。刘贺墓中随葬了多件这样的护身符，可见他是非常看重四神玉韘形佩的。我们也可以由此揣度他的心并不那么平静，总有担心在胸中，他将安危系在四神玉韘形佩上，那是须臾不可离开的护身符。

西汉韘形玉佩（湖南安乡刘弘墓）

说海昏四神之玄鹤

古代四方四神,我们知道是"前朱雀后玄武,左青龙右白虎"。这一套四神体系可以追溯到汉代或汉以前,但这却不是最早的也不是唯一的四神体系。

我们在出土文物上,常常可见到四神图像,四神在古代是普遍的信仰。我们在古代文献中,也经常读到这四神的故事,得知四神的不凡来历。古今许多学者都研究过四神信仰,揭示过不同时代的四神体系,这让我们知道了四神角色发生的变动。四神确实存在不同时代的版本,甚至在同一个时代也出现过不同版本,在此我们将揭示出又一个前所未知的四神版本。

四神系统的版本变化,一般只是体现在北方神上,以北方神为基准,可以区分出若干版本,有鹿版、鱼版、蛇版和龟版,也有玄武版。玄武出现后,四神体系基本定型,不过也有短暂的改变,如一度用玄鹤取代玄武,构成玄鹤版体系。玄鹤版体系存在于西汉后期,虽然不见于文献记述,但考古中却发现了一些证迹。

我们提及四神,不必多想,一般知道指龙、虎、鸟和龟四神,加入五行色彩,便成为苍龙、白虎、朱雀和玄武。这被看作四神的定式,或者说是主流体系。四神中的朱雀,这个雀自然是不可太认真的,尤其不可以用现代认知的雀去理解它。这个雀是鸟,而且应当是大鸟,不是小雀。究竟具体是什么鸟,也是不可太较真的,神鸟无须与任何生物的鸟去对应。这朱雀在汉代也有被直接称为凤凰的时候,这样一说,那就真的不是任何一种凡鸟可以比附的了。

新近发现的南昌海昏侯墓,出土有一面偌大的铜方镜,虽然起初被认作屏风,但实验室清理中发现它附有漆文《衣镜铭》,证实这所谓的屏风其实是衣镜。让人觉得意外的是,衣镜边框漆绘着四神,有青龙、白虎和朱雀,另一图模糊不清,按理应当是玄武。我们注意到,《衣镜铭》也提到了四神,为"右白虎兮左苍龙,下有玄鹤兮上凤凰",将通常说的朱雀,直接写成了凤凰。更让人惊奇的是,玄武变成了玄鹤,这个变化过去我们并不了解。很显然,鹤取代了玄武,画面中那个不明确的神,也许就是玄鹤。

当然这个不明确的画面,也许与四神无关。因为那缺失的玄鹤,其实就绘在《衣镜铭》下面,这与"下有玄鹤兮上凤凰"的漆文正相吻合。

海昏侯《衣镜铭》中的四神漆书　　　刘贺《衣镜铭》下所绘四神之玄鹤图

　　这样，我们就又获得了一个四神新版本，这就是玄鹤版。这个发现来得比较突然，不知道它是海昏侯刘贺个人的改变，还是那个时代就认同这样的改变，更不知道为何会有这样的改变。普遍认同的玄武就被这样换成了玄鹤，它的意义何在呢？

玄鹤，一般理解为黑鹤，在西汉之前的文献中就出现了。《韩非子·十过》提及师旷鼓琴时，"有玄鹤二八，道南方来，集于郎门之垝"。当然文献中玄鹤出现并不多，我们很难知晓它如何成为四神中的一神。可以推想在汉晋时代，玄鹤已具神仙之气，如晋崔豹《古今注·鸟兽》说："鹤千岁则变苍，又二千岁变黑，所谓玄鹤也"。《相鹤经》云："古谓之仙禽，亦名露禽，或又谓之阴羽。"阴羽与阳羽相对，阳羽就是阳鸟，阴羽是阴鸟，一阳一阴。凤为阳，鹤为阴，在四神中是相配的角色。

又见干宝在《搜神记》中记有一则寓言故事，叫作《玄鹤衔珠》："哙参，养母至孝。曾有玄鹤，为弋人所射，穷而归参。参收养，疗治其疮，愈而放之。后鹤夜到门外，参执烛视之，见鹤雌雄双至，各衔明珠，以报参焉。"说的是因果报应，玄鹤有情。

当然也见到将龟鹤相提并论的例证，都是比喻长寿。如晋葛洪《抱朴子·对俗》说："知龟鹤之遐寿，故效其道引以增年。"晋郭璞《游仙诗》说："借问蜉蝣辈，宁知龟鹤年？"李善注："《养生要论》曰：'龟鹤寿有千百之数，性寿之物也。'"汉晋人对长寿的期待，都是用龟鹤来象征的。出土汉代瓦当上，就见到一些仙鹤延年的图文，古人对长寿的追求，从此与鹤相关联。

龟鹤均为长寿之物，古人视为神灵，所以在四神系统中，才会出现以玄鹤取代玄武的事。这样的取代，只有海昏侯墓这一个孤证吗？

其实，四神体系中以玄鹤取代玄武，还有其他例证存在。在汉代四神铜镜中，见有龙、虎配二凤的图像，二凤即是朱雀与玄鹤。

在汉代陶器彩陶上，也见到类似例证。先前在洛阳北郊一座西汉砖石墓中发掘出土四神彩绘陶壶，四神中就没有见到玄武。陶壶圆腹墨绘四神，一面为头向一致的朱雀和青龙，另一面是相向的白虎和"朱雀"。龙、虎和两朱雀合组的四神，其实这两朱雀一为朱雀，另一当为玄鹤，都绘作凤形。

这类西汉后期的四神壶，在洛阳还有一些发现，国家博物馆也收藏有一件。此壶一直被称作四神壶，虽然没有解释它为何与以往所见并不相同。大约是存有怀疑，由于画面上不见玄武，觉得称四神并不恰当，所以现在就改称为彩绘青龙白虎朱雀纹陶壶了。

其实类似的西汉四神壶，故宫博物院也收藏有一件，称为凸雕龙凤纹彩绘陶壶。通体彩绘，腹部为凸雕龙、虎、凤相互追逐于流云之间，色彩绚丽，线条流畅婉转，画面生动活泼。这件壶上的画面也是龙虎和两凤，一龙一虎，以及朱雀、玄鹤，仍然是一件四神壶。

汉代鹤纹瓦当（私家藏品）

汉代彩绘四神壶纹饰（洛阳木工厂 M10）

汉代彩绘四神壶（中国国家博物馆藏）

汉代龙凤纹彩绘陶壶（故宫博物院藏）

汉代龙凤纹彩绘陶壶局部（故宫博物院藏）

由此又让人想到汉代玉器上往往见到龙虎凤组合构图，意义不明。看作四神觉得牵强，省略了玄武，未必是一凤担朱雀与玄鹤两职，存疑。

汉代人有饱满的仙道追求热情，长寿成仙是终极梦想，将长寿理念融入四神，让玄鹤进入四神组合，也是可以理解的吧。由此看来，刘贺《衣镜铭》上出现的玄鹤，一定不是他个人意志的体现，那一时代，玄鹤是有一定认可度的四神之一。

丝 路 神 影

说到龙凤在汉代扮演的角色,其实还应当说说四神。前面说到四神中的朱雀,也有凤之名,不过汉代人极少称它作凤。当然,四神里的龙凤,两者间的联系并非我们上面提到的这样,或者说是明显不一样的。四神之外的龙与凤,有着不一样的象征,没有了方神的职掌,却与凡界有了更多关联。

四神体系在中原有时空特点,有过一些变化。在中原以外,四神体系也有传播,变化更是不可避免。我们要特别提到丝绸之路,寻找四神体系向西的传播轨迹。

提到丝路,我们首先就会想起张骞。30岁的张骞自长安出发,10多年后历经千辛万苦回到长安,带回西域各国风俗和物产的许多信息。5年后张骞率300人探险队再次西行,他派遣的副使足迹遍及中亚、西南亚各地,最远的使者到达地中海沿岸的罗马帝国和北非。这是2000多年前的故事,丝路开通,中西物产与文化交流一路绵延。

2000多年后,中日尼雅遗址学术考察队在新疆和田地区民丰县居雅遗址一处古墓中,奇迹般地发现了"五星出东方利中国"织锦。考古队里有一位北京大学的考古学教授,名字叫齐东方,他随身带着五星红旗,就这样,带着五星红旗名叫东方的齐教授见证了"五星出东方利中国"织锦的出土。这是又一个具有浓厚传奇色彩的考古发现,这个故事引出了更多的故事。

丝路通有无,往来成古今。"五星出东方利中国"织锦刚出土时,震惊了在场的所有考古人,发现公布后引起广泛关注。研究者对织锦的大体描述是:"织锦以宝蓝、绛红、草绿、明黄和白色等五组色经织出星纹、云纹、孔雀、仙鹤、辟邪和虎纹"。其实这些神兽神鸟,约略是汉代时普遍的四神信仰图案,而那一列文字写出了祝祷家国安宁的祈盼,文义与图义相得益彰。织锦上有孔雀、仙鹤、辟邪和虎纹。戴有凤冠的孔雀显然是凤鸟,辟邪如被视为飞龙,那这些神兽神鸟,就是四神,而且是含有玄鹤的四神系统,这与海昏侯《衣镜铭》上的漆书文字吻合。

汉晋时期四神信仰的西传,在丝路上还可以找到更多的考古证据。例如甘肃敦煌佛爷庙晋代墓葬的发掘。墓葬规模并不大,墓主身份比较低,随葬品多

汉画四神图（陕西西安）

"五星出东方利中国"织锦（新疆尼雅遗址）

四神青龙砖（甘肃敦煌佛爷庙晋代墓葬）

四神凤鸟砖（甘肃敦煌佛爷庙晋代墓葬）

为陶器，也有漆器、铜器和铁器，出土画像砖数量较多，内容非常丰富，最典型的是四神画像砖。四神画像砖画面线条流畅，四神刻画得非常有气势，青龙和白虎的肩部还绘有双翼。一般是将青龙和白虎砖镶嵌在墓门门楼两侧，青龙居左，白虎居右。朱雀与玄武砖一般相对应地镶嵌在墓门照墙的上、下部位，正合左青龙、右白虎、前朱雀、后玄武的方位。特别要提到的是，朱雀采用疏密错落的线条表现出轻张的双翅，头上有高冠，身后是长长的尾翎，正是凤鸟的形象。

游离南北：四神中的鱼角色

由汉四神砖画中的鱼想到楚帛画里的鱼。

2022年年中在山西做了一次讲座，顺带参观了太原博物馆。在一个大橱窗里，我见到挂有一组壮观的砖画，细观砖面是太原晋源果树场大型汉墓中出土的模印四神图像，标志牌上注明是"四神砖"。

汉代普见的四神图像，是青龙、白虎、朱雀和玄武，但晋源果树场汉砖上见到的却是龙、虎、玄武和鱼，没有鸟的身影，让人感觉很是意外。龙与虎分列左右，中间是玄武。居中的龟形像是一只俯视的鸟的形状，但却有四足，它的近旁还有一条游离的蛇形，确可判定是玄武图形。不好理解的是没有鸟形，但右侧却出现有一条鱼形，难道砖画的四神是以鱼代鸟吗？

汉代四神砖画（山西太原晋源果树场大型汉墓）

四神体系之变 | 989

龙、虎、鱼和玄武，可以认定是汉代的又一个四神体系。一神表示一个方向，东龙、西虎、北玄武，余下的鱼，就该是表示南方了。本当是鸟的方位，出现了鱼。

鱼在汉代的四神体系中，本来是代表一个方位的，它有时替代玄武出现在北方。

海昏侯墓出土的一件铜当卢，也表现了四神，当卢出现了日月图形，上面左为月，月中见奔跑的兔和跳跃的蟾蜍；右为日，日中有展翅飞翔的日乌。四神图为龙、虎、雀、鱼，分别表示东西南北方位，鱼表示北方，取代了玄武，说明鱼的确曾是四神体系中的一员，这与芒砀山梁孝王王后墓四神图壁画相同，属于同一个四神版本。

芒砀山四神图壁画中的龙张口卷舌，钩住一"鸭首、麟身、鱼尾的怪兽"，它真就是一条鱼。当然这是一条瘦体的鱼，表现出一些神性模样，与晋源砖画上偏于写实的鱼形明显不同。

这样看来，汉代四神版本中确有游鱼的影子，由芒砀山壁画、海昏侯当卢和晋源砖画上的图像反复得到证实。只是这鱼有时指北，有时又指南，隐藏的道理值得探究。

说到这里，我又想起长沙楚墓出土的一幅战国帛画。那幅楚帛画1973年出土于长沙子弹库一座楚墓，画面正中描绘一有胡须男子，侧身腰佩长剑，手执缰绳，驾驭着一条巨龙。龙头高昂，龙尾翘起略呈舟形，男子立于龙舟之上。在龙尾上部有一只高大的鸟，圆目长喙，仰首朝天。特别要注意的是，龙体的下方，还绘有一条前行的大鱼。我想若是画面上再出现一只虎，那就是一幅战国四神图了。

其实楚人也有自己的四神版本。湖北江陵马山楚墓出土一件绣品，过去被称为"对凤对龙纹浅黄绢绣花衾"，绢面为对凤对龙纹绣，针法是锁绣。其实纹样是由八组左右对称的凤麟龙虎四神构成，是楚国所见的一种四神体系。四神彼此勾连缠绕，似戏非戏、如斗非斗。这样的战国四神图织绣，还没有引起足够的注意，图案设计的中心是奔放的凤鸟，这也许为我们理解楚人的信仰提示了一个重要的切入点。

游离南北的鱼，鱼的艺术图像，鱼在古代信仰中扮演的角色，这些还真值得我们深入探索。末了，我还想提一提山西浑源出土的一件战国铜匕，它的柄部铸有非常精美的纹饰，两只背对背的虎形之间构成一只雁鸟，雁鸟的头下是一条大鱼。这样的构思一定有我们还不大清楚的含义，不过我在想，如果背对背的是一龙一虎，鱼与鸟为伍，岂不又是一个四神图吗？

四神体系之变 | 991

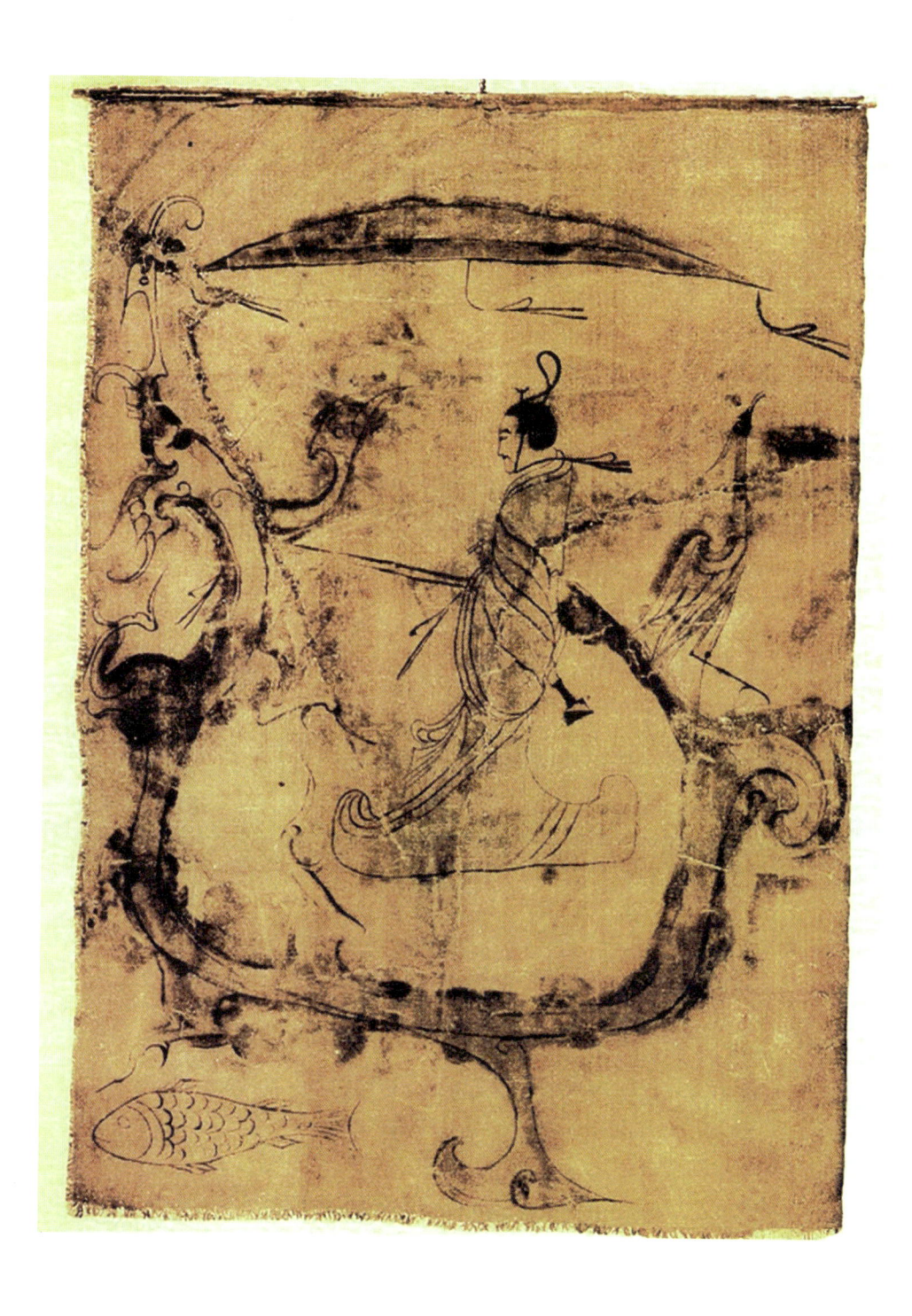

战国中晚期人物御龙帛画（湖南省博物院藏）

战国四神图织绣（湖北江陵马山楚墓）

战国铜匕线描图（山西浑源）

四 神 之 车

有轮有箱，方谓之车。何谓车？一般词典的解释是：陆地上有轮子的交通工具。当然这是人乘之车，如果是神呢？那就不见得如此了。众神之车，不仅可以不在陆上，而且也是可以没有轮子的。神嘛，自然不同于人，至少人对神应当乘坐什么样的车，是做过精心设计的。人可以造出神来，帮神造出车来也不是什么难事。所以我们在汉画上就看到了这样的图景，那些传说中的神仙们，不用在路途奔走，出行中驾着飞天车舆，快乐奔驰在八荒四空。

传说夏时奚仲造车，将运载便利带到人间。在汉画上见到有造车轮图像，也许表现的就是奚仲的发明。神话中的众神众仙，也开始享受这个伟大的发明，因此多了出行的方便，也就有了车载神仙的故事。众神之车，从汉画上可以看到一些具象的描绘，古车很早可能就完成了神化的过程。出自鲁南苏北与其他地区的汉代画像石，有许多画面表现了车行的场景，其中就有出行的神车。

汉画所见众神之车最典型的有龙车和鱼车，并不以牛马为役使，它们与人间之车有相似之处，也有不同之处。最大的相似是都有类同的车舆，最大的不同是神车无轮，因为神并不是出没于众生的大地上。神们或是以天为路，或是以水为路，车无轮似乎也无大碍。

在古代传说中，神灵大都乘云而行，其中自然也包括孙悟空和某些妖精们。佛教中的菩萨们也都是这样行事，可以脚踏祥云，须臾万里。其实在汉代的画像石上，我们就看到有乘云而行的神灵群像。如山东嘉祥武氏祠的一幅汉画上，就有仙人乘云图，以云为车，仙人端坐车上，有神人推车行进，还有侍者执便面跟随。

同一地点见到的另一汉画上，也有仙人云车图像，不同的是云车前后还树有旗幡，有五六仙人以长绳挽车踏云而行。

汉画上这样的云车常常都没有见到车轮，而是以云为轮。古代确实将神灵车乘称为云车，这样的众神之车也是常人臆造出来的，表现了一种另类的古车文化。云车可以由仙人手推绳挽，也可以由龙虎作牵引。在不少地点都见到一些无轮车汉画，如四川彭州义和发现的一方画像砖，在五颗星辰的映衬中，一驭者驾着一乘三龙涡轮状飞车急驰在空中，开敞的车舆中端坐着一位仙人。涡

汉画仙人乘云图（山东嘉祥武氏祠）

（出自顾森编著：《中国汉画图典》，浙江摄影出版社，1997年，第486、487页）

轮被研究者认作雷神的象征，所以这样的车被认作神话中的雷车。

类似的三龙雷车，还见于山东费县潘家疃的一方画像石，画面刻画细腻，只是三龙并未作奔驰状，而是稳健地行进着。河南南阳英庄墓也发现类似的雷车画像石，画面改为三飞虎拉车，车上立鼓，有华盖羽葆。与前述雷车不同的是，涡轮改作漂云之形，车轮完全不见了。

996 | 追踪信仰：艺术考古中的动物图像

河南南阳出土的另一方鹿车升仙画像石，驾车的是两只奔鹿，鹿车无轮，车下云气飘飘，车后有执仙草侍者和奔鹿相随。相似的鹿车还见于山西离石马茂庄所出的画像石，只是双鹿改成了并驰的三鹿。鹿车更近于凡间实用之车，但也没有轮子，所以它不会在陆地上奔驰，与凡世无干。

雷车画像砖（四川彭州义和）
（出自《中国画像砖全集》编辑委员会编：《四川汉画像砖》，四川美术出版社，2005年，第134页）

三龙雷车画像石（山东费县潘家疃）
（出自顾森编著：《中国汉画图典》，浙江摄影出版社，1997年，第502页）

更有意思的是，汉画中还有许多鱼车图像，驾车的龙虎鹿改换成了大鱼。山东滕州就见到这样的鱼车画像石，驾车的是双鱼或四鱼，不过鱼车带轮。山东邹城南落陵村的一方画像石有无轮鱼车图，车上立杆悬两鱼，驾车为三鱼，前有鱼人导引。无轮鱼车画像石在河南和山西也都有发现，如河南南阳的一方

三虎云车画像石（河南南阳英庄墓）

（出自《中国画像石全集》编辑委员会编：《中国画像石全集·河南汉画像石》，河南美术出版社、山东美术出版社，2000年，第140页）

双鹿云车画像石（河南南阳）

（出自《中国画像石全集》编辑委员会编：《中国画像石全集·河南汉画像石》，河南美术出版社、山东美术出版社，2000年，第180页）

998 | 追踪信仰：艺术考古中的动物图像

画像石上，绘三鱼驾车，无轮车与前引云车相同。

最精致的鱼车图见于南阳王庄的《河伯出行图》，四鱼并驾，缰辔齐整，还有乘鱼仙人随行。山西离石马茂庄的鱼车，也是四鱼并驾，也有羽人骑鱼护卫。

三鹿云车画像石（山西离石马茂庄）
（出自《中国画像石全集》编辑委员会编：《中国画像石全集·陕西、山西汉画像石》，山东美术出版社、河南美术出版社，2000年，第209页）

鱼车画像石（山东滕州）
（出自顾森编著：《中国汉画图典》，浙江摄影出版社，1997年，第506页）

鱼车图画像石（山东邹城南落陵村）
（出自《中国画像石全集》编辑委员会编：《中国画像石全集·山东汉画像石》，山东美术出版社、河南美术出版社，2000年，第69页）

鱼车画像石（河南南阳）
（出自《中国画像石全集》编辑委员会编：《中国画像石全集·河南汉画像石》，河南美术出版社、山东美术出版社，2000年，第174页）

云车风马，是中国古代神话中的神仙车乘，如晋人傅玄《吴楚歌》所云："云为车兮风为马。"《淮南子·原道训》说："昔者冯夷、大丙之御也，乘云车入云蜺，游微雾。"《文选》中有曹植《洛神赋》曰："载云车之容裔。"刘良注说："神以云为车。"云车古时又称云轮，南朝梁人陶弘景的《真诰·运象一》说："若夫仰掷云轮，总辔太空。"

云车之说，也见于正史文字。《史记·孝武本纪》说："文成言曰：'上即欲与神通，宫室被服不象神，神物不至。'乃作画云气车"。一般的理解是，云车是以云彩为装饰花纹的车子，所以后来云车又泛指华贵之车。于是唐代李白《寄王屋山人孟大融》就有了这样的诗句："所期就金液，飞步登云车。"顾况《上元夜忆长安》也说："云车龙阙下，火树凤楼前。"

古代作战时用以窥察敌情的楼车也称云车，如《后汉书·光武帝纪上》说："云车十余丈，瞰临城中，旗帜蔽野"。李贤注曰："云车即楼车，称云，言其高也。"这类云车，则又另当别论了。

神仙乘云车，这样的传说在后代仍然流传，所以宋人范成大《祭灶词》说："古传腊月二十四，灶君朝天欲言事。云车风马小留连，家有杯盘丰典祀。"灶君也要备云车风马，是因为要上天去见天帝。

神话传说无形无象作依凭，汉画却将这传说的众神众仙之车做了形象展示。传说神灵仙人以云为车，但何为云车，过去却并不能详知，有了这样一些汉画，云车之疑烟消云散。原来云车并不是涂画云彩那么简单，它是以云作轮，是云轮之车。

汉代时神仙说盛行，汉画上有许多画面是用于表现神仙题材的，云车与鱼车图就是这样的一些题材。那乘车的又是什么神灵呢？

龙虎所驾云车的主神，一些研究者视为雷神，雷神有丰隆之名，《楚辞·离骚》说"吾令丰隆乘云兮，求宓妃之所在"。云车上立鼓，隆隆之声正象征雷声。大鱼牵引的鱼车，研究者一般认为车主为黄河水神，就是大名鼎鼎的河伯。河伯本名冯夷，因为渡河被淹死，天帝封之为水神。依《九歌》所吟，河伯是乘水车驾两龙，那水车就是鱼车，而引车之龙也就是鱼龙。

看过了众神各式车驾，真不容易完全明白车主是何方神灵。不过当再看到徐州汉画像石艺术馆收藏的一巨幅汉画时，让人有顿悟之感——这不是四方神嘛！

应当是的，正是四方神。最右是龙车——东方神，最左是虎车——西方神，中间居左是鸟车——南方神，中间居右是鱼车——北方神。

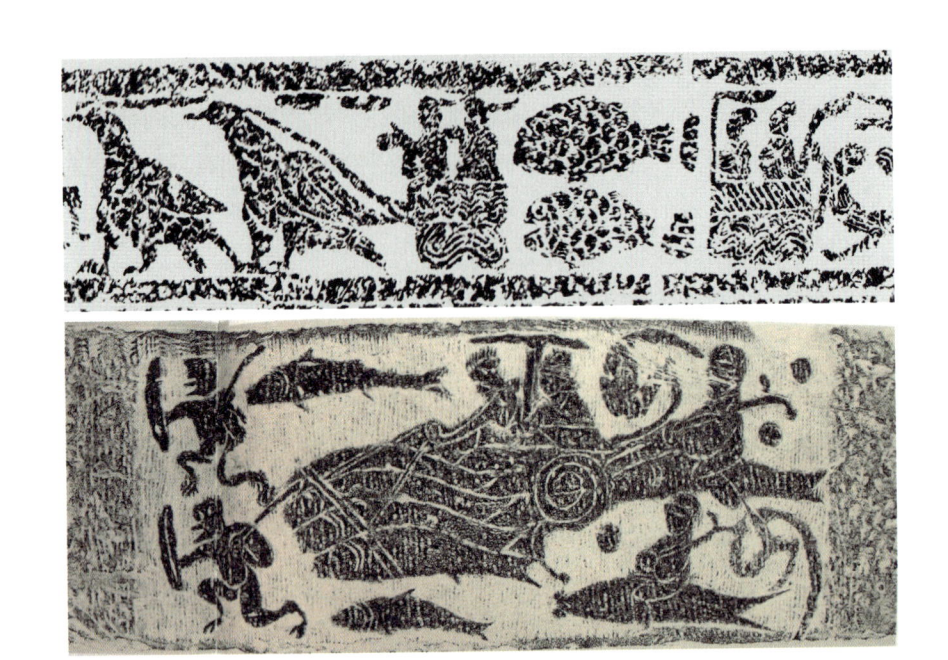

鱼车图画像石（河南南阳王庄）
（出自《中国画像石全集》编辑委员会编：《中国画像石全集·河南汉画像石》，河南美术出版社、山东美术出版社，2000年，第126页）

鱼车图画像石（山西离石马茂庄）
（出自《中国画像石全集》编辑委员会编：《中国画像石全集·陕西、山西汉画像石》，山东美术出版社、河南美术出版社，2000年，第213页）

1002 | 追踪信仰：艺术考古中的动物图像

四方神车出行图（徐州汉画像石艺术馆藏）

画像中前三像定无疑义，只有鱼车有些费解，本应取玄武灵龟之像才是。

我们注意到《山海经》说北方神禺强是鱼身，也许鱼形就是北方神的另象。还有那鹿形也是曾用作北方之象的，所以鹿车亦为北方神车驾。

在汉镜上有龟车图像和鱼车图像，更足以说明北方神之象的多重性。北方水，鱼、龟、鹿都是水的象征。宋镇豪先生说，甲骨文标示北方常常绘出鱼形，可见北方与鱼有不解的因缘。

汉画中以云车出行者，也许还有其他一些神灵，还需要进一步辨识。众神享受着人间的快乐，借用了人间出行的工具，在概念上又多少有了些改变，当然这种改变都是人类智慧的体现。古代传说中的众神之车、无轮之车，人力、鱼力、龙力、虎力、鹿力挽车，空中、水下急驰，这样的车只不过是一些幻想。

有众神，我们又发现了古人为众神设计的车乘，反过来又加深了我们对众神属性的认识，这是两组配套的符号，便于认知与记忆。

在古代社会，虽然无轮车尤其是空中飞车只是一种概念、一种幻想，但这样的幻想与概念却是科学发展的一个动力，这在当今都已成为现实，现代的飞机与潜艇之类，都可以看作是古代无轮车概念的延伸。

现代汽车制造业发达，汽车都是依靠车轮转动在路途行驶。不过近些年有汽车公司的一款面向未来的RSQ车也有了一些新概念，开始设计无轮车。这是用旋转球代替传统车轮，以金属镁做原材料制作而成的。用旋转球代替轮子使得车辆可以自由地向前和向后行驶，还能够无阻碍地左右侧平移动。在驾驶的灵活性和转向的方便程度上，都比轮子要高出很多。历史的篇章就是这样，有时科学会从神话与幻想中获得灵感，神话也会从科学与发现中丰富细节。

符号、信仰与前文明时代(代跋)

史前的符号时代,是孕育文明的前文明时代。在中国文明形成的解释模式中,思维与精神一直缺席,注意那些古老的符号、那些与信仰相关的符号、那些指引思维方向的符号,一定会有更多发现。

在我们的知识体系中,有一门比较年少的小众学科,叫作符号学。符号何以成为一门学问,我们公众不大容易回答圆满,但符号确与公众相关。它是人人皆知,但也许未必了解透彻的一门学问。现代社会充满各类符号,各类符号系统传导着不同的信息流,让我们能够更简便迅捷地沟通交流。

以数不胜数的各类符号为基础,归纳出一门学问来,名为符号学,这学问的确立在情理之中。我们知道现代社会离不开各类符号元素,但是符号却并非只属于现代社会。时代越早,符号体系会越简单、越直白。符号是人类的创造,是人类的思维产品,也是与人类一直成长的知识体系。这样说来,史前是符号的初生时代。我们相信也一定有一个专属史前的符号时代。

一

史前中国出现了符号,这不是新发现,也不是新定义。但说史前有个符号时代,这应当是个新概念了。

史前创制的符号并不是文字,却具有准文字意义,甚至发挥了比文字更重要的作用。文字有形、音、义,符号有形、名、义,符号有约定的名称但没有确定的读音。文明时代的文字是语言的记号,而史前时代的符号却没有这个功能,它所具备的是象征意义。

许多研究者都很关注史前符号的发现,对那些符号意义的研究,大多仅局限在考察它们是不是文字,或者判断它们与文字有多远的距离。其实关于许多符号的本质，我们还没有来得及辨识清楚，不知道它们有着比文字重要得多的意义。

在我们的知识体系里，一般将文字与文明概念等观，文字出现是文明时代的重要标志。史前与成熟的文字系统无关，却已经出现了纯粹的符号系统，存在一个符号时代。

我们很多人都相信，文字的出现，一定与符号相关。文明的形成，也一定与符号有关。符号时代是文明时代的孕育阶段，时间虽然漫长，但基础非常牢固。文明时代到来后，符号并没有消亡，它走上更加蓬勃的发展之路。

当符号形成成熟的体系时，它或者有超越文字的意义，从这个层面上看，这时文明时代其实已经是曙光初绽了。可以展望一下，或许不久的将来对文明时代关于文字标准的定义也会发生改变，文明史的长度也会大大向前延展。史前的这个符号时代，正是孕育文明的前文明时代。

按照现代符号学的奠基人之一德国学者恩斯特·卡西尔（Ernst Cassirer）的说法，符号的基本特征体现在抽象性、普遍性和多变性。他把符号理解为由抽象到普遍的一种形式。这一点很重要，所以他说"如果没有符号系统，人的生活就被限定在他的生物需要和实际利益范围内，就会找不到通向理想世界的道路"。而普遍性是指符号的功能具有普遍适用的原理，这个原理包括了人类思想的全部领域，普遍适用是人类符号系统的最大特点之一，这也是为什么唯独人类能打开文化世界之门的奥秘所在。

卡西尔认为，正是符号的若干特性使它超越了信号。人类的符号不是现实性的，而是理想性的。正是有了这个符号功能，才使人从动物的纯粹自然世界升华到人的文化世界。关于人与动物的分界，我们似乎又找到了一个证据，有无符号就是重要分野。卡西尔认为，人是符号的动物，人的本质就是发明和运用各种符号创造出一个符号宇宙。如古代中国人用天与地、阴与阳的象征符号，构建了自己的宇宙观。

美国学者约翰·杜威（John Dewey）曾经在《哲学的改造》中写下这样一段话："人由于保存了他以往的经验而与低等动物相区别，……因此，人不像野生动物那样，生活在一个单纯的实在事物的世界中，而是生活在一个象征与符号的世界之中。"这么说来，符号之于人类社会，不仅是重要的，更是不会缺席的。

卡西尔明确将人定义为"符号的动物"，这话里已经道出了答案。卡西尔说人与其说是"理性的动物"，不如说是"符号的动物"，也就是能利用符号创造文化的动物。人和动物的根本区别就在于：动物只能对一些特别的信号做出条件反射，而人才能够把这些信号改造成有意义的符号。在卡西尔眼里，人就是符号，就是文化，文化关键的关键、核心的核心，就是符号。

人类是符号动物，在成熟的社会，借助语言体系，人类构建了一个符号世界，正是在这个世界中，人类获得了空前的自由，从此不再受制于环境的束缚。人类种种文化形态，如宗教、艺术和科学等，就是符号功能的集中表现。符号创造了一个脱离于现实世界的虚拟世界，符号的出现使得人类从现实世界走向更广阔的虚拟世界。

符号是什么？符号也许就是代号，说来似乎非常简单，但严格定义却也并不容易。一般来说，符号是指具有代表意义的标识，它有抽象的形态，或者说它是具有象征内涵的有形标识。

有研究者说，符号是指一个社会成员共同约定的，用来表示某种象征意义的记号或标记。符号来源于约定俗成，形式简单、种类繁多、用途广泛，便于记忆和传播，有时具有很强的艺术感染力。符号强调的主要是象征性，特别是那些图形符号，它们都是具有特定意义的代号。

符号是人们共同约定用于指称一定对象的标识，有人概括说文字、语言、电码、数学符号、化学符号、交通标志等都是符号。不过符号学里的符号范围更为广泛，研究者认为能够作为某一事物标识的，都可称为符号。也有人说各种符号系统中以语言最为重要，也最为复杂。卡西尔说："艺术可以被定义为一种符号语言"。这么说来，符号无所不包，可以是图形、图像、文字组合，也可以是声音信号和建筑造型等。

符号时代的符号是如何提炼出来的，符号的提炼是形象思维的结果。我所说的符号时代的符号，并非指所有的符号，如陶器上见到的那些零星的刻画符号都没有计入。我们涉及的是辨识度很高，且流行时空很广的那些符号。

符号的提炼，是符号创制的关键，是形象思维的结果。形象思维离不开想象和联想，所反映的对象是事物的形象，思维形式是意象、感觉和想象等形象性的观念，表达的结果是能为感官所感知的图形、图像、图式和形象性的符号。在这个过程中，需要将抽象思维与形象思维巧妙结合，才可能完成符号的创制。形象思维并不是对形象的再现，它要加工出新形象，形象思维的结果可能是全新的创造。

二

在中国，符号的出现有着久远的历史。如《周易·系辞上》所述孔子语："书不尽言，言不尽意。……圣人立象以尽意"，这与现代符号学的概念非常接近，当然所指为卦符，也称卦形、卦画，这也是广义一类的符号。

其实符号的出现，可以明确追溯到史前。比如彩陶时代，彩陶上大量出现的几何纹饰，都是象形纹饰抽象的结果，经过了得意忘象的创作过程，剩下流行开来的就只是那些代号了。

仰韶文化彩陶鱼纹演变的结果，是看不到鱼形的鱼符，在彩陶上看来有若干种，变化很多，多是通过纹饰拆解的途径得到的。

例如鱼纹全形的演变，在完成由典型鱼纹向简体鱼纹演变的同时，又创造出了均衡对称的菱形纹，菱形纹属于结构严谨的直边形纹饰系统。变形的鱼唇在拆解后，分别生成了西阴纹和花瓣纹，这是庙底沟文化彩陶非常重要的两大弧线形构图系统。彩陶上的许多纹饰都能归入鱼纹体系。彩陶上有形与失形的鱼纹，在我们的眼中完全不同，也许对于史前人而言，它们并没有什么区别，它们具有同一的象征意义，有着同样大的魅力。循着艺术发展的规律，许多的彩陶纹饰经历了繁简的转换，经历了从有形有象到无形无象的过程，到最后呈现出来的多是几何纹符号。

仰韶文化彩陶还有一个大鸟纹系统。彩陶也是通过简化和解构方法，完成了鸟纹的几何符号化，隐没了写实的鸟形。

鸟与鱼，这一对恒常的艺术主题，在彩陶上大放异彩。水和鱼、太阳和鸟，也是后来中国文化中阴与阳、水与火的象征。

时代更早的南方高庙文化的白陶纹饰也是如此，大量纹饰只是用一些图形指代崇拜的对象，那无疑都是符号。白陶纹饰主要不是用彩绘的方式，而是用篦点压印的方式来表现。近距离观察和接触湖南出土的白陶，能感受到一种震撼的美感。用篦点压印出来的图案，美得无以复加，也神秘得无以复加。白陶上构图那么抽象的元素，却具有明确的象征性符号特征，这些时尚的表达、隐晦的意向、细腻的制作，是我们常识与意料之外的灵魂艺术。

非常多的白陶图案表现的是一张大嘴、两对大牙，还有大量与鸟形相关的图形，一些画面上见到飞鸟双翅上有獠牙神面，翅间有太阳图形，表达的一定是太阳运行的景象。那么这些鸟与鸟翅所扮演的是什么角色，也是不言自明了，

符号、信仰与前文明时代（代跋） | 1007

它们就是神话传说中的日鸟,是日鸟载着太阳在天空飞翔。高庙文化白陶的发现也让我们确信,日鸟神话在 8000 年前就已经形成了,而且是用简练的符号表达的。

白陶中有相当多的带有十字形的四方形图案。这些四方形图案又与圆形常常套叠在一起,发掘者认定它们表现的就是太阳的象征,十字形则表示方位或方向。我非常赞同这个判断,那就是太阳的符号,是所有相关图案的核心所在。

高庙文化陶器上的獠牙神面应当是太阳的灵魂所在,它就是当时公认的太阳标识。而那些附着在鸟体上的圆形,还有替代獠牙神面和太阳图形出现的 T 形符号,它们也一定是太阳的象征。

太阳以獠牙为标识,日鸟也以獠牙为标识。日鸟有时就刻画出獠牙,或者它就是太阳的化身。光芒万丈的太阳,被高庙人描绘成口吐獠牙的模样。这獠牙神面又与鸟同飞,或是自己长出一双翅膀飞翔。獠牙在太阳里面,獠牙在日鸟身上,高庙文化无器不獠牙,可以想象到獠牙神面在高庙文化中无所不在。

让人有些费解的是,我们很难找到太阳与獠牙二者之间的联系,但对于光线的联想,将日光提炼为獠牙之形,又似乎并不难理解。对于高庙人来说,他们神游太空而想象出太阳的獠牙来,我们也用不着觉得有什么奇怪的了。

白陶上还发现有八角星图形,有全形八角星,也有半个八角星。八角星在很多史前文化当中都能见到,有彩绘的,也有刻画的,还有玉雕的,分布广、延续久,是一种非常重要的符号,也是太阳的象征。

人类因信仰创制符号,简单、便捷、醒目、会意、一目了然,这应当是符号的特点,更是史前时代符号的特点。随着心智发育渐趋成熟,人类的形象思维也稳步完善起来。一代接续一代的观察与思考,将自然事物留在心里的印象一次次加工,具象的事物通过这样的形象思维过程,逐渐变成了抽象的代号。这样的代号获得一定的时空传播与认同,符号就出现了。

人类认识宇宙、认识自然,对事物表象进行取舍,通过形象思维的过程,对形象信息进行主观的认识,结合思维加工,用特定的形式记述与描绘出来。这应当是原初符号的一般创作过程,这样的符号在后续的传播中还会得到修饰,最终会以最完备的形式流传于世。

最初出现的那些符号,一定与信仰有关,信仰也就成为符号传播的驱动力。信仰是让纷杂的社会获得秩序的必由之路,而符号又是大脑艺术加工出来的标识,那是一些具有强大感召力的标识。

从这样的角度看,艺术的本源也来自信仰,所以我曾经说艺术是信仰飘扬的旗帜，尤其在史前时代。

三

信仰赋予符号以灵魂和生命，也赋予了符号包容与开放的属性。

学者多认为符号学是研究人类文化的，其实符号学还研究人类的认知活动、心灵活动，也难怪符号学的奠基者，多是文化人类学者。符号学关注的一个重点，应当是符号的特征。

美国学者查尔斯·桑德斯·皮尔斯（Charles Sanders Peirce）有一句符号学名言是"只有被理解为符号才是符号"。这是很简单的一句话，它的要义是符号要易于理解，也易于被人接受，接受就是认同，认同才能更好地传播。

皮尔斯认为，符号可以分成三种：像似符号、指示符号、规约符号。前两种是具有理据性的符号，像似符号指向对象靠的是相似性，一个符号代替另一个对象，但又不是直接的模仿，若是两者完全一样，那就不是符号了。符号要让人一看便知，不能模棱两可，便于理解是重要的前提。

规约符号，则是指与对象之间没有内在联系的符号，但却是约定俗成的，也须易于理解和记忆。白陶上的獠牙神面，就属于这一类符号，獠牙与太阳并没有明确的联系，但獠牙神面却传播得很广，从南到北，白陶、彩陶和玉雕上都有它的踪影。

史前中国制作有獠牙神面艺术品，在接近8000年前的南北方都有发现，在南方高庙文化的白陶和北方兴隆洼文化的石刻，都有见到獠牙神面。高庙陶器上刻画的神面，构图已非常完整，也已经是很固定的形态，都显露着龇出的獠牙，以表现獠牙为主。神面大都已经相当简化，只留下一张龇着上下两对獠牙的嘴。

仰韶文化彩陶上也绘有獠牙神面，是很生动的人面形象。良渚文化玉器上微刻的神面普遍都有獠牙，也是上下各一对。这些神面一般被认作兽面形。石家河文化玉神面是以长长尖利的獠牙为特征，獠牙上下各有一对，神面几乎都是人面形。

白陶的压刻、玉石的雕琢、彩陶的描绘，这三次艺术浪潮掀起的造神运动，留下了类同的神形，按照相同的符号密码造势。这已经不只是艺术层面上传统的延续，而且是信仰体系层面上的认同。

对史前中国艺术创意中的獠牙神面，大体可以得出这样几点印象：大约在距今8000—4000年前，在南北地区大范围流行；獠牙构图基本类似，上下各一对，上牙居内下牙居外，风格一脉相承。这样看来，獠牙神在史前有大范围长时段的认同，这种符号的认同，可以确定是崇拜与信仰的认同，也是开放与包容精神的体现。

在史前艺术中，将动植物人格化，这是史前人造神的固定方式。一种动物图像，在给它安上一个人面之后，它便有了神格，半人半兽，也就成了神形的固定格式。史前的獠牙神面像，正是在人面上加饰了动物獠牙创作而成的。

獠牙神面作为一种信仰符号，还有前面提到的八角星纹，能在广大与久远的时空范围传播，正是这种跨文化的认同，生动体现了中华文化的开放与包容。

当然符号与对象越是相似就越易于识别，容易让人产生联想。有相似性，又不能相同，这也就是符号之为符号的重要特征。值得一提的还有安徽双墩文化陶器上的鱼纹符号刻画，最简单的不过是相对交叉的两条弧线而已，它所表示的就是一条鱼的大致轮廓。这样的符号还出现在河南中部的仰韶彩陶上，其生命力也可以千年计。

早期符号的例子，还可以列举新发现的浙江上山文化彩陶，除了直接绘出光芒四射的太阳，更引人注意的是，太阳图近旁还有对顶三角符号。对顶三角形可以作为一个特别的符号来理解，在史前彩陶中也是比较流行的元素，特别是在仰韶文化彩陶上数量不少。我觉得这可是构成八角星纹的元素符号，它的传播也很广。

符号的基本功能，主要还是为着交流便利。交流被认为是符号的基本功能之一，这也是符号具有强大魅力的原因。符号在交流过程中传达人类的思想，传达信仰，也传达艺术。

文明与史前，是人类两个大时段的划分，文字与符号便是它们明确的分野。虽然文明时代符号的使用也非常广泛，但与史前的作用与意义明显不同。符号在文明时代并没有退出，不仅没有退出，反而愈发完善了。如文字是记录语言的符号，是字符，连篇的是文章。而记录音乐的有音符，连篇的是乐谱。

多元一体的文化准备，也许是由符号的认同开始的。由符号认同，看到信仰的传播，看到艺术思维的发展，人类的智慧一步步升华。

考古发现让我们知道了史前的符号时代。在文字出现之前，符号已经开始统领一些特定区域的人群，符号影响着他们的思维与行为方式，也让他们彼此理解、彼此认同。

早期符号更多具有信仰的性质，它是开放的，也是包容的，它在传播中吸引更多的关注，雪球因此越滚越大。

人类早期的信仰，更多体现在对广漠宇宙和自然万物的认识，这是人类都感兴趣的事物。认识的同时，还要适当表达出来，在文字出现之前，图式符号就成为重要的表达方式。古中国人认识天地宇宙，萌生出阴阳观念，但是如何表达，当初一定是个难题，符号在此时派上了用场。

　　当天圆地方和地阴天阳概念形成之时，我相信相关的符号也随之创制成功了。我们知道良渚文化玉器中璧和琮形态上一圆一方，在周代是敬天礼地的礼器，也是帝后的象征。到了历史时期，这样的观念一直传承着，天圆地方和天阳地阴成为中国文化中的常识性概念。

　　其实在古代表现阴阳的符号，很早就是方（角）圆（弧）两类几何形。我们在辨识商周铜器上的龙虎纹饰时，发现龙虎均有方菱形和圆弧形两种体饰，如果不以阴阳雌雄看待，就不会有合适的解释。方形与圆形、方菱形与圆弧形，多么明白恰当的阴与阳的艺术表达符号。其实汉字阴阳两字的构形，也应当与这样的艺术传统有关。阴阳两字金文的字形，阳是在圆中加点，阴则变圆为三角形状，阳圆阴方在造字上也体现了传统认知。

　　天圆地方原本就是古代阴阳学说的重要内容，被看作道的理念，所谓天道圆、地道方。古人由认知天地有别、阴阳不同，到认知阴阳相依、阴阳相生，建立了完美的阴阳学说，这样的宇宙观在艺术上不可能没有表现。

　　其实早期阴阳观是产生于史前时代，用方与圆形纹饰表达阴阳意义，有史前的艺术传统基础。阴阳是古代观察、解释、利用世界而得出的认知，是一种宇宙观和认识论，它指导着人们的精神思维与社会生活。阴阳观就是古中国人的一种主流宇宙观，可以观世界、观自然、观社会、观人自身，是一种非常健全的思维体系。

　　这一个认识论体系的起源，过去多是由推导得出结论，先后形成了"源于生活实践说""源于易经说""源于历法说""源于男女生殖崇拜说""源于占卜说"等结论，都难以成为定论。有研究者还特别强调，阴阳观念的起源产生在远古时期，文字没有出现，要想从古籍中回答阴阳观念的起源问题几无可能。

　　文献找不着依据，不过考古学提供了解决问题的途径，史前艺术品上已经表达有阴阳观念。阴阳生变、阴阳有形，对于史前人来说，观察并不难，但提炼出程式化和概念化的形式，确立特定的符号，却非一朝一夕的事。我们由上述龙虎体表纹饰受到启发，然后再观察大量的陶器符号，也就理解了方与圆作为符号的意义，也就理解了中华文化的精髓与根脉之所在。

　　史前符号一般是由信仰内涵提炼出来的几何图形，强调象征意义。考古发现的象征符号，从早期中国艺术中普遍认同的神性标识，如象征太阳崇拜的日乌与獠牙神，象征阴阳的方圆几何符号等，我们确认在遥远的年代已经存在艺术交流与信仰认同。以阴阳观念为核心的方圆符号，以太阳崇拜为核心的獠牙与日乌图形符号，记述着古老的信仰所认同的历史，正是华夏文化的根脉所在。

中华传统文化从史前符号时代起，就开始了时空广大的交流融汇，逐渐形成了特有的文化一体的品格。看来关于中国文明形成的解释模式，思维与精神一直是缺席的。注意到那些前文明时代古老的符号，那些与信仰相关的符号，那些指引思维方向的旗帜，我们一定会有更多的新发现。

参考资料：

[1] 卡西尔.人论[M].邯阳,译.上海：上海译文出版社，2004.

[2] 杜威.哲学的改造[M].许崇清,译.北京：商务印书馆，2017.

[3] 皮尔斯.皮尔斯：论符号[M].赵星植,译.成都：四川大学出版社，2014.